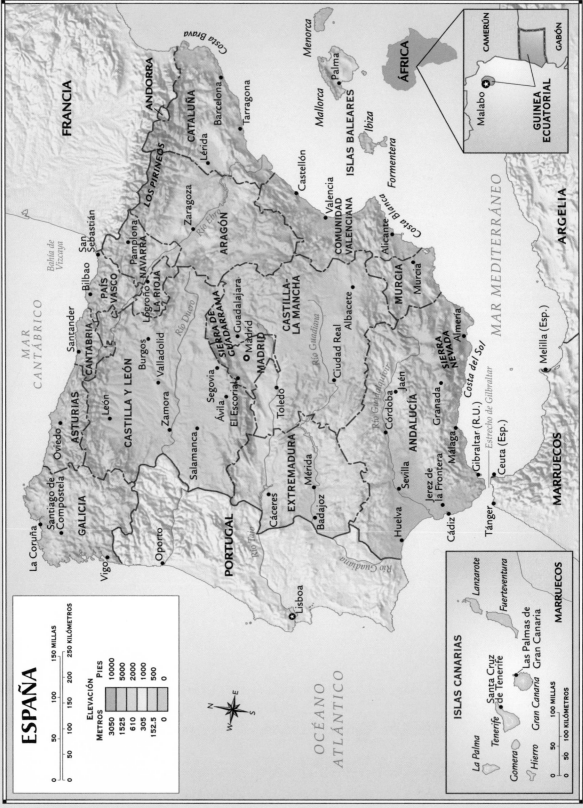

ESPAÑA

ELEVACIÓN

METROS	PIES
3050	10000
1525	5000
610	2000
305	1000
152.5	500
0	0

0   50   100   150   200   250 KILÓMETROS
0   50   100   150 MILLAS

N E S W

OCÉANO ATLÁNTICO

MAR CANTÁBRICO

FRANCIA

ANDORRA

Bahía de Vizcaya

GALICIA
La Coruña
Santiago de Compostela
Vigo
Oporto

ASTURIAS
Oviedo
Santander
CANTABRIA

León

CASTILLA Y LEÓN
Burgos
Valladolid
Zamora
Salamanca
Ávila
Segovia

PAÍS VASCO
Bilbao
San Sebastián
Logroño
LA RIOJA
NAVARRA
Pamplona

LOS PIRINEOS

Zaragoza
ARAGÓN
Río Ebro

CATALUÑA
Lérida
Barcelona
Tarragona
Costa Brava

Castellón

COMUNIDAD VALENCIANA
Valencia

SIERRA DE GUADARRAMA
El Escorial
MADRID
Madrid
Guadalajara

CASTILLA-LA MANCHA
Toledo
Ciudad Real
Albacete
Río Guadiana

MURCIA
Murcia

Alicante
Costa Blanca

Río Duero

EXTREMADURA
Cáceres
Mérida
Badajoz

Río Tajo

PORTUGAL
Lisboa

Río Guadiana

ANDALUCÍA
Córdoba
Jaén
Sevilla
Huelva
Granada
SIERRA NEVADA
Almería
Río Guadalquivir

Jerez de la Frontera
Cádiz
Málaga
Costa del Sol
Gibraltar (R.U.)
Estrecho de Gibraltar
Ceuta (Esp.)
Tánger

MARRUECOS

Melilla (Esp.)

MAR MEDITERRÁNEO

ARGELIA

Menorca
Mallorca
Palma
Ibiza
Formentera
ISLAS BALEARES

ÁFRICA

CAMERÚN
GABÓN
Malabo
GUINEA ECUATORIAL

ISLAS CANARIAS

Lanzarote
Fuerteventura
La Palma
Tenerife
Santa Cruz de Tenerife
Gomera
Hierro
Gran Canaria
Las Palmas de Gran Canaria

MARRUECOS

0   50   100 KILÓMETROS
0   50   100 MILLAS

puntos
de partida

eighth edition

puntos
de partida

An Invitation to Spanish

Marty Knorre

Thalia Dorwick

Ana M. Pérez-Gironés
Wesleyan University

William R. Glass

Hildebrando Villarreal
California State University, Los Angeles

**McGraw-Hill
Higher Education**

Boston   Burr Ridge, IL   Dubuque, IA   New York   San Francisco   St. Louis
Bangkok   Bogotá   Caracas   Kuala Lumpur   Lisbon   London   Madrid   Mexico City
Milan   Montreal   New Delhi   Santiago   Seoul   Singapore   Sydney   Taipei   Toronto

McGraw-Hill
Higher Education

Published by McGraw-Hill, an imprint of The McGraw-Hill Companies, Inc., 1221 Avenue of the Americas, New York, NY 10020. Copyright © 2009, 2005, 2001, 1997, 1993, 1989, 1985, 1981. All rights reserved. No part of this publication may be reproduced or distributed in any form or by any means, or stored in a database or retrieval system, without the prior written consent of The McGraw-Hill Companies, Inc., including, but not limited to, in any network or other electronic storage or transmission, or broadcast for distance learning.

This book is printed on recycled, acid-free paper containing a minimum of 50% total recycled fiber with 10% postconsumer de-inked fiber.

1 2 3 4 5 6 7 8 9 0 DOW/DOW 0 9 8

ISBN: 978-0-07-353442-8 (Student Edition)
MHID: 0-07-353442-0

ISBN: 978-0-07-332553-8 (Instructor's Edition, **not for resale**)
MHID: 0-07-332553-8

Vice president and Editor-in-chief: *Michael J. Ryan*
Publisher: *William R. Glass*
Executive editor: *Christa Harris*
Director of development: *Scott Tinetti*
Senior development editor: *Allen J. Bernier*
Editorial coordinators: *Margaret Young and Janina Tunac Basey*
Marketing manager: *Jorge Arbujas*
Senior media producer: *Allison Hawco*
Lead media project manager: *Ron Nelms, Jr.*
Production editor: *Brett Coker*
Art director: *Jeanne M. Schreiber*
Designers: *Carolyn Deacy, Violeta Díaz, and Andrei Pasternak*
Cover designer: *Violeta Díaz*

Art editor: *Emma Ghiselli*
Illustrators: *Tim Jones, Amy Wummer, Kara Fellows, Patti Isaacs, Dartmouth Publishing, and Mapping Specialists*
Senior photo research coordinator: *Nora Agbayani*
Photo researcher: *Susan Friedman-Fitzer*
Senior supplements producer: *Louis Swaim*
Senior production supervisor: *Richard DeVitto*
Permissions coordinator: *Veronica Oliva*
Composition: *10/12 Palatino by Aptara*
Printing: *45# Publishers Matte Recycled by R.R. Donnelley & Sons*
Cover: *© Ken Glaser/Corbis*

Credits: The credits section of this book begins on page C-1 and is considered an extension of the copyright page.

Library of Congress Cataloging-in-Publication Data

Knorre, Marty.
    Puntos de partida: an invitation to Spanish/Marty Knorre, Thalia Dorwick and Ana María Pérez-Gironés. —8th ed.
        p. cm
        Includes index
        ISBN-13: 978-0-07-353442-8 (alk. paper)
        ISBN-10: 0-07-353442-0 (alk. paper)
        1. Spanish language—Textbooks for foreign speakers—English. I. Dorwick, Thalia, 1944— II. Pérez-Gironés, Ana María. III. Puntos de partida. IV. Title

PC4129.E5P86 2007
468.2'421—dc22

                                                                      2007024868

The Internet addresses listed in the text were accurate at the time of publication. The inclusion of a Web site does not indicate an endorsement by the authors or McGraw-Hill, and McGraw-Hill does not gurantee the accuracy of the information presented at these sites.

www.mhhe.com

brief table of contents

contents

preface

> " . . . to help students develop proficiency in the four language
> skills essential to truly communicative language teaching . . . "
>
> from the Preface to Puntos de partida, *first edition, 1981*

The only reason to revise an existing textbook is to help the profession evolve in meaningful ways and to make the tasks of language acquisition and daily classroom interaction easier, more enjoyable, and more meaningful for students, experienced instructors, and teaching assistants. How many instructors and students does it take to help authors achieve those goals in a revision? So far, more than 900! That's how many instructors and students have provided us with the necessary feedback to keep *Puntos de partida* (or *Puntos*, as the series has come to be called) in step with changes in the classroom and in the profession. Over the years, the authors and editors of *Puntos* have turned to you to help us formulate a plan that responds to your needs. In order to do this, you've helped us by reviewing the various components of the program, by participating in market research, by doing in-depth analyses of chapter content, by giving us your honest and open opinions in focus groups and symposia, and by talking to us when we visit you on campus. For the Eighth Edition in particular, we reached out to more than 275 students and instructors, and the result is a thoroughly revised edition that we are confident will address new needs and preferences while continuing to provide the solid foundation in communicative language development that is the hallmark of *Puntos de partida*.

How has your feedback enriched and improved *Puntos* while maintaining its hallmark characteristics? Students will find the text more accessible and student-friendly overall, and instructors will find that the text and its instructional package support their efforts better, in meaningful ways that will impact daily classroom instruction. Here are some of the specific changes that you'll find in the Eighth Edition.

NEW ILLUSTRATIONS, PHOTOS, AND REALIA

- More than 200 new color illustrations, photographs, and pieces of realia bring an exciting new visual appeal to the program and enhance the pedagogy of the text.

- New illustrations have been created for all **Vocabulario: Preparación** presentations to ensure that select theme vocabulary items are presented

more clearly. Some items are both illustrated and presented in bilingual lists for absolute clarity.

- Many of the new photographs appear in the new chapter openers (three photos each), in the new **Perspectivas culturales** spreads (up to five photos each), and in the six new **Introducción cultural** pages (up to four photos each).

- More realia-based activities have been added to help students connect with the target culture.

DIVERSE CULTURAL CONTENT

- The sequence of country foci across the eighteen main chapters has been revised so that they are now grouped into six main regions of the Spanish-speaking world.

  1. **Los Estados Unidos**
  2. **México y Centroamérica**
  3. **El Caribe**
  4. **Los países andinos**
  5. **El Cono Sur**
  6. **España y la comunidad hispana global**

Each of the six regions is presented in a new **Introducción cultural** page that offers up to four photos of the region and explanations of various cultural features that help give each region its cultural identity. (Note: The sixth region discusses the global Hispanic community and some immigration patterns, and the corresponding **Perspectivas culturales** section at the end of **Capítulo 18** includes information about Equatorial Guinea and the Philippines.)

- New chapter opening spreads now offer three photos with questions meant to spark in-class discussion, get students thinking about the chapter themes, and help them relate those themes to their own culture and life experience. Thus students will start making connections between their own country and the country or countries highlighted in each chapter.

- The new **Perspectivas culturales** section (formerly **Conozca...**) in each chapter highlights the country or countries of focus through demographic information, a map, and up to five photos with extended captions. A new **Música de...** feature presents a brief introduction to the unique musical style of each country. In most chapters, **Música de...** is augmented by a new music CD, *Ritmos y sonidos*, described in the Supplementary Materials section of this preface.

- More culture-based activities have been added throughout.

SKILL FOCUS

- **Conversación** activities have been restructured throughout *Puntos*. They are now organized into a series of **pasos** that encourage students to prepare themselves for conversation, then converse with a partner or group, and finally share information with the whole class or their instructor.

- There are at least three new optional writing activities per chapter (in the Instructor's Edition) that instructors can assign as part of a semester-long writing portfolio project or as individual assignments to be completed at home and shared with a partner or with the class.

STUDENT-FRIENDLY FEATURES

- A new **Vocabulario personal** box has been added to the end-of-chapter vocabulary lists. Here students can jot down new vocabulary items related to the chapter themes that come up as they complete activities throughout each chapter but which are not included in the chapter's active vocabulary list.

- A new system for identifying the irregularities of verbs in vocabulary lists and grammar presentations will hopefully be more obvious and useful to both students and instructors. (See the first page of the Spanish-English Vocabulary [p. V-1] for a complete explanation of this new verb system.)

- More **¿Recuerda Ud.?** features have been added so that previously taught grammar is

now consistently reviewed before new grammar on which it is based is presented.

- A number of grammar explanations have been rewritten, reorganized, or made more visual so that they are simpler and easier for students to grasp.

Short grammar summaries appear at the end of some grammar explanations to help students grasp the essence of the material.

While much is new to this edition of *Puntos*, you will continue to find the many hallmarks that make it the book of choice for hundreds of instructors across the country. These hallmark features include:

- an abundance of classroom-tested practice material, ranging from form-focused exercises to communicative activities that promote real conversation
- vocabulary, grammar, and culture that work together as interactive units, unifying this important aspect of language learning

- an emphasis on the meaningful use of Spanish
- a positive portrayal of contemporary Hispanic cultures
- print and media supplementary materials that are carefully coordinated with the core text

The pages that follow provide a more detailed overview of changes to this edition in a section called "What's New to the Eighth Edition?" The next section, "A Guided Tour," explains and shows the organization and features of *Puntos* useful to both instructors and students. A comprehensive discussion of supplementary materials follows a brief explanation of how to use *Puntos de partida* in the classroom. The Preface closes with the acknowledgment of the many instructors and students who helped shape this new edition.

what's new to the eighth edition?

CHAPTER OPENING PAGES

- The chapter opening pages have been redesigned to be more visually engaging, provide a better thematic and cultural springboard into the chapter, and function more effectively as an advance organizer for the upcoming chapter's content.

VOCABULARY: CLEAR, CURRENT, AND PERSONAL

- All presentations and activities have been thoroughly reviewed by the authors and revised as needed, with special attention paid to updating vocabulary and ensuring that personalized activities reflect the interests of today's students.

- The all-new vocabulary art reflects instructor requests for greater visual clarity in the vocabulary presentations, to better help students prepare for class and study for testing. To further help students, any terms difficult to discern visually have also been added to the textual presentation.

- The new **Así se dice** feature introduces regional variations on theme vocabulary from around the Spanish-speaking world.

- To further personalize students' learning of Spanish, a new **Vocabulario personal** feature in the **En resumen** section of the chapter invites students to record new words that they may have used in class or while doing homework, and that are of personal interest to them.

- Instructors will find a new feature, called "Word Families," in the instructor's annotations for **En resumen.** This feature lists active vocabulary words for a given chapter that are related to each other (**En este capítulo**) or to previously learned vocabulary (**Entre capítulos**). The **¡Ojo!** section notes words that are false cognates or otherwise potentially confusing matches. These lists can be shared with students to help them make connections between words and relate new words to previously learned ones.

A FRESH APPROACH TO GRAMMAR

Puntos de partida has long been praised for its clear and user-friendly grammar explanations, and instructors will find that the Eighth Edition retains this hallmark feature. But instructors will also find that many grammar presentations have been significantly refreshed and updated for today's students.

- At least one grammar point per chapter continues to be introduced with a short dialogue that shows the grammar used in a natural conversational setting. But other grammar points are introduced with short lists or narratives that focus student attention directly on the structure to be presented. Students see the grammar point at a glance, in a natural context, making the upcoming grammar presentation more meaningful and understandable. (These short dialogues, lists, and narratives are collectively referred to in instructor annotations as **GEA**'s, which stands for **Gramática en acción,** the new name given to these presentations in the Eighth Edition.)

- The use of colored type, a very popular feature of the Seventh Edition grammar presentations, has been expanded to the short dialogues, lists, and narratives (**GEA**'s) that introduce the grammar points, thus helping students to more easily see the target structure in context.

- In response to the suggestions of first-year Spanish instructors, a number of grammar presentations have been revised, reorganized, simplified, and presented more visually, to make them more accessible to students. More grammar paradigms have been added as needed, and care has been taken to include more chapter vocabulary in the corresponding chapter's paradigms.

- Short grammar summaries appear at the end of some grammar points to focus students' attention on the key points before they begin the **Práctica** activities.

ACTIVITIES: UPDATED FOR TODAY'S LEARNERS

Activities "that work" have always been a hallmark of *Puntos de partida*. But students change, instructor needs change, and new and revised activities must reflect those changes. For this reason, the authors have taken special care to thoroughly revise the **Práctica, Conversación,** and **Un poco de todo** sections.

- New exercises have been added for practicing the *meaning* of new types of verbs before students are asked to manipulate their forms, and when appropriate, grammar analysis activities have been added, to focus students' attention on the grammar point they are learning.

- Many activities have been simplified and shortened (both their direction lines and the number of items). More guidance has been added to many **Práctica** and **Conversación** activities, so that students can use them to communicate more successfully.

- All activities have been carefully examined and revised, as needed, to ensure that they are of interest to today's students, reflecting what they really want to—and will—talk about.

RECYCLING: CONSISTENTLY AND FREQUENTLY

The recycling of vocabulary and grammar is critical to successful learning. *Puntos de partida* has always paid special attention to review and recycling, and this hallmark has been enhanced in the Eighth Edition.

- Opportunities for recycling of content have been greatly increased. Vocabulary presentations now consistently list previously learned theme vocabulary, and the number of **¿Recuerda Ud.?** recycling boxes has been increased so that previously explained grammar points on which the new grammar point is based are always reviewed.

- The number of annotations in the *Instructor's Edition* that offer opportunities for recycling has also been greatly increased, and new annotations on the end-of-chapter vocabulary lists carefully point out how new vocabulary is related to previously learned vocabulary.

RETHINKING CULTURE

Thoughtful and meaningful cultural content has been a hallmark of *Puntos de partida* since the First Edition. In this edition, the authors have significantly revised virtually all aspects of the existing cultural content and have added new cultural features.

- A new regional organization gives students an overview of the broad *groupings* of Spanish-speaking countries worldwide. Through a series of six photo essays, students are introduced to five broad areas of the Spanish-speaking world: the United States, Mexico and Central America, the Caribbean, the Andean countries, and the Southern Cone. The final photo essay introduces students to the birthplace of Spanish—Spain—and presents a vision of Spanish language and culture in the global community as determined by history and recent immigration patterns.

- The country foci of the eighteen main chapters have been modified to reflect the new regional organization. Please refer to the table of contents for a complete listing of countries as they correspond to each chapter.

- In response to instructor's requests, cultural information has been added on Equatorial Guinea, the Philippines, and other regions of the world where Spanish is or has been spoken.

- The new **Música de…** section introduces students to music from various parts of the Spanish-speaking world. A new music CD, *Ritmos y sonidos*, with popular and traditional music from most Spanish-speaking countries, is available to instructors for use in the classroom.

- More culture-based activities have been added, where appropriate.

NEW, ENGAGING READINGS

- The **Lectura** section, which has traditionally provided optional content to develop learners' reading and writing skills, continues to serve this important function. Seven of the readings are new to the Eighth Edition (**Capítulos 4, 7, 9, 10, 12, 13,** and **15**), and all of these were chosen from sources written for native speakers of Spanish.

a guided tour

CHAPTER OPENING SPREAD

Each chapter opens with an engaging two-page spread that provides a purposeful introduction to the chapter for both the instructor and the student. Three photos with questions introduce students to both the chapter theme and the chapter's country of focus. In the *Instructor's Edition,* instructors will find additional theme-related questions that introduce students to the vocabulary and themes of the chapter.

En este capítulo is a brief table of contents of the chapter in plain simple terms employed by dedicated *Puntos* users for years to refer to vocabulary groups and grammar topics.

VOCABULARIO: PREPARACIÓN

This section presents and practices the chapter's thematic vocabulary. The vocabulary items in these sections, marked with a Web audio icon, are available in audio format on the *Online Learning Center.* A special *Textbook Listening CD,* containing these audio files, is also included in the *Laboratory Audio Program.* **Así se dice** features regional variations on theme vocabulary from around the Spanish-speaking world. Each vocabulary presentation is followed by a **Conversación** section that practices the new vocabulary in context.

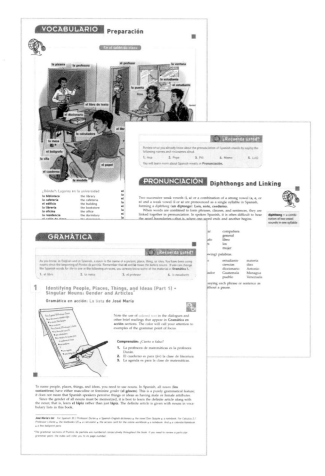

PRONUNCIACIÓN

This section, a feature of the **Ante todo** and first three main chapters, focuses on accent marks and vowel sounds that are particularly difficult for native speakers of English. Similar pronunciation practice with the sounds of the Spanish consonants is available in **Capítulos 4–7** of the *Laboratory Manual.*

GRAMÁTICA

This section presents two to four grammar points. Each point is introduced by a **Gramática en acción, (GEA)**, which can be a short dialogue (formerly

minidiálogo), a cartoon or drawing, realia, or a presentation device that presents the grammar topic in context. Grammar explanations, in English, appear in the left-hand column of the two-column design; paradigms and sample sentences appear in the right-hand column. Each grammar presentation is followed by a series of contextualized activities that progress from more controlled (**Práctica**) to open-ended (**Conversación**). Often, the first activity in the **Práctica** section is an **¡Anticipemos!** activity. These activities are specifically designed to introduce students to the use of the grammar point without requiring that they actively produce the new structure. Thus, these **¡Anticipemos!** activities focus on the recognition of the new grammar structure.

The **Conversación** sections contain many partner-pair activities, including many **Entrevista** activities, which require students to interview each other in order to accomplish the goal of the activity.

Gramática closes with the **Un poco de todo** section, which offers activities that combine and review grammar presented in the chapter as well as important grammar from previous chapters. Major topics that are continuously spiraled in this section include **ser** and **estar,** preterite and imperfect, gender and number agreement, and indicative and subjunctive. The cloze paragraph activity of this section (**Lengua y cultura**) actively integrates into the activity itself a cultural topic related to the chapter theme and target country.

PERSPECTIVAS CULTURALES

This new two-page spread (formerly **Conozca...**) highlights the country or countries of focus through demographic information, a map, and up to five photos with extended captions. A **Música de...** feature presents a brief introduction to the unique musical style of each country. In most chapters, this **Música de...** feature is augmented by the new music CD, *Ritmos y sonidos,* available to instructors for use in the classroom.

EN RESUMEN

This end-of-chapter grammar and vocabulary summary consists of two sections: **Gramática** and **Vocabulario.** The **Gramática** section provides students with a quick overview of the major grammar points within the chapter as well as a reminder of what they should know for assessment purposes. The **Vocabulario** section includes all important words and expressions from the chapter that are considered active. A **Vocabulario personal** feature invites students to jot down new words that come up as they work through a chapter.

In the *Instructor's Edition,* instructors will find an extensive new feature called "Word Families." This feature lists active vocabulary words that are related to each other (**En este capítulo**) or to previously learned vocabulary (**Entre capítulos**). The **¡Ojo!** section points out words that are false cognates or otherwise potentially confusing matches. These optional lists can be shared with students to help them learn new vocabulary and relate new material to old.

UN PASO MÁS

Following every chapter, this optional supplementary section presents tasks and activities that further develop learners' reading and writing skills and complement the chapter theme and country of focus.

The **Literatura de...** section presents a brief biography of an important writer from the chapter's country of focus and includes a fragment of an important literary work by that writer.

Following **Literatura de...** is the **Lectura** or reading section. Each reading is accompanied by a reading strategy (**Estrategia**). Readings are author-written in the early chapters and realia-based or completely authentic in later chapters. Readings have been chosen from Spanish-language magazines and journals and include literary selections in the final three chapters. Some readings have been edited for length but not for content or language.

Following the reading is **Redacción,** comprised of writing tasks that vary from writing simple sentences to extended narrations.

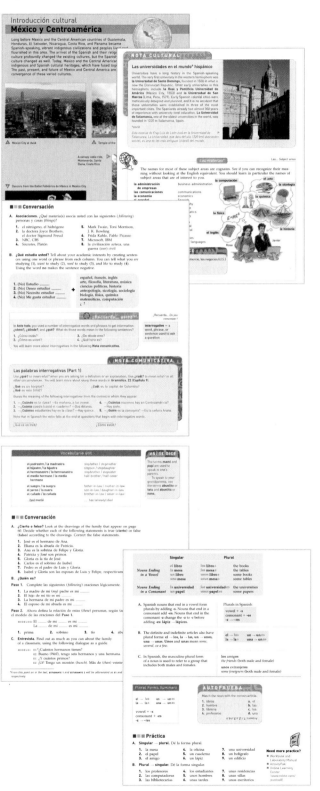

INTRODUCCIÓN CULTURAL

An **Introducción cultural** page concludes the **Ante todo** and **Capítulos 1, 6, 11, 13,** and **16.** These sections, new to the Eighth Edition, provide up to four photos and explain some of the cultural features of the countries presented in the following chapters that help give those counties their cultural identity. (See the third bullet point on page xvii for more information.)

The *Instructor's Edition* contains references to episodes of the film *Sol y viento,* by Bill VanPatten et al. for programs that wish to augment their first-year Spanish course with a film component.

ADDITIONAL FEATURES

Other important features that appear throughout the text include:

- Theme-related **Nota cultural** features that highlight an aspect of Hispanic cultures throughout the world

- **Nota comunicativa** sections that provide additional information and strategies for communicating in Spanish

- **¿Recuerda Ud.?** features that review an earlier grammar point to make sure that it's fresh in the minds of students before they begin a related new grammar point

- **Vocabulario útil** boxes that give additional vocabulary that may be helpful for completing specific activities

- New **Así se dice** boxes that introduce regional variations on theme vocabulary from around the Spanish-speaking world

- **Autoprueba** boxes that follow grammar presentations and provide students with the opportunity to quickly check their understanding of a specific grammar point

- New Grammar Summaries that focus students' attention on the essence of a grammar point before they attempt an **Autoprueba** or begin the **Práctica** activities

using *puntos de partida* in the classroom

DEVELOPING LANGUAGE PROFICIENCY

The authors believe that students' (and instructors') class time is best spent using Spanish: listening to and speaking with their instructor and classmates, listening and viewing audiovisual materials of many kinds, and reading in-text and supplementary materials. For that reason, grammar explanations have been written to be self-explanatory, and sample answers for many exercises are provided online at **www.mhhe.com/puntos8** so that students can check their work before going to class. Thus, instructors can spot-check exercises as needed in class but devote more time to the multitude of extensions, follow-up suggestions, and special activities offered in the *Instructor's Edition*. Consequently, class time can be focused on new material and novel language experiences that will maintain student interest and provide more exposure to spoken and written Spanish. Research in second language acquisition has revealed that environments that offer learners opportunities to use the language in meaningful ways provide an optimal learning situation. Students make few gains in language learning when all of their class time is spent correcting exercises.

The preceding comments underscore the authors' conceptualization of *Puntos* throughout its many editions as a text that fosters students' proficiency in Spanish. The following features help realize this objective:

- a focus on the acquisition of vocabulary during the early stages of language learning (**Ante todo**) and then in each chapter throughout the text
- an emphasis on meaningful and creative use of language
- careful attention to skills development rather than grammatical knowledge alone
- a cyclical organization in which vocabulary, grammar, and language functions are consistently reviewed and reentered
- an integrated cultural component that embeds practice in a wide variety of culturally significant contexts
- content that aims to raise student awareness of the interaction of language, culture, and society

The overall text organization progresses from a focus on formulaic expressions, to vocabulary and structures relevant to the here and now (student life, family life), to survival situations (ordering a meal, travel-related activities), and to topics of broader interest (current events, social and environmental issues). This breadth of thematic diversity—coupled with the focus on vocabulary, grammatical structures, and language functions—helps develop students' language proficiency, thus preparing them to function in Spanish in situations that they are most likely to encounter outside the classroom.

PUNTOS DE PARTIDA AND THE NATIONAL STANDARDS

"Language and communication are at the heart of the human experience. The United States must educate students who are linguistically and culturally equipped to communicate successfully in a pluralistic American society and abroad. This imperative envisions a future in which ALL students will develop and maintain proficiency in English and at least one other language, modern or classical."

Statement of Philosophy
Standards for Foreign Language Learning*

Since the launch of the National Standards for Foreign Language education in 1996, government, business, and over fifty professional and state organizations have embraced their challenging vision of educational reform. The authors of *Puntos de partida* have also embraced this vision, as the Standards go directly to the heart of why students should learn languages: In addition to learning communication skills, students develop stronger critical thinking skills, acquire cross-disciplinary knowledge, and, very importantly, strengthen and develop cross-cultural competence, a vital skill in today's increasingly interconnected world.

"Knowing how, when, and why to say what to whom . . . "*

The Standards are organized into five goal areas: Communication, Cultures, Connections, Comparisons, and Communities. These "five Cs" are symbolized by five interlocking circles, representing the close interrelationship among these goals. Each includes two or three content standards that describe what students should know and be able to use as a result of their language study.

Puntos de partida exemplifies the spirit of the Standards. All "five Cs" are actively integrated throughout the various components of *Puntos*.

Communication: Emphasized through the presentation of functional language, role-play, interview activities, and personalized activities in the textbook, online *ActivityPak, DVD Program,* and other program components.

Cultures: Students are exposed to a multiplicity of cultural *products, processes,* and *perspectives:* interviews with native speakers in the *DVD Program;* in-depth cultural commentary on the countries of the Spanish-speaking world in the textbook; thematically linked cultural Web research activities on the *Online Learning Center,* and more. *Puntos* provides sustained opportunities for hypothesis and analysis, and invites students to make connections between beliefs, behaviors, and cultural artifacts.

Connections: Readings in the textbook and exploratory activities, as well as *Instructor Edition* annotations, help students make connections among discipline areas.

*Executive Summary, National Standards in Foreign Language Education: A Collaborative Project of ACTFL, AATF, AATG, AATI, AATSP, ACL/APA, ACTR, CLASS/CLTA, & NCSTJ/ATJ.

Comparisons: In addition to the activities in the **Un poco de todo** section of the textbook, the *DVD Program* and the *Online Learning Center* provide ample opportunities for cross-cultural comparisons.

Communities: Internet-based and experiential activities allow students to explore communities, and personalized, high-interest activities encourage the use of language for personal enjoyment and enrichment beyond the classroom.

supplementary materials

A variety of additional components are available to support *Puntos de partida*. Many are free to adopting institutions. Please contact your local McGraw-Hill representative for details on policies, prices, and availability.

FOR STUDENTS

- The *Workbook,* by Alice A. Arana (formerly of Fullerton College) and Oswaldo Arana (formerly of California State University, Fullerton), continues the successful format of previous editions by providing additional practice with vocabulary and structures through a variety of input-based, controlled, and open-ended activities and guided compositions. Special features include the **Prueba corta,** preceded by a grammar self-check feature called **A ver si sabe... ,** which allows students to quickly assess their knowledge of grammatical structures before completing the **Punto final.** The **Perspectivas culturales** (formerly **Conozca...**) section offers focused vocabulary and fact-based activities related to the same feature found in the student textbook.

- The *Laboratory Manual* and *Laboratory Audio Program,* by María Sabló-Yates (Delta College), continue to emphasize listening comprehension activities as well as cultural listening passages with listening strategies. Chapters offer form-focused speaking practice as well as interview and dialogue-based activities, including the **Videoteca: Minidramas** section in which students first hear a sample dialogue and then play the role of a participant in a similar exchange to apply what they've learned. The **Prueba corta** is a chapter-ending self-quiz that allows students to assess their language development before moving on to the next chapter. Audio CDs are free to adopting institutions and are also available for student purchase upon request. (An *Audioscript* is available for instructors on the *Online Learning Center*.)

- The *Online Workbook* and *Online Laboratory Manual,* developed in collaboration with Quia™, offer an online version of the printed supplements. Very popular, these online versions offer such benefits for the student as an integrated *Laboratory Audio Program,* self-scoring activities, and instant feedback. Benefits for the instructor include a gradebook that automatically scores, tracks, and records student grades and provides the opportunity to review individual and class performance. Other benefits include customizable activities and features and instant access to grades and performance.

- The *Online Learning Center* (**www.mhhe.com/puntos8**) provides students with a wealth of activities specially created for use with *Puntos de partida*. The *Online Learning Center* includes additional vocabulary and grammar practice quizzes, cultural activities (including the new cultural PowerPoints), the *Laboratory Audio Program,* **Videoteca** activities to go with the *DVD Program,* the Textbook Audio recordings that correspond to those sections of the textbook with the Web audio (globe with headphones) icon, the Flash Grammar Tutorials, and the new online *ActivityPak* described in the following bullet point.

- The new online *ActivityPak* is an exciting new supplement, available for student purchase, that replaces the stand-alone *Interactive CD-ROM* from earlier editions of *Puntos*. It provides a unified learning experience for students through the *Online Learning Center.* Flash-based activities, games, video clips, and more all provide review of vocabulary, grammar, and culture in a fun and useful online format. With the online *ActivityPak,* students will no longer have to worry about lost CDs and operating system incompatibilities. It's all online, it's easy to access and use, and it helps students get the most out of their study of Spanish!

- The new *Puntos de partida* Learning Management System is an integrated digital textbook, powered by Quia™. McGraw-Hill has partnered with Quia™, the leading developer of online tools for foreign language instruction and learning, to create a comprehensive learning management system that allows you to manage your course with robust communication tools, record keeping that can be imported to Blackboard and other CMS platforms, integration of instructor resources such as digital transparencies and PowerPoint slides, as well as the ability to customize or add your own content. Last but certainly not least, it includes a fully interactive digital version of the textbook that has a real time voice chat feature, integrated audio and video, and many other resources that make this a truly integrated online system for the teaching and learning of Spanish. Please contact your local McGraw-Hill sales representative for more information.

- The new *DVD Program* contains all of the videos for the *Puntos* program as well as follow-up activities. Instructors who find they do not have the time to show the *DVD Program* in class will be pleased to know that it is available for student purchase, thus providing them with a wealth of authentic and natural linguistic and cultural input. For more information, see the *DVD Program* in the following For Instructors section.

- A *Practical Guide to Language Learning,* by H. Douglas Brown (San Francisco State University), provides beginning foreign language students with a general introduction to the language-learning process. This guide is free to adopting institutions, and it can also be made available for student purchase.

FOR INSTRUCTORS

- The *Instructor's Edition,* which has always been regarded as a principal teaching resource for both novice and experienced instructors, provides an enlarged trim size with a wide variety of additional instructional notes, suggestions, and activities. This very useful supplement contains suggestions for implementing activities, supplementary exercises for developing listening and speaking skills, and abundant variations and follow-ups on student text materials. A special feature of the *Instructor's Edition* are the **Bright Idea** suggestions, which were provided by instructors from across the country who use *Puntos de partida* on a daily basis. We are grateful for their wonderful ideas and suggestions. In addition, special features found in the wrap-around annotation space include a recurring **Resources** note at the beginning of each chapter identifying key supplements and resources for that chapter, notes and suggestions for adapting certain activities to accommodate **Heritage Speaker** students, cultural notes, and notes that identify activities that support the National Standards.

- The *Instructor's Manual and Resource Kit,* now available electronically on the *Online Learning Center,* offers an extensive introduction to teaching techniques, general guidelines for instructors, suggestions for lesson planning in semester and quarter schedules, and blackline master activities created for use with the various segments on the *DVD Program,* thus making it easy for instructors to provide concrete tasks that accompany the DVD material. Also included are a wide variety of interactive and communicative games for practicing vocabulary and grammar.

- The *Testing Program,* also now available on the *Online Learning Center,* contains five different tests for each chapter, as well as sample mid-term and final exams.

- McGraw-Hill's EZ Test is a flexible and easy-to-use electronic testing program. The program allows instructors to create tests from publisher-provided items. It accommodates a wide range of question types, and instructors may add their own questions. Multiple versions of a test can be created, and any test can be exported for use with course management systems such as WebCT, BlackBoard, or PageOut. EZ Test Online is a new service and gives you a place to easily administer your EZ Test created exams and quizzes online. The program is available for Windows and Macintosh environments.

- The *Online Learning Center* (**www.mhhe.com/puntos8**) offers instructors a variety of additional resources. Instructors have password-protected access to all portions of the *Online Learning Center,* which includes such resources for instructors as the *Instructor's Manual and Resource Kit,* the *Testing Program,* the *Audioscript, Digital Transparencies, Cultural PowerPoint* presentations, and more, as well as free access to the new online *ActivityPak.* For password information, please contact your McGraw-Hill sales representative.

- The new *DVD Program* for the Eighth Edition of *Puntos* includes all of the video components from the Seventh Edition: **Entrevista cultural, Entre amigos, Perspectivas culturales** (formerly **Conozca...**), **Minidramas,** and **En contexto.** These various video elements make up approximately five hours of video and can be used to augment the various supplements of the *Puntos* program.

- The *Audio Program* is provided free to adopting institutions and contains all of the audio CDs from the *Laboratory Audio Program* as well as the *Textbook Listening CD.* Adopting institutions may use the *Audio Program* in their Language Laboratory. In addition, institutions may make copies of these materials for students, provided that students are only charged for the cost of blank CDs.

- The new *Digital Overhead Transparencies* with all of the new **Vocabulario: Preparación** art are available to instructors on the *Online Learning Center.*

- Available for instructors only, a brand new music CD, *Ritmos y sonidos*, is a collection of contemporary music from around the Spanish-speaking world. The music showcases a wide variety of styles, from traditional **salsa, merengue,** and **son,** to today's Latin-influenced pop. Featuring a variety of well-known and lesser-known artists and groups, *Ritmos y sonidos* is a great resource for instructors who want to bring the musical traditions of the Spanish-speaking world into the language classroom.

- Also available are *Supplemental Materials to accompany Puntos de partida,* by Sharon Foerster and Jean Miller (University of Texas, Austin). Comprised of worksheets and a teacher's guide, these two supplements are a compilation of materials that include short pronunciation practice, listening exercises, grammar worksheets, integrative communication-building activities, comprehensive chapter reviews, and language games.

- Finally, the film *Sol y viento,* by Bill VanPatten et al. is available for programs that wish to augment their first-year Spanish course with a film component. The *Instructor's Edition* contains references to episodes of the film that approximately match the themes and vocabulary of *Puntos de partida.*

acknowledgments

The suggestions, advice, and work of the following friends and colleagues are gratefully acknowledged by the authors of the Eighth Edition.

- Dr. Bill VanPatten (Texas Tech University), whose creativity has been an inspiration to us for a number of editions and from whom we have learned so very much about language teaching and about how students learn

- Dr. A. Raymond Elliott (University of Texas, Arlington) and Ana María Pérez-Gironés (Wesleyan University), whose contributions to the *Instructor's Edition* have served to make that supplement an even more invaluable teaching resource

- Anna McGarry (Citrus College) for her detailed and thorough user diary of the Seventh Edition. Prof. McGarry's comments and suggestions about many grammar explanations and activities provided the authors with invaluable feedback that has enhanced the Eighth Edition.

- Laura Chastain (El Salvador), our indefatigable native reader, deserves special recognition for her role in the Eighth Edition. Her work helped us achieve a streamlining of direction lines and activities throughout this edition, and also contributed greatly to the **Así se dice** sections and to the **refranes** feature of the *Instructor's Edition.* In addition, Laura's work on the consistency of vocabulary and correct language usage throughout all parts of the *Puntos* program was invaluable. Laura has been a part of the *Puntos* team for many editions, and we are grateful for her hard work, keen eye, and abiding friendship.

- Dr. Teresa Pérez-Gamboa (The University of Georgia) and Dr. Margarita Hodge (Northern Virginia Community College), for their work on the cultural introductions to the Andean region and the United States, respectively. Their expertise and creativity are greatly appreciated.

- Linda H. Colville (Citrus College), for the outstanding games she has long contributed to the *Instructor's Manual and Resource Kit,* and for the revisions she undertook for this edition. Instructors frequently tell us how much they love these games, and we are fortunate to have them as part of the *Puntos* program.

- Dr. Pennie Nichols, who over the years has worked on and contributed to many parts of the *Puntos* program. In this edition, Dr. Nichols helped revise the **Perspectivas culturales** sections of the textbook, created the new *Cultural PowerPoints,* and revised several sections of the *Instructor's Manual and Resource Kit,* among other contributions.

In addition, the publisher wishes to acknowledge the suggestions received from the following instructors and professional friends across the country. The feedback we received through their participation in course surveys, symposia, focus groups, and formal reviews of the Seventh Edition was instrumental in shaping the revision for the Eighth Edition. The appearance of their names in this list does not necessarily constitute their endorsement of the text or its methodology.

COURSE SURVEY PARTICIPANTS

We thank the 558 Spanish instructors who participated in a general course survey conducted by McGraw-Hill. The results of this survey helped shape and form the Eighth Edition and provided timely and useful information for other projects currently in development.

SYMPOSIA ATTENDEES

We are grateful to the following instructors, who recently attended one of the McGraw-Hill symposia on introductory Spanish. These two day, in-depth round table symposia provided the authors and editors of *Puntos de partida* with invaluable feedback and suggestions and helped shape this edition and its ancillaries.

Claudia Acosta, *College of the Canyons*
Esther Aguilar, *San Diego State University*
Carlos Arce, *Cerritos College*
Luis Belaustegui, *University of Missouri, Kansas City*
Marla Calico, *Georgia Perimeter College*
Carmen Chávez, *Florida Atlantic University*
Eliud Chuffe, *University of Arizona*
Alicia Cipria, *University of Alabama*
Xuchitl Coso, *Georgia Perimeter College*
Richard Curry, *Texas A&M University*
Alicia de la Torre Falzón, *Northern Virginia Community College*
Beatrice DeAngelis, *University of Pittsburgh*
Annette Dunzo, *Howard University*
Ronna Feit, *Nassau Community College*
Neysa Figueroa, *Kennesaw State University*
Joan Fox, *University of Washington*
Marianne Franco, *Modesto Jr. College*
Grant Goodall, *University of California, San Diego*
Sue Griffin, *Boston University*
Sergio Guzmán, *Community College of Southern Nevada*
Lucía Harrison, *Southeastern Louisiana University*
Casilde Isabelli, *University of Nevada, Reno*
Adam Karp, *American River College*
Linda Jane Keown, *University of Missouri, Columbia*
Ruth Fátima Konopka, *Grossmont College*
Josefa Lindquist, *University of North Carolina at Chapel Hill*
Lydia Llerena, *Rio Hondo College*
Jeff Longwell, *New Mexico State University*
Nuria López-Ortega, *University of Cincinnati*
Pedro Maligo, *Coastal Carolina University*
Laura Manzo, *Modesto Jr. College*
Lois Mignone, *Suffolk County Community College*
M. Cristina Moreno, *De Anza College*
José Ramón Núñez, *Long Beach City College*
Ana Oskoz, *University of Maryland Baltimore County*
Marilyn Palatinus, *Pellissippi State Technical College*

Yanira Paz, *University of Kentucky*
Michelle Petersen, *Arizona State University*
Luisa Piemontese, *Southern Connecticut State University*
Comfort Pratt, *Texas Tech University*
Anne Prucha, *University of Central Florida*
Mónica Rojas de Massei, *Clemson University*
Amy Rossomondo, *University of Kansas*
Marcella Ruiz-Funes, *East Carolina University*
Theresa Ruiz-Velasco, *College of Lake County*
Maritza Salguiero-Carlisle, *Bakersfield College*
Robert Sanders, *Portland State University*
Carmen Schlig, *Georgia State University*
Louis Silvers, *Monroe Community College*
Mercedes Thompson, *El Camino College*

INSTRUCTOR FOCUS GROUP PARTICIPANTS

We thank our instructor focus group participants, who graciously gave us their detailed feedback and suggestions for the *Puntos de partida* program. Their honesty and constructive criticism have greatly enhanced the Eighth Edition.

Texas Community College System
Jane Gibson, *Central Texas College*
Becky Jaimes, *Austin Community College*
Jude Manzo, *San Antonio College*
Sue Bertoleit-Valdez, *Temple College*
Bill Monds, *Trinity Valley Community College*
Gloria Yampey-Jorg, *Houston Community College*
Ana Girón, *Collin County Community College*
Todd Phillips, *Austin Community College*
Ivan Mino, *Tarrant County Community College*

University of Colorado at Boulder
Anne Becher
Karen Gaston-Malcolm
Antonia Green
Mary Long
Cristina Piras
Alicia Tabler

GRADUATE TEACHING ASSISTANT FOCUS GROUP PARTICIPANTS

Graduate teaching assistants also provide a very important and unique perspective on teaching and learning materials. We are very thankful to the following graduate teaching assistants and their supervisor, who generously gave us their time and input.

Northern Arizona University
Graduate supervisor: Yuly Asención Delaney
Graduate Teaching Assistants:
    Jessamyn Snider
    Valerie Ann Jepson
    Audra Travelbee

Curtis Kleinman
Christopher Michael Wargo
Kirsten Phillips

STUDENT FOCUS GROUP PARTICIPANTS

We are grateful to the more than 60 Introductory Spanish students at the following institutions, who commented in detail on all parts of the *Puntos de partida* program. Their practical perspective has been extremely valuable to the authors and editors. We are also very grateful to the instructors who helped arrange these student focus groups, and who attended and listened to their students' opinions and suggestions.

University of Colorado at Boulder
    Instructor: Anne Becher

Broward Community College, South
    Instructor: Fernando Grisales

University of Texas at Austin
    Instructor: Malia LeMond

Howard Community College
    Instructors: Robin Bauer and Cheryl Berman

Austin Community College
    Instructor: Tim Altanero

REVIEWERS

We are grateful to the following reviewers, whose insight and suggestions have helped shape the Eighth Edition.

Víctor Acuna, *Community College of Philadelphia*
Esther Aguilar, *San Diego State University*
Serge Ainsa, *Yavapai College*
José Ignacio Álvarez-Fernández, *Harvard University*
Yvette Aparicio, *Grinnell College*
Sr. María Armijo, *Conception Seminary College*
Julián Arribas, *Ohio Wesleyan University*
Teresa Arrington, *Blue Mountain College*
Pamela Ayuso, *Danville Community College*
Elizabeth Baez, *Santiago Canyon College*
Robin L. Bauer, *Howard Community College*
Anne Becher, *University of Colorado at Boulder*
John Bennett, *Fort Scott Community College*
Cheryl Berman, *Howard Community College*
Cindy Biel, *Ursinus College*
Rosa Bird, *University of Central Oklahoma*
Alda Blanco, *University of Wisconsin-Madison*
Sonja Bontrager, *Newman University*
Enric Bou, *Brown University*

Diane Bradley, *Rochester College*
Frieda Brinkmann, *Colorado Christian University*
Dave Brown, *Tri-State University*
Nancy Brown, *Lourdes College*
Richard Brown, *Cottey College*
Carmela Bruni-Bossio, *University of Alberta*
Kathy Bruss, *Bethany Lutheran College*
Tatjana Bruss, *Bethany Lutheran College*
Brenda Calderón, *Oral Roberts University*
Nettie Cale, *Dabney Lancaster Community College*
Sirio Calogero, *Scottsdale Community College*
Mónica Casco, *Queens College*
Daniel Chaney, *Columbus State Community College*
Cida Chase, *Oklahoma State-Stillwater*
Joseph Chindemi, *Wilkes University*
Guillermo Cifuentes, *Bennett College*
Carol Collins, *Drury University-St. Robert*
Linda H. Colville, *Citrus College*
Chris Connell, *Feather River College*
Ed Cornbleet, *Ferrum College*
Silvia Dapia, *Purdue University North Central*
Alicia de la Torre Falzón, *Northern Virginia Community Collage, Annandale*
Kit Decker, *Piedmont Virginia Community College*
Betty Deeb, *Park University-Malmstrom Campus Center*
Richard Devey, *Penn State University-Shenango Campus*
Nancy Gray Díaz, *Rutgers University-Newark*
Gabriela Díaz De Gallegos, *Southwestern University*
Duane Doyle, *Arkansas State University-Newport*
Karin Dunn, *Upper Iowa University*
Eunice Dupertuis, *Andrews University*
Anthony Dutton, *Valley City State University*
D. Layne Ehlers, *Bacone College*
A. Raymond Elliott, *University of Texas-Arlington*
Delia Escalante, *Phoenix College*
Fabio Espitia, *Grand Valley State University*
Margaret Eumurian, *Houston Community College*
Denise Fainberg, *Central Oregon Community College*
Debra Faszer-McMahon, *Mount Marty College-Yankton*
Alla Fil, *New York University*
David Fish, *Ozark Christian College*
Linda Flynn, *Copiah-Lincoln Community College-Natchez*
Anneliese Foerster, *Queens University of Charlotte*
Cristina Francescon, *Methodist College*
Bruce Franklin, *Methodist University*
Roger S. Frantz, *San Diego State University*
Marla Gale, *University of Alaska-Ft. Wainwright*
Paula Gamertsfelder, *Terra Community College*
Russell Ganim, *University of Nebraska-Lincoln*

Montserrat García, *Norwalk Community College*
Guillermo Gibens, *Massachusetts College of Liberal Arts*
Jonathan Gibson, *Great Basin College*
John Gonzales, *New Hampshire Community Tech College*
Luis Samuel González, *Sinclair Community College*
Renato González, *Siena Heights University-Adrian*
Roberta Gordenstein, *The Elms College*
Andrew Gordon, *Mesa State College*
Antonio Gragera, *Texas State University-San Marcos*
Elena Grajeda, *Pima Community College-Northwest*
María Grana, *Houston Community College*
Sue Griffin, *Boston University*
Betty Gudz, *Sierra College*
Leticia Guilin, *Palo Verde College*
Arnal Guzmán, *Methodist University*
Sandra Harper, *Ohio Wesleyan University*
Patricia Harrigan, *Community College of Baltimore County*
Carmenmara Hernández-Bravo, *Saddleback College*
Ivette N. Hernández-Torres, *University of California-Irvine*
Sandra Herron, *Collin County Community College-Frisco*
David K. Herzberger, *University of Connecticut-Storrs*
Eileen Hodgson, *Victoria University, Australia*
Edward Hood, *Northern Arizona University*
Albert Hughes, *Martin Methodist College*
Ann Hughes, *College of Notre Dame of Maryland*
Yvonne Hynes, *Golden Gate University*
Phil Jaramillo, *Adams State College*
Carmen Jiménez, *Southern Adventist University*
Kent Johnson, *Highland Community College*
Keyvan Karbasioun, *Fitchburg State College*
Christine Khorsand, *Arapahoe Community College*
Constance Kihyet, *Saddleback College*
Susan Knight, *Central Michigan University*
Mary Ellen Kohn-Buday, *Mt. St. Mary's College*
Christy Koop, *Ellsworth Community College*
Marie-Christine Koop, *University of North Texas*
Charles Lawrence, *Seattle University*
Paula Leming, *Henderson State University*
Malia LeMond, *University of Texas-Austin*
Eve Leons, *Landmark College*
Bill Lipman, *Tri-State University*
Janet Livesey, *Oklahoma Panhandle State University*
María Long, *Flinders University, Australia*
Janie Lore, *Brewton-Parker College*
Marilen Loyola, *University of Wisconsin-Madison*
Nelson Madera, *Tallahassee Community College*
Mónica Malamud, *Cañada College*
Carlos Mamani, *Gannon University*
D. Brian Mann, *North Georgia College & State University*

Jeanne Mansfield, *Heritage University*
William Martínez, *California Polytechnic State University*
Linda McCabe, *Lewis University*
Anna McGarry, *Citrus College*
Scarlett McGlumphy, *Alderson-Broaddus College*
Suzanne McGregor, *University of Great Falls-Great Falls*
Emily McNair, *East Arkansas Community College*
María Meléndez, *Albright College*
Eva Mendieta, *Indiana University Northwest*
María-Teresa B. Moinette, *University of Central Oklahoma*
Yolanda Molina-Gavilán, *Eckerd College*
Delia Montesinos, *The University of Texas at Austin*
Cassandra Morgan, *LeMoyne-Owen College*
Kelly Morris, *Faulkner University*
Mary Jane Morse, *Lebanon College*
Barbara Mulcahy, *Elms College*
Laura Nachtigal, *Northwest Iowa Community College*
K. Dwyer Navajas, *University of Florida-Gainesville*
Karen Nichols, *Central Oregon Community College*
Corinne Nicolas, *Tusculum College*
Susan Nordquist, *Rainy River Community College*
Kathleen Olson, *Gannon University*
Manuel Ortuno, *Baylor University*
Lynne Overesch-Maister, *Johnson County Community College*
Tika H. Owens, *Winston-Salem State University*
Daniel Paniagua, *McLennan Community College*
Tina Peña, *Tulsa Community College-Metro Campus*
Cristina Piras, *University of Colorado, Boulder*
Karen Power, *Cedarville University*
Mario Prada, *University of Minnesota, Crookston*
Comfort Pratt, *Texas Tech University*
Marcie Pratt, *Black Hills State University*
Camille Qualtere, *Lafayette College*
Cecily Quintanilla, *Principia College*
Eduardo Raposo, *University of California, Santa Barbara*
Jeffrey Reeder, *Sonoma State University*
Montserrat Reguant, *Mt. St. Mary's College, Doheny Campus*
Ramona Rendon, *Broward Community College-Central*
Leonard Rinchiuso, *West Liberty State College*
William Ritchie, *Clearwater Christian College*
Jaymes Anne Rohrer, *Randolph-Macon Woman's College*
Janet Sandarg, *Augusta State University*
Philippe Seminet, *Texas A&M University-Commerce*
Louis Silvers, *Monroe Community College*
Michelle Small, *Northland College*
Alan Smith, *Boston University*
Natalie Sobalvarro-Butler, *Merced College*
David Steeger, *Campbell University*
Shawn Stein, *Massey University, New Zealand*

Kim Aragon Stewart, *University of Alaska, Fairbanks*
Kimberly Strom, *College of St. Catherine*
Carol Sturtevant, *Thomas College*
Scott Swanson, *Scott Community College, Bettendorf*
Michelle Thomas, *Northland Community & Technical College*
Kathryn Thompson, *Principia College*
John Twomey, *University of Massachusetts-Dartmouth*
Mayela Vallejos-Ramírez, *Mesa State College*
Carlos Villacis, *Houston Community College*
Javier Villarreal, *Texas A&M University-Corpus Christi*
Linda Webster, *Western Wyoming Community College*
Beth Wellington, *Babson College*
Sr. Marcella Anne Wendzikowski, *Villa Maria College*
Omaida Westlake, *MiraCosta College*
Bretton White, *University of Wisconsin-Madison*
Alex Whitman, *Lower Columbia College*
Beverly Will, *Lourdes College*
Raymond L. Williams, *University of California, Riverside*
Sharon Witte, *East Central College*
Rosalinda Wright, *Tallahassee Community College*
John Yenchik, *Wilkes University*
Francisco Zabaleta, *San Diego Mesa College*
Filemón Zamora, *Arizona Western College*
John Zimmermann, *Kendall College*
Patty Zuker, *University of California, San Diego*

Many other individuals deserve our thanks and appreciation for their help and support. Among them are the people who, in addition to the authors, read the Eighth Edition at various stages of development to ensure its linguistic and cultural authenticity and pedagogical accuracy: Alice A. Arana (United States), Oswaldo Arana (Peru), Laura Chastain (El Salvador), and María Sabló-Yates (Panama).

Special thanks are also due to Louise Neary and Octavio Flores of Wesleyan University for their valuable and thoughtful feedback, informed by their hands-on experience using *Puntos* in the classroom. Their comments and suggestions have improved both this edition and former editions.

Within the McGraw-Hill family, we would like to acknowledge the contributions of the following individuals: Linda Toy and the McGraw-Hill production group, especially Violeta Díaz for her inspired work on the cover of the Eighth Edition, Brett Coker for his invaluable assistance as Production Editor, and Rich DeVitto and Louis Swaim for their work on various aspects of production. We would also like to thank Margaret Young and Janina Tunac Basey for their helpful editorial assistance. Special thanks are due to Eirik Børve, who originally brought some of us together, and to Jorge Arbujas and the McGraw-Hill marketing and sales staff for their constant support and efforts. We especially thank Christa Harris, whose role as Sponsoring Editor went far beyond the call of duty and who helped us keep our sights and efforts focused on the main goals of this edition. We are especially appreciative of the work of Scott Tinetti and of Allen J. Bernier who played an enormous role in shaping the final manuscript and adroitly shepherded the text through its production process.

Language teaching has changed in important ways since the publication of the First Edition of *Puntos de partida*. We are delighted to have been—and to continue to be—agents of that evolution. And we are grateful to McGraw-Hill for its continuing and unwavering support of our ideas.

puntos
de partida

Ante todo°

As you study Spanish in *Puntos de partida*, you will also learn about the ethnic, racial, and cultural diversity of the Spanish-speaking world.

1

Madrid, España

°Ante... *First of all*

2 San Juan, Puerto Rico

Lima, Perú

Puntos de partida means *points of departure* in Spanish. This book will be your point of departure in Spanish language and culture. With *Puntos de partida* you will begin to learn Spanish and get ready to communicate with Spanish speakers in this country and elsewhere in the Spanish-speaking world.

To speak a language involves much more than just learning its grammar and vocabulary; to know a language is to know the people who speak it. For this reason *Puntos de partida* will provide you with cultural information to help you understand and appreciate the traditions and values of Spanish-speaking people all over the world.

Are you ready for the adventure of learning Spanish? **Pues, ¡adelante!** (*Well, let's go!*)

°en... *in this chapter*

Saludos° y expresiones de cortesía

Greetings

Here are some words, phrases, and expressions that will enable you to meet and greet others appropriately in Spanish.

1. Sevilla, España

1. MANOLO: ¡Hola, Maricarmen!
    MARICARMEN: ¿Qué tal, Manolo? ¿Cómo estás?
    MANOLO: Muy bien. ¿Y tú?
    MARICARMEN: Regular. Nos vemos, ¿eh?
    MANOLO: Hasta mañana.

2. ELISA VELASCO: Buenas tardes, señor Gómez.
    MARTÍN GÓMEZ: Muy buenas, señora Velasco. ¿Cómo está?
    ELISA VELASCO: Bien, gracias. ¿Y usted?
    MARTÍN GÓMEZ: Muy bien, gracias. Hasta luego.
    ELISA VELASCO: Adiós.

2. Quito, Ecuador

¿Qué tal?, **¿Cómo estás?**, and **¿Y tú?** are expressions used in informal situations with people you know well, on a first-name basis.

¿Cómo está? and **¿Y usted?** are used to address someone with whom you have a formal relationship.

3. La Ciudad de México, México

3. LUPE: Buenos días, profesor.
    PROFESOR: Buenos días. ¿Cómo te llamas?
    LUPE: Me llamo Lupe Carrasco.
    PROFESOR: Mucho gusto, Lupe.
    LUPE: Igualmente.

1. MANOLO: *Hi, Maricarmen!* MARICARMEN: *How's it going, Manolo? How are you?* MANOLO: *Very well. And you?* MARICARMEN: *OK. See you around, OK?* MANOLO: *See you tomorrow.*
2. ELISA VELASCO: *Good afternoon, Mr. Gómez.* MARTÍN GÓMEZ: *Afternoon, Mrs. Velasco. How are you?* ELISA VELASCO: *Fine, thank you. And you?* MARTÍN GÓMEZ: *Very well, thanks. See you later.* ELISA VELASCO: *Bye.*
3. LUPE: *Good morning, professor.* PROFESSOR: *Good morning. What's your name?* LUPE: *My name is Lupe Carrasco.* PROFESSOR: *Nice to meet you, Lupe.* LUPE: *Likewise.*

¿**Cómo se llama usted?** is used in formal situations. ¿**Cómo te llamas?** is used in informal situations—for example, with other students. The phrases **mucho gusto** and **igualmente** are used by both men and women when meeting for the first time. In response to **mucho gusto,** a woman can also say **encantada;** a man can say **encantado.**

4. MIGUEL RENÉ: ¡Hola! Me llamo Miguel René. ¿Y tú? ¿Cómo te llamas?
KARINA: Me llamo Karina. Mucho gusto.
MIGUEL RENÉ: Mucho gusto, Karina. Y, ¿de dónde eres?
KARINA: Yo soy de Venezuela. ¿Y tú?
MIGUEL RENÉ: Yo soy de México.

4. La Ciudad de México, México

¿**De dónde eres?** is used in informal situations to ask where someone is from. In formal situations the expression used is ¿**De dónde es usted?** To reply to either question, the phrase **(Yo) Soy de _____** is used.

ASÍ SE DICE*

These greetings are used (especially by young people) to express *What's up?* or *What's happening?*

¿Qué hay?
¿Qué pasa?
¿Qué hubo?
¿Qué onda? (*Mex.*)

The phrase **por nada** is a common alternative to **de nada,** and **con permiso** is often abbreviated to just **permiso.**

NOTA COMUNICATIVA

Otros saludos y expresiones de cortesía

buenos días	good morning (*used until the midday meal*)
buenas tardes	good afternoon (*used until the evening meal*)
buenas noches	good evening; good night (*used after the evening meal*)
señor (Sr.)	Mr., sir
señora (Sra.)	Mrs., ma'am
señorita (Srta.)	Miss
gracias	thanks, thank you
muchas gracias	thank you very much
de nada, no hay	you're welcome
de qué	
por favor	please (*also used to get someone's attention*)
perdón	pardon me, excuse me (*to ask forgiveness or to get someone's attention*)
con permiso	pardon me, excuse me (*to request permission to pass by or through a group of people*)

There is no Spanish equivalent for *Ms.;* use **Sra.** or **Srta.** as appropriate. Use the titles **profesor** and **profesora** to address your college instructors.

---

4. *MIGUEL RENÉ: Hello! My name is Miguel René. And you? What's your name? KARINA: My name is Karina. Nice to meet you. MIGUEL RENÉ: Nice to meet you, Karina. And where are you from? KARINA: I'm from Venezuela. And you? MIGUEL RENÉ: I'm from Mexico.*

*__*Así se dice__ (That's how it's said) boxes in each chapter of* Puntos de partida *will introduce optional vocabulary and expressions from across the Spanish-speaking world.*
†Careful!

■ ■ ■ Conversación

A. Expresiones de cortesía. How many different ways can you respond to the following greetings and phrases?

1. Buenas tardes.
2. Adiós.
3. ¿Qué tal?
4. ¡Hola!
5. ¿Cómo está?
6. Buenas noches.
7. Muchas gracias.
8. Hasta mañana.
9. ¿Cómo se llama usted?
10. Mucho gusto.
11. ¿De dónde eres?
12. Buenos días.

B. Situaciones. If the following people met or passed each other at the times given, what might they say to each other? Role-play the situations with a classmate.

1. Mr. Santana and Miss Pérez, at 5:00 P.M.
2. Mrs. Ortega and Pablo, at 10:00 A.M.
3. Ms. Hernández and Olivia, at 11:00 P.M.
4. you and a classmate, just before your Spanish class

C. Más (More) situaciones. Are the people in these drawings saying **por favor, con permiso,** or **perdón? ¡OJO!** More than one response is possible for some items.

D. Entrevista (Interview)

Paso (Step) 1. Turn to a person sitting next to you and do the following.

- Greet him or her appropriately, that is, with informal forms.
- Ask how he or she is.
- Find out his or her name.
- Ask where he or she is from.
- Conclude the exchange.

Paso 2. Now have a similar conversation with your instructor, using the appropriate formal or familiar forms, according to your instructor's request.

El alfabeto español

There are twenty-nine letters in the Spanish alphabet (**el alfabeto** or **el abecedario**)—three more than in the English alphabet. The three additional letters are the **ch**, the **ll**, and the **ñ**. The letter **ñ** comes after **n** in alphabetized lists in Spanish. The letters **k** and **w** appear only in words borrowed from other languages.

Letters	Names of Letters	Examples		
a	a	Antonio	Ana	(la) Argentina
b	be	Benito	Blanca	Bolivia
c	ce	Carlos	Cecilia	Cáceres
ch*	che	Pancho	Chabela	La Mancha
d	de	Domingo	Dolores	Durango
e	e	Eduardo	Elena	(el) Ecuador
f	efe	Felipe	Francisca	Florida
g	ge	Gerardo	Gloria	Guatemala
h	hache	Héctor	Hortensia	Honduras
i	i	Ignacio	Inés	Ibiza
j	jota	José	Juana	Jalisco
k	ca (ka)	(Karl)	(Karina)	(Kansas)
l	ele	Luis	Lola	Lima
ll*	elle	Guillermo	Estrella	Sevilla
m	eme	Manuel	María	México
n	ene	Nicolás	Nati	Nicaragua
ñ	eñe	Íñigo	Begoña	España
o	o	Octavio	Olivia	Oviedo
p	pe	Pablo	Pilar	Panamá
q	cu	Enrique	Raquel	Quito
r	ere	Álvaro	Rosa	(el) Perú
s	ese	Salvador	Sara	San Juan
t	te	Tomás	Teresa	Toledo
u	u	Agustín	Úrsula	(el) Uruguay
v	ve *or* uve	Víctor	Victoria	Venezuela
w	doble ve, ve doble, *or* uve doble	Oswaldo	(Wilma)	(Washington)
x	equis	Xavier	Ximena	Extremadura
y	i griega	Pelayo	Yolanda	(el) Paraguay
z	ceta (zeta)	Gonzalo	Zoila	Zaragoza

*The **ch** is pronounced with the same sound as in English cherry or chair, as in **nachos** or **muchacho**. The **ll** is pronounced as a type of y sound. Spanish examples of this sound that you may already know are **tortilla** and **Sevilla**.*

■ ■ ■ Práctica

A. ¡Pronuncie! The following letters and letter combinations represent the Spanish sounds that are the most different from English. Pay particular attention to their pronunciation when you see them. Can you match the Spanish letters with their equivalent pronunciation?

EXAMPLES/SPELLING

1. mucho: **ch**
2. Geraldo: **ge** (also: **gi**)
   Jiménez: **j**
3. hola: **h**
4. gusto: **gu** (also: **ga**, **go**)
5. me llamo: **ll**
6. señor: **ñ**
7. profesora: **r**
8. Ramón: **r** (to start a word)
   Monterrey: **rr**
9. nos vemos: **v**

PRONUNCIATION

a. like the *g* in English *garden*
b. similar to *tt* of *butter* when pronounced very quickly
c. like *ch* in English *cheese*
d. like Spanish **b**
e. similar to a "strong" English *h*
f. like *y* in English *yes* or like the *li* sound in *million*
g. a trilled sound, several Spanish **r**'s in a row
h. similar to the *ny* sound in *canyon*
i. never pronounced

B. ¿Cómo se escribe... ? [*How do you write . . . ?*]

Paso 1. Pronounce these U.S. place names in Spanish. Then spell the names aloud in Spanish. All of them are of Hispanic origin: **Toledo, Los Ángeles, Texas, Montana, Colorado, El Paso, Florida, Las Vegas, Amarillo, San Francisco.**

Paso 2. Spell your own name aloud in Spanish, and listen as your classmates spell their names. Try to remember as many of their names as you can.

MODELO: Me llamo María: **M** (eme) **a** (a) **r** (ere) **í** (i acentuada) **a** (a).

NOTA COMUNICATIVA

Los cognados

As you begin your study of Spanish, you will probably notice that many Spanish and English words are similar or identical in form and meaning. These related words are called *cognates* (**los cognados**). You will see them used in **Ante todo** and throughout *Puntos de partida*. At this early stage of language learning, it's useful to begin recognizing cognates and how they are pronounced in Spanish. Here are some examples of Spanish words that are cognates of English words. These cognates and others will help you enrich your Spanish vocabulary and develop your language proficiency!

WORDS TO NAME OR DESCRIBE PEOPLE, PLACES, AND THINGS

cruel	paciente	banco	hotel
elegante	pesimista	bar	museo
importante	responsable	café	oficina
inteligente	sentimental	diccionario	parque
interesante	terrible	estudiante	teléfono
optimista	tolerante	examen	televisión

¿Cómo es usted?° (Part 1)*

¿Cómo... *What are you like?*

You can use these forms of the verb **ser** (*to be*) to describe yourself and others.

(yo)	soy	I am
(tú)	eres	you (*familiar*) are
(usted)	es	you (*formal*) are
(él, ella)	es	he/she is

—¿Cómo **es** usted?
—Bueno…° Yo **soy** moderna, independiente, sofisticada…

Well . . .

verb = a word that describes an action or a state of being

■ ■ ■ Conversación

Descripciones

Paso 1. Form complete sentences with the cognates given. Use **no** when necessary.

1. Yo (no) soy…
   estudiante.
   cruel.
   responsable.
   optimista.
   paciente.
2. El/La líder (*leader*) de esta (*this*) nación (no) es…
   importante.
   inteligente.
   pesimista.
   flexible.
   tolerante.
3. Jennifer López (no) es…
   elegante.   egoísta.
   introvertida.   moderna.
   romántica.   espectacular.
   sentimental.   extravangante.

Paso 2. Now think of people you might describe with the following additional cognates. Use **es** to express *is*.

MODELO: eficiente → El profesor / La profesora es eficiente.

1.	arrogante	**6.**	liberal
2.	egoísta	**7.**	materialista
3.	emocional	**8.**	paciente
4.	idealista	**9.**	realista
5.	independiente	**10.**	rebelde

---

*You will learn more about **ser** in **Gramática 6 (Capítulo 2)**.

Spanish Around the World

Although no one knows exactly how many languages are spoken around the world, linguists estimate that there are between 3,000 and 6,000. Spanish, with 425 million native speakers, is among the top five languages. It is the official language spoken in Spain, in Mexico, in all of South America (except Brazil and the Guianas), in most of Central America, in Cuba, in Puerto Rico, in the Dominican Republic, and in Ecuatorial Guinea (in Africa)—in approximately twenty-one countries in all. It is also spoken by a great number of people in the United States and Canada.

Like all languages spoken by large numbers of people, modern Spanish varies from region to region. The Spanish of Madrid is different from that spoken in Mexico City, Buenos Aires, or Los Angeles. Although these differences are most noticeable in pronunciation ("accent"), they are also found in vocabulary and special expressions used in different geographical areas. Despite these differences, misunderstandings among native speakers are rare, since the majority of structures and vocabulary are common to the many varieties of each language.

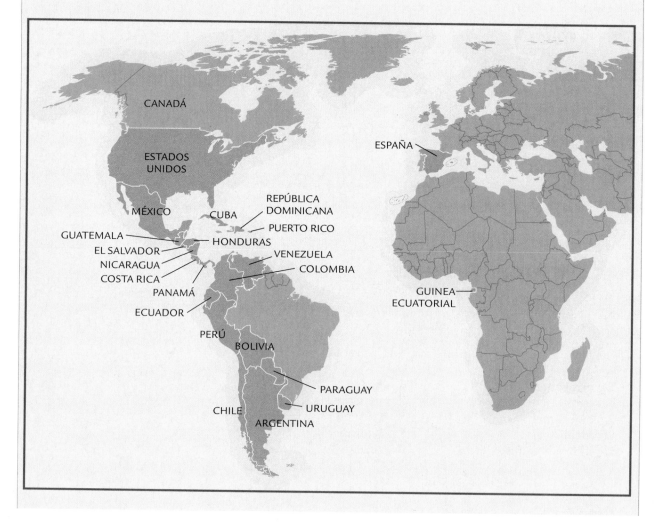

You don't need to go abroad to encounter people who speak Spanish on a daily basis. The Spanish language and people of Hispanic descent have been an integral part of life in the United States and Canada for centuries. In fact, the United States has the fifth largest Spanish-speaking population in the world!

There is also great regional diversity among U.S. Hispanics. Many people of Mexican descent inhabit the southwestern part of the United States, including populations as far north as Colorado. Large groups of Puerto Ricans can be found in New York, while Florida is host to a large Cuban and Central American population. More recent immigrants include Nicaraguans and Salvadorans, who have established large communities in many U.S. cities, among them San Francisco and Los Angeles.

As you will discover in subsequent chapters of *Puntos de partida*, the Spanish language and people of Hispanic descent have been and will continue to be an integral part of the fabric of this country.

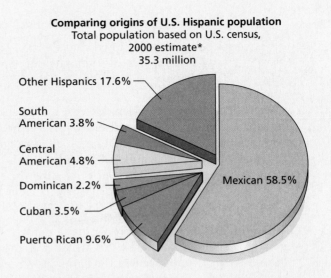

Comparing origins of U.S. Hispanic population
Total population based on U.S. census,
2000 estimate*
35.3 million

Other Hispanics 17.6%
South American 3.8%
Central American 4.8%
Dominican 2.2%
Cuban 3.5%
Puerto Rican 9.6%
Mexican 58.5%

* Source: Census Bureau. The Hispanic Population: Information from the 2000 Census.

▲ *Mural en la Pequeña Habana* (Little Havana), *el barrio cubano de* (of) *Miami*

Pronunciación

You have probably already noted that there is a very close relationship between the way Spanish is written and the way it is pronounced. This makes it relatively easy to learn the basics of Spanish spelling and pronunciation.

Many Spanish sounds, however, do not have an exact equivalent in English, so you can't always trust English to be your guide to Spanish pronunciation. Even words that are spelled the same in both languages are usually pronounced quite differently.

Las vocales (*Vowels*): *a, e, i, o, u*

Unlike English vowels, which can have many different pronunciations or may be silent, Spanish vowels are always pronounced, and they are almost always pronounced in the same way. Spanish vowels are always short and tense. They are never drawn out with a *u* or *i* glide as in English: **lo** ≠ *low;* **de** ≠ *day.*

a:	pronounced like the *a* in *father,* but short and tense
e:	pronounced like the *e* in *they,* but without the *i* glide
i:	pronounced like the *i* in *machine,* but short and tense*
o:	pronounced like the *o* in *home,* but without the *u* glide
u:	pronounced like the *u* in *rule,* but short and tense

 The *uh* sound or schwa (which is how most unstressed vowels are pronounced in English: *canal, waited, atom*) does not exist in Spanish.

A. Sílabas. Pronounce the following Spanish syllables, being careful to pronounce each vowel with a short, tense sound.

1. ma fa la ta pa
2. me fe le te pe
3. mi fi li ti pi
4. mo fo lo to po
5. mu fu lu tu pu
6. mi fe la tu do
7. su mi te so la
8. se tu no ya li

The word **y (and) is also pronounced like the letter **i.***

Capítulo preliminar: Ante todo

B. Palabras (*Words*). Repeat the following words after your instructor.

1. hasta tal nada mañana natural normal fascinante
2. me qué Pérez Elena rebelde excelente elegante
3. sí señorita permiso terrible imposible tímido Ibiza
4. yo con como noches profesor señor generoso
5. uno usted tú mucho Perú Lupe Úrsula

C. Trabalenguas (*Tongue twister*)

Paso 1. Here is a popular nonsense rhyme, the Spanish version of "Eeny, meeny, miney, moe." (Note: The person who corresponds to **fue** is "it.") Listen as your instructor pronounces it.

Pin, marín
de don Pingüé
cúcara, mácara
títere, fue.

Paso 2. Now pronounce the vowels clearly as you repeat the rhyme.

D. Las naciones

Paso 1. Here is part of a rental car ad in Spanish. Say aloud the names of the countries where you can find this company's offices. Can you recognize all of the countries?

Paso 2. Find the following information in the ad.

1. How many cars does the agency have available?
2. How many offices does the agency have?
3. What Spanish word expresses the English word *immediately*?

Los números del 0 al 30; Hay

Canción infantil

Dos y dos **son** cuatro,
cuatro y dos **son** seis,
seis y dos **son** ocho,
y ocho dieciséis.

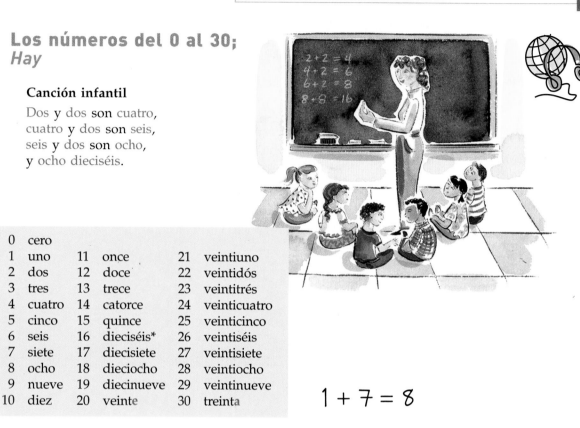

0	cero				
1	uno	11	once	21	veintiuno
2	dos	12	doce	22	veintidós
3	tres	13	trece	23	veintitrés
4	cuatro	14	catorce	24	veinticuatro
5	cinco	15	quince	25	veinticinco
6	seis	16	dieciséis*	26	veintiséis
7	siete	17	diecisiete	27	veintisiete
8	ocho	18	dieciocho	28	veintiocho
9	nueve	19	diecinueve	29	veintinueve
10	diez	20	veinte	30	treinta

$$1 + 7 = 8$$

Los números del 0 al 30

The number *one* has several forms in Spanish. **Uno** is the form used in counting. The forms **un** and **una** are used before nouns. How will you know which one to use? It depends on the gender of the noun.

In **Capítulo 1,** you will learn that all Spanish nouns are either masculine or feminine in gender. For example, the noun **señor** is masculine (*m.*) in gender, and the noun **señora** is feminine (*f.*) in gender. (As you will learn, Spanish nouns that are not sex-linked also have gender.) Here is how the word *one* is expressed with these nouns: **un señor, una señora.** Also note that the number **veintiuno** becomes **veintiún** before masculine nouns and **veintiuna** before feminine nouns: **veintiún señores, veintiuna señoras.** Do get used to using **un** and **uno** with nouns now, but don't worry about the concept of gender for the moment.

> **noun** = a word that denotes a person, place, thing, or idea

 uno, dos,... veinti**uno,** veintidós,...
> *but*
> **un** señor, veinti**ún** señores
> **una** señora, veinti**una** señoras

A children's song   Two and two are four, four and two are six, six and two are eight, and eight (makes) sixteen.

*The numbers 16 to 19 and 21 to 29 can be written as one word (**dieciséis... veintiuno...**) or as three words (**diez y seis... veinte y uno...**).

Hay

Use the word **hay** to express both *there is* and *there are* in Spanish. **No hay** means *there is not* and *there are not*. **¿Hay... ?** asks *Is there . . . ?* or *Are there . . . ?*

—¿Cuántos estudiantes **hay** en la clase?
—**(Hay)** Treinta.

How many students are there in the class?
(There are) Thirty.

—¿**Hay** pandas en el zoológico?
—**Hay** veinte osos, pero **no hay** pandas.

Are there any pandas at the zoo?
There are twenty bears, but there aren't any pandas.

■ ■ ■ Práctica

A. Los números. Practique los números, según (*according to*) el modelo.

MODELO: 1 señor → Hay un señor.

1. 4 señoras	**6.** 1 clase (*f.*)	**11.** 28 naciones
2. 12 pianos	**7.** 21 ideas (*f.*)	**12.** 5 guitarras
3. 1 café (*m.*)	**8.** 11 personas	**13.** 1 león (*m.*)
4. 21 cafés (*m.*)	**9.** 15 estudiantes	**14.** 30 señores
5. 14 días	**10.** 13 teléfonos	**15.** 20 oficinas

B. Problemas de matemáticas. Express the following simple mathematical equations in Spanish. Note: + **(y)**, − **(menos)**, = **(son)**.

MODELOS: $2 + 2 = 4$ → Dos y dos son cuatro.
$4 - 2 = 2$ → Cuatro menos dos son dos.

1. $2 + 4 = 6$	**8.** $15 - 2 = 13$	**15.** $8 - 7 = 1$
2. $8 + 17 = 25$	**9.** $9 - 9 = 0$	**16.** $13 - 9 = 4$
3. $11 + 1 = 12$	**10.** $13 - 8 = 5$	**17.** $2 + 3 + 10 = 15$
4. $3 + 18 = 21$	**11.** $14 + 12 = 26$	**18.** $28 - 6 = 22$
5. $9 + 6 = 15$	**12.** $23 - 13 = 10$	**19.** $30 - 17 = 13$
6. $5 + 4 = 9$	**13.** $1 + 4 = 5$	**20.** $28 - 5 = 23$
7. $1 + 13 = 14$	**14.** $1 - 1 + 3 = 3$	**21.** $19 - 7 = 12$

■ ■ ■ Conversación

Preguntas (*Questions*)

1. ¿Cuántos (*How many*) estudiantes hay en la clase de español? ¿Cuántos estudiantes hay en clase hoy (*today*)? ¿Hay tres profesores o un profesor / una profesora?
2. ¿Cuántos días hay en una semana (*week*)? ¿Hay seis? (No, no hay...) ¿Cuántos días hay en un fin de semana (*weekend*)? ¿Cuántos días hay en el mes (*month*) de febrero? ¿en el mes de junio? ¿Cuántos meses hay en un año (*year*)?
3. En una universidad, hay muchos edificios (*many buildings*). En esta (*this*) universidad, ¿hay una cafetería? (Sí, hay... / No, no hay...) ¿un teatro? ¿un laboratorio de lenguas (*languages*)? ¿un bar? ¿una clínica? ¿un hospital? ¿un museo? ¿muchos estudiantes? ¿muchos profesores?

Los gustos° y las preferencias (Part 1)*

Los... *Likes*

¿Te gusta el fútbol? → ■ Sí, me gusta mucho el fútbol.
■ No, no me gusta el fútbol.

To indicate you like something:	**Me gusta** _____.
To indicate you don't like something:	**No me gusta** _____.
To ask a classmate if he or she likes something:	**¿Te gusta** _____?
To ask your instructor the same question:	**¿Le gusta** _____?

In the following activities, you will use the word **el** to mean *the* with masculine nouns and the word **la** with feminine nouns. Don't try to memorize which nouns are masculine and which are feminine. Just get used to using the words **el** and **la** before nouns.

You will also be using a number of Spanish verbs in the infinitive form, which always ends in **-r.** Here are some examples: **estudiar** = *to study;* **comer** = *to eat.* Try to guess the meaning of the infinitives used in these activities from context. If someone asks you, **¿Te gusta** *beber* **Coca-Cola?,** it is a safe guess that **beber** means *to drink.*

▲ *En español,* **fútbol** = soccer *y* **fútbol americano** = football

> **infinitive** = a verb form that indicates action or state of being without reference to person, time, or number

■■■ Conversación

A. Los gustos y las preferencias

Paso 1. Make a list of six things you like and six things you don't like, following the model. You may choose items from the **Vocabulario útil** box. All words are provided with the appropriate definite article **el** or **la,** the Spanish equivalent of *the,* depending on the gender of the noun.

> MODELO: Me gusta *la clase de español.* No me gusta *la clase de matemáticas.*

1. Me gusta _____. No me gusta _____.
2. _____ **3.** _____ **4.** _____ **5.** _____ **6.** _____

Paso 2. Now ask a classmate if he or she shares your likes and dislikes.

> MODELO: ESTUDIANTE 1: ¿Te gusta la clase de español?
> ESTUDIANTE 2: Sí, me gusta (la clase de español).
> ESTUDIANTE 1: ¿Y la clase de matemáticas?
> ESTUDIANTE 2: Sí, también (*also*) me gusta (la clase de matemáticas).

> ### Vocabulario útil†
>
> el actor _____, la actriz _____
> el café, el té, la limonada, la cerveza (beer)
> el/la cantante (singer) _____ (¡OJO! The word **cantante** is used for both men *and* women.)
> el cine (*movies*), el teatro, la ópera, el arte abstracto, el fútbol
> la música moderna, la música clásica, el rap, la música *country*
> la pizza, la pasta, la comida (*food*) mexicana, la comida de la cafetería

---

Do you like soccer? → • *Yes, I like soccer very much.* • *No, I don't like soccer.*
You will learn more about **gustar** *in* **Gramática 22 (Capítulo 7).**
†*The material in* **Vocabulario útil** *lists is not active; that is, it is not part of what you need to focus on learning at this point. You may use these words and phrases to complete exercises or to help you converse in Spanish, if you need them.*

B. Más gustos y preferencias

Paso 1. Here are some useful verbs and nouns to talk about what you like. For each item, combine a verb (shaded) with a noun to form a sentence that is true for you. Can you use context to guess the meaning of verbs you don't know?

> MODELO: Me gusta _____. → Me gusta *estudiar inglés*.

1. beber   café   chocolate   limonada   té
2. comer   enchiladas   ensalada   hamburguesas   pasta   pizza
3. estudiar   computación (*computer science*)   español   historia   matemáticas
4. hablar   con mis amigos (*with my friends*)   español   por teléfono (*on the phone*)
5. jugar   al basquetbol   al béisbol   al fútbol   al fútbol americano   al tenis
6. tocar   la guitarra   el piano   el violín

Paso 2. Ask a classmate about his or her likes, using your own preferences as a guide.

> MODELO: ¿Te gusta *comer enchiladas*?

Paso 3. Now ask your professor if he or she likes certain things.
¡OJO! Remember to address your professor in a formal manner if that is his or her preference.

> MODELO: ¿Le gusta *jugar al tenis*?

¿Qué hora es?

Es la una.   Son las dos.   Son las cinco.

¿Qué hora es? is used to ask *What time is it?* In telling time, one says *Es la una* but *Son las dos* (**las tres, las cuatro,** and so on).

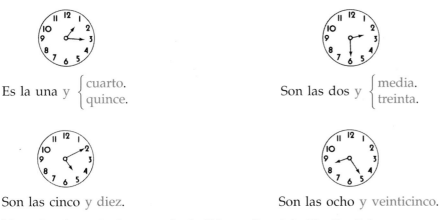

Es la una y { cuarto. / quince.   Son las dos y { media. / treinta.

Son las cinco y diez.   Son las ocho y veinticinco.

Note that from the hour to the half-hour, Spanish, like English, expresses time by adding minutes or a portion of an hour to the hour.

Son las dos menos { cuarto.
quince.

Son las ocho menos diez.

Son las once menos veinte.

From the half-hour to the hour, Spanish usually expresses time by subtracting minutes or a part of an hour from the *next* hour.

NOTA COMUNICATIVA

Para expresar° la hora

Para... To express

de la mañana	A.M., in the morning
de la tarde	P.M., in the afternoon (and early evening)
de la noche	P.M., in the evening
en punto	exactly, on the dot, sharp
¿a qué hora... ?	(at) what time . . . ?
a la una (las dos,...)	at 1:00 (2:00, . . .)
Hay una recepción **a las once de la mañana.**	There is a reception at 11:00 A.M.
Son las cuatro **de la tarde en punto.**	It's exactly 4:00 P.M.
¿A qué hora es la clase de español?	(At) What time is Spanish class?

¡OJO!

Don't confuse **Es la... / Son las...** with **A la(s)...** . The first two are used for telling time, the third for telling *at* what time something happens (at what time class starts, at what time one arrives, and so on).

■ ■ ■ Práctica

A. ¡Atención! Listen as your instructor says a time of day. Find the clock face that corresponds to the time you heard and say its number in Spanish.

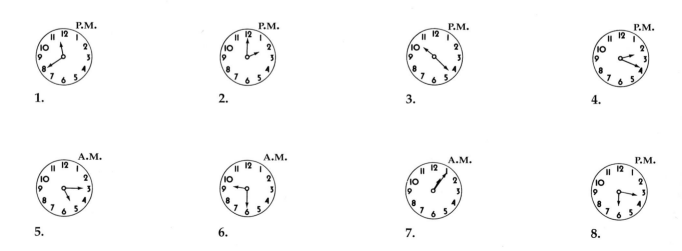

1.   2.   3.   4.

5.   6.   7.   8.

B. ¿Qué hora es? Express the time in full sentences in Spanish.

1. 1:00 P.M.
2. 6:00 P.M.
3. 11:00 A.M.
4. 1:30
5. 3:15

6. 6:45
7. 4:15
8. 11:45 exactly
9. 9:10 on the dot
10. 9:50 sharp

■ ■ ■ Conversación

A. Entrevista

Paso 1. Ask a classmate at what time the following events or activities take place. He or she will answer according to the cue or will provide the necessary information.

MODELO: la clase de español (10:00 A.M.) →
ESTUDIANTE 1: ¿A qué hora es la clase de español?
ESTUDIANTE 2: A las diez de la mañana… ¡en punto!

1. la clase de francés (1:45 P.M.)
2. la sesión de laboratorio (3:10 P.M.)
3. la excursión (8:45 A.M.)
4. el concierto (7:30 P.M.)
5. la clase de física (11:50 A.M.)
6. la fiesta (10:00 P.M.)

Paso 2. Now ask at what time your partner likes to perform these activities. He or she will provide the necessary information.

MODELO: cenar (*to have dinner*) →
ESTUDIANTE 1: ¿A qué hora te gusta cenar?
ESTUDIANTE 2: Me gusta cenar a las ocho de la noche.

1. almorzar (*to have lunch*)
2. mirar (*to watch*) la televisión
3. ir (*to go*) al (*to the*) gimnasio
4. ir al cine
5. estudiar
6. ir a una fiesta

B. Situaciones. How might the following people greet each other if they met at the indicated time? With a classmate, create a brief dialogue for each situation.

MODELO: Jorge y María, a las once de la noche →
JORGE: Buenas noches, María.
MARÍA: ¡Hola, Jorge! ¿Cómo estás?
JORGE: Bien, gracias. ¿Y tú?
MARÍA: ¡Muy bien!

1. el profesor Martínez y Gloria, a las diez de la mañana
2. la Sra. López y la Srta. Luna, a las cuatro y media de la tarde
3. usted y su (*your*) profesor(a) de español, en la clase de español

Need more practice?

- Workbook and Laboratory Manual
- ActivityPak
- Online Learning Center (www.mhhe.com/puntos8)

LECTURA°

Reading

ESTRATEGIA: Guessing Meaning from Context

You will recognize the meaning of a number of cognates in the following reading about the geography of the Hispanic world. In addition, you should be able to guess the meaning of the underlined words from the context (the words that surround them); they are the names of geographical features. The photo captions will also be helpful.

Note also that a series of headings divides the reading into brief parts. It is always a good idea to scan such headings before starting to read, in order to get a sense of a reading's overall content.

La geografía del mundo^a hispánico

Introducción

La geografía del mundo hispánico es impresionante y muy variada. En algunas^b regiones hay de todo.^c

En América

En la Argentina hay <u>pampas</u> extensas en el sur^d y la <u>cordillera</u> de los Andes en el oeste. En partes de Venezuela, Colombia y el Ecuador, hay regiones tropicales de densa <u>selva</u>. En el Brasil está^e el famoso <u>río</u> Amazonas. En el centro de México y también en El Salvador, Nicaragua y Colombia, hay <u>volcanes</u> activos. A veces^f producen erupciones catastróficas. El Perú y Bolivia comparten^g el enorme <u>lago</u> Titicaca, situado en una <u>meseta</u> entre los dos países.^h

▲ *La <u>cordillera</u> de los Andes, Chile*

▲ *La <u>isla</u> de Caja de Muertos, Puerto Rico*

En el Caribe

Cuba, Puerto Rico y la República Dominicana son tres <u>islas</u> situadas en el <u>mar</u> Caribe. Las bellas playasⁱ del mar Caribe y de la <u>península</u> de Yucatán son populares entre^j los turistas de todo el mundo.

^a*world* ^b*some* ^c*de... a bit of everything* ^d*south* ^e*is* ^f*A... Sometimes* ^g*share* ^h*naciones* ⁱ*bellas... beautiful beaches* ^j*among*

En la Península Ibérica

España comparte[k] la Península Ibérica con Portugal. También tiene[l] una geografía variada. En el norte están los Pirineos, la <u>cordillera</u> que separa a España del[m] resto de Europa. Madrid, la capital del país, está situada en la <u>meseta</u> central. En las <u>costas</u> del sur y del este hay playas tan hermosas como las de[n] Latinoamérica y del Caribe.

▲ *Una <u>meseta</u> de La Mancha, España*

▲ *La <u>ciudad</u> de Montevideo, Uruguay*

¿Y las <u>ciudades</u>?

Es importante mencionar también la gran[ñ] diversidad de las ciudades del mundo hispánico. En la Argentina está la gran ciudad de Buenos Aires, que[o] muchos consideran como[p] «el París» o «la Nueva York» de Sudamérica. En Venezuela está Caracas, y en el Perú están Lima, la capital, y Cuzco, una ciudad indígena antigua.

Conclusión

En fin,[q] el territorio del mundo hispánico es muy diverso. ¿Y el de[r] este país? ■

[k]*shares* [l]*it has* [m]*from the* [n]*tan... as beautiful as those of* [ñ]*great* [o]*which* [p]*as* [q]*En... In short* [r]*el... that of*

Comprensión

Ejemplos (*Examples*). Give examples of similar geographical features found in this country or close to it. Then give examples from the Spanish-speaking world.

MODELO: un río → *the Mississippi,* el río Orinoco

1. un lago
2. una cordillera
3. un río
4. una isla
5. una playa
6. una costa
7. un mar
8. un volcán
9. una península

EN RESUMEN

See the Workbook, Laboratory Manual, ActivityPak, and Online Learning Center (www.mhhe.com/puntos8) for self-tests and practice with the grammar and vocabulary presented in this chapter.

Vocabulario

Although you have used and heard many words in this preliminary chapter of *Puntos de partida*, the following words are the ones considered to be active vocabulary. Be sure that you know all of them, including the meaning of the group titles, before beginning **Capítulo 1**.

Saludos y expresiones de cortesía

Buenos días. Buenas tardes. Buenas noches.
   Muy buenas.
¡Hola! ¿Qué tal? ¿Cómo está(s)?
Regular. (Muy) Bien.
¿Y tú? ¿Y usted?
Adiós. Hasta mañana. Hasta luego. Nos vemos.

¿Cómo te llamas? ¿Cómo se llama usted?
   Me llamo _____.

¿De dónde eres? ¿De dónde es usted?
   (Yo) Soy de _____.

señor (Sr.), señora (Sra.), señorita (Srta.)

(Muchas) Gracias.
De nada. No hay de qué.
Por favor. Perdón. Con permiso.
Mucho gusto. Igualmente. Encantado/a.

¿Cómo es usted?

soy, eres, es

Los números del 0 al 30

cero	diez	veinte
uno	once	treinta
dos	doce	
tres	trece	
cuatro	catorce	
cinco	quince	
seis	dieciséis	
siete	diecisiete	
ocho	dieciocho	
nueve	diecinueve	

Los gustos y las preferencias

¿Te gusta _____? ¿Le gusta _____?
(Sí,) Me gusta _____. (No,) No me gusta _____.

¿Qué hora es?

es la... , son las...
y/menos cuarto (quince)
y media (treinta)
en punto
de la mañana (tarde, noche)
¿a qué hora... ?, a la(s)...

Las palabras interrogativas

¿cómo?	how?; what?
¿dónde?	where?
¿qué?	what?

Palabras adicionales

sí/no	yes/no
hay	there is/are
no hay	there is not / are not
hoy/mañana	today/tomorrow
y/o	and/or
a	to; at (*with time*)
de	of; from
en	in; on; at
pero	but
también	also
los gustos	likes
la palabra	word
el saludo	greeting

Vocabulario personal

Use this space to write down other words and phrases you learn in this chapter.

Español   Inglés

Introducción cultural
Los Estados Unidos

According to the latest United States census information, approximately 28 million people speak Spanish at home in the United States.* Does that make the United States a Spanish-speaking country? It depends on your definition of "Spanish-speaking." The entire population of Ecuador is almost 14 million. The population of Chile is just over 16 million. The population of Venezuela is about 26 million . . . in other words, there are more Spanish speakers in the United States than citizens in each of these three Spanish-speaking countries.

Spanish speakers in the United States come from a wide variety of backgrounds. Some are recent immigrants, while others' families have been here for many generations, some since before the Mayflower arrived in Massachusetts. They come from all over the world, from every country where Spanish is spoken, and they live all over the United States. They are part of the fabric of society.

According to census information, most live in the southern and western states; however, there are large populations of Spanish speakers in places like New York and Chicago as well.

*Of those 28 million people, about 20 million reported they also speak English "very well" or "well."

1 A bookstore in the Pilsen neighborhood of Chicago

2 On the New York City subway

3 Dancers from the Ballet Folklórico de San Antonio

A Cuban American family in Miami 4

CAPÍTULO 1

En la universidad

Unos estudiantes universitarios hablan de (*talk about*) **las clases**

1. Are there many Hispanic students on your campus? Where are they from?
2. Is there an organization for Spanish-speaking students on your campus? What is it called?
3. What languages are taught on your campus? Which language is the most popular?

2 **Espectadores en el Desfile Nacional Puertorriqueño** (*National Puerto Rican Day Parade*)**, en Nueva York**

1. What do you know about the Puerto Rican Day Parade?
2. What do you know about the Hispanic population in New York?
3. Why do you think many Puerto Ricans move to New York?

3 **El Festival de la Calle** (*Street*) **Ocho en la Pequeña Habana** (*Little Havana*)**, Miami, visitado por** (*visited by*) **más de un millón de** (*more than a million*) **personas**

1. What do you know about the Hispanic population in Miami?
2. Have you ever been to a street festival or party similar to the annual Calle Ocho Festival? What was it like?
3. What kinds of music would you expect to hear on the nearly forty stages set up along twenty-four blocks of this street in Miami?

En el salón de clase

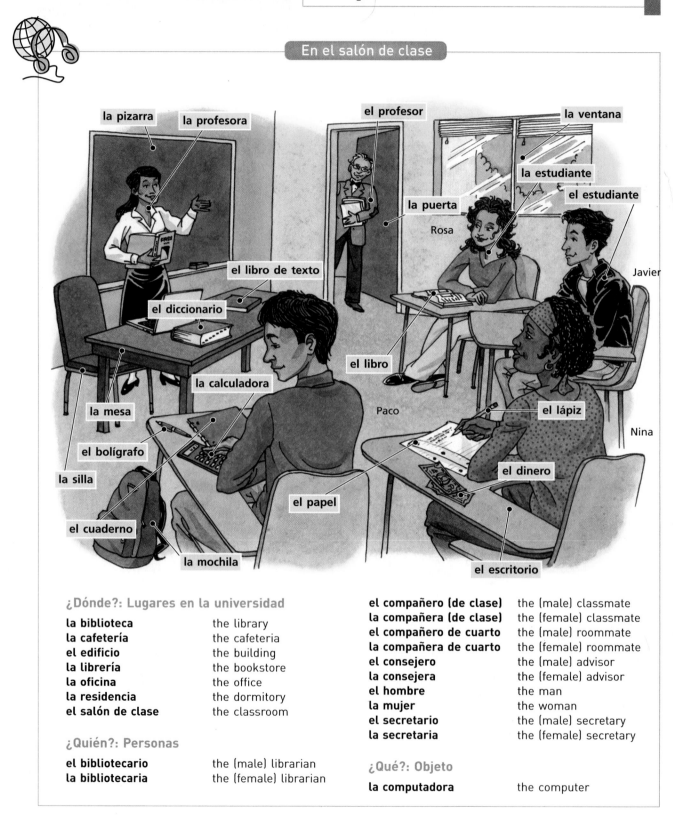

la pizarra
la profesora
el profesor
la ventana
la estudiante
el estudiante
la puerta
Rosa
el libro de texto
el diccionario
Javier
el libro
la calculadora
Paco
el lápiz
Nina
la mesa
el bolígrafo
la silla
el dinero
el papel
el cuaderno
el escritorio
la mochila

¿Dónde?: Lugares en la universidad

la **biblioteca**	the library
la **cafetería**	the cafeteria
el **edificio**	the building
la **librería**	the bookstore
la **oficina**	the office
la **residencia**	the dormitory
el **salón de clase**	the classroom

¿Quién?: Personas

el **bibliotecario**	the (male) librarian
la **bibliotecaria**	the (female) librarian

el **compañero (de clase)**	the (male) classmate
la **compañera (de clase)**	the (female) classmate
el **compañero de cuarto**	the (male) roommate
la **compañera de cuarto**	the (female) roommate
el **consejero**	the (male) advisor
la **consejera**	the (female) advisor
el **hombre**	the man
la **mujer**	the woman
el **secretario**	the (male) secretary
la **secretaria**	the (female) secretary

¿Qué?: Objeto

la **computadora**	the computer

■■■ Conversación

A. Identificaciones. ¿Es hombre o mujer?

MODELO: ¿La consejera? → Es mujer.

1. ¿El profesor?
2. ¿La estudiante?
3. ¿El secretario?
4. ¿El estudiante?
5. ¿La bibliotecaria?
6. ¿El compañero de cuarto?

B. ¿Dónde están (*are they*)**?** Tell where these people are and identify the numbered people and things: 1 = **la consejera,** 2 = **la estudiante,** and so on. Refer to the drawing and vocabulary lists on page 26 as much as you need to.

MODELO: El dibujo 1: Están en el salón de clase.
1 = la profesora, 2 = la estudiante,...

Refer to the drawing and vocabulary lists on page 26 as much as you need to.

ASÍ SE DICE

el bolígrafo = la pluma, el rotulador
la calculadora = la máquina de calcular
la computadora = el ordenador (*Sp.*)
el escritorio = el mesabanco
la pizarra = el encerado, el pizarrón, el tablero
el salón de clase = el aula, la sala (de clase)

Young people often shorten some words. Can you guess what **el boli** and **la profe** mean?

1. Están en _____.

2. Están en _____.

3. Están en _____.

4. Están en _____.

NOTA CULTURAL

Las universidades en el mundo[a] hispánico

Universities have a long history in the Spanish-speaking world. The very first university in the western hemisphere was **la Universidad de Santo Domingo,** founded in 1538 in what is now the Dominican Republic. Other early universities in this hemisphere include **la Real y Pontificia Universidad de América** (Mexico City, 1553) and **la Universidad de San Marcos** (Lima, Peru, 1571). Early Spanish colonial cities were meticulously designed and planned, and it is no accident that these universities were established in three of the most important cities. The Spaniards already had almost 300 years of experience with university-level education. **La Universidad de Salamanca,** one of the oldest universities in the world, was founded in 1220 in Salamanca, Spain.

[a]*world*

Esta estatua de Fray Luis de León está en la Universidad de Salamanca. La Universidad, que data del año 1220 (mil doscientos veinte), es una de las más antiguas (oldest) del mundo. ▶

Las materias°

Las... *Subject areas*

The names for most of these subject areas are cognates. See if you can recognize their meaning without looking at the English equivalent. You should learn in particular the names of subject areas that are of interest to you.

la administración de empresas	business administration
las comunicaciones	communications
la economía	economics
el español	Spanish
la filosofía	philosophy
la literatura	literature
las matemáticas	mathematics
la sociología	sociology
las ciencias	sciences
naturales	natural
políticas	political
sociales	social
las humanidades	humanities
las lenguas (extranjeras)	(foreign) languages

la computación
el arte
la sicología
la química
la física
$E=MC^2$
la historia
el inglés
ENGLISH 101
Rosa
Javier

ASÍ SE DICE

la administración de empresas = el comercio, los negocios (*U.S.*)

la computación = la informática (*Sp.*)

el español = el castellano (*Sp., L.A.*)

■ ■ ■ Conversación

A. Asociaciones. ¿Qué materia(s) asocia usted con las siguientes (*following*) personas y cosas (*things*)?

1. el nitrógeno, el hidrógeno
2. la doctora Joyce Brothers, el doctor Sigmund Freud
3. NBC, CBS
4. Sócrates, Platón
5. Mark Twain, Toni Morrison, J. K. Rowling
6. Frida Kahlo, Pablo Picasso
7. Microsoft, IBM
8. la civilización azteca, una guerra (*war*) civil

B. ¿Qué estudia usted? Tell about your academic interests by creating sentences using one word or phrase from each column. You can tell what you *are* studying (1), *want* to study (2), *need* to study (3), and *like* to study (4). Using the word **no** makes the sentence negative.

1. (No) Estudio _____.
2. (No) Deseo estudiar _____.
3. (No) Necesito estudiar _____.
4. (No) Me gusta estudiar _____.

+

español, francés, inglés
arte, filosofía, literatura, música
ciencias políticas, historia
antropología, sicología, sociología
biología, física, química
matemáticas, computación
¿ ?

♻ ¿Recuerda... usted?°

In **Ante todo**, you used a number of interrogative words and phrases to get information: **¿cómo?, ¿dónde?,** and **¿qué?** What do those words mean in the following sentences?

1. ¿Cómo estás?
2. ¿Cómo es usted?
3. ¿De dónde eres?
4. ¿Qué hora es?

You will learn more about interrogatives in the following **Nota comunicativa.**

°¿Recuerda... *Do you remember?*

interrogative = a word, phrase, or sentence used to ask a question

NOTA COMUNICATIVA

Las palabras interrogativas (Part 1)

Use **¿qué?** to mean *what?* when you are asking for a definition or an explanation. Use **¿cuál?** to mean *what?* in all other circumstances. You will learn more about using these words in **Gramática. 22 (Capítulo 9).**

¿Qué es un hospital?
¿Qué es esto (*this*)?

¿Cuál es la capital de Colombia?

Guess the meaning of the following interrogatives from the context in which they appear.

1. —¿**Cuándo** es la clase? —Es mañana, a las nueve.
2. —¿**Cuánto** cuesta (*costs*) el cuaderno? —Dos dólares.
3. —¿**Cuántos** estudiantes hay en la clase? —Hay quince.
4. —¿**Cuántas** naciones hay en Centroamérica? —Hay siete.
5. —¿**Quién** es la consejera? —Es la señora Arana.

Note that in Spanish the voice falls at the end of questions that begin with interrogative words.

¿Qué es un tren?

¿Cómo estás?

C. Una universidad

Paso 1. Answer the following questions based on the ad (**el anuncio**).

1. ¿Cómo se llama la universidad?
2. ¿Dónde está la universidad?
3. ¿Cuál es el número de teléfono de la universidad? ¿y la dirección?
4. ¿Cuándo hay clases, por (*in*) la mañana o por la noche (*at night*)? ¿Hay clases los fines de semana (weekends)?
5. ¿Es usted «un estudiante tradicional»? ¿Qué palabras asocia usted con los estudiantes tradicionales?
6. ¿En cuántas ciudades (*cities*) hay un programa acelerado?
7. ¿Cómo es la universidad? (¿flexible, exclusiva, interesante, urbana, rural?)

Paso 2. Now answer the questions in **Paso 1** but about your university, referring to it as **esta** (*this*) **universidad.** For item 5, also tell whether or not you are "**un(a) estudiante tradicional.**"

POST UNIVERSITY
Cada Estudiante, Cada Día

- Diplomas de bachiller y grado asociado
- Totalmente acreditado
- Clases tradicionales
- Programa acelerado de clases nocturnas y fines de semana alternados
- Clases a través de la Internet
- Campus residencial ubicado en Waterbury para estudiantes tradicionales
- Programa acelerado con clases en las siguientes ciudades de Connecticut: Waterbury, Meriden, y Danbury
- Becas y ayuda financiera disponibles
- División II del NCAA

Llame para fijar una cita y visitar el campus o solicite vía Internet:

1 (888) 801-7448
LaVoz.Post.edu

POST UNIVERSITY 1890

Office of Admissions
800 Country Club Road
P.O. Box 2540
Waterbury, CT 06723-2540

D. Entrevista (*Interview*).
Work with a classmate and use the following questions to interview each other. Find out as much as possible about each other's classes and schedules. Follow up your answers by returning the question or asking for more information.

> **MODELO:** ESTUDIANTE 1: ¿Qué estudias este semestre/trimestre (*this term*)?
> ESTUDIANTE 2: Estudio matemáticas, historia, literatura y español. Y tú, ¿qué estudias?

1. ¿Qué estudias este semestre/trimestre?
2. ¿Cuántas horas estudias por semana (*per week*)?
3. ¿Cuándo te gusta estudiar, por la mañana, por la tarde o por la noche?
4. ¿Dónde estudias?
5. ¿Quién es tu profesor favorito (profesora favorita)? (Mi profesor...)
6. ¿Cuál es tu clase favorita? (Mi clase...)

Need more practice?

- Workbook and Laboratory Manual
- ActivityPak
- Online Learning Center (www.mhhe.com/puntos8)

Review what you already know about the pronunciation of Spanish vowels by saying the following names and nicknames aloud.

1. Ana **2.** Pepe **3.** Pili **4.** Momo **5.** Lulú

You will learn more about Spanish vowels in **Pronunciación**.

PRONUNCIACIÓN Diphthongs and Linking

Two successive weak vowels (**i, u**) or a combination of a strong vowel (**a, e,** or **o**) and a weak vowel (**i** or **u**) are pronounced as a single syllable in Spanish, forming a *diphthong* (**un diptongo**): **L**u**is**, s**ie**te, c**ua**derno.

When words are combined to form phrases, clauses, and sentences, they are linked together in pronunciation. In spoken Spanish, it is often difficult to hear the word boundaries—that is, where one word ends and another begins.

> **diphthong** = a combination of two vowel sounds in one syllable

A. **Vocales.** Más práctica con las vocales.

1. hablar	regular	reservar	compañera
2. trece	clase	papel	general
3. pizarra	oficina	bolígrafo	libro
4. hombre	profesor	dólares	los
5. universidad	gusto	lugar	mujer

B. **Diptongos.** Practique las siguientes (*following*) palabras.

1. historia	secretaria	gracias	estudiante	materia
2. bien	Oviedo	siete	ciencias	diez
3. secretario	biblioteca	adiós	diccionario	Antonio
4. cuaderno	Eduardo	el Ecuador	Guatemala	Managua
5. bueno	nueve	luego	pueblo	Venezuela

C. **Frases y oraciones** (*sentences*). Practice saying each phrase or sentence as if it were one long word, pronounced without a pause.

1. el papel y el lápiz
2. la profesora y la estudiante
3. las ciencias y las matemáticas
4. la historia y la sicología
5. la secretaria y el profesor
6. el inglés y el español
7. la clase en la biblioteca
8. el libro en la librería
9. Es la una y media.
10. Hay siete estudiantes en la oficina.
11. No estoy muy bien.
12. No hay consejero aquí (*here*).

GRAMÁTICA

♻ ¿Recuerda usted?

As you know, in English and in Spanish, a noun is the name of a person, place, thing, or idea. You have been using nouns since the beginning of *Puntos de partida*. Remember that **el** and **la** mean *the* before nouns. If you can change the Spanish words for *the* to *one* in the following phrases, you already know some of the material in **Gramática 1**.

1. el libro **2.** la mesa **3.** el profesor **4.** la estudiante

1 Identifying People, Places, Things, and Ideas (Part 1) • Singular Nouns: Gender and Articles*

Gramática en acción: La lista de José María

> Para Español 30/Profesor Durán
> ● un diccionario español-inglés
> ● la novela Don Quijote
> ● un cuaderno
> Para Cálculo 2/Profesora Lifante
> ● los libros de texto (2)
> ● una calculadora
> ● la tarjeta de acceso para el cuaderno en línea
> ● un cuaderno
> Y
> ● una agenda
> ● unos bolígrafos

¡OJO!

Note the use of colored text in the dialogues and other brief readings that appear in **Gramática en acción** sections. The color will call your attention to examples of the grammar point of focus.

Comprensión: ¿Cierto o falso?

1. La profesora de matemáticas es la profesora Durán.
2. El cuaderno es para (*for*) la clase de literatura.
3. La agenda es para la clase de matemáticas.

To name people, places, things, and ideas, you need to use nouns. In Spanish, all *nouns* (**los sustantivos**) have either masculine or feminine *gender* (**el género**). This is a purely grammatical feature; it does not mean that Spanish speakers perceive things or ideas as having male or female attributes.

Since the gender of all nouns must be memorized, it is best to learn the definite article along with the noun; that is, learn **el lápiz** rather than just **lápiz**. The definite article is given with nouns in vocabulary lists in this book.

José María's list *For Spanish 30 / Professor Durán* ■ *a Spanish-English dictionary* ■ *the novel* Don Quijote ■ *a notebook. For Calculus 2 / Professor Lifante* ■ *the textbooks (2)* ■ *a calculator* ■ *the access card for the online workbook* ■ *a notebook. And* ■ *a calendar/datebook* ■ *a few ballpoint pens*

The grammar sections of Puntos de partida *are numbered consecutively throughout the book. If you need to review a particular grammar point, the index will refer you to its page number.*

	Masculine Nouns		Feminine Nouns	
Definite Articles	el **hombre** el **libro**	the man the book	la **mujer** la **mesa**	the woman the table
Indefinite Articles	un **hombre** un **libro**	a (one) man a (one) book	una **mujer** una **mesa**	a (one) woman a (one) table

article = a determiner that sets off a noun

definite article = an article that indicates a specific noun

indefinite article = an article that indicates an unspecified noun

¡OJO! The grammar explanations in *Puntos de partida* are arranged in a two-column format. Explanations are on the left, and examples, with important material to be learned, are on the right. In many grammar charts, colored text is used to highlight specific letters or words.

Gender

A. Nouns that refer to male beings and most other nouns that end in **-o** are *masculine* (**masculino**) in gender.

sustantivos masculinos: hombre, libr**o**

B. Nouns that refer to female beings and most other nouns that end in **-a, -ión, -tad,** and **-dad** are *feminine* (**femenino**) in gender.

sustantivos femeninos: mujer, mes**a**, naci**ón**, liber**tad**, universi**dad**

C. Nouns that have other endings and that do not refer to either male or female beings may be masculine or feminine. The gender of these words must be memorized.

el lápiz, la clase, la tarde, la noche

D. Many nouns that refer to people indicate gender . . .

1. by changing the last vowel

OR

el compañero → la compañer**a**
 el bibliotecario → la bibliotecari**a**

2. by adding **-a** to the last consonant of the masculine form to make it feminine

un profesor → una profesor**a**

E. Many other nouns that refer to people have a single form for both masculine and feminine genders. Gender is indicated by an article.

However, a few nouns that end in **-e** also have a feminine form that ends in **-a.**

Masculino	Femenino
el **estudiante**	la **estudiante**
el **dentista**	la **dentista**
el **presidente**	la **presidenta**
el **cliente**	la **clienta**
el **dependiente** (*clerk*)	la **dependienta**

 A common exception to the normal rules of gender is the word **el día,** which is masculine in gender. Many words ending in **-ma** are also masculine: **el problema, el programa, el sistema,** and so on. Watch for these exceptions as you continue your study of Spanish.

Gramática

Treinta y tres ■ **33**

Articles

A. In English, there is only one *definite article* (**el artículo definido**): *the.* In Spanish, the definite article for masculine singular nouns is **el;** for feminine singular nouns it is **la.**

definite article: *the*

m. sing. → **el**
f. sing. → **la**

B. In English, the singular *indefinite article* (**el artículo indefinido**) is *a* or *an.* In Spanish, the indefinite article, like the definite article, must agree with the gender of the noun: **un** for masculine nouns, **una** for feminine nouns. **Un** and **una** can mean *one* or *a/an.*

indefinite article: *a, an*

m. sing. → **un**
f. sing. → **una**

Gender Summary

MASCULINO	FEMENINO
el, un	la, una
-o	-a
-ma	-ión
	-dad, -tad

¡OJO!

Autoprueba means *self-quiz.* These brief tests appear at the end of **Gramática** explanations. They will help you determine if you understand the basics of the grammar point.

■■■ Práctica

A. Los artículos

Paso 1. Dé (*Give*) el artículo definido apropiado (**el, la**).

1. escritorio
2. biblioteca
3. bolígrafo
4. mochila
5. hombre
6. diccionario
7. universidad
8. dinero
9. mujer
10. nación
11. bibliotecario
12. calculadora

Paso 2. Ahora (*Now*) dé el artículo indefinido apropiado (**un, una**).

1. día
2. mañana
3. problema
4. lápiz
5. clase
6. papel
7. condición
8. programa

B. Escenas de la universidad

Paso 1. Haga una oración (*Form a sentence*) con las palabras indicadas.

MODELO: estudiante **/** librería → Hay un estudiante en la librería.

1. consejero **/** oficina
2. profesora **/** salón de clase
3. lápiz **/** mesa
4. cuaderno **/** escritorio
5. libro **/** mochila
6. bolígrafo **/** silla
7. palabra **/** papel
8. oficina **/** residencia
9. compañero **/** biblioteca
10. diccionario **/** librería

Need more practice?

■ Workbook and Laboratory Manual
■ ActivityPak
■ Online Learning Center (www.mhhe.com/puntos8)

Paso 2. Now create new sentences by changing one of the words in each item in **Paso 1.** Try to come up with as many variations as possible.

MODELOS: Hay un estudiante en *la residencia.* Hay *una profesora* en la librería.

■■■ Conversación

A. Definiciones. En parejas (*pairs*), definan las siguientes palabras en español, según (*according to*) el modelo.

MODELO: biblioteca / ¿ ? → ESTUDIANTE 1: ¿La biblioteca?
ESTUDIANTE 2: Es un edificio.

Categorías: edificio, materia, objeto, persona

1. cliente / ¿ ?
2. bolígrafo / ¿ ?
3. residencia / ¿ ?
4. dependienta / ¿ ?
5. hotel (*m.*) / ¿ ?
6. computadora / ¿ ?
7. computación / ¿ ?
8. inglés / ¿ ?
9. ¿ ?

B. Nuestra (*Our*) universidad. With a classmate, take turns using the cues to form complete sentences with information about your university.

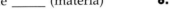

MODELOS: consejero/a → En nuestra universidad el profesor Márquez es consejero.
cafetería → En nuestra universidad hay una cafetería. Se llama (*It's called*) Foster Hall.

En nuestra universidad…

1. consejero/a
2. profesor(a) de _____ (materia)
3. edificio de _____ (materia)
4. biblioteca principal
5. cafetería
6. edificio de clases

> Use the article **el** or **la** when referring to someone with a title: **el profesor Márquez.**

---

2 | Identifying People, Places, Things, and Ideas (Part 2) • Nouns and Articles: Plural Forms

Cursos de Idiomas en el Extranjero

Financiación **SIN INTERESES** en 3, 6 ó 12 meses

Cursos para jóvenes de 7 a 17 años
Cursos para adultos a partir de 18 años
Cursos en Universidades: Idioma general y/o técnico
Minimasters en Universidades
USA, Inglaterra e Irlanda
Programa residencial en Sevilla y/o Madrid con inglés
Preparación para TOEFL, GMAT, SAT, GRE, USMLE
Cursos de idiomas en Madrid

Instituto ProLengua ofrece pagar su curso aplazado en 3, 6 ó 12 meses

INSTITUTO PROLENGUA

Infórmate
902-253 797

Gramática en acción: Un anuncio

- You can find many nouns in this ad. Can you guess the meaning of most of them?
- Some of the nouns in this ad are plural. Can you tell how to make nouns plural in Spanish, based on these nouns?
- Look for the Spanish equivalent of the following words.

adult   preparation   program   courses

- **Idioma** is another word for *language,* and it is a false cognate. It never means *idiom.*
- Based on the words and graphics in the ad, guess what **en el extranjero** means.

	Singular	Plural	
Nouns Ending in a Vowel	el **libro**	los **libros**	the books
	la **mesa**	las **mesas**	the tables
	un **libro**	unos **libros**	some books
	una **mesa**	unas **mesas**	some tables
Nouns Ending in a Consonant	la **universidad**	las **universidades**	the universities
	un **papel**	unos **papeles**	some papers

A. Spanish nouns that end in a vowel form plurals by adding **-s.** Nouns that end in a consonant add **-es.** Nouns that end in the consonant **-z** change the **-z** to **-c** before adding **-es: lápiz → lápices.**

Plurals in Spanish:

vowel + **-s**
consonant + **-es**
-z → -ces

B. The definite and indefinite articles also have plural forms: **el → los, la → las, un → unos, una → unas. Unos** and **unas** mean *some, several,* or *a few.*

el → los   un → unos
la → las   una → unas

C. In Spanish, the masculine plural form of a noun is used to refer to a group that includes both males and females.

los amig**os**
the friends (both male and female)

unos extranjer**os**
some foreigners (both male and female)

Plural Forms Summary

el → los   un → unos
la → las   una → unas

vowel + **-s**
consonant + **-es**
-z → -ces

■■■ Práctica

A. Singular → plural. Dé la forma plural.

1. la mesa
2. el papel
3. el amigo
4. la oficina
5. un cuaderno
6. un lápiz
7. una universidad
8. un bolígrafo
9. un edificio

B. Plural → singular. Dé la forma singular.

1. los profesores
2. las computadoras
3. las bibliotecarias
4. los estudiantes
5. unos hombres
6. unas tardes
7. unas residencias
8. unas sillas
9. unos escritorios

Need more practice?

■ Workbook and Laboratory Manual
■ ActivityPak
■ Online Learning Center (www.mhhe.com/puntos8)

■■■ Conversación

A. Identificaciones. Nombre (*Name*) las personas, los objetos y los lugares.

> MODELO: Hay ____ en ____. → Hay *unos estudiantes* en *el salón de clase.*

1.

2.

B. ¡Ojo alerta!*

Paso 1. ¿Cuáles son las semejanzas (*similarities*) y las diferencias entre (*between*) los dos cuartos (*rooms*)? Hay por lo menos (*at least*) seis diferencias.

> MODELO: En el dibujo A, hay ____.
> En el dibujo B, hay sólo (*only*) ____.
> En el escritorio del dibujo A, hay ____.
> En el escritorio del dibujo B, hay ____.

Vocabulario útil

la **alfombra** rug
la **almohada** pillow
la **cama** bed
el **cuadro** picture
el **espejo** mirror
la **lámpara** lamp
el **monitor**

Ⓐ

Ⓑ

Paso 2. Ahora indique qué hay en su propio (*own*) cuarto. Use palabras del Paso 1.

> MODELO: En mi cuarto hay ____. En mi escritorio hay ____.

_____

In Spanish, activities like this one are often called* **¡Ojo alerta! = *Eagle Eye!*

You already know (from **Ante todo**) that a verb describes an action or a state of being. The following sentences contain Spanish verbs that you have already used. Pick them out.

1. Soy estudiante en la Universidad de _____.
2. Este (*This*) semestre/trimestre, estudio español.
3. En el futuro, deseo estudiar francés.

If you selected **estudiar** in addition to three other words, you did very well! You will learn more about Spanish verbs and how they are used in **Gramática 3**.

3 Expressing Actions • Subject Pronouns (Part 1); Present Tense of -*ar* Verbs; Negation

Gramática en acción: Una escena en la biblioteca

- Dos estudiantes trabajan hoy en esta sección de la biblioteca.
- Yo no trabajo en la biblioteca.
- Hoy Manuel y yo estudiamos para un examen de historia.
- Un profesor habla por teléfono con un amigo.
- ¿Habla Ud. por teléfono en la biblioteca? No se permite, ¿verdad?

Comprensión: En la escena…

1. ¿cuántos estudiantes trabajan?
2. ¿cuántos estudiantes estudian?
3. ¿quién habla?
4. ¿quién habla por teléfono?

Subject Pronouns (Part 1)

Subject Pronouns			
Singular		**Plural**	
yo	I	**nosotros / nosotras**	we
tú	you (*fam.*)	**vosotros / vosotras**	you (*fam. Sp.*)
usted (Ud.)*	you (*form.*)	**ustedes (Uds.)***	you (*form.*)
él	he	**ellos**	they (*m., m. + f.*)
ella	she	**ellas**	they (*f.*)

subject = the person or thing that performs the action in a sentence

pronoun = a word that takes the place of a noun or represents a person

A scene at the library ■ *Two students are working in this section of the library today.* ■ *I don't work at the library.* ■ *Today Manuel and I are studying for a history test.* ■ *A professor is talking to a friend on the phone.* ■ *Do you talk on the phone in the library? It's not allowed, is it?*

*****Usted** and **ustedes** are frequently abbreviated in writing as **Ud.** or **Vd.**, and **Uds.** or **Vds.**, respectively.

A. *Subject pronouns* (**Los pronombres personales**) can represent the person that performs the action in a sentence.

In Spanish, several subject pronouns have masculine and feminine forms. The masculine plural form is used to refer to a group of males as well as to a group of males and females.

Mark → *he*	Marcos → **él**
Martha → *she*	Marta → **ella**
Mark and Paul → *they*	Marcos y Pablo → **ellos** (*all male*)
Mark and Martha → *they*	Marcos y Marta → **ellos** (*male and female*)
Martha and Emily → *they*	Marta y Emilia → **ellas** (*all female*)

B. Spanish has different words for *you*. In general, **tú** is used to refer to a close friend or a family member, while **usted** is used with people with whom the speaker has a more formal or distant relationship. The situations in which **tú** and **usted** are used also vary among different countries and regions.

tú → close friend, family member
usted (Ud.) → formal or distant relationship

C. In Latin America and in the United States and Canada, the plural for both **usted** and **tú** is **ustedes**. In Spain, however, **vosotros/vosotras** is the plural of **tú,** while **ustedes** is used as the plural of **usted** exclusively.

Latin America, North America

$\left.\begin{array}{l}\textbf{tú}\\\textbf{usted (Ud.)}\end{array}\right\}$ → **ustedes (Uds.)**

Spain

tú → **vosotros/vosotras**
usted (Ud.) → **ustedes (Uds.)**

D. Subject pronouns are not used as frequently in Spanish as they are in English, and they may usually be omitted. You will learn more about the uses of Spanish subject pronouns in **Gramática 2 (Capítulo 2).**

Present Tense of -*ar* Verbs

A. As you know, the *infinitive* (**el infinitivo**) of a verb indicates the action or state of being, with no reference to who or what performs the action or when it is done (present, past, or future). In Spanish, all infinitives end in **-ar, -er,** or **-ir.** Infinitives in English are indicated by *to: to* speak, *to* eat, *to* live.

-ar:	**habl**ar	to speak
-er:	**com**er	to eat
-ir:	**viv**ir	to live

infinitive = a verb form that indicates action or state of being without reference to person, tense, or number

tense = the quality of a verb form that indicates time: present, past, or future

B. To *conjugate* (**conjugar**) a verb means to give the various forms of the verb with their corresponding subjects: *I speak, you speak, she speaks*, and so on. All regular Spanish verbs are conjugated by adding *personal endings* (**las terminaciones personales**) that reflect the subject doing the action. These are added to the *stem* (**la raíz** or **el radical**), which is the infinitive minus the infinitive ending.

Infinitive	Stem
hab**lar**	→ habl-
com**er**	→ com-
viv**ir**	→ viv-

C. The right-hand column shows the personal endings that are added to the stem of all regular **-ar** verbs to form the *present tense* (**el presente**).

Regular **-ar** verb endings in the present tense: **-o, -as, -a, -amos, -áis, -an**

	hablar (*to speak; to talk*)**: habl-**		
Singular		**Plural**	
(yo) hab**lo** — I speak	(nosotros) / (nosotras) — hab**lamos** — we speak
(tú) hab**las** — you speak	(vosotros) / (vosotras) — hab**láis** — you speak
(Ud.) (él) (ella) hab**la** — you speak / he speaks / she speaks	**(Uds.) (ellos) (ellas)** hab**lan** — you speak / they (*m., m.+f.*) speak / they (*f.*) speak

D. Some important **-ar** verbs in this chapter include those in the list at right.

bailar
cantar
escuchar
tocar

Note that in Spanish the meaning of the English word *for* is included in the verbs **buscar** (*to look for*) and **pagar** (*to pay for*); *to* is included in **escuchar** (*to listen to*).

bailar	to dance
buscar	to look for
cantar	to sing
comprar	to buy
desear	to want
enseñar	to teach
escuchar	to listen (to)
estudiar	to study
hablar	to speak; to talk
necesitar	to need
pagar	to pay (for)
practicar	to practice
regresar	to return (*to a place*)
tocar	to play (*a musical instrument*)
tomar	to take; to drink
trabajar	to work

E. As in English, when two Spanish verbs are used in sequence and there is no change of subject, the second verb is usually in the infinitive form.

Necesito llamar a mi familia.
I need to call my family.

Me gusta bailar.
I like to dance.

F. In both English and Spanish, conjugated verb forms also indicate the *time* or *tense* (**el tiempo**) of the action: *I speak* (present), *I spoke* (past).

Some English equivalents of the present tense forms of Spanish verbs are shown at the right.

hablo		
	I speak	*Simple present tense*
	I am speaking	*Present progressive (indicates an action in progress)*
	I will speak	*Near future action*

Negation

In Spanish the word **no** is placed before the conjugated verb to make a negative sentence.

El estudiante **no habla** español.
The student doesn't speak Spanish.

No, **no necesito** dinero.
No, I don't need money.

■ ■ ■ Práctica

A. Asociaciones. Give at least one **-ar** infinitive whose meaning you associate with the following words and phrases.

1. español
2. mucho dinero
3. en la librería
4. en el salón de clase
5. un coche (*car*)
6. a la residencia
7. Coca-Cola o café
8. la música

B. ¡Anticipemos! Mis compañeros y yo

Paso 1. Tell whether or not the following statements are true for you and your classmates. If any statement is not true for you or your class, make it negative or change it in another way to make it correct.

MODELO: Toco el piano → Sí, toco el piano.
(No, no toco el piano. Toco la guitarra.)

1. Necesito más (*more*) dinero.
2. Trabajo en la biblioteca.
3. Canto en un coro (*choir*) de la universidad.
4. Tomamos ocho clases cada (*every*) semestre / trimestre.
5. Bailamos salsa en el salón de clase.
6. Deseamos hablar español correctamente.
7. El profesor / La profesora enseña italiano.
8. El profesor / La profesora habla muy bien el alemán (*German*).

Paso 2. Now turn to a partner and restate each sentence as a question, using **tú** forms of the verbs in all cases. Your partner will indicate whether or not the sentences are true for him or her.

MODELO: ¿Tocas el piano? → Sí, toco el piano. (No, no toco el piano.)

¡Anticipemos! (*Let's look ahead*) activities show you new structures in context before you begin to use them. As you do these activities, think about the structure that you are studying (e.g.,) **-ar** verbs and how it is used in the activity.

C. Una o más personas

Paso 1. Change the following sentences to reflect a plural subject.

> MODELOS: Él no desea tomar café. →
> Ellos no desean tomar café.
> Yo no deseo tomar café. →
> Nosotros no deseamos tomar café.

1. Ella no desea estudiar francés.
2. Ud. baila muy bien el tango.
3. ¿Hablas con la dependienta?
4. Escucho la radio con frecuencia.

Paso 2. Now change the following sentences to reflect a singular subject. More than one option may be possible in some cases.

1. Ellas no buscan el dinero.
2. Los estudiantes no necesitan seis clases.
3. Pagamos mucho (*a lot of*) dinero de matrícula (*tuition*).
4. ¿Compran Uds. muchos libros?

D. En una fiesta.
The following paragraphs describe a party. First scan the paragraphs to get a general sense of their meaning. Then complete the paragraphs with the correct form of the numbered infinitives.

Esta noche[a] hay una fiesta en el apartamento de Marcos y Julio. Todos[b] los estudiantes (cantar[1]) y (bailar[2]). Una persona (tocar[3]) la guitarra y otras personas (escuchar[4]) la música.

Jaime (buscar[5]) una Coca-Cola. Marta (hablar[6]) con un amigo. María José (desear[7]) enseñarles a todos[c] un baile[d] de Colombia. Todas las estudiantes desean (bailar[8]) con el estudiante mexicano —¡él (bailar[9]) muy bien!

La fiesta es estupenda, pero todos (necesitar[10]) regresar a casa[e] o a su[f] cuarto temprano.[g] ¡Hay clases mañana!

[a]Esta... *Tonight* [b]*All* [c]enseñarles... *to teach everyone* [d]*dance* [e]a... *home* [f]*their* [g]*early*

Comprensión: ¿Cierto o falso?

1. Marcos es profesor de español.
2. A Jaime le gusta el café.
3. María José es de Colombia.
4. Los estudiantes desean bailar.

Need more practice?

- Workbook and Laboratory Manual
- ActivityPak
- Online Learning Center (www.mhhe.com/puntos8)

■■■ Conversación

A. Oraciones lógicas. Form at least eight complete logical sentences by using one word or phrase from each column. The words and phrases may be used more than once, in many combinations. Be sure to use the correct form of the verbs. Make any of the sentences negative, if you wish.

MODELO: Yo no estudio francés.

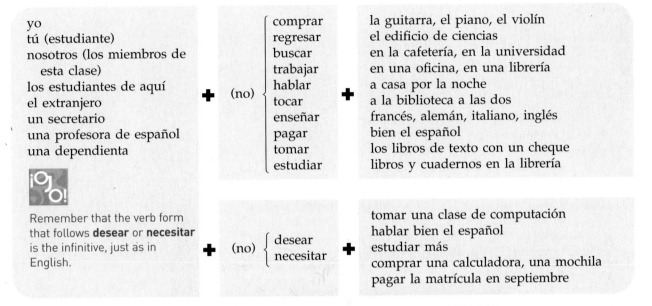

yo
tú (estudiante)
nosotros (los miembros de
　esta clase)
los estudiantes de aquí
el extranjero
un secretario
una profesora de español
una dependienta

+ (no) {
comprar
regresar
buscar
trabajar
hablar
tocar
enseñar
pagar
tomar
estudiar
}

+
la guitarra, el piano, el violín
el edificio de ciencias
en la cafetería, en la universidad
en una oficina, en una librería
a casa por la noche
a la biblioteca a las dos
francés, alemán, italiano, inglés
bien el español
los libros de texto con un cheque
libros y cuadernos en la librería

¡OJO!

Remember that the verb form that follows **desear** or **necesitar** is the infinitive, just as in English.

+ (no) {
desear
necesitar
}

+
tomar una clase de computación
hablar bien el español
estudiar más
comprar una calculadora, una mochila
pagar la matrícula en septiembre

NOTA COMUNICATIVA

Expressing the Time of Day

You can use the preposition **por** to mean *in* or *during* when expressing the time of day.

Estudio **por** la mañana y trabajo **por** la tarde. **Por** la noche, estoy en casa.
I study in the morning and I work in the afternoon. At night I'm at home.

¡OJO!

Remember that **de la mañana (tarde, noche)** are used when a specific hour of the day is mentioned, like the English A.M. and P.M. Also, remember to use **a la una / a las dos (tres...)** to express a specific time of day.

Generalmente estudio en casa **por** la mañana.

Hoy estudio con Javier en la biblioteca a las diez **de** la mañana.

B. Entrevista. Use the following questions as a guide to interview a classmate and take notes on what he or she says. (Write down what your partner says using the **él/ella** form of the verbs.)

MODELO: ESTUDIANTE 1: Karen, ¿estudias filosofía?
ESTUDIANTE 2: No, no estudio filosofía. Estudio música.
ESTUDIANTE 1: (escribe [*writes*]): Karen no estudia filosofía. Estudia música.

1. ¿Estudias mucho o poco (*a little*)? ¿Dónde estudias, en casa, en la residencia o en la biblioteca? ¿Cuándo te gusta estudiar, por la mañana, por la tarde o por la noche?
2. ¿Cantas bien o mal (*poorly*)? ¿Tocas un instrumento musical? ¿Cuál es? (el piano, la guitarra, el violín...)
3. ¿Trabajas? ¿Dónde? ¿Cuántas horas a la semana (*per week*) trabajas? ¿Trabajas todos los días de la semana? ¿Trabajas hasta muy tarde (*late*)?
4. ¿Quiénes pagan los libros de texto, tú o los profesores? ¿Qué más necesitas pagar? ¿diccionarios? ¿el alquiler (*rent*)? ¿la matrícula? ¿ ?

The Verb *estar*

Estar is another Spanish **-ar** verb. It means *to be*, and you have already used forms of it to ask how others are feeling or to tell where things are located. Here is the complete present tense conjugation of **estar**. Note that the **yo** form is irregular. The other forms take regular **-ar** endings, and some have a shift in the stress pattern (indicated by the accented **á**).

yo	**estoy**	nosotros/as	**estamos**
tú	**estás**	vosotros/as	**estáis**
Ud., él, ella	**está**	Uds., ellos, ellas	**están**

You will learn the uses of the verb **estar,** along with those of **ser** (the other Spanish verb that means *to be*) gradually, over the next several chapters. In the following questions, **estar** is used to inquire about location or feelings.

1. ¿Cómo está Ud. en este momento (*right now*)?
2. ¿Cómo están sus (*your*) compañeros? (Mis compañeros…)
3. ¿Dónde está Ud. en este momento?

C. ¿Qué hacen (*are they doing*)**?** Tell where these people are and what they are doing. Remember to use the definite article with titles when you are talking about a person: **el señor, la señora, la señorita, el profesor, la profesora.**

> **MODELO:** La Sra. Martínez _____. →
> La Sra. Martínez está en la oficina. Busca un documento, trabaja…

Vocabulario útil

hablar por teléfono	**tomar apuntes** to take notes
preparar la lección	**trabajar en la caja** at the register
pronunciar las palabras	**usar una computadora**

1. Estas (*These*) personas _____.
   La profesora Gil _____.
   Casi (*Almost*) todos los
      estudiantes _____.
   Un estudiante _____.

2. Estas personas _____.
   El Sr. Miranda _____.
   La bibliotecaria _____.
   El estudiante _____.

3. Estas personas _____.
   El cliente _____.
   La dependienta _____.

4 Getting Information • Asking Yes/No Questions

Gramática en acción: La oficina de matrículas

ESTUDIANTE: …y ahora necesito una clase más por la mañana. ¿Hay sitio en la clase de Sicología 2?

CONSEJERO: Imposible, señorita. No hay.

ESTUDIANTE: ¿Hay un curso de historia o de matemáticas?

CONSEJERO: Sólo por la noche. ¿Desea Ud. tomar una clase por la noche?

ESTUDIANTE: Es imposible. Trabajo por la noche.

CONSEJERO: Pues… ¿qué tal el Francés 3? Hay una clase a las diez de la mañana.

ESTUDIANTE: ¿El Francés 3? Perfecto. Pero, ¿no necesito tomar primero el Francés 1?

Comprensión

1. ¿Necesita la estudiante dos clases más?
2. ¿Hay sitio en Sicología 2?
3. ¿Hay cursos de historia o de matemáticas por la mañana?
4. ¿A qué hora es la clase de Francés 3?
5. ¿Cuál es el problema con la clase de Francés 3?

There are two kinds of questions: information questions and yes/no questions. Questions that ask for information or facts often begin with *interrogative words* (**las palabras interrogativas**) such as *who, what,* and so on. (You've already learned some interrogative words.) *Yes/no questions* permit a simple *yes* or *no* answer.

INFORMATION QUESTIONS:
¿Qué lengua habla Ud.? →
Hablo español.

YES/NO QUESTIONS:
¿Habla Ud. francés? →
No. (No, no hablo francés.)

Rising Intonation

A common way to form yes/no questions in Spanish is simply to make your voice rise at the end of the question.

There is no Spanish equivalent of the English *do* or *does* in questions. Note also the use of an inverted question mark (¿) at the beginning of a question in Spanish.

STATEMENT: Ud. trabaja aquí todos los días.
You work here every day.

Arturo regresa a casa hoy.
Arturo is returning home today.

QUESTION: ¿Ud. trabaja aquí todos los días?
Do you work here every day?

¿Arturo regresa a casa hoy?
Is Arturo returning home today?

The registration office STUDENT: *. . . and now I need one more class in the morning. Is there space in Psychology 2?* ADVISOR: *Impossible, Miss. There isn't* (space). STUDENT: *Is there a history or math class?* ADVISOR: *Only at night. Do you want to take a night course?* STUDENT: *It's impossible. I work at night.* ADVISOR: *Well . . . what about French 3? There's a class at ten in the morning.* STUDENT: *French 3? Perfect. But don't I need to take French 1 first?*

Inversion

Another way to form yes/no questions is to invert the order of the subject and verb, in addition to making your voice rise at the end of the question.

STATEMENT: **Ud.** trabaja aquí todos los días.

QUESTION: ¿Trabaja **Ud.** aquí todos los días?

STATEMENT: **Arturo** regresa a casa hoy.

QUESTION: ¿Regresa **Arturo** a casa hoy?

■■■ Práctica

A. **¿Pregunta o declaración** (*statement*)**?** Listen as your instructor reads either a question or a statement from the list. Then tell if what you hear is a question or a statement.

MODELOS: ¿El consejero está en la oficina? → Es una pregunta.
La bibliotecaria habla con el estudiante. → Es una declaración.

1. ¿Alicia toca el violín?
2. Tomas una clase de comunicaciones.
3. Uds. compran cuadernos en la librería.
4. ¿El profesor sólo habla español en clase?
5. La profesora habla bien el francés.

Alicia toca el violín.
¿Tomas una clase de comunicaciones?
¿Uds. compran cuadernos en la librería?
El profesor sólo habla español en clase.
¿La profesora habla bien el francés?

B. **Una conversación entre** (*between*) **Diego y Lupe.** Diego and Lupe recently met each other. While having coffee, Lupe asks Diego some questions to find out more about him. Ask Lupe's questions that led to Diego's answers.

MODELO: Sí, estudio antropología. → ¿Estudias antropología?

1. Sí, soy estadounidense (*from the United States*).
2. Sí, estudio con frecuencia.
3. No, no toco el piano. Toco la guitarra clásica.
4. No, no deseo trabajar más horas.
5. No, no hablo francés, pero hablo italiano un poco.
6. No, no soy reservado ¡Soy muy extrovertido!

Need more practice?

- Workbook and Laboratory Manual
- ActivityPak
- Online Learning Center (www.mhhe.com/puntos8)

■ ■ ■ Conversación

A. ¿Qué haces (*do you do*)?

Paso 1. Use the following cues as a guide to form questions to ask a classmate. You may ask other questions as well. Write the questions on a sheet of paper. ¡OJO! Use the **tú** form of the verbs.

> MODELO: escuchar música por la mañana →
> ¿Escuchas música por la mañana?

1. estudiar en la biblioteca por la noche
2. practicar español con un amigo o amiga
3. tomar un poco de (*a little bit of*) café por la mañana
4. bailar mucho en las fiestas
5. tocar un instrumento musical
6. regresar a casa muy tarde a veces
7. comprar los libros en la librería de la universidad
8. hablar mucho por teléfono
9. trabajar los fines de semana
10. usar (*to use*) un diccionario bilingüe

Paso 2. Now use the questions to get information from your partner. Jot down his or her answers for use in **Paso 3.**

> MODELO: ESTUDIANTE 1: ¿Escuchas música por la mañana?
> ESTUDIANTE 2: Sí, (No, no) escucho música por la mañana.

Paso 3. With the information you gathered in **Paso 2,** report your partner's answers to the class. (You will use the **él/ella** form of the verbs when reporting.)

> MODELO: Jenny no escucha música por la mañana.

B. ¿Qué clases tomas?

Paso 1. Make a list in Spanish of the classes you are taking. Ask your instructor or use a dictionary to find the names of classes you don't know how to say in Spanish. If you ask your instructor, remember to ask in Spanish: **¿Cómo se dice _____ en español?**

Paso 2. Circulate, asking yes/no questions to find classmates who are taking the same classes as you. Write down their answers.

> MODELO: ESTUDIANTE 1: Carlos, ¿tomas una clase de matemáticas?
> ESTUDIANTE 2: Sí, tomo matemáticas. Tomo Cálculo2.

Paso 3. Report back the information you have learned to the whole class.

> MODELO: Carlos y yo tomamos matemáticas. Jennie y yo… Sólo yo tomo geología.

UN POCO DE TODO

A. Conversaciones en la cafetería

Paso 1. Form complete questions and answers based on the words given, in the order given. Conjugate the verbs and add other words if necessary. Do not use the subject pronouns in parentheses.

PREGUNTAS

MODELO: ¿comprar (tú) **/** lápices **/** aquí? → ¿Compras los lápices aquí?

1. ¿buscar (tú) **/** libro de español **/** ahora?
2. ¿no trabajar **/** Paco **/** aquí **/** en **/** cafetería?
3. ¿qué más **/** necesitar **/** Uds. **/** en **/** clase de cálculo?
4. ¿dónde **/** estar **/** Juanita?
5. ¿no desear (tú) **/** estudiar **/** minutos **/** más?

RESPUESTAS

MODELO: no, **/** sólo **/** (yo) comprar **/** bolígrafos **/** aquí →
No, sólo compro los bolígrafos aquí.

a. no, **/** (yo) necesitar **/** regresar **/** a casa
b. no, **/** (yo) buscar **/** mochila
c. (nosotros) necesitar **/** calculadora **/** y **/** cuaderno
d. no, **/** él **/** trabajar **/** en **/** biblioteca
e. ella **/** trabajar **/** en **/** residencia **/** por **/** tarde

Paso 2. Now match the answers with the questions to form short conversational exchanges, or practice them with a partner, if you wish.

B. Lengua y cultura: Dos universidades fabulosas... y diferentes.
Complete the following description of two well-known universities. Give the correct form of the verbs in parentheses, as suggested by context. When the subject pronoun is *in italics*, don't use it in the sentence. When two possibilities are given in parentheses, select the correct word.

▲ *La Colección Latinoamericana Benson es una colección comprensiva de libros, documentos, revistas (magazines) y periódicos (newspapers) relacionados con (related to) Latinoamérica.*

¿**B**usca Ud. la universidad perfecta? (Hay/Es[1]) dos (universidad/universidades[2]) muy famosas en los Estados Unidos. La primera[a] es (el/la[3]) Universidad de Texas, en Austin. ¡Es (un/una[4]) universidad muy grande[b]! Hay veinticuatro grupos sociales para estudiantes hispanos y una (librería/biblioteca[5]) con una colección latinoamericana fantástica, la Colección Latinoamericana Benson. (Los/Las[6]) materias más populares en la UT son: administración de empresas, ingeniería, humanidades y comunicaciones. Muchos estudiantes (tomar[7]) cursos en (el/la[8]) Instituto de Estudios Latinoamericanos y en (el/la[9]) Centro para Estudios Mexicoamericanos.

[a]*La... The first one* [b]*big*

Stanford, en (el/la[10]) estado de California, es una universidad menos grande.[c] Tiene[d] una residencia para estudiantes de español, la Casa Zapata. Allí,[e] (los/las[11]) estudiantes (practicar[12]) español y (participar[13]) en celebraciones hispanas. Las materias más populares en Stanford son[f]: biología, economía, inglés y ciencias políticas. (El/La[14]) problema en Stanford es que los estudiantes (pagar[15]) mucho por[g] la matrícula.

¿Prefiere Ud. la UT o Stanford? ¿(*Ud.:* Desear[16]) (estudia/estudiar[17]) en California o en Texas?

[c]menos... *smaller*   [d]*It has*   [e]*There*   [f]*are*   [g]*for*

Comprensión: ¿Cierto o falso? Which of these statements is true, based on the **Lengua y cultura** passage? Change false statements to make them true.

1. En la Universidad de Texas hay dos grupos sociales para estudiantes hispanos.
2. En el Instituto de Estudios Latinoamericanos hay pocos (*few*) estudiantes.
3. La Universidad de Stanford está en Texas.
4. La Casa Zapata es una biblioteca importante.

C. ¿Qué pasa [*What's happening*] **en la fiesta?**

Paso 1. With a classmate, describe what's going on in the following scene.

> MODELO: Pilar y Ana bailan en la fiesta.

Paso 2. Now compare the scene above with parties *you* go to. Use the **nosotros** form of verbs to describe what you and your friends do at these parties.

> MODELO: Mis amigos y yo bailamos en las fiestas.

Vocabulario útil

descansar to rest
escuchar
fumar to smoke
hablar
mirar to watch
   una película a movie
   la tele TV
tocar
   la batería drum set
   la guitarra
   el piano
tomar
   refrescos soft drinks

Resources for Review and Testing Preparation

■ Workbook and Laboratory Manual
■ ActivityPak
■ Online Learning Center (www.mhhe.com/puntos8)

Perspectivas culturales
Los Estados Unidos

Datos esenciales

- Nombre oficial: *United States of America* (los Estados Unidos de América)
- Capital: Washington, D.C.
- Población hispánica total de los Estados Unidos: más de 40 (cuarenta) millones de habitantes

Fíjese[a]

- La presencia hispánica en los Estados Unidos precede a[b] la Declaración de la Independencia estadounidense.
- Los españoles originalmente ocuparon[c] el continente americano en los siglos XV y XVI.[d] Después, a través de[e] los siglos, varios grupos de hispanos inmigraron[f] a los Estados Unidos por una razón u otra.[g]
- Hoy día,[h] sólo México y España tienen[i] una población más grande que[j] la población hispánica de los Estados Unidos.
- Los principales grupos hispánicos en los Estados Unidos son[k] los mexicanos, los puertorriqueños y los cubanos, pero claro,[l] hay hispanos de todas partes del mundo[m] hispánico.
- Las palabras **hispano/a** e[n] **hispánico/a** se refieren al[ñ] idioma y a la cultura, no a la raza[o] o grupo étnico.

[a]*Check it out* [b]*precede... predates* [c]*occupied* [d]*siglos... 15th and 16th centuries* [e]*Después... Later, throughout* [f]*immigrated* [g]*por... for one reason or another* [h]*Hoy... Today* [i]*have* [j]*más... larger than* [k]*are* [l]*pero... but of course* [m]*world* [n]*y* [ñ]*se... refer to the* [o]*race*

(Mapa: CANADÁ, MONTAÑAS ROCOSAS, SIERRA NEVADA, río Missouri, río Colorado, río Mississippi, río Grande, MONTES APALACHES, ESTADOS UNIDOS, San Francisco, Los Ángeles, San Diego, Santa Fe, El Paso, San Antonio, Chicago, Nueva York, Miami, MÉXICO, OCÉANO PACÍFICO)

1 **En una clase de salsa, Nueva York**   Casi el mismo número[a] de puertorriqueños que vive[b] en los Estados Unidos, vive en Puerto Rico (unos[c] 4 millones). La mayor[d] concentración de puertorriqueños es en Nueva York. Los puertorriqueños son ciudadanos[e] estadounidenses de nacimiento[f] y han contribuido[g] mucho a su nación. Una de sus contribuciones más populares hoy en día es la salsa. La salsa se baila[h] hoy en casi todos los rincones[i] del mundo[j].

[a]*Casi... Almost the same number* [b]*que... that live* [c]*some* [d]*largest* [e]*citizens* [f]*de... by birth* [g]*han... they have contributed* [h]*se... is danced* [i]*todos... every corner* [j]*world*

La Misión San José de Laguna, Nuevo México   Las misiones españolas se encuentran[a] en la Florida, Texas, Nuevo México, Arizona, Colorado y California. La Misión San José de Laguna, por ejemplo,[b] se construyó[c] en Nuevo México, cerca de[d] Albuquerque a finales de siglo XVII. Hoy es una iglesia[e] activa y un centro para bailes[f] y fiestas para la comunidad durante todo el año.[g]

[a]*se... are found* [b]*por... for example* [c]*se... was built* [d]*cerca... near* [e]*church* [f]*dances* [g]*durante... all year long*

4

John Leguizamo La presencia hispánica se nota[a] en todos los campos[b] de los Estados Unidos: la política, la literatura, la música, el cine, el teatro, los deportes etcétera. ¿Cuántos hispanos famosos puede nombrar Ud.[c]? Por ejemplo, John Leguizamo, de madre colombiana y padre puertorriqueño,[d] es cómico y actor.

[a]se... *is found*   [b]*all fields*   [c]puede... *can you name*   [e]de... *with a Colombian mother and Puerto Rican father*

3

Un puesto de comida[a] de la Calle[b] Ocho La famosa Calle Ocho está en el barrio[c] de la Pequeña Habana en Miami, donde viven[d] muchos cuba-noamericanos y se habla más español que inglés.[e] En marzo,[f] se celebra[g] el Festival Calle Ocho. Con numerosos puestos de comida, múltiples actuaciones musicales diarias[h] y más de un millón de parti-cipantes, es la fiesta callejera más grande del mundo.[i]

[a]puesto... *food stand*   [b]*Street*   [c]*neighborhood*   [d]*live*   [e]se... *more Spanish than English is spoken*   [f]*March*   [g]se... *is celebrated*   [h]actuaciones... *daily musical acts*   [i]fiesta... *largest street party in the world*

Música de los Estados Unidos

La música hispánica ha tenido gran[a] impacto en los Estados Unidos. Entre[b] los artistas his-panos de mayor fama están Jennifer López, Los Lonely Boys, Marc Anthony, Ricky Martin, Gloria Estefan y Shakira. ¿Puede nombrar Ud. otros?[c] Los ritmos[d] hispánicos también han influido en[e] la música de artistas estadouni-denses no hispanos.

[a]ha... *has had a great*   [b]*Among*   [c]¿Puede... *Can you name others?*   [d]*rhythms*   [e]han... *have influenced*

5

***Latina*, una revista bilingüe dirigida a[a] la mujer hispana en los Estados Unidos.** Todos los medios de comunicación ofrecen[b] publicaciones y pro-gramación en español. Univisión y Telemundo son redes nacionales[c] con programación en español las veinticuatro horas del día.[d] Periódicos[e] popu-lares como *La Opinión* de Los Ángeles y *El Nuevo Herald* de Miami se publican[f] en español. Muchas revistas publican sus propias[g] versiones en español también, como *People en español* y *NewsWeek en español*.

[a]revista... *bilingual magazine whose target audience is*   [b]medios... *media offer*   [c]redes... *national networks*   [d]las... *twenty-four hours a day*   [e]*Newspapers*   [f]se... *are published*   [g]*own*

EN RESUMEN

See the Workbook, Laboratory Manual, ActivityPak, and Online Learning Center (www.mhhe.com/puntos8) for self-tests and practice with the grammar and vocabulary presented in this chapter.

Gramática

To review the grammar points presented in this chapter, refer to the indicated grammar presentations.

1. Identifying People, Places, Things, and Ideas (Part 1)—Singular Nouns: Gender and Articles

Do you understand the gender of nouns and how to use the articles **el, la, un(o),** and **una?**

2. Identifying People, Places, Things, and Ideas (Part 2)—Nouns and Articles: Plural Forms

Do you know how to make nouns plural and use the articles **los, las, unos,** and **unas?**

3. Expressing Actions—Subject Pronouns: Present Tense of **-ar** Verbs; Negation

You should be able to use subject pronouns, conjugate regular **-ar** verbs in the present tense, and form negative sentences.

4. Getting Information—Asking Yes/No Questions

Do you know how to form questions? You should know how to make intonation rise at the end of a question.

Vocabulario

Infinitives listed in colored text in **Vocabulario** lists are conjugated in their entirety (all tenses and moods) in Appendix 4. **Repaso** (*Review*) indicates vocabulary words and phrases listed as active in this chapter that you have already learned in previous chapters. **Cognado(s)** lists vocabulary words whose meaning you should be able to recognize because they are close cognates of English. Be sure that you know the meaning of the group headings in addition to the meaning of the words in each group. (If the word or words in a group heading are not close cognates, their meaning will be given elsewhere in the **Vocabulario** section. If you are not sure of the meaning of a word, you can always look it up in the end-of-book Spanish-English Vocabulary.)

Los verbos

bailar	to dance
buscar	to look for
cantar	to sing
comprar	to buy
desear	to want
enseñar	to teach
escuchar	to listen (to)
estar (estoy, estás,...)	to be
estudiar	to study
hablar	to speak; to talk
hablar por teléfono	to talk on the phone
necesitar	to need
pagar	to pay (for)
practicar	to practice
regresar	to return (*to a place*)
regresar a casa	to go home
tocar	to play (*a musical instrument*)
tomar	to take; to drink
trabajar	to work

Los lugares

el apartamento	apartment
la biblioteca	library
la cafetería	cafeteria
el cuarto	room
el edificio	building
la fiesta	party
la librería	bookstore
la oficina	office
la residencia	dormitory
el salón de clase	classroom
la universidad	university

Las personas

el/la amigo/a	friend
el/la bibliotecario/a	librarian
el/la cliente/a	client
el/la compañero/a (de clase)	classmate
el/la compañero/a de cuarto	roommate

el/la consejero/a	advisor
el/la dependiente/a	clerk
el/la estudiante	student
el/la extranjero/a	foreigner
el hombre	man
la mujer	woman
el/la profesor(a)	professor
el/la secretario/a	secretary

Los objetos

el bolígrafo	pen
la calculadora	calculator
la computadora	computer
el cuaderno	notebook
el diccionario	dictionary
el dinero	money
el escritorio	desk
el lápiz (pl. lápices)	pencil
el libro (de texto)	(text)book
la mesa	table
la mochila	backpack
el papel	paper
la pizarra	chalkboard
la puerta	door
la silla	chair
la ventana	window

Las materias

la administración de empresas	business administration
la ciencia	science
la computación	computer science
la física	physics
las lenguas (extranjeras)	(foreign) languages
la química	chemistry
la sicología	psychology

Cognados: el arte, las ciencias naturales/políticas/sociales, las comunicaciones, la economía, la filosofía, la historia, las humanidades, la literatura, las matemáticas, la sociología

Las lenguas (extranjeras)

el alemán	German
el español	Spanish
el francés	French
el inglés	English
el italiano	Italian

Otros sustantivos

el café	coffee
la clase	class (of students); class, course (academic)

el día	day
el lugar	place
la materia	subject area
la matrícula	tuition

Las palabras interrogativas

¿cuál?	what?; which?
¿cuándo?	when?
¿cuánto?	how much?
¿cuántos/as?	how many?
¿quién?	who?; whom?

Repaso: ¿cómo?, ¿dónde?, ¿qué?

¿Cuándo?

ahora	now
con frecuencia	frequently
el fin de semana	weekend
por la mañana/tarde	in the morning/afternoon
por la noche	at night, in the evening
tarde/temprano	late/early
todos los días	every day

Los pronombres personales

yo, tú, usted (Ud.), él/ella, nosotros/nosotras, vosotros/vosotras, ustedes (Uds.), ellos/ellas

Palabras adicionales

aquí	here
con	with
en casa	at home
mal	poorly
más	more
mucho	much; a lot
muy	very
poco	little
un poco (de)	a little bit (of)
sólo	only

Vocabulario personal

Remember to use this space for other words and phrases you learn in this chapter.

Español	Inglés

Un paso más 1

Literatura de los Estados Unidos

Sobre la escritora:[a] *Sandra Cisneros was born in Chicago. She is one of the most prominent Hispanic female writers in the United States. She writes in English, but her prose and poetry are infused with the Hispanic-American experience. She now lives and writes in San Antonio, Texas. The following is from the novel* Caramelo *(2002).*

Outside, roaring like the ocean, Chicago traffic from the Northwest and Congress Expressways. Inside, another roar; in Spanish from the kitchen radio, in English from TV cartoons, and in a mix of the two from her boys begging for, —*Un nikle* for Italian lemonade. But Aunty Licha doesn't hear anything. Under her breath Aunty is bargaining,

▲ Sandra Cisneros (1954–)

—*Virgen Purísima*, if we even make it to Laredo, even that, I'll say three rosaries . . .

[a]sobre... *About the writer*

LECTURA

ESTRATEGIA: More on Guessing Meaning from Context

As you learned in **La geografía del mundo hispánico (Ante todo),** you can often guess the meaning of unfamiliar words from the context (the words that surround them) and by using your knowledge about the topic in general. Making "educated guesses" about words in this way will be an important part of your reading skills in Spanish.

What is the meaning of the underlined words in these sentences?

1. En una lista alfabetizada, la palabra **grande** aparece <u>antes de</u> **grotesco.**
2. El edificio no es moderno; es <u>viejo</u>.
3. Me gusta estudiar español, pero detesto la biología. En general, <u>odio</u> las ciencias como materia de estudio.

Some words are underlined in the following reading (and in the readings in subsequent chapters). Try to guess their meaning from context.

Like the passages in **Ante todo** and some others in subsequent chapters, this reading contains section subheadings. Scanning these subheadings in advance will help you make predictions about the reading's content, which will also help to facilitate your overall comprehension. Another useful way to manage longer passages is to read section by section. At this point, don't try to understand every word. Your main objective should be to understand the general content of the passage.

Las universidades hispánicas

Introducción

En el mundo hispánico —y en los Estados Unidos y el Canadá también— hay universidades grandes[a] y <u>pequeñas</u>; públicas, religiosas y privadas; modernas y antiguas. Pero el concepto de la «vida[b] universitaria» es diferente.

El *campus*

Por ejemplo, en los países[c] hispánicos la universidad no es un centro de actividad social. No hay muchas residencias estudiantiles. En general, los estudiantes <u>viven</u> en pensiones[d] o en casas particulares[e] y <u>llegan</u> a la universidad en coche o en autobús. En algunas[f] universidades hay un *campus* similar a los de[g] las universidades de los Estados Unidos y el Canadá. En estos casos se habla[h] de la «ciudad[i] universitaria». Otras universidades ocupan sólo un edificio grande, o posiblemente varios edificios, pero no hay zonas verdes.[j]

Los deportes

Otra diferencia es que en la mayoría de las universidades hispánicas los deportes no son muy importantes. Si los estudiantes desean practicar un deporte —tenis, fútbol o béisbol— hay clubes deportivos, pero estos[k] no forman parte de la universidad.

Las diversiones[l]

Como se puede ver,[m] la forma y organización de la universidad son diferentes en las dos culturas. Pero los estudiantes estudian y se divierten[n] en todas partes.[ñ] A los estudiantes hispanos, así como[o] a los estadounidenses* y canadienses,[p] les gusta mucho toda clase de música: la música clásica, la música con raíces[q] tradicionales y la música moderna —la nacional[r] y la <u>importada</u>. Y hay para todos: Usher, Alicia Keys, Green Day,... Otras diversiones preferidas por los estudiantes son las discotecas y los cafés. Hay cafés ideales para hablar con los amigos. También hay exposiciones de arte, <u>obras</u> de teatro y películas[s] interesantes.

Conclusión

Los días favoritos de muchos jóvenes[t] hispánicos son los fines de semana. Realmente, ¿son muy distintos los estudiantes hispanos de los norteamericanos? ■

▲ *Estudiantes de medicina en Caracas, Venezuela*

[a]*large* [b]*life* [c]*naciones* [d]*boardinghouses* [e]*private* [f]*some* [g]*los... those of* [h]*se... one speaks* [i]*city* [j]*green* [k]*they* (lit. *these*) [l]*Las... Entertainment* [m]*Como... As you can see* [n]*se... have a good time* [ñ]*en... everywhere* [o]*así... like* [p]*estadounidenses... people from the U.S. and Canadians* [q]*roots* [r]*la... (music) from their own country* [s]*movies* [t]*young people*

Although, technically, **norteamericano refers to all North Americans (people from Canada, Mexico, and the United States), the term is sometimes used to refer solely to people from the United States. In this book, **estadounidenses** will refer to people from the United States and **norteamericanos** to North Americans.*

Comprensión

A. ¿Cierto o falso? Indique si las siguientes declaraciones son ciertas o falsas.

1. En los países hispánicos, la mayoría de los estudiantes vive en residencias.

2. En las universidades hispánicas, los deportes ocupan un lugar esencial en el programa de estudios del estudiante.

3. En una universidad hispánica, hay poco tiempo para asistir a (*time for attending*) conciertos y exposiciones de arte.

4. No hay mucha diferencia entre (*between*) el *campus* de una universidad hispánica y el *campus* de una universidad norteamericana.

5. La música es una diversión para los estudiantes en todas partes.

6. Hay grandes jardines (*gardens*) y zonas verdes en las universidades hispánicas.

B. ¿De qué universidad? Indique si las siguientes declaraciones son de un estudiante de la Universidad de Sevilla o de un estudiante de la Universidad de Michigan. ¿O son de los dos?

	SEVILLA	MICHIGAN	LOS DOS
1. «Me gusta jugar al Frisbee en el *campus*».	☐	☐	☐
2. «La casa es muy cómoda (*comfortable*) y tengo derecho a usar la cocina (*I have kitchen privileges*)».	☐	☐	☐
3. «¿Qué tal si tomamos un café después de (*after*) mi clase?»	☐	☐	☐
4. «El sábado (*Saturday*) hay un partido de basquetbol. ¿Deseas ir (*to go*)?»	☐	☐	☐
5. «Me gusta hablar con mis amigos en los jardines de la universidad».	☐	☐	☐

REDACCIÓN°

Writing

Una comparación. Compare su propia (*your own*) universidad con una universidad hispánica, completando (*by completing*) la siguiente tabla con información de la lectura.

	La universidad hispánica	**Mi universidad**
Alojamiento (*Housing*)	pensiones, casas particulares	
El *campus*		
Deportes		
Diversiones	música, discotecas, cafés, películas, exposiciones de arte	

Introducción cultural
México y Centroamérica

Long before Mexico and the Central American countries of Guatemala, Honduras, El Salvador, Nicaragua, Costa Rica, and Panama became Spanish-speaking, vibrant indigenous civilizations and peoples lived and flourished in this area. The arrival of the Spanish and their religion and culture profoundly changed the existing cultures, but the Spanish culture changed as well. Today, Mexico and the Central American countries are proud of both their indigenous and Spanish cultural heritages, which have fused together to create something unique. The past, present, and future of Mexico and Central America are intimately connected to the convergence of these varied cultures.

1 Mexico City at dusk

2 Temple of the Great Jaguar at Tikal, Guatemala

A canopy cable ride, Monteverde, Santa Elena, Costa Rica 4

3 Dancers from the Ballet Folklórico de México in Mexico City

CAPÍTULO 2

La familia

1️⃣

Una familia mexicana que (*that*) **celebra el cumpleaños** (*birthday*) **del abuelo** (*grandfather*)

1. How does your family celebrate birthdays and other special occasions?

2. What do you know about Mexican celebrations?

3. Why do you think multiple generations of a family are almost always involved in Mexican celebrations?

La pirámide (*pyramid*) **del Sol** (*Sun*), **en las ruinas** (*ruins*) **de Teotihuacán**

1. What do you know about the pre-Hispanic cultures in Mexico?

2. Have you ever visited any ruins? If so, where, and what were they like?

3. Do you know of any other cultures that have built pyramids?

La Catedral Metropolitana en la Plaza de la Constitución (el Zócalo), México D.F. (Distrito Federal)

1. Are town squares important in cities in this country? What are they like?

2. What kinds of buildings do you think are normally found in the **plazas** of Latin America?

3. How do you think **plazas** are important socially? What activities and events do you think take place there?

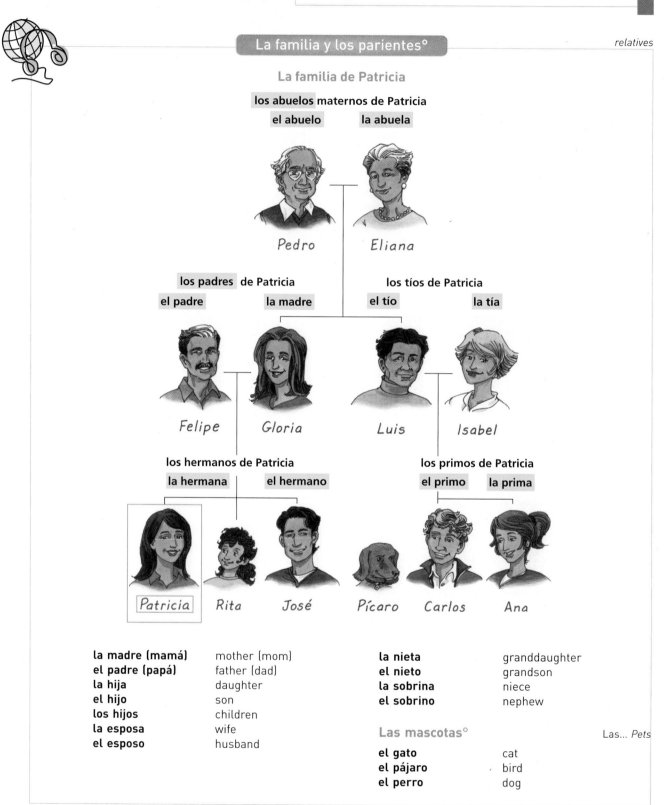

La familia y los parientes°

relatives

La familia de Patricia

los abuelos maternos de Patricia

el abuelo   **la abuela**

Pedro   Eliana

los padres de Patricia   **los tíos** de Patricia

el padre   **la madre**   **el tío**   **la tía**

Felipe   Gloria   Luis   Isabel

los hermanos de Patricia   **los primos** de Patricia

la hermana   **el hermano**   **el primo**   **la prima**

Patricia   Rita   José   Pícaro   Carlos   Ana

la madre (mamá)	mother (mom)	**la nieta**	granddaughter
el padre (papá)	father (dad)	**el nieto**	grandson
la hija	daughter	**la sobrina**	niece
el hijo	son	**el sobrino**	nephew
los hijos	children		
la esposa	wife	**Las mascotas°**	*Las... Pets*
el esposo	husband		
		el gato	cat
		el pájaro	bird
		el perro	dog

el padrastro / la madrastra	stepfather / stepmother
el hijastro / la hijastra	stepson / stepdaughter
el hermanastro / la hermanastra	stepbrother / stepsister
el medio hermano / la media hermana	half-brother / half-sister
el suegro / la suegra	father-in-law / mother-in-law
el yerno / la nuera	son-in-law / daughter-in-law
el cuñado / la cuñada	brother-in-law / sister-in-law
...(ya) murió	. . . has (already) died

■ ■ ■ Conversación

A. ¿Cierto o falso? Look at the drawings of the family that appear on page 60. Decide whether each of the following statements is true (**cierto**) or false (**falso**) according to the drawings. Correct the false statements.

1. José es el hermano de Ana.
2. Eliana es la abuela de Patricia.
3. Ana es la sobrina de Felipe y Gloria.
4. Patricia y José son primos.
5. Gloria es la tía de José.
6. Carlos es el sobrino de Isabel.
7. Pedro es el padre de Luis y Gloria.
8. Isabel y Gloria son las esposas de Luis y Felipe, respectivamente.

B. ¿Quién es?

Paso 1. Complete las siguientes (*following*) oraciones lógicamente.

1. La madre de mi (*my*) padre es mi _____.
2. El hijo de mi tío es mi _____.
3. La hermana de mi padre es mi _____.
4. El esposo de mi abuela es mi _____.

Paso 2. Ahora defina la relación de estas (*these*) personas, según (*according to*) el modelo de las oraciones del **Paso 1.**

MODELOS: El _____ de mi _____ es mi _____.
La _____ de mi _____ es mi _____.

1. prima   **2.** sobrino   **3.** tío   **4.** abuelo

C. Entrevista. Find out as much as you can about the family of a classmate, using the following dialogue as a guide.

MODELO: E1:*¿Cuántos hermanos tienes?
E2: Bueno (*Well*), tengo seis hermanos y una hermana.
E1: ¿Y cuántos primos?
E2: ¡Uf! Tengo un montón (*bunch*). Más de (*than*) veinte.

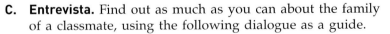

*From this point on in the text, ESTUDIANTE 1 *and* ESTUDIANTE 2 *will be abbreviated as* E1 *and* E2, *respectively.*

Continúe las secuencias:

treinta y uno, treinta y dos...
ochenta y cuatro, ochenta y cinco...

31	treinta y uno	**40**	cuarenta
32	treinta y dos	**50**	cincuenta
33	treinta y tres	**60**	sesenta
34	treinta y cuatro	**70**	setenta
35	treinta y cinco	**80**	ochenta
36	treinta y seis	**90**	noventa
37	treinta y siete	**100**	cien, ciento
38	treinta y ocho		
39	treinta y nueve		

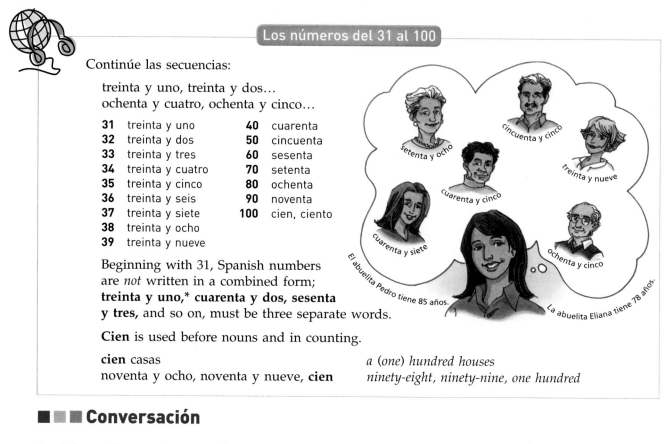

setenta y ocho
cincuenta y cinco
treinta y nueve
cuarenta y cinco
cuarenta y siete
ochenta y cinco
El abuelita Pedro tiene 85 años.
La abuelita Eliana tiene 78 años.

Beginning with 31, Spanish numbers are *not* written in a combined form; **treinta y uno,*** **cuarenta y dos, sesenta y tres,** and so on, must be three separate words.

Cien is used before nouns and in counting.

cien casas	*a (one) hundred houses*
noventa y ocho, noventa y nueve, **cien**	*ninety-eight, ninety-nine, one hundred*

■■■ Conversación

A. Más problemas de matemáticas. Recuerde (*Remember*): + **y,** − **menos,** = **son.**

1. $30 + 50 = 80$ **2.** $45 + 45 = 90$ **3.** $32 + 58 = 90$ **4.** $77 + 23 = 100$ **5.** $100 − 40 = 60$

*Remember that when **uno** is part of a compound number (**treinta y uno,** and so on), it becomes **un** before a masculine noun and **una** before a feminine noun: **setenta y un coches; cincuenta y una mesas.**

B. Los números de teléfono

Paso 1. Here is part of a page from an Hispanic telephone book. What can you tell about the names? (See the **Nota cultural** on page 62.)

Paso 2. With a classmate, practice giving telephone numbers at random from the list. Your partner will listen and identify the person. **¡OJO!** In many Hispanic countries phone numbers are said differently than in this country. Follow the model.

> MODELO: 4–15–00–46 →
> E1: Es el *cuatro-quince-cero cero-cuarenta y seis.*
> E2: Es el número de *A. Lázaro Aguirre.*

Paso 3. Now give your classmate your phone number and get his or hers.

> MODELO: Mi número es el…

LAZARO AGUIRRE, A. –Schez Pacheco, 17	415 0046
LAZCANO DEL MORAL, A. –E. Larreta, 14	215 8194
LAZCANO DEL MORAL, A. –Ibiza, 8	274 6868
LEAL ANTÓN, J. –Pozo, 8	222 3894
LIEBANA RODRIGUEZ, A.	
Guadarrama, 10	463 2593
LOPEZ BARTOLOMÉ, J. –Palma, 69	232 2027
LOPEZ CABRA, J. –E. Solana, 118	407 5086
LOPEZ CABRA, J. –L. Van, 5	776 4602
LOPEZ GONZALEZ, J. A. –Ibiza, 27	409 2552
LOPEZ GUTIERREZ, G. –S. Cameros, 7	478 8494
LOPEZ LOPEZ, J. –Alamedilla, 21	227 3570
LOPEZ MARIN, V. –Illescas, 53	218 6630
LOPEZ MARIN, V. –N. Rey, 7	463 6873
LOPEZ MARIN, V. –Valmojado, 289	717 2823
LOPEZ NUÑEZ, J. –Pl. Pinazo, s/n	796 0035
LOPEZ NUÑEZ, J. –Rocafort, Bl. 321	796 5387
LOPEZ RODRIGUEZ, C. –Pl. Jesus, 7	429 3278
LOPEZ RODRIGUEZ, J. –Pl. Angel, 15	239 4323
LOPEZ RODRIGUEZ, M. E.	
B. Murillo, 104	233 4239
LOPEZ TRAPERO, A. –Cam. Ingenieros, 1	462 5392
LOPEZ VAZQUEZ, J. –A. Torrejón, 17	433 4646
LOPEZ VEGA, J. –M. Santa Ana, 5	231 2131
LORENTE VILLARREAL, G. –Gandia, 7	252 2758
LORENZO MARTINEZ, A. –Moscareta, 5	479 6282
LORENZO MARTINEZ, A. –P. Laborde, 21	778 2800
LORENZO MARTINEZ, A.	
Av. S. Diego, 116	477 1040
LOSADA MIRÓN, M. –Padilla, 31	276 9373
LOSADA MIRÓN, M. –Padilla, 31	431 7461
LOZANO GUILLÉN, E.	
Juan H. Mendoza, 5	250 3884
LOZANO PIERA, F. J. –Pinguino, 8	466 3205
LUDEÑA FLORES, G. –Lope Rueda, 56	273 3735
LUENGO CHAMORRO, J.	
Gral Ricardos, 99	471 4906
LUQUE CASTILLO, J. –Pto Arlaban, 121	478 5253
LUQUE CASTILLO, L. –Cardeñosa, 15	477 6644

NOTA COMUNICATIVA

Expressing Age

NORA: ¿Cuántos años tienes, abuela?
ABUELA: Setenta y tres, Nora.
NORA: ¿Y cuántos años tiene el abuelo?
ABUELA: Setenta y cinco, mi amor (*love*). Y ahora, dime (*tell me*), ¿cuántos años tienes tú?
NORA: Yo tengo cuatro.

In Spanish, age is expressed with the phrase **tener...** **años** (literally, *to have. . . years*). You have now seen all the singular forms of **tener** (*to have*): **tengo, tienes, tiene.**

C. ¡Lógico! Complete las siguientes oraciones lógicamente.

1. Una persona de _____ años es muy vieja (*old*).
2. Un niño (*small child*) que tiene sólo _____ año es muy joven (*young*).
3. La persona mayor (*oldest*) de mi familia es mi _____. Tiene _____ años.
4. La persona más joven (*youngest*) de mi familia es mi _____. Tiene _____ años. Es el hijo/la hija de _____.
5. En mi opinión, es ideal tener _____ años.
6. Si (*If*) una persona tiene _____ años, ya (*already*) es adulta.
7. Para (*In order to*) tomar alcohol en este estado (*state*)/esta provincia, es necesario tener _____ años.
8. Para mí (*For me*), ¡la idea de tener _____ años es inconcebible (*inconceivable*)!

Need more practice?

- Workbook and Laboratory Manual
- ActivityPak
- Online Learning Center (www.mhhe.com/puntos8)

guapo	handsome; good-looking
bonito	pretty
feo	ugly
grande	large, big
pequeño	small
casado	married
soltero	single
simpático	nice, likeable
antipático	unpleasant
corto	short (*in length*)
largo	long
bueno	good
malo	bad
listo	smart; clever
tonto	silly, foolish
trabajador	hardworking
perezoso	lazy
rico	rich
pobre	poor
delgado	thin, slender
gordo	fat

alto · bajo · viejo · joven · Jaime · don Francisco · Pepe · Juan · viejo · nuevo · rubio · Luisito · moreno · Esteban

To describe a masculine singular noun, use **alto, bajo,** and so on; use **alta, baja,** and so on for feminine singular nouns.

■■■ Conversación

A. Preguntas (*Questions*). Conteste (*Answer*) según los dibujos.

1. Einstein es listo. Y el chimpancé, ¿en comparación con Einstein?

José · Roberto

2. Roberto es trabajador. ¿Y José?

Pablo · Pepe

3. Pepe es bajo. ¿Y Pablo?

Jaime · Memo

4. Jaime es bueno y simpático. También es guapo. ¿Y Memo?

Paco · Ramón

5. Ramón Ramírez es casado. ¿Y Paco Pereda?

6. El libro es viejo. ¿Y el lápiz?

B. **¿Cómo es?** Describe a famous personality, using as many adjectives as possible so that your classmates can guess who the person is. Don't forget to use cognate adjectives that you have seen in **Ante todo** and **Capítulo 1.**

MODELO: Es un hombre importante; controla una compañía de *software* muy importante. Es muy trabajador y muy rico. → Bill Gates

PRONUNCIACIÓN | Stress and Written Accent Marks (Part 1)

Some Spanish words have *written accent marks* over one of the vowels. That mark is called **el acento (ortográfico).** It means that the syllable containing the accented vowel is stressed when the word is pronounced, as in the word **bolígrafo (bo-LÍ-gra-fo),** for example.

Although all Spanish words of more than one syllable have a stressed vowel, most words do not have a written accent mark. Most words have the spoken stress exactly where native speakers of Spanish would predict it. These two simple rules tell you which syllable is accented when a word does not have a written accent.

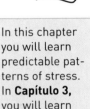

> In this chapter you will learn predictable patterns of stress. In **Capítulo 3,** you will learn when the written accent mark is needed.

- Words that end in a vowel, or **-n,** or **-s** are stressed on the next-to-last syllable (**la penúltima sílaba**).

co-sa	e-**xa**-men	i-ta-**lia**-no
gra-cias	e-res	**len**-guas

- Words that end in any other consonant are stressed on the last syllable (**la última sílaba**).

us-**ted**	es-pa-**ñol**	doc-**tor**
na-tu-**ral**	pro-fe-**sor**	es-**tar**

A. **Sílabas.** The following words have been separated into syllables for you. Read them aloud, paying careful attention to where the stress falls.

1. Stress on the next-to-last syllable

chi-no	me-sa	li-bro	cien-cias
ar-te	si-lla	con-se-je-ra	o-ri-gen
cla-se	Car-men	li-te-ra-tu-ra	com-pu-ta-do-ra

2. Stress on the last syllable

se-ñor	co-lor	sen-ti-men-tal
mu-jer	po-pu-lar	lu-gar
fa-vor	li-ber-tad	u-ni-ver-si-dad
ac-tor	ge-ne-ral	con-trol

B. **Vocales.** Indicate the stressed vowel in the following words.

1. mo-chi-la
2. me-nos
3. re-gu-lar
4. i-gual-men-te
5. E-cua-dor
6. e-le-gan-te
7. li-be-ral
8. hu-ma-ni-dad

GRAMÁTICA

Describing • Adjectives: Gender, Number, and Position

Gramática en acción: Un poema sencillo

Amigo
Fiel
Amable
Simpático
¡Lo admiro!

Amiga
Fiel
Amable
Simpática
¡La admiro!

¿Y Ud.?: According to their form, which of the following adjectives can be used to describe each person? Which can refer to you?

Marta:
Mario: fiel   amable   simpática   simpático

Adjectives (**Los adjetivos**) are words used to talk about nouns or pronouns. Adjectives may describe or tell how many there are.

You have been using adjectives to describe people since **Ante todo.** In this section, you will learn more about describing the people and things around you.

> **adjective** = a word used to describe a noun or pronoun

large desk
tall woman

few desks
several women

Adjectives with *ser*

In Spanish, forms of **ser** are used with adjectives that describe basic, inherent qualities or characteristics of the nouns or pronouns they modify. **Ser** establishes the "norm," that is, what is considered basic reality: *snow is cold, water is wet.*

Tú **eres amable.**
You're nice. (You're a nice person.)

El diccionario **es barato.**
The dictionary is inexpensive.

Mi hermana **es trabajadora.**
My sister is hardworking.

A simple poem   *Friend Loyal Kind Nice I admire him/her!*

Forms of Adjectives

Spanish adjectives agree in gender and number with the noun or pronoun they modify. Each adjective has more than one form.

A. Adjectives that end in **-o (alto)** have four forms, showing gender and number.

	Masculine	Feminine
Singular	amigo alto	amiga alta
Plural	amigos altos	amigas altas

B. Adjectives that end in **-e (amable)** or in most consonants (**fiel**) have only two forms, a singular and a plural form. The plural of adjectives is formed in the same way as that of nouns, by adding **-s** or **-es**.

[Práctica A–D]

	Masculine	Feminine
Singular	amigo amable amigo fiel	amiga amable amiga fiel
Plural	amigos amables amigos fieles	amigas amables amigas fieles

> Notes in brackets, like [**Práctica A–D**] here, let you know that you are now ready to do all of the indicated activities, in this case, **Práctica A–D** (pages 69–70). Then, after you read grammar point D (the next one in this section), you will be prepared to do **Práctica E** on pages 70–71, as the bracketed reference in D indicates.

C. Most adjectives of nationality have four forms.

	Masculine	Feminine
Singular	el doctor mexicano español inglés	la doctora mexicana española inglesa
Plural	los doctores mexicanos españoles ingleses	las doctoras mexicanas españolas inglesas

> ¡OJO! Nationality adjectives ending in **-e** generally have only two forms: **estadounidense(s)** (from the U.S.), **canadiense(s)**.

D. The names of many languages—which are masculine in gender—are the same as the masculine singular form of the corresponding adjective of nationality.

[Práctica E]

Language	Adjective
el italiano	italiano/a/os/as
el alemán*	alemán, alemana/es/as

> ¡OJO! Note that in Spanish the names of languages and adjectives of nationality are not capitalized, but the names of countries are: **el español, española**, but **España**.

---

*Adjectives that end in **-dor, -ón, -án,** and **-ín** also have four forms: **trabajador, trabajadora, trabaja-dores, trabajadoras.**

Position of Adjectives

As you have probably noticed, adjectives do not always precede the noun in Spanish as they do in English. Note the following rules for adjective placement.

A. Adjectives of quantity, like numbers, *precede* the noun, as do the interrogatives **¿cuánto/a?** and **¿cuántos/as?**

Hay **muchas** sillas y **dos** escritorios.
There are many chairs and two desks.

¿Cuánto dinero necesitas?
How much money do you need?

> **¡OJO!** **Otro/a** by itself means *another* or *other.* The indefinite article is never used with **otro/a.**

Busco **otro** coche.
I'm looking for another car.

B. Adjectives that describe the qualities of a noun and distinguish it from others generally *follow* the noun. Adjectives of nationality are included in this category.

un perro **listo**
un dependiente **trabajador**
una mujer **delgada** y **morena**
un profesor **español**

C. The adjectives **bueno** and **malo** may *precede or follow* the noun they modify. When they precede a masculine singular noun, they shorten to **buen** and **mal,** respectively.

[Conversación]

un **buen** perro / un perro **bueno**
una **buena** perra / una perra **buena**
un **mal** día / un día **malo**
una **mala** noche / una noche **mala**

D. The adjective **grande** may also *precede or follow* the noun. When it precedes a singular noun—masculine or feminine—it shortens to **gran** and means *great* or *impressive.* When it follows the noun, it means *large* or *big.*

[Conversación]

Nueva York es una ciudad **grande.**
New York is a large city.

Nueva York es una **gran** ciudad.
New York is a great (impressive) city.

Forms of *this/these* (Part 1)

A. The demonstrative adjective *this/these* has four forms in Spanish.* Learn to recognize them when you see them.

este hijo	this son
esta hija	this daughter
estos hijos	these sons
estas hijas	these daughters

B. You have already seen the neuter demonstrative **esto.** It refers to something that is as yet unidentified.

¿Qué es **esto**?
What is this?

---

*You will learn all forms of the Spanish demonstrative adjectives (this, that, these, those) in **Gramática 9** (**Cap. 3**).

Adjective Agreement Summary	
SINGULAR ENDINGS	PLURAL ENDINGS
-o, -a	-os, -as
-e	-es
-[consonant]	-[consonant] + -es

■□■ Práctica

A. ¡Anticipemos! Hablando (*Speaking*) **de la universidad.** Tell what you think about aspects of your university by telling whether you agree (**Estoy de acuerdo.**) or disagree (**No estoy de acuerdo.**) with the statements. If you don't have an opinion, say **No tengo opinión.**

1. Hay suficientes actividades sociales.
2. Los estudiantes son dedicados.
3. Las residencias son buenas.
4. Hay suficientes gimnasios.
5. Es fácil aparcar el coche.
6. Es fácil llegar (*to get*) a la universidad en autobús.
7. Hay suficientes zonas verdes (*green*).
8. Los restaurantes, cafeterías y cafés son buenos.
9. Los precios de la librería son bajos.
10. Los bibliotecarios son amables.

> Remember that the purpose of **¡Anticipemos!** activities is to allow you to see a new grammar point in context before you begin to use it actively in conversation. In this activity, as you read the items pay special attention to the endings on adjectives. Most of them are plural. Can you tell why the adjective **fácil** (*easy*) in items 5 and 6 is not plural?

B. ¿Cierto o falso?

Paso 1. Make complete sentences with the adjectives that describe you, using the masculine or feminine form as necessary.

Soy…

1. alto
2. trabajadora
3. estadounidense
4. rico
5. rubia
6. fiel
7. simpático
8. europeo
9. soltero
10. hispana (latina)*

Paso 2. Now make sentences with the adjectives in **Paso 1** that describe your father or mother, your husband or wife, or your best friend (**mi mejor amigo/a**).

---

*Hispano/a *is a general term used by most Hispanics to refer to themselves. The term* **latino/a** *is often used by Hispanics born in this country.*

C. La familia de Carlos. The following incomplete sentences describe some members of the family of Carlos, the cousin of Patricia. Their family tree is on page 60. Scan the adjectives to see which ones can complete the statements. Then complete each statement with only the adjectives that fit the context.

1. El tío Felipe es _____. (trabajador / alto / nueva / grande / fea / amable)
2. Los abuelos son _____. (rubio / antipático / inteligentes / viejos / religiosos / sinceras)
3. Mi tía Gloria, la madre de Patricia, es _____. (rubio / elegante / sentimental / buenas / casadas / simpática)
4. Mis primos son _____. (solteros / morenos / lógica / bajas / mala)

D. ¡Dolores es igual! Cambie (*Exchange*) **Diego** por **Dolores.**

Diego es un buen estudiante. Es listo y trabajador y estudia mucho. Es estadounidense de origen mexicano, y por eso[a] habla español. Desea ser profesor de antropología. Diego es moreno, guapo y atlético. Le gustan las fiestas grandes y tiene buenos amigos en la universidad. Tiene parientes estadounidenses y mexicanos. Diego tiene 20 años.

[a]*por... for that reason*

NOTA COMUNICATIVA

Más nacionalidades

Centroamérica		Sudamérica		Asia	
costarricense	nicaragüense	argentino/a	ecuatoriano/a	chino/a	pakistaní (*pl.*
guatemalteco/a	panameño/a	boliviano/a	paraguayo/a	coreano/a	pakistaníes)
hondureño/a	salvadoreño/a	brasileño/a	peruano/a	indio/a	tailandés,
		chileno/a	uruguayo/a	japonés,	tailandesa
		colombiano/a	venezolano/a	japonesa	vietnamita

E. ¿Cuál es su [*their*] nacionalidad?

Paso 1. Diga (*Tell*) la nacionalidad de las siguientes (*following*) personas.

1. Monique es de Francia; es _____.
2. Piero y Andri son del Uruguay; son _____.
3. Indira y su (*her*) hermana son de la India; son _____.
4. Ronaldo y Ronaldinho son del Brasil; son _____.
5. Saji es un hombre del Japón; es _____.
6. La familia Musharraf es de Pakistán; son (they are) _____.
7. Paul es de Liverpool; es _____.
8. Samuel y su (*his*) hermana son de Guatemala; son _____.

Paso 2. En parejas (*pairs*), hagan (*form*) oraciones con las nacionalidades hispánicas, según el modelo. Busquen (*Look for*) los nombres de las naciones hispánicas en el mapa de la página 10.

MODELO: E1: La mujer es de Costa Rica.
E2: Es costarricense. El hombre es de Panamá.
E1: Es panameño. La mujer...

Need more practice?

- Workbook and Laboratory Manual
- ActivityPak
- Online Learning Center (www.mhhe.com/ puntos8)

■ ■ ■ Conversación

A. Asociaciones. With several classmates, talk about people or things you associate with the following phrases. Use the model as a guide. To express agreement or disagreement, use **(No) Estoy de acuerdo.**

MODELO: un gran hombre →
E1: Creo que (*I believe that*) el presidente es un gran hombre.
E2: No estoy de acuerdo.

1. un mal restaurante
2. un buen programa de televisión
3. una gran mujer, un gran hombre
4. un buen libro (¿una novela?), un libro horrible
5. un buen coche

B. Descripciones. En parejas, describan a su (*your*) familia, haciendo (*forming*) oraciones completas con estas palabras, con cualquier (*any*) otro adjetivo que conozcan (*that you may know*) y con los adjetivos de nacionalidad. **¡OJO!** Cuidado (*Be careful*) con la forma de los adjetivos.

MODELO: Mi familia no es grande. Es pequeña. Mi padre tiene 50 años. Es pakistaní de nacimiento (*by birth*).

Mi familia
Mi padre/madre
Mi ¿ ? (otro pariente)
Mi perro/gato

+ (no) es **+**

+ tiene... años

agresivo
amable
animado (*lively*)
bueno
cariñoso (*affectionate*)
comprensivo (*understanding*)
difícil (*difficult*)
famoso
grande
(im)paciente

importante
intelectual
interesante
malo
nuevo
pequeño
sensible (*sensitive*)
sentimental
tolerante
travieso (*mischievous*)
viejo

Before beginning **Gramática 6,** review the forms and uses of **ser** that you know already by answering these questions.

1. ¿Es Ud. estudiante o profesor(a)?
2. ¿Cómo es Ud.? ¿Es una persona sentimental? ¿inteligente? ¿paciente? ¿elegante?
3. ¿Qué hora es? ¿A qué hora es la clase de español?
4. ¿Qué es un hospital? ¿Es una persona? ¿un objeto? ¿un edificio?

6 Expressing *to be* • Present Tense of *ser*, Summary of Uses (Part 2)

Gramática en acción: Presentaciones

—¡Hola! Me llamo Francisco Durán, pero todos me llaman Pancho.

- Soy profesor de la universidad.
- Soy alto y moreno.
- Soy de Guanajuato, México.

—¿Y Lola Benítez, mi esposa?

- Es _____ (profesión).
- Es _____ y _____ (descripción).
- Es de _____ (origen).

Mérida, México
bonita
doctora
muy inteligente

ser (*to be*)			
(yo)	soy	(nosotros/as)	somos
(tú)	eres	(vosotros/as)	sois
(Ud.) (él) (ella)	es	(Uds.) (ellos) (ellas)	son

As you know, there are two Spanish verbs that mean *to be:* **ser** and **estar.** They are not interchangeable; the meaning that the speaker wishes to convey determines their use. In this chapter, you will review the uses of **ser** that you already know and learn some new ones. Remember to use **estar** to express location and to ask how someone is feeling. You will learn more about the uses of **estar** in **Gramática 15–16 (Cap. 5).**

Some basic functions of **ser** are presented on the following pages. You have used or seen all of them already in this and previous chapters.

Introductions *Hello! My name is Francisco Durán, but everyone calls me Pancho. ■ I'm a university professor. ■ I'm tall and brunet. ■ I'm from Guanajuato, Mexico. And Lola Benítez, my wife? ■ She's _____. ■ She's _____ and _____. ■ She's from _____.*

To Identify

To *identify* people and things [Práctica A] Remember that the notes in brackets refer you to activities that practice the grammar point.	Yo **soy estudiante.** Alicia y yo **somos hermanas.** La doctora Ramos **es profesora.** Esto **es un libro.**

To Describe

To *describe* people and things*	**Soy sentimental.** *I'm sentimental (a sentimental person).* El coche **es muy viejo.** *The car is very old.*

Origin

With **de,** to express *origin* [Práctica B–C]	**Somos de los Estados Unidos,** pero nuestros padres **son de la Argentina. ¿De dónde es** Ud.? *We're from the United States, but our parents are from Argentina. Where are you from?*

Generalizations

To express *generalizations* (only **es**) [Conversación B]	**Es necesario** estudiar, pero no **es posible** estudiar todos los días. *It's necessary to study, but it's not possible to study every day.*

Here are two basic functions of **ser** that you have not yet practiced.

Possession

With **de,** to express *possession* [Práctica D] Note that there is no **'s** in Spanish. ¡OJO! The masculine singular article **el** contracts with the preposition **de** to form **del.** No other article contracts with **de.**	**Es** el perro **de Carla.** *It's Carla's dog.* **Son** las gatas **de Jorge.** *They're Jorge's (female) cats.* **de + el → del** **Es** la casa **del** abuelito. *It's grandpa's house.* **Es** la casa **de la** abuelita. *It's grandma's house.*

*You practiced this language function of **ser** in **Gramática 5** in this chapter.

Gramática

With **para,** to tell for whom or what something *is intended*

[Conversación A]

¿*Romeo y Julieta*? **Es para** la clase de inglés.
Romeo and Juliet? It's for English class.

—¿**Para** quién **son** los regalos?
—(**Son**) **Para** mi nieto.
  Who are the presents for?
  (They're) For my grandson.

■ ■ ■ **Práctica**

A. **¡Anticipemos! Los parientes de Gloria.** Look back at the family drawings on page 60. Then tell whether the following statements are true (**cierto**) or false (**falso**) from Gloria's standpoint. Correct the false statements.

1. Felipe y yo somos hermanos.
2. Pedro es mi esposo.
3. Pedro y Eliana son mis (*my*) padres.
4. Carlos es mi sobrino.
5. Mi hermano es el esposo de Isabel.
6. El padre de Felipe no es abuelo todavía (*yet*).
7. Mi familia no es muy grande.

B. **Nacionalidades**

Paso 1. ¿De dónde son, según los nombres, apellidos y ciudades?

MODELO: João Gonçalves, Lisboa →
João Gonçalves es de Portugal.

1. John Doe, Nueva York
2. Karl Lotze, Berlín
3. Graziana Lazzarino, Roma
4. Mongkut, Bangkok
5. María Gómez, San Salvador
6. Claudette Moreau, París
7. Timothy Windsor, Londres
8. Hai Chow, Beijing

Naciones

Alemania
China
El Salvador
los Estados Unidos
Francia
Inglaterra
Italia
Portugal
Tailandia

Paso 2. Ahora, ¿de dónde es Ud.? ¿De este estado / esta provincia? ¿de una metrópoli? ¿de un área rural? ¿Es Ud. de una ciudad de nombre hispánico? ¿Es de otro país (*country*)?

C. **Personas extranjeras**

Paso 1. ¿Quiénes son, de dónde son y dónde trabajan ahora?

MODELO: Teresa: actriz / de Madrid / en Cleveland →
Teresa es actriz. Es de Madrid. Ahora trabaja en Cleveland.

1. Carlos Miguel: médico (*doctor*) / de Cuba / en Milwaukee
2. Pilar: profesora / de Burgos / en Miami
3. Mariela: dependienta / de Buenos Aires / en Nueva York
4. Juan: dentista* / de Lima / en Los Ángeles

Paso 2. Ahora hable sobre (*talk about*) un amigo o pariente según el modelo del **Paso 1.**

---

*A number of professions end in **-ista** in both masculine and feminine forms. The article indicates gender: **el/la dentista, el/la artista,** and so on.

D. Usemos (*Let's use*) **la lógica.** ¿De quién son estas cosas (*things*)? En parejas, hagan y contesten preguntas (*ask and answer questions*). Las respuestas pueden variar (*can vary*).

> **MODELO:** E1: ¿De quién es el perro?
> E2: Es de…

¿De quién es/son… ?

1. la casa en Beverly Hills
2. la casa en Bombay
3. la camioneta (*station wagon*)
4. el perro
5. las fotos de la Argentina
6. las mochilas con todos los libros

E. ¡Somos como una familia! Complete el párrafo con las formas correctas de **ser**.

Me llamo Antonia y _____ [1] de Chicago. (Yo) _____ [2] estudiante de ingeniería en la Universidad de Illinois, y tengo amigos en Chicago. Mis amigos _____ [3] de todas partes[a] y muchos de ellos _____ [4] hispanos. Mi familia _____ [5] de origen mexicano y aunque nunca he vivido[b] en México, hablo bastante bien[c] el español. Me gusta hablar español con mi amigo Javier. Javier _____ [6] de Costa Rica y estudia ingeniería también. Javier y yo _____ [7] los asistentes del profesor Thomas; por eso pasamos mucho tiempo juntos.[d] Javier _____ [8] muy guapo y simpático, pero nosotros sólo _____ [9] buenos amigos. Javier _____ [10] el novio[e] de mi mejor[f] amiga.

[a]*places* [b]aunque… *although I have never lived* [c]bastante… *rather well* [d]pasamos… *we spend a lot of time together* [e]*boyfriend* [f]*best*

Need more practice?

- Workbook and Laboratory Manual
- ActivityPak
- Online Learning Center (www.mhhe.com/puntos8)

■ ■ ■ Conversación

NOTA COMUNICATIVA

Explaining Your Reasons

In conversation, it is often necessary to explain a decision, tell why someone did something, and so on. Here are some simple words and phrases that speakers use to offer explanations.

porque because   **para** in order to

— ¿Por qué necesitamos una televisión nueva?
— Pues… **para** mirar el partido de fútbol… ¡Es el campeonato!

Why do we need a new TV set?

Well . . . (in order) to watch the soccer game . . . It's the championship!

— ¿Por qué trabajas tanto?
— ¡**Porque** necesitamos dinero!

Why do you work so much?
Because we need money!

Note the differences between **porque** (one word, no accent) and the interrogative **¿por qué?** (two words, accent on **qué**), which means *why?*

A. El regalo ideal

Paso 1. Look at Diego's list of gifts and what his family members like. With a partner, decide who receives each gift and why. The first one is done for you.

> MODELO: **1.** la novela de J. K. Rowling →
> E1: ¿Para quién es la novela de J. K. Rowling?
> E2: Es para la prima.
> E1: ¿Por qué?
> E2: Porque le gustan las novelas.

LOS REGALOS DE DIEGO

2. la calculadora
3. los libros de literatura clásica
4. los discos compactos de Bach
5. la televisión
6. el perro
7. el dinero

LOS MIEMBROS DE LA FAMILIA DE DIEGO

a. el padre: Le gusta mirar las noticias (*news*).
b. los abuelos: Les gusta mucho la música clásica.
c. la madre: Le gustan los animales.
d. el hermano: Le gustan mucho las historias viejas.
e. la hermana: Necesita pagar la matrícula.
f. el primo: Le gustan las matemáticas.
g. la prima: Le gustan las novelas.

Paso 2. With a partner, exchange ideas about good gifts for members of your family and also about good gifts for you.

> MODELO: Para mi mamá, deseo comprar ropa, porque ella necesita ropa nueva. Yo necesito ropa nueva también.

B. ¿Qué opina Ud.? Exprese opiniones originales, afirmativas o negativas, con estas palabras.

> MODELO: En mi opinión, es importante hablar español en la clase de español.

(No) Es importante	mirar la televisión todos los días
(No) Es muy práctico	hablar español en la clase
(No) Es necesario	tener muchas mascotas
(No) Es absurdo	llegar a clase puntualmente
(No) Es fascinante	tomar café en el salón de clase
(No) Es una lata (*pain, drag*) **+**	hablar con los animales / las plantas
(No) Es posible	tomar mucho café y fumar cigarrillos
	trabajar dieciocho horas al día
	tener muchos hermanos
	ser amable con todos los miembros de la familia
	estar mucho tiempo (*a lot of time*) con la familia

Vocabulario útil

el coche
el radio
la ropa clothing

7 Expressing Possession • (Unstressed) Possessive Adjectives (Part 1)*

Gramática en acción: Invitación y posesión

Comprensión

1. En el dibujo A, ¿de quién es la casa?
2. ¿Quiénes visitan la casa?
3. En el dibujo B, ¿de quién son los juguetes?
4. ¿Quién desea jugar (*to play*) con los juguetes?

A. «¡Pasen, por favor! Nuestra casa es su casa».

B. «¡No son tus juguetes! ¡Son mis juguetes!»

Possessive adjectives (**Los adjetivos posesivos**) are words that tell to whom or to what something belongs: *my* (book), *his* (sweater). You have already seen and used several possessive adjectives in Spanish. Here is the complete set.

(Unstressed) Possessive Adjectives				
my	mi **hijo/hija** mis **hijos/hijas**	our	nuestro **hijo** nuestros **hijos**	nuestra **hija** nuestras **hijas**
your (*fam.*)	tu **hijo/hija** tus **hijos/hijas**	your (*fam.*)	vuestro **hijo** vuestros **hijos**	vuestra **hija** vuestras **hijas**
your, his, her, its	su **hijo/hija** sus **hijos/hijas**	your, their	su **hijo/hija** sus **hijos/hijas**	

A. In Spanish, the ending of a possessive adjective agrees in form with the person or thing possessed, not with the owner or possessor. Note that these possessive adjectives are placed before the noun.

Son { mis / tus / sus } hermanos.

possessive adjective = an adjective that shows who owns or has something

B. The possessive adjectives **mi(s), tu(s),** and **su(s)** show agreement in number only. **Nuestro/a/os/as** and **vuestro/a/os/as**, like all adjectives that end in **-o**, show agreement in both number and gender.

Es { nuestra / vuestra / su } familia.

---

*Another kind of possessive is called the stressed possessive adjective. It can be used as a noun. You will learn more about using stressed possessive adjectives in **Gramática 49** (**Cap. 17**).*

Invitation and Ownership **A.** *"Come in, please! Our house is your house."* **B.** *"They're not your toys! They're my toys!"*

C. The forms **vuestro/a/os/as** are used extensively in Spain, but are not common in Latin America.

 Su(s) can have several different equivalents in English: *your* (*sing.*), *his*, *her*, *its*, *your* (*pl.*), and *their*. Usually its meaning will be clear in context. When the meaning of **su(s)** is not clear, **de** and a pronoun are used instead to indicate the possessor.

el padre	
la madre	de él (de ella, de Ud., de
los abuelos	ellos, de ellas, de Uds.)
las tías	

¿Son jóvenes los hijos **de él**?
Are his children young?

¿Dónde vive el abuelo **de ellas**?
Where does their grandfather live?

■ ■ ■ **Práctica**

A. Las posesiones. Which nouns can these possessive adjectives modify without changing form?

  1. su: problema primos dinero tías escritorios familia
  2. tus: perro idea hijos profesoras abuelo examen
  3. mi: ventana médicos cuarto coche abuela gatos
  4. sus: animales oficina nietas padre hermana abuelo
  5. nuestras: guitarra libro materias lápiz sobrinas tía
  6. nuestros: gustos consejeros parientes puerta clase residencia

B. La familia de Maribel

Paso 1. Change the following sentences, spoken by Maribel, to reflect a plural noun. The noun is indicated in blue. Note that the possessive adjective itself does not change; only its form changes.

  MODELO: «Mi hermano es alto». → «Mis hermanos son altos».

  1. «Mi hermana es lista».
  2. «Mi primo está en California».
  3. «Mi tío habla español».
  4. «Mi abuela mira mucho la tele (televisión)».

Paso 2. Now restate the sentences in **Paso 1** to quote what Maribel said. The possessive adjective itself will change.

  MODELO: «Mi hermano es alto». → Su hermano es alto.

Paso 3. Now restate the sentences in **Paso 1** to make them express what Maribel and her brother Julio would say about their family. The possessive adjective itself will change.

  MODELO: «Mi hermano es alto». → Nuestro hermano es alto.

C. ¿Cómo es la familia de David?

Paso 1. Mire a* (*Look at*) la familia de David en el dibujo. Complete las oraciones según el modelo.

> **MODELO:** familia / pequeño →
> Su familia es pequeña.

David

1. hijo pequeño / guapo
2. perro / feo
3. hija / rubio
4. padre / viejito
5. esposa / bonito

Paso 2. Imagine que Ud. es David y modifique (*change*) las respuestas (*answers*).

> **MODELO:** familia / pequeño →
> Mi familia es pequeña.

Paso 3. Imagine que Ud. es la esposa de David. Hable por (*Speak for*) Ud. y por su esposo. Modifique sólo las respuestas del 1 al 4.

> **MODELO:** familia / pequeño →
> Nuestra familia es pequeña.

Need more practice?

- Workbook and Laboratory Manual
- ActivityPak
- Online Learning Center (www.mhhe.com/puntos8)

■ ■ ■ Conversación

A. En nuestro salón de clase. Can you use the following phrases to describe aspects of your classroom at this moment? Explain why or why not.

> **MODELOS:** mi computadora → Sí, mi computadora está en mi mochila. No, mi computadora está en casa.
> nuestras computadoras → Sí, hay unos estudiantes con computadora hoy. No, no hay computadora en el salón de clase.

1. mi computadora
2. nuestras computadoras
3. nuestro profesor / nuestra profesora de español
4. su computadora (la computadora del profesor / de la profesora)
5. nuestros libros de texto
6. nuestras calculadoras
7. mi silla
8. mis lápices
9. su mochila (la mochila de otro/a estudiante de la clase)
10. mi dinero (la cartera = *wallet*)

---

*Note the use of **a** here. In this context, the word **a** has no equivalent in English. It is used in Spanish before a direct object that is a specific person. You will learn more about this use of **a** in **Capítulo 6.** Until then, the exercises and activities in Puntos de partida will indicate when to use it.*

B. Entrevista. Take turns asking and answering questions about your families. Talk about what family members are like, their ages, some things they do, and so on. Use the model as a guide. Take notes on what your partner says. Then report the information to the class.

MODELO: tu abuela →
　　　　　E1: Mi abuela es alta. ¿Y tu abuela? ¿Es alta?
　　　　　E2: Bueno, no. Mi abuela es baja.
　　　　　E1: ¿Cuántos años tiene?…

1. tu familia en general
2. tus padres
3. tus abuelos
4. tus hermanos / hijos
5. tu esposo/a / compañero/a de cuarto

¿Recuerda Ud.?

The personal endings used with **-ar** verbs share some characteristics with **-er** and **-ir** verbs which you will learn in **Gramática 8.** Review the present tense endings of **-ar** verbs by telling which subject pronoun(s) you associate with each of these endings.

1. -amos　2. -as　3. -áis　4. -an　5. -o　6. -a

8

Expressing Actions • Present Tense of *-er:* and *-ir* Verbs; Subject Pronouns (Part 2)

Gramática en acción: Un estudiante típico

- Se llama Samuel Flores Toledo.
- Estudia en la UNAM (Universidad Autónoma de México).
- Vive con su familia en la Ciudad de México, el D.F. (Distrito Federal).
- Come pizza y tacos con frecuencia.
- Bebe cerveza en las fiestas.
- Recibe muchos e-mails y cartas de sus primos del Canadá.
- Lee y escribe mucho para su especialización.
- Aprende inglés porque desea visitar a su familia en Ontario.

¿Y Ud.?: Conteste estas preguntas de Samuel.

1. ¿Dónde vives tú?
2. ¿Comes muchos tacos?
3. ¿Recibes muchos e-mails?
4. ¿Lees y escribes mucho para tu especialización? ¿O no tienes especialización todavía (*yet*)?

A typical student ■ *His name is Samuel Flores Toledo.* ■ *He studies at UNAM (the Autonomous University of Mexico).* ■ *He lives with his family in Mexico City,* **el D.F.** *(Federal District).* ■ *He frequently eats pizza and tacos.* ■ *He drinks beer at parties.* ■ *He gets a lot of e-mails and letters from his cousins in Canada.* ■ *He reads and writes a lot for his major.* ■ *He's learning English because he wants to visit his family in Ontario.*

Verbs That End in -er and -ir

A. The present tense of **-er** and **-ir** verbs is formed by adding personal endings to the stem of the verb (the infinitive minus its **-er/-ir** ending). The personal endings for **-er** and **-ir** verbs are the same except for the first and second person plural.

comer *(to eat)*		**viv**ir *(to live)*	
com**o**	com**emos**	viv**o**	viv**imos**
com**es**	com**éis**	viv**es**	viv**ís**
com**e**	com**en**	viv**e**	viv**en**

B. These are the frequently used **-er** and **-ir** verbs you will find in this chapter.

comer

beber

leer

escribir

-er verbs		**-ir verbs**	
aprender	to learn	**abrir**	to open
beber	to drink	**asistir (a)**	to attend,
comer	to eat		go to
comprender	to understand		(*a class,*
creer (en)	to think; to		*function*)
	believe (in)	**escribir**	to write
deber + *inf.*	should, must,	**recibir**	to receive
	ought to (*do*	**vivir**	to live
	something)		
leer	to read		
vender	to sell		

Remember that the Spanish present tense has a number of present tense equivalents in English. It can also be used to express future meaning.

como = *I eat, I am eating, I will eat*

Deber, like **desear** and **necesitar,** is followed by an infinitive.

Debes leer tus e-mails todos los días.
You should read your e-mails on a daily basis.

Aprender + **a** + *infinitive* means *to learn how to (do something).*

Muchos niños **aprenden a hablar** español con sus abuelos.
Many children learn to speak Spanish with their grandparents.

In English, a verb must have an expressed subject (a noun or pronoun): *the train* arrives, *she* says. In Spanish, however, as you have probably noticed, an expressed subject is not required. Verbs are accompanied by a subject pronoun only for clarification, emphasis, or contrast.

■ *Clarification:* When the context does not make the subject clear, the subject pronoun is expressed. This happens most frequently with third person singular and plural verb forms.

Ud. / él / ella vende
Uds. / ellos / ellas venden

■ *Emphasis:* Subject pronouns are used in Spanish to emphasize the subject when in English you would stress it with your voice.

—¿Quién debe pagar?   *Who should pay?*
—¡**Tú** debes pagar!   *You should pay!*

■ *Contrast:* Contrast is a special case of emphasis. Subject pronouns are used to contrast the actions of two individuals or groups.

Ellos leen mucho; **nosotros** leemos poco.
They read a lot; we read little.

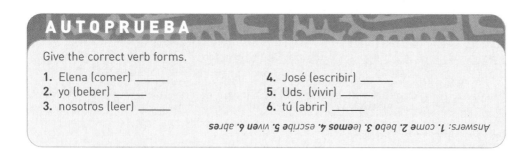

AUTOPRUEBA

Give the correct verb forms.

1. Elena (comer) _____
2. yo (beber) _____
3. nosotros (leer) _____
4. José (escribir) _____
5. Uds. (vivir) _____
6. tú (abrir) _____

Answers: 1. come 2. bebo 3. leemos 4. escribe 5. viven 6. abres

■ ■ ■ Práctica

A. **Asociaciones.** Give at least one **-er** or **-ir** infinitive whose meaning you associate with the following words and phrases.

1. un libro o una revista (*magazine*)
2. una composición, un ensayo (*essay*), una carta
3. un café o una Coca-Cola
4. en la cafetería
5. las materias
6. la opinión de un pariente
7. una librería o un supermercado
8. una puerta o una ventana
9. clases y conciertos
10. en la residencia o en una casa
11. estudiar más
12. regalos

B. En la clase de español

Paso 1. **¡Anticipemos!** Tell whether the following statements are true for your classroom environment. Make untrue statements negative or change them in another way to make them correct.

> MODELO: Bebemos café en el salón de clase. → Sí, bebemos café en el salón de clase. (No, no bebemos café en el salón de clase. Bebemos café en casa.)

1. Debemos estudiar más esta materia.
2. Leemos las lecciones completas de *Puntos de partida*.
3. Todos comprendemos bien el español de nuestro profesor / nuestra profesora.
4. Asistimos al laboratorio de computadoras con frecuencia.
5. Abrimos los libros con frecuencia en esta clase.
6. En esta clase escribimos mucho.
7. En esta clase aprendemos a hablar y comprender español.
8. Vendemos nuestros libros al final del año.

Paso 2. Now turn to the person next to you and rephrase each sentence, using **tú** forms of the verbs. Your partner will indicate whether the sentences are true for him or her.

> MODELO: Bebemos café en el salón de clase. →
> E1: Bebes café en el salón de clase, ¿verdad (*right*)?
> E2: Sí, bebo café en el salón de clase. (No, no bebo café en el salón de clase. Bebo café en la cafetería.)

C. Diego habla de su padre. Complete el siguiente párrafo con la forma correcta de los verbos entre paréntesis.

Mi padre (vender[1]) coches y trabaja mucho. Mis hermanos y yo (aprender[2]) mucho de papá. Según mi padre, los jóvenes (deber[3]) (asistir[4]) a clase todos los días, porque es su obligación. Papá también (creer[5]) que no es necesario mirar la televisión por la noche. Es más interesante (leer[6]) el periódico,[a] una revista o un buen libro. Por eso nosotros (leer[7]) o (escribir[8]) por la noche y no miramos la televisión. Yo admiro a mi papá y (creer[9]) que él (comprender[10]) la importancia de la educación.

[a]*newspaper*

Comprensión: ¿Cierto o falso? Corrija (*correct*) las oraciones falsas.

1. Diego y sus hermanos venden coches.
2. Diego mira mucho la televisión.
3. El padre de Diego lee mucho.

D. Este domingo (*Sunday*), **tamalada.**
Form complete sentences based on the words given, in the order given. Conjugate the verbs and add other words if necessary. Don't use the subject pronouns in parentheses.

Una tamalada consiste en hacer (*making*) y comer tamales, una comida (*food*) típica de México y Centroamérica. Hay ocasiones en que hacer tamales es una fiesta familiar. Este domingo es un día especial para la familia de la pintura. Habla Luis.

1. hay **/** tamalada **/** hoy **/** por **/** tarde
2. todo **/** familia **/** asistir **/** tamalada **/** en **/** nuestro **/** casa
3. mi **/** padres **/** celebrar **/** su **/** aniversario de boda (*wedding*)
4. la **/** mujeres **/** de **/** familia **/** y **/** un **/** hombres **/** preparar **/** comida
5. mi **/** tíos **/** beber **/** café **/** y **/** mirar **/** tele
6. mi **/** primas **/** pequeño **/** leer **/** revistas **/** para niños
7. mi **/** hermano **/** deber **/** estudiar **/** pero **/** leer **/** noticias (*news*) del fútbol de México **/** en el Internet
8. (él) no **/**comprender **/** todo **/** porque **/** su **/** español **/** no **/** ser **/** perfecto
9. yo **/** preparar **/** comida **/** con **/** mi mamá **/** y **/** abuela
10. (nosotros) comer **/** comida (*meal*) **/** grande **/** a **/** tres
11. (yo) creer **/** que **/** mi **/** mamá **/** y **/** tías **/** ser **/** cocineras (*cooks*) **/** excelente
12. (yo) desear **/** ser **/** uno **/** bueno **/** cocinero **/** también

▲ Tamalada (Making Tamales), *por* (by) *Carmen Lomas Garza* (*estadounidense*)

Need more practice?

- Workbook and Laboratory Manual
- ActivityPak
- Online Learning Center (www.mhhe.com/ puntos8)

■■■ Conversación

Telling How Frequently You Do Things

Use the following words and phrases to tell how often you perform an activity. Some of them will already be familiar to you.

todos los días, siempre	every day, always	**una vez a la semana**	once a week
con frecuencia	frequently	**casi nunca**	almost never
a veces	at times	**nunca**	never

Hablo con mis amigos **todos los días.** Hablo con mis padres **una vez a la semana. Casi nunca** hablo con mis abuelos. Y **nunca** hablo con mis tíos que viven en Italia.

For now, use the expressions **casi nunca** and **nunca** only at the beginning of a sentence. You will learn more about how to use them in **Gramática 19 (Cap. 6).**

A. ¿Con qué frecuencia?

Paso 1. How frequently do you do the following things?

		CON FRECUENCIA	A VECES	CASI NUNCA	NUNCA
1.	Asisto al laboratorio de computadoras.	☐	☐	☐	☐
2.	Recibo e-mails y cartas.	☐	☐	☐	☐
3.	Escribo poemas.	☐	☐	☐	☐
4.	Leo novelas románticas.	☐	☐	☐	☐
5.	Como en una pizzería.	☐	☐	☐	☐
6.	Recibo y leo revistas.	☐	☐	☐	☐
7.	Aprendo palabras nuevas en español.	☐	☐	☐	☐
8.	Asisto a todas las clases.	☐	☐	☐	☐
9.	Compro regalos para los amigos.	☐	☐	☐	☐
10.	Vendo los libros al final del semestre/trimestre.	☐	☐	☐	☐

Paso 2. Now compare your answers with those of a classmate. Then answer the following questions. **¡OJO!** **los/las dos** = *both* [*of us*]; **ninguno/a** = *neither*)

		YO	MI COMPAÑERO/A	LOS/LAS DOS	NINGUNO/A
1.	¿Quién es muy estudioso/a?	☐	☐	☐	☐
2.	¿Quién come mucha pizza?	☐	☐	☐	☐
3.	¿Quién compra muchas cosas?	☐	☐	☐	☐
4.	¿Quién es muy romántico/a?	☐	☐	☐	☐
5.	¿Quién recibe muchos e-mails?	☐	☐	☐	☐
6.	¿Quién escribe mucho?	☐	☐	☐	☐
7.	¿Quién lee mucho?	☐	☐	☐	☐

B. Entrevista.

Use the following cues to interview a classmate. Include expressions of frequency when appropriate.

MODELO: leer + novelas de horror → Carmen, ¿lees novelas de horror?

(estudiante), tú tus padres/hijos tus abuelos tu mejor (*best*) amigo/a	**+** abrir leer escribir beber vender comprender recibir vivir ¿ ? deber	**+** mucho / poco la situación / los problemas de los estudiantes Coca-Cola / café antes de (*before*) la clase mi ropa (*clothing*), un estéreo viejo la puerta a (*for*) las mujeres / los hombres novelas de ciencia ficción / de horror el periódico / una revista todos los días muchas / pocas cartas, novelas, revistas muchos / pocos ejercicios, libros, regalos en una casa / un apartamento / una residencia en otra ciudad / en otro estado/país en un cuaderno / con un bolígrafo / con un lápiz mirar mucho la televisión llegar a casa temprano

A. La familia del nuevo nieto

Paso 1. The following sentences will form the description of a family in which there is a new grandchild. The name of the person described is given in parentheses after each description. Form complete sentences based on the words given, in the order given. Conjugate the verbs and add other words if necessary. Be sure to pay close attention to adjective endings.

As you create the sentences, complete the family tree given below with the names of the family members. The first one is done for you. **¡OJO!** Hispanic families pass on first and middle names just as families in this country do.

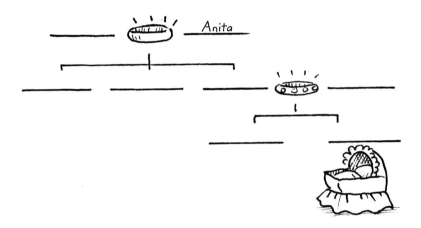

MODELO: **1.** yo **/** ser **/** abuela **/** panameño (Anita) →
Yo soy la abuela panameña.

2. nuevo **/** nieto **/** ser **/** de **/** Estados Unidos (Juan José)
3. padre **/** de **/** nieto **/** ser **/** panameño **/** también (Juan José)
4. abuelo **/** panameño **/** ser **/** padre **/** de **/** Juan José (Juan José)
5. uno **/** de **/** tías **/** de **/** nieto **/** ser **/** médico (Pilar)
6. otro **/** tía **/** ser **/** artista **/** famoso (Julia)
7. madre **/** de **/** niño **/** ser **/** estadounidense (Paula)
8. hermana **/** de **/** niño **/** se llama **/** Concepción

Paso 2. Ahora conteste estas preguntas, según la descripción de la familia.

1. ¿De dónde son los abuelos y tíos?
2. ¿De dónde es la madre del niño?
3. ¿Cómo se llama el abuelo de la familia?

B. **Lengua y cultura: Las familias** Complete the following paragraphs about families. Give the correct form of the words in parentheses, as suggested by context.

¿**E**xiste la familia hispánica típica? Muchas personas (creer[1]) que (todo[2]) las familias (hispánico[3]) son (grande[4]). Pero el concepto de la familia (ser[5]) diferente ahora, sobre todo[a] en las ciudades (grande[6]).

(Ser[7]) cierto que la familia rural (típico[8]) es grande, pero es así[b] en casi[c] (todo[9]) las sociedades rurales del mundo.[d] Muchos hijos (trabajar[10]) la tierra[e] con sus padres. Por eso es bueno y (necesario[11]) tener muchos niños.

Pero en los grandes centros (urbano[12]) las familias con sólo dos o tres hijos (ser[13]) más comunes. Es difícil[f] tener (mucho[14]) hijos en una sociedad (industrializado[15]). Y cuando los padres (trabajar[16]) fuera de[g] casa, ellos (pagar[17]) a quien cuide a[h] los niños. Esto pasa especialmente en las familias de la clase media.[i]

Pero no es fácil[j] (hablar[18]) de una familia (hispánico[19]) típica. ¿Hay una familia (norteamericano[20]) típica?

▲ *La familia, por* (by) *Fernando Botero, de Colombia*

[a]sobre... *especially* [b]es... *that's the way it is* [c]*almost* [d]*world* [e]*land* [f]*difficult* [g]fuera... *outside of the* [h]a quien... *someone to care for* [i]*middle* [j]*easy*

Comprensión: ¿Cierto o falso? Corrija (*Correct*) las oraciones falsas.

1. Todas las familias hispánicas son iguales.
2. Las familias rurales son grandes en casi todo el mundo.
3. Las familias rurales necesitan tener muchos niños.
4. Por lo general (*Generally*), las familias urbanas son más pequeñas.
5. Las madres urbanas típicamente cuidan a los hijos durante el día.

C. **Una fiesta.** There is a Spanish saying, "**Una fiesta se hace** (*is made*) **con tres personas: una canta, otra baila y la otra toca.**" Working in groups of four, use this saying as a model to tell what the following things are "made of." Use as many **-ar, -er,** and **-ir** verbs as you can, as well as the irregular verbs **ser** and **estar,** the forms of **tener** that you know (**tengo, tienes, tiene**), and the verb form **hay.**

MODELO: una clase → Una clase se hace con un profesor o una profesora. Esta persona enseña la clase. También hay unos estudiantes. Desean aprender la materia y estudian mucho. Leen su libro de texto y escriben informes (*papers*). También hay un salón de clase, una pizarra…

¿Cómo se hace... ?

1. una clase de español
2. una fiesta en esta universidad
3. una universidad
4. una familia

Perspectivas culturales

México

Datos esenciales

- Nombre oficial: Estados Unidos Mexicanos
- Capital: Ciudad de México, «México, Distrito Federal» o «México, D.F.»
- Población: más de 107 (ciento siete) millones de habitantes

Fíjese

- El nombre «México» viene[a] de los mexicas, el nombre original de los aztecas. Los mexicas eran[b] una tribu[c] nomada que estableció[d] su capital, Tenochtitlán, en el centro del antiguo Lago[e] Texcoco. Tenochtitlán era[f] una de las ciudades más grandes del mundo[g] en el siglo XVI.[h] Hoy día[i] la Ciudad de México cubre los restos[j] de Tenochtitlán.
- México tiene la población hispanohablante más grande del mundo.
- México tiene 31 estados y el Distrito Federal.
- Se hablan[k] aproximadamente sesenta idiomas indígenas en México todavía,[l] y hay zonas[m] rurales donde los indígenas no hablan español.

[a]comes [b]were [c]tribe [d]established [e]antiguo... former Lake [f]was [g]ciudades... largest cities in the world [h]siglo... 16th century [i]Hoy... Today [j]cubre... covers the remains [k]Se... Are spoken [l]still [m]areas

1

Un chac mool, en Chichén Itzá   El chac mool es la escultura de una figura reclinada con la cabeza levantada.[a] Es de origen tolteca, una de las culturas indígenas más antiguas[b] de México, pero fue adoptado por[c] otras culturas como los mayas. Chichén Itzá está en el estado mexicano de Yucatán.

[a]figura... reclined figure with a raised head [b]más... oldest [c]fue... it was adopted by

La Quebrada[a] en Acapulo   La geografía de México es variada con montañas, selvas,[b] desiertos y volcanes. Tiene playas blancas[c] en el este[d] y costas rocosas[e] en el oeste.[f] Este acantilado[g] en la costa de Acapulco se llama «La Quebrada». Es famoso por los clavadistas que hacen saltos[h] de treinta y cinco metros[i] al agua.

[a]Gorge [b]jungles [c]Tiene... It has white beaches [d]east [e]costas... rocky coasts [f]west [g]cliff [h]clavadistas... divers that dive [i]treinta... 35 meters (115 feet)

2

3 **En un cementerio durante[a] el Día de los Muertos[b]**

Muchos mexicanos visitan los cementerios el primero de noviembre[c] para celebrar el Día de los Muertos. Preparan altares con las comidas[d] y posesiones favoritas de sus seres fallecidos.[e] En el cementerio, decoran las tumbas con velas y flores.[f] La flor tradicional de esta celebración es la maravilla.[g]

[a]*during*   [b]*Día... Day of the Dead*   [c]*el... on November 1*   [d]*foods*
[e]*seres... loved ones who have passed away*   [f]*velas... candles and flowers*   [g]*marigold*

Música de México

La música mexicana tiene gran diversidad de estilos y ritmos.[a] De los géneros[b] tradicionales, la música ranchera, interpretada por mariachis, es la más conocida.[c] También hay variación en cuanto a[d] los instrumentos musicales que se usan[e] de una región a otra. Por ejemplo, la música norteña,[f] influida por[g] la polka alemana, usa mucho el acordeón, y la música folclórica de la costa caribeña se caracteriza[h] por la marimba.

[a]*estilos... styles and rhythms*
[b]*genres*   [c]*la... the most well-known*
[d]*en... in terms of*   [e]*se... are used*
[f]*northern*   [g]*by*   [h]*se... is characterized*

4

La Basílica de Nuestra Señora de Guanajuato, en Guanajuato

Guanajuato es una ciudad colonial en el centro de México que se hizo famosa[a] por las ricas venas de plata y oro que se encontraron allí[b] en el siglo XVI. Hoy día Guanajuato es famoso por sus iglesias[c] y edificios coloniales, como la Basílica de Nuestra Señora del Rosario, que atraen a[d] turistas de todo el mundo.

[a]*se... became famous*   [b]*ricas... rich veins of silver and gold that were found there*   [c]*churches*   [d]*atraen... attract*

5 **Una cabeza[a] olmeca**   La civilización olmeca es la más antigua[b] de las civilizaciones que han ocupado[c] una parte de lo que[d] hoy es México y Centroamérica. Los olmecas crearon[e] estatuas de cabezas gigantescas. Se han encontrado por lo menos[f] diecisiete de estas cabezas desde[g] México hasta[h] El Salvador, y algunas de ellas[i] pesan hasta[j] once toneladas.[k]

[a]*head*   [b]*la... the oldest*   [c]*han... have occupied*   [d]*lo... what*
[e]*created*   [f]*Se... They have found at least*   [g]*from*   [h]*to*   [i]*algunas... some of them*   [j]*pesan... weigh up to*   [k]*tons*

EN RESUMEN

See the Workbook, Laboratory Manual, ActivityPak, and Online Learning Center (www.mhhe.com/puntos8) for self-tests and practice with the grammar and vocabulary in this chapter.

Gramática

To review the grammar points presented in this chapter, refer to the indicated grammar presentations.

5. Describing—Adjectives: Gender, Number, and Position

You should know how to place adjectives as well as how to make adjectives like **alto, inteligente, español,** and **inglés** agree with the nouns they describe.

6. Expressing *to be*—Present Tense of **ser,** Summary of Uses (Part 2)

Can you conjugate and use the irregular verb **ser** in the present tense?

7. Expressing Possession—(Unstressed) Possessive Adjectives (Part 1)

You should be able to recognize and use the possessive adjectives **mi, tu, su, nuestro,** and **vuestro.**

8. Expressing Actions—Present Tense of **-er** and **-ir** Verbs; Subject Pronouns (Part 2)

Can you conjugate verbs like **comer** and **escribir** in the present tense? Do you know how to use subject pronouns and when to omit them?

Vocabulario

Los verbos

abrir	to open
aprender	to learn
aprender a + *inf.*	to learn how to (*do something*)
asistir (a)	to attend, go to (*a class, function*)
beber	to drink
comer	to eat
comprender	to understand
creer (en)	to think; to believe (in)
deber + *inf.*	should, must, ought to (*do something*)
escribir	to write
leer	to read
llegar	to arrive
mirar	to look at, watch
mirar la tele(visión)	to watch television
recibir	to receive
ser (soy, eres,...)	to be
vender	to sell
vivir	to live

La familia y los parientes

el/la abuelo/a	grandfather/grandmother
los abuelos	grandparents
el/la esposo/a	husband/wife
el/la hermano/a	brother/sister
el/la hijo/a	son/daughter
los hijos	children
la madre (mamá)	mother (mom)
el/la nieto/a	grandson/granddaughter
el/la niño/a	small child; boy/girl
el padre (papá)	father (dad)
los padres	parents
el pariente	relative
el/la primo/a	cousin
el/la sobrino/a	nephew/niece
el/la tío/a	uncle/aunt

Las mascotas

el gato	cat
la mascota	pet
el pájaro	bird
el perro	dog

Otros sustantivos

la carta	letter
la casa	house, home
la ciudad	city
el coche	car
el estado	state
el/la médico/a	(medical) doctor

el país	country
el periódico	newspaper
el regalo	present, gift
la revista	magazine

Los adjetivos

alto/a	tall
amable	kind; nice
antipático/a	unpleasant
bajo/a	short (*in height*)
bonito/a	pretty
buen, bueno/a	good
casado/a	married
corto/a	short (*in length*)
delgado/a	thin, slender
este/a	this
estos/as	these
feo/a	ugly
fiel	faithful
gordo/a	fat
gran, grande	large, big; great
guapo/a	handsome; good-looking
inteligente	intelligent
joven	young
largo/a	long
listo/a	smart; clever
mal, malo/a	bad
moreno/a	brunet(te)
mucho/a	a lot (of)
muchos/as	many
necesario/a	necessary
nuevo/a	new
otro/a	other, another
pequeño/a	small
perezoso/a	lazy
pobre	poor
posible	possible
rico/a	rich
rubio/a	blond(e)
simpático/a	nice, likeable
soltero/a	single (*not married*)
todo/a	all; every
tonto/a	silly, foolish
trabajador(a)	hardworking
viejo/a	old

Los adjetivos de nacionalidad

alemán/alemana	German
español(a)	Spanish
estadounidense	U.S.
inglés/inglesa	English
mexicano/a	Mexican

Los adjetivos posesivos

mi(s)	my
tu(s)	your (*fam. sing.*)
nuestro/a(s)	our
vuestro/a(s)	your (*fam. pl. Sp.*)
su(s)	his, hers, its, your (*form. sing.*); their, your (*form. pl.*)

Los números del 31 al 100

treinta, cuarenta, cincuenta, sesenta, setenta, ochenta, noventa, cien (ciento)

¿Con qué frecuencia... ?

a veces	sometimes, at times
casi nunca	almost never
nunca	never
siempre	always
una vez a la semana	once a week

Repaso: con frecuencia, todos los días

Palabras adicionales

bueno...	well . . .
¿de quién?	whose?
del	of the, from the
esto	this
(no) estoy de acuerdo	I (don't) agree
para	(intended) for; in order to
por eso	for that reason
¿por qué?	why?
porque	because
que	that, which; who
según	according to
si	if
tener... años (tengo, tienes, tiene)	to be . . . years old

Repaso: ¿de dónde es Ud.?

Vocabulario personal

Use this space to write down other words and phrases you learn in this chapter.

Español	Inglés

Un paso más 2

Literatura de México

Sobre la escritora: *Rosario Castellanos was born in Mexico City in 1925 but spent much of her childhood in Chiapas, a region in the south of Mexico with a large indigenous population. She returned to the province of Chiapas as an adult to work with Indian theater groups and the Indigenous Institute of San Cristóbal. Castellanos wrote in many forms, from poetry to journalism. The following lines are from "Economía doméstica,"* a poem in her most famous collection of poetry, *Poesía no eres tú (1972).*

> He aquí la regla de oro,[a] el secreto del orden:
>
> tener un sitio[b] para cada cosa[c]
> y tener
> cada cosa en su sitio. Así arreglé[d] mi casa.

[a]He... *Here is the golden rule*   [b]*place*   [c]cada... *each thing*   [d]Así... *That's how I organized*

▲ Rosario Castellanos
(1925–1974)

L E C T U R A

ESTRATEGIA: Connecting Words; A Reminder About Cognates

Some words or phrases indicate what kind of information they introduce. For example, as you know, **por eso** (*for that reason, that's why*) introduces a resulting circumstance based on a preceding situation.

Necesito dinero. **Por eso** trabajo en la librería.

What kinds of clues do these words give you about the information that follows?

1. Por otra parte,... (*On the other hand, . . .*)
2. También...
3. En cambio,... (*On the other hand, . . .*)
4. ...porque...
5. Por ejemplo,...
6. Por lo general,...
7. ¡Hasta... ! (*Even . . . !*)

Scan the following reading to see if you can find any of the preceding connectors. You may wish to circle them in the reading so that you pay particular attention to them when you get to them.

Note: The following reading contains a number of cognates whose meanings you should be able to guess from the context, including some verb forms with endings different from those you have learned about. You will recognize the meaning of most of those verbs easily, however.

■ **Sobre la lectura...** The following reading was written by the authors of *Puntos de partida* for language learners like you. Do you think that the authors were being completely serious when they presented this contrast between families in this country and in Spanish-speaking countries?

La unidad familiar: ¿Perspectivas culturales válidas o estereotipadas?

▲ *Un domingo con la famila*

La familia estadounidense y canadiense

Cuando un hispano observa la estructura de la familia estadounidense o canadiense, puede[a] llegar muy pronto a esta conclusión: La familia ya no[b] existe en estos países. ¿Por qué podría asumir[c] esto?

Entre los padres e hijos estadounidenses o canadienses, no existe el cariño.[d] Cuando los hijos tienen unos 18 años, sus padres esperan que se vayan[e] a vivir a otra parte. A veces los hijos trabajan en otras ciudades y a veces abandonan la casa familiar sólo porque sí.[f] Los padres ancianos viven <u>solos</u> porque cuando sus hijos ya tienen otra familia los padres son para ellos una gran <u>molestia.</u> ¡Hasta hay <u>hospicios</u> para los viejos! No están en casa, que es donde deberían[g] estar.

La familia hispánica

Por otra parte, un estadounidense o un canadiense que mira la estructura de la familia hispánica puede <u>concluir</u> lo siguiente: La influencia de la familia es demasiado fuerte.[h] ¿Por qué podría creer esto?

Los padres no confían[i] en sus hijos, y no los[j] preparan para la vida. Por ejemplo, hay hijos ya <u>mayores</u> —de 30 años o más— que todavía viven en la casa de sus padres. Estos hijos tienen trabajo productivo y suficiente dinero para vivir aparte. Obviamente los

---

[a]*he can* [b]*ya... no longer* [c]*podría... might he assume* [d]*affection* [e]*esperan... hope they'll go*
[f]*sólo... just because they want to* [g]*they should* [h]*demasiado... too strong* [i]*trust* [j]*them*

padres no fomentan[k] en ellos la capacidad de vivir independientemente y por eso los hijos no dejan el nido.[l]

Culturas diferentes

¿Son válidas estas conclusiones? El concepto de la unidad familiar existe en las dos culturas. En los Estados Unidos y el Canadá, la independencia personal tiene gran importancia social. Es una gran responsabilidad de los padres el hacer[m] independientes a sus hijos. La integridad de la familia depende menos de la cercanía[n] de los sus individuos.

En cambio, en la cultura hispánica es muy importante <u>mantener</u> unido el grupo familiar. En muchos casos, los hijos dejan la casa cuando <u>contraen</u> matrimonio y no cuando terminan sus estudios o <u>comienzan</u> a trabajar. Las dos sociedades tienen perspectivas diferentes; es imposible evaluar una cultura según las normas de otra. ■

[k]*develop* [l]*dejan... leave the nest* [m]*el... to make* [n]*closeness*

Comprensión

A. ¿Opinión o hecho (*fact*)**?** Indique si las siguientes oraciones representan una opinión o un hecho.

	OPINIÓN	HECHO
1. A veces los hijos de familias estadounidenses y canadienses trabajan en otras ciudades porque sus padres no los quieren (*don't love them*).	☐	☐
2. En muchos casos, los hijos hispanos viven con su familia aun (*even*) cuando tienen independencia económica.	☐	☐
3. La proximidad geográfica de los parientes es muy importante para la familia hispana.	☐	☐
4. Cuando los estadounidenses y canadienses son ancianos, representan una molestia para sus hijos.	☐	☐

B. ¿Quién habla? Indique quién habla en las siguientes oraciones. **¡OJO!** Hay diferentes normas culturales.

	UN HISPANO / UNA HISPANA	UN(A) ESTADOUNIDENSE O CANADIENSE
1. «Tengo 28 años. Soy soltero y vivo con mis padres».	☐	☐
2. «Necesito visitar a mi madre. Tiene 79 años y vive sola (*alone*)».	☐	☐
3. «La independencia es muy importante para mí. No deseo depender de mis padres el resto de mi vida (*life*)».	☐	☐
4. «Mi hija tiene un buen trabajo en una gran compañía. Vive con una amiga en la ciudad y yo vivo aquí, en el pueblo».	☐	☐

REDACCIÓN

A. **Ud. y su familia.** ¿Cómo son sus relaciones con su familia? ¿Es Ud. como el típico hijo estadounidense o canadiense de la lectura? ¿Es Ud. independiente o todavía vive con sus padres? ¿Por qué? ¿Tiene relaciones estrechas (*close*) con su familia? ¿O son un poco distantes? Conteste en un breve párrafo (*paragraph*). Trate de (*Try to*) usar palabras y frases de la **Estrategia** (página 92).

B. **¿Quién es Ud.?** You have already learned enough Spanish to be able to say a lot about yourself and your family. Answer the following questions. Then rewrite them in the form of one or two brief paragraphs that tell as much about you as possible.

1. ¿Cómo se llama Ud.?
2. ¿Cuántos años tiene Ud.?
3. ¿Qué profesión tiene? (¿Es estudiante?)
4. ¿Dónde estudia Ud.? ¿Qué estudia?
5. ¿Vive Ud. solo/a, con amigos o con la familia? ¿En qué ciudad vive?
6. Económicamente, ¿es Ud. completamente independiente de sus padres? ¿O depende de ellos en parte o mucho?

CAPÍTULO 3

De compras°

°De... Shopping

1 Una mujer maya de Chichicastenango con ropa de tejidos (*woven clothing*) **tradicionales**

1. What do you know about the woven goods of Guatemala or other Latin American countries?

2. Are there craft markets in your area? What kinds of crafts are sold?

3. Where do you prefer to shop for various items (e.g., clothing, food, household items)? Do you go to a mall, supermarket, farmer's market, boutique, . . . ?

2 Las ruinas mayas de Copán, en Honduras

1. What do you know about the Mayans?

2. Where else are there interesting ruins in Spanish-speaking countries in this hemisphere?

3. Guatemala City has very mild weather throughout the year. What type of clothing do you think people there wear the most?

3 La Iglesia (*Church*) de la Merced en la Ciudad de Guatemala, rodeada de (*surrounded by*) **edificios modernos**

1. What do you know about Guatemala and Honduras?

2. Are there cities in this country where colonial and modern architectures contrast?

3. What clothing would you expect to need in a high altitude city in Central America?

De compras: La ropa°

La... *Clothing*

las chanclas

la sudadera — $42

la chaqueta — $81

los pantalones — $57

las botas — $74

la camisa — $33

el traje de baño — $65

los calcetines — $12

el abrigo — $100

el vestido — $99

los zapatos de tenis — $48

la bolsa — $76

la falda — $49

el suéter — $97

el reloj — $28

el cinturón — $19

Los verbos

comprar	to buy
llevar	to wear; to carry; to take
regatear	to haggle, bargain
usar	to wear; to use
vender	to sell
venden de todo	they sell (have) everything

Los lugares

el almacén	department store
el centro	downtown
el centro comercial	shopping mall

el mercado	market(place)
la plaza	plaza
la tienda	shop, store

¿Cuánto cuesta(n)?

la ganga	bargain
el precio	price
el precio fijo	fixed (set) price
las rebajas	sales, reductions
barato/a	inexpensive
caro/a	expensive
cómodo/a	comfortable

Otras palabras y expresiones útiles		el sombrero	hat
		el traje	suit
la blusa	blouse		
la camiseta	T-shirt	de cuadros	plaid
la cartera	wallet; handbag	(lunares, rayas)	(polka-dot, striped)
la corbata	tie		
la gorra	baseball cap	es de (algodón,	it is made of (cotton,
el impermeable	raincoat	cuero, lana, oro,	leather, wool,
los *jeans**	blue jeans	plata, seda)[†]	gold, silver, silk)
las medias	stockings	Es de última	
las sandalias	sandals	moda.	It's trendy (hot).
la ropa interior	underwear	Está de moda.	

ASÍ SE DICE

la bolsa = el bolso (*Sp.*)

la cartera = la billetera (*Arg.*),
  el monedero (*coin purse*)

la chaqueta = la americana (*Sp.*)

la falda = la pollera (*Arg., Uru.*)

el impermeable = la capa para la
  lluvia (*rain*), la gabardina, el piloto

los *jeans* = los mahones (*P.R., D.R.*),
  los vaqueros (*Sp., L.A.*)

el suéter = el jersey (*Sp.*), el pulóver (*Arg.*)

To talk about sales, you can say **hay rebajas** or that (something) **está de/en rebaja** or **liquidación/venta.**

De moda is often expressed as **en onda** (*Mex.*) or **en voga.**

■ ■ ■ Conversación

A. La ropa

Paso 1. ¿Qué ropa llevan estas personas?

1. El Sr. Rivera
   lleva _____.

2. La Srta. Alonso
   lleva _____.
   El perro lleva _____.

3. Sara lleva _____.

4. Alfredo lleva _____.
   Necesita comprar _____.

Paso 2. De estas personas, ¿quién trabaja hoy? ¿Quién va a (*is going to*) una fiesta? ¿Quién no trabaja en este momento?

---

*The influx of U.S. goods to Latin America and Spain has affected common language. Jeans *is one example of an English word that is commonly used in Spanish-speaking countries.*

[†]*Note another use of* **ser** + **de** *to tell what material something is made of.*

B. Asociaciones. Complete las siguientes oraciones lógicamente con palabras de **De compras: La ropa.**

1. Un _____ es una tienda grande.
2. No es posible _____ cuando hay precios fijos.
3. En la librería, _____ de todo: textos y otros libros, cuadernos, lápices, … Hay grandes _____ al final del semestre/trimestre, en las cuales (*in which*) todo es muy barato.
4. Siempre hay *boutiques* en los _____.
5. El _____ de una ciudad es la parte céntrica.
6. Esta ropa no es para hombres: _____.
7. Esta ropa es para hombres y mujeres: _____.
8. La ropa de _____ (material) es muy elegante.

C. El estilo personal. Complete las siguientes oraciones lógicamente para hablar de sus preferencias con relación a la ropa.

1. Para ir a la universidad, llevo _____.
2. Para ir a las fiestas con los amigos, llevo _____.
3. Para pasar un día en la playa (*beach*), me gusta llevar _____.
4. Para estar en casa todo el día, me gusta llevar _____.
5. Nunca uso _____.
6. No puedo vivir sin (*I can't live without*) _____ y _____.

> ### Vocabulario útil
>
> The preposition **para** can be used to express *in order to*, followed by an infinitive.
>
> **Para ir** al centro, me gusta llevar pantalones, una camiseta y sandalias.
> (*In order*) *To go downtown, I like to wear pants, a T-shirt, and sandals.*

NOTA COMUNICATIVA

More About Getting Information

Tag phrases can change statements into questions.

Aquí venden de todo, { **¿no?** / **¿verdad?** }   *They sell everything here, right? (don't they?)*

No necesito impermeable hoy, **¿verdad?**   *I don't need a raincoat today, do I?*

¿Verdad? is found after affirmative or negative statements; **¿no?** is usually found after affirmative statements only.
¡OJO! The inverted question mark comes immediately before the tag question, not at the beginning of the statement.

D. Entrevista. Using tag questions, ask a classmate questions based on the following statements. He or she will answer based on general information or as truthfully as possible.

MODELO: E1: Estudias en la biblioteca por la noche, ¿verdad? (¿no?)
E2: No. Estudio en la biblioteca por la mañana. (No, no estudio en la biblioteca. Me gusta estudiar en casa.)

1. Los almacenes tienen precios fijos.
2. Regateamos mucho en este país.
3. No hay muchos mercados en esta ciudad.
4. Los *jeans* de Gap son muy baratos.
5. Es necesario llevar traje y corbata a clase.
6. Te gusta mucho la ropa elegante.
7. Tienes mucha ropa.
8. No hay rebajas en la librería.

Here are colors you can use to describe clothing and other objects.

rosado
amarillo
negro
anaranjado
gris
verde
blanco
rojo
morado   azul   (de) color café*

Remember that colors, like all adjectives, must agree in gender and number with the nouns they modify. Note, however, that some colors only have one form for masculine and feminine nouns.

el traje **azul,** la camisa **azul**

■ ■■■ Conversación

A. Muchos colores. ¿Cuántos colores hay en este cuadro (*painting*) de Gonzalo Endara Crow? ¿Cuáles son?

◄ Después de (After) la noche, por (by) *Gonzalo Endara Crow*

ASÍ SE DICE

anaranjado = naranja

(de) color café = marrón, pardo

morado = (de) color violeta, púrpura, purpúreo

rosado = (de) color rosa, rosa

Note that some Spanish speakers use **marrón** for objects and **pardo** for animals. Hair and eye color are usually expressed with **castaño**.

---

*The expression **(de) color café** is invariable: **el sombrero (de) color café, la falda (de) color café, los pantalones (de) color café.**

La ropa en el mundo hispánico

In Hispanic countries, people tend to dress more formally than do people in this country. As a rule, Hispanics consider neatness and care for one's appearance to be very important.

In the business world, women wear dressy pants, skirts, or dresses, and many wear high-heeled shoes. Men generally dress in trousers, shirts, and ties. Jeans, T-shirts, and tennis shoes are considered inappropriate in traditional business environments. Students at some business schools, like **ESAN (la Escuela de Administración de Negocios)** in Peru, are even required to wear formal business attire to attend classes, as if they were already working at a company. Shorts and sweatpants are considered very casual and are reserved almost exclusively for use at home, for a day at the beach, or for sports.

Young adults generally dress casually in social situations, and as in other countries, are often concerned with dressing according to current styles. As a rule, what is considered stylish in this country is also in style in Europe and Latin America.

▲ *Ropa diseñada por* (designed by) *la famosa diseñadora venezolana Carolina Herrera*

B. ¡Ojo alerta! ¿Escaparates (*Window displays*) **idénticos?** These window displays are almost alike . . . but not quite! Can you find at least eight differences between them?

MODELO: En el dibujo A hay _____, pero en el dibujo B hay _____.

A. **B.**

C. Asociaciones. ¿Qué colores asocia Ud. con… ?

1. el dinero
2. la una de la mañana
3. una mañana bonita
4. una mañana fea
5. el demonio
6. este país
7. una jirafa
8. un pingüino
9. un limón
10. una naranja
11. un elefante
12. las flores (*flowers*)

D. ¿De qué color es?

Paso 1. Tell the color of things in your classroom, especially the clothing your classmates are wearing.

> MODELO: El bolígrafo de Anita es amarillo. Roberto lleva calcetines azules, una camisa de cuadros morados y azules, *jeans*...

Paso 2. Now describe what someone in the class is wearing, without revealing his or her name. Can your classmates guess whom you are describing?

> MODELO: E1: Lleva botas negras, una camiseta blanca y *jeans*.
> E2: Es Anne.

Más allá del° número 100

Más... Beyond the

Continúe las secuencias:

noventa y nueve, cien, ciento uno...
mil, dos mil...
un millón, dos millones...

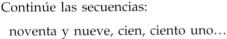

100	cien, ciento	**700**	setecientos/as
101	ciento uno/una	**800**	ochocientos/as
200	doscientos/as	**900**	novecientos/as
300	trescientos/as	**1.000**	mil
400	cuatrocientos/as	**2.000**	dos mil
500	quinientos/as	**1.000.000**	un millón
600	seiscientos/as	**2.000.000**	dos millones

- **Ciento** is used in combination with numbers from 1 to 99 to express the numbers 101 through 199: **ciento uno, ciento dos, ciento setenta y nueve,** and so on. **Cien** is used in counting and before numbers greater than 100: **cien mil, cien millones.**
- When the numbers 200 through 900 modify a noun, they must agree in gender: **cuatrocientas niñas, doscientas dos casas.**
- **Mil** means *one thousand* or *a thousand*. It does not have a plural form in counting, but **millón** does. When followed directly by a noun, **millón** (**dos millones**, and so on) must be followed by **de.**

mil gracias	un millón **de** gracias
3.000 habitantes	tres mil habitantes
14.000.000 **de** habitantes	catorce millones **de** habitantes

 In many parts of the Spanish-speaking world, a period in numerals is used where English uses a comma, and a comma is used to indicate the decimal where English uses a period: **$1.500; $1.000.000; $10,45; 65,9%.**

- Note how years are expressed in Spanish.

1899	mil ochocientos noventa y nueve
2008	dos mil ocho

■■■ Conversación

A. ¿Cuánto pesan? (*How much do they weigh?*)

Paso 1. Estos son los animales terrestres más grandes. ¿Cuánto pesan en kilos? **¡OJO!** Use el artículo masculino para todos los nombres, menos para (*except for*) **jirafa** y **gorila.**

> MODELO: El elefante pesa cinco mil kilos.

Paso 2. Pregúntele (*Ask*) a un compañero o compañera cuánto pesan aproximadamente en libras los siguientes animales y objetos.

1. un perro/gato
2. su mochila con los libros para hoy
3. un coche
4. su libro de español
5. el animal más grande del mundo (*world*)

Animales terrestres más pesados

Elefante	5.000 Kg.
Rinoceronte indio	4.000 Kg.
Hipopótamo	2.000 Kg.
Jirafa	1.200 Kg.
Bisonte	1.000 Kg.
Oso Grizzly	780 Kg.
Dromedario	600 Kg.
Alce	595 Kg.
Tigre	300 Kg.
Gorila	220 Kg.

De los animales terrestres, el elefante, con sus 5.000 kilos de peso medio entre todas sus especies, es sin duda el mamífero más pesado. El hipopótamo y el rinoceronte son los siguientes en la lista, y el hombre, ni aparece.

B. ¿Cuánto cuestan?

Paso 1. Exprese los siguientes precios en dólares en español.

1. unos *jeans* de moda: $100
2. unos zapatos de tenis tipo NBA: $150
3. un anillo (*ring*) de diamantes: $1.200
4. unos aretes (*earrings*) de oro: $225
5. una tela (*fabric*) de artesanía local de excelente calidad: $400
6. un cinturón de cuero de un diseñador (*designer*) famoso: $330
7. un coche europeo: $75.000
8. una casa grande en una zona residencial muy exclusiva: $2.000.000
9. un edificio de apartamentos: $15.800.000

Paso 2. Ahora, en parejas, calculen los precios en quetzales, la moneda (*currency*) de Guatemala, y exprésenlos.

> 1 dólar estadounidense = 8 quetzales (aproximadamente)

Paso 3. Ahora calculen los precios en lempiras, la moneda de Honduras, y exprésenlos.

> 1 dólar estadounidense = 20 lempiras (aproximadamente)

C. Más o menos

Paso 1. With a classmate, determine how much the following items probably cost, using **¿Cuánto cuesta(n)... ?** Keep track of the prices that you decide on. Follow the model.

> MODELO: una chaqueta de cuero →
> E1: ¿Cuánto cuesta una chaqueta de cuero?
> E2: Cuesta doscientos dólares.

1. una calculadora pequeña
2. un coche nuevo/usado
3. una computadora Mac o IBM
4. un reloj Timex / de oro
5. unos zapatos de tenis (**¡OJO!** cuestan)
6. una casa en esta ciudad

Need more practice?

- Workbook and Laboratory Manual
- ActivityPak
- Online Learning Center (www.mhhe.com/ puntos8)

Paso 2. Now compare the prices you selected with those of others in the class. What is the most expensive thing on the list? (**¿Cuál es el objeto más caro?**) What is the least expensive? (**¿Cuál es más barato?**)

PRONUNCIACIÓN — Stress and Written Accent Marks (Part 2)

♻ ¿Recuerda Ud.?

In the *Pronunciación* section of **Capítulo 2**, you learned that most Spanish words do not need a written accent mark because their pronunciation is completely predictable by native speakers. Review the two basic rules of Spanish word stress by looking at the examples and completing the rules. The stressed syllable is underlined.

- Examples: <u>li</u>bro, <u>me</u>sa, e<u>xa</u>men, <u>i</u>magen, <u>e</u>res, <u>gra</u>cias

  A word that ends in a _____, _____, or _____ is stressed on the next-to-last syllable.

- Examples: bai<u>lar</u>, us<u>ted</u>, pa<u>pel</u>, es<u>toy</u>

  A word that ends in _____ is stressed on the last syllable.

The written accent mark is used in the following situations.

- A written accent mark is needed when a word does not follow the two basic rules reviewed in **¿Recuerda Ud.?**

- Look at the words in this group.

  | ta-bú | a-le-mán | in-glés |
  | ca-fé | na-ción | es-tás |

  The preceding words end in a vowel, **-n,** or **-s,** so one would predict that they would be stressed on the next-to-last syllable. But the written accent mark shows that they are in fact accented on the last syllable.

- Now look at the words in this group.

  lá-piz   dó-lar   ál-bum   á-gil   dó-cil

  The preceding words end in a consonant (other than **-n** or **-s**), so one would predict that they would be stressed on the last syllable. But the written accent mark shows that they are in fact accented on the next-to-last syllable.

- All words that are stressed on the third-to-last syllable must have a written accent mark, regardless of which letter they end in.

  bo-lí-gra-fo   ma-trí-cu-la   ma-te-má-ti-cas

- When two consecutive vowels do not form a diphthong (see **Pronunciación, Cap. 1**), the vowel that receives the spoken stress will have a written accent mark. This pattern is very frequent in words that end in **-ía.**

  Ma-rí-a   po-li-cí-a   as-tro-no-mí-a
  dí-a   bio-lo-gí-a

 Contrast the pronunciation of those words with the following words in which the vowels **i** and **a** *do* form a diphthong: **Patricia, Francia, infancia, distancia.**

- Some one-syllable words have accents to distinguish them from other words that sound like them. For example:

  él (*he*)/el (*the*)
  sí (*yes*)/si (*if*)
  tú (*you*)/tu (*your*)
  mí (*me*)/mi (*my*)

- Interrogative and exclamatory words have a written accent on the stressed vowel. For example:

  ¿quién?
  ¿dónde?
  ¡Qué ganga! (*What a bargain!*)

■ ■ ■ Práctica

A. Sílabas. The following words have been separated into syllables for you. Read them aloud, paying careful attention to where the spoken stress should fall. Don't worry about the meaning of words you haven't heard before. The rules you have learned will help you pronounce them correctly.

1.	a-quí	pa-pá	a-diós	bus-qué
2.	prác-ti-co	mur-cié-la-go	te-lé-fo-no	ar-chi-pié-la-go
3.	Ji-mé-nez	Ro-drí-guez	Pé-rez	Gó-mez
4.	si-co-lo-gí-a	so-cio-lo-gí-a	sa-bi-du-rí-a	e-ner-gí-a
5.	his-to-ria	te-ra-pia	Pre-to-ria	me-mo-ria

B. Reglas (*Rules*). Indicate the stressed vowel of each word in the following list. Give the rule that determines the stress of each word.

1.	exámenes	**9.**	están
2.	lápiz	**10.**	hombre
3.	necesitar	**11.**	peso
4.	perezoso	**12.**	mujer
5.	actitud	**13.**	plástico
6.	acciones	**14.**	María
7.	dólares	**15.**	Rodríguez
8.	francés	**16.**	Patricia

GRAMÁTICA

¿Recuerda Ud.?

You learned the four forms of the demonstrative adjective **este** in **Gramática 5** (**Cap. 2**). Review them now by completing these phrases.

1. est____ pantalones **2.** est____ falda **3.** est____ blusas **4.** est____ abrigo

9 Pointing Out People and Things • Demonstrative Adjectives (Part 2) and Pronouns

Gramática en acción: Suéteres a buenos precios

Jorge   Susana   Vendedor

Susana busca un suéter en el mercado con su amigo Jorge.

SUSANA: ¿Cuánto cuesta este suéter?
VENDEDOR: Bueno, ese que Ud. tiene en la mano cuesta 800 quetzales. Este aquí cuesta 700 quetzales.
SUSANA: ¡Qué caros!
VENDEDOR: Es que todos son de pura lana. Mire aquellos suéteres de rayas sobre aquella mesa. Sólo cuestan 300 quetzales. Son acrílicos.
SUSANA: Muchas gracias.

Comprensión: ¿Quién habla, Susana, su amigo Jorge o el vendedor?

1. «Estos suéteres de rayas son bonitos. Y sólo cuestan 300 quetzales».
2. «Los suéteres en aquella mesa no son de pura lana».
3. «Compro este suéter. Me gusta la ropa de lana».
4. «Estos suéteres acrílicos son más baratos que aquellos de lana».

Sweaters at good prices *Susana is looking for a sweater in the market with her friend Jorge.* SUSANA: *How much is this sweater?* SALESMAN: *Well, that one that you have in your hand costs 800 quetzales. This one here costs 700 quetzales.* SUSANA: *(They're) So expensive!* SALESMAN: *It's because they're all pure wool. Take a look at those striped sweaters on that table (over there). They only cost 300 quetzales. They're acrylic.* SUSANA: *Thanks a lot.*

Gramática

Demonstrative Adjectives

	Singular			Plural	
this	**est**e abrigo	**est**a gorra	these	**est**os abrigos	**est**as gorras
that	{ **es**e abrigo (**allí**) **aquel** abrigo (**allá**)	**es**a gorra (**allí**) **aquella** gorra (**allá**)	those	{ **es**os abrigos (**allí**) **aquellos** abrigos (**allá**)	**es**as gorras (**allí**) **aquellas** gorras (**allá**)

 Note that the final **-e** in the singular forms **est**e and **es**e changes to an **-o-** in the plural: **estos, esos.**

Demonstrative adjectives (**Los adjetivos demostrativos**) are used to indicate a specific noun or nouns. In Spanish, demonstrative adjectives precede the nouns they modify. They also agree in number and gender with the nouns.

In the chart above, the word **allí** (*there*) is provided as a clue that forms of **ese** refer to something that is distant from the speaker, and **allá** (*way over there*) is a clue that forms of **aquel** refer to something even farther away. However, it is not at all obligatory to use these words when using forms of **ese** and **aquel.**

demonstrative adjective = an adjective used to indicate a particular person, place, thing, or idea

There are two ways to say *that/those* in Spanish. Forms of **ese** refer to nouns that are not close to the speaker in space or in time. Forms of **aquel** refer to nouns that are even farther away.

Este niño es mi hijo. **Ese** joven allí es mi hijo también. Y **aquel** señor allá es mi esposo.
This boy is my son. That young man there is also my son. And that man way over there is my husband.

Demonstrative Pronouns

- *Demonstrative pronouns* (**Los pronombres demostrativos**) are used to point out or indicate people, places, things, or ideas when omitting the noun they refer to (remember that pronouns replace nouns). Demonstrative pronouns are the same as demonstrative adjectives, except that the noun is not used.* In English, the demonstrative pronouns are *this* (*one*), *that* (*one*), *these,* and *those.*

- In Spanish, demonstrative pronouns agree in gender and number with the noun they are replacing (as in the preceding examples). [Práctica A]

—¿Te gusta **aquella casa** allá?
Do you like that house way over there?

—¿Cuál?
Which one?

—**Aquella,** con las ventanas grandes.
That one, *with the big windows.*

—¡Ah, **aquella** me gusta mucho!
*Oh, I like **that one** a lot!*

---

*Some Spanish speakers prefer to use accents on these forms: **este coche y ése, aquella casa y ésta.** However, it is acceptable in modern Spanish, per the **Real Academia Española** in Madrid, to omit the accent on these forms when context makes the meaning clear and no ambiguity is possible. To learn more about these forms, consult Appendix 2, Using Adjectives As Nouns.*

- Use the neuter demonstratives **esto, eso,** and **aquello** to refer to as yet unidentified objects or to a whole idea, concept, or situation.

Esto es una mochila. (to identify in general)
This is a backpack.

Esta es mi mochila. (to identify one out of a group)
This (one) is my backpack.   [Práctica B–C]

¿Qué es **esto?**
What is this?

Eso es todo.
That's it. That's all.

¡**Aquello** es terrible!
That's terrible!

■ ■ ■ Práctica

A. Cambios (*Changes*)

Paso 1. Restate the sentences, changing forms of **este** to **ese** and adding **también,** following the model.

MODELO: Este abrigo es muy grande. →
          Ese abrigo también es muy grande.

1. Esta falda es muy pequeña.
2. Estos pantalones son muy largos.
3. Este libro es muy bueno.
4. Estas corbatas son muy feas.

Paso 2. Now change the forms of **este** to **aquel.**

MODELO: Este abrigo es muy grande. →
          Aquel abrigo allí también es muy grande.

B. Situaciones. Find an appropriate response for each situation.

1. Aquí hay un regalo para Ud.
2. Ocurre un accidente de coche.
3. No hay clases mañana.
4. La matrícula cuesta más este semestre/trimestre.
5. Ud. tiene A en su examen de español.

Vocabulario útil
¡Eso es un desastre!   ¡Eso es magnífico!   ¿Qué es esto?   ¡Eso es terrible!

C. En una tienda

Paso 1. Complete el siguiente diálogo con los demostrativos apropiados. (**¡OJO!** *Imagine that the client and the salesman are standing next to you and that you are all looking at the mannequins from your point of view. Thus, the mannequin with the red sweater and blue slacks is closest to you.*)

VENDEDOR: ¿Qué suéter le gusta? ¿_____¹ rojo que
está aquí?

CLIENTE: No, el rojo no.

VENDEDOR: ¿_____² suéter amarillo?

CLIENTE: No, tampocoª el amarillo. ¡Me gusta
_____³ anaranjado de allá!

ªNo... *No, not [the yellow one] either*

Need more practice?

- Workbook and Laboratory Manual
- ActivityPak
- Online Learning Center (www.mhhe.com/ puntos8)

Paso 2. Empareje (*Match*) el color de los pantalones con el demostrativo apropiado, según la distancia.

1. _____ los pantalones negros   **a.** estos
2. _____ los pantalone azules   **b.** esos
3. _____ los pantalones color kaki   **c.** aquellos

■ ■ ■ Conversación

En la alcoba (*bedroom*) de Ernesto. Working with a partner, imagine that you are the person depicted in the drawing, who is looking into Ernesto's bedroom. Some objects and items of clothing are close to you, some are a bit farther away, and some are at the other end of the room. Describe them as accurately as you can, using the appropriate demonstrative adjectives and all of the vocabulary you have learned so far.

MODELOS: Esta mesa es de madera.
Ese gato es blanco.
Aquel gato está en la silla.

You began using the singular forms of the verb **tener** in **Capítulo 2.** Review them by completing the following verb forms.

1. tú t__nes   **2.** yo te___o   **3.** Julio t__ne

You will learn about similar patterns in **Gramática 10.**

10 Expressing Actions and States • *Tener, venir, preferir, querer,* and *poder;* **Some Idioms with** *tener*

Gramática en acción: Un mensaje telefónico

Hola, Jorge, soy yo, Jaqui.
Como tú sabes, yo siempre prefiero comprar la ropa en los grandes almacenes. Pero hoy no tengo tiempo de ir al centro. Quiero comprar una camisa para Juan Miguel para su cumpleaños mañana. Creo que puedo encontrar algo aquí en una *boutique.*
¿Puedes ayudarme?
¡¡Llámame!! O mejor todavía… ¿por qué no vienes a mi casa?
Un millón de gracias, Jorge. Hasta pronto.

Comprensión: Ahora vuelva a contar (*retell*) la conversación de Jaqui. Todos los infinitivos terminan en **-er** o **-ir.**

1. Jaqui prefier___ comprar en un almacén.
2. Pero hoy no tien___ tiempo de ir al centro.
3. Quier___ comprar algo para un amigo.
4. Cree que pued__ encontrar una camisa en una *boutique.*
5. Su amigo Jorge, ¿vien___ a ayudarla (*help her*) a hacer la compra? ¿Qué cree Ud.?

Tener, venir, preferir, querer, **and** *poder*

tener (*to have*)		venir (*to come*)		preferir (*to prefer*)		querer (*to want*)		poder (*to be able, can*)	
tengo	tenemos	vengo	venimos	prefiero	preferimos	quiero	queremos	puedo	podemos
tienes	tenéis	vienes	venís	prefieres	preferís	quieres	queréis	puedes	podéis
tiene	tienen	viene	vienen	prefiere	prefieren	quiere	quieren	puede	pueden

A phone message   *Hello, Jorge, it's me, Jaqui. As you know, I always like to shop for clothes in big department stores. But today I don't have time to go downtown. I want to buy a shirt for Juan Miguel for his birthday tomorrow. I think (that) I can find something here in a boutique. Can you help me? Call me!!! Or better yet . . . why don't you come to my house? Thanks a lot (lit. a million thanks), Jorge. See you soon.*

- The **yo** forms of **tener** and **venir** are irregular.

- In other forms of **tener** and **venir**, and in **preferir** and **querer**, when the stem vowel **e** is stressed, it becomes **ie**.

- Similarly, the stem vowel **o** in **poder** becomes **ue** when stressed.

- In vocabulary lists these changes are shown in parentheses after the infinitive: **poder (puedo)**. Verbs of this type are called *stem-changing verbs*. You will learn more verbs of this type in **Gramática 13 (Cap. 4)**.

- The verbs **poder, preferir,** and **querer** can be followed by an infinitive, like **deber, desear,** and **necesitar**.

 You will learn to use the verb **hacer** (*to do or to make*) in **Gramática 12 (Cap. 4)**. Learn to recognize it in questions and direction lines.

tener: yo **tengo**, tú **tienes** (e → ie)…
venir: yo **vengo**, tú **vienes** (e → ie)…

preferir, querer: (e → ie)

poder: (o → ue)

 The **nosotros** and **vosotros** forms of these verbs do not have changes in the stem vowel because it is not stressed.

¿**Puedes** correr muy rápido?
Can you run very fast?

¿Qué **quieres/prefieres** hacer hoy?
What do you want/prefer to do today?

Some Idioms with *tener*

A. Many ideas expressed in English with the verb *to be* are expressed in Spanish with *idioms* (**los modismos**) using **tener**. You already know one: **tener… años**. At right and below are some more. They describe a condition or state.

idiom = an expression whose meaning cannot be inferred from the meaning of the words that make it up

Idiomatic expressions are often different from one language to another. For example, in English, *to pull Mary's leg* usually means *to tease her*, not *to grab her leg and pull it*. In Spanish, *to pull Mary's leg* is **tomarle el pelo a Mary** (lit. *to take hold of Mary's hair*).

tener **sueño**

tener **prisa**

tener **miedo (de)**

tener **razón**

no tener **razón**

B. Other **tener** idioms include **tener ganas de** (*to feel like*) and **tener que** (*to have to*). The infinitive is always used after these two idiomatic expressions.

Tengo ganas de comer.
I feel like eating.

¿No tiene Ud. que leer este capítulo?
Don't you have to read this chapter?

 Note that the English translation of one of these examples results in a verb ending in *-ing*, not the infinitive.

AUTOPRUEBA

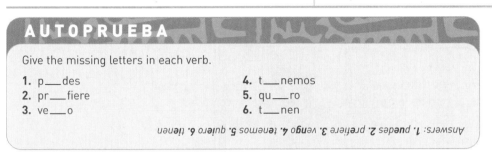

Give the missing letters in each verb.

1. p___des
2. pr___fiere
3. ve___o

4. t___nemos
5. qu___ro
6. t___nen

Answers: 1. puedes 2. prefiere 3. vengo 4. tenemos 5. quiero 6. tienen

■ ■ ■ Práctica

A. ¡Sara tiene mucha tarea (*homework*)**!**

Paso 1. Haga (*Form*) oraciones completas con las palabras indicadas. Añada (*Add*) palabras si es necesario.

> **MODELO:** Sara / tener / que / estudiar / mucho / hoy →
> Sara tiene que estudiar mucho hoy.

1. Sara / tener / muchos exámenes
2. (ella) venir / a / universidad / todos los días
3. hoy / trabajar / hasta / nueve / de / noche
4. preferir / estudiar / en / biblioteca
5. querer / leer / más / pero / no poder
6. por eso / regresar / a / casa
7. tener / ganas de / leer / más
8. pero / unos amigos / venir a mirar / televisión
9. Sara / decidir / mirar / televisión / con ellos

Paso 2. Now retell the same sequence of events, first as if they had happened to you, using **yo** as the subject of all but item 8, then as if they had happened to you and your roommate, using **nosotros/as.**

B. Situaciones. Match each statement with the appropriate response.

SITUACIONES

1. El niño es muy joven.
2. En esa casa, hay un perro grande y furioso.
3. Son las tres de la mañana.
4. Pablito dice (*says*): «Dos y dos son… seis».
5. Ahora Pablito dice: «Buenos Aires es la capital de la Argentina».
6. Tenemos que estar en el centro a las tres y ya son (*it's already*) las tres menos cuatro.
7. Los exámenes de la clase de español son muy fáciles (*easy*).

RESPUESTAS

a. Tengo mucho sueño.
b. Yo tengo miedo del perro.
c. Sólo tiene dos años.
d. Tiene razón.

e. Por eso no tengo que estudiar mucho.
f. No tiene razón.
g. Por eso tenemos mucha prisa.

Need more practice?

- Workbook and Laboratory Manual
- ActivityPak
- Online Learning Center (www.mhhe.com/ puntos8)

■ ■ ■ Conversación

A. Los estereotipos. Draw some conclusions about Isabel based on this scene. Think about things that she has, needs to or has to do or buy, likes, and so on. When you have finished, compare your predictions with those of a classmate. Did you reach the same conclusions?

MODELO: Isabel tiene cuatro gatos. Tiene que...

Vocabulario útil

los aretes
el juguete toy
los muebles
  furniture
el sofá

hablar por teléfono
tener alergia a to be
  allergic to

NOTA COMUNICATIVA

Using *mucho* and *poco*

In the first chapters of *Puntos de partida*, you have used the words **mucho** and **poco** as both adjectives and adverbs. *Adverbs* (**Los adverbios**) are words that modify verbs, adjectives, or other adverbs: *quickly, **very** smart, **very** quickly*. In Spanish and in English, adverbs are invariable in form. However, in Spanish adjectives agree in number and gender with the word they modify.

> **adverb** = a word that modifies a verb, adjective, or another adverb

ADVERBS

Rosario estudia **mucho** hoy.   *Rosario is studying a lot today.*
Julio come **poco.**   *Julio doesn't eat much.*

ADJECTIVES

Rosario tiene **mucha** ropa.   *Rosario has a lot of*
  Sobre todo tiene   *clothes. She especially*
  muchos zapatos.   *has a lot of shoes.*
Julio come **poca** carne.   *Julio doesn't eat much meat.*
  Come **pocos** postres.   *He eats few desserts.*

B. Las circunstancias personales

Paso 1. Choose a partner, but before working with him or her, try to predict the choices he or she will make in each of the following cases.

> MODELO: Tiene muchos / pocos libros. →
> Mi compañero tiene pocos libros.

1. Tiene mucho / poco trabajo académico este semestre/trimestre.
2. Tiene mucho / poco dinero. Es muy rico/a / pobre.
3. Viene en coche / en autobús / a pie (*on foot*) a la universidad todos los días.
4. Prefiere estudiar en la biblioteca / en casa / en la residencia.
5. Quiere comprar un abrigo de cuero / una sudadera con el logo de la universidad.
6. Puede correr (*run*) una milla en menos / más de (*than*) cinco minutos.
7. Tiene muchas ganas de estudiar / bailar esta noche.
8. Tiene mucha / poca ropa.

Paso 2. Now, using tag questions, ask your partner questions to find out if you guessed correctly in **Paso 1.**

> MODELO: E1: Tienes muchos libros, ¿verdad?
> E2: Sí, tengo muchos libros. (No, tengo pocos libros.)

C. Entrevista.
En parejas, túrnense (*take turns*) para entrevistarse sobre los siguientes temas. Deben añadir una pregunta original para cada (*each*) verbo.

1. preferir: ¿los gatos o los perros? ¿mirar una película (*movie*) en casa o ir al cine (*theater*)? ¿la ropa elegante o la ropa cómoda? ¿ ?
2. tener: ¿mucho dinero o muchas deudas (*debts*)? ¿una familia grande o pequeña? ¿sueño en clase con frecuencia? ¿ ?
3. venir: ¿a clase tarde o temprano? ¿de una familia anglosajona, hispana o de otro origen? ¿ ?
4. (¿qué?) querer: ¿comprar esta semana? / ¿ser en el futuro (profesión)? ¿ ?
5. poder: ¿hablar una lengua extranjera? ¿hacer algo especial? ¿ ?

11 Expressing Destination and Future Actions • *Ir; Ir + a + Infinitive;* The Contraction *al*

Gramática en acción: ¿Adónde vas?

Rosa y Casandra son compañeras de cuarto.

CASANDRA: ¿Adónde vas?
ROSA: Voy al centro.
CASANDRA: ¿Qué vas a hacer en el centro?
ROSA: Voy a comprar un vestido para la fiesta de Javier. ¿No vas a ir a su fiesta este fin de semana?
CASANDRA: ¡Claro que voy!

Comprensión: ¿Cierto o falso? Corrija las oraciones falsas.

1. Rosa va a estudiar.
2. Rosa va a comprar algo.
3. Casandra va a asistir a la fiesta.

Ir is the irregular Spanish verb used to express *to go.*

ir *(to go)*	
voy	vamos
vas	vais
va	van

The first person plural of **ir, vamos** (*we go, are going, do go*), is also used to express *let's go.*

Vamos a clase ahora mismo.
Let's go to class right now.

Ir + a + Infinitive

Ir + **a** + *infinitive* is used to describe actions or events in the near future.

 This structure is like **aprender** + **a** + *infinitive*, which you learned in **Gramática 8** (**Cap. 2**).

Van a **venir** a la fiesta esta noche.
They're going to come to the party tonight.

Where are you going? *Rosa and Casandra are roommates.* CASANDRA: *Where are you going?* ROSA: *I'm going downtown.* CASANDRA: *What are you going to do downtown?* ROSA: *I'm going to buy a dress for Javier's party. Aren't you going to go to his party this weekend?* CASANDRA: *Of course I'm going!*

The Contraction *al*

In **Capítulo 2** you learned about the contraction **del (de + el → del).** The only other contraction in Spanish is **al (a + el → al).**

 Both **del** and **al** are obligatory contractions.

a + el → al

Voy **al** centro comercial.
I'm going to the mall.

Vamos **a la** tienda.
We're going to the store.

■■■ Práctica

A. ¿Adónde van de compras? Haga oraciones completas, usando (*using*) **ir.** Recuerde: **a + el → al.**

MODELO: Marta / el centro → Marta *va al* centro.

1. nosotros / una *boutique*
2. Francisco / el almacén Goya
3. Juan y Raúl / el centro comercial
4. tú / un mercado
5. Ud. / una tienda pequeña
6. yo / ¿ ?

B. Mañana

Paso 1. Use las siguientes frases para expresar lo que (*what*) Ud. va a hacer o no hacer mañana.

MODELO: ir de compras → Mañana no *voy a ir* de compras.

1. ir a un centro commercial
2. comer en la cafetería de la universidad
3. estudiar en la biblioteca
4. escribir e-mails
5. venir a la clase de español
6. poder hacer toda mi tarea (*homework*)
7. bailar en una discoteca

Paso 2. Ahora use las frases del **Paso 1** para entrevistar a un compañero o compañera.

MODELO: ir de compras → ¿Vas a ir de compras mañana?

■■■ Conversación

A. ¿Adónde va Ud. si... ? ¿Cuántas oraciones puede hacer?

MODELO: Me gusta leer novelas. Por eso voy a una librería.

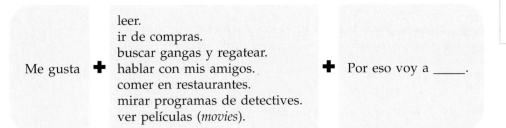

Me gusta **+**
- leer.
- ir de compras.
- buscar gangas y regatear.
- hablar con mis amigos.
- comer en restaurantes.
- mirar programas de detectives.
- ver películas (*movies*).

+ Por eso voy a _____.

Need more practice?

■ Workbook and Laboratory Manual
■ ActivityPak
■ Online Learning Center (www.mhhe.com/ puntos8)

Vocabulario útil

el cine movie theater
el mercadillo flea market

B. Entrevista: Este fin de semana. Entreviste a un compañero o compañera sobre sus planes para el fin de semana. Aquí hay unas actividades posibles. Traten de obtener (*Try to get*) mucha información. **¡OJO!** ¿adónde? = *where to?*

> **MODELO:** ir de compras →
>
> ¿Vas a ir de compras este fin de semana? ¿Adónde vas a ir? ¿Por qué vas a ese centro comercial? ¿Qué vas a comprar?

¿Vas a… ?

1. ir de compras
2. leer una novela
3. asistir a un concierto
4. estudiar para un examen
5. ir a una fiesta
6. escribir una carta
7. ir a bailar
8. escribir la tarea
9. practicar un deporte (*sport*)
10. mirar mucho la televisión

UN POCO DE TODO

A. ¿Qué prefieren? Haga oraciones completas, usando una palabra o frase de cada (*each*) columna. Puede formar oraciones negativas también.

yo
mi mejor (*best*) amigo/a
mis padres / hijos
nuestro profesor / nuestra
   profesora
mi familia
tú y yo
	(no) { poder
	tener que
	tener ganas de
	querer
	preferir
	ir (a) }
		estudiar en la biblioteca
		visitar mi universidad
		ir de compras al centro
		comprar cuando hay rebajas
		escribir un informe (*report*) para
		   la clase de ¿ ?
		ir al cine (*movies*)
		llevar ropa cómoda
		leer novelas de ciencia ficción /
		   terror / ¿ ?

B. Lengua y cultura: Pero, ¿no se puede* (*can't one*) **regatear?** Complete the following paragraphs about shopping. Give the correct form of the words in parentheses, as suggested by context. When two possibilities are given in parentheses, select the correct word.

¿**A** Ud. le gusta ir de compras? ¿Le gusta regatear? En (los/las[1]) ciudades hispánicas, hay una (grande[2]) variedad de tiendas para (ir[3]) de compras. Hay almacenes, centros comerciales y *boutiques* (elegante[4]), como en (este[5]) país, en donde los precios son siempre (fijo[6]).

También hay tiendas (pequeño[7]) que venden un solo[a] producto. Por ejemplo,[b] en una zapatería sólo hay zapatos. En español el sufijo **-ería** se

[a]*single* [b]*Por... For example*

Note that placing the word* **se *before a verb changes its meaning slightly:* **puede** = *he/she/you can;* **se puede** = *one can. You will learn how to use this structure in* **Capítulo 7.**

usa[c] para (formar[8]) el nombre de la tienda. ¿Dónde (creer[9]) Ud. que venden papel y (otro[10]) artículos de escritorio? ¿A qué tienda (ir[11]) a ir Ud. a comprar fruta?

Si Ud. (poder[12]) pagar el precio que piden,[d] (deber[13]) comprar los recuerdos[e] en (los/las[14]) almacenes o *boutiques*. Pero si (tener[15]) ganas o necesidad de regatear, tiene (de/que[16]) ir a un mercado: un conjunto[f] de tiendas o puestos[g] donde el ambiente[h] es más (informal[17]) que[i] en los (grande[18]) almacenes. Ud. no (deber[19]) pagar el primer[j] precio que pide el vendedor.[k] ¡Casi siempre va (a/de[20]) ser muy alto!

[c]*se... is used* [d]*they ask* [e]*souvenirs* [f]*group* [g]*stalls* [h]*atmosphere* [i]*than* [j]*first* [k]*que... that the seller asks for*

Comprensión: ¿Cierto o falso? Corrija las oraciones falsas.

1. En el mundo hispánico, todas las tiendas son similares.
2. Uno puede regatear en un almacén hispánico.
3. Es posible comprar limones en una papelería.
4. En un mercado, el vendedor siempre pide un precio bajo al principio (*beginning*).

C. ¿Somos tan diferentes?

Paso 1. Answer the questions in items 1–3 below. Then use the questions to survey your classmates about clothing and fashion issues. Tally the affirmative responses you receive. For item 3, tally both **sí** and **no** answers. Speak with as many classmates as possible, as quickly as possible.

1. De la siguiente lista, ¿qué cosa (*thing*) tienes ganas de tener? ¡OJO! También es posible contestar: **No quiero tener ninguna.**
   _____ unos zapatos de tenis nuevos
   _____ un tatuaje
   _____ unos aretes de oro muy, muy caros
   _____ un agujero (*hole*) en la nariz (*nose*)/oreja (*ear*)
   _____ No quiero tener ninguna.

2. ¿Cuál de las siguientes cosas que dicta la moda es la más absurda, en tu opinión?
   _____ llevar aretes en la nariz
   _____ llevar la gorra de atrás para adelante (*backwards*)
   _____ los *jeans* muy caros
   _____ llevar los pantalones muy bajos (*low*)

3. ¿De acuerdo o no?
   _____ Las personas mayores (*older*) casi nunca llevan ropa interesante.
   _____ Sólo las mujeres jóvenes deben llevar minifalda.
   _____ Los tatuajes son bonitos y atractivos.
   _____ La moda de hoy es muy provocativa… y eso me gusta.
   _____ La moda de hoy es muy provocativa… y eso no me gusta.

Paso 2. Use your tallies to have a class discussion about clothing and current fashions. Take turns summarizing and analyzing the results.

MODELO: Diez estudiantes quieren tener tatuajes, pero nadie (*no one*) quiere comprar aretes de oro muy, muy caros. Creo que la música *rap* tiene mucha influencia en los miembros de nuestra clase.

Resources for Review and Testing Preparation

- Workbook and Laboratory Manual
- ActivityPak
- Online Learning Center (www.mhhe.com/ puntos8)

Perspectivas culturales
Guatemala y Honduras

Datos esenciales

Guatemala

- Nombre oficial: República de Guatemala
- Capital: Ciudad de Guatemala
- Población: más de (*more than*) 12 millones de habitantes

Honduras

- Nombre oficial: República de Honduras
- Capital: Tegucigalpa
- Población: más de 7 millones de habitantes

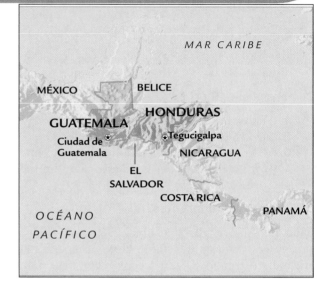

Fíjese

Guatemala

- Guatemala es el país centroamericano más grande y el corazón[a] de la civilización maya.
- Está civilización antigua tenía[b] un sistema de escritura jeroglífica que usaba[c] para documentar su historia, sus costumbres religiosas y su mitología.
- El calendario maya era[d] el calendario más exacto de su época.
- Hoy día, los maya-quichés componen[e] más del 40 por ciento de la población del país y son famosos por sus tejidos[f] y otras artesanías.[g]

Honduras

- El nombre indígena de la capital, Tegucigalpa, significa «cerros de plata».[h] Honduras recibió[i] este nombre en español por la profundidad[j] de sus aguas del Caribe.
- La zona arqueológica de Copán es hoy un parque nacional que tiene ruinas mayas impresionantes.
- La riqueza[k] de la ecología y los recursos[l] naturales de Honduras contrastan con la suma pobreza[m] de dos tercios[n] de su población.

[a]*heart* [b]*had* [c]*que... that it used* [d]*was* [e]*make up* [f]*woven goods* [g]*crafts*
[h]*cerros... hills of silver* [i]*received* [j]*depth* [k]*richness* [l]*resources* [m]*suma... extreme poverty* [n]*dos... two thirds*

El Templo del Gran Jaguar en las ruinas de Tikal, Guatemala   Tikal, en Guatemala, es la ciudad maya antigua más grande. Tiene quince kilómetros cuadrados[a] y más de 3.000 estructuras que incluyen[b] acrópolis,[c] plazas, templos y palacios. Tikal tiene la estructura indígena más alta del continente americano. El Templo del Gran Sacerdote[d] mide aproximadamente 69,8 metros.[e]

[a]*quince... 5.8 square miles* [b]*que... that include* [c]*elevated terrazas* [d]*Gran... High Priest*
[e]*mide... measures about 229 feet tall*

El mercado del Castillo^a de San Felipe, Guatemala En los coloridos^b mercados de Guatemala venden una variedad^c de tejidos de lana, artículos de cuero y otras artesanías.

^a*Castle* ^b*colorful* ^c*variety*

Música de Guatemala y Honduras

La música de Guatemala y Honduras es una mezcla^a de tradiciones indígenas, africanas y europeas. Los instrumentos típicos de la música folclórica son la marimba y la caracola.^b La marimba es el instrumento nacional de Guatemala. La música tradicional se conserva en algunos grupos indígenas de Honduras, como los lencas con su baile «guancasco» y los garífunas con su música y su baile «la punta».

^a*mixture* ^b*conche shell*

Volcanes al oeste^a de Guatemala En el oeste de Guatemala hay más de treinta volcanes, ^aalgunos de los cuales^b son activos. La mayoría de^c los maya-quichés vive en esta zona montañosa.^d

^a*west* ^b*algunos... some of which* ^c*La... Most of* ^d*mountainous*

Una estela^a de Copán, Honduras Las ruinas de Copán son más pequeñas que otras ruinas mayas, pero tienen gran importancia por su cantidad^b de jeroglíficos. En la Gran Plaza de Copán hay dieciséis estelas. Estos monumentos representan a líderes^c mayas y están cubiertos^d de muchos jeroglíficos.

^a*carved stone column* ^b*quantity* ^c*leaders* ^d*covered*

Una celebración garífuna en Honduras Los garífunas son miembros de una población con raíces^a africanas e indígenas que vive en la Bahía^b de Honduras, desde Belice hasta Nicaragua. Su música y su baile se llaman «la punta» y es una fusión de elementos: danzas en círculo, ritmos africanos, canciones sin música, etcétera.

^a*roots* ^b*Bay*

EN RESUMEN

See the Workbook, Laboratory Manual, ActivityPak, and Online Learning Center (www.mhhe.com/puntos8) for self-tests and practice with the grammar and vocabulary presented in this chapter.

Gramática

To review the grammar points presented in this chapter, refer to the indicated grammar presentations.

9. Pointing Out People and Things—Demonstrative Adjectives (Part 2) and Pronouns

    Do you know the forms for **este, ese,** and **aquel?**

10. Expressing Actions and States—**Tener, venir, preferir, querer,** and **poder;** Some Idioms with **tener**

    You should be able to conjugate the verbs **tener, venir, preferir, querer,** and **poder.** Do you know how to use expressions like **tengo ganas de, tenemos miedo,** and **tienes razón?**

11. Expressing Destination and Future Actions—**Ir; Ir + a** + *Infinitive;* The Contraction **al**

    You should know the forms of **ir** and how to express *going to (do something).* You should also know when to use the contraction **al.**

Vocabulario

Los verbos

ir (voy, vas,...)	to go
ir a + *inf.*	to be going to (*do something*)
ir de compras	to go shopping
llevar	to wear; to carry; to take
poder (puedo)	to be able, can
preferir (prefiero)	to prefer
querer (quiero)	to want
regatear	to haggle, bargain
tener (tengo, tienes,...)	to have
usar	to wear; to use
venir (vengo, vienes,...)	to come

Repaso: comprar, vender

La ropa

el abrigo	coat
los aretes	earrings
la blusa	blouse
la bolsa	purse
las botas	boots
los calcetines	socks
la camisa	shirt
la camiseta	T-shirt
la cartera	wallet; handbag
las chanclas	flip-flops
la chaqueta	jacket
el cinturón	belt

la corbata	tie
la falda	skirt
la gorra	baseball cap
el impermeable	raincoat
los *jeans*	blue jeans
las medias	stockings
los pantalones	pants
el reloj	watch
la ropa	clothing
la ropa interior	underwear
las sandalias	sandals
el sombrero	hat
la sudadera	sweatshirt
el suéter	sweater
el traje	suit
el traje de baño	swimsuit
el vestido	dress
los zapatos (de tenis)	(tennis) shoes

De compras

la ganga	bargain
el precio (fijo)	(fixed, set) price
las rebajas	sales, reductions
¿cuánto cuesta(n)?	how much does it (do they) cost?
de todo	everything
Es de última moda.	It's trendy (hot).
Está de moda.	

Los materiales

de...
cuadros	plaid
lunares	polka-dot
rayas	striped

es de...
algodón (*m.*)	cotton
cuero	leather
lana	wool
oro	gold
plata	silver
seda	silk

es de... it is made of . . .

Los lugares

el almacén	department store
el centro	downtown
el centro comercial	shopping mall
el mercado	market(place)
la tienda	shop, store

Cognado: **la plaza**

Los colores

amarillo/a	yellow
anaranjado/a	orange
azul	blue
blanco/a	white
(de) color café	brown
gris	gray
morado/a	purple
negro/a	black
rojo/a	red
rosado/a	pink
verde	green

Otro sustantivo

el examen	exam, test

Los adjetivos

barato/a	inexpensive
caro/a	expensive
cómodo/a	comfortable
poco/a	little, few

Repaso: **mucho/a**

Más allá del número 100

doscientos/as, trescientos/as, cuatrocientos/as, quinientos/as, seiscientos/as, setecientos/as, ochocientos/as, novecientos/as, mil, un millón (de)

Repaso: **cien(to)**

Las formas demostrativas

aquel, aquella, aquellos/as	that, those ([way] over there)
ese/a, esos/as	that, those
eso, aquello	that, that ([way] over there)

Repaso: **este/a, esto, estos/as**

Palabras adicionales

¿adónde?	where (to)?
al	to the
algo	something
allá	(way) over there
allí	there

tener...
ganas de + *inf.*	to feel like (*doing something*)
miedo (de)	to be afraid (of)
prisa	to be in a hurry
que + *inf.*	to have to (*do something*)
razón	to be right
sueño	to be sleepy
no tener razón	to be wrong
¿no?, ¿verdad?	right? don't they (you, and so on)?

Repaso: **mucho** (*adv.*), **poco** (*adv.*), **tener... años**

Vocabulario personal

Un paso más 3

Literatura de Guatemala

▲ Miguel Ángel
Asturias (1899–1974)

Sobre el escritor: *Miguel Ángel Asturias was born near Ciudad de Guatemala. One of the more important themes in his creative works is the indigenous peoples of Guatemala. In 1967, he was awarded the Nobel Prize for Literature. He spent many of his adult years in France, where he was buried in 1974. The following excerpt is from the poem "Letanías del desterrado,*[a]*" published in* Páginas de lumbre de Miguel Ángel Asturias *(1999).*

Y, tú, desterrado:

Estar de paso,[b] siempre de paso,
tener la tierra como posada,[c]
contemplar cielos[d] que no son nuestros,
vivir con gente[e] que no es la nuestra,
cantar canciones que no son nuestras,
reír con risa[f] que no es la nuestra,
estrechar manos[g] que no son nuestras,
llorar con llanto[h] que no es el nuestro,
tener amores que no son nuestros,
probar[i] comida[j] que no es la nuestra,
rezar a dioses[k] que no son nuestros,
oír[l] un nombre que no es el nuestro,
pensar en[m] cosas que no son nuestras,
usar moneda[n] que no es la nuestra,
sentir[o] caminos[p] que no son nuestros...

[a]*exile* [b]*de... passing through* [c]*boarding house* [d]*skies* [e]*people* [f]*reír... to laugh with laughter* [g]*estrechar... to shake hands* [h]*llorar... to cry with tears* [i]*to taste, try* [j]*food* [k]*rezar... to pray to gods* [l]*to hear* [m]*pensar... to think about* [n]*currency* [o]*to feel* [p]*roads*

LECTURA

ESTRATEGIA: Using Visual Clues to Predict Content

In **Capítulo 1** you learned that you can use section subheadings to help you better understand a passage. Another useful strategy is to use photographs and other visual clues (charts, drawings, graphic images, and so on) that accompany the reading as tools to help you predict the content of the passage. A successful reader is able to make predictions about content in advance, and then confirms or rejects these predictions while reading.

Before reading the article that follows, look at the titles above each paragraph. What predictions can you make based on the visual presentation of these paragraph titles?

■ **Sobre la lectura...** This reading is adapted from an article that appeared in *Quo*, a magazine published in Spain that is comparable to *Vanity Fair, Details,* and other glossy general interest magazines. *Quo* publishes articles about topics ranging from diet and health to fashion to politics.

La psicología de los colores

«Está demostrado[a] que los colores percibidos[b] por la vista[c] <u>provocan</u> una reacción psicológica sobre nuestro estado de ánimo[d]», asegura Carlos Obelleiro, <u>experto</u> en la utilización de color. Y de un buen estado de ánimo depende mucho la salud física. Según expertos en psicología de los colores, cada uno indica una actitud en quien lo lleva puesto.[e]

Rojo

Es el color que produce mayor impacto visual. Actúa como un estimulante psíquico, pero activa la <u>agresividad</u> y si alguien lo lleva puede incomodar a los demás.[f]

Amarillo

Está íntimamente relacionado con la autoestima[g] y <u>estimula</u> la creatividad, pero puede resultar agresivo para gente emocionalmente <u>frágil</u>.

Azul

Favorece la calma y la concentración en trabajos que exigen[h] esfuerzo[i] mental. Tranquiliza, pero puede dar imagen de frialdad.[j] Cuanto más oscuro es,[k] más idea da[l] de eficiencia y autoridad.

Verde

Es el color más relajante y suele[m] provocar una sensación de <u>equilibrio</u> y de tranquilidad personal.

Blanco

Aunque[n] es muy higiénico, puede resultar muy severo y dar la impresión de que la persona que lo lleva quiere crear una barrera.[ñ]

Rosado

Es la más pura expresión de la <u>feminidad</u>. Utilizado en decoración actúa como relajante, pero en exceso causa debilitamiento.[o]

Negro

Es elegante, pero puede resultar amenazador[p] y, como el blanco, crear barreras entre la persona que lo lleva y el resto de la gente.

Violeta

Es el color de la introversión. Puede transmitir la sensación de que quien lo viste[q] quiere estar solo, sin intromisiones.[r]

Gris

Se trata del único color totalmente <u>neutro</u>, con lo que no tiene apenas[s] propiedades psicológicas. A veces puede indicar falta[t] de confianza en uno mismo. ■

[a]Está... *It has been shown* [b]*perceived* [c]*sight* [d]estado... *state of mind* [e]quien... *the person who wears it* [f]incomodar... *make others uncomfortable* [g]*self-esteem* [h]*demand* [i]*effort* [j]*coldness* [k]Cuanto... *The darker it is* [l]*it gives* [m]*it tends to* [n]*Although* [ñ]crear... *to create a barrier* [o]*debilitation, weakness* [p]*threatening* [q]quien... *the person who wears it* [r]sin... *without intrusions* [s]*hardly any* [t]*a lack*

Comprensión

A. ¿Qué color? Identify the color (or colors!) that corresponds to each psychological trait below, according to the reading.

1. Este color no se asocia con la extroversión, sino lo contrario (*but rather the opposite*).
2. A veces este color se asocia con la frigidez.
3. Estos dos colores dan la impresión de crear obstáculos.
4. Este color provoca reacciones muy agresivas.
5. Este color provoca la creatividad.
6. Este color es un estimulante psíquico.
7. Este color produce muy poco estímulo psíquico.
8. Estos colores son relajantes.
9. Este color puede expresar eficiencia.

B. ¿Qué color recomienda Ud. (*do you recommend*)**?** Which color do you recommend a person use in order to make the following impressions or provoke the following reactions?

1. Una persona desea dar (*give*) la impresión de control y poder (*power*).
2. Una persona quiere expresar su confianza en sí misma (*confidence in him or herself*).
3. Una persona no quiere causar ningún (*any*) impacto.
4. Una persona quiere tener un lugar muy tranquilo y relajante en su casa.

REDACCIÓN

A. **Mi ropa favorita.** In a brief paragraph, write a description of your favorite article of clothing. Use the questions that follow to organize your thoughts. Your instructor can help you with words or constructions that are unfamiliar to you.

¿De qué material es?
¿Por qué le gusta?
¿De qué color es?
¿Cómo se siente (*do you feel*) cuando lleva esta ropa en particular? (Me siento... tranquilo/a, enérgico/a, etcétera.)
¿Provoca el color de esta ropa algunas (*any*) reacciones como las reacciones descritas (*described*) en la lectura? ¿Cuáles?

B. **El inventario.** Take an inventory of the clothing you have and express it in Spanish.

What items do you have?
How many of each?
What colors?
Do you have clothes that you wear almost every week?
What items are they?
Why do you wear them often?
How many things do you have in your closet and drawers that you no longer wear or do not need?
What are they?

You can describe your clothing inventory in paragraph form or create a table or list to show the things you have.

CAPÍTULO 4

En casa

▲ 1
Unas casas rurales en Cerro el Pital, El Salvador

1. What do you know about El Salvador?

2. How are rural houses different from city dwellings in your area?

3. What do you think the family or families that live in these houses do for a living?

2 Managua, la capital de Nicaragua

1. What kind of housing would you expect to find in urban areas like Managua?

2. What is housing like in your area? What types of housing are available: houses, apartments, high-rise condominiums, new, old, large, small, and so on? What are the advantages and disadvantages of the different kinds of housing in your area?

3. What do you think the various buildings in the photo are used for? Do you have similar buildings in your area? What are they used for?

3 El volcán Masaya, un volcán activo cerca de (*near*) Managua y uno de los muchos volcanes de Nicaragua

1. Have you ever visited an active volcano? Are there any volcanoes in your area?

2. In addition to volcanic eruptions, what are some of the dangers residents in volcanic areas face?

3. What are some of the geographical, meteorological, or environmental concerns one should consider when deciding on a place to live? In your opinion, what are the best areas in this country to live in and why?

¿Qué día es hoy?

lunes

1. Javier asiste a clase **el lunes** a las ocho.

martes

2. Javier mira la televisión **el martes**.

miércoles

3. Javier va al gimnasio **el miércoles**.

jueves

4. Javier trabaja cuatro horas **el jueves**.

viernes

5. **El viernes** va al mercado con unos amigos.

el fin de semana (sábado y domingo)

6. **El fin de semana** juega al basquetbol con sus amigos.

Hoy es viernes (domingo...).	Today is Friday (Sunday . . .).
Mañana es sábado (lunes...).	Tomorrow is Saturday (Monday . . .).
Ayer fue martes (miércoles...).	Yesterday was Tuesday (Wednesday . . .).
el fin de semana	the weekend
pasado mañana	the day after tomorrow
el próximo jueves (viernes,...)	next Thursday (Friday, . . .)
la semana (el lunes...) que viene	next week (Monday . . .)

- In Spanish-speaking countries, the week usually starts with **lunes.**
- The days of the week are not capitalized in Spanish.
- Except for **el sábado / los sábados** and **el domingo / los domingos,** all the days of the week use the same form for the plural as they do for the singular: **el lunes / los lunes.**

Expressing *on* with Days of the Week

The definite article (singular or plural) is used to express **on** with the days of the week in Spanish.

Esta semana, tengo que ir al mercado **el** lunes.
This week, I have to go to the market on Monday.

Por lo general voy al gimnasio **los** domingos.
I generally go to the gym on Sundays.

As in the preceding examples, use **el** before a day of the week to refer to a specific day (**el lunes** = *on Monday*), and **los** to refer to that day of the week in general (**los lunes** = *on Mondays*).

■ ■ ■ Conversación

A. Entrevista. En parejas, hagan y contesten las siguientes preguntas.

1. ¿Qué día es hoy? ¿Qué día es mañana? Si hoy es sábado, ¿qué día es mañana? Si hoy es jueves, ¿qué día es mañana? ¿Qué día fue ayer?
2. ¿Qué días de la semana tenemos clase? ¿Qué días no hay clases?
3. ¿Estudias mucho durante (*during*) el fin de semana? ¿y los domingos por la noche?
4. ¿Qué te gusta hacer los viernes por la tarde? ¿Te gusta salir (*to go out*) con los amigos los sábados por la noche?

B. Mi semana. Exprese una actividad para cada (*each*) día de la semana, según el modelo. **¡OJO!** Use uno de los siguientes verbos o expresiones + un infinitivo en su respuesta: **deber, desear, ir a, necesitar, poder, preferir, querer, tener ganas de, tener que.**

MODELO: El lunes tengo que ir al gimnasio.

Vocabulario útil
descansar (to rest) **hasta muy tarde**
estar **en la cama** (bed)
ir **al bar (al parque, al museo, a...)**
ir **al cine** (movies)
jugar (to play) **(juego) al tenis (al golf, al voleibol, al...)**

Las casas en el mundo hispánico

There is no such thing as a typical Hispanic house. Often, the style of housing depends on geographic location. For example, in hot regions such as southern Spain, traditional houses are built around a central interior patio. These patios are filled with plants, and some even have a fountain.

The population in Hispanic countries tends to be centered in urban areas. Due to population density in cities, many people live in apartments, like people in larger cities in this country.

While the Spanish word **hogar** literally means *home*, the word **casa** is often used to mean *home*.

Voy a casa.   *I'm going home.*   Estoy en casa.   *I'm at home.*

In Spain, people use the word **piso** or **apartamento** to refer to an apartment; in some Hispanic countries, the word **departamento** is used.

In big Latin American cities, especially in more modern homes, a small front yard with ornamental plants and/or small trees is called **un jardín.** Large backyards are uncommon (except in rural areas and small towns) because the lots where houses are built are rather small. If a house has a back area, it is generally referred to as **el patio.**

▲ *El patio interior de una casa en Sevilla, España*

Los muebles,° los cuartos y otras partes de la casa (Part 1*)

Los... *Furniture*

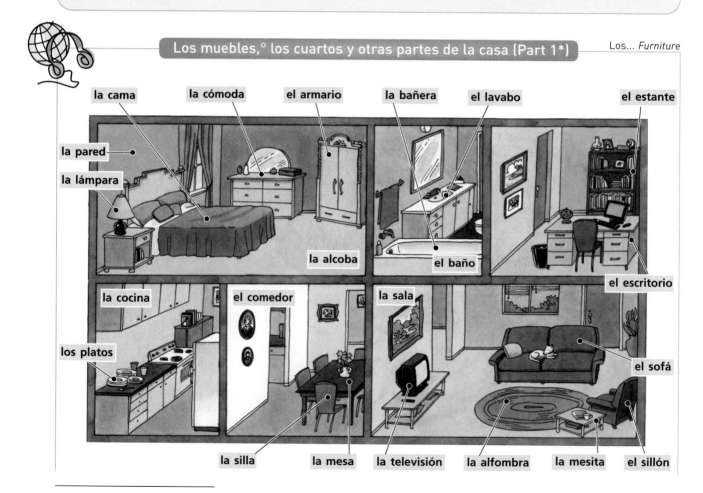

la cama · la cómoda · el armario · la bañera · el lavabo · el estante · la pared · la lámpara · la alcoba · el baño · el escritorio · la cocina · el comedor · la sala · los platos · el sofá · la silla · la mesa · la televisión · la alfombra · la mesita · el sillón

---

*This is the first group of words you will learn for talking about where you live and the things found in your house or apartment. You will learn additional vocabulary for those topics in **Capítulos 9** and **12.**

el garaje	garage
el jardín	garden
el patio	patio; yard
la piscina	swimming pool

ASÍ SE DICE

el armario = el ropero

la bañera = la tina

el lavabo = la pileta (*L. A.*)

la piscina = la alberca (*Méx.*), la pileta (*Arg.*)

la sala = el living

la televisión = el televisor

There is great variation in the ways in which Spanish-speakers refer to the bedroom. It is called **la habitación** (also a synonym for any room of a house) by many native speakers, **el dormitorio** by Argentines, and **la recámara** by Mexicans.

■ ■ ■ Conversación

A. ¿Qué hay en esta casa? En parejas, digan (*say*) los nombres de las partes de esta casa y lo que (*what*) hay en cada cuarto.

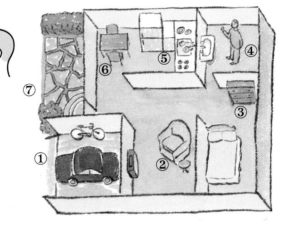

MODELO: 7 →

E1: El número 7 es el patio.

E2: ¿Qué hay en el patio? ¿Hay piscina?

E1: No, sólo hay plantas.

B. Asociaciones

Paso 1. ¿Qué muebles o partes de la casa usa Ud. para hacer las siguientes actividades?

1. estudiar para un examen
2. dormir la siesta (*taking a nap*) por la tarde
3. pasar (*to spend*) una noche en casa con la familia ·
4. celebrar con una comida (*meal*) especial
5. tomar el sol (*sunbathing*)
6. hablar de temas (*topics*) serios con los amigos (padres, hijos)

Paso 2. Ahora compare sus respuestas con las (*those*) de otros estudiantes. ¿Tienen todos las mismas costumbres (*same customs*)?

C. Diseño (Design) y decoración

Paso 1. En parejas, dibujen (*draw*) el plano de una casa con al menos (*at least*) dos alcobas y un baño. Luego (*Then*) amueblen (*furnish*) la casa con los muebles necesarios.

Paso 2. Ahora describan su casa a otra pareja de compañeros. Ellos deben dibujar el plano de la casa que Uds. describen sin (*without*) mirar el dibujo de Uds.

> **Vocabulario útil**
>
> **a la derecha (de)**
> to the right (of)
> **a la izquierda (de)**
> to the left (of)

MÁS MADERA.

Mesas, sillas, armarios, camas y todo lo que necesitas para vestir tu casa está en la sección de decoración.

EL PAIS

¿Cuándo? • Las preposiciones (Part 1)*

1. Antes de la fiesta, Rosa prepara la ensalada.

2. Durante la fiesta, Rosa baila.

3. Después de la fiesta, Rosa limpia la sala.

The prepositions (as well as the words that they link) are indicated in the first two sentences. Pick out the prepositions in the last two.

1. The book is *on* the table.
2. The homework is *for* tomorrow.
3. We're going to the store for milk.
4. Voy a estar con la familia de mi esposo este fin de semana.

> **preposition** = a word or phrase that specifies the relationship, usually in space or time, of one word to another

---

*You will learn prepositions that express spatial relationships in the **Vocabulario: Preparación** section of **Capítulo 5.**

Some common Spanish prepositions you have already used include **a, con, de, en, para**, and **por** (*in, during,* as in **por la mañana**). Some prepositions that express time relationships include **antes de** (*before*), **después de** (*after*), **durante** (*during*), and **hasta** (*until*).

 As you know, the infinitive is the only verb form that can follow a preposition.

¿Adónde vas **después de** estudiar?   *Where are you going after studying (after you study)?*

■ ■ ■ Conversación

A. ¿Cuándo?

Paso 1. Complete las siguientes oraciones lógicamente. Puede usar sustantivos, infinitivos, días de la semana, etcétera.

1. Por lo general, prefiero estudiar antes de / después de mirar la tele.
2. Siempre tengo mucho sueño durante la clase de _____.
3. Voy a la clase de español antes de / después de _____ la clase de _____.
4. Los _____ (día o días), estoy en la universidad hasta _____ (hora).
5. No puedo ir a fiestas durante la semana. Voy los _____ (día o días).
6. Tengo que estudiar en esta universidad hasta el año (*year*) _____, para poder graduarme.

Paso 2. Ahora entreviste a un compañero o compañera, usando (*using*) las oraciones del **Paso 1**.

MODELOS: ¿Prefieres estudiar antes de mirar la tele?
¿Prefieres estudiar antes o después de mirar la tele?
¿Cuándo prefieres estudiar, antes o después de mirar la tele?

B. Entrevista.

En parejas, túrnense para entrevistarse. Hagan sus preguntas, usando una palabra o frases de cada columna.

| estudiar
hablar por teléfono
leer
trabajar
¿ ? | **+** | antes de
después de
durante
hasta | **+** | tu programa favorito de
   televisión
las clases
las conferencias (*lectures*)
   de _____
los viernes por la noche, los
   domingos por la mañana…
estudiar, mirar la tele,…
las tres de la mañana,
   medianoche (*midnight*),
   muy tarde,…
¿ ? |

Need more practice?

- Workbook and Laboratory Manual
- ActivityPak
- Online Learning Center (www.mhhe.com/ puntos8)

¿Recuerda Ud.?

Most of the verbs presented in **Gramática 12** share a first person singular irregularity with two verbs that you learned in **Capítulo 3.** Review what you know about those two verbs by completing their first person forms.

(yo) ven____o   (yo) ten____o

12 Expressing Actions • *Hacer, oír, poner, salir, traer,* **and** *ver*

Gramática en acción: Aspectos de la vida de Rigoberto

1. Traigo muchos libros al salón de clase.

2. No oigo bien. Por eso hago muchas preguntas en clase.

3. Los viernes pongo la tele y veo mi programa favorito.

4. Salgo con Elena los fines de semana.

Comprensión

1. ¿Qué trae Rigoberto al salón de clase? ¿Qué tiene en la mochila?

2. ¿Por qué hace muchas preguntas en clase? ¿Ve bien? ¿Oye bien?

3. ¿A qué hora pone la tele los viernes? ¿Por qué prefiere mirar la tele a esa hora?

4. ¿Con quién sale? ¿Es una relación nueva o vieja?

Aspects of Rigoberto's life   **1.** *I bring a lot of books to class.* **2.** *I don't hear well. That's why I ask a lot of questions in class.* **3.** *On Fridays, I turn on the TV and watch my favorite program.* **4.** *I go out with Elena on the weekends.*

hacer (to do; to make)		oír (to hear)		poner (to put; to place)		salir (to leave; to go out)		traer (to bring)		ver (to see)	
hago	hacemos	oigo	oímos	pongo	ponemos	salgo	salimos	traigo	traemos	veo	vemos
haces	hacéis	oyes	oís	pones	ponéis	sales	salís	traes	traéis	ves	veis
hace	hacen	oye	oyen	pone	ponen	sale	salen	trae	traen	ve	ven

■ hacer

Some common idioms with **hacer:**

hacer un viaje (*to take a trip*)
hacer una pregunta (*to ask a question*)

Hacer is used to express *to do* physical and academic exercises. To express *to do exercises* for a Spanish or math class, for example, the plural **ejercicios** is used. To express *to exercise* in a gym, the singular is used, except for aerobics.

¿Por qué no **haces** la tarea?
Why aren't you doing the homework?

Quieren **hacer** un viaje al Perú.
They want to take a trip to Peru.

Los niños siempre **hacen muchas preguntas.**
Children always ask a lot of questions.

Alicia **hace los ejercicios** en el cuaderno.
Alicia does the exercises in the notebook.

Hace ejercicio en el gimnasio, pero **hace ejercicios aeróbicos** en casa.
She exercises in the gym but does aerobics at home.

■ oír

The command forms of **oír** are used to attract someone's attention in the same way that English uses *Listen!* or *Hey!*

oye (tú)   **oiga** (Ud.)   **oigan** (Uds.)

Oír means *to hear.* In **Capítulo 1,** you learned the verb **escuchar,** which means *to listen* (*to*). Some speakers use **oír** for *to listen to* when referring to things like music or the news. **Escuchar** never means *to hear.*

Oye, Juan, ¿vas a la fiesta?
Hey, Juan, are you going to the party?

¡Oigan! ¡Silencio, por favor!
Listen! Silence, please!

No **oigo** bien por el ruido.

No **oigo** bien a la profesora.
I can't hear the professor well.

Oímos/Escuchamos música en clase.
We listen to music in class.

■ poner

Many Spanish speakers use **poner** with appliances to express *to turn on.*

Voy a **poner la televisión.**
I'm going to turn on the TV.

Siempre **pongo** leche y mucho azúcar en el café.

- **salir**

    Note that **salir** is always followed by **de** to express leaving a place.

    Salir con can mean *to go out with, to date.*

    Use **salir para** to indicate destination.

    Another useful expression with **salir** is **salir bien/mal,** which means *to turn/come out well/poorly, to do well/poorly.*

Salgo con el hermano de Cecilia.
I'm going out with Cecilia's brother.

Salimos para la sierra pasado mañana.
We're leaving for the mountains the day after tomorrow.

Salen de la clase ahora.

Todo va a **salir bien.**
Everything is going to turn out OK (well).

No quiero **salir mal** en esta clase.
I don't want to do poorly in this class.

- **traer**

    la televisión (set, medium), but **el radio** (set), **la radio** (medium)

¿Por qué no **traes** ese radio a la cocina?
Why don't you bring that radio to the kitchen?

- **ver**

    Ver means *to see* or *to watch.* In **Capítulo 2,** you learned that **mirar** means *to look (at)* or *to watch* something. Some speakers use **ver** interchangeably with **mirar** for *to watch* (**veo/miro la televisión**), but **mirar** can never mean *to see.* **Buscar** (from **Capítulo 1**) expresses *to look for* something, but it never means *to look at* or *to watch.*

No **veo** bien sin mis lentes.
I don't see well without my glasses.

Los niños **ven/miran una película.**
The kids are watching a movie.

Busco los platos nuevos.
I'm looking for the new plates.

AUTOPRUEBA

Give the correct present tense **yo** forms for these verbs.

1. hacer
2. ver
3. poner
4. oír
5. traer
6. salir

Answers: 1. hago 2. veo 3. pongo 4. oigo 5. traigo 6. salgo

■ ■ ■ Práctica

A. ¡Anticipemos! Cosas rutinarias

Paso 1. ¿Cierto o falso?

1. Hago ejercicio en el gimnasio con frecuencia.
2. Veo a mis amigos los viernes por la tarde.
3. Nunca salgo con mis primos.
4. Siempre hago los ejercicios para la clase de español.
5. Salgo para la universidad a las ocho de la mañana.
6. Nunca pongo la ropa en la cómoda o en el armario.
7. Siempre traigo todos los libros necesarios a clase.
8. Siempre oigo la radio durante el camino (*on the way*) a la universidad.

Paso 2. Now rephrase each sentence in **Paso 1** as a question and interview a classmate. Use the **tú** form of the verb.

> MODELO: Hago ejercicio en el gimnasio con frecuencia. →
> ¿Haces ejercicio en el gimnasio con frecuencia?

B. Del periódico: Publicidad.
Lea (*Read*) el siguiente anuncio (*ad*) de un periódico de Venezuela y conteste las preguntas.

1. ¿Cómo se expresan en inglés las primeras dos líneas del anuncio?
2. Los sujetos pronominales **yo, tú** y **nosotros** no se usan siempre en español, ya que (*since*) la terminación del verbo (**-o, -s, -mos**) expresa la persona. ¿Por qué cree Ud. que sí se usan los pronombres en el titular?
3. ¿Qué palabras inglesas hay en el anuncio?
4. ¿Cuál es la dirección (*address*) del sitio web de esta compañía?
   (**.com** = «punto com»)
5. ¿Cuál es la dirección de e-mail de la oficina en Puerto Ordaz?
   (@ = «arroba»)

Tú pones la idea...
¡Nosotros ponemos el resto!

GRUPO
INTENSO
www.grupointenso.com

Tus especialistas en Comunicación Gráfica

- *Proyectos Editoriales*
- *Impresión Digital HP Indigo*
- *Impresión Offset*
- *Diseño Gráfico*

RIF: J 30780286-3

Caracas: Calle Los laboratorios, Centro Industrial INTENSO, Los Ruices.
Teléfono Master: (0212) 239.8857
- *ventasoffset@grupointenso.com*
- *ventasdigital@grupointenso.com*
- *editorial@grupointenso.com*

Puerto Ordaz: Calle Cuchiveros
Edif. Torre Balear, Local 01, Alta Vista.
Telfs.: (0286) 961.1801 - 961.3143 - 961.5421
- *ventaspzo@grupointenso.com*

■ ■ ■ Conversación

A. Consecuencias lógicas. En parejas, indiquen una acción lógica para cada situación.

MODELO: No tengo tarea. Por eso... → pongo la televisión.

Vocabulario útil

hacer (hago) un viaje / una pregunta
oír (oigo) al profesor / a la profesora*
poner (pongo) la tele / el radio
salir (salgo) con/de/para...
traer (traigo) el libro a clase
ver (veo) mi programa favorito

---

1. Me gusta esquiar en las montañas. Por eso...
2. Todos los días usamos este libro en la clase de español. Por eso...
3. Mis compañeros de cuarto hacen mucho ruido en la sala. Por eso...
4. La televisión no funciona. Por eso...
5. Hay mucho ruido en la clase. Por eso...
6. Estoy en la biblioteca y ¡no puedo estudiar más! Por eso...
7. Queremos bailar y necesitamos música. Por eso...
8. No comprendo la lección. Por eso...

B. Entrevista

Paso 1. En parejas, hagan y contesten las siguientes preguntas.

EN CASA

1. ¿Qué pones en el armario? ¿y en la cómoda? ¿en el cajón (*drawer*) del escritorio?
2. ¿Pones la televisión con frecuencia cuando estás en casa? ¿Qué programa(s) ves todos los días? ¿Qué programa muy popular no ves nunca? (Nunca veo...) ¿Cuál es el canal de televisión que más miras? ¿Por qué te gusta tanto (*so much*)?
3. ¿Pones el radio con frecuencia? ¿Prefieres oír las noticias (*news*) por radio o verlas (*to see them*) en la televisión? ¿Cuál es la estación de radio que más escuchas? ¿Por qué te gusta tanto?

MIS ACTIVIDADES

4. ¿Qué haces los ＿＿＿ (día) por la noche? ¿Cuándo sales con los amigos? ¿Adónde van cuando salen juntos (*together*)?
5. ¿Te gusta hacer ejercicio? ¿Haces ejercicios aeróbicos? ¿Dónde haces ejercicio? ¿en casa? ¿en el gimnasio? ¿en la piscina?

---

*Remember that the word **a** is necessary in front of a human direct object. You will study this usage of **a** in **Capítulo 6.** For now, you can answer following the pattern of the **Vocabulario útil**.

6. Generalmente, ¿qué traes a clase todos los días? ¿Crees que traes más cosas (*things*) que tus compañeros o menos? ¿Sales a veces para la clase sin tu libro de texto? ¿sin dinero? ¿Qué trae tu profesor(a) de español a clase?

7. ¿A qué hora sales para las clases los lunes? ¿A qué hora sales de clase los viernes?

8. ¿Cuándo haces la tarea? ¿Por la mañana? ¿por la tarde? ¿por la noche? ¿Dónde haces la tarea? ¿En casa? ¿en la biblioteca? ¿Haces la tarea mientras (*while*) ves la televisión? ¿mientras oyes música?

9. ¿Siempre sales bien en los exámenes? ¿En qué clase no sales bien? ¿Qué haces si sales mal en un examen? ¿Hablas con tu profesor(a)?

Paso 2. Ahora digan a la clase dos o tres cosas que Uds. tienen en común.

MODELO: Jim y yo nunca ponemos la ropa en el armario. Hacemos ejercicio todos los días: Jim hace ejercicios aeróbicos y yo voy al gimnasio. Los dos vemos el programa *24* los lunes por la noche; es nuestro programa favorito.

¿Recuerda Ud.?

The change in the stem vowels of **preferir, querer,** and **poder** follows the same pattern as that of the verbs presented in **Gramática 13.** Review the forms of **preferir, querer,** and **poder** before beginning **Gramática 13.**

preferir: e →

pref__ro	preferimos
pref__res	preferís
pref__re	pref__ren

querer: e →

qu__ro	queremos
qu__res	queréis
qu__re	qu__ren

poder: o →

p__do	podemos
p__des	podéis
p__de	p__den

13 Expressing Actions • Present Tense of Stem-Changing Verbs (Part 2)

Gramática en acción: ¿Una fiesta exitosa?

- Aurora duerme en el sofá.
- Samuel juega a las cartas… a solas.
- Ernesto sirve las bebidas. Kevin pide una Coca-Cola.
- Noemí sale y vuelve con más amigas.
- ¿Es una fiesta exitosa? ¿Qué piensa Ud.? ¿Por qué?

¿Y Ud.? ¿Qué hace en las fiestas?

Yo (no)…

1. dormir en el sofá
2. jugar a las cartas
3. servir las bebidas
4. pedir Coca-Cola
5. volver con más amigos

e → ie **pensar** *(to think)*		o → ue **volver** *(to return)*		e → i **pedir** *(to ask for; to order)*	
pienso	pensamos	vuelvo	volvemos	pido	pedimos
piensas	pensáis	vuelves	volvéis	pides	pedís
piensa	piensan	vuelve	vuelven	pide	piden

A successful party? ■ *Aurora is sleeping on the couch.* ■ *Samuel is playing cards . . . alone.*
■ *Ernesto is serving beverages. Kevin asks for a Coke.* ■ *Noemí leaves and comes back with more friends.* ■ *Is it a successful party? What do you think? Why?*

A. You have already learned five *stem-changing verbs* (**los verbos que cambian el radical**).

que**rer   pref**e**rir   t**e**ner   v**e**nir   p**o**der**

In these verbs the stem vowels **e** and **o** become **ie** and **ue,** respectively, in stressed syllables. There is also another group of stem-changing verbs in which the stem vowel **e** becomes **i** in stressed syllables. The stem-change pattern of all three groups is shown at the right. The stem vowels are stressed in all present tense forms except **nosotros** and **vosotros.** All three classes of stem-changing verbs follow this regular "boot" pattern in the present tense.

In vocabulary lists, the stem change for the **yo** form will always be shown in parentheses after the infinitive: **p**e**nsar (p**ie**nso),** **v**o**lver (v**ue**lvo), p**e**dir (p**i**do).**

Stem vowel changes:

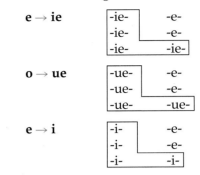

e → ie

-ie-	-e-
-ie-	-e-
-ie-	-ie-

o → ue

-ue-	-e-
-ue-	-e-
-ue-	-ue-

e → i

-i-	-e-
-i-	-e-
-i-	-i-

¡OJO! **Nosotros** and **vosotros** forms *do not* have a stem vowel change.

B. Some stem-changing verbs practiced in this chapter include the following.

e → ie	o (u) → ue	e → i
cerrar (cierro) *(to close)*	**dormir (duermo)** *(to sleep)*	**servir (sirvo)** *(to serve)*

e → ie		o (u) → ue		e → i	
empezar (empiezo)	to begin, start	**almorzar (almuerzo)**	to have lunch	**pedir (pido)**	to ask for; to order
entender (entiendo)	to understand	**jugar* (juego)**	to play (*a game, sport*)		
pensar (pienso)	to think	**volver (vuelvo)**	to return (*to a place*)		
perder (pierdo)	to lose; to miss (*an event*)				

***Jugar** *is the only* **u → ue** *stem-changing verb in Spanish.* **Jugar** *is usually followed by* **al** *when used with the name of a sport:* **Juego al tenis.** *Some Spanish speakers, however, omit the* **al.**

C. Remember that the Spanish present tense has a number of present tense equivalents in English. It can also be used to express future meaning.

cierro = *I close, I am closing, I will close*

D. Like **aprender** and **ir,** the stem-changing verbs **empezar** and **volver** are followed by **a** before an infinitive. The meaning of **empezar** does not change in this structure, but **volver a** + *infinitive* expresses *to do (something) again.*

Uds. **empiezan a hablar** muy bien el español.
You're starting to speak Spanish very well.

¿Cuándo **vuelves a jugar** al tenis?
When are you going to play tennis again?

E. Like other verbs you already know (**desear, necesitar, deber,...**), **pensar** can be followed directly by an infinitive. In that case, it expresses *to intend, plan.*

The phrase **pensar en** can be used to express *to think about.*

¿Cuándo **piensas** almorzar?
When do you plan to eat lunch?

—¿**En** qué **piensas**?
What are you thinking about?

—**Pienso en** las cosas que tengo que hacer el domingo.
I'm thinking about the things I have to do on Sunday.

Stem-Change Summary

emp**e**zar (emp**ie**zo)
v**o**lver (v**ue**lvo)
j**u**gar (j**ue**go)
p**e**dir (p**i**do)

AUTOPRUEBA

Complete the verb forms with the correct letters.

1. ent___ndemos
2. d___rmo
3. c___rras

4. j___gan
5. s___rve
6. alm___rzo

Answers: 1. entendemos 2. duermo 3. cierras 4. juegan 5. sirve 6. almuerzo

---

■ ■ ■ Práctica

A. Asociaciones. Give at least one infinitive whose meaning you associate with the following words and phrases.

1. una bebida
2. una lección
3. a casa

4. las llaves (*keys*)
5. una hamburguesa
6. las cartas (*cards*)

7. una opinión
8. una siesta
9. una puerta

B. ¡Anticipemos!

Paso 1. ¿Cierto o falso? Si la declaración es cierta, diga en qué lugar de la casa o de la universidad Ud. hace las siguientes cosas.

1. Duermo la siesta casi todos los días.
2. Cierro la puerta para dormir la siesta.
3. Almuerzo solo/a (*alone*) con frecuencia.
4. Juego a las cartas con mis padres (mis hijos).
5. Por la mañana, pienso en las cosas que tengo que hacer.
6. Con frecuencia pido una pizza para almorzar.
7. Pierdo mis llaves con frecuencia.
8. Vuelvo a leer la lección de español antes de la clase.
9. Hay mucho que no entiendo en la clase de matemáticas.

Paso 2. En parejas, túrnense para entrevistarse, usando las declaraciones del Paso 1.

MODELO: ¿Duermes la siesta casi todos los días?

Paso 3. Ahora digan a la clase dos cosas que Uds. tienen en común.

MODELO: Nosotras dormimos la siesta casi todos los días. Dormimos en un sofá en una sala del centro estudiantil.

C. Una tarde típica en casa.
¿Cuáles son las actividades de todos? Haga oraciones completas, usando una palabra o frase de cada columna.

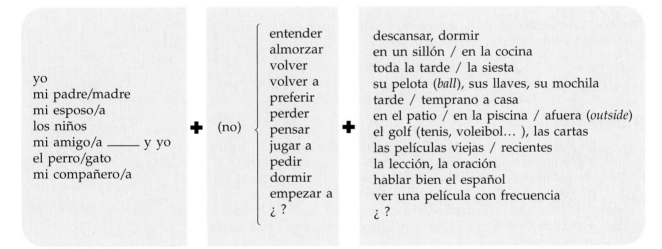

yo
mi padre/madre
mi esposo/a
los niños
mi amigo/a _____ y yo
el perro/gato
mi compañero/a

+ (no)

entender
almorzar
volver
volver a
preferir
perder
pensar
jugar a
pedir
dormir
empezar a
¿ ?

+

descansar, dormir
en un sillón / en la cocina
toda la tarde / la siesta
su pelota (*ball*), sus llaves, su mochila
tarde / temprano a casa
en el patio / en la piscina / afuera (*outside*)
el golf (tenis, voleibol…), las cartas
las películas viejas / recientes
la lección, la oración
hablar bien el español
ver una película con frecuencia
¿ ?

Need more practice?

- Workbook and Laboratory Manual
- ActivityPak
- Online Learning Center (www.mhhe.com/puntos8)

■■■ Conversación

A. Una semana ideal... ¡y posible!

Paso 1. ¿Qué va a hacer Ud. la semana que viene? ¿Qué prefiere hacer? Organice la semana que viene en la siguiente agenda. Incluya actividades que Ud. tiene que hacer pero también algunas (*some*) que le gustaría (*you would like*) hacer. Use el **Vocabulario útil,** pero invente por lo menos tres actividades que no están en la lista. **¡OJO!** e → ie, o → ue, e → i.

	por la mañana	por la tarde	por la noche
lunes			
martes			
miércoles			
jueves			
viernes			
sábado			
domingo			

Paso 2. En parejas, hablen de su horario (*schedule*) para esta semana, basándose (*based on*) en la agenda del **Paso 1.**

> **MODELO:** E1: ¿Qué piensas hacer el domingo por la tarde?
> E2: Pienso ver la televisión. Y tú, ¿qué haces el domingo?
> E1: El domingo juego al tenis con mi amigo Alex.

B. Preguntas

1. ¿A qué hora cierran la biblioteca? ¿A qué hora cierran la cafetería? ¿Y a qué hora cierran durante la época de los exámenes finales?
2. ¿A qué hora almuerza Ud., por lo general? ¿Dónde le gusta almorzar? ¿Con quién? ¿Dónde piensa Ud. almorzar hoy? ¿mañana?
3. ¿Es Ud. un poco olvidadizo/a? Es decir (*That is*), ¿pierde las cosas con frecuencia? ¿Qué cosa pierde Ud.? ¿el dinero? ¿la cuaderno? ¿la mochila? ¿las llaves?

¿Recuerda Ud.?

In **Ante todo,** you learned how to ask what someone's name is and express your own name by using phrases with the verb **llamar.** Show what you remember by completing the following phrases.

1. (yo) _____ llamo   2. (tú) _____ llamas   3. Ud. _____ llama

The words with which you completed those phrases are part of a pronoun system that you will learn about in **Gramática 14.**

14 | Expressing -self/-selves • Reflexive Pronouns (Part 1)

Gramática en acción: La rutina diaria de Andrés

La rutina de Andrés empieza a las siete y media.

1.   2.   3.   4.

5.   6.   7.

(1) Me despierto a las siete y media y me levanto en seguida. Primero, (2) me ducho y luego (3) me cepillo los dientes. (4) Me peino, (5) me pongo la bata y (6) voy al cuarto a vestirme. Por fin, (7) salgo para la universidad. No tomo nada antes de salir porque, por lo general, ¡tengo prisa!

¿Y Ud.? ¿Cómo es su rutina diaria?

1. Yo me levanto a las _____.
2. Me ducho por la (mañana/noche).
3. Me visto en (el baño/mi cuarto).
4. Me peino (antes de/después de) vestirme.
5. Antes de salir para las clases, (tomo/no tomo) el desayuno.

Andrés' daily routine *Andrés' routine begins at seven-thirty. (1) I wake up at seven-thirty and I get up right away. First, (2) I take a shower and then (3) I brush my teeth. (4) I comb my hair, (5) I put on my robe, and (6) I go to my room to get dressed. Finally, (7) I leave for the university. I don't eat or drink anything before leaving because I'm generally in a hurry!*

You will learn more about using reflexive pronouns to express each other *in* **Gramática 32** (**Cap. 10**).

bañarse (to take a bath)

(yo)	me **baño**	I take a bath	(nosotros)	nos **bañamos**	we take baths
(tú)	te **bañas**	you take a bath	(vosotros)	os **bañáis**	you take baths
(Ud.)		you take a bath	(Uds.)		you take baths
(él)	se **baña**	he takes a bath	(ellos)	se **bañan**	they take baths
(ella)		she takes a bath	(ellas)		they take baths

A. The pronoun **se** at the end of an infinitive indicates that the verb is used reflexively. The reflexive pronoun in Spanish reflects the subject doing something to or for himself, herself, or itself. When the verb is conjugated, the reflexive pronoun that corresponds to the subject must be used.

bañarse = to take a bath (to bathe oneself)

me baño = I take a bath (bathe myself)

te bañas = you take a bath (bathe yourself)

Reflexive Pronouns

me	myself		**nos**	ourselves
te	yourself (*fam., sing.*)		**os**	yourselves (*fam. pl. Sp.*)
se	himself, herself, itself; yourself (*form. sing.*)		**se**	themselves; yourselves (*form. pl.*)

¡**OJO**! Many English verbs that describe parts of one's daily routine—to get up, to take a bath, and so on—are expressed in Spanish with a reflexive construction.

B. Here and on the following page are some reflexive verbs you will find useful as you talk about daily routines. Note that some of these verbs are also stem-changing:

e →ie,   **o → ue,**   **e → i.**

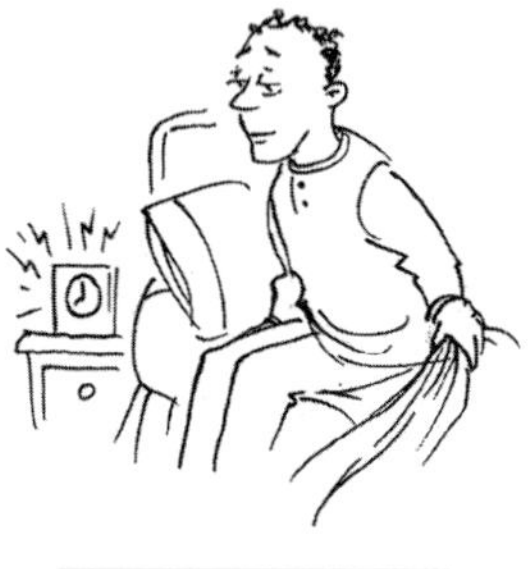

despertarse
(me despierto),
(*to wake up*)

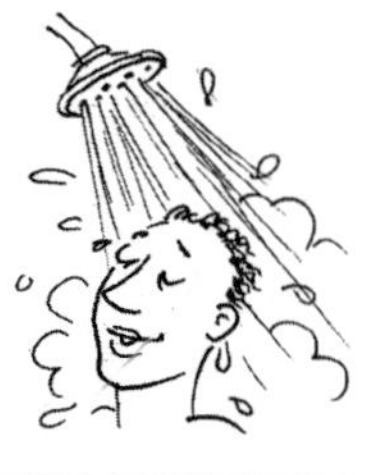

ducharse
(*to take a shower*)

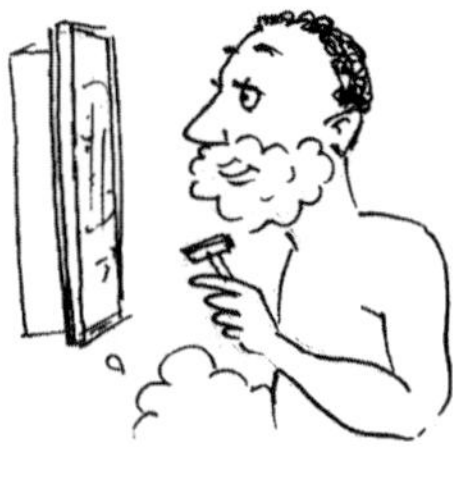

afeitarse
(*to shave*)

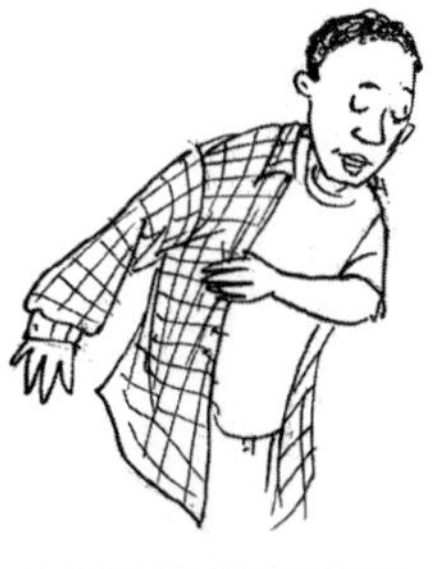

vestirse
(me visto)
(*to get dressed*)

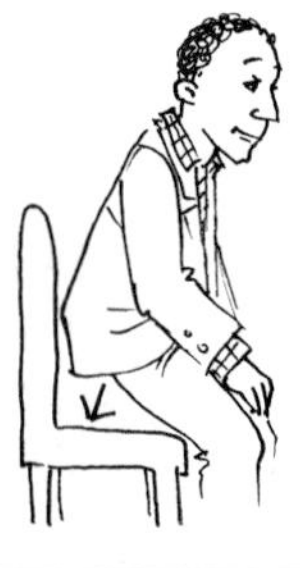

sentarse
(me siento)
(*to sit down*)

acostarse (me acuesto)	to go to bed	levantarse	to get up (out of bed); to stand up
bañarse	to take a bath	peinarse	to brush/comb one's hair
cepillarse los dientes	to brush one's teeth		
divertirse (me divierto)	to have a good time, enjoy oneself	ponerse (me pongo)	to put on (*an article of clothing*)
dormirse (me duermo)	to fall asleep	quitarse	to take off (*an article of clothing*)

Note also the verb **llamarse,** which you have been using since **Ante todo: Me llamo** _____. **¿Cómo se llama Ud.?**

llamarse = to be called

C. All of these verbs can also be used nonreflexively, often with a different meaning. Some examples of this appear at right.

dormir = to sleep   **dormirse** = to fall asleep
poner = to put, place   **ponerse** = to put on

¡OJO! After **ponerse** and **quitarse,** the definite article, not the possessive as in English, is used with articles of clothing.

Se pone el abrigo.
He's putting on his coat.

Se quitan el sombrero.
They're taking off their hats.

¡OJO! The reflexive pronoun must be repeated with each verb in a series of verbs.

Me levanto a las siete, **me ducho** y **me visto** antes de peinar**me.**

Mi esposo **se baña,** yo **me ducho** y los dos **nos peinamos** antes de las seis.

[Práctica A–C]

Placement of Reflexive Pronouns

Reflexive pronouns are placed before a conjugated verb. In a negative sentence, they are placed between the word **no** and the conjugated verb: **No** *se* **bañan.** When a conjugated verb is followed by an infinitive, the pronouns may either precede the conjugated verb or be attached to the infinitive.

[Práctica D]

Me tengo que levantar temprano.
Tengo que **levantarme** temprano.
I have to get up early.

Debo **acostarme** más temprano.
Me debo acostar más temprano.
I should go to bed earlier.

■ ■ ■ Práctica

A. Asociaciones. Give as many words as you can think of that form a logical association with the following infinitives. ¡OJO! Think about vocabulary groups that you already know: rooms of the house, furniture, articles of clothing, verbs of many types, and so on.

1. llamarse
2. levantarse
3. bañarse
4. sentarse
5. vestirse
6. despertarse

B. ¡Anticipemos! Su rutina diaria

Paso 1. ¿Hace Ud. lo mismo (*the same thing*) todos los días? Indique los días que hace las siguientes cosas.

	LOS LUNES	LOS SÁBADOS
1. Me levanto antes de las ocho.	☐	☐
2. Siempre me baño o me ducho.	☐	☐
3. Siempre me afeito.	☐	☐
4. Me pongo un traje / una falda.	☐	☐
5. Me quito los zapatos después de llegar a casa.	☐	☐
6. Me acuesto antes de las once de la noche.	☐	☐

Paso 2. ¿Es diferente su rutina los sábados? ¿Qué día prefiere? ¿Por qué?

NOTA COMUNICATIVA

Sequence Expressions

The following adverbs and expressions will help you indicate the sequence of actions or events.

primero	first	**finalmente**	finally
después	then, later	**por fin**	finally
luego	then, afterward, next		

Primero, me ducho y me visto. **Luego,** tomo un café y leo el periódico. **Después,** me cepillo los dientes. **Por fin,** salgo para el trabajo.

C. Mi rutina diaria

Paso 1. ¿Qué acostumbra Ud. a hacer en un día típico? Use las siguientes frases para describir su rutina diaria. Añada (*Add*) otras ideas si quiere. Use las palabras de la **Nota comunicativa** en sus oraciones.

> **MODELO:** despertarse a (hora) → Me despierto a las siete. Luego…

1. despertarse a (hora)
2. levantarse a (hora)
3. (no) ducharse / bañarse por la mañana
4. vestirse antes o después de tomar algo
5. ir a la universidad y asistir a (número) clases
6. almorzar a (hora) y sentarse en (lugar) para estudiar
7. volver a (lugar) a (hora)
8. comer con (persona[s] o solo/a)
9. acostarse tarde/temprano
10. dormirse a (hora)

Paso 2. Use las oraciones del **Paso 1** para indicar lo que Ud. va a hacer mañana. Añada información si puede.

> **MODELO:** despertarse a (hora) → Primero, voy a despertarme (me voy a despertar) a las diez. ¡Es sábado! Pienso… Debo… pero no voy a hacerlo (*do it*).

D. Un día típico

Paso 1. Complete las siguientes oraciones lógicamente para describir su rutina diaria. Use el pronombre reflexivo cuando sea necesario. **¡OJO!** Use el infinitivo después de las preposiciones.

1. Me levanto después de ____.
2. Primero (yo) ____ y luego ____.
3. Me visto antes de / después de ____.
4. Luego me siento a la mesa para ____.
5. Me gusta estudiar antes de ____ o después de ____.
6. Por la noche me divierto y luego ____.
7. Me acuesto antes de / después de ____ y finalmente ____.

Paso 2. Con las oraciones del **Paso 1,** describa los hábitos de su esposo/a, su compañero/a de cuarto/casa, sus hijos… .

Need more practice?

- Workbook and Laboratory Manual
- ActivityPak
- Online Learning Center (www.mhhe.com/puntos8)

■ ■ ■ Conversación

A. Hábitos. Indique en qué cuarto o parte de la casa Ud. hace cada actividad. Debe indicar también los muebles y otros objetos que usa.

MODELO: estudiar →
Por lo general, estudio en la alcoba. Uso el escritorio, una silla, los libros y la computadora.

1. estudiar
2. dormir la siesta
3. quitarse los zapatos
4. bañarse o ducharse
5. despertarse
6. tomar el desayuno
7. sentarse a almorzar
8. vestirse
9. divertirse
10. acostarse

B. Entrevista: Tu rutina

Paso 1. En parejas, túrnense para entrevistarse. Hagan preguntas, usando las ideas de las tres columnas y otras de su imaginación. Traten de usar (*Try to use*) una palabra o frase de cada columna.

¿cuándo?	acostarse / vestirse/ponerse ____	los días de la semana
¿a qué hora?	despertarse / cepillarse los dientes	los fines de semana
¿hasta qué hora?	levantarse / sentarse	los lunes (martes…)
¿dónde?	ducharse/bañarse / volver	todos los días
¿con quién?	afeitarse / dormirse	tarde / temprano
¿durante ____?	peinarse	solo/a

Paso 2. Ahora digan a la clase un detalle (*detail*) interesante, raro o indiscreto de la vida (*life*) de su compañero/a.

MODELO: Sebastián duerme con su perro y con sus dos gatos. ¡Debe tener una cama muy grande!

A. Un día normal. Ángela es dependienta en una tienda de ropa para jóvenes en El Paso. ¿Cómo es un día normal de trabajo para ella? Complete la narración con los verbos apropiados, según los dibujos. **¡OJO!** Algunos verbos se usan más de una vez (*more than once*).

1.

2.

3.

4.

5.

6.

Vocabulario útil

almorzar (almuerzo)
cerrar (cierro)
comer
dormir (duermo)
empezar (empiezo)
hablar
ir
pedir (pido)
ser
volver (vuelvo)

1. Llego a la tienda a las diez menos diez de la mañana con mis compañeras de trabajo. Primero (yo) _____ a ordenar (*put in order*) la ropa. La ropa de la tienda _____ bonita.

2. A las diez abren la tienda y entonces los clientes _____ a llegar.

3. Mis compañeras no _____ español. Por eso yo siempre atiendo a los clientes hispanos.

4. (Yo) _____ a las doce y media con mi amiga Susie, que trabaja en una zapatería. Generalmente (nosotras) _____ en la pizzería San Marcos y casi siempre _____ pizza.

5. Luego, (yo) _____ a la tienda y _____ a trabajar. Nunca _____ la siesta.

6. Por fin, la supervisora _____ la tienda a las seis en punto. Luego yo _____ a casa.

B. Lengua y cultura: Una tradición extendida—El Día de la Cruz (*Cross*).

Complete the following paragraphs about a special holiday. Give the correct form of the words in parentheses, as suggested by context. When two possibilities are given in parentheses, select the correct word.

Por su extensión,[a] Nicaragua es el país más grande de Centroamérica. El Salvador es el país más pequeño, pero el más densamente poblado.[b] (Este[1]) países (centroamericano[2]), como toda Latinoamérica, reflejan una mezcla[c] de (diverso[3]) influencias étnicas y culturales. (*Ellos: Tener*[4]) (un/una[5]) clima tropical, costas marítimas, (grande[6]) volcanes y muchas fiestas de interés para los turistas de todas partes del mundo.[d]

Una de estas fiestas es la[e] (del/de la[7]) Día de la Cruz. Es una fiesta religiosa que se celebra (el/la[8]) 3 de mayo en El Salvador, en Nicaragua y en otros países hispanohablantes, incluyendo España. ¿(Por qué/Porque[9]) es una tradición tan[f] extendida la celebración del Día de la Cruz? Porque todos son países en donde muchas personas (pero no todas) observan las (tradición[10]) católicas.

En algunos[g] pueblos y (ciudad[11]) hay procesiones[h] que (salir[12]) por los barrios.[i] Muchas familias salvadoreñas (poner[13]) una cruz en su patio. Las (cruz[14]) están adornadas con mucha fruta y con fruta y flores[j] (con/de[15]) papel. Las personas (vestirse[16]) con ropa especial y (celebrar[17]) el día con comidas y bebidas típicas, con (su[18]) familia y con sus amigos.

En El Salvador la celebración del 3 de mayo (unir[k19]) el culto a la cruz de los cristianos con el culto a la tierra[l] de los indíge-

▲ *El Día de la Cruz en Panchimalco, El Salvador*

nas. En el mes de mayo se cosecha[m] la fruta y también (empezar[20]) las lluvias.[n] (Por/Para[21]) eso es un (bueno[22]) momento para dar gracias[ñ] a la tierra. Además,[o] los campesinos (pedir[23]) una buena cosecha para el año entrante,[p] según la tradición indígena. Esto es sólo *un* ejemplo de cómo la influencia indígena y la española se unen en las tradiciones latinoamericanas.

[a]Por... *Because of its size* [b]*populated* [c]reflejan... *show a mixture* [d]*world* [e]*that* [f]*so* [g]*some*
[h]*religious parades, processions* [i]por... *out of (individual) neighborhoods* [j]*flowers* [k]*to join, unite*
[l]*earth* [m]se... *is harvested* [n]*rains* [ñ]dar... *to thank* [o]*Besides* [p]*coming*

Comprensión: ¿Cierto o falso? Corrija las oraciones falsas.

1. Nicaragua y El Salvador tienen mucho en común, aunque (*although*) Nicaragua es más grande que El Salvador.
2. Pocos turistas internacionales visitan estos países.
3. El Día de la Cruz es una celebración política.
4. Todos los nicaragüenses y salvadoreños son católicos.
5. Hay pocas tradiciones indígenas en estos dos países.

Resources for Review and Testing Preparation

- Workbook and Laboratory Manual
- ActivityPak
- Online Learning Center (www.mhhe.com/puntos8)

Perspectivas culturales
El Salvador y Nicaragua

Datos esenciales

El Salvador

- Nombre oficial: República de El Salvador
- Capital: San Salvador
- Población: más de 6 millones de habitantes

Nicaragua

- Nombre oficial: República de Nicaragua
- Capital: Managua
- Población: más de 5 millones de habitantes

Fíjese

El Salvador

- El Salvador se conoce como[a] «el Pulgarcito[b] de América». Es decir,[c] es el país más pequeño del continente americano, pero tiene la población más densa de Centroamérica.
- Los salvadoreños viven entre[d] veinte volcanes, cuatro de los cuales[e] son activos.
- El volcán de Izalco se conoce como «el faro[f] del Pacífico» porque se mantuvo[g] activo entre 1770 y 1966 y servía de guía[h] a los navegantes.[i]

Nicaragua

- Se dice que[j] Nicaragua es tierra de lagos[k] y volcanes por[l] sus diecisiete volcanes y dos grandes lagos: el Lago de Nicaragua y el Lago de Managua.
- Como sus vecinos[m] centroamericanos, Nicaragua tiene una rica biodiversidad, y su bosque lluvioso[n] es el segundo más grande[ñ] del hemisferio occidental.[o]

[a]se... is known as   [b]Little Thumb   [c]Es... That is to say   [d]among   [e]de... of which   [f]lighthouse   [g]se... it stayed   [h]servía... served as a guide   [i]sailors   [j]Se... It's said that   [k]tierra... land of lakes   [l]because of   [m]neighbors   [n]bosque... rain forest   [ñ]segundo... second largest   [o]western

El Lago de Coatepeque y el volcán de Santa Ana, El Salvador   El Salvador tiene dos filas[a] de volcanes que forman un arco[b] en el oeste[c] del país. La depresión[d] que forma el Lago de Coatepeque es el cráter volcánico más grande del país: 6,4 kilómetros de ancho[e] por 122 metros de profundidad.[f]

[a]rows   [b]arc   [c]west   [d]hollow   [e]6,4... four miles wide   [f]122... 400 feet deep

La pirámide principal de las ruinas de Tazumal, El Salvador   La civilización maya se extendía hasta[a] el territorio de El Salvador. Las ruinas de Tazumal, con una pirámide principal y un campo de juego de pelota,[b] son pequeñas en comparación con las ruinas de otras regiones, pero la variedad[c] de construcción y la evidencia de comercio[d] entre[e] las comunidades son importantes para entender la civilización maya.

[a]se extendía... extended into   [b]campo... ball court   [c]variety   [d]trade   [e]among

El cráter Santiago del volcán Masaya, Nicaragua

El volcán Masaya está cerca de[a] Managua y es uno de los dos volcanes activos del mundo que tienen un camino pavimentado[b] que lleva[c] a la cumbre.[d] De hecho,[e] hace cientos de años,[f] los indígenas de la zona también mantenían[g] un camino que llevaba[h] al cráter Santiago. Este gran volcán ha dado origen[i] a varias leyendas.[j]

[a]cerca... *close to* [b]camino... *paved road* [c]*leads* [d]*summit*
[e]De... *In fact* [f]hace... *hundreds of years ago* [g]*maintained*
[h]*led* [i]ha... *has given rise* [j]*legends*

El Lago de Nicaragua, la isla Ometepe y el volcán Maderas (al fondo[a])

El Lago de Nicaragua, el segundo más grande de Latinoamérica, tiene muchas islas. La isla Ometepe, formada por[b] los volcanes Maderas y Concepción, es la isla volcánica de agua dulce[c] más grande del mundo. El Lago de Nicaragua, o «el Mar Dulce[d]» como algunos lo llaman,[e] tiene muchas características oceánicas, como olas[f] grandes, tiburones[g] y otros animales y plantas que normalmente se encuentran[h] en un mar de agua salada.[i]

[a]al... *in the background* [b]formada... *formed by* [c]de... *fresh water* [d]Mar... *Fresh Water Sea* [e]como... *as some call it*
[f]*waves* [g]*sharks* [h]se... *are found* [i]*salt*

Un danzante[a] güegüense de Nicaragua

El teatro y la danza güegüenses son una fusión de tradiciones indígenas y españolas. También llamado «Macho Ratón»,[b] es un baile teatral con máscara[c] que proviene de[d] la tradición picaresca[e] de España. Se representa[f] en Diriamba, Nicaragua, en enero, durante el Festival de San Sebastián.

[a]*dancer* [b]llamado... *called "Brave Mouse"* [c]*mask*
[d]proviene... *comes from*
[e]*rogue, picaresque* [f]Se...
It's performed

Música de El Salvador y Nicaragua

Como en otros países centroamericanos, la música folclórica de El Salvador y Nicaragua es una fusión de la música española y la música indígena. No se sabe mucho de[a] la música indígena de El Salvador antes de la colonización, pero algunos[b] de los instrumentos musicales importantes fueron[c] los tambores,[d] las flautas[e] y la chirimía.[f] En Nicaragua, el instrumento musical folclórico más típico es la marimba.

[a]No... *Little is known about*
[b]*some* [c]*were* [d]*drums* [e]*flutes*
[f]*clarinet-type wind instrument*

EN RESUMEN

See the Workbook, Laboratory Manual, ActivityPak, and Online Learning Center (www.mhhe.com/puntos8) for self-tests and practice with the grammar and vocabulary presented in this chapter.

Gramática

To review the grammar points presented in this chapter, refer to the indicated grammar presentations.

12. Expressing Actions—**Hacer, oír, poner, salir, traer,** and **ver**

Do you know the forms of **hacer, oír, poner, salir, traer,** and **ver** and how to use them?

13. Expressing Actions—Present Tense of Stem-Changing Verbs (Part 2)

Do you know the forms of verbs like **pensar, volver,** and **pedir?**

14. Expressing -*self/-selves*—Reflexive Pronouns (Part 1)

You should be able to talk about your daily routine using reflexive verbs like **levantarse, bañarse,** and **afeitarse.**

Vocabulario

Los verbos

almorzar (almuerzo)	to have lunch
cerrar (cierro)	to close
descansar	to rest
dormir (duermo)	to sleep
dormir la siesta	to take a nap
empezar (empiezo)	to begin, start
empezar a + *inf.*	to begin to (*do something*)
entender (entiendo)	to understand
hacer	to do; to make
hacer ejercicio	to exercise
hacer un viaje	to take a trip
hacer una pregunta	to ask a question
jugar (juego) (a, al)	to play (*a game, sport*)
oír (oigo, oyes,...)	to hear; to listen to (*music, the radio*)
pedir (pido)	to ask for; to order
pensar (pienso) (en)	to think (about)
pensar + *inf.*	to intend, plan to (*do something*)
perder (pierdo)	to lose; to miss (*an event*)
poner (pongo)	to put; to place; to turn on (*an appliance*)
salir (salgo) (de/con/para)	to leave (*a place*); to go out (with); to leave (for) (*a place*)
salir bien/mal	to turn/come out well/badly; to do well/poorly
servir (sirvo)	to serve
traer (traigo)	to bring
ver (veo)	to see
volver (vuelvo)	to return (*to a place*)
volver a + *inf.*	to (*do something*) again

Los verbos reflexivos

acostarse (me acuesto)	to go to bed
afeitarse	to shave
bañarse	to take a bath
cepillarse los dientes	to brush one's teeth
despertarse (me despierto)	to wake up
divertirse (me divierto)	to have a good time, enjoy oneself
dormirse (me duermo)	to fall asleep
ducharse	to take a shower
levantarse	to get up (out of bed); to stand up
llamarse	to be called
peinarse	to brush/comb one's hair
ponerse (me pongo)	to put on (*an article of clothing*)
quitarse	to take off (*an article of clothing*)
sentarse (me siento)	to sit down
vestirse (me visto)	to get dressed

Los cuartos y otras partes de una casa

la alcoba	bedroom
el baño	bathroom
la cocina	kitchen
el comedor	dining room
el jardín	garden
la pared	wall
el patio	patio; yard
la piscina	swimming pool
la sala	living room

Cognado: el garaje

Repaso: el cuarto

Los muebles y otras cosas de una casa

la alfombra	rug
el armario	armoire, free standing closet
la bañera	bathtub
la cama	bed
la cómoda	bureau; dresser
el estante	bookshelf
la lámpara	lamp
el lavabo	(bathroom) sink
la mesita	end table
los muebles	furniture
los platos	dishes; plates
el sillón	armchair

Cognado: el sofá

Repaso: el escritorio, la mesa, la silla, la televisión

Otros sustantivos

la bebida	drink
el cine	movies; movie theater
la cosa	thing
el ejercicio	exercise
la llave	key
la película	movie
el ruido	noise
la rutina diaria	daily routine
la tarea	homework

Los adjetivos

cada *inv.**	each, every
diario/a	daily
siguiente	following
solo/a	alone

Las preposiciones

antes de	before
después de	after
durante	during
hasta	until
sin	without

Repaso: a, con, de, en, para, por (*in, during*)

¿Qué día es hoy?

los días de la semana
  lunes
  martes
  miércoles
  jueves
  viernes
  sábado
  domingo

ayer fue (miércoles...)	yesterday was (Wednesday . . .)
el lunes (martes...)	on Monday (Tuesday . . .)
los lunes (los martes...)	on Mondays (Tuesdays . . .)
pasado mañana	the day after tomorrow
el próximo (martes...)	next (Tuesday . . .)
la semana (el lunes...) que viene	next week (Monday . . .)

Repaso: el día, el fin de semana, hoy, mañana

Palabras adicionales

lo que	what, that which
luego	then, afterward, next
por fin	finally
por lo general	generally
primero	first

Vocabulario personal

*The abbreviation inv. *means invariable (*in form*). *The adjective* cada *is used with masculine and feminine nouns* (cada libro, cada mesa), *and it is never used in the plural.*

Un paso más 4

Literatura de Nicaragua

Sobre el escritor: *The Nicaraguan writer, journalist, and diplomat Rubén Darío was one of the most recognized poets of the movement known as* **modernismo.** *Darío was born Félix Rubén García Sarmiento, in Metapa, a city in Nicaragua now named Darío. He was a major influence on later writers in Latin America, Spain, and Europe. These lines are from the poem "¡Eheu!,"[a] El canto errante[b] (1907).*

> Aquí, junto al mar[c] latino,
> digo[d] la verdad:
> siento[e] en roca, aceite[f] y vino,
> yo mi antigüedad.[g]
>
> ¡Oh, qué anciano soy, Dios santo,
> oh, qué anciano soy!...
> ¿De dónde viene mi canto?
> Y yo, ¿adónde voy?

[a]*Latin word that means "Alas!"* [b]*El... The Wandering Song* [c]*junto... next to the sea*
[d]*I tell* [e]*I feel* [f]*oil* [g]*antiquity, age*

▲ Rubén Darío
(1867–1916)

LECTURA

ESTRATEGIA: Recognizing Cognate Patterns

Cognates are words that are similar in form and meaning from one language to another: for example, English *poet* and Spanish **poeta.** You learned many cognates in **Ante todo.** The more cognates you can recognize, the more easily you will read Spanish.

The endings of many Spanish words correspond to English word endings according to fixed patterns. Learning to recognize these patterns will increase the number of close and not-so-close cognates that you can recognize. Here are a few of the most common.

-dad / -tad → *-ty*   -sión → *-sion*
-mente → *-ly*   -ico → *-ic, -ical*
-ción → *-tion*   -oso → *-ous*

What are the English equivalents of these words?

1. unidad
2. reducción
3. explosión
4. idéntico

5. estudioso
6. frecuentemente
7. pomposo
8. libertad

9. fantástico
10. obviamente
11. desilusión
12. imperiosamente

Try to spot additional cognates in the following reading, and remember that you should be able to guess the meaning of underlined words from context.

■ **Sobre la lectura...** The reading on the following page is adapted from authentic real estate ads found in newspapers in El Salvador, which is a country of focus in this chapter.

❶

Residencial[a] Cuzcachapa

141.30 metros cuadrados. <u>Cochera</u> para 2 vehículos.

Planta baja[b]

- Baño social
- Sala – Comedor
- Cocina con <u>gabinetes</u> y pantry
- Conexiones para secadora[c] y lavadora
- Balcón y zona verde

Segunda planta[d]

- Sala familiar
- Dormitorio principal espacioso con baño incorporado y closet
- Dos dormitorios con closet y baño a compartir

A U.S. $65,000

❷

Residencial Villa Miramonte Townhouse

Townhouse de 2 niveles;[e] sala, comedor, cocina, 3 habitaciones, 1 baño social, 2 baños familiares, área de servicio completa, cochera.

❸

SAN SALVADOR

Bonita casa ubicada[f] en residencial privado con seguridad las 24 horas del día. Casa de reciente construcción. Una habitación con baño. Instituciones cercanas: farmacias, mini supermercados, hospital.

❹

San Salvador

Primer piso[g]: Sala, cocina, comedor, dos baños.

Segundo[h] piso: Dos dormitorios.
Detalles:

- Agua potable 24 hrs. al día
- Ventanas protegidas[i] con defensas de hierro.[j] Patio protegido con <u>malla</u> «razor» electrificada
- <u>Plazoleta</u> de estacionamiento propio[k]
- Todas las obras de urbanización[l] en perfecto estado

❺

LA LIBERTAD

Bonita casa pequeña de 1 nivel ubicada con seguridad, accesible[m] a zonas comerciales de Santa Tecla. Instituciones <u>cercanas</u>: centros comerciales, bancos, supermercados.

❻

Colonia[n] Escalón

Casa recientemente remodelada de dos pisos.
Detalles:

- Jardín amplio con piscina.
- Cochera para 2 vehículos.
- 4 habitaciones, 3 baños.
- Cocina con pantry, area de servicio, piso de cerámica, ventanas francesas.
- Sala familiar grande.

A U.S. $125,000

[a](*Residential*) *Neighborhood* [b]Planta... *Ground* (*First*) *floor* [c]*dryer* [d]Segunda... *Second floor*
[e]*levels* [f]*located* [g]Primer... *First floor* [h]*Second* [i]*protected* [j]*iron* [k]estacionamiento... *private parking* [l]obras... *public facilities* [m]*with access* [n]*Neighborhood*

Comprensión

A. Cognados. Los siguientes cognados aparecen en los anuncios. ¿Qué significan?

1. conexiones
2. seguridad
3. recientemente
4. electrificada
5. espacioso

B. La casa perfecta. Vuelva a leer los anuncios y determine qué casa sería (*would be*) ideal para los siguientes clientes. Indique el número de la casa correspondiente y explique su selección.

1. Los Sifuentes, un matrimonio (*married couple*) joven con dos hijos de 8 y 10 años, respectivamente. También vive con ellos una abuela. Es una familia activa y les gusta pasar tiempo al aire libre.
2. Pedro Villalba, un viudo (*widower*) sin familia. Tiene problemas de salud (*health*) y toma varias medicinas.
3. Los Pino, un matrimonio mayor (*older*) que no tiene coche pero que le gusta ir de compras.
4. Elena Aguilar, una madre soltera y su hijo Alex. No son de la capital. Elena desea vivir en un lugar muy seguro (*safe*).

REDACCIÓN

Mi anuncio. Imagine that you will rent or sell your house or apartment. Using the ads from the reading as models, write an ad describing your house or apartment. Include any amenities, special location, and so on. You might include a line about the kind of person that might find this house ideally suited for him or her.

CAPÍTULO 5

Las estaciones y el tiempo°

▲ 1

Un mural de mosaicos, en un parque del centro de San José, Costa Rica

1. Have you ever visited a tropical country like Costa Rica? If so, which one? What was the weather like there?

2. What do you know about activities in **plazas** in Latin American cities? Are town squares important in your area?

3. What are some typical warm-weather activities that take place in city parks and plazas in this country?

°Las... *Seasons and the weather*

2 La Catarata (*Waterfall*) **del Toro en las montañas de Sarapiquí, en Costa Rica**

1. What weather do you associate with Costa Rica?

2. **La Catarata del Toro** lies in a national park. What do you know about Costa Rican efforts toward ecological preservation?

3. Costa Rica does not have very high mountains. What are the highest mountains in Latin America? Where are they?

3 La playa (*beach*) **Manuel Antonio, en Costa Rica**

1. What kind of weather would you expect on the coasts of Costa Rica?

2. What do you know about the seasons in Costa Rica?

3. What are the seasons like in your area? What kind of weather do you associate with each season?

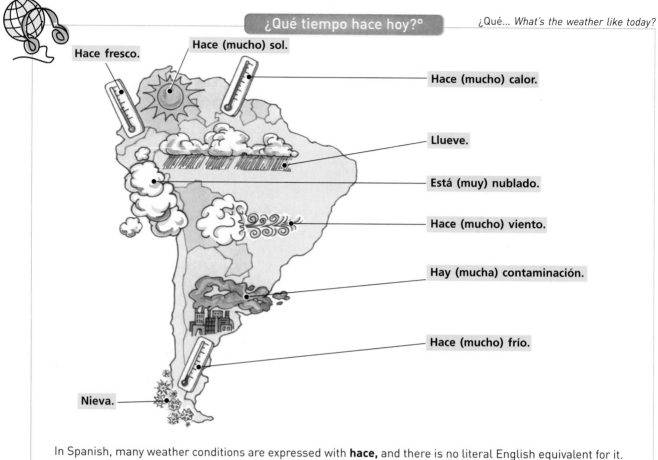

Hace fresco.

Hace (mucho) sol.

Hace (mucho) calor.

Llueve.

Está (muy) nublado.

Hace (mucho) viento.

Hay (mucha) contaminación.

Hace (mucho) frío.

Nieva.

In Spanish, many weather conditions are expressed with **hace,** and there is no literal English equivalent for it. The adjective **mucho** is used with the nouns **frío, calor, viento,** and **sol** to express *very.*

Hace (muy) buen/mal tiempo.   It's (very) good/bad weather. The weather is (very) good/bad.

Pronunciation hint: Remember that, in most parts of the Spanish-speaking world, **ll** is pronounced exactly like **y: llueve.** Also remember that the letter **h** is silent in Spanish.

■■■ Conversación

A. El tiempo y la ropa. Diga qué tiempo hace, según la ropa de cada persona. Luego diga dónde están estas personas.

> MODELO: Todos llevan traje de baño y chanclas. →
> Hace calor. (Hace buen tiempo.) Están en Miami.

1. María lleva pantalones cortos y una camiseta.
2. Juan lleva suéter, pero no lleva chaqueta.
3. Roberto lleva sudadera y chaqueta.
4. Ramón lleva impermeable y botas y también tiene paraguas (*umbrella*).
5. Todos llevan abrigo, botas y sombrero.

ASÍ SE DICE

Está nublado. = Está nubloso.
Nieva. = Está nevoso.
Llueve. = Está lluvioso.
Hace sol. = Está soleado.

B. El clima en el mundo (*world*)

Paso 1. ¿Qué clima asocia Ud. con estas ciudades de los Estados Unidos?

1. Seattle, Washington
2. Los Ángeles, California
3. Phoenix, Arizona
4. Buffalo, Nueva York
5. las Islas Hawai
6. Chicago, Illinois

Paso 2. ¿Qué clima asocia Ud. con los siguientes países?

1. el Canadá
2. Costa Rica
3. Chile
4. México
5. el Perú
6. Vietnam
7. el Brasil
8. España

C. El tiempo y las actividades. Haga oraciones completas, indicando una actividad apropiada para cada situación.

cuando llueve
cuando hace buen/mal tiempo
cuando hace calor
cuando hace frío
cuando nieva
cuando hay mucha contaminación

+

me quedo (*I stay*) en cama / en casa
juego al basquetbol/voleibol con mis amigos
almuerzo afuera (*outside*) / en el parque
me divierto en el parque / en la playa (*beach*) con mis amigos
no salgo de casa
vuelvo a casa y trabajo o estudio

NOTA COMUNICATIVA

More *tener* Idioms

Several other conditions expressed in Spanish with **tener** idioms—not with *to be*, as in English—include the following.

tener (mucho) calor	to be (very) warm, hot
tener (mucho) frío	to be (very) cold

These expressions are used to describe people or animals only. *To be comfortable*—neither hot nor cold—is expressed with **estar bien.**

D. ¿Tienen frío o calor? ¿Están bien? With a partner, describe the following weather conditions, and tell how the people depicted are feeling.

1. 2. 3. 4. 5. 6. 7.

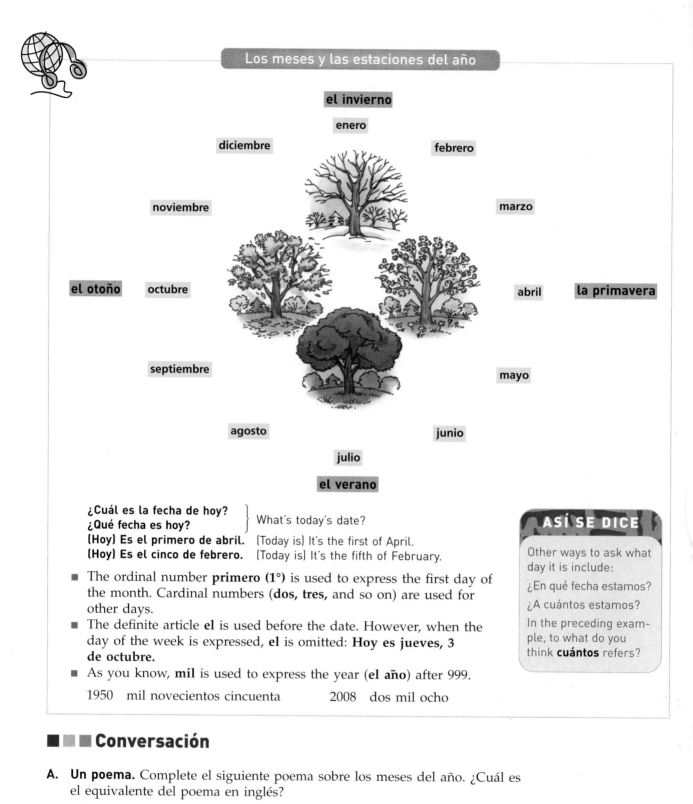

Los meses y las estaciones del año

el invierno

enero

diciembre

febrero

noviembre

marzo

el otoño   octubre

abril   la primavera

septiembre

mayo

agosto

junio

julio

el verano

¿Cuál es la fecha de hoy?	What's today's date?
¿Qué fecha es hoy?	
(Hoy) Es el primero de abril.	(Today is) It's the first of April.
(Hoy) Es el cinco de febrero.	(Today is) It's the fifth of February.

- The ordinal number **primero (1°)** is used to express the first day of the month. Cardinal numbers (**dos, tres,** and so on) are used for other days.

- The definite article **el** is used before the date. However, when the day of the week is expressed, **el** is omitted: **Hoy es jueves, 3 de octubre.**

- As you know, **mil** is used to express the year (**el año**) after 999.

  1950   mil novecientos cincuenta   2008   dos mil ocho

ASÍ SE DICE

Other ways to ask what day it is include:

¿En qué fecha estamos?

¿A cuántos estamos?

In the preceding example, to what do you think **cuántos** refers?

■ ■ ■ Conversación

A. Un poema. Complete el siguiente poema sobre los meses del año. ¿Cuál es el equivalente del poema en inglés?

_____¹ (número) días tiene noviembre,
con abril, junio y _____².
De veintiocho sólo hay uno,
Y los demás,° treinta y _____³.

°los... *the rest*

B. Las fechas

Paso 1. Exprese estas fechas en español. ¿En qué estación caen (*do they fall*)?

1. March 7
2. August 24
3. December 1
4. June 5
5. September 19, 1997
6. May 30, 1842
7. January 31, 1660
8. July 4, 1776

Paso 2. ¿Cuándo se celebran?* ¿Y en qué día de la semana caen este año?

1. el Día del Año Nuevo
2. el Día de los Enamorados (de San Valentín)
3. la Navidad (*Christmas*)
4. el Día de los Inocentes (*Fools*), en los Estados Unidos
5. su cumpleaños (*birthday*)
6. el cumpleaños de su novio/a (*boyfriend/girlfriend*), esposo/a, mejor (*best*) amigo/a,...

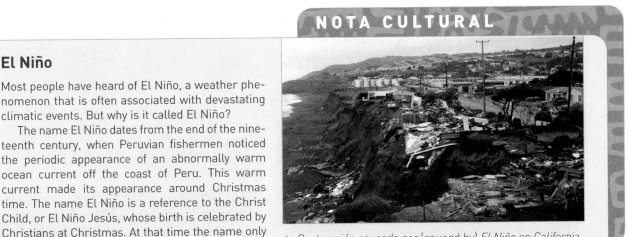
C. Entrevista

Paso 1. En parejas, túrnense para entrevistarse sobre los siguientes temas. Deben obtener detalles interesantes y personales de su compañero/a.

MODELO: la fecha de su cumpleaños →
¿Cuál es la fecha de tu cumpleaños? ¿Qué tiempo hace, generalmente, ese día? ¿Cómo celebras tu cumpleaños?

1. la fecha de su cumpleaños
2. su signo del horóscopo
3. su estación favorita
4. una estación que no le gusta

Los signos del horóscopo	
Aries	Libra
Tauro	Escorpión
Géminis	Sagitario
Cáncer	Capricornio
Leo	Acuario
Virgo	Piscis

Paso 2. Digan a la clase lo que Uds. tienen en común.

MODELO: Nosotras tenemos el cumpleaños en abril. La fecha de María es el 16 y mi fecha es el 18. Nuestro signo es Aries. Las dos (*Both of us*) preferimos la primavera. ¿Por qué? Porque nuestro cumpleaños es en primavera y es una estación muy bonita.

*Note that the word **se** before a verb changes the verb's meaning slightly. **¿Cuándo se celebran?** = When are they celebrated? You will see this construction throughout Puntos de partida.

Nueva York está al norte de Miami. México está al sur de los Estados Unidos.

Pablito está **a la derecha de** Teresa.

Teresa está **entre** Carmen y Pablito.

El libro está **encima de** la mesa.

La mochila está **debajo de** la mesa.

cerca de	close to	**delante de**	in front of
lejos de	far from	**detrás de**	behind
debajo de	below	**a la derecha de**	to the right of
encima de	on top of	**a la izquierda de**	to the left of
al lado de	alongside of	**al norte/sur/**	to the north/south/
entre	between, among	**este/oeste de**	east/west of

NOTA COMUNICATIVA

Los pronombres preposicionales

In Spanish, the pronouns that serve as objects of prepositions are identical in form to the subject pronouns, except for **mí** and **ti**.

Julio está delante de **mí**.	*Julio is in front of me.*
María está detrás de **ti**.	*María is behind you.*
Me siento a la izquierda de **ella**.	*I sit on her left.*

Mí and **ti** combine with the preposition **con** to form **conmigo** (*with me*) and **contigo** (*with you*), respectively.

¿Vienes **conmigo**?	*Are you coming with me?*
Sí, voy **contigo**.	*Yes, I'll go with you.*

Note that **mí** has a written accent, but **ti** does not. This is to distinguish the object of a preposition (**mí**) from the possessive adjective (**mi**).

■■■ Conversación

A. ¿Quién o qué? Escoja (*Choose*) a una persona o un objeto en el salón de clase. Luego, sin nombrarlo/la (*without naming him/her/it*), use las preposiciones de lugar para explicar dónde está. La clase va a adivinar (*guess*) qué persona, objeto o mueble es.

> **MODELO:** Está a la derecha de Paul ahora, pero generalmente se sienta detrás de mí. Siempre llega a clase con Paul.

B. Entrevista: ¿De dónde eres? Find out as much information as you can about the location of each others' hometown or state, or about the country you are from. You should also tell what the weather is like, and ask if the other person would like to go there with you.

> **MODELO:** E1: ¿De dónde eres?
> E2: Soy de Tylertown.
> E1: ¿Dónde está Tylertown?
> E2: Está cerca de…

C. ¿De qué país se habla?

Paso 1. Escuche (*Listen to*) la descripción de un país de Sudamérica que da (*gives*) su profesor(a). ¿Puede Ud. decir (*tell*) cuál es ese país?

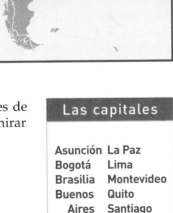

Paso 2. Ahora describa un país de Sudamérica. Sus compañeros de clase van a decir cuál es. Siga (*Follow*) el modelo, usando todas las frases que sean (*are*) apropiadas.

> **MODELO:** Este país está al norte/sur/este/oeste de _____. También está cerca de _____. Pero está lejos de _____. Está entre _____ y _____. ¿Cómo se llama?

Paso 3. A la derecha hay una lista de los nombres de las capitales de varios países de Sudamérica. Sin mirar el mapa, empareje (*match*) los nombres con el país correspondiente.

> **MODELO:** _____ es la capital de _____.

Las capitales

Asunción	La Paz
Bogotá	Lima
Brasilia	Montevideo
Buenos Aires	Quito
Caracas	Santiago

Need more practice?

- Workbook and Laboratory Manual
- ActivityPak
- Online Learning Center (www.mhhe.com/puntos 8)

15 ¿Qué están haciendo? • Present Progressive: *Estar* + *-ndo*

Gramática en acción: ¿Qué está haciendo Elisa?

Elisa es periodista. Por eso escribe y habla mucho por teléfono en su trabajo. Pero ahora no está trabajando. Está descansando en casa. Está oyendo música, leyendo una novela y tomando un café.

¿Y Uds.?: En el salón de clase, ¿quién está haciendo las siguientes cosas en este momento? **¡OJO!** **nadie** = *nobody*.

1. descansando
2. leyendo un periódico
3. tomando un café
4. trabajando
5. escuchando al profesor / a la profesora con mucha atención

Uses of the Progressive

In Spanish, you can use special verb forms to describe an action in progress—that is, something actually happening at the time it is being described. These Spanish forms, called **el progresivo,** correspond in form to the English *progressive (I am walking, we are driving, she is studying),* but their use is not identical. Compare the Spanish and English verb forms in the sample sentences.

English uses the present progressive (*I am -ing*) to tell what is happening right now (sentence 1), what is going to happen (sentence 2), and what someone is doing over a period of time (sentence 3). However, in Spanish the present progressive is used *only* to express an action that is currently in progress (sentence 1). The simple Spanish present tense is used to express sentences 2 and 3. Sentence 2 can also be expressed with **ir** + **a** + *infinitive.*

> **progressive** = a verb form that expresses continuing or developing action

1. *Ramón is eating right* now.
   Ramón **está comiendo** ahora mismo.

2. *We're buying the house tomorrow.*
   Compramos (Vamos a comprar) la casa mañana.

3. *Adelaida is studying chemistry this semester.*
   Adelaida **estudia** química este semestre.

What's Elisa doing? *Elisa is a journalist. That's why she writes and talks a lot on the phone in her job. But she's not working now. She's resting at home. She's listening to music, reading a novel, and having a cup of coffee.*

Formation of the Present Progressive

A. The Spanish present progressive is formed with **estar** plus the *present participle* (**el gerundio**).

The present participle is formed by adding **-ando** to the stem of **-ar** verbs and **-iendo** to the stem of **-er** and **-ir** verbs.*

The present participle never varies; it always ends in **-o**.

estar + *present participle*

tomar →	**tom**ando	taking; drinking
comprender →	**comprend**iendo	understanding
abrir →	**abr**iendo	opening

Unaccented **i** represents the sound [y] in the participle ending **-iendo: comiendo, viviendo.**
Unaccented **i** between two vowels becomes the letter **y:**

    leer: le + **iendo** → **leyendo**
    oír: **o** + **iendo** → **oyendo**

B. The stem vowel in the present participle of **-ir** stem-changing verbs also changes. From this point on in *Puntos de partida*, that stem change will be shown in parentheses.

preferir (prefiero) (i) →	**prefiriendo**
pedir (pido) (i) →	**pidiendo**
dormir (duermo) (u) →	**durmiendo**

Using Pronouns with the Present Progressive

Reflexive pronouns can be attached to a present participle or precede the conjugated form of **estar.** Note the accent on the present participle when pronouns are attached.

Pablo **se está** bañando. }
Pablo está **bañándose.** } *Pablo is taking a bath.*

*__*Ir, poder,__ and **venir** have irregular present participles: **y**endo, **pu**diendo, **vi**niendo. These three verbs, however, are seldom used in the progressive.*

■■■ Práctica

A. ¡Anticipemos! Un sábado típico

Paso 1. Imagine que es un sábado típico para Ud. Indique lo que Ud. está haciendo a las horas indicadas. En algunos (*some*) casos hay más de una respuesta posible.

Son las ocho de la mañana y…   **SÍ   NO**

1. estoy durmiendo.   ☐   ☐
2. estoy duchándome.   ☐   ☐
3. estoy haciendo ejercicio.   ☐   ☐
4. estoy trabajando.   ☐   ☐
5. estoy _____.   ☐   ☐

Es mediodía (*noon*) y…   **SÍ   NO**

1. estoy almorzando.   ☐   ☐
2. estoy estudiando.   ☐   ☐
3. estoy tomando un café.   ☐   ☐
4. estoy viendo una película.   ☐   ☐
5. estoy _____.   ☐   ☐

Son las diez de la noche y…   **SÍ   NO**

1. estoy preparándome para salir.   ☐   ☐
2. estoy bailando en una fiesta.   ☐   ☐
3. estoy trabajando.   ☐   ☐
4. estoy hablando por teléfono.   ☐   ☐
5. estoy _____.   ☐   ☐

Paso 2. Ahora, en parejas, túrnense para determinar si hacen las mismas (*same*) cosas a la misma hora.

> **MODELO:** E1: A las ocho de la mañana los sábados, ¿estás durmiendo?
> E2: No, a esa hora estoy trabajando.

B. La familia de Lola.
Hoy no es un día como todos los días para la familia de Lola, porque su tío de Costa Rica está de visita. Complete las siguientes oraciones para expresar lo que está pasando (*happening*).

> **MODELO:** Casi siempre, Lola almuerza con su hija. Hoy Lola…
> (almorzar con su tío en un restaurante) →
> Hoy Lola *está almorzando* con su tío en un restaurante.

1. Generalmente, Lola pasa la mañana en la universidad. Hoy Lola… (pasar el día con su tío Ricardo)
2. Casi siempre, Lola va a casa después de sus clases. Hoy Lola y su tío… (tomar un café en casa)
3. De lunes a viernes, Marta, la hija de Lola, va a la escuela (*school*) por la tarde. Pero esta tarde ella… (jugar con Ricardo)
4. Generalmente, la familia cena (*has dinner*) a las nueve. Esta noche todos… (cenar a las diez)

C. En casa con la familia Duarte. Empareje los dibujos con las acciones. Diga quién está haciendo la acción —el padre, la madre, la hija, los gemelos (*twins*)— y a qué hora.

MODELO: Está saliendo de la ducha (*shower*). →
El padre está saliendo de la ducha a las seis de la mañana.

1. Está levantándose.
2. Está haciendo la tarea.
3. Se está vistiendo.
4. Está haciendo la cena (*dinner*).
5. Está leyendo el periódico.

6. Están durmiendo.
7. Está trabajando.
8. Están jugando con el perro.
9. Están comiendo.
10. Está quitándose la blusa.

Por la mañana: A las seis de la mañana

a.   b.   c.   d.

Más tarde: A las ocho de la mañana

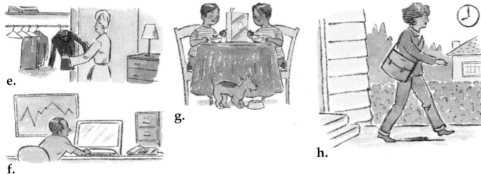

e.   f.   g.   h.

Por la tarde: A las seis y media de la tarde

i.   j.   k.   l.

Need more practice?

- Workbook and Laboratory Manual
- ActivityPak
- Online Learning Center (www.mhhe.com/puntos8)

NOTA COMUNICATIVA

El gerundio con otros verbos

As in English, the Spanish gerund can be used with verbs other than **estar.** The following verbs are commonly used with the gerund.

pasar tiempo + *gerund*	*to spend time (doing something)*
¿**Pasas** mucho tiempo **viendo** la televisión?	*Do you spend a lot of time watching television?*
seguir (sigo) (i) / continuar (continúo) + *gerund*	*to continue (doing something)*
Sigue lloviendo en Nueva York.	*It continues to rain in New York.*
divertirse (me divierto) (i) + *gerund*	*to enjoy (doing something)*
¿Te **diviertes** mucho **tocando** el piano?	*Do you have a good time playing the piano?*

Entrevista

Paso 1. En parejas, túrnense para entrevistarse sobre los siguientes temas. Deben obtener detalles interesantes y personales de su compañero/a.

> MODELOS: ¿Pasas mucho tiempo mirando la tele? ¿Cuántas horas al (*per*) día? ¿Qué programas te gusta mirar?
> ¿Cómo te diviertes más, bailando o tocando un instrumento musical?

continuar/seguir divertirse estar pasar mucho/poco tiempo pasar más tiempo	**+**

bailando
estudiando
hablando español después de la clase
leyendo (¿ ?)
mirando la tele
oyendo música
siendo amigo/a de tu mejor (*best*)
  amigo/a de la escuela primaria
tocando un instrumento musical
trabajando (en ¿ ?)
¿ ?

Paso 2. Digan a la clase lo que Uds. tienen en común.

You have been using forms of **ser** and **estar** since **Ante todo,** the preliminary chapter of *Puntos de partida.* The following section will help you consolidate everything you know so far about these two verbs, both of which express *to be* in Spanish. You will learn a bit more about them as well.

Before you begin **Gramática 16,** think in particular about the following questions: **¿Cómo está Ud.? ¿Cómo es Ud.?** What do these questions tell you about the difference between **ser** and **estar**?

16 · *Ser o estar* • Summary of the Uses of *ser* and *estar*

Gramática en acción: Una conversación de larga distancia

Aquí hay un lado de la conversación entre una esposa que está en un viaje de negocios y su esposo, que está en casa. Habla el esposo. Primero, lea lo que él dice.

Aló. […¹] ¿Cómo estás, mi amor? […²] ¿Dónde estás ahora? […³] ¿Qué hora es allí? […⁴] ¡Huy!, es muy tarde. Y el hotel, ¿cómo es? […⁵] Oye, ¿qué estás haciendo ahora? […⁶] Ay, pobrecita, lo siento. Estás muy ocupada. ¿Con quién estás citada mañana? […⁷] ¿Quién es el dueño de la compañía? […⁸] Ah, él es de Cuba, ¿verdad? […⁹] Bueno, ¿qué tiempo hace allí? […¹⁰] Muy bien, mi vida. Hasta luego, ¿eh? […¹¹] Adiós.

Comprensión: Aquí está el otro lado de la conversación: las respuestas de la esposa que está de viaje. Pero no están en orden. Léalas y luego emparéjelas (*match them*) con los comentarios y preguntas del esposo.

a. _____ Es muy moderno. Me gusta mucho.
b. _____ Sí, pero vive en Nueva York ahora.
c. _____ Son las once y media.
d. _____ Hola, querido (*dear*). ¿Qué tal?
e. _____ Es el Sr. Cortina.
f. _____ Pues, todavía (*still*) tengo que trabajar.
g. _____ Sí, hasta pronto.
h. _____ Estoy en Nueva York.
i. _____ Un poco cansada (*tired*), pero estoy bien.
j. _____ Pues, hace buen tiempo, pero está un poco nublado.
k. _____ Con un señor de Computec, una nueva compañía de computadoras.

A long-distance conversation Here is one side of a conversation between a wife who is on a business trip and her husband, who is at home. The husband is speaking. First, read what he says. *Hello . . . How are you, dear? . . . Where are you now? . . . What time is it there? . . . Boy, it's very late. And how's the hotel? . . . Hey, what are you doing now? . . . You poor thing, I'm sorry. You're very busy. Who are you meeting with tomorrow? . . . Who's the owner of the company? . . . Ah, he's from Cuba, isn't he? . . . Well, what's the weather like there? . . . Very well, sweetheart. See you later, OK? . . . Good-bye.*

Summary of the Uses of ser

- To *identify* people and things

  Ella **es doctora.**
  Tikal **es una ciudad maya.**

- To express *nationality;* with **de** to express *origin*

  Son cubanos.
  Son de La Habana.

- With **de** to tell of what *material* something is made

  Este bolígrafo **es de plástico.**

- With **de** to express *possession*

  Es de Carlota.

- With **para** to tell *for whom something is intended*

  El regalo **es para** Sara.

- To tell *time*

  Son las once.
  Es la una y media.

- With *adjectives* that describe *basic, inherent characteristics*

  Ramona **es inteligente.**

- To form many *generalizations*

  Es necesario llegar temprano.
  Es importante estudiar.

Summary of the Uses of estar

- To tell *location*

  El libro **está en la mesa.**

- To describe *health*

  Estoy muy **bien,** gracias.

- With *adjectives* that describe *conditions*

  Estoy muy **ocupada.**

- In a number of *fixed expressions*

  (No) Estoy de acuerdo.
  Está bien.

- With *present participles* to form the *progressive tense*

  Estoy estudiando ahora mismo.

Ser and *estar* with Adjectives

A. Ser is used with adjectives that describe the fundamental qualities of a person, place, or thing.

Esa mesa **es** muy **baja.**
That table is very short.

Sus calcetines **son morados.**
His socks are purple.

Este sillón **es cómodo.**
This armchair is comfortable.

Sus padres **son cariñosos.**
Their parents are affectionate people.

B. Estar is used with adjectives to express conditions or observations that are true at a given moment but that do not describe inherent qualities of the noun. The adjectives at right are generally used with **estar.**

abierto/a	open	**limpio/a**	clean
aburrido/a	bored	**loco/a**	crazy
alegre	happy	**molesto/a**	annoyed
cansado/a	tired	**nervioso/a**	nervous
cerrado/a	closed	**ocupado/a**	busy
congelado/a	frozen; very cold	**ordenado/a**	neat
contento/a	content, happy	**preocupado/a**	worried
desordenado/a	messy	**seguro/a**	sure, certain
enfermo/a	sick	**sucio/a**	dirty
furioso/a	furious, angry	**triste**	sad

C. Many adjectives can be used with either **ser** or **estar,** depending on what the speaker intends to communicate. In general, when *to be* implies *looks, feels,* or *appears,* **estar** is used. Compare the pairs of sample sentences.

Daniel **es guapo.**
Daniel is handsome. (He is a handsome person.)
Daniel **está** muy guapo **esta** noche.
Daniel looks very nice (handsome) tonight.

—¿Cómo **es** Amalia?
What is Amalia like (as a person)?
—**Es simpática.**
She's nice.

—¿Cómo **está** Amalia?
How is Amalia (feeling)?
—**Está enferma** todavía.
She's still sick.

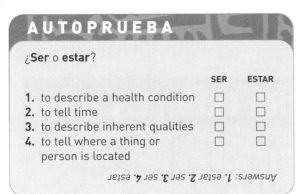

AUTOPRUEBA

¿**Ser** o **estar**?

	SER	ESTAR
1. to describe a health condition	☐	☐
2. to tell time	☐	☐
3. to describe inherent qualities	☐	☐
4. to tell where a thing or person is located	☐	☐

Answers: *1. estar 2. ser 3. ser 4. estar*

■■■ Práctica

A. Un regalo. Complete las siguientes oraciones con **es** o **está**.

La computadora…

1. _____ en la mesa del comedor.
2. _____ un regalo de cumpleaños.
3. _____ para mi compañero de cuarto.
4. _____ de la tienda Computec.
5. _____ en una caja (*box*) verde.
6. _____ de los padres de mi compañero.
7. _____ un regalo muy caro, pero estupendo.
8. _____ de metal y plástico gris.
9. _____ una IBM, el último (*latest*) modelo.
10. _____ muy fácil (*easy*) de usar.

B. Descripciones

Paso 1. Haga oraciones con **soy** o **estoy**. Corrija las ideas incorrectas.

Yo…

1. _____ estadounidense.
2. _____ de Nevada.
3. _____ estudiante de primer año en la universidad. (2nd = segundo, 3rd = tercer, 4th = cuarto)
4. _____ muy cansado/a hoy.
5. _____ bien en este momento.
6. _____ de acuerdo con las ideas del presidente / primer ministro.
7. _____ estudiando química en este momento.
8. _____ muy inteligente.

Paso 2. Ahora entreviste a un compañero o compañera sobre los temas del Paso 1.

MODELO: 1. estadounidense. → ¿Eres estadounidense?

▲ *Este anuncio es de* El Nacional, *un periódico de Venezuela. ¿Qué cree Ud. que significan las siguientes frases:* estar al día, estar en todo, estar informado?

[a]*Tools*

C. ¿Quiénes son? Ahora describa a las personas de la foto, usando los verbos **Son** y **Están.**

1. _____ mis primos argentinos.
2. _____ de Buenos Aires.
3. _____ aquí por un mes para visitar a la familia.
4. _____ al lado de los abuelos en la foto.
5. _____ muy simpáticos.
6. _____ muy contentos con el viaje.
7. _____ un poco cansados por el viaje.

D. Publicidad. Complete the text of the following ad with the correct form of **ser** or **estar,** as suggested by context.

Costa Rica... belleza[a] natural

¿(*Tú:*_____[1]) de una gran ciudad? ¿(*Tú:*_____[2]) una persona aventurera? ¿(_____[3]) la naturaleza una gran atracción en tu vida[b]? ¿(_____[4]) preocupado/a por los cambios[c] en el clima global? Entonces,[d] Costa Rica (_____[5]) el país para ti. Imagina: (_____[6]) en un lugar cerca del mar[e] en donde hay increíbles especies de animales y plantas: caimanes, iguanas, tortugas, orquídeas, heliconias...

▲ *Una heliconia*

(*Nosotros:*_____[7]) los expertos en turismo natural en Costa Rica. Todos nuestros guías[f] (_____[8]) costarricenses de nacimiento,[g] pero (*ellos:*_____[9]) contentos de conocer[h] a personas de todo el mundo y hacer nuevos amigos. Con sus conocimientos,[i] con su gran paciencia, con su español, (*ellos:*_____[10]) como profesores... ¡pero sus clases (_____[11]) mucho más interesantes que las clases académicas!

No (_____[12]) necesario viajar[j] a Costa Rica en una estación específica. (_____[13]) bueno viajar a Costa Rica en cualquier[k] mes del año.

¡Ven![l] ¡Costa Rica (_____[14]) esperándote[m]!

[a]*beauty* [b]*life* [c]*changes* [d]*Then* [e]*ocean* [f]*guides* [g]*de... by birth* [h]*de... to meet* [i]*knowledge*
[j]*to travel* [k]*any* [l]*Come (to visit)!* [m]*waiting for you*

Comprensión: ¿Cierto o falso? Corrija las oraciones falsas.

1. El turismo tiene poca importancia en la economía de Costa Rica.
2. La flora y fauna de Costa Rica son muy interesantes.
3. Los costarricenses son poco hospitalarios (*welcoming*).
4. El clima de Costa Rica es muy extremo en ciertas estaciones del año.

E. Una tarde terrible

Paso 1. Describa lo que pasa hoy por la tarde en esta casa, cambiando (*exchanging*) por antónimos las palabras azules.

1. No hace buen tiempo; hace _____.
2. El bebé no está bien; está _____.
3. El gato no está limpio; está _____.
4. El esposo no está tranquilo; está _____ por el bebé.
5. El garaje no está cerrado; está _____.
6. Los niños no están ocupados; están _____.
7. La esposa no está contenta; está _____ por el tiempo.
8. El baño no está ordenado; está _____.

Paso 2. Ahora imagine que son las seis y media de la tarde. Exprese lo que están haciendo los miembros de la familia en este momento. Use su imaginación y diga también lo que generalmente hacen estas personas a esa hora.

> **MODELO:** Ahora son las seis y media. La madre está conduciendo su coche. Quiere llegar a casa a preparar la comida. Generalmente llega a esa hora.

Vocabulario útil	
cenar	to have dinner
conducir (conduzco)	to drive
ladrar	to bark
llorar	to cry

Need more practice?

- Workbook and Laboratory Manual
- ActivityPak
- Online Learning Center (www.mhhe.com/puntos8)

■ ■ ■ Conversación

A. Ana y Estela. Conteste las preguntas para describir el siguiente dibujo de un cuarto típico de una residencia. **¡OJO!** Invente otros detalles necesarios.

Ana
Estela

Vocabulario útil

el cajón drawer
el cartel poster
la foto

1. ¿Quiénes son las dos compañeras de cuarto?
2. ¿De dónde son? ¿Cómo son?
3. ¿Dónde están en este momento?
4. ¿Qué hay en el cuarto?
5. ¿Cómo está el cuarto?
6. ¿Son ordenadas las dos o desordenadas?

B. Entrevista. ¿Cómo están Uds. en estas situaciones? En parejas, túrnense para entrevistarse, según el model.

Vocabulario útil

agobiado/a overwhelmed
desahogado/a relieved
enérgico/a
estresado/a

MODELO: cuando / tener mucha tarea →
  E1: ¿Cómo estás cuando *tienes* mucha tarea?
  E2: Estoy cansado y estresado, como ahora. ¿Y tú?
  E3: Yo también.

1. cuando / tener mucha tarea / una tarea fácil/difícil
2. cuando / no tener trabajo académico
3. cuando / sacar (*to get*) A/D en un examen
4. en verano/invierno
5. cuando llueve/nieva
6. los lunes por la mañana / los domingos por la tarde / los…
7. después de una fiesta / después de un examen
8. durante la clase de _____
9. ¿ ?

17 Describing • Comparisons

Gramática en acción: México, D.F. y Sevilla, España

▲ *México, D.F. (Distrito Federal)*

- La Ciudad de México es más grande que Sevilla.
- Tiene más edificios altos que Sevilla.
- En el D.F. no hace tanto calor como en Sevilla.

Pero…

- Sevilla es tan bonita como la Ciudad de México.
- No tiene tantos habitantes como el D.F.
- Sin embargo, los sevillanos son tan simpáticos como los mexicanos.

¡Me gusta Sevilla tanto como la Ciudad de México!

¿Y Ud.?

1. Mi ciudad/pueblo…

- es / no es tan grande como Chicago.
- es más/menos cosmopolita que Quebec.

2. Me gusta _____ (nombre de mi ciudad/pueblo)…

- más que _____ (nombre de otra ciudad).
- menos que _____ (nombre de otra ciudad).
- tanto como _____ (nombre de otra ciudad).

◀ *El barrio de Santa Cruz, Sevilla, España*

In English the *comparative* (**el comparativo**) is formed in a variety of ways. Equal comparisons are expressed with the word *as*. Unequal comparisons are expressed with the adverbs *more* or *less*, or by adding *-er* to the end of the adjective.

as cold *as*
as many *as*

more intelligent,
less important,
tall*er*, smart*er*

comparative = a form of or structure with nouns, adjectives, and adverbs used to compare nouns, qualities, or actions

---

Mexico City and Seville, Spain ■ *Mexico City is bigger than Seville.* ■ *It has more tall buildings than Seville.* ■ *It is not as hot in Mexico City as it is in Seville. But . . .* ■ *Seville is as beautiful as Mexico City.* ■ *It doesn't have as many inhabitants as Mexico City.* ■ *Nevertheless, the people from Seville are as nice as those from Mexico City. I like Seville as much as Mexico City!*

A. más/menos + *adjective/noun/adverb* + que = more/less ("-er") ... than

Juan es **más** alto que Elena.
Juan is taller than Elena.

Elena es **menos** alta que Juan.
Elena is shorter than Juan.

Juan tiene **más** lápices que Elena.
Juan has more pencils than Elena.

Elena tiene **menos** lápices que Juan.
Elena has fewer pencils than Juan.

Juan corre **más** rápido que Elena.
Juan runs faster (more quickly) than Elena.

Elena corre **menos** rápido que Juan.
Elena runs slower (more slowly) than Juan.

B. *verb* + más/menos que = ... more/less than

Juan **estudia** más que Elena.
Juan studies more than Elena.

Elena **estudia** menos que Juan.
Elena studies less than Juan.

C. más/menos de + number + *noun* = more/less than ...

 The preposition **de** is used instead of **que** when the comparison is followed by a number.

Juan tiene **más de** cinco lápices.
Juan has more than five pencils.

Elena tiene **menos de** cinco lápices.
Elena has less than five pencils.

Comparisons of Equality ■ = ■

A. **tan** + *adjective/adverb* + **como** = as . . . as

Patricia es **tan alta** como Juan.
Patricia is as tall as Juan.

Patricia juega al tenis **tan bien** como Juan.
Patricia plays tennis as well as Juan.

B. **tant**o/a/os/as + *noun* + **como** = as much/many . . . as

Patricia tiene **tanto dinero** como Juan.
Patricia has as much money as Juan.

Patricia tiene **tantas hermanas** como Juan.
Patricia has as many sisters as Juan.

¡OJO! Like all adjectives, **tanto** must agree in gender and number with the noun it modifies: **tanto dinero, tanta prisa, tantos abrigos, tantas hermanas.**

C. *verb* + **tanto como** = as much as

Patricia **estudia** tanto como Juan.
Patricia studies as much as Juan.

Juan **lee** tanto como Patricia.
Juan reads as much as Patricia.

Irregular Forms

A. bueno/a/os/as → mejor, mejores	Estos coches son **buenos**, pero esos son **mejores**. *These cars are good, but those are better.* Yo hablo español **mejor** que mi hermano. *I speak Spanish better than my brother (does).*
B. malo/a/os/as → peor, peores	Aquí las cosas van de **mal** en **peor**. *Things here are going from bad to worse.* Yo juego al tenis **peor** que mi hermano. *I play tennis worse than my brother (does).*
C. mayor, mayores	Mi hermana es **mayor** que yo. *My sister is older than I (am).*
D. menor, menores	Mis primos son **menores** que yo. *My cousins are younger than I (am).*

Comparison Summary

■ ≠ ▪	▪ ≠ ■	■ = ■
más... que **más que**	**menos... que** **menos que**	**tan... como** **tanto/a/os/as... como** **tanto como**

AUTOPRUEBA

Match each word with the corresponding comparative word.

a. como **b.** que

1. más + ______
2. tantos + ______
3. peor + ______
4. tan + ______
5. menos + ______
6. tanta + ______

Answers: **1.** b **2.** a **3.** b **4.** a **5.** b **6.** a

Práctica

A. Alfredo y Gloria. Compare la casa y las posesiones de Alfredo con las de Gloria.

MODELOS: La casa de Alfredo tiene más cuartos que la casa de Gloria.
Gloria tiene tantas bicicletas como Alfredo.

	ALFREDO	GLORIA
1. cuartos en total	8	6
2. baños	2	1
3. alcobas	3	3
4. camas	3	5
5. coches	3	1
6. bicicletas	2	2
7. dinero en el banco	$500.000	$5.000
8. CDs	100	80
9. libros de texto	15	30
10. sudaderas	7	7

B. **¿De verdad** (*Really*)**?** Conteste las siguientes preguntas lógicamente.

¿Es Ud....

1. tan guapo/a como Antonio Banderas / Jennifer López?
2. tan rico como Bill Gates?
3. tan fiel como su mejor amigo/a?
4. tan inteligente como Einstein?
5. tan simpático/a como su mejor amigo/a?

¿Tiene Ud....

1. tantos libros como CDs?
2. tantos amigos como amigas?
3. tanto talento como Carlos Santana?
4. tanta sabiduría (*knowledge*) como su profesor(a)?
5. tanto interés en la clase de español como en la clase de historia?

C. **Opiniones.** Modifique las siguientes declaraciones para expresar su opinión personal. Si está de acuerdo con la declaración, diga: «**Estoy de acuerdo**».

MODELO: El invierno es tan divertido como el verano. →
El invierno es *menos* divertido *que* el verano.

1. Para mí, el fútbol (*soccer*) es tan divertido como el fútbol americano.
2. En esta sociedad (universidad), las artes son tan importantes como las ciencias.
3. La comida (*food*) de la cafetería es tan buena como la de mi casa.
4. Los profesores trabajan más que los estudiantes.
5. Me divierto tanto con mis amigos como con mis padres.
6. Los jóvenes duermen tanto como los adultos.
7. Aquí llueve más en primavera que en invierno.
8. En este momento de mi vida (*life*), necesito más a mis amigos que a mis padres (mi esposo/a).
9. El español es tan difícil como el inglés.

▲ *Lea el anuncio, expresando las comparaciones con palabras. ¿Qué significan las palabras* **alianza** *y* **amor**?

[a]la... *you love her*

Need more practice?

- Workbook and Laboratory Manual
- ActivityPak
- Online Learning Center (www.mhhe.com/puntos8)

■ ■ ■ Conversación

A. La familia de Lucía y Miguel

Paso 1. Mire el dibujo e identifique a los miembros de esta familia. Piense en la edad de cada persona. **¡OJO!** Lucía y Miguel tienen tres hijos.

> **MODELO:** Amalia es la hija de Lucía y Miguel. Es la hermana de Ramón y Sancho.

Amalia (19)   Ramón (24)   Sancho (20)

Lucía (43)   Miguel (45)   Ramoncito (1)   Sarita (25)   Laura (75)   Javier (80)

Paso 2. Compare a cada miembro de la familia con otra persona.

> **MODELO:** Amalia es menor que Sancho pero es más alta que él.

Paso 3. Ahora compare a los miembros de su propia (*own*) familia. Haga por lo menos cinco declaraciones.

> **MODELOS:** Mi hermana Mary es mayor que yo, pero yo soy más alto que ella.
> Mi abuela es mayor que mi abuelo, pero ella es más activa que él.

Paso 4. Lea sus oraciones del **Paso 3** a un compañero o compañera. Luego hágale preguntas (*ask him/her*) sobre la familia de Ud.

> **MODELO:** ¿Qué miembro de mi familia es mayor que yo?

B. La rutina diaria... en invierno y en verano

Paso 1. ¿Es diferente nuestra rutina diaria en cada estación? Complete las siguientes oraciones sobre su rutina.

EN INVIERNO...	EN VERANO...
1. me levanto a _____ (hora)	me levanto a _____
2. almuerzo en _____	almuerzo en _____
3. me divierto con mis amigos / mi familia en _____	me divierto con mis amigos / mi familia en _____
4. estudio _____ horas todos los días	(no) estudio _____ horas todos los días
5. estoy / me quedo en _____ (lugar) por la noche	estoy / me quedo en _____ por la noche
6. me acuesto a _____	me acuesto a _____

Vocabulario útil

el gimnasio
el parque

afuera *outside*

Paso 2. En parejas, comparen sus actividades de invierno con las de verano.

> **MODELO:** E1: En invierno, ¿te levantas más temprano que en verano?
> E2: No, en invierno, me levanto tan temprano como en verano.
> (No, en invierno, me levanto a la misma hora que en verano.)

Paso 3. Ahora digan a la clase una o dos cosas que Uds. tienen en común.

> **MODELO:** Nosotros nos levantamos más tarde en verano que en invierno. En verano no hay clases y, por lo general, nos acostamos más tarde.

A. ¿Qué están haciendo?

Paso 1. Diga qué están haciendo las siguientes personas, usando una palabra o frase de cada columna y la forma progresiva. Si Ud. no sabe (*know*) qué están haciendo esas personas, ¡use su imaginación!

> **MODELO:** (Yo) Estoy escribiendo la tarea.

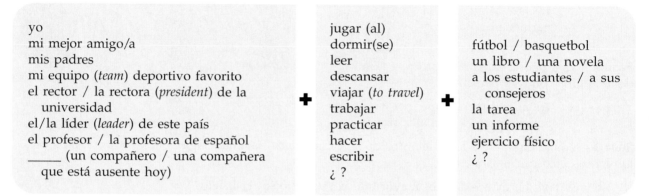

yo mi mejor amigo/a mis padres mi equipo (*team*) deportivo favorito el rector / la rectora (*president*) de la universidad el/la líder (*leader*) de este país el profesor / la profesora de español _____ (un compañero / una compañera que está ausente hoy)	**+**	jugar (al) dormir(se) leer descansar viajar (*to travel*) trabajar practicar hacer escribir ¿ ?	**+**	fútbol / basquetbol un libro / una novela a los estudiantes / a sus consejeros la tarea un informe ejercicio físico ¿ ?

Paso 2. Ahora diga qué hacen con frecuencia las mismas personas del **Paso 1**.

> **MODELO:** (Yo) Me divierto más jugando al fútbol.

divertirse más / menos continuar seguir	**+**
	-ando/-iendo -ando/-iendo mucho -ando/-iendo mucho aunque (*although*) no es bueno

B. Dos hemisferios.

Complete the following paragraphs with the correct forms of the words in parentheses, as suggested by context. When two possibilities are given in parentheses, select the correct word.

¿**S**abe Ud.[a] algo de las diferencias entre los hemisferios del norte y del sur? Hay (mucho[1]) diferencias entre el clima del hemisferio norte y el del hemisferio sur. Cuando (ser/estar[2]) invierno en este país, por ejemplo, (ser/estar[3]) verano en la Argentina, en Bolivia, en Chile… Cuando yo (salir[4]) para la universidad en enero, con frecuencia tengo que (llevar[5]) abrigo y botas. En (los/las[6]) países del hemisferio sur, un estudiante (poder[7]) asistir (a/de[8]) un concierto en febrero llevando sólo pantalones (corto[9]), camiseta y sandalias. En muchas partes de este país, (antes de / durante[10]) las vacaciones de diciembre, casi siempre (hacer[11]) frío y a veces (nevar[12]). En (grande[13]) parte de Sudamérica, al otro lado del ecuador, hace calor y

[a]¿Sabe… *Do you know*

▲ *Es diciembre en Buenos Aires. ¿Qué tiempo hace?*

(muy/mucho[14]) sol durante (ese[15]) mes. A veces en los periódicos, hay fotos de personas que (tomar[16]) el sol y nadan[b] en las playas sudamericanas en enero.

Tengo un amigo que (ir[17]) a (hacer/tomar[18]) un viaje a Buenos Aires. Él me dice[c] que allí la Navidad[d] (ser/estar[19]) una fiesta de verano y que todos (llevar[20]) ropa como la que[e] llevamos nosotros en julio. Parece[f] increíble, ¿verdad?

[b]*are swimming*   [c]*Él... He tells me*   [d]*Christmas*   [e]*la... that which*   [f]*It seems*

Comprensión: ¿Probable o improbable?

1. Los estudiantes argentinos van a la playa en julio.
2. Muchas personas sudamericanas hacen viajes de vacaciones en enero.
3. En Santiago (Chile) hace frío en diciembre.

C. Expresiones

Paso 1. Las comparaciones se usan mucho en el habla (*speech*) popular, especialmente en los refranes y expresiones. Las siguientes expresiones se oyen mucho entre las personas de habla española. En parejas, léanlas. ¿Tienen algunas (*some of them*) equivalentes en inglés?

1. pesar (*to weigh*) menos que un mosquito
2. ser más pesado (*overbearing, boring*) que el matrimonio
3. ser más bueno que el pan (*bread*)
4. ser más largo que un día sin pan
5. estar más claro que el agua (*water*)
6. ser más alto que un pino (*pine tree*)
7. ser tan rápido como un chisme (*rumor*)

Paso 2. Ahora, en parejas, inventen por lo menos cuatro expresiones que se parecen a (*resemble*) las del **Paso 1.** Pueden cambiar la terminación de las expresiones del **Paso 1** (pesar menos que... ¿ ?) o crear expresiones originales (ser tan divertido como... , ser más larga que una semana sin...).

Al crear (*When you are creating*) las expresiones, piensen en cosas y cualidades que, en la cultura de este país, son generalmente positivas o negativas. En las expresiones del **Paso 1**, por ejemplo, se usa la palabra **pan** dos veces (*times*). ¿Cómo se presenta el pan en la cultura hispánica en estas expresiones, como una cosa muy positiva o negativa?

Resources for Review and Testing Preparation

■ Workbook and Laboratory Manual
■ ActivityPak
■ Online Learning Center (www.mhhe.com/puntos8)

Perspectivas culturales

Datos esenciales

- Nombre oficial: República de Costa Rica
- Capital: San José
- Población: más de 4 millones de habitantes

Fíjese

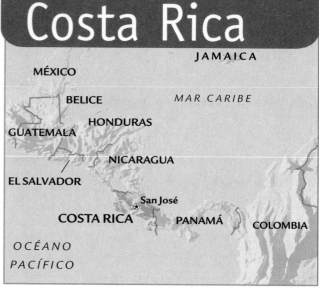

Costa Rica

- El ecoturismo es importante para la economía de Costa Rica y para la preservación de la biodiversidad y la belleza[a] natural que existe en el país. El ecoturismo tiene como propósito[b] controlar la entrada[c] de turistas en regiones protegidas[d] y, a la vez,[e] obtener fondos[f] para continuar con la protección de las regiones naturales. Aproximadamente el 30 por ciento del territorio costarricense está cubierto de selvas o bosques.[g] En total, más de un cuarto[h] del territorio del país ha sido destinado[i] para la preservación.
- Costa Rica es una de las primeras democracias de América. En 1821, convocaron[j] las primeras elecciones. El gobierno de Costa Rica tiene tres poderes:[k] el ejecutivo (un presidente y dos vicepresidentes), el legislativo y el judicial.
- Costa Rica no tiene fuerzas armadas.[l] De hecho,[m] la Constitución prohíbe la organización de un ejército.[n]
- Muchos consideran a Costa Rica como «la Suiza[ñ] de Centroamérica» porque es un país «amistoso[o]» que se mantiene neutral durante conflictos internacionales. A menudo[p] los líderes de Costa Rica intervienen para negociar la paz[q] durante tales[r] conflictos.

[a]*beauty* [b]*purpose* [c]*entrance* [d]*protected* [e]*a... at the same time* [f]*funds* [g]*está... is covered with jungles or forests* [h]*quarter* [i]*ha... has been set aside* [j]*they held* [k]*powers, branches* [l]*fuerzas... military force* [m]*De... In fact* [n]*army* [ñ]*Switzerland* [o]*friendly* [p]*A... Often* [q]*peace* [r]*such*

◀ **Parte de un sendero** (*trail*) **en el Parque Nacional Arenal**

◀ **El Volcán Arenal** El Parque Nacional Arenal es una de las atracciones más populares de Costa Rica. El centro del parque es el Volcán Arenal, que tiene erupciones espectaculares desde 1968. Los ecoturistas pueden alojarse[a] en hoteles y cabañas[b] con vistas[c] al volcán, hacer excursiones a pie[d] por los senderos del parque y bañarse en aguas termales.[e]

[a]*stay* [b]*cabins* [c]*views* [d]*hacer... hike* [e]*aguas... hot springs*

Carreta[a] de Sarchí   Sarchí es el pueblo principal de las artesanías[b] costarricenses y su producto más famoso son sus carretas pintadas.[c]
En el siglo XIX,[d] las carretas eran[e] esenciales
para transportar al mercado la cosecha de los
granos de café,[f] y las familias pintaban y deco-
raban[g] sus carretas para llamar la atención.[h]
Hoy día[i] las carretas de Sarchí representan una
tradición nacional.

[a]*Oxcart*   [b]*arts and crafts*   [c]*painted*   [d]siglo... *19th
century*   [e]*were*   [f]cosecha... *coffee bean harvest*
[g]pintaban... *painted and decorated*   [h]llamar...
attract attention   [i]*Hoy... Today*

Una rana calzonuda[a]   Costa Rica es como un puente migrato-
rio[b] para muchas especies de animales que pasan parte del
año en los parques y reservas nacionales del país. La rana
calzonuda se cuenta entre[c] los 175 especies de anfibios que
viven en Costa Rica.

[a]rana... *red-eyed tree frog*   [b]puente... *migratory bridge*
[c]se... *is included among*

La cosecha del café   La rica tierra volcánica de Costa Rica es ideal para el
cultivo del café. Costa Rica fue[a] el primer país en exportar café, primero a
sus vecinos[b] latinoamericanos y luego a Inglaterra y a otros países. El café
sigue siendo un producto importante de la economía costarricense.

[a]*was*   [b]*neighbors*

Música de Costa Rica

Los instrumentos musicales
tradicionales de Costa Rica son
la marimba, la ocarina,[a] el
quijongo[b] y la chirimía.[c] La
provincia de Guanacaste es
conocida[d] por su música y sus
bailes, entre[e] ellos «La cajeta»,
«La flor de caña» y «El punto
guanacasteco». Tal vez el baile
folclórico más conocido es «El
punto guanacasteco», cuya[f]
música se toca[g] con marimba de
calabaza[h] y guitarra.

[a]*potato-shaped wind instrument*
[b]*single-bow with gourd resonator*
[c]*clarinet-type wind instrument*
[d]*known*   [e]*among*   [f]*whose*   [g]se...
is played   [h]*gourd*

EN RESUMEN

See the Workbook, Laboratory Manual, ActivityPak, and Online Learning Center (www.mhhe.com/puntos8) for self-tests and practice with the grammar and vocabulary presented in this chapter.

Gramática

To review the grammar points presented in this chapter, refer to the indicated grammar presentations.

15. **¿Qué están haciendo?**—Present Progressive: **Estar** + **-ndo**

Do you know how to form and when to use the present progressive in Spanish?

16. **¿*Ser* o *estar*?**—Summary of the Uses of **ser** and **estar**

Should you use **ser** or **estar** to describe inherent qualities, to describe health and physical conditions, to express time, to form the present progressive?

17. Describing—Comparisons

Do you know how to compare things and people?

Vocabulario

Los verbos

celebrar	to celebrate
continuar (continúo)	to continue
pasar	to spend (*time*); to happen
quedarse	to stay, remain (*in a place*)
seguir (sigo)(i)	to continue

Repaso: divertirse (me divierto) (i)

¿Qué tiempo hace?

está (muy) nublado	it's (very) cloudy, overcast
hace...	it's . . .
(muy) buen/mal tiempo	(very) good/bad weather
(mucho) calor	(very) hot
fresco	cool
(mucho) frío	(very) cold
(mucho) sol	(very) sunny
(mucho) viento	(very) windy
hay (mucha)	there's (lots of)
contaminación	pollution
llover (llueve)	to rain (it's raining)
nevar (nieva)	to snow (it's snowing)

Los meses del año

¿Cual es la fecha de hoy? ⎫	
¿Qué fecha es hoy? ⎬	What's today's date?
el primero de	the first of (*month*)

enero	julio
febrero	agosto
marzo	septiembre
abril	octubre
mayo	noviembre
junio	diciembre

Las estaciones del año

la primavera	spring
el verano	summer
el otoño	fall, autumn
el invierno	winter

Los lugares

la capital	capital city
la isla	island
el mundo	world
la playa	beach

Otros sustantivos

el año	year
el clima	climate
el cumpleaños	birthday
la estación	season
la fecha	date (*calendar*)
el mes	month
el/la novio/a	boyfriend/girlfriend
la respuesta	answer
el tiempo	weather; time

Los adjetivos

abierto/a	open
aburrido/a	bored
alegre	happy
cansado/a	tired
cariñoso/a	affectionate
cerrado/a	closed
congelado/a	frozen; very cold
contento/a	content, happy
desordenado/a	messy
difícil	hard, difficult
enfermo/a	sick
fácil	easy
furioso/a	furious, angry
limpio/a	clean
loco/a	crazy
mismo/a	same
molesto/a	annoyed
nervioso/a	nervous
ocupado/a	busy
ordenado/a	neat
preocupado/a	worried
querido/a	dear
seguro/a	sure, certain
sucio/a	dirty
triste	sad

Las comparaciones

más/menos... que	more/less (-er) . . . than
tan... como	as . . . as
tanto como	as much as
tanto/a(s)... como	as much/many . . . as
mayor	older
mejor	better; best
menor	younger
peor	worse

Las preposiciones

a la derecha de	to the right of
a la izquierda de	to the left of
al lado de	alongside of
cerca de	close to
debajo de	below
delante de	in front of
detrás de	behind
encima de	on top of
entre	between, among
lejos de	far from

Los puntos cardinales

el norte, el sur, el este, el oeste

Palabras adicionales

afuera	outdoors
ahora mismo	right now
conmigo	with me
contigo	with you (fam.)
esta noche	tonight
estar bien	to be comfortable (temperature)
mí (obj. of prep.)	me
por	about; because of
sin embargo	nevertheless
tener (mucho) calor	to be (very) warm, hot
tener (mucho) frío	to be (very) cold
ti (obj. of prep.)	you (fam.)
todavía	still

Vocabulario personal

Un paso más 5

Literatura de Costa Rica

Sobre la escritora: *Carmen Naranjo was born in Cartago, Costa Rica. She was a student of philology, and she has done graduate studies at the* **Universidad Nacional Autónoma de México** *as well as at the University of Iowa, Iowa City. She is a prolific writer of novels, stories, essays, and poetry. The following poem is from* En esta tierra redonda[a] y plana[b] *(XLVII) (2001).*

▲ Carmen Naranjo
(1929–)

Ayer te busqué[c]
en ese asiento vacío[d]
del avión
en ese asiento vacío
del parque
en ese asiento vacío
del vestíbulo
en ese asiento vacío
del taxi
en ese asiento vacío
del comedor
en ese asiento vacío
de mi cuarto.
Hoy te seguiré buscando.[e]

[a]*round* [b]*flat* [c]*te... I looked for you* [d]*asiento... empty seat* [e]*te... I will continue to look for you*

LECTURA

ESTRATEGIA: Forming a General Idea About Content

Before starting a reading, it is a good idea to try to form a general sense of the content. The more you know about the reading before you begin to read, the easier it will seem to you. Here are some things you can do to prepare yourself for reading. You have already applied some of these strategies to the readings thus far in *Puntos de partida*.

1. Make sure you understand the title. Think about what it suggests to you and what you already know about the topic. Do the same with any subtitles in the reading.
2. Look at the drawings, photos, or other visual clues that accompany the reading. What do they indicate about the content?
3. Read the comprehension questions before starting to read the selection. They will direct you to the kind of information you should be looking for.

You should be able to determine the general message of the reading in this chapter if you apply the preceding strategies.

■ **The title.** The reading, **"Todos juntos en los trópicos,"** contains a key word in the title: **trópicos.** It is a cognate. Can you guess what it means?

■ **The art.** The reading is accompanied by a photograph and caption. What additional information do these tell you about the reading?

■ **The comprehension questions.** Scan the questions in **Comprensión.** What additional clues do they give you about the content of the passage?

■ **Sobre la lectura...** This reading is taken from the magazine *Muy interesante,* which generally contains articles about popular science and related topics. Remember that knowing the source of a passage can also help you formulate hypotheses about the reading before you begin to read.

Todos juntos en los trópicos

Los trópicos son las regiones biológicamente más diversas del planeta y cuentan con[a] el triple de <u>especies</u> que en cualquier otra zona. Pero, ¿por qué? Los biólogos no han sido capaces[b] de dar una respuesta unívoca.[c] Es más, las diferentes teorías que se han propuesto[d] tienen todos sus puntos débiles.[e]

En resumen, existen tres <u>razones</u> expuestas para esta riqueza.[f] La primera teoría fue diseñada[g] hace 20 años[h] por Michael Rosenzweigh, de Arizona. Según él, en los trópicos hay más especies, sencillamente[i] porque se cuenta con más espacio geográfico <u>habitable.</u>

<u>La segunda</u> es de los últimos años 80 y fue diseñada por George Stevens, de Nuevo México: las especies tropicales son esclavas[j] de sus condiciones térmicas;[k] por eso no pueden <u>colonizar</u> nuevos territorios menos cálidos[l] y se concentran como en un gueto[m] en el trópico.

<u>La tercera</u> es una teoría histórica y explica que los trópicos fueron[n] las áreas de la Tierra

▲ *No hay una teoría única para explicar la exuberancia natural que se produce en los trópicos.*

que escaparon el efecto destructor del aumento[ñ] de las regiones heladas[o] durante las <u>glaciaciones.</u>

Ninguna de las tres ha sido confirmada.[p]

■

[a]cuentan... tienen [b]no... *have not been able* [c]*unambiguous* [d]que... *that have been proposed* [e]puntos... *weak points* [f]expuestas... *given for this wealth* [g]fue... *was outlined* [h]hace... *20 years ago* [i]*simply* [j]*slaves* [k]*thermal* [l]*hot* [m]*ghetto* [n]*were* [ñ]*increase* [o]*frozen* [p]ha... *has been confirmed*

Comprensión

A. **¿Se menciona o no?** ¿Cuáles de los siguientes temas se mencionan en la lectura?

	SÍ	NO
1. Información sobre la gente (*people*) indígena de los trópicos	☐	☐
2. Teorías que explican (*explain*) la biodiversidad de los trópicos	☐	☐
3. Información sobre la deforestación de los trópicos	☐	☐
4. Teorías que explican la climatología de los trópicos	☐	☐
5. La contaminación de algunas regiones de los trópicos	☐	☐

B. **Resumen.** En inglés, escriba un breve resumen de las tres teorías presentadas en la lectura. Compare su resumen con el de otro estudiante. ¿Cuál de las teorías parece más factible (*feasible*)?

▲ *Muchos loros (parrots) de colores brillantes viven en las regiones tropicales.*

REDACCIÓN

A. La biodiversidad local. La lectura comenta la gran biodiversidad de los trópicos y propone teorías que explican este fenómeno. Escriba un breve ensayo (*essay*) en el que comente cómo es el clima donde Ud. vive y qué animales y plantas habitan la zona. Use las siguientes preguntas para empezar y consulte un diccionario bilingüe si es necesario.

¿Cómo es la biodiversidad de la región donde Ud. vive?
¿Hay muchos animales y plantas indígenas?
¿Cuál es la relación entre el clima de la región y la flora y la fauna?

B. Las selvas (*jungles*) latinoamericanas. Busque información sobre las selvas en Latinoamérica. Use las siguientes preguntas como guía para empezar una introducción. Luego dé más detalles sobre la selva de un país específico.

¿En qué países hay selvas tropicales?
¿Cómo se llaman las selvas?
¿Qué tribus indígenas viven en las selvas?
¿Cómo es el clima de las selvas y cuáles son las estaciones?

CAPÍTULO 6

¿Qué le gusta comer?

▲
Cocoteros (*Coconut palm trees*) **de Panamá**

1. ¿Le gusta a Ud. comer frutas tropicales, como el coco?

2. ¿Qué aspectos influyen en la cocina (*cuisine*) de un país? ¿aspectos históricos? ¿geográficos? ¿agrícolas (*agricultural*)?

3. ¿Qué aspectos específicos influyen en la cocina de su región?

2 Un mercado en la Ciudad de Panamá

1. ¿Qué colores ve Ud. en los productos de este mercado?

2. ¿Dónde compra Ud. las verduras (*vegetables*) y frutas?

3. ¿Hay mercados al aire libre (*open air*) donde Ud. vive? ¿Qué venden en ellos?

3 Un barco (*ship*) que pasa por el Canal de Panamá

1. ¿Qué sabe Ud. del (*do you know about the*) Canal de Panamá?

2. ¿Por qué cree Ud. que es importante el Canal?

3. ¿Qué países cree Ud. que se benefician (*benefit*) con el Canal?

La comida y las comidas°   La... *Food and meals*

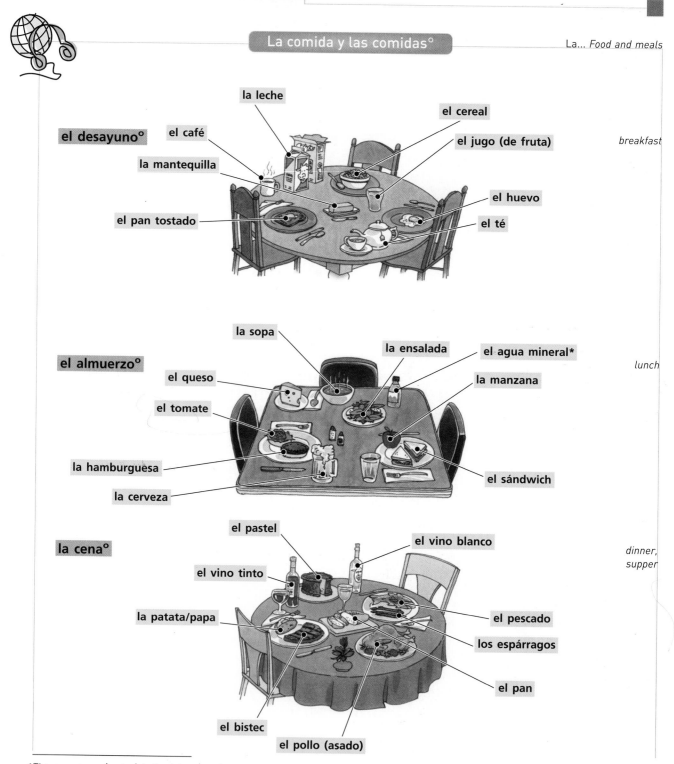

el desayuno°   *breakfast*
la leche
el café
la mantequilla
el cereal
el jugo (de fruta)
el pan tostado
el huevo
el té

el almuerzo°   *lunch*
la sopa
la ensalada
el agua mineral*
el queso
la manzana
el tomate
la hamburguesa
el sándwich
la cerveza

la cena°   *dinner, supper*
el pastel
el vino blanco
el vino tinto
la patata/papa
el pescado
los espárragos
el pan
el bistec
el pollo (asado)

*The noun **agua** (water) is feminine, but the masculine articles are used with it in the singular: **el agua.**
This occurs with all feminine nouns that begin with a stressed **a** sound, for example, **el** (**un**) **ama de
casa** (homemaker).

Otra bebida

el refresco	soft drink

Otras frutas

la banana	banana
la naranja	orange

Otras verduras

las arvejas	green peas
los champiñones	mushrooms
los frijoles	beans
la lechuga	lettuce
la zanahoria	carrot

Otras carnes

la barbacoa	barbeque
la chuleta (de cerdo)	(pork) chop
el jamón	ham
el pavo	turkey
la salchicha	sausage; hot dog

Otros pescados y mariscos

el atún	tuna

los camarones	shrimp
la langosta	lobster
el salmón	salmon

Otros postres

los dulces	sweets; candy
el flan	(baked) custard
la galleta	cookie
el helado	ice cream

Otras comidas

el aceite	oil
el arroz	rice
el azúcar	sugar
la pimienta	pepper
la sal	salt
el yogur	yogurt

Los verbos

desayunar	to have (eat) breakfast
almorzar (almuerzo)	to have (eat) lunch
cenar	to have (eat) dinner, supper
cocinar	to cook

ASÍ SE DICE

In **La comida**, you learned two words for *potato*: **la papa** (*L.A.*) and **la patata** (*Sp.*). There is great variety in the words used to refer to foods in the Spanish-speaking world. The following are only a few of the most common ones.

las arvejas = los guisantes (*Sp.*)   el jugo = el zumo (*Sp.*)

los camarones = las gambas (*Sp.*)   el refresco = la gaseosa, la soda (**¡OJO!** = *soda water* in some areas)

There are many ways to express **la tienda de comestibles** (*grocery store*): **la abacería, el almacén** (which you have learned means *department store* in most areas), **la bodega** (popular in the Caribbean), **la pulpería** (*C.A., S.A.*), **la trucha** (*C.A.*).

NOTA COMUNICATIVA

More Food-Related Phrases

tener (mucha) hambre/sed	to be (very) hungry/thirsty
merendar (meriendo)	to snack
la merienda	snack
los comestibles	groceries, foodstuff
el plato	dish (*food prepared in a particular way*)
el plato principal	main course
caliente	hot (*in temperature, not taste*)
picante	hot, spicy
rico/a	tasty, savory; rich (*in the caloric sense*)

■■■ Conversación

A. **¿Qué quiere tomar?** Match the following descriptions of meals with a category.

1. una sopa fría, langosta, espárragos, ensalada de lechuga y tomate, vino blanco y, para terminar, un pastel
2. jugo de fruta, huevos con jamón, pan tostado y café
3. un vaso (*glass*) de leche y unas galletas
4. pollo asado, arroz, arvejas, agua mineral y, para terminar, una manzana
5. una hamburguesa con patatas fritas, un refresco y un helado

a. un menú ligero (*light*) para una dieta
b. una comida rápida
c. una cena elegante
d. un desayuno estilo norteamericano
e. una merienda

B. **Definiciones**

Paso 1. Dé las palabras definidas.

1. un plato de lechuga y tomate
2. una bebida alcohólica blanca o roja
3. una verdura anaranjada
4. la carne típica para la barbacoa en este país

5. la comida favorita de los ratones (*mice*)
6. una verdura que se come frita con las hamburguesas
7. una fruta roja o verde

Paso 2. Ahora, en parejas, túrnense para crear (*create*) definiciones de comidas y bebidas, según el modelo del **Paso 1.** Una persona da (*gives*) la definición y la otra da la palabra correspondiente.

NOTA CULTURAL

La comida del mundo hispánico

Often when we think of dishes from the Spanish-speaking world, what comes to mind are rice, beans, spicy chiles, corn or flour tortillas, and burritos. That, however, is a misconception. Corn and flour tortillas and burritos are unknown in many Spanish-speaking countries. Many Hispanic cuisines are not spicy at all, and if you are in Spain and order **una tortilla,** you will be served a wedge of potato omelette!

The cuisines of Spanish-speaking countries are as diverse as their inhabitants. With the arrival of the Spaniards in the Americas, indigenous cuisines were influenced by European foods that did not exist there before, such as beef and chicken. Likewise, European cuisines were influenced by the introduction of foods from the Americas, such as the tomato, the potato, and chocolate. Later, immigration from countries such as Ireland, Germany, Italy, China, and Japan further influenced American cuisines.*

▲ *Una tortilla española*

*Remember that, in this context, American *refers to all the countries in North, Central, and South America.*

C. Consejos (*Advice*) **a la hora de comer.** ¿Qué debe comer o beber su compañero o compañera en las siguientes situaciones? Déle consejos, según el modelo.

> MODELO: Tengo mucha/poca hambre (sed). →
> E1: Tengo mucha hambre.
> E2: Debes comer un bistec con papas fritas.

1. Tengo mucha/poca hambre (sed).
2. Tengo hambre a las cuatro de la mañana, después de una fiesta.
3. Estoy a dieta.
4. Estoy de vacaciones en Maine (Texas, California, la Florida, la Colombia Británica, ¿ ?).
5. Es hora de merendar. Estoy en (casa, la universidad).
6. Soy un vegetariano estricto / una vegetariana estricta.

D. Las preferencias gastronómicas

Paso 1. Haga una lista de los ingredientes principales de por lo menos dos de sus platos favoritos. La receta (*recipe*) de las Chuletas de Cerdo Maggi puede servir de modelo.

Paso 2. Haga una lista de sus tres lugares favoritos para comer en esta ciudad.

Paso 3. Haga una lista de los tres tipos de cocinas (*cuisines*) que Ud. prefiere. Consulte la lista de nacionalidades de la página 70 si es necesario.

Paso 4. Entre todos, comparen las listas. ¿Cuáles son los platos, lugares para comer y cocinas favoritos de la clase? ¿Cuáles son los ingredientes más necesarios para cocinar sus platos favoritos?

Chuletas de Cerdo Maggi

Maggi
El Sabor Latino

Rinde[a] de 6 a 8 porciones

Ingredientes
3 tazas[b] de hojas de cilantro o de perejil
1 taza de mermelada de uva[c]
1 tableta de MAGGI® Caldo[d] Sabor a Pollo y Tomate,
  disuelta en ¼ taza[e] de agua caliente
3 dientes de ajo picados[f]
1 a 2 chiles chipotle en salsa de adobo, sin semillas[g]
Jugo de 2 limones verdes[h]
2 cucharadas[i] de Jugo Sazonador MAGGI®
6 a 8 chuletas de cerdo de ½ pulgada de anchura[j]
  sin o con hueso
2 cucharadas de aceite canola
Cilantro fresco picado (opcional)

[a]*It* [*The recipe*] *yields* [b]*cups* [c]*grape* [d]*Broth* [e]¼... un cuarto de taza [f]dientes... *garlic cloves, chopped* [g]*seeds* [h]limones... *limes* [i]*tablespoons* [j]½... (media pulgada) *half an inch thick*

As you know, two Spanish verbs express *to be*: **ser** and **estar.** They are not interchangeable, and their use depends on the meaning the speaker wishes to express. Similarly, two Spanish verbs express *to know*: **saber** and **conocer.** Conocer is frequently used with the word **a** when referring to a person (as in the phrase **¿a quién conoce?** from the title of this section).

Saber and conocer

En un restaurante panameño
Julio y Estela están comiendo en un restaurante panameño... pero no comen juntos; no se conocen. Julio quiere conocer a Estela. También quiere saber su número de teléfono. ¿Y Estela? ¿Quiere conocer a Julio? ¡No! Quiere conocer a Felipe, el chef del restaurante, porque él sabe hacer sus platos panameños favoritos.

saber = to know (*facts or information*); to know how to (*do something*)	**conocer** = to know (*a person*); to meet (*a person*); to be acquainted, familiar with (*a place or thing*)
sé sabemos sabes sabéis sabe saben	conozco conocemos conoces conocéis conoce conocen
una dirección (*address*) un número de teléfono un nombre la letra (*lyrics*) de una canción hacer algo (tocar el piano...)	a una persona un lugar una cosa

Direct Objects (Part 1): The Personal *a*

Note the use of the word **a** in the preceding sample paragraph and chart. This **a** is called "the personal **a.**" It is used in Spanish before a direct object that refers to a specific person or persons, and it has no equivalent in English. You will learn more about it in **Gramática 18** in this chapter. In this section, the activities will always show you when to use the personal **a.**

At a Panamanian restaurant *Julio and Estela are eating at a Panamanian restaurant... but they're not eating together; they don't know each other. Julio wants to meet Estela. He also wants to know her telephone number. And Estela? Does she want to meet Julio? No! She wants to meet Felipe, the chef at the restaurant, because he knows how to make her favorite Panamanian dishes.*

■■■ Conversación

A. ¡Anticipemos! ¿Cierto o falso? Diga si las siguientes declaraciones son ciertas o falsas para Ud. Corrija las declaraciones falsas.

Sé…

1. el número de teléfono de mi profesor(a) de español.
2. la dirección de e-mail de mi profesor(a) de español.
3. los nombres de las capitales de todos los estados de los Estados Unidos / de todas las provincias del Canadá.
4. los nombres de las capitales de todos los países hispanohablantes.
5. hacer varios platos hispanos.
6. la letra del himno nacional de este país.
7. tocar un instrumento musical.
8. el nombre de todos mis compañeros de esta clase.

Conozco…

9. al padre / a la madre de mi mejor amigo/a.
10. a un actor / a una actriz personalmente.
11. Panamá.
12. un restaurante panameño.
13. al rector / a la rectora (*president*) de esta universidad personalmente.
14. la ciudad de Quebec.

B. Los usos de *saber* y *conocer*

Paso 1. Llene (*Fill in*) los espacios en blanco con la forma apropiada de **saber.** Luego dé su equivalente en inglés.

—¿(*Tú:*_____¹) la dirección de un restaurante panameño?
—¡Cómo no!ª Hay uno en la calleᵇ Park. El chef, Felipe, (_____²) hacer unos platos muy originales.
—¿(*Tú:*_____³) a qué hora abren los sábados?
—No (*yo:*_____⁴) exactamente. ¿Por qué no llamamos al restaurante?

ª¡Cómo... *Of course!*   ᵇ*street*

Paso 2. Ahora llene los espacios en blanco con la forma apropiada de **conocer.** Luego dé su equivalente en inglés.

—¿(*Tú:*_____¹) ese restaurante panameño que está en la calle Park?
—Sí, y también (*yo:*_____²) al chef, Felipe.
—¿Ah sí? Yo quiero (_____³) a Felipe. Es muy famoso.

C. Personas famosas. ¿Qué saben hacer estas personas?

MODELO: Jennifer López y Shakira saben bailar.

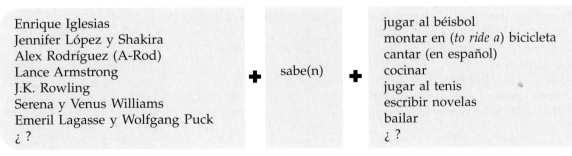

Enrique Iglesias
Jennifer López y Shakira
Alex Rodríguez (A-Rod)
Lance Armstrong
J.K. Rowling
Serena y Venus Williams
Emeril Lagasse y Wolfgang Puck
¿ ?

+ sabe(n) **+**

jugar al béisbol
montar en (*to ride a*) bicicleta
cantar (en español)
cocinar
jugar al tenis
escribir novelas
bailar
¿ ?

D. Otras personas famosas. ¿Quién conoce a quién?

Adán Napoleón Romeo Rhett Butler Marco Antonio George Washington	**+**	conoce a	**+**	Martha Cleopatra Eva Julieta Scarlett O'Hara Josefina

E. ¿Dónde cenamos? En este diálogo, Lola y Manolo quieren salir a cenar. Pero, ¿dónde? Complete el diálogo con la forma apropiada de **saber** o **conocer.**

LOLA: ¿(Sabes/Conoces[1]) adónde quieres ir a cenar?

MANOLO: No (sé/conozco[2]). ¿Y tú?

LOLA: No. Pero hay un restaurante nuevo en la calle Betis. Creo que se llama Guadalquivir. ¿(Sabes/Conoces[3]) el restaurante?

MANOLO: No, pero (sé/conozco[4]) que tiene mucha fama. Es el restaurante favorito de Virginia. Ella (sabe/conoce[5]) al dueño.[a]

LOLA: ¿(Sabes/Conoces[6]) qué tipo de comida tienen?

MANOLO: No (sé/conozco[7]). Pero podemos llamar a Virginia. ¿(Sabes/Conoces[8]) su teléfono?

LOLA: Está en mi guía telefónica. Y pregúntale[b] a Virginia si ella (sabe/conoce[9]) si aceptan reservaciones con anticipación[c] o no.

MANOLO: De acuerdo.

[a]*owner*   [b]*ask*   [c]*con... in advance*

F. ¡Qué talento!

Paso 1. Invente oraciones sobre tres cosas que Ud. sabe hacer.

MODELO: Sé tocar el acordeón.

Paso 2. Ahora, en grupos de tres estudiantes, pregúnteles (*ask*) a sus compañeros si saben hacer esas actividades. Escriba sí o no, según sus respuestas.

MODELO: ¿Sabes tocar el acordeón?

Paso 3. Ahora describa las habilidades de los estudiantes de su grupo.

MODELO: Marta y yo sabemos tocar el acordeón, pero Elena no. (En el grupo, sólo yo sé tocar el acordeón.)

G. Entrevista

1. ¿Qué restaurantes conoces en esta ciudad? ¿Cuál es tu restaurante favorito? ¿Por qué es tu favorito? ¿Es buena la comida allí? ¿Qué tipo de comida sirven? ¿Te gusta el ambiente (*atmosphere*)? ¿Comes allí con frecuencia? ¿Llamas para hacer reservaciones?

2. ¿Qué platos sabes hacer? ¿Tacos? ¿enchiladas? ¿pollo frito? ¿hamburguesas? ¿Te gusta cocinar? ¿Cocinas con frecuencia? ¿Qué ingredientes usas con más frecuencia?

Need more practice?

- Workbook and Laboratory Manual
- ActivityPak
- Online Learning Center (www.mhhe.com/puntos8)

18 Expressing *what* or *who(m)* • Direct Objects (Part 2): The Personal *a*; Direct Object Pronouns

Gramática en acción: De compras en el supermercado

LA MODERNA MARKET
930-932 State Street • New Haven, CT • (203) 776-2333

• **TODA CLASE DE CARNES FRESCAS**

• **VEGETALES FRESCOS**
• **GROCERY**

• **LÍNEA COMPLETA DE PRODUCTOS MEXICANOS**
La Moderna • La Morena
• La Costeña • Nestle

Solicite Nuestra Propia Longaniza y Cesina
ATENDEMOS PEDIDOS PARA NEGOCIOS

Indique cuáles de estas declaraciones expresan lo que Ud. hace.

1. la carne
- ☐ La como todos los días. Por eso tengo que comprarla con frecuencia.
- ☐ La como de vez en cuando (*once in a while*). Por eso no la compro a menudo (*often*).
- ☐ Nunca la como. No necesito comprarla.

2. el café
- ☐ Lo bebo todos los días. Por eso tengo que comprarlo con frecuencia.
- ☐ Lo bebo de vez en cuando. Por eso no lo compro a menudo.
- ☐ Nunca lo bebo. No necesito comprarlo.

3. los huevos
- ☐ Los como todos los días. Por eso tengo que comprarlos con frecuencia.
- ☐ Los como de vez en cuando. Por eso no los compro a menudo.
- ☐ Nunca los como. No necesito comprarlos.

4. las bananas
- ☐ Los como todos los días. Por eso tengo que comprarlas con frecuencia.
- ☐ Los como de vez en cuando. Por eso no las compro a menudo.
- ☐ Nunca las como. No necesito comprarlas.

A. In English and in Spanish, the *direct object* (**el complemento directo**) of a sentence answers the question *what?* or *who(m)?* in relation to the subject and verb.

Ana is preparing dinner.
What is Ana preparing? → dinner

They can't hear the waiter.
Who(m) can't they hear? → the waiter

Indicate the direct objects in the following sentences.

1. I don't see Betty and Mary here.
2. Give the dog a bone.
3. No tenemos dinero.
4. ¿Por qué no pones la sopa en la mesa?

> **direct object** = the noun or pronoun that receives the action of the verb

B. In Spanish, the word **a** immediately precedes the direct object of a sentence when the direct object refers to a specific person or persons. This **a**, called the personal **a**, has no equivalent in English.*

Vamos a visitar **a nuestros abuelos.**
We're going to visit our grandparents.
But
Vamos a visitar **la casa de nuestros abuelos.**
We're going to visit our grandparents' house.

Necesitan **a sus padres.**
They need their parents.
But
Necesitan **el coche de sus padres.**
They need their parents' car.

The personal **a** is used before the interrogative words **¿quién?** and **¿quiénes?** when they function as direct objects.

¿**A quién** llamas? ¿**al camarero?**
Who(m) are you calling? The waiter?

The verbs **escuchar** (*to listen to*) and **mirar** (*to look at*) include the sense of the English preposition *at*. The verb **esperar** (*to wait* [*for*]; *to expect*) includes the meaning of English *for*. These verbs take direct objects in Spanish, not prepositional phrases, as in English, but you must still use the personal **a** before direct objects that are persons or personified animals (e.g., family pet) or things.

[Práctica A]

Miro el menú.
I'm looking at the menu.
Escucho los pájaros.
I'm listening to the birds.
Espero el autobús.
I'm waiting for the bus.
But
Miro a mi gato, Scout.
I'm looking at my cat, Scout.
Escucho a mi madre.
I listen to my mother.
Espero a mi amigo Jorge.
I'm waiting for my friend Jorge.

---

*The personal **a** is not generally used with **tener: Tenemos cuatro hijos.**

Direct Objects Pronouns

me	me		**nos**	us
te	you (*fam. sing.*)		**os**	you (*fam. pl.*)
lo*	you (*form. sing.*), him, it (*m.*)		**los**	you (*form. pl.*), them (*m., m. + f.*)
la	you (*form. sing.*), her, it (*f.*)		**las**	you (*form. pl.*), them (*f.*)

A. Like direct object nouns, *direct object pronouns* (**los pronombres del complemento directo**) are the first recipient of the action of the verb. Direct object pronouns are placed before a conjugated verb and after the word **no** when it appears. Third person direct object pronouns are used only when the direct object noun has already been mentioned.

[Práctica B]

¿El menú? Diego **no lo necesita.**
The menu? Diego doesn't need it.

¿Dónde están el pastel y el helado? **Los necesito** ahora.
Where are the cake and the ice cream? I need them now.

Ellos **me ayudan.**
They're helping me.

B. The direct object pronouns may be attached to an infinitive or a present participle.

[Práctica C–E]

Las tengo que leer.
Tengo que **leerlas.**
} *I have to read them.*

Lo estoy comiendo.
Estoy **comiéndolo.**
} *I am eating it.*

C. Note that the direct object pronoun **lo** can refer to actions, situations, or ideas in general. When used in this way, **lo** expresses English *it* or *that.*

Lo comprende muy bien.
He understands it (that) very well.

No **lo** creo.
I don't believe it (that).

Lo sé.
I know (it).

AUTOPRUEBA

Match the direct object pronouns with the nouns and subject pronouns.

1. _____ los   **a.** Ana
2. _____ la   **b.** tú
3. _____ te   **c.** Pedro y Carolina
4. _____ lo   **d.** María y yo
5. _____ las   **e.** Jorge
6. _____ nos   **f.** Elena y Rosa

Answers: 1. c 2. a 3. b 4. e 5. f 6. d

In Spain and in some other parts of the Spanish-speaking world, **le is frequently used instead of **lo** for the direct object pronoun him. This usage, called **el leísmo,** will not be followed in Puntos de partida.*

■ ■ ■ Práctica

A. ¿A personal o no? Complete las siguientes oraciones breves. **¡OJO!** Use la **a** personal cuando sea (*whenever it is*) necesario.

Busco…

1. el presidente.
2. una clase de historia.
3. mi amiga.
4. la clase de matemáticas.
5. un trabajo (*job*).
6. mi perro Sultán.

Miro…

7. la televisión.
8. mis niños en el parque.
9. películas en español.
10. el profesor / la profesora en clase.

B. ¿Qué comen los vegetarianos?

Paso 1. Aquí hay una lista de diferentes comidas. ¿Cree Ud. que las come un vegetariano? Conteste según los modelos.

> **MODELOS:** el bistec → No *lo* come.
> la banana → *La* come.

1. las patatas
2. el arroz
3. las chuletas de cerdo
4. los huevos
5. las zanahorias
6. las manzanas
7. los camarones
8. el pan
9. los champiñones
10. los frijoles
11. la ensalada
12. los dulces (*candy, sweets*)

Paso 2. Si hay estudiantes vegetarianos en la clase, pídales que verifiquen (*ask them to verify*) las respuestas de Ud.

C. La cena de Lola y Manolo. La siguiente descripción de la cena de Lola y Manolo es muy repetitiva. Combine las oraciones, cambiando los sustantivos de complemento directo en azul por (*with*) pronombres.

> **MODELO:** El camarero (*waiter*) trae un menú. Lola lee el menú. →
> El camarero trae un menú y Lola *lo* lee.

1. El camarero trae una botella de vino tinto. Pone la botella en la mesa.
2. El camarero trae las copas (*glasses*) de vino. Pone las copas delante de Lola y Manolo.
3. Lola quiere la especialidad de la casa. Va a pedir la especialidad de la casa.
4. Manolo prefiere el pescado fresco (*fresh*). Pide el pescado fresco.
5. Lola quiere una ensalada también. Por eso pide una ensalada.
6. El camerero trae la comida. Sirve la comida.
7. Manolo necesita otra servilleta (*napkin*). Pide otra servilleta.
8. «¿La cuenta (*bill*)? El dueño está preparando la cuenta para Uds.».
9. Manolo quiere pagar con tarjeta (*card*) de crédito. Pero no trae su tarjeta.
10. Por fin, Lola toma la cuenta. Paga la cuenta.

D. ¿Quién o qué lo hace? Empareje los sujetos con las siguientes declaraciones de una forma lógica. ¡OJO! Hay más de una respuesta posible.

DECLARACIONES

1. Por la mañana, _____ me despierta.
2. En un restaurante, _____ nos sienta.
3. En una barbería (*barber shop*), _____ nos afeita.
4. En un hospital, _____ nos examina.
5. _____ nos escuchan cuando tenemos problemas.
6. _____ nos esperan cuando vamos a llegar tarde.
7. ¿Los niños? _____ los bañan, los acuestan y los visten.
8. En una clase, _____ hacen preguntas y _____ las contestan (*answer*).

SUJETOS

a. el barbero
b. los (buenos) amigos
c. la camarera
d. el despertador (*alarm clock*)
e. el médico
f. los estudiantes
g. los padres
h. los profesores

NOTA COMUNICATIVA

Talking About What You Have Just Done

To talk about what you have *just* done, use the phrase **acabar** + **de** + *infinitive*.

Acabo de almorzar con Beto.   *I just had lunch with Beto.*
Acabas de celebrar tu   *You just celebrated your birthday,*
  cumpleaños, ¿verdad?   *didn't you?*

Note that the infinitive follows **de.** Remember that the infinitive is the only verb form that can follow a preposition in Spanish.

E. ¡Acabo de hacerlo! Imagine that a friend is pressuring you to do the following things. With a classmate, tell him or her that you just did each one, using either of the forms in the model.

MODELO: E1: ¿Por qué no estudias la lección? →
E2: Acabo de estudiar*la*. (*La* acabo de estudiar.)

1. ¿Por qué no escribes las composiciones para tus clases?
2. ¿Vas a comprar el periódico hoy?
3. ¿Por qué no pagas los cafés?
4. ¿Vas a cocinar la comida para la fiesta?
5. ¿Puedes pedir la cuenta?
6. ¿Quieres ayudarme?

Need more practice?

- Workbook and Laboratory Manual
- ActivityPak
- Online Learning Center (www.mhhe.com/puntos8)

■ ■ ■ Conversación

A. **¿Quién ayuda?** Todos necesitamos ayuda (*help*) en algún momento, ¿verdad? ¿Quién los ayuda a Uds. en los siguientes casos? **¡OJO!** Use **nos** en sus respuestas.

MODELO: con las cuentas → Nuestros padres *nos* ayudan con las cuentas.

> ### Vocabulario útil
>
> **ayudar** + **a** + *inf.*   to help to (*do something*)
> **nuestros padres (compañeros, consejeros, amigos...)**

1. con las cuentas
2. con la tarea
3. con la matrícula
4. con el horario de clases
5. resolver los problemas personales
6. pagar las deudas (*debts*)

B. **Una encuesta sobre la comida.** Hágales (*Ask*) preguntas a sus compañeros de clase para saber si consumen las comidas o bebidas indicadas y con qué frecuencia. Deben explicar por qué toman o comen cierta cosa o no.

MODELO: la carne → E1: ¿Comes carne?
E2: No, no *la* como casi nunca porque tiene mucho colesterol.

> ### Vocabulario útil
>
> | | |
> |---|---|
> | **la cafeína** | **ser bueno/a para la salud** (health) |
> | **las calorías** | |
> | **el colesterol** | **me pone(n) nervioso/a** it / they make |
> | **la grasa** fat | me nervous |
> | | **me sienta(n) mal** it / they don't agree |
> | **estar a dieta** | with me |
> | **ser alérgico/a a** | **lo/la/los/las detesto** |

1. la carne
2. los mariscos
3. el yogur
4. la pizza
5. las hamburguesas
6. el pollo
7. el café
8. los dulces
9. las bebidas alcohólicas
10. el atún
11. los espárragos
12. el hígado (*liver*)

C. **Entrevista**

1. ¿Conoces a una persona famosa? ¿Quién es? ¿Cómo es? ¿Qué detalles sabes de la vida (*life*) de esa persona? ¿A qué persona famosa te gustaría (*would you like*) conocer? ¿Por qué?
2. ¿Esperas a tus amigos para ir a la universidad? ¿Esperas a tus amigos después de la clase? ¿A quién buscas cuando necesitas ayuda con el español? ¿cuando necesitas hablar de un problema personal?
3. ¿Quién te invita a cenar con frecuencia? ¿Quién te invita a ir al cine? ¿a tomar un café? ¿a salir por la noche? ¿a bailar?

19 Expressing Negation • Indefinite and Negative Words

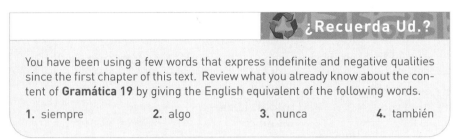

♻ **¿Recuerda Ud.?**

You have been using a few words that express indefinite and negative qualities since the first chapter of this text. Review what you already know about the content of **Gramática 19** by giving the English equivalent of the following words.

1. siempre   **2.** algo   **3.** nunca   **4.** también

Gramática en acción: ¿Un refrigerador típico?

—En este refrigerador…

■ ¿hay algo bueno de comer?
—Sí, hay algo. / No, no hay nada.
■ ¿hay fruta y pan?
—Sí, hay fruta y pan. / No, no hay fruta.
Tampoco hay pan.
■ ¿hay algunas manzanas?
—Sí, hay manzanas. / No, no hay ninguna
manzana.

—En esta casa…

■ ¿alguien compra comida con frecuencia?
—Sí, alguien la compra. / No, nadie la
compra.

¿Y Ud.?

Este refrigerador, ¿es un refrigerador típico de una casa de estudiantes?
¿de jóvenes profesionales? ¿de padres con hijos? ¿En qué se parece (*In
what* [*way*] *does it resemble*) al refrigerador de su casa o apartamento?

A Typical Refrigerator?   —*In this refrigerator…* ■ *is there anything good to eat? —Yes, there's something. / No, there isn't anything.* (*No, there's nothing.*) ■ *is there fruit and bread? —Yes, there's fruit and
bread. / No, there isn't any fruit. There isn't any bread either.* (*Neither is there any bread.*) ■ *are there
any* (*some*) *apples? —Yes, there are apples. / No, there aren't any apples.* (*Literally, No, there is no
apple.*) —*In this house…* ■ *does anyone* (*someone*) *buy food frequently? —Yes, someone buys it. / No,
no one* (*nobody*) *buys it.*

Here is a list of the most common indefinite and negative words in Spanish. You have been using many of them since the first chapters of *Puntos de partida*.

algo	something, anything	**nada**	nothing, not anything
alguien	someone, anyone	**nadie**	no one, nobody, not anybody
algún (alguna/os/as)	some, any	**ningún (ninguna)**	no, not any
siempre	always	**nunca, jamás**	never
también	also	**tampoco**	neither, not either

Pronunciation hint: Pronounce the **d** in **nada** and **nadie** as a fricative, that is, like the *th* sound in *the*: [**na-ða**], [**na-ðie**].

The Double Negative

When a negative word comes after the main verb, Spanish requires that another negative word—usually **no**—be placed before the verb. When a negative word precedes the verb, **no** is not used.

¿**No** estudia **nadie**?
¿**Nadie** estudia? } *Isn't anyone studying?*

No estás en clase **nunca**.
Nunca estás en clase. } *You're never in class.*

No quieren cenar aquí **tampoco**.
Tampoco quieren cenar aquí. } *They don't want to have dinner here, either.*

The Adjectives *algún* and *ningún*

Algún (Alguna/os/as) and **ningún (ninguna)** are adjectives. Unlike **nadie** and **nada** (nouns) or **nunca, jamás**, and **tampoco** (adverbs), **algún** and **ningún** must agree with the noun they modify. Note the shortened masculine singular forms **algún** and **ningún** (no final **-o**, accented **ú**).

Ningún (Ninguna) has no plural form. Note the use of the singular (**ningún recado**) in the example.

—¿Hay **algunos recados** para mí hoy?
Are there any messages for me today?
—Lo siento, pero hoy no hay **ningún recado** para Ud.
I'm sorry, but there are no messages for you today. (There is not a single message for you today.)

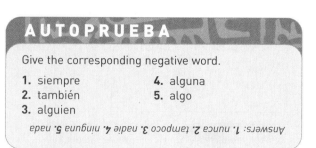

AUTOPRUEBA

Give the corresponding negative word.

1. siempre
2. también
3. alguien
4. alguna
5. algo

Answers: 1. nunca 2. tampoco 3. nadie 4. ninguna 5. nada

■ ■ ■ Práctica

A. ¡Anticipemos! ¿Qué pasa esta noche en casa? Tell whether the following statements about what is happening at this house are true (**cierto**) or false (**falso**). Then create as many additional sentences as you can about what is happening, following the model of the sentences.

1. No hay nadie en el baño.
2. En la cocina, alguien está haciendo la cena.
3. No hay ninguna persona en el patio.
4. Hay algo en la mesa del comedor.
5. Algunos amigos se están divirtiendo en la sala.
6. Hay algunos platos en la mesa del comedor.
7. No hay ningún niño en la casa.

B. ¡Por eso no come nadie allí! Exprese negativamente, usando la negativa doble.

MODELO: Hay alguien en el restaurante. → *No* hay *nadie* en el restaurante.

1. Hay algo interesante en el menú.
2. Tienen algunos platos típicos.
3. El profesor cena allí también.
4. Mis amigos siempre almuerzan allí.
5. Preparan un menú especial para grupos grandes.
6. Siempre hacen platos nuevos.
7. Y también sirven paella, mi plato favorito.

C. Todo lo contrario

Paso 1. Cambie las siguientes declaraciones para que sean (*so that they are*) completamente negativas.

MODELO: Hay algunas personas simpáticas en mi familia. →
No hay ninguna persona simpática en mi familia.

1. Esta semana hay muchas actividades interesantes en la universidad.
2. Me divierto tomando café con mis amigos todos los días.
3. Hay algunos políticos buenos hoy día.
4. Todos mis profesores de este año son simpáticos.
5. Me gusta la comida de la cafetería.

(Continúa en la página 216.)

Paso 2. Ahora invente preguntas para las siguientes respuestas. **¡OJO!** Hay más de una respuesta posible en algunos casos.

> **MODELO:** No, no hay nada interesante en la tele. →
> ¿Hay algo interesante en la tele (esta noche)?

1. No, no hay ningún programa interesante esta noche.
2. No, no hay ningún estudiante de Nicaragua.
3. No, esta semana no pasan (*they're not showing*) ninguna buena película aquí.
4. No, nunca ceno en la universidad.
5. No, tampoco estudio en la biblioteca.

Need more practice?

■ Workbook and Laboratory Manual
■ ActivityPak
■ Online Learning Center (www.mhhe.com/puntos8)

■ ■ ■ Conversación

Entrevista. En parejas, túrnense para entrevistarse sobre los siguientes temas. Deben obtener detalles interesantes y personales de su compañero/a.

> **MODELO:** E1: ¿Tienes alguna buena excusa para no hacer la tarea de física esta semana?
> E2: No, no tengo ninguna buena excusa esta semana. (Sí, tengo una buena excusa para no hacerla. ¡No entiendo nada en esa clase!)

| tener | **+** | algún, alguna/os/as | **+** | excusa(s) para no hacer la tarea de ____ (clase) esta semana
queja(s) (*complaint[s]*) sobre tus clases este semestre/trimestre
pariente rico / parientes ricos en ____ (lugar)
amigo(s) de ____ (país) |

| entender
contestar
mirar | **+** | siempre
nunca | **+** | las matemáticas / la física / el español…
preguntas en clase
la tele por la noche (mañana) |

♻ ¿Recuerda Ud.?

In **Gramática 20,** you will learn to form one type of command. In Spanish, the formal commands are based on the first person singular of the present tense. Review what you already know about irregular first person present tense forms by giving the **yo** form of the following infinitives.

1. salir	3. conocer	5. hacer	7. perder
2. tener	4. pedir	6. dormir	8. traer

Influencing Others • Commands (Part 1): Formal Commands

Gramática en acción: Receta para guacamole

El guacamole

Ingredientes:
1 aguacate[a]
1 diente de ajo,[b] prensado[c]
1 tomate
jugo de un limón
sal
un poco de cilantro fresco[d]

Cómo se prepara
Corte el aguacate y el tomate en trozos[e] pequeños. Añada el jugo del limón, el ajo, el cilantro y la sal a su gustó. Mezcle bien todos los ingredientes y sírvalo con tortillas de maíz[f] fritas.

En español, los mandatos se usan con frecuencia en las recetas. Estos verbos se usan en forma de mandato en esta receta. ¿Puede encontrarlos?

añadir	to add
cortar	to cut
mezclar	to mix
servir (sirvo) (i)	to serve

[a]*avocado* [b]*diente... clove of garlic* [c]*crushed* [d]*fresh*
[e]*pieces* [f]*corn*

Formal Command Forms

In *Puntos de partida* you have seen formal commands in the direction lines of activities since the beginning of the text: **haga, complete, conteste,** and so on.

Commands (imperatives) are verb forms used to tell someone to do something. In Spanish, *formal commands* (**los mandatos formales**) are used with people whom you address as **Ud.** or **Uds.*** Here are some of the basic forms.

> **command or imperative** = a verb form used to tell someone to do something

	hablar	comer	escribir	volver	poner
Ud.	hable	coma	escriba	vuelva	ponga
Uds.	hablen	coman	escriban	vuelvan	pongan
English	speak	eat	write	come back	put, place

A. Most formal command forms can be derived from the **yo** form of the present tense.

-ar: -o → -e, -en	-er/-ir: -o → -a, -an
hablo → hable 　　　　 hablen	como → coma 　　　　 coman escribo → escriba 　　　　 escriban

B. Formal commands of stem-changing verbs will show the stem change.

piense Ud.
vuelva Ud.
pida Ud.

---

*You will learn how to form informal (**tú**) commands in **Gramática 36** (Cap. 12).

C. Verbs ending in **-car, -gar,** and **-zar** have a spelling change to preserve the **-c-, -g-,** and **-z-** sounds.

c → qu	bus**c**ar: bus**qu**e Ud.
g → gu	pa**g**ar: pa**gu**e Ud.
z → c	empe**z**ar: empie**c**e Ud.

¡OJO! From this chapter on, these three spelling changes for verbs in formal commands will be indicated in parentheses in vocabulary lists. If these three verbs were active in this chapter, they would be listed in the end-of-chapter vocabulary list as follows: **bus**c**ar (qu), pa**g**ar (gu), empe**z**ar (empiezo) (c).**

D. Verbs that have irregular **yo** forms in the present tense will reflect the irregularity in the **Ud./Uds.** commands.

conocer: **conozco**	→ **conozca** Ud.
decir* (*to say, tell*): **digo**	→ **diga** Ud.
hacer: **hago**	→ **haga** Ud.
oír: **oigo**	→ **oiga** Ud.
salir: **salgo**	→ **salga** Ud.
tener: **tengo**	→ **tenga** Ud.
traer: **traigo**	→ **traiga** Ud.
venir: **vengo**	→ **venga** Ud.
ver: **veo**	→ **vea** Ud.

E. A few verbs have irregular **Ud./Uds.** command forms.

dar* (*to give*)	→ **dé** Ud.
estar	→ **esté** Ud.
ir	→ **vaya** Ud.
saber	→ **sepa** Ud.
ser	→ **sea** Ud.

Position of Pronouns with Formal Commands

- Direct object pronouns and reflexive pronouns must follow affirmative commands and be attached to them. In order to maintain the original stress of the verb form, an accent mark is added to the stressed vowel if the original command has two or more syllables.

Pídalo Ud.	*Order it.*
Siéntese, por favor.	*Sit down, please.*

- Direct object and reflexive pronouns must precede the verb form in negative commands.

No lo pida Ud.	*Don't order it.*
No se siente.	*Don't sit down.*

---

*Decir and *dar* are used primarily with indirect objects. Both of these verbs and indirect object pronouns will be formally introduced in **Gramática 21 (Cap. 7).**

■■■ Práctica

A. ¡Anticipemos! Mandatos típicos en el salón de clase

Paso 1. Indique los mandatos que Ud. oye en la clase de español. Si hay algo que Ud. nunca oye, diga: «**Este nunca lo oigo**».

1. Traigan los libros a clase.
2. Cierren los libros.
3. Siéntense en círculo.
4. Lleguen a tiempo.
5. No se duerman en clase.
6. Repitan más alto (*louder*).
7. Hagan esta actividad como tarea.
8. ¡No hablen en inglés!

Paso 2. Ahora, en parejas, inventen tres mandatos que les gustaría darle (*you would like to give*) a su profesor(a) de español o a otro profesor.

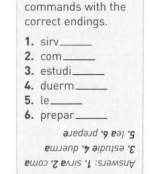

B. Profesor(a) por un día.
Imagine que Ud. es el profesor o profesora hoy. ¿Qué mandatos va a darles (*will you give*) a sus estudiantes?

MODELOS: hablar español → Hablen Uds. español.
hablar inglés → No hablen Uds. inglés.

1. llegar a tiempo
2. leer la lección
3. escribir una composición
4. abrir los libros
5. volver a clase mañana
6. traer los libros a clase
7. estudiar los nuevos verbos
8. ¿ ?

C. ¡Pobre Sr. Casiano!

Paso 1. El Sr. Casiano no se siente (*feel*) bien. Lea la descripción que él da de las cosas que hace.

Trabajo[1] muchísimo[a] —¡me gusta trabajar! En la oficina, soy[2] impaciente y critico[3][b] bastante[c] a los otros. En mi vida personal, a veces soy[4] un poco impulsivo. Fumo[5][d] bastante y también bebo[6] cerveza y otras bebidas alcohólicas, a veces sin moderación… Almuerzo[7] y ceno[8] fuerte,[e] y casi nunca desayuno[9]. Por la noche, con frecuencia salgo[10] con los amigos —me gusta ir a las discotecas— y vuelvo[11] tarde a casa.

[a]*a great deal* [b]critico → criticar [c]*a good deal* [d]Fumo → fumar (*to smoke*) [e]*a lot*

Paso 2. ¿Qué *no* debe hacer el Sr. Casiano? Aconséjelo (*Advise him*) y dígale (*tell him*) lo que no debe hacer. Use los verbos indicados en azul o cualquier (*any*) otro, según los modelos.

MODELOS: Trabajo → Sr. Casiano, *no trabaje* tanto.
soy → Sr. Casiano, *no sea* tan impaciente.

D. Hablando con el médico. El Sr. Casiano debe adelgazar (*lose weight*). ¿Qué debe o no debe comer y beber? En parejas, imaginen una conversación entre el Sr. Casiano y su médico.

> **MODELOS:** ensalada → E1: ¿Ensalada?   postres → E1: ¿Postres?
> E2: Cóma*la*.   E2: No *los* coma.

1. bebidas alcohólicas	**7.** frutas frescas
2. verduras	**8.** refrescos dietéticos
3. pan	**9.** pollo
4. dulces	**10.** carne
5. leche	**11.** pizza
6. hamburguesas con queso	**12.** jugo de fruta

E. ¡Qué desasatre! Imagine los mandatos que un padre o madre les daría (*would give*) a sus hijos adolescentes. ¿Le resultan (*Do they sound*) familiares a Ud. estos mandatos?

> **MODELO:** no acostarse muy tarde →
> ¡*No se acuesten* muy tarde!

1. levantarse más temprano
2. bañarse todos los días
3. quitarse esa ropa sucia
4. ponerse ropa limpia
5. no divertirse todas las noches con los amigos
6. ir más a la biblioteca y estudiar más
7. ¿ ?

NOTA COMUNICATIVA

El subjuntivo

Except for the command form, all verb forms that you have learned thus far in *Puntos de partida* have been part of the *indicative mood* (**el modo indicativo**). In both English and Spanish, the indicative is used to state facts and to ask questions. It objectively expresses most real-world actions or states of being.

Both English and Spanish have another verb system called the *subjunctive mood* (**el modo subjuntivo**), which will be introduced in **Capítulo 12.** The **Ud./Uds.** command forms that you have just learned are part of the subjunctive system. From this point on in *Puntos de partida* you will see the subjunctive used where it is natural to use it, without translation. What follows is a brief introduction to the subjunctive that will make it easy for you to recognize it when you see it.

Here are some examples of the forms of the subjunctive. The **Ud./Uds.** forms (identical to the **Ud./Uds.** command forms) are highlighted.

hablar		comer		servir		salir	
hable	hablemos	coma	comamos	sirva	sirvamos	salga	salgamos
hables	habléis	comas	comáis	sirvas	sirváis	salgas	salgáis
hable	hablen	coma	coman	sirva	sirvan	salga	salgan

The subjunctive is used to express more subjective or conceptual states, in contrast to the indicative, which reports facts, information that is objectively true. Here are just a few of the situations in which the subjunctive is used in Spanish.

1. to express what the speaker wants others to do (I want you to . . .)
2. to express emotional reactions (I'm glad that . . .)
3. to express probability or uncertainty (It's likely that . . .)

F. El cumpleaños de María. Fíjese en (*Notice*) los verbos subrayados (*underlined*) en los siguientes diálogos. Diga en inglés por qué razón están subrayados. (Use la lista de la **Nota comunicativa** de la página 220.)

EN EL PARQUE

RAÚL: Como hoy es tu cumpleaños, quiero invitarte a cenar. ¿En qué restaurante quieres que <u>cenemos</u>[1]?

MARÍA: Prefiero que tú me[a] <u>hagas</u>[2] una de tus espléndidas cenas.

RAÚL: ¡Con mucho gusto!

EN CASA DE MARÍA

MADRE: (*Hablando por teléfono*) No, lo siento,[b] pero María no está en casa.

LUISA: ¿Es posible que <u>esté</u>[3] en la biblioteca?

MADRE: No. Sé que ella y Raúl están cenando en casa de él.

LUISA: Ah, sí. Bueno, ¿puede decirle[c] que <u>llame</u>[4] a Luisa cuando regrese?

MADRE: Sí, con mucho gusto,[d] Luisa. Adiós.

LUISA: Hasta luego.

[a]*for me* [b]*lo... I'm sorry* [c]*tell her* [d]*con... with pleasure*

Need more practice?
- Workbook and Laboratory Manual
- ActivityPak
- Online Learning Center (www.mhhe.com/puntos8)

■ ■ ■ Conversación

A. ¡Esta es su oportunidad! Hoy Ud. tiene la oportunidad de decirles (*tell*) a las siguientes personas lo que tienen que hacer. En parejas, inventen dos o tres mandatos para ellos.

1. al presidente / a la presidenta o al primer ministro / a la primera ministra
2. a algún candidato político o líder (nacional o mundial)
3. al rector / a la rectora (*president*) de la universidad
4. a algún profesor o profesora
5. a alguna persona famosa
6. ¿ ?

B. ¿Chefs? Demuéstreles (*Show*) a sus compañeros de clase su talento culinario. Escriba una receta para un plato delicioso, usando las dos recetas de este capítulo (páginas 203 y 217) como modelo.

UN POCO DE TODO

A. ¿Qué hace Roberto los martes?

Paso 1. Describa la rutina de Roberto, haciendo oraciones según las indicaciones.

> **MODELO:** Roberto / siempre / levantarse / después de / siete y media →
> Roberto siempre se levanta después de las siete y media.

1. martes / Roberto / nunca / salir / apartamento / antes de / doce
2. esperar / su amigo Samuel / en / parada del autobús (*bus stop*)
3. (ellos) llegar / universidad / a / una
4. (ellos) buscar / su amiga Ceci / en / cafetería
5. ella / acabar / empezar / estudios / allí
6. (ella) no / conocer / mucha gente (*people*) / todavía
7. a / dos / todos / tener / clase / de / sicología
8. siempre / (ellos) oír / conferencias (*lectures*) / interesante / y / hacer / alguno / pregunta
9. a / cinco / Samuel y Roberto / volver / esperar / autobús
10. Roberto / hacer / cena / y / luego / mirar / televisión

Paso 2. ¿Quién habla? Base su respuesta en la información del **Paso 1.**

1. Quiero conocer a más gente. ¡Casi no conozco a nadie todavía!
2. Algunos estudiantes hacen buenas preguntas.
3. ¿Dónde está Roberto? Va a llegar tarde otra vez…
4. ¡Ay! ¡Ya son las doce! ¡Tengo que salir para la universidad!

Paso 3. Ahora vuelva a contar la historia desde el punto de vista de Roberto, usando **yo** o **nosotros** como sujeto donde sea apropiado.

B. Lengua y cultura: La cocina panameña.
Complete the following paragraphs with the correct form of the words in parentheses, as suggested by context. When two possibilities are given in parentheses, select the correct word. **¡OJO!** As you conjugate the verbs in this activity, note that you will make formal commands with some infinitives.

▲ *El arroz con pollo, un típico plato panameño*

¿**C**reen Uds. que la comida panameña es similar a la[a] de México? ¿(*Uds.:* Creer[1]) que los tacos y las tortillas (ser/estar[2]) parte de la comida típica de los panameños? Si creen que sí,[b] entonces[c] no (*Uds.:* saber/conocer[3]) (algo/nada[4]) de la comida de (este[5]) nación. (*Uds.:* Seguir[6]) (leer[7]), porque van a aprender mucho.

Hoy en día, Panamá tiene muy (bueno[8]) relaciones con los Estados Unidos y el Canadá, especialmente por la (grande[9]) importancia que tiene su canal para Norteamérica. En Panamá, se observa mucho la influencia de los Estados Unidos. Muchos panameños (saber/conocer[10]) inglés perfectamente y (lo/la[11]) hablan con frecuencia.

La influencia (extranjero[12]) en la comida de la cosmopolita Ciudad de Panamá es muy visible. Hay (mucho[13]) restaurantes que (servir[14]) comida italiana, china, (francés[15]), estadounidense y comidas de otros países también.

Sin embargo, los panameños no (perder[16]) su identidad nacional, y frecuentemente (preferir[17]) servir la comida tradicional de ellos. En la comida tradicional panameña hay muchos platos de mariscos y pescados, entre ellos **el ceviche.** Las personas vegetarianas no (tener[18]) problema con la comida tradicional porque hay una variedad de platos (preparado[19]) con arroz y verduras. El arroz es un ingrediente importante en la comida de Panamá. Si Ud. desea (saber/conocer[20]) cuál es el plato nacional de Panamá, los panameños (contestar[21]): «el arroz con pollo». (*Ud.:* Pedirlo[22]). Le va a gustar.

[a]*that* [b]*Si… If you think so* [c]*then*

Resources for Review and Testing Preparation

- Workbook and Laboratory Manual
- ActivityPak
- Online Learning Center (www.mhhe.com/puntos8)

Comprensión: Conteste las siguientes preguntas.

1. ¿Por qué tiene Panamá muy buenas relaciones con los Estados Unidos y el Canadá?
2. ¿Cómo se sabe que la Ciudad de Panamá es cosmopolita?
3. ¿Cuál es el plato que representa mejor la cocina panameña?
4. ¿Qué ingredientes son comunes en la comida de Panamá?

C. Publicidad. Como se ve en este anuncio de un periódico argentino, en español (como en inglés) los mandatos se usan con frecuencia en los anuncios y en la publicidad en general. En parejas, creen (*create*) un anuncio publicitario para un lugar de su universidad o de su ciudad, como un restaurante, un estadio, un cine, etcétera. El humor es siempre apreciado por sus compañeros.

"Argentina crece[a] leyendo"

Plan Nacional de Lectura en las Bibliotecas Populares

Muy cerca de su casa hay una biblioteca popular.

Acérquese,[b] visítela, conózcala.

CONABIP

Secretaría de Cultura
PRESIDENCIA DE LA NACION

Argentina

[a]*grows* [b]*acercarse = to approach, draw near*

Perspectivas culturales

Panamá

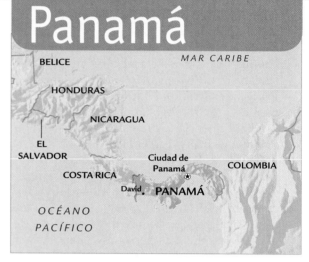

BELICE
MAR CARIBE
HONDURAS
NICARAGUA
EL SALVADOR
COSTA RICA
Ciudad de Panamá
COLOMBIA
David
PANAMÁ
OCÉANO PACÍFICO

Datos esenciales

- Nombre oficial: República de Panamá
- Capital: la Ciudad de Panamá
- Población: más de 3 millones de habitantes

Fíjese

- **Panamá** es una palabra indígena que significa «tierra de muchos peces[a]».
- La Carretera[b] Panamericana, el sistema de carreteras que va de Alaska a la Argentina, se interrumpe[c] en la densa e[d] impenetrable selva[e] panameña de Darién. Para llegar a Sudamérica es necesario tomar un barco[f] hasta Colombia, donde continúa la carretera.
- Mireya Moscoso ganó[g] las elecciones presidenciales de 1998. Doña Mireya, viuda[h] de otro presidente, es la primera mujer panameña en asumir la presidencia de Panamá.

[a]*fish* [b]*Highway* [c]*se... is interrupted* [d]*y* [e]*jungle*
[f]*boat* [g]*won* [h]*widow*

El Casco Antiguo (*Old City Center*) **de la Ciudad de Panamá**

Una esclusa[a] del Canal de Panamá   La idea de abrir un canal por Panamá para conectar los dos oceános viene del siglo[b] XVI, pero la construcción no empezó[c] hasta finales[d] del siglo XIX. Cuarenta y ocho millas de canales y esclusas unen el Atlántico con el Pacífico. Los barcos pasan por el Canal, dos lagos[e] artificiales y tres series de esclusas y canales.

[a]*lock* [b]*century* [c]*no... didn't begin* [d]*the end*
[e]*lakes*

La parte moderna de la Ciudad de Panamá   La Ciudad de Panamá, capital del país, es una ciudad moderna y cosmopolita. La influencia de la cultura y el dólar estadounidenses en esta ciudad es notable. Dentro de[a] la capital hay tres áreas de marcadas diferencias: Panamá la Vieja (restos[b] de la ciudad original que datan[c] del siglo XVI), el Casco Antiguo (la parte colonial española que data del siglo XVII) y la Ciudad Moderna con sus rascacielos.[d]

[a]*Dentro... Within* [b]*remains* [c]*date* [d]*skyscrapers*

Una mujer kuna con sus molas panameñas   Los kunas, una tribu indígena, viven en las islas de San Blas. Las mujeres kunas son famosas por sus molas, una artesanía textil de múltiples capas de telas,[a] cortadas y bordadas[b] en diseños coloridos y complejos.[c] Las artesanas también se decoran las piernas y los brazos[d] con los mismos diseños de sus molas.

[a]capas... *layers of material*   [b]cortadas... *cut and embroidered*   [c]diseños... *colorful and complex designs*   [d]se... *decorate their legs and arms*

Música de Panamá

El calipso es la forma musical más popular y famosa de Panamá. El calipso llegó[a] a Panamá de la isla de Trinidad durante la construcción del Canal. Muchas de las canciones de calipso son improvisaciones, y son muy comunes los «duelos[b]» entre cantantes.[c]

[a]llegó... *arrived*   [b]*duels*   [c]*singers*

La Cordillera[a] de Talamanca   Panamá protege[b] el 22 por ciento de su territorio con parques y reservas nacionales. La Cordillera de Talamanca queda[c] en la frontera[d] entre Panamá y Costa Rica. Las Reservas de la Cordillera de Talamanca y el Parque Internacional de La Amistad, junto con[e] otras propiedades fueron[f] declarados Patrimonio Mundial[g] de la Humanidad por la UNESCO en 1990.

[a]*Mountain Range*   [b]*protects*   [c]*is located*   [d]*border*   [e]junto... *together with*   [f]*were*   [g]Patrimonio... *World Heritage Site*

EN RESUMEN

See the Workbook, Laboratory Manual, ActivityPak, and Online Learning Center (www.mhhe.com/puntos8) for self-tests and practice with the grammar and vocabulary presented in this chapter.

Gramática

To review the grammar points presented in this chapter, refer to the indicated grammar presentations.

18. Expressing *what* or *who(m)*—Direct Objects (Part 2): The Personal **a;** Direct Object Pronouns

Do you know how to avoid repetition by using direct object pronouns?

19. Expressing Negation—Indefinite and Negative Words

Do you know how to use the double negative in Spanish?

20. Influencing Others—Commands (Part 1): Formal Commands

You should know how to use commands to order in restaurants and to have someone do something for you.

Vocabulario

Los verbos

acabar de + *inf.*	to have just (*done something*)
ayudar	to help
cenar	to have (eat) dinner, supper
cocinar	to cook
conocer (conozco)	to know, be acquainted, familiar with; to meet
contestar	to answer
desayunar	to have (eat) breakfast
esperar	to wait (for); to expect
invitar	to invite
llamar	to call
merendar (meriendo)	to have a snack
preguntar	to ask (*a question*)
preparar	to prepare
saber (sé)	to know
saber + *inf.*	to know how to (*do something*)

Repaso: almorzar (almuerzo) (c)

La comida

el aceite	oil
el arroz	rice
las arvejas	green peas
el atún	tuna
el azúcar	sugar
el bistec	steak
los camarones	shrimp
la carne	meat
los champiñones	mushrooms
la chuleta (de cerdo)	(pork) chop
la comida	food

los dulces	sweets; candy
los espárragos	asparagus
el flan	(baked) custard
los frijoles	beans
la galleta	cookie
el helado	ice cream
el huevo	egg
el jamón	ham
la langosta	lobster
la lechuga	lettuce
la mantequilla	butter
la manzana	apple
los mariscos	shellfish
la naranja	orange
el pan	bread
el pan tostado	toast
la papa (frita)	(French fried) potato
el pastel	cake; pie
la patata (frita)	(French fried) potato
el pavo	turkey
el pescado	fish
la pimienta	pepper
el pollo (asado)	(roast) chicken
el postre	dessert
el queso	cheese
la sal	salt
la salchicha	sausage; hot dog
la sopa	soup
las verduras	vegetables
la zanahoria	carrot

Cognados: la banana, la barbacoa, el cereal, la ensalada, la fruta, la hamburguesa, el salmón, el sándwich, el tomate, el yogur

Las bebidas

el agua (mineral)	(mineral) water
la cerveza	beer
el jugo (de fruta)	(fruit) juice
la leche	milk
el refresco	soft drink
el vino (blanco, tinto)	(white, red) wine

Cognado: el té

Repaso: el café

Las comidas

el almuerzo	lunch
la cena	dinner, supper
las comidas	meals
el desayuno	breakfast
la merienda	snack

En un restaurante

el/la camarero/a	waiter/waitress
la cuenta	check, bill
el plato	dish; course
el plato principal	main course

Cognados: el menú

Repaso: los platos (*dishes*)

Otros sustantivos

la ayuda	help
la cocina	cuisine
los comestibles	groceries, foodstuff
la comida	food; meal
el consejo	(piece of) advice
la dirección	address

el/la dueño/a	owner
la letra	(*song*) lyrics
el mandato	command
el nombre	name
la receta	recipe
la tarjeta de crédito	credit card

Repaso: la bebida

Los adjetivos

asado/a	roast(ed)
caliente	hot (*temperature*)
fresco/a	fresh
frito/a	fried
ligero/a	light, not heavy
picante	hot, spicy
rico/a	tasty, savory; rich
tostado/a	toasted

Las palabras indefinidas y negativas

alguien	someone, anyone
algún (alguna/os/as)	some, any
jamás	never
nada	nothing, not anything
nadie	no one, nobody, not anybody
ningún (ninguna)	no, not any
tampoco	neither, not either

Repaso: algo, nunca, siempre, también

Palabras adicionales

estar a dieta	to be on a diet
tener (mucha) hambre	to be (very) hungry
tener (mucha) sed	to be (very) thirsty

Vocabulario personal

Un paso más 6

Literatura de Panamá

Sobre el escritor: *Carlos Guillermo Wilson es originario de Panamá. Actualmente enseña literatura en* San Diego State University. *Su poesía y sus cuentos tratan con frecuencia los temas de la raza y el prejuicio racial. Este poema es del cuento «Los mosquitos de orixá Changó[a]»**

▲ Carlos Guillermo Wilson (1941–)

> Desarraigado[b]
>
> Abuelita africana,
> ¿no me reconoces?
>
> Mi lengua es cervantina[c]
> Mi letanía[d] es cristiana
> Mi danza es flamenca
> Mi raza es mulata
>
> Abuelita africana,
> ¿por qué no me reconoces?

[a]orixá... *an ancient deity, a god representing man's virility* [b]*Uprooted* [c]*related to Cervantes (author of the Spanish novel* Don Quijote) [d]*litany (religious rite)*

LECTURA

ESTRATEGIA: Words with Multiple Meanings

It is easy to get off track while reading Spanish (or any language!) if you assign the wrong meaning to a word that has multiple English equivalents. For example, the word **como** in Spanish can cause confusion because it can mean *like, the way, as, since,* and *I eat,* depending on the context. Often you must rely on the context to determine which meaning is appropriate. What is the correct meaning of **como** in the following sentences?

1. En España, como en Francia, se come mucho pescado.
2. Cuando voy a mi restaurante favorito, siempre como una ensalada.
3. Como tú no quieres estudiar, ¿por qué no tomamos un café?

■ **Sobre la lectura...** The following reading is from *Américas* magazine, a publication of the Organization of American States that publishes articles about the Spanish-speaking countries of the Americas. This excerpt profiles a Hispanic chef from New York and his outreach program to other Hispanic culinary professionals.

---

*Publication of the Afro-Latin/American Research Association (*PALARA*), #1, 1997: 138–142.*

La cocina de Palomino

Cualquiera pensaría[a] que <u>manejar</u> tres restaurantes, escribir libros de cocina y <u>supervisar</u> la fabricación y distribución de su propio[b] postre sería[c] trabajo suficiente para un solo hombre. Pero el chef Rafael Palomino tiene otro <u>proyecto</u>, que nació de la creencia[d] de que quizá los empleados de sus restaurantes, algunos muy <u>talentosos</u> y con gran potencial,[e] nunca cumplan[f] el sueño de abrir su propio negocio.

«Muchos de los que trabajaban para mí sentían[g] que lo más alto a que podían[h] llegar era[i] a sous chefs», dice Palomino. La mayoría eran <u>hablantes nativos</u> de español. Podrían estar cocinando[j] pasta primavera, pato[k] o costillas,[l] pero no importa cuán habilidosos sean, las <u>barreras</u> del idioma, la cultura y el entrenamiento hacen que encarar[m] un negocio tan complicado y riesgoso[n] como un restaurante parezca imposible.

Por eso, Palomino comenzó[ñ] la Asociación de Chefs Españoles de América. Es una organización <u>comunitaria</u> que procura servir de centro de información y asesoramiento[o] sobre:

- oportunidades de capacitación[p]
- información básica sobre el negocio
- experiencias de chefs y <u>empresarios</u> exitosos

Palomino, <u>oriundo</u> de Bogotá, Colombia, creció[q] en Queens, Nueva York y ahora dirige[r] «Vida[s]», en Manhattan, y «Sonora», en Port Chester, Nueva York. El último libro de Palomino, *Viva la vida: Festive Recipes for Entertaining Latin-Style* (publicado por Arlen Gargagliano, Chronicle Books), se concentra en la cocina casera[t] latinoamericana, y pone al alcance del cocinero común[u] recetas no tan conocidas de ceviches, ensaladas y estofados.

A continuación hay una receta de su libro, para salsa de mango y lima.

[a]Cualquiera... *One would think* [b]*own* [c]*would be* [d]*que... which was born from the belief* [e]*con... full of potential* [f]*achieve* [g]*felt* [h]*they could* [i]*was* [j]*Podrían... They could be cooking* [k]*duck* [l]*ribs* [m]*facing, starting* [n]*risky* [ñ]*founded* [o]*counseling* [p]*training* [q]*grew up* [r]*he directs* [s]*Life* [t]*home style* [u]*pone... makes available to the average cook*

Salsa de mango y lima (3 tazas)

1 mango, <u>pelado y cortado</u> en cubos de un cuarto de pulgada[u]
2 cucharadas[v] de tequila dorado
jugo de una naranja
jugo de dos limas
6 hojas de menta fresca, apiladas, enrolladas y cortadas en
    <u>tiras finas</u>
2 cucharadas de aceite de oliva
1 <u>cucharadita</u> de <u>mostaza</u> Pommery or Dijon
1 pepino,[w] sin semillas y cortado en cubitos de un cuarto de
    pulgada
Sal Kosher y pimienta recién molida, al gusto

En un recipiente mediano[x] de vidrio o cerámica, combine el mango, el tequila, el jugo de naranja y el jugo de lima. Mezcle revolviendo.[y] Agregue la menta, el aceite de oliva, la mostaza y el pepino. Añada la sal y la pimienta y revuelva. Sirva inmediatamente o <u>refrigere</u> hasta por tres días.

▲ *Chef Rafael Palomino*

[u]*inch* [v]*tablespoons* [w]*cucumber* [x]*medium-sized* [y]*Mezcle... Stir.*

Comprensión

A. **¿Qué significa?** Las siguientes palabras <u>subrayadas</u> tienen doble significado. ¿Cuál es el significado apropiado, según el contexto?

1. «La <u>cocina</u> de Palomino»
El significado apropiado de **cocina** es:
☐ *kitchen*   ☐ *cuisine, cooking*

2. «nunca cumplan el <u>sueño</u> de abrir su propio negocio»
El significado apropiado de **sueño** es:
☐ *dream*   ☐ *sleep*

3. «pone al alcance del cocinero común <u>recetas</u> no tan conocidas»
El significado apropiado de **recetas** es:
☐ *recipes*   ☐ *prescriptions*

4. «cortado en cubos de un <u>cuarto</u> de pulgada»
El significado apropiado de **cuarto** es:
☐ *room*   ☐ *one quarter, one fourth*

B. **¿Cierto o falso?** Conteste según la lectura y luego comente sus respuestas con otro estudiante.

	CIERTO	FALSO
1. El chef Palomino es muy ambicioso y tiene muchos proyectos.	☐	☐
2. El chef Palomino cree que sus empleados hispanos tienen poco talento.	☐	☐
3. La Asociación de Chefs Españoles de América es exclusivamente para los chefs de España.	☐	☐
4. La Asociación de Chefs Españoles de América ayuda a los hispanos que desean trabajar en la profesión culinaria.	☐	☐
5. El chef Palomino vive en Colombia.	☐	☐

REDACCIÓN

Entre familia. Write a brief paragraph about your eating preferences or those of your family. Use the following questions as a guide in developing your paragraph.

1. ¿Cuántas veces come(n) al día? ¿A qué hora?

2. ¿Comen juntos, a la misma hora y en la misma mesa? ¿Come Ud. solo/a?

3. ¿Quién(es) hace(n) la comida?

4. ¿Qué cocina(n) con frecuencia? ¿Es excelente la comida? ¿buena? ¿mala? ¿regular?

5. ¿Conversa(n) mientras (*while*) comen? ¿Hablan todos? ¿Alguien habla más? ¿menos? ¿Mira(n) la televisión mientras comen?

6. ¿Qué comida prefiere(n) cuando va(n) a un restaurante? ¿Comida china? ¿mexicana? ¿italiana? ¿comida rápida? ¿En qué restaurantes comen?

7. ¿Come(n) allí con frecuencia? ¿Cuántas veces al año? ¿Cuándo va(n) a volver?

Introducción cultural
El Caribe

¿Cómo se caracteriza el Caribe como región? ¿Qué tienen en común los países caribeños? Primero, naturalmente, el mar Caribe. El mar ha influido mucho en[a] la historia y estilo de vida de los caribeños.[b] También se caracteriza por la diversidad étnica, que se debe al influjo[c] de razas[d] diferentes durante su historia, especialmente la raza de los esclavos[e] africanos. La música, el baile, la comida, los pasatiempos, la literatura y las creencias religiosas del Caribe muestran huellas claras[g] de esta rica diversidad étnica.

[a]ha... *has influenced much of*   [b]habitantes del Caribe   [c]se... *is due to the influx*   [d]*races*
[e]*slaves*   [f]muestran... *show clear signs*

1 Bailando en La Habana, Cuba

Jugando al dominó en la República Dominicana **2**

3 En un restaurante de Puerto Rico

4 El Castillo de San Felipe del Morro, Puerto Rico

CAPÍTULO 7

De vacaciones

1

Una playa de arena (*sand*) **fina, en la República Dominicana**

1. ¿Conoce Ud. alguna playa de arena fina? ¿Hay alguna cerca de donde Ud. vive? ¿Le gusta?

2. ¿Por qué son las playas caribeñas destinos populares para las vacaciones?

3. ¿Qué cree Ud. que pensaron (*thought*) los españoles al llegar (*upon arriving*) a las playas de esta isla en 1492?

2 **La Calle** (*Street*) **Hostos, en la zona colonial de Santo Domingo**

1. En general, ¿cómo es o cómo imagina Ud. la zona colonial de una ciudad?

2. ¿Hay ciudades coloniales en su país? ¿Dónde?

3. ¿Le gustaría (*Would you like*) visitar una ciudad colonial para sus próximas (*next*) vacaciones? ¿Cuál?

3 **Pinturas** (*Paintings*) **de artistas dominicanos, de venta** (*for sale*) **en los mercados**

1. ¿Qué hacen típicamente los turistas cuando visitan un país extranjero?

2. ¿Por qué les gusta a los turistas ir de compras en los mercados?

3. ¿Ha visitado Ud. (*Have you visited*) un mercado en el extranjero (*abroad*)? ¿Dónde?

De viaje°   De... *Traveling, On a trip*

En el aeropuerto

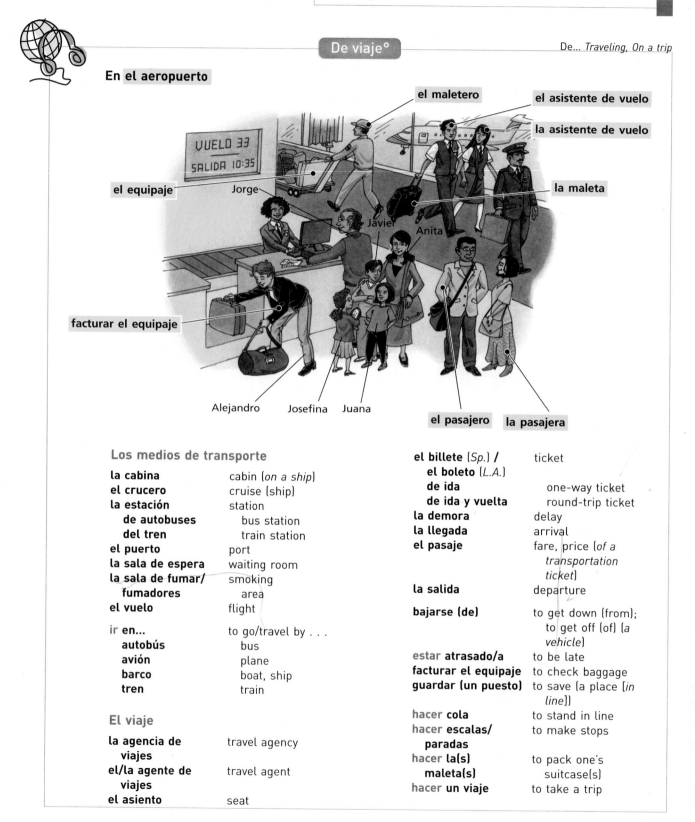

el maletero
el asistente de vuelo
la asistente de vuelo
el equipaje   Jorge
la maleta
Javier   Anita
facturar el equipaje
Alejandro   Josefina   Juana
el pasajero   la pasajera

VUELO 33
SALIDA 10:35

Los medios de transporte

la cabina	cabin (*on a ship*)
el crucero	cruise (ship)
la estación	station
de autobuses	bus station
del tren	train station
el puerto	port
la sala de espera	waiting room
la sala de fumar/	smoking
fumadores	area
el vuelo	flight
ir en...	to go/travel by . . .
autobús	bus
avión	plane
barco	boat, ship
tren	train

El viaje

la agencia de viajes	travel agency
el/la agente de viajes	travel agent
el asiento	seat

el billete (*Sp.*) / el boleto (*L.A.*)	ticket
de ida	one-way ticket
de ida y vuelta	round-trip ticket
la demora	delay
la llegada	arrival
el pasaje	fare, price (*of a transportation ticket*)
la salida	departure
bajarse (de)	to get down (from); to get off (of) (*a vehicle*)
estar atrasado/a	to be late
facturar el equipaje	to check baggage
guardar (un puesto)	to save (a place [*in line*])
hacer cola	to stand in line
hacer escalas/ paradas	to make stops
hacer la(s) maleta(s)	to pack one's suitcase(s)
hacer un viaje	to take a trip

pasar por el control de la seguridad	to go/pass through security (check)	**viajar**	to travel
quejarse (de)	to complain (about)	**volar (vuelo) en avión**	to fly, go by plane
subir (a)	to go up; to get on (*a vehicle*)		

■ ■ ■ Conversación

A. Un viaje en avión. Imagine que Ud. va a hacer un viaje en avión. El vuelo sale a las siete de la mañana. Usando los números del 1 al 9, indique en qué orden van a pasar las siguientes cosas.

a. _____ Subo al avión.
b. _____ Voy a la sala de espera.
c. _____ Hago cola para facturar el equipaje.
d. _____ Llego al aeropuerto a tiempo (*on time*) y me bajo del taxi.
e. _____ Por fin se anuncia la salida del vuelo.
f. __*1*__ Estoy atrasado/a. Salgo para el aeropuerto en taxi.
g. _____ La asistente me indica el asiento en clase turística.
h. __*2*__ Pido un asiento de ventanilla (*window seat*), pero sólo hay asientos de pasillo (*aisle*).
i. _____ Hay demora. Todos tenemos que esperar el vuelo allí antes de subir al avión.

B. Usemos la lógica

Paso 1. ¿Qué va a hacer Ud. en estas situaciones?

1. Ud. tiene poco dinero. Si tiene que viajar, ¿qué clase de pasaje va a comprar?

    a. clase turística   **b.** primera clase   **c.** clase de negocios (*business*)

2. Ud. tiene miedo de volar en avión, pero necesita ir desde Nueva York a Madrid. ¿Qué alternativa tiene?

    a. una cabina en un barco   **b.** un vuelo sin escalas   **c.** un autobús con baño

Paso 2. Ahora, en parejas, contesten las siguientes preguntas.

1. Uds. viajan en tren y tienen muchas maletas. Pesan (*They weigh*) mucho y Uds. no pueden cargarlas (*carry them*). ¿Qué hacen?

2. El vuelo de Uds. está atrasado. ¿Qué dicen Uds. (*will you say*)? ¿Con quién se quejan?

3. Uno de Uds. tiene claustrofobia, pero no tiene más remedio que (*has no other option than*) volar en avión. ¿Qué debe pedir?

---

*The words **la entrada** and **la localidad** are used to refer to tickets for movies, plays, or other events.

C. Definiciones. Dé las palabras definidas.

1. Es la persona que nos ayuda con el equipaje en la estación del tren.
2. Es la cosa que se compra antes de hacer un viaje.
3. Es el antónimo de **subir a.**
4. Se va allí cuando se hace un viaje en avión.
5. Se va allí cuando se hace un viaje en tren.
6. Es la persona que nos ayuda durante un vuelo.

D. En el aeropuerto. En parejas, nombren (*name*) o describan las cosas y acciones representadas en este dibujo.

De vacaciones°

De... *On vacation*

el *camping*	campground
el **mar**	sea
el **océano**	ocean
estar de vacaciones	to be on vacation
ir de vacaciones a...	to (go on) vacation to/in . . .
pasar las vacaciones en...	to spend one's vacation in . . .
salir de vacaciones	to leave on vacation
tomar unas vacaciones	to take a vacation

la camioneta = la ranchera, la rubia, el coche rural, el coche familiar, el monovolumen (*Sp.*)

el *camping* = el campamento

sacar fotos = tomar fotos

la tienda de campaña = la tienda de acampar

■ ■ ■ Conversación

A. ¿Qué hace Ud.? Diga si las siguientes declaraciones son ciertas o falsas para Ud. Corrija las declaraciones falsas.

	CIERTO	FALSO
1. Cuando estoy de vacaciones, tomo el sol.	☐	☐
2. Prefiero ir de vacaciones a las montañas.	☐	☐
3. Duermo muy bien en una tienda de campaña.	☐	☐
4. Saco muchas fotos cuando estoy de vacaciones.	☐	☐
5. Es fácil ir a playas bonitas desde (*from*) aquí.	☐	☐

NOTA CULTURAL

Los nuevos tipos de turismo en el mundo hispánico

El turista de hoy ya no es el turista tradicional y fácil de complacer.[a] Por eso hay nuevas industrias para satisfacer su interés en **la ecología, la agricultura** o **la aventura:** el ecoturismo, el agroturismo y el aventurismo. Los países hispanos ofrecen ricas oportunidades para disfrutar de[b] estas nuevas formas de hacer turismo.

El ecoturismo consiste en viajar a **lugares no explotados por el ser humano.**[c] Los lugares del mundo hispano que ofrecen amplias oportunidades para el ecoturismo son **las selvas tropicales** de Centroamérica y la Amazonia, especialmente en Costa Rica y el Ecuador. Las Islas Galápagos y la Patagonia (en el sur de la Argentina y Chile) también son **destinos**[d] populares entre los ecoturistas.

El agroturismo indica **viajes a lugares rurales** donde el turista se queda en casas rurales renovadas, a veces visitando más de una casa o zona durante su viaje. Algunas excursiones son informativas o educativas, con visitas a **granjas y campos de cultivo.**[e] Otras son simplemente parte de un programa para renovar casas y pueblos rurales. España ofrece varias oportunidades al agroturista por todo el país, especialmente en el País Vasco y en las Islas Baleares. La isla Chiloé de Chile también tiene una organización agroturística.

▲ *Un grupo de estudiantes que participa en un taller* (workshop) *ecoturístico en la Amazonia, en el Perú*

El aventurista, o sea[f] el turista que busca viajes emocionantes, a veces peligrosos,[g] también tiene amplias oportunidades en los países hispanos. En los Andes, la Patagonia y las montañas de España, puede practicar **alpinismo, ciclismo de montaña, navegación en rápidos, esquí** y *snowboard* extremos.

[a]*please* [b]*disfrutar... enjoying* [c]*por... by humans* [d]*destinations* [e]*granjas... farms and croplands* [f]*o... or in other words*
[g]*dangerous*

B. Entrevista

1. Por lo general, ¿cuándo tomas tus vacaciones? ¿En invierno? ¿en verano? ¿Cuánto tiempo tienes de vacaciones, en general? ¿Dos semanas? ¿tres semanas? ¿más?

2. Durante tus vacaciones, ¿te gusta viajar o prefieres no salir del lugar donde vives? ¿Prefieres sólo viajar por (*through*) este país o quieres conocer otros países del mundo?

3. ¿Te gusta ir de vacaciones con tu familia a algún lugar en particular? ¿Prefieres ir solo/a, con uno de tus amigos o con un grupo de personas?

4. ¿Cuáles de los medios de transporte en **De viaje** (páginas 234–235) conoces por experiencia? ¿Cómo prefieres viajar? ¿Viajas en avión con frecuencia? ¿Prefieres un asiento de ventanilla o de pasillo? ¿la clase turística o primera clase?

NOTA COMUNICATIVA

Other Uses of *se* (For Recognition)

It is likely that you have often seen and heard the phrase shown in the photo that accompanies this box: **Se habla español.** (*Spanish is spoken* [*here*]). Here are some additional examples of this use of **se** with Spanish verbs. Note how the meaning of the verb changes slightly.

Se venden billetes aquí.   *Tickets are sold here.*

Aquí no **se fuma.**   *You don't* (*One doesn't*) *smoke here.*
    Smoking is forbidden here.

Be alert to this use of **se** when you see it because it will occur with some frequency in readings and in direction lines in *Puntos de partida*. The activities in this text will not require you to use this grammar point on your own, however.

▲ *Nueva York*

C. ¿Dónde se hace esto? Indique el lugar (o los lugares) donde se hacen las siguientes actividades.

1. Se factura el equipaje y se anuncian los vuelos.
2. Se hacen las maletas.
3. Se compran los boletos.
4. Se hace una reservación.
5. Se espera en la sala de espera.
6. Se pide una bebida.
7. Se mira una película.
8. Se nada y se toma el sol.

D. La publicidad

Paso 1. Lea con cuidado (*carefully*) este anuncio de una aerolínea latinoamericana.

En LAN convertimos
Latinoamérica en una gran
red para tus negocios.
Vuela directo con el mejor servicio, a todas
las capitales de América del Sur.

Paso 2. Ahora, en parejas, contesten las siguientes preguntas. ¡Piensen como expertos en *marketing*!

1. ¿Cómo se llama la aerolínea?
2. ¿A qué tipo de persona va dirigido (*directed*) el anuncio?
3. ¿Por qué se usa un plato con comida en el anuncio?
4. ¿Qué se ve en el plato? ¿Qué representa?
5. ¿En qué tipo de publicación creen Uds. que se encuentra (*is found*) este anuncio?

Need more practice?

- Workbook and Laboratory Manual
- ActivityPak
- Online Learning Center (www.mhhe.com/puntos8)

In **Gramática 18 (Cap. 6)**, you learned how to use direct object pronouns to avoid repetition. Can you identify the direct object pronouns in the following exchange? To what or to who(m) do these pronouns refer?

—Roberto, ¿tienes los boletos?
—No, no los tengo, pero mi agente de viajes ya los tiene listos (*ready*).
—Si quieres, te acompaño a la agencia.
—Encantado. Casi nunca te veo. También podemos pasar por la plaza a tomar un café.
—De acuerdo.

21 **Expressing** *to who(m)* **or** *for who(m)* • **Indirect Object Pronouns;** *Dar* **and** *decir*

Gramática en acción: En el aeropuerto

1. En el mostrador

—_____.

—Lo siento, pero ya no hay. Pero puedo asig-narle un asiento de pasillo.

2. En el control de la seguridad

—_____.

—¿Le enseño también el pasaporte?

Comprensión: ¿Quién lo dice?

a. ¿Me puede dar un asiento de ventanilla?
b. ¿Me enseña la tarjeta de embarque (*boarding pass*), por favor?

__At the airport 1.__ At the counter — . . . —I'm sorry, but there aren't any more. But I can assign you an aisle seat. __2.__ At the security check — . . . —Should I show you my passport too?

me	to/for me	**nos**	to/for us
te	to/for you (*fam. sing.*)	**os**	to/for you (*fam. pl.*)
le	to/for you (*form. sing.*), him, her, it	**les**	to/for you (*form. pl.*), them

 Note that indirect object pronouns have the same form as direct object pronouns, except in the third person: **le, les.**

A. Indirect object nouns and pronouns are the second recipient of the action of the verb. They usually answer the questions *to whom?* or *for whom?* in relation to the verb. The word *to* is frequently omitted in English.

> **indirect object** = a noun or pronoun that indicates *to who(m)* or *for who(m)* an action is performed

Indicate the direct and indirect objects in the following sentences.

1. I'm giving her the present tomorrow.
2. Could you tell me the answer now?
3. El profesor nos va a hacer algunas preguntas.
4. ¿No me compras una revista ahora?

B. Like direct object pronouns, *indirect object pronouns* (**los pronombres del complemento indirecto**) are placed immediately before a conjugated verb. They may also be attached to an infinitive or a present participle.

No, no **te presto** el coche.
No, I won't lend you the car.

Voy a **guardarte** el asiento.
Te voy a guardar el asiento.
I'll save your seat for you.

Le estoy escribiendo una carta a Marisol.
Estoy **escribiéndole** una carta a Marisol.
I'm writing Marisol a letter.

C. As with direct object pronouns, indirect object pronouns are attached to the affirmative command form and precede the negative command form.

Sírvanos un café, por favor.
Serve us some coffee, please.

No me dé su número de teléfono ahora.
Don't give me your phone number now.

D. Since **le** and **les** have several different equivalents, their meaning is often clarified or emphasized with the preposition **a** followed by a pronoun (object of a preposition).

Voy a mandar**le** un telegrama **a Ud. (a él, a ella).**
I'm going to send you (him, her) a telegram.

Les hago una comida **a Uds. (a ellos, a ellas).**
I'm making you (them) a meal.

E. With third person forms, it is common for a Spanish sentence to contain both the indirect object noun and the indirect object pronoun.

Vamos a contar**le** el secreto **a Juan.**
Let's tell Juan the secret.

¿**Les** guardo los asientos **a Jorge y Marta?**
Shall I save the seats for Jorge and Marta?

F. Here are some verbs frequently used with indirect objects. Be sure you know their meaning before starting the activities in the **Práctica** section.

contar (cuento)	to tell, narrate	pedir (pido) (i)	to ask for
entregar (gu)	to hand in	preguntar	to ask (*a question*)
escribir	to write	prestar	to lend
explicar (qu)	to explain	prometer	to promise
hablar	to speak	recomendar (recomiendo)	to recommend
mandar	to send	regalar	to give (*as a gift*)
mostrar (muestro)	to show	servir (sirvo) (i)	to serve
ofrecer (ofrezco)	to offer		

Dar *and* decir

dar (*to give*)		decir (*to say; to tell*)	
doy	damos	digo	decimos
das	dais	dices	decís
da	dan	dice	dicen

Juan les dice a sus padres que necesita dinero.

Su padre le da un cheque.

- **Dar** and **decir** are almost always used with indirect object pronouns in Spanish.

¿Cuándo **me** **das** el dinero?
When will you give me the money?

¿Por qué no **le** **dice** Ud. la verdad, señor?
Why don't you tell him/her the truth, sir?

¡OJO! In Spanish there are two verbs for *to give*: **dar** (*to give in general*) and **regalar** (*to give as a gift*). Also, do not confuse **decir** (*to say* or *to tell*) with **hablar** (*to speak*) or **contar** (*to tell, narrate*).

- **Dar** and **decir** also have irregular formal command forms. There is a written accent on **dé** to distinguish it from the preposition **de**.

Formal commands of **dar** and **decir**:

dar → **dé, den**
decir → **diga, digan**

AUTOPRUEBA

Give the correct Spanish equivalent for the indirect object pronoun in each sentence.

a. me   **b.** te   **c.** le   **d.** nos   **e.** les

1. _____ John gave it to *you*, Carol.
2. _____ Mr. Hopkins, Mrs. Simmons sent *you* this message, sir.
3. _____ Bring *them* some cookies.
4. _____ Don't tell *me* anything more.
5. _____ He didn't give *us* much time.

Answers: *1.* b *2.* c *3.* e *4.* a *5.* d

■ ■ ■ Práctica

A. Asociaciones. ¿Qué verbos asocia Ud. con los siguientes objetos y situaciones?

1. un coche, el dinero
2. la comida en un restaurante
3. las fotos
4. hacer algo por (*for*) alguien
5. la gramática, un profesor
6. la tarea, un informe (*report, paper*)
7. algo de comer o beber
8. algo para un cumpleaños o para un día festivo (*holiday*)
9. un restaurante, una película, un libro
10. flores (*flowers*), un e-mail
11. un secreto, un chiste (*joke*)

B. ¡Anticipemos!

Paso 1. Indique si las siguientes declaraciones son ciertas o falsas.

	CIERTO	FALSO
1. Todos los años le mando una tarjeta de cumpleaños a mi abuelo/a.	☐	☐
2. El Día de la Madre le regalo flores a mi madre.	☐	☐
3. Todos los días les escribo e-mails a mis padres (hijos).	☐	☐
4. Siempre les entrego la tarea a los profesores a tiempo.	☐	☐
5. Mis amigos me dan dinero para mi cumpleaños.	☐	☐
6. Un buen amigo me presta su coche cuando lo necesito.	☐	☐
7. Los profesores nos cuentan chistes en clase con frecuencia.	☐	☐
8. El profesor / La profesora de español nos da mucha tarea.	☐	☐

Paso 2. Ahora, en parejas, túrnense para entrevistarse, usando las declaraciones del **Paso 1** como modelo. Deben corregir los detalles incorrectos.

MODELO: E1: ¿Tus amigos te dan dinero para tu cumpleaños?
E2: ¡No! Mis abuelos me dan dinero. (Nadie me da dinero.)

C. De vuelta (*Returning*) a la República Dominicana. Algunos amigos dominicanos necesitan ayuda para arreglar su vuelta a casa. Explíqueles cómo Ud. los puede ayudar, usando las siguientes palabras.

MODELO: confirmar el vuelo → *Les* confirmo el vuelo.

1. llamar un taxi
2. bajar (*to carry down*) las maletas
3. guardar (*to keep an eye on*) el equipaje
4. facturar el equipaje
5. guardar un puesto en la cola
6. guardar el asiento en la sala de espera
7. comprar una revista
8. por fin dar un abrazo

D. ¿Qué hacen estas personas? Complete las siguientes oraciones lógicamente con un verbo y un pronombre de complemento indirecto.

MODELO: El vicepresidente _le ofrece_ consejos al presidente.

1. Romeo _____ flores a Julieta.
2. Snoopy _____ besos (*kisses*) a Lucy… ¡Y a ella no le gusta!
3. Eva _____ una manzana a Adán.
4. El Doctor Phil _____ consejos a sus televidentes.
5. Los bancos _____ dinero a las personas que quieren comprar una casa.
6. Los asistentes de vuelo _____ bebidas a los pasajeros.
7. Yo siempre _____ la verdad a todos.

E. En un restaurante. Explíquele al pequeño Benjamín, que sólo tiene 4 años, lo que se hace en un restaurante. Llene los espacios en blanco con pronombres de complemento indirecto.

Primero el camarero _____¹ ofrece una mesa desocupada.ª Luego tú _____² pides el menú al camarero. También _____³ haces preguntas sobre los platos y las especialidades de la casa y _____⁴ dices lo que quieres comer. El camarero _____⁵ trae la comida. Por fin tu papá _____⁶ pide la cuenta al camarero. Si tú quieres pagar, _____⁷ pides dinero a tu papá y _____⁸ das el dinero al camarero.

ª*vacant*

Need more practice?

- Workbook and Laboratory Manual
- ActivityPak
- Online Learning Center (www.mhhe.com/puntos8)

■ ■ ■ Conversación

Entrevista. En parejas, túrnense para entrevistarse sobre los siguientes temas. Traten de (*Try to*) continuar la conversación.

MODELO: E1: ¿Quién te hace buenos regalos?
E2: Mis padres siempre me hacen buenos regalos.
E1: ¿Qué te regalan, por ejemplo?
E2: Bueno, me regalan dinero, CDs, muebles para mi apartamento…

1. regalar buenas cosas / cosas feas / dinero
2. decir la verdad / mentiras (*lies*)
3. contar secretos / los secretos de otras personas
4. hacer favores / recomendaciones / la cena
5. escribir e-mails / poemas de amor / tarjetas postales cuando están de vacaciones
6. mostrar las fotos de sus vacaciones / las notas (*grades*) de sus exámenes
7. servir la comida / bebidas
8. pedir / dar ayuda / consejos
9. prestar dinero / ropa / su coche
10. prometer cosas que no haces
11. recomendar películas / restaurantes / clases en la universidad
12. ¿ ?

In **Ante todo** you started to use forms of **gustar** to express your likes and dislikes. Review what you know by answering the following questions. Then, changing their form as needed, interview your instructor.

1. ¿Te gusta el café (el vino, el té...)?
2. ¿Te gusta jugar al béisbol (al golf, al voleibol, al...)?
3. ¿Te gusta viajar en avión (fumar, viajar en tren...)?
4. ¿Qué te gusta más, estudiar o ir a fiestas (trabajar o descansar, cocinar o comer)?

22 Expressing Likes and Dislikes • *Gustar* (Part 2)

Gramática en acción: Los chilenos viajeros

Según el anuncio, a muchos chilenos les gusta viajar a otros países. Lea el anuncio y luego indique si las oraciones son ciertas o falsas.

1. A los chilenos les gusta viajar sólo en este hemisferio.
2. A los chilenos les gustan mucho las playas.
3. Sólo les gusta viajar a los países de habla española.
4. No les gustaría el precio del viaje.

MEDIO MILLÓN DE CHILENOS
DE VACACIONES 2010 AL EXTRANJERO
Y USTED... NO SE QUEDE SIN VIAJAR
¡ RESERVE AHORA MISMO !
El próximo verano '10, con el bajo valor del dólar, muchas personas desearán viajar, los cupos disponibles se agotarán rapidamente. ¡Asegure sus vacaciones! Elija ahora cualquiera de nuestros fantásticos programas.
MIAMI - ORLANDO - BAHAMAS - MÉXICO - CANCÚN
ACAPULCO - IXTAPA - COSTA RICA - RÍO - SALVADOR
PLAYA TAMBOR - PUNTA CANA - LA HABANA
VARADERO - GUATEMALA - SUDÁFRICA
Infórmese sobre nuestro **SÚPER CRÉDITO PREFERENCIAL** **Economy Tour** Santa Magdalena 94, Providencia ☎2334429 - 2331774 - 2314252 2328294 - 2318608 - 2334862 Fax: 2334428

¿Y a Ud.?: ¿Le gusta viajar? ¿Le gustan los viajes en avión? ¿Cuál de estos lugares le gustaría visitar?

Constructions with *gustar*

Spanish	Literal Equivalent	English Phrasing
Me gusta la playa.	The beach is pleasing to me.	*I like the beach.*
No le gustan sus cursos.	His courses are not pleasing to him.	*He doesn't like his courses.*
Nos gusta leer.	Reading is pleasing to us.	*We like to read.*

You have been using the verb **gustar** since the beginning of *Puntos de partida* to express likes and dislikes. However, **gustar** does not literally mean *to like*, but rather *to be pleasing*.

Me gusta viajar.
Traveling is pleasing to me. (I like to travel.)

Me gustan los viajes de aventura.
Adventurous trips are pleasing to me. (I like adventurous trips.)

A. Gustar is always used with an indirect object pronoun: Someone or something is pleasing *to* someone else. The verb must agree with the subject of the sentence—that is, the person or thing that is pleasing.

> An infinitive is viewed as a singular subject in Spanish.

Me gusta **este asiento** de pasillo.
This aisle seat is pleasing to me. (I like this aisle seat.)

No **me** gust**an los asientos** de ventanilla.
Window seats are not pleasing to me. (I don't like window seats.)

Me gusta mucho **volar** en avión.
Flying is really pleasing to me. (I really like to fly.)

B. When the person pleased is stated as a noun, the phrase **a** + *noun* must be used in addition to the indirect object pronoun. The prepositional phrase usually appears before the indirect object pronoun, but it can also appear after the verb.

> The indirect object pronoun *must* be used with **gustar** even when the prepositional phrase **a** + *noun* or *pronoun* is used.

A David no **le** gustan los aviones.
No **le** gustan los aviones **a David**.
David doesn't like airplanes.

A Raquel y a Arturo les gusta viajar en las vacaciones.
Les gusta viajar en las vacaciones **a Raquel y Arturo.**
Raquel and Arturo like to travel while on vacation.

C. A phrase with **a** + *pronoun* is often used for clarification or emphasis. The prepositional phrase can appear before the indirect object pronoun or after the verb.

> **Mí** (accent) and **ti** (no accent) are used as the object of most prepositions, except **conmigo** and **contigo**. Subject pronouns (**Ud., él, ella,...**) are used as the object of all prepositions for all other persons.

[Práctica A]

CLARIFICATION

¿**Le** gusta **a Ud.** viajar?
Do you like to travel?

¿**Le** gusta **a él** viajar?
Does he like to travel?

EMPHASIS

A mí me gusta viajar en avión, pero **a mi esposo le** gusta viajar en coche. Y **a ti,** ¿en qué **te** gusta viajar?
I like to travel by plane, but my husband likes to travel by car. How do you like to travel?

Would Like / Wouldn't Like

What one *would* or *would not* like to do is expressed with the form **gustaría*** + *infinitive* and the appropriate indirect objects.

[Práctica B]

A mí me gustaría viajar a Colombia.
I would like to travel to Colombia.

Nos **gustaría hacer** camping este verano.
We would like to go camping this summer.

AUTOPRUEBA

Complete each verb with **-a** or **-an.**

1. Me gust_____ las playas de México.
2. Les gust_____ esquiar en las montañas.
3. No nos gust_____ viajar con mi padre.
4. ¿Te gust_____ este restaurante?
5. A Julio le gust_____ mucho las fotos de mi viaje.

Answers: 1. gustan 2. gusta 3. gusta 4. gusta 5. gustan

---

*This is one of the forms of the conditional of **gustar**. You will study all of the forms of the conditional in **Gramática 50** (Cap. 18).

■■■ Práctica

A. Los gustos y preferencias

Paso 1. Exprese sus gustos con oraciones completas.

> MODELOS: ¿el café? → (No) Me gusta el café.
> ¿los pasteles? → (No) Me gustan los pasteles.

1. ¿el vino?
2. ¿los niños pequeños?
3. ¿la música clásica?
4. ¿volar en avión?
5. ¿el invierno?
6. ¿hacer cola?
7. ¿el chocolate?
8. ¿las películas de terror?
9. ¿las clases que empiezan a las ocho de la mañana?
10. ¿cocinar?
11. ¿la gramática?
12. ¿sus clases este semestre/trimestre?
13. ¿los vuelos con muchas escalas?
14. ¿Jennifer López?

Paso 2. Ahora, en parejas, túrnense para entrevistarse sobre las ideas del **Paso 1.** Luego digan a la clase dos cosas que Uds. tienen en común.

> MODELO: E1: A mí no me gusta el café.
> E2: A mí tampoco. →
> E1: (*a la clase*): A mí no me gusta el café y a Miguel tampoco (le gusta).

Vocabulario útil			
A mí también.	So do I.	**Pues a mí, sí.**	Well, I do.
A mí tampoco.	I don't either./Neither do I.	**Pues a mí, no.**	Well, I don't.

B. Las vacaciones de los Soto.
Haga oraciones completas para describir lo que prefieren hacer los Soto en sus vacaciones.

> MODELO: padre / nadar: ir a la playa →
> A mi padre *le gusta* nadar. *Le gustaría* ir a la playa.

1. padre / el mar: ir a la playa
2. hermanos pequeños / nadar: también ir a la playa
3. hermano Ernesto / hacer *camping*: ir a las montañas
4. abuelos / descansar: quedarse en casa
5. madre / la tranquilidad: visitar un pueblecito (*small town*) en la costa
6. hermana Elena / discotecas: pasar las vacaciones en una ciudad grande
7. mí / ¿ ?

Comprensión. Conteste las siguientes preguntas.

1. ¿A quién le gustaría ir a Nueva York?
2. ¿A quién le gustaría viajar a Acapulco?
3. ¿Quién no quiere salir de casa?
4. ¿A quién le gustaría ir a la República Dominicana?
5. ¿Quién quiere ir a Colorado?

Need more practice?
- Workbook and Laboratory Manual
- ActivityPak
- Online Learning Center (www.mhhe.com/puntos8)

■ ■ ■ Conversación

A. ¿Conoce bien a... ?

Paso 1. Piense en su profesor(a) de español. En su opinión, ¿le gustan a él/ella las siguientes cosas o no?

	SÍ, LE GUSTA(N).	NO, NO LE GUSTA(N).
1. la música clásica	☐	☐
2. el color negro	☐	☐
3. las canciones (*songs*) de los años 70	☐	☐
4. viajar en coche	☐	☐
5. la comida mexicana	☐	☐
6. dar clases por la mañana	☐	☐
7. estudiar otras lenguas	☐	☐
8. el arte surrealista	☐	☐
9. las películas trágicas	☐	☐
10. ¿ ?	☐	☐

Paso 2. Entrevista. Ahora entreviste a su profesor(a) para saber si le gustan las cosas del **Paso 1** o no.

> MODELOS: ¿A Ud. le gusta la música clásica?
> A Ud. le gusta la música clásica, ¿verdad?

Paso 3. Entrevista. Ahora entreviste a un compañero o compañera sobre las mismas cosas.

> MODELO: E1: ¿Te gusta la música clásica?
> E2: Sí, a mí me gusta. ¿Y a ti?

B. Perfil personal.
En parejas, inventen con detalles las preferencias de las siguientes personas.

Vocabulario útil

la música rap, *hip hop*
jugar (juego) (gu) a los videojuegos
patinar en monopatín to skateboard

1. Toño   2. los Sres. Sánchez   3. Memo

More About Expressing Likes and Dislikes

Here are some ways to express intense likes and dislikes.

■ Use the phrases **mucho/muchísimo** or **(para) nada.**

Me gusta mucho/muchísimo.	*I like it a lot / a whole lot.*
No me gusta (para) nada.	*I don't like it at all.*

■ To express *love* and *hate* in reference to likes and dislikes, you can use **encantar** and **odiar.**

Encantar is used just like **gustar.**

Me encanta el chocolate.	*I love chocolate.*
Les encanta viajar, ¿verdad?	*They love traveling, right?*

Odiar, on the other hand, functions like a transitive verb (one that can take a direct object).

Odio el apio.	*I hate celery.*
Mi madre **odia** viajar sola.	*My mother hates traveling alone.*

■ To express interest in something, use **interesar.** This verb is also used like **gustar** and **encantar.**

Me interesan las películas extranjeras.	*I'm interested in foreign films.*

Use as many of the preceding verbs as you can in the following activity.

C. Entrevista. En parejas, túrnense para describir lo que les gusta y lo que odian cuando están en las siguientes situaciones. Inventen los detalles necesarios.

MODELO: en la playa → Cuando estoy en la playa, me gusta mucho nadar en el mar, pero no me gusta el sol ni me gusta la arena (*sand*). Por eso no me gusta pasar todo el día en la playa. Prefiero nadar en una piscina.

Situaciones

en un almacén grande	**en el salón de clase**
en un autobús	**en el coche**
en un avión	**en una discoteca**
en la biblioteca	**en una fiesta**
en una cafetería	**en un parque**
en casa con mis amigos	**en la playa**
en casa con mis padres/hijos	**en un tren**

¿Recuerda Ud.?

You have already learned one of the irregular past tense verb forms that is presented in **Gramática 23.** Review it now by telling what day yesterday was: **Ayer...**

23 Talking About the Past (Part 1) • Preterite of Regular Verbs and of *dar*, *hacer*, *ir*, and *ser*

Gramática en acción: Un viaje a la República Dominicana

Elisa es reportera. Hace poco, fue a la República Dominicana para escribir un artículo sobre la isla de La Española. Habla Elisa.

- Yo hice el viaje en avión.
- El vuelo fue largo porque el avión hizo escala en Miami.
- Pasé una semana entera en la Isla.
- Visité muchos sitios de interés turístico e* histórico.
- Comí mucha comida típica del Caribe.
- Tomé el sol y nadé en el mar.
- ¡Lo pasé muy bien!

Comprensión: ¿Cierto o falso? Corrija las oraciones falsas.

1. Elisa fue a la República Dominicana para pasar sus vacaciones.
2. El avión hizo escala en los Estados Unidos.
3. Elisa no visitó ningún lugar importante de la isla.
4. No lo pasó bien en la playa.

In previous chapters of *Puntos de partida*, you have always talked in the present tense. In this section, you will begin to use forms of the preterite, one of the past tenses in Spanish. To talk about all aspects of the past in Spanish, there are two *simple tenses* (tenses formed without an auxiliary or "helping" verb): the *preterite* and the *imperfect*. In this chapter, you will learn the regular forms of the preterite and those of four irregular verbs: **dar, hacer, ir,** and **ser.** Then in **Capítulos 8, 9, 10,** and **11,** you will learn more about preterite forms and their uses as well as about the imperfect and how it is used alone and with the preterite.

Preterite of Regular Verbs

hablar		**comer**		**vivir**	
hablé	I spoke (did speak)	**com**í	I ate (did eat)	**viv**í	I lived (did live)
hablaste	you spoke	**com**iste	you ate	**viv**iste	you lived
habló	you/he/she spoke	**com**ió	you/he/she ate	**viv**ió	you/he/she lived
hablamos	we spoke	**com**imos	we ate	**viv**imos	we lived
hablasteis	you spoke	**com**isteis	you ate	**viv**isteis	you lived
hablaron	you/they spoke	**com**ieron	you/they ate	**viv**ieron	you/they lived

A trip to the Dominican Republic ■ *Elisa is a reporter. A little while ago, she went to the Dominican Republic to write an article about the island of Hispaniola. Here's Elisa.* ■ *I made the trip by plane.*
■ *The flight was long because the plane made a stop in Miami.* ■ *I spent a whole week on the Island.*
■ *I visited a lot of interesting tourist and historical sites.* ■ *I ate a lot of typical Caribbean food.*
■ *I sunbathed and swam in the ocean.* ■ *I had a really good time!*

*The word **y** changes to **e** when used before a word beginning with **i-** or **hi-**, to facilitate pronunciation.

The *preterite* (**el pretérito**) has several equivalents in English. For example, **hablé** can mean *I spoke* or *I did speak*. The preterite is used to report finished, completed actions or states of being in the past. If the action or state of being is viewed as completed—no matter how long it lasted or took to complete—it will be expressed with the preterite.

Pasé dos meses en el Caribe.
I spent two months in the Caribbean.

El verano pasado **hicimos** camping en Puerto Rico.
Last summer we went camping in Puerto Rico.

- Note that the **nosotros** forms of regular preterites for **-ar** and **-ir** verbs are the same as the present tense forms. Context usually helps determine meaning.

Ayer **hablamos** del viaje con nuestros amigos.
Hoy **hablamos** con el agente de viajes a las dos de la tarde.
Yesterday we spoke about the trip with our friends. Today we're speaking with the travel agent at 2:00 P.M.

- Note the accent marks on the first and third person singular of the preterite tense. These accent marks are dropped in the conjugation of **ver: vi, vio.**

ver:	vi	vimos
	viste	visteis
	vio	vieron

- Verbs that end in **-car, -gar,** and **-zar** show a spelling change in the first person singular (**yo**) of the preterite. (This is the same change you have already learned to make in formal commands, **Gramática 20 [Cap. 6]**).

-car → qu	busqué	buscamos
bus**c**ar	buscaste	buscasteis
	buscó	buscaron
-gar → gu	pagué	pagamos
pa**g**ar	pagaste	pagasteis
	pagó	pagaron
-zar → c	empecé	empezamos
empe**z**ar	empezaste	empezasteis
	empezó	empezaron

- **-ar** and **-er** stem-changing verbs show no stem change in the preterite.
-ir stem-changing verbs do show a change.*

despertar (despi**e**rto): desperté, despertaste,...
volver (v**ue**lvo): volví, volviste,...

- An unstressed **-i-** between two vowels becomes **-y-**. Also, note the accent on the **í** in the **tú, nosotros**, and **vosotros** forms.

creer		leer	
creí	creímos	leí	leímos
creíste	creísteis	leíste	leísteis
creyó	creyeron	leyó	leyeron

---

*You will learn more about and practice the preterite of **-ir** stem-changing verbs in **Gramática 25 (Cap. 8)**.

dar		hacer		ir/ser	
di	dimos	hice	hicimos	fui	fuimos
diste	disteis	hiciste	hicisteis	fuiste	fuisteis
dio	dieron	hizo	hicieron	fue	fueron

■ The preterite endings for **dar** are the same as those used for regular **-er/-ir** verbs, except that the accent marks are dropped.

■ **Hizo** is spelled with a **z** to keep the [s] sound of the infinitive.

hic- + **-o** → **hizo**

■ **Ir** and **ser** have identical forms in the preterite. Context will make the meaning clear. In addition, forms of **ir** are often followed by **a** (as in the first example), so they are easy to spot in the preterite.

Fui a la playa el verano pasado.
I went to the beach last summer.

Fui agente de viajes.
I was a travel agent.

■ ■ ■ Práctica

A. ¡Anticipemos! ¿Es esto lo que Ud. hizo el verano pasado?

Paso 1. Lea las siguientes declaraciones y conteste **sí** o **no**, según su experiencia.

El verano pasado…

		SÍ	NO
1.	tomé clases en la universidad.	☐	☐
2.	asistí a un concierto.	☐	☐
3.	trabajé mucho.	☐	☐
4.	hice *camping* con algunos amigos / mi familia.	☐	☐
5.	pasé todo el tiempo con mis padres / mis hijos.	☐	☐
6.	me quedé en este pueblo / esta ciudad.	☐	☐
7.	fui a una playa.	☐	☐
8.	hice un viaje a otro país.	☐	☐
9.	fui a muchas fiestas.	☐	☐
10.	no hice nada especial.	☐	☐

Paso 2. Ahora, en parejas, túrnense para entrevistarse sobre las ideas del Paso 1. Luego digan a la clase dos cosas que Uds. tienen en común.

> MODELO: tomé clases en la universidad. →
> E1: El verano pasado, ¿tomaste alguna clase en la universidad?
> E2: No, ¿y tú?
> E1: Yo tampoco. →
>
> Nosotros no tomamos ninguna clase el verano pasado.

> **AUTOPRUEBA**
>
> Give the correct preterite forms.
>
> **1.** (nosotros) buscar
> **2.** (mi papá) volver
> **3.** (yo) despertarme
> **4.** (Ud.) ver
> **5.** (ellas) leer
> **6.** (tú) ser
>
> Answers: **1.** buscamos **2.** volvió **3.** me desperté **4.** vio **5.** leyeron **6.** fuiste

B. El viernes por la tarde... Los siguientes dibujos representan lo que Julio hizo el viernes por la tarde. Empareje las acciones con los dibujos. Luego use las frases para narrar la secuencia de acciones. **¡OJO!** Use palabras como **primero, luego, después, finalmente, por fin,** etcétera.

1.   2.   3.   4.

5.   6.   7.   8.

9.   10.   11.   12.

a. _____ hacer cola para comprar las entradas (*tickets*)
b. _____ regresar tarde a casa
c. _____ volver a casa después de trabajar
d. _____ ir a un café a tomar algo
e. _____ llegar al cine al mismo tiempo
f. _____ llamar a un amigo
g. _____ no gustarles la película
h. _____ comer rápidamente
i. _____ ducharse y afeitarse
j. _____ entrar en el cine
k. _____ ir al cine en autobús
l. _____ decidir encontrarse (*to meet up*) en el cine

C. El día de tres compañeras

Paso 1. Teresa, Evangelina y Liliana son compañeras de apartamento. Ayer, Teresa y Evangelina fueron a la universidad mientras que (*while*) Liliana se quedó en casa. Haga oraciones completas para describir lo que hicieron, según la perspectiva de cada una.

TERESA

1. yo / levantarse / a / siete y media
2. salir / de / apartamento / a / nueve
3. llegar / biblioteca / a / diez
4. estudiar / toda la mañana / para / examen
5. almorzar / con / amigos / en / cafetería
6. ir / a / laboratorio / a / una
7. hacer / experimentos / de / manual (*m.*)
8. regresar / casa / y / ayudar / a / hacer / cena

EVANGELINA

9. yo / también / ir / a / universidad / pero / salir / más tarde
10. estudiar / en casa / todo la mañana
11. tomar / examen / a / tres
12. ¡examen / ser / horrible!
13. volver / casa / después de / examen
14. hacer / postre / para / cena

LILIANA

15. yo / quedarse / en casa / todo el día
16. ver / tele / por / mañana
17. llamar / mi / padres / a / once
18. escribir / composición / para / clase de inglés
19. ir / a / supermercado / y / comprar / comestibles
20. empezar / a / hacer / cena / a / cinco

LAS TRES COMPAÑERAS

21. (ellas) cenar / juntas (*together*) a / siete
22. tomar / café / y / comer / postre
23. ver / tele / en / sala
24. hacer / tarea / para / día siguiente
25. acostarse / a / once / más o menos

Comprensión. ¿Quién lo dijo, Teresa, Evangelina o Liliana?

1. Mis compañeras no pasaron mucho tiempo en casa hoy.
2. Hoy estudié mucho.
3. ¡El examen fue desastroso!
4. Me gustó mucho el programa *Today.*
5. ¿Saben? Hablé con mis padres hoy y…

Paso 2. Vuelva a contar cómo fue el día de una de las tres compañeras.

MODELO: TERESA: 1. Teresa se levantó…

Paso 3. Ahora cuente lo que hicieron las tres compañeras juntas, usando **nosotras** como sujeto.

MODELO: 21. Nosotras cenamos…

D. Un semestre en la República Dominicana. Cuente la siguiente historia desde el punto de vista de la persona indicada, usando el pretérito de los verbos.

> MODELO: (yo) viajar a la República Dominicana el año pasado →
> *Viajé* a la República Dominicana el año pasado.

1. (yo) pasar todo el semestre en Santo Domingo
2. mis padres pagarme el vuelo…
3. …pero (yo) trabajar para ganar el dinero para la matrícula y los otros gastos (*expenses*)
4. vivir con una familia dominicana encantadora (*enchanting*)
5. aprender mucho sobre la vida y la cultura dominicanas
6. visitar muchos sitios de interés turístico e histórico
7. mis amigos escribirme cartas
8. (yo) mandarles tarjetas postales
9. comprarles recuerdos (*souvenirs*) a todos
10. volver al Canadá a fines de agosto

Need more practice?

- Workbook and Laboratory Manual
- ActivityPak
- Online Learning Center (www.mhhe.com/puntos8)

■ ■ ■ Conversación

A. Humor viajero. Mire el dibujo y conteste las preguntas.

¿El piloto o Superhombre? ¿Quién…

1. no vio el avión?
2. no vio a Superhombre?
3. sufrió un accidente?
4. juró (*swore*) algo?
5. no llegó a su destino?
6. fue al hospital?
7. hizo un informe sobre el accidente?

B. Viajes famosos. En parejas, digan adónde llegaron o viajaron las siguientes personas y en qué medio de transporte viajaron. Luego traten de (*Try to*) añadir por lo menos un detalle más: ropa especial, compañeros de viaje, etcétera.

1. Cristóbal Colón
2. Dorotea, en *El Mago de Oz*
3. los astronautas de Apollo 11 en 1969
4. E. T.
5. Robinson Crusoe

C. Entrevista

Paso 1. Escriba una lista de diez de las acciones que Ud. hizo ayer. Use los siguientes verbos y añada cuatro más de su preferencia. Haga oraciones completas.

MODELO: levantarse → Ayer me levanté a las seis de la mañana.

1. levantarse	**6.** ir
2. empezar	**7.** ¿ ?
3. leer	**8.** ¿ ?
4. dar	**9.** ¿ ?
5. hacer	**10.** ¿ ?

Paso 2. En parejas, túrnense para entrevistarse sobre las acciones de su lista del **Paso 1.**

MODELO: E1: Ayer me levanté a las seis de la mañana. ¿A qué hora te levantaste tú?
E2: Me levanté a las diez.

Paso 3. Ahora digan a la clase en qué acciones los dos coincidieron ayer.

UN POCO DE TODO

A. Preguntas: La última (*last*) **vez.** Conteste las siguientes preguntas. Añada más detalles si puede.

MODELO: La última vez que Ud. fue a una fiesta, ¿le llevó un regalo al anfitrión / a la anfitriona (*host/hostess*)? →
Sí, le llevé flores / una botella de vino. (No, no le llevé nada.)

La última vez que Ud....

1. hizo un viaje, ¿le mandó una tarjeta postal a algún amigo o amiga?
2. tomó el autobús / el metro, ¿le ofreció su asiento a una persona mayor?
3. vio a su profesor(a) de español en público, ¿le habló en español?
4. comió en un restaurante, ¿le recomendó algún plato a su compañero/a?
5. entró en un edificio, ¿le abrió la puerta a otra persona?
6. voló en avión, ¿le pidió algo a uno de los asistentes de vuelo?
7. le regaló algo a alguien, ¿le gustó el regalo a la persona?
8. le prometió a alguien hacer algo, ¿lo hizo?
9. se quejó de algo, ¿con quién habló?

B. Lengua y cultura: Mi abuela dominicana. Complete the following paragraphs with the correct form of the words in parentheses, as suggested by context. When two possibilities are given in parentheses, select the correct word. **¡OJO!** The verbs in the paragraphs will be present tense or preterite; the context will indicate which tense to use.

Ayer llegó de visita mi abuela Manuela. Ella vive en Santo Domingo, la capital de la República Dominicana, con mi tía Zaira, la (hermana/sobrina[1]) de mi mamá. (*Nosotros:* Ir[2]) a recibir(la/le[3]) al aeropuerto y nos (*ella:* dar[4]) un abrazo[a] muy fuerte. (Mi/Mí[5]) abuela va (a/de[6]) pasar dos meses con nosotros en Connecticut, y luego (ir[7]) a quedarse un mes con el tío Julián en Nueva Jersey. Así es la vida[b] de muchas abuelas con hijos en otro país.

A mi abuela le (gusta/gustaría[8]) tener a todos sus hijos y (nietos/sobrinos[9]) en Santo Domingo y siempre (ser/estar[10]) muy triste cuando (volver[11]) a la República Dominicana (antes de/después de[12]) visitarnos. Pero también (le/la[13]) gusta mucho la vida en los Estados Unidos. (*Ella:* Decir[14]) que aquí se vive muy bien y que las casas (ser/estar[15]) muy buenas. (El/La[16]) problema es que no le (gustan/gustarían[17]) los inviernos de (este/esto[18]) país. ¡Es lógico! A ella le (gusta/gustan[19]) las playas y las palmeras, porque es lo que (conoce/sabe[20]) bien.

Cuando mi abuela regresa a Santo Domingo, (les/los[21]) mandamos con ella muchos regalos a nuestros (padres/parientes[22]). Casi todos los años mi familia (viaje/viaja[23]) a la República Dominicana, porque mis padres (vivir[24]) allá hasta que (ir[25]) a estudiar a la Universidad de Massachusetts. ¡(A/—[26]) mí me encanta ir de vacaciones a la República Dominicana!

[a]*hug*   [b]*Así... Such is the life*

Comprensión. Conteste las siguientes preguntas.

1. ¿Quién habla en la narración? ¿Se sabe si es hombre o mujer?
2. ¿Dónde vive la tía Zaira?
3. ¿Qué le gusta de la vida en los Estados Unidos a la abuela?
4. ¿Qué no le gusta?
5. ¿Cuándo emigraron a los Estados Unidos los padres del narrador / de la narradora?

C. Entrevista

Paso 1. En parejas, túrnense para entrevistarse sobre su último (*last*) viaje. Deben obtener información relacionada con las siguientes preguntas.

1. ¿cuándo?
2. ¿adónde?
3. ¿en qué medio de transporte?
4. ¿cuántos días?
5. ¿con quién?

Paso 2. Ahora digan a la clase los detalles esenciales del viaje de su compañero/a.

MODELO: Susie fue a Puerto Rico el verano pasado. Hizo el viaje en avión. Se quedó en Puerto Rico una semana. Viajó con su novio y su familia.

Resources for Review and Testing Preparation

- Workbook and Laboratory Manual
- ActivityPak
- Online Learning Center (www.mhhe.com/puntos8)

Perspectivas culturales
República Dominicana

Datos esenciales

- Nombre oficial: República Dominicana
- Capital: Santo Domingo
- Población: más de 9 millones de habitantes

Fíjese

- La República Dominicana ocupa los dos tercios orientales[a] de la isla de La Española en el mar Caribe. Cuando Cristóbal Colón llegó a la Isla por primera vez en 1492, declaró que era[b] la isla más bella[c] del mundo.
- España le cedió[d] el tercio occidental[e] de La Española a Francia en 1697. Por eso, esa parte de la Isla, el actual país de Haití, tiene una cultura y un idioma diferentes de los de la República Dominicana.
- La ciudad de Santo Domingo fue fundada[f] por Bartolomé Colón, hermano de Cristóbal, en 1496, y es la ciudad más antigua del continente americano.

[a]dos... *eastern two thirds*   [b]*it was*   [c]*beautiful*   [d]*ceded*   [e]*western*   [f]*founded*

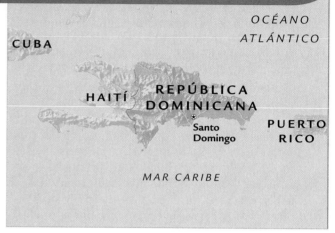

OCÉANO ATLÁNTICO

CUBA

HAITÍ   REPÚBLICA DOMINICANA

Santo Domingo

PUERTO RICO

MAR CARIBE

La Avenida Hermanas Mirabal, en Santo Domingo

También llamada[a] «El Malecón» y «la discoteca más grande del mundo», la Avenida Hermanas Mirabal es un enorme[b] bulevar donde hay discotecas, restaurantes y bares. Es el corazón[c] del Carnaval Dominicano en la primavera y del Festival del Merengue en el verano. Este festival representa diez días de música, bailes y espectáculos en las calles.

[a]*called*   [b]*large*   [c]*heart*

El Teatro Nacional, en Santo Domingo   Inaugurado[a] en 1973, el Teatro Nacional cuenta con[b] 1.700 asientos en el auditorio principal. Es uno de los teatros más espléndidos de América. Varias estatuas[c] de dramaturgos,[d] compositores[e] y escritores rodean[f] la Plaza de la Cultura donde se encuentra[g] el teatro. A la entrada[h] del teatro se ve la estatua del dramaturgo español Pedro Calderón de la Barca (1600–1681).

[a]*Inaugurated*   [b]cuenta... *has*   [c]*statues*   [d]*playwrights*   [e]*composers*
[f]*surround*   [g]se... *is found*   [h]*entrance*

El Lago[a] **Enriquillo**   Este lago es el más grande de las islas caribeñas. Hace unos 5.000 años[b] era un canal natural que dividía[c] La Española. Lleva el nombre «Enriquillo» en honor de un cacique[d] taíno* que se rebeló contra los españoles en el siglo XVI. Hoy día tiene la concentración más grande de cocodrilos americanos y una especie[e] de iguana endémica[f] de la Isla.

[a]*Lake*   [b]*Hace... About 5,000 years ago*   [c]*divided*   [d]*chief* [e]*species*   [f]*native*

El Parque Colón, en Santo Domingo   El Parque Colón está en el centro de la ciudad colonial de Santo Domingo. La estatua de Cristóbal Colón apunta hacia[a] España. A sus pies[b] está la imagen de Anacaona, una cacica[c] taína y la primera taína en aprender a leer y escribir en español. Los españoles consideraron que era demasiado poderosa y peligrosa,[d] y por eso la asesinaron en 1503.

[a]*apunta... is pointing toward*   [b]*feet*   [c]*female chief*   [d]*era... she was too powerful and dangerous*

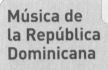

¿Un futuro jugador de las Ligas Mayores[a]**?**   La República Dominicana también se conoce como «la República del Béisbol», ya que[b] produce más jugadores de las Ligas Mayores que cualquier[c] otro país, excepto los Estados Unidos. Sin embargo, de cada cien aspirantes que asisten a las academias de béisbol dominicanas, sólo uno llega a las ligas menores, y muy pocos de esos llegan a las Ligas Mayores.

[a]*Ligas... Major Leagues*   [b]*ya... porque*   [c]*any*

Música de la República Dominicana

La música y baile nacional de la República Dominicana es el merengue. Los orígenes del merengue se desconocen,[a] pero casi todos concurren en[b] que el merengue es una fusión de tradiciones africanas y europeas con tendencias de la música cubana de los siglos[c] XVII y XVIII.

[a]*se... are unknown*   [b]*casi... almost everyone agrees*   [c]*centuries*

The Tainos were the Amerindian tribe that occupied what today are the islands of Hispaniola, Cuba, Puerto Rico, and Jamaica when the Spanish arrived.

EN RESUMEN

See the Workbook, Laboratory Manual, ActivityPak, and Online Learning Center (www.mhhe.com/puntos8) for self-tests and practice with the grammar and vocabulary presented in this chapter.

Gramática

To review the grammar points presented in this chapter, refer to the indicated grammar presentations.

21. Expressing *to who(m)* or *for who(m)*—Indirect Object Pronouns; **Dar** and **decir**

Do you know how to use indirect object pronouns to express *to who(m)* or *for who(m)*?

22. Expressing Likes and Dislikes—**Gustar** (Part 2)

Do you know how to talk about things you and others like and like to do?

23. Talking About the Past (Part 1)—Preterite of Regular Verbs and of **dar, hacer, ir,** and **ser**

You should know how to conjugate regular preterite verbs. Can you use the irregular verbs **dar, hacer, ir,** and **ser** in the preterite as well?

Vocabulario

Los verbos

anunciar	to announce
bajarse (de)	to get down (from); to get off (of) (*a vehicle*)
contar (cuento)	to tell, narrate
dar (doy)	to give
decir (digo)	to say; to tell
encantar	to like very much, love
entregar (gu)	to hand in
explicar (qu)	to explain
fumar	to smoke
gustar	to be pleasing
interesar	to interest (*someone*)
mandar	to send
mostrar (muestro)	to show
odiar	to hate
ofrecer (ofrezco)	to offer
prestar	to lend
prometer	to promise
quejarse (de)	to complain (about)
recomendar (recomiendo)	to recommend
regalar	to give (*as a gift*)
subir (a)	to go up; to get on (*a vehicle*)

Repaso: escribir, hablar, pedir (pido) (i), preguntar, servir (sirvo) (i)

De viaje

el aeropuerto	airport
la agencia de viajes	travel agency
el/la agente de viajes	travel agent
el asiento	seat
el/la asistente de vuelo	flight attendant
el autobús	bus
el avión	airplane
el barco	boat, ship
el billete (*Sp.*) / el boleto (*L.A.*)	ticket
de ida	one-way ticket
de ida y vuelta	round-trip ticket
la cabina	cabin (*on a ship*)
la clase turística	tourist class, coach
la cola	line (*of people*)
el crucero	cruise (ship)
la demora	delay
el equipaje	baggage, luggage
la estación	station
de autobuses	bus station
del tren	train station
la llegada	arrival
la maleta	suitcase
el maletero	porter
el medio de transporte	means of transportation
el pasaje	fare, price (*of a transportation ticket*)
el/la pasajero/a	passenger

el pasillo	aisle
la primera clase	first class
el puerto	port
la sala de espera	waiting room
la sala de fumar/ fumadores	smoking area
la salida	departure
la tarjeta (postal)	(post)card
el tren	train
la ventanilla	small window (*on a plane*)
el vuelo	flight

Repaso: el viaje

facturar el equipaje	to check baggage
guardar (un puesto)	to save (a place [*in line*])
hacer cola	to stand in line
hacer escalas /paradas	to make stops
hacer la(s) maleta(s)	to pack one's suitcase(s)
ir en...	to go/travel by . . .
autobús	bus
avión	plane
barco	boat, ship
tren	train
pasar por el control de la seguridad	to go/pass through security (check)
viajar	to travel
volar (vuelo) en avión	to fly, go by plane

Repaso: hacer un viaje

De vacaciones

la camioneta	station wagon; van
el *camping*	campground
la foto(grafía)	photo(graph)
el mar	sea

la montaña	mountain
el océano	ocean
la tienda (de campaña)	tent

Repaso: la playa

estar de vacaciones	to be on vacation
hacer *camping*	to go camping
ir de vacaciones a...	to go on vacation to/ in. . .
nadar	to swim
pasar las vacaciones en...	to spend one's vacation in . . .
sacar (qu) fotos	to take photos
salir de vacaciones	to leave on vacation
tomar el sol	to sunbathe
tomar unas vacaciones	to take a vacation

Otros sustantivos

el chiste	joke
la flor	flower

Los adjetivos

atrasado/a (*with* estar)	late
juntos/as	together

Palabras adicionales

a tiempo	on time
de vacaciones	on vacation
de viaje	traveling, on a trip
me gustaría (mucho)...	I would (really) like . . .
muchísimo	an awful lot
por	through; for

Vocabulario personal

Un paso más 7

Literatura de la República Dominicana

Sobre el escritor: *Manuel del Cabral nació en Santiago de los Caballeros, República Dominicana. Estudió derecho,[a] pero prefirió escribir. También sirvió de diplomático de la República Dominicana en Nueva York y en varios países latinoamericanos. En su poesía aparece el tema del negro caribeño. Murió en Santo Domingo en 1999. El siguiente poema, «Sobre el agua», es de la colección* Color de agua *(1932).*

▲ Manuel del Cabral
(1907–1999)

Agua tan pura que casi
no se ve en el vaso de agua.

Del otro lado está el mundo.
De este lado, casi nada...

Un agua pura, tan limpia
que da trabajo mirarla.

AGUA

La del río, ¡qué blanda![b]
Pero qué dura[c] es ésta:
¡La que cae de los párpados[d]
es un agua que piensa!

[a]*law* [b]*soft* [c]*hard* [d]*eyelids*

LECTURA

ESTRATEGIA: Identifying the Source of a Passage

If you pick up the *New England Journal of Medicine,* what sort of articles do you expect to find? For whom are they written and for what purpose? Would you anticipate similar articles in *People* magazine?

You can often make useful predictions about an article — its narrative style, its target audience, the author's purpose, and so on — if you know something about the magazine or journal from which it comes. The article you are about to read was first published in *Nexos,* a Spanish-language in-flight magazine published by American Airlines for their Spanish-speaking customers. Knowing this, which of the following topics do you think might be treated in a given issue of this magazine?

1. the Incas and Machu Picchu
2. how to remove coffee stains from silk
3. a walking tour of Boston
4. Miami by night

All but number two might logically appear in *Nexos.* Keeping in mind the source of a reading will often help you to predict its content.

■ **Sobre la lectura...** Este artículo es de la revista hispana *Nexos,* publicación de la American Airlines. Suele publicar artículos de interés a los viajeros y turistas. Esta lectura en particular presenta parte de una entrevista con Frank Rainieri, un pionero de la industria turística en la República Dominicana.

Entrevista con Frank Rainieri: Un pionero de la República Dominicana

NEXOS: Como pionero en el desarrollo[a] turístico de la República Dominicana, ¿qué grandes cambios ha visto[b] en las últimas décadas?

RAINIERI: La industria turística ha producido[c] una gran revolución en la economía dominicana. En 30 años, nuestro país pasó de ser un exportador de materias primas[d] de origen agrícola (azúcar, café y cacao) y minerales (oro, plata, bauxita y ferro níquel), actividades que en su mejor momento nunca sumaron[e] el 15% de los ingresos[f] en dólares a lo que produjo el año pasado el turismo (US$3.519 millones). Dependíamos de[g] una economía agrícola de plantación con posibilidades muy limitadas, basada en actividades productivas en algunos casos poco estimulantes del desarrollo humano. En un período relativamente breve (1980–2000), nuestro país ha logrado crear[h] una industria turística competitiva.

NEXOS: ¿Cómo ve el futuro del desarrollo turístico de la República Dominicana? ¿Qué nuevos modelos de turismo envisiona?

RAINIERI: El futuro de la industria turística se orienta hacia[i] la diversificación, la oferta de productos orientados a mercados de mayor poder adquisitivo,[j] el fortalecimiento[k] de la oferta de golf y marinas deportivas y la expansión de la oferta de turismo residencial y complejos residenciales exclusivos para personas de alto poder adquisitivo. También hacia el surgimiento[l] de una interesante oferta de turismo ecológico y al aprovechamiento[m] de nuestros atributos históricos y culturales (monumentos, gastronomía, música y deportes).

NEXOS: ¿Cuál es su filosofía empresarial[n]?

RAINIERI: Nosotros creemos que el desarrollo tiene que involucrar[ñ] a las personas que participan en los procesos productivos, porque el ser humano es la principal riqueza de la sociedad. Las personas que participan de una empresa tienen que sentir que participan equitativamente[o] de los beneficios y las riquezas que contribuyen a crear con su trabajo. En el Grupo Punta Cana, esto se expresa en políticas[p] específicas, como por ejemplo cuando construimos una escuela para hijos del personal de Punta Cana que cuenta con[q] más de 400 alumnos; construimos un residencial para empleados, una iglesia; construimos para la comunidad un politécnico que cuenta con casi 300 alumnos.

[a]*development* [b]ha... *have you seen* [c]ha... *has produced* [d]materias... *raw materials* [e]*totaled* [f]*income, revenue* [g]Dependíamos... *We depended on* [h]ha... *has managed to create* [i]*toward* [j]de... *of great purchasing power* [k]*strengthening* [l]*rise* [m]*tapping* [n]*business* [ñ]*include* [o]*justly* [p]*policies* [q]cuenta... *tiene*

Comprensión

¿Cierto o falso? Corrija las oraciones falsas.

1. Rainieri quiere desarrollar una industria turística que ignora la historia de la República Dominicana.
2. Rainieri tiene interés en el bienestar (*well-being*) de los empleados.
3. Algunas personas critican a Rainieri porque su industria turística amenaza (*threatens*) la ecología dominicana.

REDACCIÓN

Nuestras atracciones turísticas. Escriba un párrafo o un folleto (*pamphlet*) descriptivo para fomentar (*promote*) el turismo en su ciudad, estado o provincia. Incluya información sobre la historia, los medios de transporte, las atracciones geográficas y artísticas y la comida.

CAPÍTULO 8

Los días festivos°

1

Una muchacha cubana reza (*prays*) **en una iglesia**
(*church*) **de Santiago, Cuba, durante las Navidades**

1. ¿Cree Ud. que la Navidad es una fiesta importante
   en Cuba y en otros países hispanohablantes?
   ¿Por qué?

2. ¿Qué otros días festivos cree Ud. que son importantes en los países hispanohablantes?

3. ¿Celebra Ud. algún día festivo religioso? ¿Cuál?

°Los... *Holidays*

2 **Una mujer vestida con traje tradicional durante una celebración cubana**

1. ¿Cómo es el traje de esta mujer? ¿Ve Ud. influencia europea? ¿africana? ¿indígena?

2. ¿Llevan traje especial los participantes en las fiestas y celebraciones de su región? ¿Cómo son?

3. ¿Cree Ud. que la música es importante en las celebraciones?

3 **La costa de Cuba, la «Perla (*Pearl*) de las Antillas» y la isla más grande del Caribe**

1. ¿Qué sabe Ud. de Cuba?

2. ¿Cuándo fue la última vez que Ud. visitó una playa? ¿Dónde? ¿Por qué fue Ud.?

3. ¿Cómo son las playas caribeñas, según esta foto?

1. Es el cumpleaños de Javier. Rosa va a hacerle una fiesta de sorpresa.

2. Rosa va a la tienda para comprar refrescos y botanas.

3. La fiesta es en casa de Rosa.

4. Javier llega y es una gran sorpresa.

5. Todos se divierten.

6. Bailaron hasta las cuatro de la mañana.

las botanas/tapas	appetizers
el cumpleaños	birthday
el día festivo	holiday
el pastel (de cumpleaños)	(birthday) cake
el regalo	present, gift
la tarjeta	card
celebrar	to celebrate
cumplir años	to have a birthday
dar/hacer una fiesta	to give/have a party
divertirse (me divierto) (i)	to enjoy oneself, have a good time
faltar (a)	to be absent (from), not attend
gastar	to spend (*money*)
invitar	to invite

pasarlo bien/mal	to have a good/bad time
regalar	to give (*as a gift*)
reunirse (me reúno) (con)	to get together (with)
ser + en + *place*	to take place in/at (*a place*)
—¿**Dónde es** la fiesta?	Where is the party?
—(**Es**) **En** casa de Javier.	(It's) At Javier's house.
gracias por + *noun*	thanks for + *noun*
Gracias por el regalo.	Thanks for the present.
gracias por + *inf.*	thanks for + *verb*
Gracias por invitarme.	Thanks for inviting me.

el Día de San Valentín = el Día de los Enamorados, el Día de los Novios

la quinceañera = la fiesta de quince años

el Día de los Muertos = el Día de los Difuntos

la Pascua = las Pascuas, la Pascua Florida.

■ ■ ■ Conversación

A. Asociaciones. ¿Qué palabras asocia Ud. con las siguientes ideas? Use palabras de **La fiesta de Javier** u otras que Ud. sabe. Dé por lo menos dos asociaciones para cada idea.

1. algo de beber o tomar
2. el cumpleaños de alguien
3. los regalos
4. una fiesta
5. divertirse

Vocabulario útil

el Día de Año Nuevo	New Year's Day
el Día de los Reyes Magos	Day of the Magi (Three Kings) (Jan. 6)
el Día de San Patricio	Saint Patrick's Day (Mar. 17)
la Pascua (judía)	Passover
la Pascua	Easter
la Semana Santa	Holy Week
las vacaciones de primavera	spring break
el Cinco de Mayo	Cinco de Mayo (*Mexican awareness celebration in some parts of the U.S.*)
el Día del Canadá	Canada Day (July 1)
el Cuatro de Julio (el Día de la Independencia [estadounidense])	Fourth of July ([U.S.] Independence Day)
el Día de la Raza	Columbus Day (*Indigenous / Hispanic awareness day in some parts of the U.S.*) (Oct. 12)
el Día de todos los Santos	All Saints' Day (Nov. 1)
el Día de los Muertos	Day of the Dead (Nov. 2)
el Día de Acción de Gracias	Thanksgiving
la Nochebuena	Christmas Eve
la Noche Vieja	New Year's Eve
el cumpleaños	birthday
el día del santo	saint's day (*the saint for whom one is named*)
la quinceañera	young woman's fifteenth birthday party

la Navidad

el Día de San Valentín

la Fiesta de las Luces

 Only the shaded items on this list are considered active vocabulary for this chapter. Feel free to learn any other holidays and celebrations that are relevant to you.

B. Definiciones

Paso 1. Dé las palabras definidas.

1. impresión que causa algo que no se espera o no se sabe
2. algo de comer o beber que se sirve en las fiestas
3. el día en que, por tradición, algunas personas visitan los cementerios
4. la fiesta de una muchacha que cumple 15 años
5. el día en que muchos, por tradición, llevan ropa verde
6. lo que se le dice a un amigo que celebra algo
7. una fiesta de los judíos (*Jewish people*) que dura 8 días

Paso 2. Ahora cree (*create*) por lo menos dos definiciones como las del **Paso 1.** La clase va a adivinar (*guess*) la palabra definida.

Vocabulario útil
el fin end **el nacimiento** birth

C. Hablando de fiestas

Paso 1. ¿Cuáles de estas fiestas le gustan a Ud.? ¿Cuáles le gustan mucho? ¿Cuáles no le gustan? Explique por qué. Compare sus respuestas con las (*those*) de sus compañeros de clase. ¿Tienen los mismos gustos?

> **MODELO:** el Cuatro de Julio → Me gusta mucho el Cuatro de Julio porque vemos fuegos artificiales en el parque y…

1. el Cuatro de Julio
2. el Día de Acción de Gracias
3. el Día de San Patricio
4. la Noche Vieja
5. el Día de la Raza
6. el Día de los Enamorados

Vocabulario útil	
el árbol	tree
el corazón	heart
la corona	wreath
el desfile	parade
la fiesta del barrio	neighborhood (block) party
los fuegos artificiales	fireworks
el globo	balloon

Paso 2. Ahora piense en su fiesta favorita. Puede ser una de la lista del **Paso 1** o una del **Vocabulario útil** de la página 267. Piense en cómo celebra Ud. esa fiesta, para explicárselo (*explain it*) luego a la clase. Debe pensar en lo siguiente.

- los preparativos que Ud. hace de antemano (*beforehand*)
- la ropa especial que lleva
- las comidas o bebidas especiales que compra o hace
- el lugar donde se celebra
- los adornos especiales que hay o que Ud. pone

NOTA CULTURAL

Los días festivos importantes del mundo hispánico

Aunque la mayoría de **los días festivos** varía de país a país y aun de ciudad a ciudad, algunas fiestas **se celebran** en casi todos los países hispánicos.

La Nochebuena En esta fiesta los hispanos católicos siguen principalmente sus **tradiciones religiosas.** Celebran la víspera[a] de la Navidad con una gran cena. Esta **celebración familiar** puede incluir también a amigos y vecinos.[b] Muchas familias van a la Misa del Gallo,[c] un **servicio religioso** que se celebra a medianoche. Es posible que la fiesta de Nochebuena termine muy tarde con música y baile. En algunos lugares, los niños reciben la visita de Papá Noel, otro nombre que se le da a Santa Claus, quien les deja **regalos.**

▲ *Una quinceañera mexicana*

La Noche Vieja Como en este país, la Noche Vieja es una ocasión para **grandes celebraciones,** tanto entre familia como en lugares públicos. En España y otros países algunos siguen la tradición de comer una uva[d] por cada una de las doce campanadas[e] de medianoche.

[a]*eve* [b]*neighbors* [c]*Misa… Midnight Mass* [d]*grape* [e]*bell strokes*

El Día de los Reyes Magos En España y otros países, se celebra el 6 de enero como el día de los Reyes Magos, una fiesta católica también conocida como **la Epifanía.** Los tres Reyes son los encargados[f] de traer regalos. Muchos niños ponen sus zapatos en la ventana o balcón antes de acostarse la noche del 5 de enero. Los Reyes llegan en camellos durante la noche y llenan los zapatos con **regalos** y **dulces.**

El Día de la Independencia Todos los países latinoamericanos celebran el día de **la declaración de su independencia de España.** Por ejemplo, México celebra su independencia el 16 de septiembre, Bolivia el 6 de agosto, el Paraguay el 15 de mayo y El Salvador el 15 de septiembre.

La quinceañera Las muchachas de muchos países celebran su **llegada a los 15 años** como la transición de niña a mujer. Ese día, se hace **una gran fiesta** que les dan su famila y sus amigos. La muchacha se viste de largo[g] y, con sus invitados, a veces asiste a una misa especial para ella. Luego se sirve **una cena** y hay una fiesta con música para bailar.

[f]los... *in charge*   [g]se... *dresses up (in a gown)*

Las emociones y los estados afectivos°

estados... *emotional states*

1. reír(se)* ([me] río) (i) (de)   **2.** sonreír(se)* ([me] sonrío) (i)   **3.** llorar   **4.** enojarse (con)   **5.** enfermarse

discutir (con/sobre)	to argue (with/about)	**recordar (recuerdo)**	to remember
olvidar(se) (de)	to forget (about)	**reír(se)* ([me] río) (i) (de)**	to laugh (about)
ponerse + *adj.*	to become, get + *adj.*	**sentirse (me siento) (i)**	to feel (*an emotion*)
portarse bien/mal	to (mis)behave	**sonreír(se)* (*like* reír)**	to smile
quejarse (de)	to complain (about)	**feliz** (*pl.* **felices**)	happy

■■■ Conversación

A. **¿Cuándo... ?** ¿En qué ocasiones siente Ud. las siguientes emociones o hace las siguientes cosas? Complete las oraciones, según su experiencia.

MODELOS: Me porto muy bien en (+ lugar) / cuando (+ acción)... →
Me porto muy bien *en las fiestas.*
Me porto muy bien *cuando alguien me está mirando.*

1. Me porto muy bien en / cuando...
2. Me quejo en / cuando...
3. Me río mucho en / cuando...
4. Sonrío en / cuando...
5. Lloro en / cuando...
6. Me enojo en / cuando...
7. Me enfermo en / cuando...

---

*The verbs **reír** and **sonreír** are **e** → **i** stem-changing verbs. Due to the double vowels, accents are required on all present tense forms of these verbs, but not on their present participles: **(son)riendo, (son)río, (son)ríes, (son)ríe, (son)reímos, (son)reís, (son)ríen.**

Being Emphatic

To emphasize the quality described by an adjective or an adverb, speakers of Spanish often add **-ísimo/a/os/as** to an adjective and **-ísimo** to an adverb. This change adds the idea *extremely* (*exceptionally; very, very; super*) to the quality expressed. You have already used one emphatic adverb: **Me gusta muchísimo.**

Estas tapas son **dificilísimos** de preparar.	*These appetizers are very, very hard to prepare.*
Durante la época navideña, los niños son **buenísimos.**	*At Christmastime, kids are extremely good.*

- If the word ends in a consonant, **-ísimo** is added to the singular form: **difícil → dificilísimo** (and any accents on the word stem are dropped).
- If the word ends in a vowel, the final vowel is dropped before adding **-ísimo: bueno → buenísimo** (and any accents on the word stem are dropped).
- Spelling changes occur when the final consonant of an adjective is **c, g,** or **z: riquísimo, larguísimo, felicísimo.**

B. Reacciones. ¿Cómo se pone Ud. en estas situaciones? Use los adjetivos y verbos que Ud. sabe y también algunas formas enfáticas (**-ísimo**). ¿Cuántas emociones puede Ud. describir?

1. Llueve todo el día.
2. Es Navidad. Alguien le hace un regalo carísimo.
3. Ud. quiere bañarse. No hay agua caliente.
4. Ud. está solo/a en casa una noche y oye un ruido.
5. Ud. da una fiesta en su casa o apartamento. Todos están muy serios.
6. Hoy hay un examen importante. Ud. no estudió nada anoche.
7. Ud. cuenta un chiste pero nadie se ríe.
8. Ud. acaba de terminar un examen difícil. Cree que lo hizo muy bien / mal.

Vocabulario útil
avergonzado/a embarrassed **contento/a** **feliz/triste** **furioso/a** **nervioso/a** **serio/a**

C. Opiniones

Paso 1. ¿Cree Ud. que son ciertas o falsas las siguientes declaraciones?

EN LAS FIESTAS DE FAMILIA

1. Las fiestas de familia me gustan muchísimo.
2. Un pariente siempre se queja de algo.
3. Uno de mis parientes siempre me hace preguntas indiscretas.
4. Alguien siempre bebe / come demasiado (*too much*) y se enferma.
5. A todos les gustan las cosas que les regalamos.

LOS DÍAS FESTIVOS EN GENERAL

6. La Navidad / La Fiesta de las Luces es solamente una excusa para gastar dinero.
7. Las vacaciones de primavera son las vacaciones más felices del año.
8. Sólo las personas que practican una religión deben tener vacaciones en los días festivos religiosos.

Need more practice?

- Workbook and Laboratory Manual
- ActivityPak
- Online Learning Center (www.mhhe.com/ puntos8)

Paso 2. Hagan un resumen de las respuestas de toda la clase. Analicen las respuestas. ¿Están todos de acuerdo? Si todos —o casi todos— están de acuerdo en que una declaración es falsa, cámbienla para que sea cierta.

GRAMÁTICA

¿Recuerda Ud.?

You have already learned the irregular preterite stem and endings for the verb **hacer**. All of the verbs presented in **Gramática 24** have irregular stems and they all use the same preterite endings as **hacer**. Review those endings by completing the following forms.

1. yo: hic___   **2.** nosotros: hic___   **3.** Ud.: hiz___   **4.** ellos: hic___

24 | Talking About the Past (Part 2) • Irregular Preterites

Gramática en acción: La fiesta de la Noche Vieja

Conteste las siguientes preguntas sobre esta fiesta.

1. ¿Quién estuvo hablando por teléfono?
2. ¿Quién dio la fiesta?
3. ¿Quién no pudo ir a la fiesta?
4. ¿Quién puso su copa de champán en la televisión?
5. ¿Quién hizo mucho ruido?
6. ¿Quiénes no quisieron beber más?
7. ¿Quiénes le trajeron regalo al anfitrión (*host*)?

¿Y Ud.?

1. ¿Estuvo Ud. alguna vez en una fiesta como esta? (…estuve…)
2. ¿Tuvo que irse temprano de la fiesta? (…tuve…) ¿O se quedó hasta medianoche (*midnight*)?
3. ¿Le trajo Ud. regalo al anfitrión / a la anfitriona? (…traje…)

- You have already learned the irregular preterite forms of **dar, hacer, ir,** and **ser.** The following verbs are also irregular in the preterite. Note that the first and third person singular endings, which are the only irregular ones, are unstressed, in contrast to the stressed endings of regular preterite forms.

estar	
estuve	estuvimos
estuviste	estuvisteis
estuvo	estuvieron

estar:	estuv-	-e
poder:	pud-	-iste
poner:	pus-	-o
querer:	quis-	-imos
saber:	sup-	-isteis
tener:	tuv-	-ieron
venir:	vin-	

■ When the preterite verb stem ends in **-j-**, the **-i-** of the third person plural ending is omitted: **dijeron, trajeron.**

decir: dij-	⎫ -e, -iste, -o, -imos, -isteis, **-eron**
traer: traj-	⎭

■ The preterite of **hay (haber)** is **hubo** (*there was/were*).

Hubo un accidente ayer en el centro.
There was an accident yesterday downtown.

Changes in Meaning

Several of the following Spanish verbs have an English equivalent in the preterite tense that is different from that of the infinitive.

	Infinitive Meaning	Preterite Meaning
saber	to know (*facts, information*)	to find out, learn
	Ya lo **sé.**	Lo **supe** ayer.
	I already know it.	*I found it out (learned it) yesterday.*
conocer	to know, be familiar with (*people, places*)	to meet (*for the first time*)
	Ya la **conozco.**	La **conocí** ayer.
	I already know her.	*I met her yesterday.*
querer	to want	to try
	Quiero hacerlo hoy.	**Quise** hacerlo ayer.
	I want to do it today.	*I tried to do it yesterday.*
no querer	not to want	to refuse
	No quiero hacerlo hoy.	**No quise** hacerlo anteayer.
	I don't want to do it today.	*I refused to do it the day before yesterday.*
poder	to be able to (*do something*)	to succeed (*in doing something*)
	Puedo leerlo	**Pude** leerlo ayer.
	I can (am able to) read it.	*I could (and did) read it yesterday.*
no poder	not to be able, capable (*of doing something*)	to fail (*to do something*)
	No puedo leerlo.	**No pude** leerlo anteayer.
	I can't (am not able to) read it.	*I couldn't (did not) read it the day before yesterday.*

■ ■ ■ Práctica

A. En una fiesta. ¿Cómo se dice en inglés?

1. No pude abrir la botella de champán.
2. Supe que se murió (*died*) el abuelo de un amigo.
3. Conocí al primo cubano de una amiga.
4. No quise hablar con Jorge. Él es muy descortés con todos.

B. ¡Anticipemos! La última Noche Vieja

Paso 1. Piense en lo que Ud. hizo la Noche Vieja del año pasado. ¿Es cierto o falso que Ud. hizo las siguientes cosas?

1. Fui a una fiesta en casa de un amigo / una amiga.
2. Di una fiesta en mi casa.
3. No estuve con mis amigos, sino (*but rather*) con la familia.
4. Quise ir a una fiesta, pero no pude.
5. Les dije «¡Feliz Año Nuevo!» a muchas personas.
6. Conocí a algunas personas interesantes.
7. Tuve que hacer la comida de esa noche.
8. Me puse ropa elegante esa noche.
9. Pude quedarme despierto/a (*awake*) hasta medianoche.
10. No quise bailar. Me sentía (*I felt*) mal.

Paso 2. Ahora, en parejas, comparen sus respuestas. Si es posible, digan a la clase dos acciones en que coincidieron.

> **MODELO:** Douglas y yo fuimos a una fiesta en casa de un amigo. Conocimos a muchas personas.

C. Una Nochebuena en casa de los Ramírez

Paso 1. Describa lo que pasó en casa de los Ramírez, haciendo el papel (*playing the role*) de uno de los hijos. Haga oraciones completas en el pretérito con las palabras indicadas, usando el sujeto pronominal cuando sea necesario.

1. todos / estar / en casa / abuelos / antes de / nueve
2. (nosotros) poner / mucho / regalos / debajo / árbol
3. (nosotros) invitar / vecinos (*neighbors*) / pero / no / poder / venir
4. tíos y primos / venir / con / comida y bebidas
5. yo / tener / que / ayudar / a / hacer / comida
6. haber / cena / especial / para / todos
7. más tarde / alguno / amigos / venir / a / cantar / villancicos (*carols*)
8. mi / hermana / menor / querer / beber / champán / pero / mi / padres / no / permitirlo
9. a medianoche / todos / decir / «¡Feliz Navidad!»
10. al día siguiente / todos / decir / que / fiesta / ser / estupendo

Paso 2. ¿Cierto, falso o no se sabe? Corrija las oraciones falsas.

1. Hubo muy poca gente (*people*) en la fiesta.
2. Sólo estuvieron miembros de la familia.
3. Todos comieron bien... ¡y mucho!

D. Hechos (*Events*) históricos.
Describa Ud. algunos hechos históricos, usando una palabra o frase de cada columna. Use el pretérito de los verbos. Su profesor(a) lo/la puede ayudar con los datos (*information*) que Ud. no sabe.

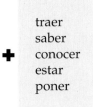

Need more practice?

- Workbook and Laboratory Manual
- ActivityPak
- Online Learning Center (www.mhhe.com/puntos8)

en 1957 los rusos en 1969 los estadounidenses Adán y Eva George Washington los europeos los aztecas Stanley	**+** traer saber conocer estar poner **+**	en Valley Forge con sus soldados a un hombre en la luna un satélite en el espacio por primera vez el significado (*meaning*) de un árbol especial a Livingston en África el caballo (*horse*) al Nuevo Mundo a Hernán Cortés en Tenochtitlán

■ ■ ■ Conversación

A. Entrevista

EL PRIMER DÍA DE CLASE DE ESTE SEMESTRE/TRIMESTRE

1. ¿En qué mes conocimos a nuestro profesor / a nuestra profesora de español? ¿A quiénes más conocimos ese mismo día?
2. ¿Tuvimos que hablar español el primer día de clase? ¿Tuvimos mucha tarea para el día siguiente?
3. ¿Les hablamos en español a nuestros compañeros de clase el primer día? ¿Qué les dijiste tú?

LOS DÍAS FESTIVOS DEL AÑO PASADO

4. ¿Qué días festivos celebraste?
5. ¿Celebraste la Nochebuena? ¿el Día de Acción de Gracias? ¿Dónde? ¿Con quiénes?
6. ¿Dónde estuviste durante las vacaciones de primavera?
7. ¿Ya hiciste planes para los días festivos de este año? ¿Dónde piensas estar en esas ocasiones?

B. La última fiesta que Ud. dio

Paso 1. Haga una lista de todos los detalles que Ud. recuerda de la última fiesta que organizó. Puede ser una fiesta que Ud. organizó solo/a o con su familia o con un grupo de amigos. Haga por lo menos ocho oraciones completas para describir la fiesta y use por lo menos cinco de los siguientes verbos: **conocer, dar, estar, invitar, organizar, poder, saber, ser, venir.**

> MODELO: Di una fiesta de sorpresa para el cumpleaños de mi mejor amigo. Mi amigo Clark y yo organizamos la fiesta....

Paso 2. Ahora, usando sus oraciones como base, entreviste a un compañero o compañera sobre la última fiesta que organizó él o ella. Luego digan a la clase dos detalles interesantes sobre las fiestas que Uds. organizaron.

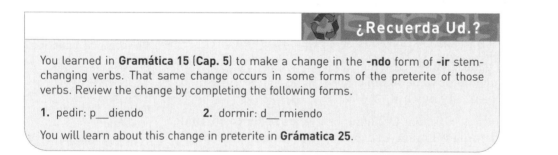

♲ **¿Recuerda Ud.?**

You learned in **Gramática 15 (Cap. 5)** to make a change in the **-ndo** form of **-ir** stem-changing verbs. That same change occurs in some forms of the preterite of those verbs. Review the change by completing the following forms.

1. pedir: p__diendo   2. dormir: d__rmiendo

You will learn about this change in preterite in **Grámatica 25.**

25

Talking About the Past (3) • Preterite of Stem-Changing Verbs

Gramática en acción: La quinceañera de Lupe Carrasco

Imagine los detalles de la fiesta de quince
años de Lupe.

1. Lupe se vistió con

☐ un vestido blanco muy elegante.
☐ una camiseta y *bluejeans.*
☐ el vestido de novia[a] de su abuela.

2. Mientras cortaba[b] el pastel de cumpleaños,
Lupe

☐ empezó a llorar.
☐ se rio mucho.
☐ sonrió para una foto.

3. Lupe pidió un deseo[c] al cortar el
pastel. Ella

☐ les dijo a todos qué fue lo que pidió.
☐ prefirió guardarlo en secreto.

4. En la fiesta sirvieron

☐ champán y otras bebidas alcohólicas.
☐ refrescos.
☐ sólo té y café.

5. Todos se divirtieron mucho en la fiesta. Los invitados se
despidieron[d] a la(s) _____ (hora).

[a]vestido... *wedding gown*   [b]Mientras... *As she was cutting*   [c]*wish*   [d]se... *said good-bye*

¿Y Ud.?

1. ¿Recuerda Ud. qué hizo cuando cumplió 15 años?
2. ¿Qué regalos pidió? (...pedí...)
3. ¿Qué sirvieron en la fiesta? (Sirvieron...)
4. ¿Se divirtió? (...me divertí...)
5. ¿Cómo se sintió ese día? (...me sentí...)

A. In **Gramática 23** (**Cap. 7**) you learned that **-ar** and **-er** stem-changing verbs have no stem change in the preterite (or in the present participle).

recordar (recuerdo)		perder (pierdo)	
recordé	recordamos	perdí	perdimos
recordaste	recordasteis	perdiste	perdisteis
recordó	recordaron	perdió	perdieron
	recordando		perdiendo

B. **-ir** stem-changing verbs *do* have a stem change in the preterite, but only in the third person singular and plural, where the stem vowels **e** and **o** change to **i** and **u**, respectively. This is the same change that occurs in the present participle of **-ir** stem-changing verbs.

¡OJO! Remember that this change is indicated in parentheses after the infinitive in vocabulary lists: **pedir (pido) (i), dormir (duermo) (u).**

pedir (pido) (i)		dormir (duermo) (u)	
pedí	pedimos	dormí	dormimos
pediste	pedisteis	dormiste	dormisteis
pidió	pidieron	durmió	durmieron
pidiendo		durmiendo	

C. Here are some **-ir** stem-changing verbs. You already know or have seen many of them. The reflexive meaning, if different from the nonreflexive meaning, is in parentheses.

¡OJO! Note the simplification:
ri-ió → rio; ri-ieron → rieron
son-ri-ió → sonrió;
   son-ri-ieron → sonrieron

¡Adiós!

despedirse (me despido) (i) (de)

conseguir (consigo) (i)	to get, obtain	**preferir (prefiero) (i)**	to prefer
conseguir + *inf.*	to succeed in (*doing something*)	**reír(se) ([me] río) (i) (de)**	to laugh (at)
		seguir (sigo) (i)	to continue
despedir(se) ([me] despido) (i) (de)	to say good-bye (to)	**sentirse (me siento) (i)**	to regret; to feel (*an emotion*)
divertir(se) ([me] divierto) (i)	to entertain (to have a good time)	**servir (sirvo) (i)**	to serve
		sonreír(se) ([me] sonrío) (i)	to smile
dormir(se) ([me] duermo) (u)	to sleep (to fall asleep)	**sugerir (sugiero) (i)**	to suggest
morirse (me muero) (u)	to die	**vestir(se) ([me] visto) (i)**	to dress (to get dressed)
pedir (pido) (i)	to ask for; to order		

AUTOPRUEBA

Complete the verbs with preterite stems.

1. nos div___rtimos
2. se d___rmieron
3. tú s___rviste
4. se v___stió
5. yo sug___rí
6. Uds. p___dieron

Answers: 1. divertimos 2. durmieron 3. serviste 4. vistió 5. sugerí 6. pidieron

■ ■ ■ Práctica

A. ¡Anticipemos! ¿Quién lo hizo? ¿Ocurrieron algunas de estas cosas en clase la semana pasada? Conteste con el nombre de las personas que lo hicieron. Si nadie lo hizo, conteste con **Nadie...** .

1. _____ se vistió con ropa muy elegante.
2. _____ se vistió con ropa extravagante.
3. _____ se durmió en clase.
4. _____ le pidió al profesor / a la profesora más tarea.
5. _____ se sintió muy contento/a.
6. _____ se divirtió muchísimo; se rio y sonrió mucho.
7. _____ no sonrió para nada.
8. _____ sugirió tener la clase afuera.
9. _____ prefirió no contestar ninguna pregunta.

B. Historias breves. Cuente las siguientes historias breves en el pretérito. Luego continúelas, si puede.

1. En un restaurante: Juan (sentarse) a la mesa. Cuando (llegar) el camarero, le (pedir) una cerveza. El camarero no (recordar) lo que Juan (pedir) y le (servir) una Coca-Cola. Juan no (querer) beber la Coca-Cola. Le (decir) al camarero: «Perdón, señor. Le (*yo:* pedir) una cerveza». El camarero le (contestar): «_____».

2. Un día típico: Rosa (acostarse) temprano y (dormirse) en seguida.[a] (Dormir) bien y (despertarse) temprano. (Vestirse) y (salir) para la universidad. En el autobús (ver) a su amigo José y los dos (sonreír) pero no (hablarse). A las nueve _____.

3. Dos noches diferentes: Yo (vestirse), (ir) a una fiesta, (divertirse) mucho y (volver) tarde a casa. Mi compañero de cuarto (decidir) quedarse en casa y (ver) la televisión toda la noche. No (divertirse), (perder) una fiesta excelente y después lo (sentir) mucho. Yo _____.

[a]en... *immediately*

C. Las historias que todos conocemos. Cuente detalles de algunas historias tradicionales, usando una palabra o frase de cada columna y el pretérito de los verbos.

Need more practice?
- Workbook and Laboratory Manual
- ActivityPak
- Online Learning Center (www.mhhe.com/puntos8)

la Bella Durmiente (*Sleeping Beauty*) el lobo (*wolf*) Rip Van Winkle la Cenicienta (*Cinderella*) el Príncipe las hermanastras de la Cenicienta Romeo	**+** conseguir perder divertirse preferir morirse sentir vestirse dormir	**+** en un baile encontrar (*to find*) a la mujer misteriosa (por) muchos años por el amor de Julieta de (*as a*) abuela un zapato envidia (*envy*) de su hermanastra

■ ■ ■ Conversación

A. Una entrevista indiscreta

Paso 1. Un compañero o compañera va a usar las siguientes preguntas para entrevistarlo/la en el **Paso 2** de esta actividad. Lea las preguntas ahora y piense en las respuestas que va a dar. Debe inventar también algunas respuestas falsas.

1. ¿A qué hora te dormiste anoche?
2. ¿Perdiste mucho dinero alguna vez?
3. ¿Con qué programa de televisión te divertiste mucho en los días o meses pasados... pero te avergüenzas de (*you're ashamed to*) admitirlo?
4. ¿Te vestiste de animal alguna vez? ¿En qué ocasión?
5. ¿Seguiste haciendo algo después de que tu padre/madre (compañero/a, esposo/a) te dijo que no lo hicieras (*not to do it*)?
6. ¿Pediste una bebida alcohólica antes de tener 21 años?
7. ¿Qué cosa o tarea no conseguiste terminar el mes pasado?

Paso 2. En parejas, usen las preguntas del **Paso 1** para entrevistarse. Luego digan a la clase las respuestas más interesantes de su compañero/a. La clase va a adivinar si la respuesta es cierta o falsa.

> MODELO: E1: Julie, ¿a qué hora te dormiste anoche?
> E2: Me dormí a las tres de la mañana.
> E1: (*a la clase*): Julie se durmió a las tres de la mañana anoche.
> CLASE: No es cierto.
> E1: ¡Sí, es cierto! (Tienen razón. No es cierto.)

B. La fiesta de Halloween

Paso 1. Use las siguientes preguntas como guía para hablar de una fiesta inolvidable de Halloween.

1. ¿De qué se vistió?
2. ¿Cómo se sintió cuando se vio con el disfraz?
3. ¿Fue de casa en casa pidiendo dulces?
4. ¿Qué les dijo a los vecinos (*neighbors*)?
5. ¿Qué le dieron los vecinos?
6. ¿Se rieron los vecinos cuando lo/la vieron?
7. ¿Consiguió muchos dulces?
8. ¿También fue a una fiesta?
9. ¿Qué sirvieron en la fiesta?
10. ¿Se divirtió mucho?

Paso 2. De todos los miembros de la clase, ¿quién describió el disfraz más cómico? ¿el más espantoso (*frightening*)? ¿el más original? ¿el más bonito? ¿Hubo algún incidente divertido? ¿Qué pasó?

> ### Vocabulario útil
>
> **la bruja** witch
> **el disfraz** costume
> **el esqueleto**
> **el monstruo**

26

Expressing Direct and Indirect Objects Together • Double Object Pronouns

Gramática en acción: Berta habla de la fiesta de Anita

1. Hice unas tapas y se las di a Anita para la fiesta.

2. Me encantó el CD que Anita puso en la fiesta. Por eso Anita me lo prestó para oírlo en casa.

3. Sergio sacó muchas fotos de la fiesta y nos las mostró en la computadora.

Comprensión: ¿Cierto o falso?

1. ¿Las tapas? Berta se las dio a Anita.
2. ¿El CD? Sergio se lo prestó a Berta.
3. ¿Las fotos? Anita se las mostró a todos.

Order of Pronouns

When both an indirect and a direct object pronoun are used in a sentence, the indirect object pronoun (**I**) precedes the direct (**D**): **ID.** Note that nothing comes between the two pronouns. The position of double object pronouns with respect to the verb is the same as that of single object pronouns.

—¿Tienes el trofeo?
Do you have the trophy?
—Sí, acaban de dár**melo.**
Yes, they just gave it to me.

—Mamá, ¿está listo el almuerzo?
Mom, is lunch ready?
—**Te lo** hago ahora mismo.
I'll make it for you right now.

Berta talks about Anita's party   *1. I made some appetizers and gave them to Anita for the party.*
2. I loved the CD that Anita played at the party. That's why Anita lent it to me to listen to at home.
3. Sergio took a lot of photos of the party and he showed them to us on the computer.

A. When both the indirect and the direct object pronouns begin with the letter **l**, the indirect object pronoun always changes to **se**. The direct object pronoun does not change. Four combinations are possible: **se lo, se la, se los, se las.** In all cases, **se** represents the indirect object. The direct object is represented by **lo, la, los,** or **las.** In sentences of this kind, just use **se** automatically and focus only on the correct direct object form.

Les dimos el auto. (les lo)	*We gave them the car.*
Se lo dimos.	*We gave it to them.*
Le escribí la carta ayer. (le la)	*I wrote her the letter yesterday.*
Se la escribí ayer.	*I wrote it to her yesterday.*
Le regaló esos zapatos. (le los)	*He gave him those shoes.*
Se los regaló.	*He gave them to him.*
Les mandamos las invitaciones. (le las)	*We sent them the invitations.*
Se las mandamos.	*We sent them to them.*

B. Since **se** can stand for **le** (*to/for you* [sing.], *him, her*) or **les** (*to/for you* [pl.], *them*), it is often necessary to clarify its meaning by using **a** plus the pronoun objects of prepositions.

Se lo escribo **a Uds. (a ellos, a ellas...**).
I'll write it to you (them . . .).

Se las doy **a Ud. (a él, a ella...**).
I'll give them to you (him, her . . .).

AUTOPRUEBA

Match each sentence with the correct double object pronouns.

1. Le dieron el libro. → _____ _____ dieron.
2. Les sirvieron la paella. → _____ _____ sirvieron.
3. Le di las direcciones. → _____ _____ di.
4. Les trajo los boletos. → _____ _____ trajo.

a. Se las
b. Se los
c. Se lo
d. Se la

Answers: 1. c 2. d 3. a 4. b

■■■ Práctica

A. ¡Anticipemos! Lo que se oye en casa. ¿A qué se refieren las siguientes oraciones? Fíjese en (*Note*) los pronombres y en el sentido (*meaning*) de la oración.

1. No **lo** prendan (*switch on*). Prefiero que los niños lean o que jueguen.
2. ¿Me **la** pasas? Gracias.
3. Tengo muchas ganas de comprárme**los** todos. Me encanta esa música.
4. ¿Por qué no se **las** mandas a los abuelos? Les van a gustar muchísimo.
5. Tengo que reservárte**los** hoy mismo, porque se vence (*expires*) la oferta especial de Aeroméxico.
6. Yo se **la** di a Lupe para su cumpleaños. Antonio y Diego le hicieron un pastel.

a. unas fotos
b. la ensalada
c. unos billetes de avión para Guadalajara
d. la fiesta
e. el radio
f. los CDs de Luis Miguel

B. En la mesa. Imagine que Ud. acaba de comer, pero todavía tiene hambre. Pida más comida, según el modelo. Fíjese en (*Note*) el uso del tiempo presente como sustituto para el mandato.

MODELO: ensalada → ¿Hay más *ensalada*? ¿Me *la* pasas, por favor?

1. pan	**3.** tomates	**5.** vino
2. tortillas	**4.** fruta	**6.** jamón

C. En el aeropuerto. Cambie los sustantivos por pronombres para evitar (*avoid*) la repetición.

MODELO: ¿La maleta? Van a prestarme la maleta mañana. →
¿La maleta? Van a prestár*mela* (*Me la* van a prestar) mañana.

1. ¿La hora de la salida? Acaban de decirnos la hora de la salida.
2. ¿El horario? Sí, léame el horario, por favor.
3. ¿Los boletos? No, no tiene que darle los boletos aquí.
4. ¿El equipaje? Claro que le guardo el equipaje.
5. ¿Los boletos? Ya te compré los boletos.
6. ¿El puesto? No te preocupes. Te puedo guardar el puesto.
7. ¿La clase turística? Sí, les recomiendo la clase turística, señores.
8. ¿La cena? La asistente de vuelo nos va a servir la cena en el avión.

Need more practice?

- Workbook and Laboratory Manual
- ActivityPak
- Online Learning Center (www.mhhe.com/puntos8)

■ ■ ■ Conversación

A. Regalos especiales

Paso 1. The drawings in **Grupo A** show the presents that a number of people have just received. They were given by the people in **Grupo B.** Can you match the presents with the giver? Make as many logical guesses as you can.

GRUPO A

Ⓐ Estela　Ⓑ Maritere　Ⓓ Rigoberto
Ⓒ Carlos y Juanita

GRUPO B

Pilar　① ② Jorge
③ ④ la Sra. Santana
Raúl

Paso 2. Now compare your matches with those of a partner.

MODELO: E1: ¿Quién le regaló (dio) la computadora a Maritere?
E2: Se la regaló (dio) _____.

B. ¿Quién le regaló eso?

Paso 1. Haga una lista de los cinco mejores regalos que Ud. ha recibido (*have received*) en su vida (*life*). Si no sabe cómo expresar algo, pregúnteselo a su profesor(a).

Paso 2. Ahora déle a un compañero o compañera su lista. Él/Ella le va a preguntar: **¿Quién te regaló _____?** Use pronombres en su respuesta. **¡OJO!** Fíjese en (*Note*) estas formas en plural (**ellos**): **regalaron, dieron, mandaron.**

> **MODELO:** E1: ¿Quién te regaló los aretes?
> E2: Mis padres me los regalaron.

UN POCO DE TODO

A. Situaciones y reacciones

Paso 1. Imagine que Ud. se encontró en las siguientes situaciones en el pasado. ¿Qué sintió Ud. en esos momentos? ¿Sonrió? ¿Lloró? ¿Empezó a reírse? ¿Se enojó? ¿Se puso triste, contento/a, furioso/a? ¿Qué hizo?

> **MODELO:** Su compañero de cuarto hizo mucho ruido cuando regresó a casa a las cuatro de la mañana. →
> Me enojé.
> (Me puse furiosísimo/a.)
> (Me levanté y me fui a dormir en casa de un amigo.)
> (Hablé con él.)

SITUACIONES

1. Su compañero/a de cuarto (esposo/a) hizo mucho ruido cuando regresó a casa a las cuatro de la mañana.
2. El profesor le dijo que no habría (*there would be no*) clase mañana.
3. Ud. rompió el reloj que era (*was*) regalo de su abuelo.
4. Su hermano perdió el CD que a Ud. más le gusta.
5. Su mejor amigo lo/la llamó a las seis de la mañana el día de su cumpleaños.
6. Ud. recibió el aumento de sueldo (*raise*) más grande de toda la oficina.

Paso 2. Ahora pregúntele a un compañero o compañera si se encontró en algunas de las situaciones del **Paso 1,** cómo se sintió y qué hizo en cada situacíon.

B. Lengua y cultura: La Virgen de Guadalupe, quince siglos (*centuries*) **de historia.** Complete the following paragraphs with the correct form of the words in parentheses, as suggested by context. When two possibilities are given in parentheses, select the correct word. Use the present tense or the preterite of the infinitives, according to context.

En todos los países hispanohablantes, hay fiestas religiosas que son días festivos nacionales. Por ejemplo, el día de la Navidad se (celebrar[1]) en todo el mundo hispánico, como ocurre en (este/esta[2]) país.

Otro día religioso que también (es/está[3]) una fiesta nacional en muchos países es el día 12 (de/del[4]) diciembre, la fiesta de la Virgen de Guadalupe. La imagen de la Virgen es venerada[a] por los católicos de todo el mundo. En México, la Virgen de Guadalupe es la santa patrona[b] del país, y (para/por[5]) eso los mexicanos católicos celebran (eso/ese[6]) día con gran devoción. Pero lo que es más interesante (es/está[7]) que la fiesta del 12 de diciembre tiene una historia que (venir[8]) desde[c] los árabes* a través de[d] España y del México colonial hasta nuestros días.

«Guadalupe» es una palabra de origen árabe que significa «río oculto[e]». Ahora es el nombre de una pequeña ciudad (español[9]) en donde (haber[10]) un monasterio famoso.

La historia de la Virgen de Guadalupe (empezar[11]) en el siglo VI con una estatua de la Virgen que pertenecía[f] al Papa[g] Gregorio. Este[h] (se lo / se la[12]) (regalar[13]) al Obispo[i] Leandro de Sevilla. Pero la estatua (desaparecer[j][14]) durante los siglos en que los árabes ocuparon la Península. Curiosamente, después de la expulsión de los árabes por los cristianos en esa zona, un pastor[k] cristiano (le/la[15]) (encontrar[16]) en la ciudad de Guadalupe. Por eso la estatua (empezar[17]) a conocerse como «la Virgen de Guadalupe», por el lugar donde la estatua (volver[18]) a aparecer.

En el siglo XVI, en otro continente, en lo que hoy es México, un campesino[l] indígena, Juan Diego, (convertirse[m][19]) al cristianismo. Un día (*él:* ver[20]) a la Virgen en un lugar llamado «Tepeyac». Ese lugar (es/está[21]) un lugar sagrado[ñ] de los aztecas por su culto[ñ] a la diosa[o] madre Tonantzín. La Virgen (dejar[p][22]) su imagen en la tilma[q] de Juan Diego. Esta imagen (recibir[23]) el nombre de Virgen de Guadalupe porque Tepeyac estaba[r] cerca del pueblo mexicano de Guadalupe.

La Virgen de Guadalupe mexicana (es/está[24]) muy diferente de la Virgen española, pero las dos responden al gusto del arte de (su[25]) época respectiva. La tilma de Juan Diego, con la imagen de la Virgen, todavía se puede (ver[26]) en la Basílica[s] de la Virgen de Guadalupe, en la Ciudad de México.

Resources for Review and Testing Preparation

- Workbook and Laboratory Manual
- ActivityPak
- Online Learning Center (www.mhhe.com/puntos8)

[a]*venerated, adored*   [b]*santa... patron saint*   [c]*from*   [d]*a... through*   [e]*río... hidden river*   [f]*belonged*   [g]*Pope*   [h]*The latter* (i.e., *the Pope*)   [i]*Bishop*   [j]*to disappear*   [k]*shepherd*   [l]*peasant*   [m]*convertirse* (me convierto) (i)   [n]*sacred*   [ñ]*worship*   [o]*goddess*   [p]*to leave*   [q]*shawl*   [r]*was*   [s]*church*

Comprensión: ¿Cierto o falso? Corrija las oraciones falsas.

1. La Virgen de Guadalupe española es una estatua.
2. Guadalupe es un nombre de origen azteca.
3. Un campesino le regaló una estatua de la Virgen al Papa.
4. El campesino Juan Diego era (*was*) de origen español.
5. Tonantzín significa «río oculto».
6. La Virgen de Guadalupe es rubia.

Los árabes (musulmanes) conquistaron la Península Ibérica en el año 711. Inmediatamente los cristianos iniciaron una guerra de reconquista (war of reconquest) que terminó en 1492, el mismo año en que Cristóbal Colón llegó a América.

Perspectivas culturales

Cuba

Datos esenciales

- Nombre oficial: República de Cuba
- Capital: La Habana
- Población: más de 11 millones de habitantes

Fíjese

- Cuba obtuvo[a] su independencia de España en 1898, durante la Guerra Hispano-Norteamericana.[b] Después de esa guerra, los Estados Unidos gobernaron la Isla hasta 1909.
- En 1959 hubo una revolución socialista en Cuba para derrocar[c] al dictador Fulgencio Batista. Los líderes fueron Fidel Castro y «Che» Guevara. Esta revolución provocó un éxodo de cubanos a los Estados Unidos. Estos exiliados se establecieron principalmente en la Florida, con la esperanza[d] de volver muy pronto a su país. Sin embargo, a principios de[e] este siglo, Fidel Castro seguía gobernando[f] Cuba, aunque desde 2007 su hermano Raúl actúa como presidente.
- El régimen de Castro redujo el analfabetismo[g] a menos del 5 por ciento y reformó el sistema educativo con resultados admirables. Pero la situación económica de Cuba es difícil. Con la caída,[h] de la Unión Soviética, Cuba perdió un apoyo[i] financiero indispensable para el país. El embargo económico estadounidense también sigue afectando las condiciones de vida[j] de los cubanos.

[a]*obtained* [b]Guerra... *Spanish-American War* [c]*overthrow* [d]*hope* [e]a... *at the beginning of* [f]seguía... *still governed* [g]redujo... *reduced illiteracy* [h]*fall* [i]*support* [j]condiciones... *living conditions*

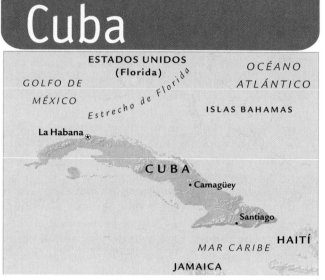

El Castillo[a] de los Tres Santos Reyes Magos del Morro   Este castillo, también llamado[b] «El Morro», se construyó entre 1589 y 1630 para proteger la flotilla española,[c] que hacía paradas[d] dos veces al año en La Habana mientras transportaba las riquezas[e] del Nuevo Mundo a España.

[a]*Castle*   [b]*called*   [c]proteger... *protect the Spanish fleet*   [d]hacía... *made stops*   [e]*riches*

2

Jugando al béisbol en Cuba   Para los aficionados al[a] béisbol, Cuba es un paraíso donde el béisbol todavía es una pasión y se juega por amor al[b] juego. En Cuba, hasta ahora, las ligas no se ahogan[c] bajo el control de ningún negocio[d] ni de conflictos laborales. Los jugadores cubanos son regionales, es decir[e] que juegan en el equipo[f] regional, y no son agentes libres. Es de mencionar que Cuba ha ganado[g] más medallas[h] olímpicas en béisbol que ningún otro país desde que[i] el béisbol fue declarado[j] deporte olímpico en 1992. Los cubanos ganaron la medalla de oro en 1992, 1996 y 2004 y la medalla de plata en 2000. También fueron subcampeones[k] en el primer *World Baseball Classic* en 2006.

[a]aficionados... *fans of*   [b]amor... *love of the*   [c]se... *choke*   [d]*business*
[e]es... *that is to say*   [f]*team*   [g]ha... *has won*   [h]*medals*   [i]ningún... *any other*
country since   [j]*declared*   [k]*runners-up*

Música de Cuba

La música y el baile de Cuba son una rica combinación de culturas, pero los ritmos predominantes son africanos. Algunos de los instrumentos musicales más comunes en la música popular cubana incluyen varios tipos de tambores, como el bongó, la conga, la paila y la tumbadora. También destacan[a] las maracas, los claves[b] y el güiro.[c] El estilo musical más conocido y popular se llama «el son». El son se originó en el este de Cuba y se considera el «abuelo» de toda la música cubana.

[a]*of note are*   [b]*wooden sticks*
[c]*musical instrument made from a dried gourd*

3

El lechón[a] con frijoles y arroz   La cocina cubana es una fusión de tradiciones e ingredientes europeos, africanos y americanos. El puerco y el pollo son las carnes principales de los platos cubanos. Los frijoles negros, el arroz y los plátanos[b] también son populares. El lechón asado servido con frijoles negros y arroz es uno de los platos típicos de Cuba.

[a]*suckling pig*   [b]*plantains*

4

El Valle[a] de Viñales   El turismo puede ser una manera de recuperar y suplementar la economía cubana, tradicionalmente agrícola. El ecoturista, por ejemplo, puede visitar plantaciones de tabaco y azúcar en lugares como el Valle de Viñales. Este valle carst[b] se caracteriza por sus mogotes[c] y cuevas[d] pintorescas.

[a]*Valley*   [b]*a geographic formation often characterized by abundant caves and aquifers*   [c]*limestone hillocks*   [d]*caves*

EN RESUMEN

See the Workbook, Laboratory Manual, ActivityPak, and Online Learning Center (www.mhhe.com/puntos8) for self-tests and practice with the grammar and vocabulary presented in this chapter.

Gramática

To review the grammar points presented in this chapter, refer to the indicated grammar presentations.

24. Talking About the Past (Part 2)—Irregular Preterites

Do you know how to conjugate the verbs that are irregular in the preterite? How does the preterite change the meaning of **saber, conocer, querer,** and **poder**?

25. Talking About the Past (Part 3)—Preterite of Stem-Changing Verbs

You should know the stem-changing patterns for **-ir** verbs like **pedir, sentir,** and **dormir.**

26. Expressing Direct and Indirect Objects Together—Double Object Pronouns

Do you know in which order the direct and indirect object pronouns occur when they are used together in Spanish? You should also know where to place the pronouns and when an accent is required on the verb forms.

Vocabulario

Los verbos

conseguir (*like* **seguir**)	to get, obtain
conseguir + *inf.*	to succeed in (*doing something*)
despedir(se) (*like* **pedir**) **(de)**	to say good-bye (to)
encontrar (encuentro)	to find
morir(se) ([me] muero) (u)	to die
sugerir (sugiero) (i)	to suggest

Los días festivos y las fiestas

el anfitrión, la anfitriona	host, hostess
las botanas	appetizers
el deseo	dish
el día festivo	holiday
el/la invitado/a	guest
el pastel de cumpleaños	birthday cake
la sorpresa	surprise
las tapas	appetizers

Repaso: el cumpleaños, el dinero, la fiesta, el pastel, el refresco, el regalo, la tarjeta

cumplir años	to have a birthday
dar una fiesta	to give a party
faltar (a)	to be absent (from), not attend

gastar	to spend (*money*)
hacer una fiesta	to have a party
pasarlo bien/mal	to have a good/bad time
reunirse (me reúno) (con)	to get together (with)

Repaso: bailar, celebrar, divertirse (me divierto) (i), invitar, regalar

Las emociones y los estados afectivos

el estado afectivo	emotional state
discutir (con/sobre)	to argue (with/about)
enfermarse	to become sick
enojarse (con)	to get angry (with)
llorar	to cry
olvidar(se) (de)	to forget (about)
ponerse + *adj.*	to become, get + *adj.*
portarse bien/mal	to (mis)behave
recordar (recuerdo)	to remember
reír(se) ([me] río) (i) (de)	to laugh (about)
sentirse (me siento) (i)	to feel (*an emotion*)
sonreír(se) (*like* **reír**)	to smile

Repaso: quejarse (de)

Otros sustantivos

el hecho	fact, event
(la) medianoche	midnight

Los adjetivos

avergonzado/a	embarrassed
feliz (*pl.* **felices**)	happy
-ísimo/a	very very

Algunos días festivos

la Navidad	Christmas
la Noche Vieja	New Year's Eve
la Nochebuena	Christmas Eve
la Pascua	Easter

Palabras adicionales

¡Felicitaciones!	Congratulations!
gracias por	thanks for
-ísimo (*adv.*)	very very
ser en + *place*	to take place (in/at) (*a place*)
ya	already

Vocabulario personal

Un paso más 8

Literatura de Cuba

Sobre el escritor: *José Martí nació en la Habana, Cuba, pero se exilió a los 17 años por su oposición a la dominación colonial de España. Martí se considera uno de los grandes escritores del mundo hispano. Murió en una de las primeras batallas por la independencia de Cuba del dominio español.*

▲ José Martí
(1853–1895)

XXXIX, tomado de *Versos sencillos* (1891)

Cultivo una rosa blanca
en junio como enero
para el amigo sincero
que me da su mano franca.[a]

Y para el cruel que me arranca[b]
el corazón[c] con que vivo,
cardo[d] ni ortiga[e] cultivo;
cultivo la rosa blanca.

[a]mano... *open (sincere) hand*   [b]*uproots, tears out*   [c]*heart*   [d]*thistle*   [e]*nettle*

LECTURA

REPASO DE ESTRATEGIAS: Using What You Know

In previous chapters of *Puntos de partida,* you learned that you can use a variety of prereading strategies to help you understand the meaning of a passage in Spanish. Some of these strategies include:

- guessing meaning from context
- learning to recognize cognates and cognate patterns
- using visual clues
- getting a general idea about content

Using a combination of some or all of these strategies will help you to become a more efficient, successful reader in Spanish. You should try to apply as many as possible to the following reading.

- **Sobre la lectura...** El artículo que Ud. va a leer es de *Nuestra Gente,* una revista de la «cultura popular», publicada para hispanohablantes que viven en los Estados Unidos. Incluye artículos sobre el mundo del entretenimiento (*entertainment*), la salud (*health*) y la belleza (*beauty*), el hogar (*home*), la cocina, los días festivos y otros temas de interés general.

¡Época de tradiciones!

Diciembre es un mes muy especial para nosotros los latinos, ¡y lo festejamos a lo grande! Aún cuando ya hemos adoptado[a] las costumbres norteamericanas de colocar un árbol de Navidad en la casa y de esperar la llegada de Santa Claus el 25 de diciembre, nunca faltan en nuestros hogares[b] esos toques[c] especiales que le dan sabor latino a la Navidad y que le dan vida a nuestras tradiciones culturales. Por eso, esta es la ocasión perfecta para inculcar en nuestros hijos el orgullo hacia lo nuestro[d] y darle continuidad a aquellas costumbres que celebrábamos junto a nuestros abuelos y que esperamos que nuestros hijos celebren con sus nietos.

Beatriz Acosta, quien reside en California, aprovecha[e] estas fechas para que sus tres hijos participen en las tradicionales posadas, que emulan el peregrinaje[f] de la Virgen María y San José en busca de albergue.[g] «Para mí, es importante que mis hijos aprendan estas costumbres de nuestra cultura», dice esta inmigrante de origen mexicano.

Y, ¡claro que cada cual sigue sus tradiciones! A las procesiones o visitas que los mexicanos llaman posadas, los puertorriqueños les llaman asaltos navideños o parrandas. Contrario al tema religioso que enfatizan[h] las posadas, las parrandas se caracterizan por ser una visita inesperada de amigos que cantan para que se les permita continuar la fiesta, y se les dé comida[i] y algo de beber. Son actividades alegres y fáciles de organizar entre familiares o amistades.

Para añadirle[j] un toquecito latino al Año Nuevo, puedes compartir con tus hijos la forma en que se despide en tu país de origen

▲ Una representación de los Reyes Magos en la Catedral de La Habana

el Año Viejo. Los cubanos, por ejemplo, siguen la tradición española de comer 12 uvas[k] en representación de los 12 meses del año viejo y de los 12 venideros. Otros prefieren agarrar[l] una maleta y darle la vuelta a la cuadra,[m] como lo hacen los mexicanos, con el fin de que el Año Nuevo esté lleno de viajes.

Muchos de nosotros seguimos festejando y no quitamos el árbol navideño hasta el 6 de enero, Día de los Reyes Magos, en que se conmemora la llegada de los tres reyes de Oriente a Belén[n] para ofrecer regalos al Niño Dios.

Lo más lindo es saber que el espíritu navideño se adorna de nuestras tradiciones de origen, colma[ñ] nuestros corazones[o] y se perpetúa con su magia en las nuevas generaciones. ■

[a]hemos... *we have adopted* [b]*casas* [c]*touches* [d]el... *pride in what is ours (our heritage)* [e]*takes advantage of* [f]*pilgrimage* [g]*shelter* [h]*emphasizes* [i]*se... they are given something to eat* [j]*darle* [k]*grapes* [l]*to take, grab* [m]darle... *walk around the block* [n]*Bethlehem* [ñ]*fills* [o]*hearts*

Comprensión

A. **¿Cierto o falso?** Indique si las siguientes oraciones son ciertas o falsas y explique su respuesta.

	CIERTO	FALSO
1. Los hispanos en los Estados Unidos desean cambiar las costumbres y tradiciones de su país de origen.	☐	☐
2. Todos los países hispánicos tienen las mismas costumbres navideñas.	☐	☐
3. En las casas hispánicas no ponen árboles de Navidad.	☐	☐
4. Santa Claus es una costumbre de las Navidades hispánicas.	☐	☐

B. **¿En qué país?** Diga en qué país hispánico se observan las siguientes costumbres, según la lectura.

1. Se comen 12 uvas para celebrar el Año Nuevo.
2. Se simula el viaje de la Virgen María y San José.
3. Se va de casa en casa visitando amigos y cantando.

◄ *El Templo de la Virgen de la Asunción, en Cupilco, México*

REDACCIÓN

Mi día festivo favorito. Seguro que hay algún día festivo que a Ud. le gusta más que cualquier (*any*) otro. ¿Cómo es ese día festivo? Escriba una breve composición en la que explica cuál es su día favorito y cómo lo celebra.

Paso 1. Complete la siguiente oración.

Mi día festivo favorito es _____.

Paso 2. Ahora conteste las siguientes preguntas.

1. ¿Con quién(es) celebra Ud. ese día festivo?
2. ¿Cuáles son las costumbres y tradiciones que Ud. y su familia observan ese día?
3. ¿Qué comidas y bebidas se sirven en ese día?
4. ¿Se visten de manera especial?

Paso 3. Por fin utilice la información del **Paso 2** para escribir su composición.

CAPÍTULO 9

El tiempo libre

▲ **1**

El Carnaval de Barranquilla, Colombia, uno de los más
(*most*) **famosos del mundo**

1. ¿Qué sabe Ud. del carnaval? ¿En qué época del año se celebra?

2. ¿Se celebra el carnaval en este país? ¿Hay alguna celebración similar?

3. ¿Qué otros eventos especiales de este país asocia Ud. con el tiempo libre y la diversión (*fun*) en general?

2 Una vista al centro histórico de Cartagena, en la costa caribeña de Colombia

1. Según la foto, ¿cómo es el centro histórico de esta ciudad colombiana?

2. ¿Tiene su ciudad una zona histórica? ¿Cómo es?

3. ¿Qué se puede hacer para pasar el tiempo en el centro de una ciudad? ¿Hay plazas y cafés allí? ¿museos?

3 El Rodadero, cerca de Santa Marta, Colombia, una de las zonas turísticas más populares del país

1. ¿Adónde le gusta ir de vacaciones a Ud.?

2. ¿Qué actividades especiales le gusta a Ud. hacer en las vacaciones?

3. ¿Qué le gusta hacer en su tiempo libre? ¿Practica Ud. algún deporte (sport)? ¿Cuál(es)? ¿Tiene alguna afición (hobby)?

Los pasatiempos, diversiones y aficiones°

Los... *Pastimes, fun activities, and hobbies*

Andrés
Leona
dar un paseo
Cristina
Nina
Irene
Eva
Rita
correr
montar a caballo
Julio
Sara
Felipe
hacer un *picnic*
patinar en línea
pasear en bicicleta

Los pasatiempos

los ratos libres	spare (free) time
caminar	to walk
dar/hacer una fiesta	to give a party
hacer *camping*	to go camping
hacer planes para + *inf.*	to make plans to (*do something*)
ir...	to go . . .
al cine	to the movies
a una discoteca / a un bar	to a disco / to a bar
al teatro / a un concierto	to the theater / to a concert
a ver una película	to see a movie
jugar (juego) (gu)	to play chess/
al ajedrez / a las cartas	cards
sacar (qu) fotos	to take pictures
tomar el sol	to sunbathe
visitar un museo	to visit a museum
aburrirse	to get bored
ser...	to be . . .
aburrido/a	boring
divertido/a	fun

Los deportes

el ciclismo	bicycling
esquiar (esquío)	to ski
el fútbol	soccer
el fútbol americano	football
hacer *surfing*	to surf
nadar	to swim
la natación	swimming
patinar	to skate
patinar en línea	to rollerblade

Cognados: el basquetbol, el béisbol, el golf, el hockey, el tenis, el voleibol

el equipo	team
el/la jugador(a)	player
el partido	game, match
entrenar	to practice, train
ganar	to win
jugar (juego) (gu) al + *sport*	to play (*a sport*)
perder (pierdo)	to lose
practicar (qu)	to participate (*in a sport*)
ser aficionado/a (a)	to be a fan (of)

■ ■ ■ Conversación

A. ¿Cierto o falso?

Paso 1. Corrija las oraciones falsas, según su opinión.

1. Ver un partido de fútbol en la televisión es más aburrido que ir al cine.
2. Lo paso mejor con mi familia que con mis amigos.
3. Las actividades educativas me gustan más que las deportivas (*sporting*).
4. Odio el béisbol tanto como el fútbol.
5. Los estudiantes universitarios tienen tanto tiempo libre como los de la escuela secundaria.

Paso 2. Ahora haga una lista de sus pasatiempos favoritos y de los que menos le gustan.

B. Definiciones

Paso 1. Dé las palabras definidas.

MODELO: entrar en un lugar para ver una película → ir al cine

1. un grupo de jugadores
2. salir bien en una competencia y salir mal
3. practicar un deporte intensamente
4. asistir a todos los partidos de un equipo en particular
5. un deporte que se practica en una piscina o en el mar

Paso 2. Ahora defina las siguientes palabras, según el modelo del **Paso 1.**

1. un jugador
2. un partido
3. aburrirse
4. hacer un *picnic*
5. dar un paseo

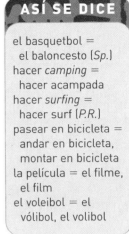
NOTA CULTURAL

El fútbol, el béisbol y el basquetbol

Sin duda,[a] el deporte más popular en los países hispánicos es **el fútbol.*** **La Copa Mundial** de fútbol es el evento deportivo más popular del mundo. Este **torneo internacional** ocurre cada cuatro años y tiene más **espectadores** que cualquier[b] otro evento deportivo. Por ejemplo, en 2006, más de 284 millones de televidentes miraron el partido final de la Copa Mundial, en comparación con los 140 millones de espectadores del *Super Bowl* en los Estados Unidos. Como es un deporte tan popular, en todas las ciudades hispanas hay muchos **campos**[c] **de fútbol.** Los niños y los adultos van a jugar siempre que pueden.[d]

▲ *Un partido de la Copa Mundial entre el Brasil y Honduras*

    El béisbol también es muy popular, sobre todo en el Caribe. Hay muchos hispanos en **las ligas profesionales** de los Estados Unidos. En 1973 el puertorriqueño Roberto Clemente fue el primer jugador hispano elegido al *Baseball Hall of Fame*.

    Otro deporte muy popular es **el basquetbol** o **el baloncesto.** En los Juegos Olímpicos de verano de 2004, la Argentina se llevó la medalla de oro[e] después de derrotar[f] a Italia. En la Asociación Nacional de Basquetbol (*NBA*) de los Estados Unidos hay varios jugadores hispanos, entre ellos Emanuel Ginobili (argentino), Eduardo Nájera (mexicano), Pau Gasol (español) y Carlos Arroyo (puertorriqueño).

[a]*doubt*   [b]*any*   [c]*fields*   [d]siempre... *whenever they can*   [e]se... *took the gold medal*   [f]*defeating*

*Remember that **fútbol** *is soccer, not U.S.-style football.*

C. ¿Cómo pasan estas personas su tiempo libre?

Paso 1. ¿Qué cree Ud. que hacen las siguientes personas para divertirse los sábados? Use su imaginación pero limítese a lo que es posible.

1. una persona rica que vive en Nueva York
2. uns amigos que trabajan en una fábrica (*factory*)
3. un matrimonio joven con poco dinero y dos niños pequeños

Paso 2. Este recorte (*clipping*) de una revista española indica el tiempo medio (*average*) que los jóvenes españoles dedican a sus aficiones. ¿Puede explicar en español lo que significan los términos **tomar copas** y **prensa**? ¿A qué tipos de «**juegos**» se refiere el recorte?

Paso 3. En parejas, indiquen cuántos minutos les dedican Uds. a estas aficiones cada día. ¿Qué diferencia hay entre Uds. y los jóvenes españoles? Digan a la clase lo que supieron de su compañero/a.

TIEMPO QUE DEDICAN A SUS AFICIONES	
(Media de minutos diarios)	
Ver la televisión	**120**
Tomar copas	**60**
Pasear	**22**
Leer libros	**15**
Escuchar música	**15**
Oír la radio	**8**
Hacer deporte	**9**
Practicar *hobbies*	**8**
Leer la prensa	**6**
«Juegos»	**4**

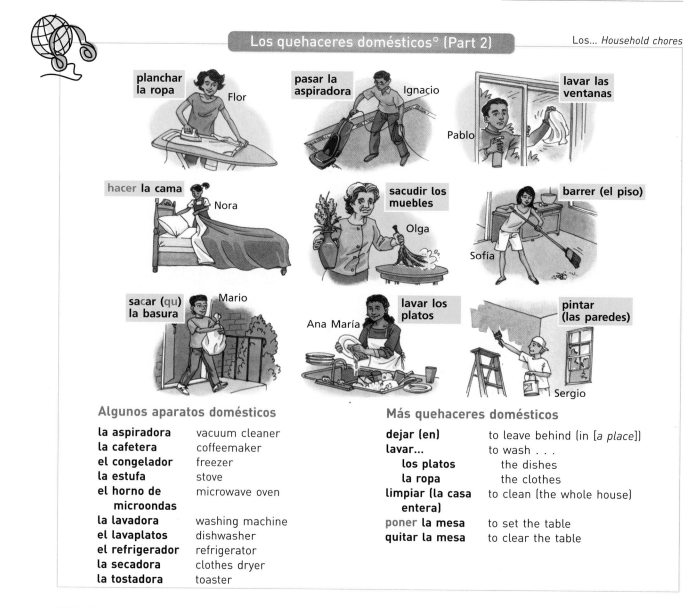

Los quehaceres domésticos° (Part 2)

Los... *Household chores*

planchar la ropa — Flor

pasar la aspiradora — Ignacio

lavar las ventanas — Pablo

hacer la cama — Nora

sacudir los muebles — Olga

barrer (el piso) — Sofía

sacar (qu) la basura — Mario

lavar los platos — Ana María

pintar (las paredes) — Sergio

Algunos aparatos domésticos

la aspiradora	vacuum cleaner
la cafetera	coffeemaker
el congelador	freezer
la estufa	stove
el horno de microondas	microwave oven
la lavadora	washing machine
el lavaplatos	dishwasher
el refrigerador	refrigerator
la secadora	clothes dryer
la tostadora	toaster

Más quehaceres domésticos

dejar (en)	to leave behind (in [*a place*])
lavar...	to wash . . .
los platos	the dishes
la ropa	the clothes
limpiar (la casa entera)	to clean (the whole house)
poner la mesa	to set the table
quitar la mesa	to clear the table

ASÍ SE DICE

el congelador = la nevera
la estufa = la cocina
hacer la cama = tender la cama
lavar los platos = fregar los platos
el refrigerador = el frigorífico, la heladera, la refrigeradora, la nevera
sacudir los muebles = quitar el polvo

■ ■ ■ Conversación

A. Los quehaceres domésticos. ¿En qué cuarto o parte de la casa se hacen las siguientes actividades? Hay más de una respuesta en muchos casos.

1. Se hace la cama en _____.
2. Se saca la basura de _____ y se deja en _____.
3. Se sacuden los muebles de _____.
4. Uno se baña en _____. Pero es mejor que uno bañe al perro en _____.
5. Se barre el piso de _____.
6. Se pasa la aspiradora en _____.
7. Se lava y se seca la ropa en _____. La ropa se plancha en _____.
8. Se usa la cafetera en _____.

B. ¡Manos a la obra! (*Let's get to work!*)

Paso 1. De los siguientes quehaceres, ¿cuáles le gustan más a Ud.? Póngalos en orden de preferencia (mayor = 1, menor = 10) para Ud.

_____ barrer el suelo   _____ planchar la ropa
_____ hacer la cama   _____ limpiar el garaje
_____ lavar los platos   _____ sacar la basura
_____ pasar la aspiradora   _____ sacudir los muebles
_____ lavar la ropa   _____ pintar las paredes

Paso 2. ¿Hay un quehacer que Ud. prefiera entre todos? ¿Hay un quehacer que no le guste a la mayoría de los estudiantes? ¿Hay alguna diferencia entre lo que prefieren los hombres y lo que les gusta a las mujeres?

C. Las marcas (*Brand names*). ¿Para qué se usan los siguientes productos?

1. Windex
2. Mr. Coffee
3. Endust
4. Glad Bags
5. Joy
6. Cascade
7. Tide
8. Lysol

D. ¿En qué consiste un fin de semana? Lo que significa «el fin de semana» es diferente para cada individuo, según la vida (*life*) que lleva, su horario personal y también el lugar dónde vive.

Paso 1. Lea las siguientes preguntas y piense en sus respuestas.

1. Para Ud., ¿cuándo comienza «oficialmente» el fin de semana (día y hora)?
2. ¿Qué hace Ud. para celebrar la llegada del fin de semana?
3. ¿Cuándo termina su fin de semana (día y hora)?
4. ¿Qué hace, generalmente, los días de su fin de semana?

Paso 2. Ahora, en parejas, túrnense para entrevistarse sobre el fin de semana. Deben obtener detalles interesantes y personales de su compañero/a.

Vocabulario: Preparación

NOTA COMUNICATIVA

Talking About Obligation

You already know several ways to express the obligation to carry out particular activities.

Tengo que		*I have to*	
Necesito } barrer el suelo.		*I need to* } *sweep the floor.*	
Debo		*I should*	

Of the three, **tener que** + *infinitive* expresses the strongest sense of obligation.

The concept *to be someone's turn or responsibility* (to do something) is expressed in Spanish with the verb **tocar (qu)** plus an indirect object.

—¿**A quién le toca** lavar los platos esta noche?

—**A mí me toca** solamente sacar la basura. Creo que **a papá le toca** lavar los platos.

Whose turn is it to wash the dishes tonight?

I only have to take out the garbage. I think it's Dad's turn to wash the dishes.

E. ¿A quién le toca?

Paso 1. ¿Mantiene Ud. su casa en orden? Indique con qué frecuencia Ud. hace los siguientes quehaceres. Si Ud. vive en una residencia estudiantil, imagine que vive en una casa o en un apartamento.

1. _____ lavar las ventanas
2. _____ hacer las camas
3. _____ poner la mesa
4. _____ preparar la comida
5. _____ sacudir los muebles
6. _____ lavar los platos
7. _____ limpiar la casa entera

8. _____ sacar la basura
9. _____ pasar la aspiradora
10. _____ limpiar la estufa
11. _____ planchar la ropa
12. _____ barrer el piso

_____ TOTAL

Frecuencia
0 = **nunca**
1 = **a veces**
2 = **frecuentemente**
3 = **todos los días**

INTERPRETACIONES

0–8 puntos:	¡Cuidado! (*Careful!*) Ud. es descuidado/a (*careless*). ¿Es perezoso/a o estudia demasiado (*too much*)? Por favor, ¡limpie su casa! ¡No lo deje para mañana!
9–17 puntos:	Ud. puede vivir en su casa, pero no debe invitar a nadie sin limpiarla bien primero.
18–27 puntos:	Su casa, aunque (*although*) no está limpísima, está limpia. Es un modelo para todos.
28–36 puntos:	¡Ud. es una maravilla y tiene una casa muy, muy limpia! Pero, ¿pasa Ud. demasiado tiempo limpiando? ¡Salga al aire libre de vez en cuando!

Need more practice?

- Workbook and Laboratory Manual
- ActivityPak
- Online Learning Center (www.mhhe.com/ puntos8)

Paso 2. Ahora, en parejas, túrnense para entrevistarse sobre sus hábitos domésticos. Básense en el formulario del **Paso 1.** Luego hablen de los quehaceres domésticos que tienen para hoy, mañana o esta semana.

MODELO: lavar las ventanas →
   E1: ¿Con qué frecuencia lavas las ventanas? (¿A quién le toca lavar las ventanas?)
   E2: Nunca las lavo. (Las lavo frecuentemente.)
   E1: ¿Y esta semana / hoy / mañana? ¿A quién le toca lavarlas?

In **Capítulos 7** and **8,** you learned the forms and some uses of the preterite. Before you learn the other simple past tense (in **Gramática 27**), you might want to review the forms of the preterite in those chapters. The verbs in the following sentences are in the preterite. Can you identify any words in the sentences that emphasize the completed nature of the actions expressed by the verbs?

1. Esta mañana me levanté a las seis.
2. Ayer fui al cine con un amigo.
3. La semana pasada pinté las paredes de la cocina.

27 Talking About the Past (Part 4) • Descriptions and Habitual Actions in the Past: Imperfect of Regular and Irregular Verbs

Gramática en acción: Los indígenas colombianos

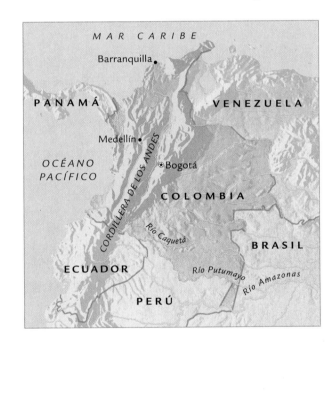

Cuando los españoles llegaron al territorio que hoy es Colombia, había allí diversos pueblos indígenas que pertenecían a tres grandes familias.

LOS CHIBCHAS: Vivían en los altiplanos y en las zonas frías de los Andes en el interior. Su organización social se basaba en el matriarcado.

LOS CARIBES: Habitaban la zona costera caribeña. Eran un pueblo guerrero y comerciante.

LOS ARAWACOS: Ocupaban el interior oriental, cerca de los ríos Amazonas, Putumayo y Caquetá. Tenían la arquitectura más avanzada de todas las tribus.

¿Y Ud.?

1. ¿Qué pueblos indígenas vivían en la zona donde Ud. vive ahora?
2. ¿Qué otros pueblos indígenas vivían en este país antes de la llegada de los europeos?
3. ¿Cómo era su civilización? Use frases del diálogo sobre los indígenas colombianos.

Indigenous Colombians When the Spanish arrived in the territory that today is Colombia, there were diverse indigenous peoples there who belonged to three great families. THE CHIBCHAS: They lived in the highlands and in the cold areas of the Andes in the interior. Their social organization was based on matriarchy. THE CARIBS: They lived in the Caribbean coastal zone. They were a warrior and commercial people. THE ARAWACS: They occupied the Eastern interior, close to the Amazon, Putumayo, and Caquetá Rivers. They had the most advanced architecture of all the tribes.

You have already used the *preterite* (**el pretérito**) to express events in the past. The *imperfect* (**el imperfecto**) is the second simple past tense in Spanish. In contrast to the preterite, which is used when you view actions or states of being as begun or completed in the past, the imperfect is used when you view past actions or states of being as habitual or as "in progress." The imperfect is also used for describing the past.

Forms of the Imperfect

hablar		comer		vivir	
hablaba	hablábamos	comía	comíamos	vivía	vivíamos
hablabas	hablabais	comías	comíais	vivías	vivíais
hablaba	hablaban	comía	comían	vivía	vivían

A. As you can see, the imperfect has several English equivalents. Most of these English equivalents indicate that the action was still in progress (*was/were -ing*) or that it was habitual (*used to, would*). The simple English equivalent (*I spoke, we ate, he lived*) can correspond to either the preterite or the imperfect.

yo hablaba = *I spoke, I was speaking, I used to speak, I would speak*

comíamos = *we ate, we were eating, we used to eat, we would eat*

él vivía = *he lived, he was living, he used to live, he would live*

¡**OJO**!   *would* = repeated action

Comíamos allí todos los domingos.
We would eat there every Sunday.

Pronunciation Hint: The **b** between vowels, such as in the imperfect ending **-aba,** is pronounced as a fricative [β] sound.

In **-er/-ir** imperfect forms, it is important not to pronounce the ending **-ía** as a diphthong, but to pronounce the **i** and the **a** in separate syllables (the accent mark over the **í** helps remind you of this).

B. Stem-changing verbs do not show a change in the imperfect. The imperfect of **hay** is **había** (*there was, there were, there used to be*).

almorzar (almuerzo) → **almorzaba**
perder (pierdo) → **perdía**
pedir (pido) (i) → **pedía**

C. Only three verbs are irregular in the imperfect: **ir, ser,** and **ver.**

ir		ser		ver	
iba	íbamos	era	éramos	veía	veíamos
ibas	ibais	eras	erais	veías	veíais
iba	iban	era	eran	veía	veían

D. Note that the first and third person forms are identical for **-ar, -er,** and **-ir** verbs. When context does not make meaning clear, subject pronouns are used.

Los sábados **yo jugaba** al tenis y **él paseaba** en bicicleta.
On Saturdays I used to play tennis and he used to ride his bike.

Uses of the Imperfect

If you know when and where to use the imperfect, understanding where the preterite is used will be easier. When talking about the past, the preterite *is* used when the imperfect *isn't*. That is an oversimplification, but at the same time it is a general rule of thumb that will help you out at first.

The imperfect has the following uses.

■ To describe *repeated habitual actions* in the past	**Siempre nos quedábamos** en aquel hotel. *We always stayed (used to stay, would stay) at that hotel.* **Todos los veranos iban** a la costa. *Every summer they went (used to go, would go) to the coast.*
■ To describe an *action that was in progress* (*when something else happened*)	Ramón **pedía** la cena (cuando Cristina **llamó**). *Ramón was ordering dinner (when Cristina called).*
■ To describe two *simultaneous past actions in progress*, with **mientras**	Tú **leías mientras** Juan **escribía** la carta. *You were reading while Juan was writing the letter.*
■ To describe ongoing *physical, mental,* or *emotional states* in the past	**Estaban** muy **distraídos.** *They were very distracted.* **La quería** muchísimo. *He loved her a lot.*
■ To tell *time* in the past and to *express age* with **tener**	**Era la una.** / **Eran las dos.** *It was one o'clock.* / *It was two o'clock.* **Tenía 18 años.** *She was 18 years old.*

¡OJO! Just as in the present, the singular form of the verb **ser** is used with one o'clock, the plural form from two o'clock on.

■■■ Práctica

A. ¡Anticipemos! Mi niñez (childhood)

Paso 1. ¿Es esto lo que Ud. hacía cuando tenía 10 años? Diga si las siguientes declaraciones son ciertas o falsas, según su experiencia de niño/a (as a child).

	CIERTO	FALSO
1. Estaba en cuarto grado (fourth grade).	☐	☐
2. Todas las noches me acostaba a las nueve.	☐	☐
3. Los sábados me levantaba temprano para mirar los dibujos animados (cartoons).	☐	☐
4. Mis padres me pagaban por los quehaceres que hacía: cortar el césped (cutting the grass), lavar los platos…	☐	☐
5. Me gustaba ir con mi madre/padre al supermercado.	☐	☐
6. Le pegaba (I hit) a mi hermano/a.	☐	☐
7. Tocaba un instrumento musical en la orquesta de la escuela.	☐	☐
8. Mis héroes eran personajes de los dibujos animados.	☐	☐

Paso 2. Ahora corrija las declaraciones que son falsas, según su experiencia.

MODELO: 2. Es falso. Me acostaba a las diez, no a las nueve.

B. Cuando Tina era niña… Describa la vida de Tina cuando era niña, haciendo oraciones completas con las palabras indicadas.

La vida de Tina era muy diferente cuando tenía 6 años.

1. todos los días / asistir / a / escuela primaria
2. por / mañana / aprender / a / leer / y / escribir / en / pizarra
3. a / diez / beber / leche / y / dormir / un poco
4. ir / a / casa / para / almorzar / y / regresar / a / escuela
5. estudiar / geografía / y / dibujar (to draw)
6. jugar / con / compañeros / en / patio / de / escuela
7. camino de (on the way) casa / comprar / dulces / y / se los / comer
8. frecuentemente / pasar / por / casa / de / abuelos
9. cenar / con / padres / y / ayudar / a / lavar / platos
10. mirar / tele / un rato / y / acostarse / a / ocho

NOTA COMUNICATIVA

The Past Progressive

Sometimes you want to emphasize that an action was in progress in the past. To do so, you can use the past progressive. It is formed with the imperfect of **estar** plus the present participle (**-ndo**) of another verb.*

Estábamos cenando a las diez.   ¿No **estabas estudiando**?
We were having dinner at ten.   *Weren't you studying?*

You will use the past progressive in this way in **Práctica C.**

---

*A progressive tense can also be formed with the preterite of **estar**. **Estuvimos cenando** hasta las doce. The use of the progressive with the preterite of **estar**, however, is relatively infrequent, and it will not be practiced in Puntos de partida.

C. El trabajo de niñera (*baby-sitter*)

Paso 1. El trabajo de niñera puede ser muy pesado (*difficult*), pero cuando los niños son traviesos (*mischievous*) también puede ser peligroso (*dangerous*). ¿Qué estaba pasando cuando la niñera perdió por fin la paciencia? Describa todas las acciones que pueda, usando **estaba(n)** + *past participle* **(-ndo).**

MODELO: La niñera perdió la paciencia cuando… →
el bebé estaba llorando.

La niñera perdió la paciencia cuando…

Vocabulario útil

el timbre	doorbell
discutir	to argue
ladrar	to bark
pelear	to fight
sonar	to ring;
(suena)*	to sound

Paso 2. Ahora, en parejas, túrnense para hablar de sus experiencias cuidando a niños. ¿Trabajaban Uds. de niñero/a de joven? ¿Tenían que cuidar a sus hermanos menores? ¿a los niños de sus parientes? ¿Qué acción o accidente ocurrió una vez? Cuéntense (*Tell each other*) su peor experiencia… o la más divertida. Deben completar la frase que empieza con **cuando** (**cuando yo estaba…**) con el imperfecto. Luego usen el pretérito para contar la acción.

MODELO: Una vez, cuando yo estaba (leyendo, mirando la tele, hablando con un amigo / una
amiga…), la niña que yo cuidaba (se cayó, salió de la casa sin permiso, sacó ___ de ___ y…).

Vocabulario útil

caerse	to fall down
cuidar	to take care of
sacar (qu)	to take something out

Need more practice?

- Workbook and Laboratory Manual
- ActivityPak
- Online Learning Center (www.mhhe.com/puntos8)

---

*Although **sonar** is a stem-changing verb, remember that the stem of present participles does not change with **-ar** verbs (**sonando**).

■ ■ ■ Conversación

A. Los tiempos cambian. Las siguientes oraciones describen aspectos de la vida de hoy. En parejas, túrnense para describir cómo son las cosas ahora y cómo eran en otra época (*in another era*).

> **MODELO:** E1: Ahora casi todos los bebés nacen (*are born*) en un hospital, pero antes…
> E2: Antes casi todos los bebés nacían en casa.

HOY

1. Ahora muchas personas viven en una casa muy grande con un jardín pequeño.
2. Se come con frecuencia en los restaurantes.
3. Muchísimas mujeres trabajan fuera de casa.
4. Muchas personas van al cine y miran la televisión.
5. Ahora las mujeres —no sólo los hombres— llevan pantalones.
6. Ahora hay enfermeros (*male nurses*) y maestros (*male teachers*) —no sólo enfermeras y maestras.
7. Ahora tenemos coches pequeños que gastan (*use*) poca gasolina.
8. Ahora usamos más máquinas y por eso hacemos menos trabajo físico.
9. Ahora las familias son más pequeñas.
10. Muchas parejas viven juntas sin casarse (*getting married*).

AYER

B. Entrevista

Paso 1. En parejas, túrnense para entrevistarse sobre su adolescencia y los años de la escuela secundaria. Usen las siguientes categorías para organizar su conversación. Deben obtener detalles interesantes y personales de su compañero/a.

> **MODELO:** gustar: molestar (*to annoy*) a alguien →
> E1: Cuando tenías 15 años, ¿a quién te gustaba molestar?
> E2: Me gustaba molestar a mi hermano menor. Él a veces tomaba mis cosas sin mi permiso.
> E1: ¿Y ahora todavía te gusta molestarlo?
> E2: La verdad es que sí. (*Actually, yes.*)

1. gustar: molestar a alguien, oír un tipo de música, vestirse con un estilo de ropa
2. preferir: programas de tele, películas, materias, comidas y bebidas
3. comer: a qué hora, dónde, con quién
4. leer: revistas, novelas
5. hacer: los fines de semana, después de las clases
6. discutir: con quién, sobre qué

Paso 2. Ahora digan a la clase dos cosas que Uds. tenían en común.

> **MODELO:** A Frank y a mí nos gustaba oír música rock. Preferíamos ver películas de acción.

♻ ¿Recuerda Ud.?

Before beginning **Gramática 28,** review comparisons, which were introduced in **Gramática 17 (Cap. 5).** How would you say the following in Spanish?

1. I work as much as you do.
2. I work more/less than you do.
3. Bill Gates has more money than I have.
4. My housemate has fewer things than I do.
5. I have as many friends as you do.
6. My computer is worse/better than this one.

Expressing Extremes • Superlatives

Gramática en acción: ¡El número uno!

▲ *Jennifer López*

▲ *Alex Rodríguez*

▲ *Juanes*

¿Está Ud. de acuerdo? Corrija las declaraciones falsas.

1. Jennifer López es la mujer más bella del mundo.
2. Alex Rodríguez es el mejor beisbolista hispano de la actualidad.
3. Juanes es el cantante colombiano más conocido del mundo.

¿Y Ud.?: Complete las siguientes declaraciones para expresar su opinión.

1. El cantante hispano o hispana más popular del momento es _____.
2. La mejor actriz (*actress*) del momento es _____.
3. En la actualidad la música popular más interesante es _____
(la música de _____, la música de estilo _____).

> **superlative** = an adjective or adverb phrase used to express an extreme

Superlative Construction

> **el / la / los / las** + *noun* + **más/menos** + *adjective* + **de**

A. The *superlative* (**el superlativo**) is expressed with comparatives but is always accompanied by the definite article. *In* or *at* is expressed with **de.**

El basquetbol es **el deporte** más **competitivo** del mundo.
Basketball is the most competitive sport in the world.

El hockey es **el deporte** más **peligroso** de todos.
Hockey is the most dangerous sport of all.

> **el / la / los / las** + **mejor(es) peor(es)** + *noun* + **de**

B. **Mejor** and **peor** tend to precede the noun in this construction.

Son **los mejores refrigeradores** de la tienda.
They're the best refrigerators in the store.

La verdad es que es **el peor jugador** del equipo.
The truth is that he's the worst player on the team.

Number one! *Do you agree? Correct the false statements.* **1.** *Jennifer López is the most beautiful woman in the world.* **2.** *Alex Rodríguez is the best Hispanic baseball player right now (currently).* **3.** *Juanes is the best-known Colombian singer in the world.*

■■■ Práctica

A. ¡Anticipemos! ¿Está Ud. de acuerdo o no?

Paso 1. Indique si Ud. está de acuerdo o no con las siguientes declaraciones.

	SÍ	NO
1. El peor mes del año es enero.	☐	☐
2. La persona más influyente (*influential*) del mundo es el presidente de los Estados Unidos.	☐	☐
3. El problema más serio del mundo es la deforestación de la región del Amazonas.	☐	☐
4. El día festivo más divertido del año es la Noche Vieja.	☐	☐
5. La mejor novela del mundo es *Don Quijote de la Mancha.*	☐	☐
6. El animal menos inteligente de todos es el avestruz (*ostrich*).	☐	☐
7. El descubrimiento (*discovery*) científico más importante del siglo XX fue la vacuna (*vaccine*) contra la poliomielitis.	☐	☐
8. La ciudad más contaminada de los Estados Unidos es Los Ángeles.	☐	☐

Paso 2. En parejas, comparen sus respuestas del **Paso 1.** Si están de acuerdo en que una declaración es falsa, inventen otra.

> **MODELO: 4.** No estamos de acuerdo. Creemos que el día festivo más divertido del año es el Cuatro de Julio.

B. Superlativos. Modifique las siguientes oraciones según el modelo. Luego repita cada oración con información verdadera si puede.

> **MODELO:** Es una estudiante muy trabajadora. (la clase) →
> Es *la* estudiante *más trabajadora de la clase.* →
> *Carlota* es la estudiante más trabajadora de la clase.

1. Es un día festivo muy divertido. (el año)
2. Es una clase muy interesante. (todas mis clases)
3. Es una persona muy inteligente. (todos mis amigos)
4. Es una ciudad muy grande. (los Estados Unidos / el Canadá)
5. Es un estado muy pequeño/una provincia muy pequeña. (los Estados Unidos / el Canadá)
6. Es un metro muy rápido. (el mundo)
7. Es una residencia muy ruidosa (*noisy*). (la universidad)
8. Es una montaña muy alta. (el mundo)

Need more practice?

- Workbook and Laboratory Manual
- ActivityPak
- Online Learning Center (www.mhhe.com/puntos8)

■ ■ ■ Conversación

Entrevista. En parejas, túrnense para hacer declaraciones sobre las siguientes frases. Luego digan sus declaraciones a la clase y comenten los desacuerdos también. **¡OJO!** Los adjetivos que terminan en **-ísimo/a** no se pueden usar en la construcción superlativa. Vean el modelo.

> **MODELO:** E1: Salma Hayek es guapísima, pero Shakira es la mujer más
> guapa del mundo.
> E2: Estoy de acuerdo / No estoy de acuerdo. Para mí Salma
> Hayek es la más guapa.

1. el hombre más guapo o mujer más guapa del mundo
2. la noticia más seria de esta semana
3. un libro interesantísimo y otro aburridísimo
4. el mejor restaurante de la ciudad y el peor
5. el cuarto más importante de la casa y el menos importante
6. un plato riquísimo y otro malísimo
7. un programa de televisión interesantísimo y otro pesadísimo
8. un lugar tranquilísimo, otro animadísimo y otro peligrosísimo
9. la canción (*song*) más bonita del año y la más fea
10. la mejor película del año y la peor

♻ ¿Recuerda Ud.?

You have been using interrogative words since the beginning of *Puntos de partida*, so not much will be new for you in **Gramática 29.** Review what you already know by telling which interrogative word or phrase you associate with the following phrases.

1. un lugar
2. la hora
3. una persona
4. la manera de hacer algo
5. una selección

6. la razón (*reason*) por algo
7. el lugar de origen de una persona
8. el destino (*destination*)
9. una cantidad
10. ser el dueño (*owner*) de algo

---

29 Getting Information (Part 2) • Summary of Interrogative Words

Gramática en acción: Un restaurante de Connecticut

1. ¿Cómo se llama el restaurante?
2. ¿En qué ciudad de Connecticut está?
3. ¿En qué tipo de cocina se especializa el restaurante?
4. ¿Cuál es la especialidad de este restaurante?

¿Y Ud.?: ¿Cuántas preguntas más puede Ud. hacer sobre este restaurante, por lo que dice el anuncio?

¿Cómo?	How?	¿Dónde?	Where?
¿Cuándo?	When?	¿De dónde?	From where?
¿A qué hora?	At what time?	¿Adónde?	Where (to)?
¿Qué?	What? Which?	¿Cuánto/a?	How much?
¿Cuál(es)?	What? Which one(s)?	¿Cuántos/as?	How many?
¿Por qué?	Why?	¿Quién(es)?	Who?
		¿De quién(es)?	Whose?

The chart above shows all of the interrogatives you have learned so far. Be sure that you know what they mean and how they are used. If you are not certain, the index and end-of-book vocabularies will help you find where they are first introduced. Only the details about using **¿qué?** and **¿cuál?** are new information.

Using ¿qué? and ¿cuál?

■ **¿Qué?** asks for a definition or an explanation.	**¿Qué** es esto? *What is this?* **¿Qué** quieres? *What do you want?* **¿Qué** tocas? *What (instrument) do you play?*
■ **¿Qué?** can be directly followed by a noun.	**¿Qué deporte** prefieres? *What (Which) sport do you prefer?* **¿Qué playa** te gusta más? *What (Which) beach do you like most?* **¿Qué instrumento musical** tocas? *What (Which) musical instrument do you play?*
■ **¿Cuál(es)?** expresses *what?* or *which?* in all other cases. **¡OJO!** The **¿cuál(es)?** + *noun* structure is not used by most speakers of Spanish: **¿Cuál de los dos libros quieres?** (*Which of the two books do you want?*) BUT **¿Qué libro quieres?** (*Which [What] book do you want?*)	**¿Cuál** es la clase más grande? *What (Which) is the biggest class?* **¿Cuáles** son tus jugadores favoritos? *What (Which) are your favorite players?* **¿Cuál** es la capital del Uruguay? *What is the capital of Uruguay?* **¿Cuál** es tu (número de) teléfono? *What is your phone number?*

■■■ Práctica

¿Qué o cuál(es)?

1. ¿_____ es esto? —Un lavaplatos.
2. ¿_____ son los Juegos Olímpicos? —Son un conjunto (*group*) de competiciones deportivas.
3. ¿_____ es el quehacer que más odias? —Lavar los platos.
4. ¿_____ bicicleta vas a usar? —La de mi hermana.
5. ¿_____ son los cines más modernos? —Los del centro.
6. ¿_____ DVD debo sacar? —El nuevo de Salma Hayek.
7. ¿_____ es una cafetera? —Es un aparato que se usa para hacer café.
8. ¿_____ es tu padre? —En la foto, es el hombre a la izquierda del coche.

■■■ Conversación

A. Entrevista: Datos (*Information*) personales

Paso 1. Haga preguntas para averiguar (*find out*) la siguiente información de un compañero o compañera. Es posible usar varias palabras interrogativas.

MODELO: su dirección → ¿Cuál es tu dirección? (¿Dónde vives?)

1. su (número de) teléfono
2. su dirección
3. su cumpleaños
4. la ciudad en que nació (*he/she was born*)
5. su número de seguro (*security*) social
6. la persona en que más confía (*he/she trusts*)
7. su tienda favorita
8. la fecha de su próximo examen

Paso 2. Ahora, en parejas, usen sus preguntas del **Paso 1** para entrevistarse.

B. Una encuesta

Paso 1. En parejas, túrnense para entrevistarse sobre los siguientes temas. Empiecen las preguntas con **¿Qué... ?**

MODELO: estaciones del año →
¿Qué estación del año prefieres (entre todas)?

1. estilo de música
2. pasatiempos o deportes
3. programas de televisión
4. materias este semestre/trimestre
5. colores
6. tipos de comida

Paso 2. Ahora túrnense para entrevistarse sobre los mismos temas del **Paso 1** pero hablando de sus preferencias de niño/a. Deben obtener detalles interesantes y personales de su compañero/a.

MODELO: estaciones del año →
E1: ¿Qué estación preferías (entre todas) de niño/a?
E2: Prefería el invierno.
E1: ¿Por qué?
E2: Porque me gustaba jugar en la nieve.

Need more practice?

■ Workbook and Laboratory Manual
■ ActivityPak
■ Online Learning Center (www.mhhe.com/puntos8)

UN POCO DE TODO

A. ¿Qué hizo Ricardo ayer?

Paso 1. The following drawings show what Ricardo did yesterday. Match the phrases with individual drawings in the sequence. Then narrate what Ricardo did, using verbs in the preterite. **¡OJO!** Some of the phrases are not depicted in the drawings but are related to the time of day or activity in the drawing, and some drawings can be associated with more than one phrase.

a. _____ llegar tarde a su primera clase
b. _____ almorzar en la cafetería con algunos amigos
c. _____ quedarse en cama durmiendo
d. _____ mirar la televisión un rato
e. _____ regresar a casa
f. _____ ir al gimnasio
g. _____ ducharse y vestirse rápidamente

h. _____ acostarse
i. _____ estudiar un rato
j. _____ jugar un partido de basquetbol
k. _____ despertarse temprano
l. _____ hacer la cena
m. _____ sonar el teléfono

Vocabulario útil

primero...
luego... y...
después... y...
finalmente (por fin)...

Paso 2. Ahora haga oraciones completas con las palabras indicadas para dar más detalles sobre el día de Ricardo. Use el imperfecto de los verbos. Los números concuerdan con (*correspond to*) los números de los dibujos del **Paso 1.**

1. ser / seis y media / mañana
2. Ricardo / tener prisa
3. estudiantes / escuchar / profesora
4. Ricardo / tener / mucho / hambre
5. haber / mucho / personas / gimnasio
6. ser / temprano / todavía
7. no / querer / hablar / teléfono
8. Ricardo / pensar / en / examen / mañana

B. Lengua y cultura: Diversiones familiares en Colombia. Complete the following passage with the correct forms of the words in parentheses, as suggested by context. When two possibilities are given, select the correct word. **¡OJO!** As you conjugate the verbs in this activity, put the infinitives preceded by *I:* in the imperfect.

▲ *Bocagrande*

Mayra y Joaquín son dos colombianos que llegaron recientemente a este país. Los dos (ser/estar[1]) de Cartagena, una gran ciudad colombiana con puerto[a] que (ser/estar[2]) en el mar Caribe. De niña, Mayra (*I:* vivir[3]) en la parte más antigua (en al / de la[4]) ciudad, el Centro Amurallado[b] colonial. En cambio,[c] la familia de Joaquín (*I:* tener[5]) un apartamento en Bocagrande, la zona (más/mejor[6]) moderna de Cartagena. La manera de (divertirse[7]) de cada uno[d] en su país los fines de semana era diferente.

En Cartagena, Mayra y su familia (*I:* ir[8]) con mucha frecuencia a la playa de La Boquilla* los fines de semana y (*I:* pasar[9]) allí todo el día (*pres. part:* nadar[10]). Por la noche iban a un restaurante a (comer[11]) mariscos y (*I:* bailar[12]) cumbia. Por su parte, a Joaquín (se/le[13]) (*I:* gustar[14]) pasear por las fortalezas y las viejas y enormes murallas[e] de la ciudad. ¿(Saber/Conocer[15]) Uds. que (alguno[16]) de (ese[17]) murallas miden veinte metros de ancho[f] por veinte metros de alto? ¡(Ser/Estar[18]) realmente impresionantes!

Joaquín y Mayra (ser/estar[19]) de acuerdo en que, al visitar[g] Cartagena, es necesario ir también al centro comercial Las Bóvedas[†] y a la isla Barú.[‡] Allí, en las aguas del Parque Natural Corales del Rosario, (son/hay[20]) unos bancos de coral[h] muy bonitos. ¡Qué chévere![i]

[a]*port* [b]*Centro... Walled Center* [c]*En... On the other hand* [d]*cada... each of them* [e]*fortified walls* [f]*veinte... 65 feet wide* [g]*al... when one visits* [h]*bancos... coral reefs* [i]*¡Qué... How cool!*

Comprensión: Ahora y entonces. Conteste las siguientes preguntas.

1. ¿De qué ciudad son Mayra y Joaquín?
2. ¿De qué partes de esa ciudad son?
3. ¿Cómo pasaba Mayra los fines de semana en Cartagena?
4. ¿Qué hacía Joaquín los fines de semana?

Resources for Review and Testing Preparation

■ Workbook and Laboratory Manual
■ ActivityPak
■ Online Learning Center (www.mhhe.com/ puntos8)

---

*La Boquilla, a fishing village outside Cartagena, has a long secluded beach with restaurants and bars.
[†]Las Bóvedas (The Vaults) were barracks and storerooms built by the Spanish into the outer walls of the old city. Twenty-two of the dungeon-like rooms have been turned into small, upscale shops.
[‡]Barú Island, approximately ten minutes by motorboat from Cartagena, offers white sand beaches, crystal clear water, and big coral reefs.

Perspectivas culturales
Colombia

Datos esenciales

- Nombre oficial: República de Colombia
- Capital: Santafé de Bogotá (o Bogotá)
- Población: más de 43 millones de habitantes

Fíjese

- Colombia obtuvo su independencia de España en 1819. Simón Bolívar, líder de la independencia, fue declarado el primer presidente.
- Colombia es el único[a] país sudamericano con costas al Caribe y al Pacífico.
- Colombia tiene una gran riqueza[b] de recursos[c] naturales como petróleo, oro, platino[d] y esmeraldas. De hecho,[e] tiene los yacimientos[f] de platino más grandes del mundo.
- La economía colombiana depende de la exportación del petróleo, además de[g] otros recursos mineros[h] y productos agrícolas como el café y las flores.

[a]*only* [b]*wealth* [c]*resources* [d]*platinum* [e]De... *In fact* [f]*deposit*s [g]además... *in addition to* [h]*mining*

El centro de Bogotá   Bogotá, un importantísimo centro urbano, sede del gobierno[a] y capital de Colombia, está en los altiplanos.[b] Antes de la llegada de los españoles, la civilización indígena de los chibchas estableció allí una ciudad llamada[c] «Bacatá». Con el paso del tiempo, el nombre «Bacatá» se convirtió en «Bogotá» y en los años 90[d] el nombre oficial llegó a ser[e] «Santafé de Bogotá». Sin embargo, muchos siguen llamándola «Bogotá» por ser más fácil.

[a]sede... *government seat* [b]*highlands* [c]*called* [d]los... *the 1990s* [e]llegó... *became*

El Castillo[a] de San Felipe Barajas, Cartagena   Cartagena de Indias (su nombre oficial) es un puerto importante en la costa caribeña de Colombia. Durante el período colonial, los piratas buscaban los tesoros[b] de la ciudad y de los barcos que salían del puerto. Para proteger[c] Cartagena, los españoles construyeron un sistema extenso de fortificaciones y murallas.[d] Una de estas fortificaciones es el Castillo de San Felipe Barajas.

[a]*Castle* [b]*treasure* [c]*protect* [d]*fortified walls*

3 **Un silletero durante el Desfile^a de los Silleteros, en Medellín** Los silleteros son los que cultivan^b flores en las montañas alrededor de Medellín y que bajan a la ciudad para vender sus arreglos^c florales conocidos^d como «silletas». Anualmente, se celebra el Desfile de los Silleteros durante la Feria de las Flores, en agosto. En este desfile se pueden ver enormes silletas que llegan a pesar hasta 60 kilogramos.^e

^a*Parade*   ^b*grow*   ^c*arrangements*   ^d*known*   ^ellegan... *can weigh up to 132 pounds*

Música de Colombia

La música y el baile nacionales de Colombia son la cumbia y el vallenato, tradiciones folclóricas que combinan elementos africanos, indígenas y europeos. Los tambores^a son importantes en ambos^b estilos, además de que, en el vallenato también se usa el acordeón alemán. En 2006, se abrió una nueva categoría en los *Latin Grammy Awards* para incluir la cumbia y el vallenato, demostrando la importancia de estos estilos en el mundo musical.

^a*drums*   ^b*both*

4 **Algunas de las misteriosas esculturas^a del Parque Arqueológico de San Agustín** Se calcula que estas misteriosas figuras de piedra^b volcánica fueron esculpidas^c entre 100 y 1200 d.C.^d Estas esculturas representan animales, guerreros^e y caras^f humanas a veces de manera realista y otras de manera fantástica. Las estatuas pueden medir^g más de 7 metros de altura^h y pesar varias toneladas.ⁱ

^a*sculptures*   ^b*rock*   ^c*carved*   ^ddespués de Cristo (*A.D.*)
^e*warriors*   ^f*faces*   ^g*measure*   ^h*7... 23 feet high*   ⁱ*tons*

Un cafeta^a Colombiano El café es una de las exportaciones principales de Colombia. Sólo el Brasil exporta más. Después de sufrir problemas económicos con la caída^b de los precios mundiales del café, los agricultores colombianos empezaron a diversificar sus cultivos. Ahora la exportación de productos como flores y frutas es cada vez más^c importante, aunque^d el petróleo es la exportación principal del país.

^a*coffee plantation*   ^b*fall*   ^ccada... *more and more*   ^d*although*

EN RESUMEN

See the Workbook, Laboratory Manual, ActivityPak, and Online Learning Center (www.mhhe.com/puntos8) for self-tests and practice with the grammar and vocabulary presented in this chapter.

Gramática

To review the grammar points presented in this chapter, refer to the indicated grammar presentations.

27. Talking About the Past (Part 4)—Descriptions and Habitual Actions in the Past: Imperfect of Regular and Irregular Verbs

You should know the imperfect forms of all verbs. What are the three verbs that are irregular in the imperfect?

28. Expressing Extremes—Superlatives

Do you know how to express that something is *the best* or *the most*?

29. Getting Information (Part 2)—Summary of Interrogative Words

You should know how to form questions with question words and how to express English *what?* with **¿qué?** or **¿cuál?**

Vocabulario

Los verbos

aburrirse	to get bored
dejar (en)	to leave behind (in [*a place*])
pegar (gu)	to hit
pelear	to fight
sonar (suena)	to ring; to sound

Repaso: deber, necesitar, tener que

Los pasatiempos, diversiones y aficiones

los ratos libres	spare (free) time
caminar	to walk
dar un paseo	to take a walk
hacer un *picnic*	to have a picnic
hacer planes para + *inf.*	to make plans to (*do something*)
ir...	to go . . .
a una discoteca / a un bar	to a disco / to a bar
al teatro / a un concierto	to the theater / to a concert
jugar (juego) (gu) al ajedrez	to play chess
ser...	to be . . .
aburrido/a	boring
divertido/a	fun
visitar un museo	to visit a museum

Repaso: dar/hacer una fiesta, hacer *camping*, ir al cine / a ver una película, jugar (juego) (gu) a las cartas, sacar (qu) fotos, tomar el sol

Los deportes

el ciclismo	bicycling
correr	to run
esquiar (esquío)	to ski
el fútbol	soccer
el fútbol americano	football
hacer surfing	to surf
montar a caballo	to ride a horse
la natación	swimming
pasear en bicicleta	to ride a bicycle
patinar	to skate
patinar en línea	to rollerblade

Cognados: el basquetbol, el béisbol, el golf, el hockey, el tenis, el voleibol

Repaso: nadar

el equipo	team
el/la jugador(a)	player
el partido	game, match
entrenar	to practice, train
ganar	to win
ser aficionado/a (a)	to be a fan (of)

Repaso: jugar (juego) (gu) al + *sport*, perder (pierdo), practicar (qu)

Algunos aparatos domésticos

la aspiradora	vacuum cleaner
la cafetera	coffeemaker
el congelador	freezer
la estufa	stove
el horno de microondas	microwave oven
la lavadora	washing machine
el lavaplatos	dishwasher
el refrigerador	refrigerator
la secadora	clothes dryer
la tostadora	toaster

Los quehaceres domésticos

barrer (el piso)	to sweep (the floor)
hacer la cama	to make the bed
lavar...	to wash . . .
los platos	the dishes
la ropa	the clothes
las ventanas	the windows
limpiar (la casa entera)	to clean (the whole) house
pasar la aspiradora	to vacuum
pintar (las paredes)	to paint (the walls)
planchar la ropa	to iron clothing
poner la mesa	to set the table
quitar la mesa	to clear the table
sacar (qu) la basura	to take out the trash
sacudir los muebles	to dust the furniture

Otros sustantivos

la afición	hobby
el aparato doméstico	home appliance
la dirección	address
la época	era, time (*period*)
la escuela	school
el grado	grade, year (*in school*)
el/la niñero/a	baby-sitter
la niñez	childhood
el quehacer doméstico	household chore

Los adjetivos

deportivo/a	sporting, sports (*adj.*); sports-loving
pesado/a	boring; difficult

Palabras adicionales

de joven	as a youth
de niño/a	as a child
demasiado (*adv.*)	too much
en la actualidad	currently, right now
mientras	while
tocarle (qu) a uno	to be someone's turn

Repaso: ¿a qué hora?, ¿adónde?, ¿cómo?, ¿cuál(es)?, ¿cuándo?, ¿cuánto/a?, ¿cuántos/as?, ¿de dónde?, ¿de quién(es)?, ¿dónde?, ¿por qué?, ¿qué?, ¿quién(es)?

Vocabulario personal

Un paso más 9

Literatura de Colombia

▲ Gabriel García
Márquez (1928–)

Sobre el escritor: *Gabriel José García Márquez nació en Aracataca, en el norte de Colombia. Empezó su vida profesional como periodista. Vivió casi toda su vida de adulto fuera de Colombia, en Europa y México. Recibió el Premio Nóbel de Literatura en 1982 por su novela* Cien años de soledad. *En sus novelas y cuentos combina lo fantástico con lo real, un estilo que se llama el realismo mágico. El siguiente fragmento es de* Cien años de soledad *(1967).*

Muchos años después, frente al pelotón de fusilamiento,[a] el coronel Aureliano Buendía había de[b] recordar aquella tarde remota en que su padre lo llevó a conocer el hielo.[c] Macondo era entonces una aldea[d] de veinte casas de barro[e] y cañabrava[f] construidas a la orilla[g] de un río de aguas diáfanas que se precipitaban por un lecho[h] de piedras pulidas,[i] blancas y enormes como huevos prehistóricos.

[a]pelotón... *firing squad*   [b]había... *would*   [c]*ice*   [d]*village*   [e]*mud*   [f]*cane*   [g]*bank*   [h]*bed*
[i]piedras... *polished rocks*

LECTURA

ESTRATEGIA: Recognizing Derivative Adjectives

In previous chapters you learned to recognize cognates, word endings, and new words that are related to familiar words. In this chapter you will learn about derivative adjectives, a large group of adjectives derived from verbs. These adjectives end in **-ado** or **-ido.** You can often guess their meaning if you know the related verb. For example: **conocer** (*to know*) → **conocido** (*known, famous*); **preparar** (*to prepare*) → **preparado** (*prepared*).

   In the following reading there are many **-do** adjectives. Try to guess their meaning from context. You might also notice past participle forms (**-do**) in conjunction with a verb form you don't recognize, such as **ha comentado** (*has commented*). You will study this form, known as the present perfect, in a later chapter of this text. For now, simply learn to recognize it.

Noctámbulos

Las ciudades españolas se están adaptando con rapidez a la llamada «sociedad de las veinticuatro horas». Cualquier[a] necesidad puede ser cubierta[b] a cualquier hora. Esto es algo que en países como Estados Unidos, Holanda o Canadá hace tiempo que es[c] una realidad, pero en España es ahora cuando se está produciendo el *boom* de las empresas de servicios veinticuatro horas. Es lo que llamamos la «sociedad de las veinticuatro horas». Ya no sólo basta con[d] poder comer de madrugada,[e] bien sea en un restaurante o pidiendo que nos lleven la comida a casa. Por eso la oferta se está ampliando notablemente. En los «*work center*» se puede realizar todo tipo de trabajos a cualquier hora, desde una simple fotocopia a una presentación completa en «PowerPoint».

Pero no son los únicos servicios que podemos encontrar de noche. Ya hay gimnasios abiertos hasta la madrugada y videoclubes nocturnos que incluyen cajeros expendedores[f] de películas que funcionan las veinticuatro horas. Pero, por supuesto, también podemos hacer la compra de madrugada en un supermercado. De hecho,[g] en una encuesta[h] realizada en Reino Unido[i] más de un millón de personas declaró que sólo podía hacer la compra a partir de[j] las diez de la noche. En plena era de las comunicaciones[k] no podíamos dejar de mencionar los cibercafés, que en algunos casos abren hasta bien entrada la madrugada.[l]

En total, entre un 10 y un 20 por ciento de la población activa, en función de los distintos sectores de producción, realiza toda o parte de su jornada laboral[m] por la noche. En España, son casi 2 millones de personas las que trabajan de noche, sin olvidarnos de quienes optan por el ocio:[n] el 63 por ciento de los jóvenes dedican su tiempo libre a salir de noche, porcentaje que se va reduciendo con la edad. ■

[a]*Any* [b]*covered, taken care of* [c]*hace... for some time has been* [d]*Ya... It's no longer enough* [e]*de... late at night* [f]*cajeros... dispensing machines* [g]*De... In fact* [h]*survey* [i]*Reino... United Kingdom* [j]*a... después de* [k]*En... At the height of the communications age* [l]*hasta... well into the early morning* [m]*jornada... work day* [n]*leisure*

◀ *Un gimnasio que está abierto las veinticuatro horas, en Barcelona, España*

Comprensión

A. ¿Cierto o falso? Explique sus respuestas.

1. La sociedad española está cambiando para aceptar un horario mucho más flexible y adaptable.
2. La variedad de empresas que abren las veinticuatro horas en España está limitada.
3. También hay servicios para los que salen a divertirse hasta bien entrada la madrugada.

B. Palabras relacionadas

Paso 1. ¿De qué verbos se derivan los siguientes adjetivos del artículo?

1. llamada _____
2. realizada _____
3. entrada _____

Paso 2. Hay dos formas derivadas irregulares en la lectura. ¿Puede identificar los verbos de que se derivan estas palabras?

1. cubierta _____
2. abiertos _____

▲ *Una cerrajería* (locksmith) *que ayuda a sus clientes a cualquier hora del día, en Madrid, España*

REDACCIÓN

A. **¿Y Ud.?** ¿Qué servicios de las veinticuatro horas necesita o usa Ud.?
¿Cuáles son algunos de los servicios disponibles (*available*) para los
estudiantes de esta universidad? ¿Tiene su comunidad muchos servicios
abiertos las veinticuatro horas o hasta muy tarde? Describa brevemente
los servicios de su universidad y/o comunidad y explique cuáles usa Ud.
y por qué.

B. **La sociedad de las 24 horas.** La llamada «sociedad de las veinticuatro
horas» es bastante común en este país. Esto se ve en los horarios de
muchos restaurantes, gimnasios, tiendas y otras empresas. De hecho hay
una cadena (*chain*) de clubes de salud que se llama «*24 Hour Fitness*».
¿Cree Ud. que este cambio social es bueno o malo? ¿Por qué? Escriba una
breve composición de 150 palabras que presente las ventajas (*advantages*) y
desventajas de este fenómeno. Dé ejemplos específicos.

CAPÍTULO 10

La salud°

1

El centro de Caracas, la capital de Venezuela

1. ¿Vive Ud. en una ciudad grande? ¿A Ud. le gustan las ciudades grandes?

2. ¿Qué efectos dañinos (*harmful*) pueden tener las ciudades en la salud de sus residentes?

3. ¿Hay problemas de tráfico donde Ud. vive? ¿Cuándo son las horas punta (*rush hours*)?

°La... *Health*

2 **El Salto** (*Waterfall*) **Hacha, la Laguna Canaima y, al fondo** (*in the background*), **los tepuyes** (*table-top formations*) **Kuravaina y Topochi del Parque Canaima**

1. ¿Hay formaciones geológicas como los tepuyes donde Ud. vive? ¿Cómo se llaman en inglés?

2. ¿Por qué puede ser bueno para la salud estar en lugares naturales como este?

3 **El Hospital Clínico Universitario de la Ciudad Universitaria, en Caracas**

1. ¿Hay un hospital universitario en su región? ¿Cómo se llama? ¿Cómo es?

2. ¿Por qué son importantes los hospitales universitarios?

3. ¿Dónde está el hospital más cercano (*closest*) a Ud.? ¿Se especializa en algo en particular?

Preparación

La salud y el bienestar°

La... *Health and well-being*

el cerebro

Josefa

la garganta

la boca

los pulmones

la cabeza

el estómago

correr

Enrique

caminar

hacer yoga

el corazón

la rueda de molino

Laura

El cuerpo humano

el diente	(front) tooth
la muela	molar, back tooth
la nariz	nose
el oído	inner ear
el ojo	eye
la oreja	(outer) ear

Para cuidar de la salud

comer comidas sanas	to eat healthy food
cuidarse	to take care of oneself
dejar de + *inf.*	to stop (*doing something*)
dormir (duermo) (u) lo suficiente	to get enough sleep
hacer ejercicio	to exercise; to get exercise
hacer...	to do . . .
ejercicios aeróbicos	aerobics
(el método) Pilates	Pilates
(el) yoga	yoga
llevar gafas / lentes de contacto	to wear glasses / contact lenses
llevar una vida sana/tranquila	to lead a healthy/calm life
practicar (qu) deportes	to practice, play sports

■ ■ ■ Conversación

A. Asociaciones

Paso 1. ¿Qué partes del cuerpo humano asocia Ud. con las siguientes palabras? ¡OJO! A veces hay más de una respuesta posible.

1.	un ataque	**5.**	pensar	**9.**	la música
2.	comer	**6.**	la digestión	**10.**	el perfume
3.	cantar	**7.**	el amor	**11.**	un beso (*kiss*)
4.	las gafas	**8.**	fumar	**12.**	una flor

Paso 2. ¿Qué palabras asocia Ud. con las siguientes partes del cuerpo?

1.	los ojos	**3.**	la boca	**5.**	el estómago
2.	los dientes	**4.**	el oído	**6.**	los pulmones

B. Hablando de la salud. ¿Qué significan, para Ud., las siguientes oraciones?

> **MODELO:** Se debe comer comidas sanas. →
> Eso quiere decir (*means*) que es necesario comer muchas verduras, que... También significa que no debemos comer muchos dulces o...

1. Se debe dormir lo suficiente todas las noches.
2. Hay que hacer ejercicio.
3. Es necesario llevar una vida tranquila.
4. En general, uno debe cuidarse mucho.
5. Es importante llevar una vida sana.

> **Vocabulario útil**
>
> Eso quiere decir...
> Esto significa que...
> También...

C. ¿Cómo vives? ¿Cómo vivías?

Paso 1. Diga si Ud. hace las siguientes cosas para mantener la salud y el bienestar.

		SÍ	NO
1.	comer comidas sanas	☐	☐
2.	no comer muchos dulces	☐	☐
3.	caminar por lo menos dos millas por día	☐	☐
4.	correr	☐	☐
5.	hacer ejercicios aeróbicos	☐	☐
6.	dormir por lo menos ocho horas por día	☐	☐
7.	tomar bebidas alcohólicas en moderación	☐	☐
8.	no tomar bebidas alcohólicas en absoluto (*at all*)	☐	☐
9.	no fumar ni cigarrillos ni puros (*cigars*)	☐	☐
10.	llevar ropa adecuada (abrigo, suéter, etcétera) cuando hace frío	☐	☐

Paso 2. ¿Lleva Ud. una vida sana? Dígale a un compañero o compañera cómo vive Ud., usando frases del **Paso 1** y de **Vocabulario: Preparación.**

> **MODELO:** Creo que llevo una vida sana porque como comidas sanas. No como muchos dulces, excepto en ciertas ocasiones, como la Navidad...

Paso 3. Ahora modifique su narración para describir lo que Ud. hacía de niño/a. ¿Qué hacía y qué *no* hacía? Organice las ideas lógicamente.

> **MODELO:** De niño, no llevaba una vida muy sana. Comía muchos dulces. También odiaba comer frutas y verduras...

tener **dolor de cabeza**

tener **dolor de estómago**

Petra   Javier   Rosa   Alejo   **el enfermero**

tomarle la temperatura

el paciente

la médica

la enfermera

ponerle una inyección

la paciente

el médico

el doctor Mena   la doctora Soto

el antibiótico	antibiotic	**guardar cama**	to stay in bed
el dolor	pain, ache	**molestar***	to bother
el/la farmacéutico/a	pharmacist	**resfriarse (me resfrío)**	to get/catch a cold
la fiebre	fever	**respirar**	to breathe
la gripe	flu	**sacar (qu)**	to extract
el jarabe	(cough) syrup	**sacar la lengua**	to stick out one's tongue
la medicina	medicine	**sacarle un diente /**	to extract (*someone's*)
la pastilla	pill	**una muela**	tooth/molar
la receta	prescription	**sentirse (me siento) (i)**	to feel
el resfriado	cold	**tener dolor (de muela)**	to have a (tooth) ache
la tos	cough	**tener fiebre**	to have a fever
		toser	to cough
cansarse	to get tired		
doler (duele)*	to hurt, ache	**mareado/a**	dizzy; nauseated
enfermarse	to get sick	**resfriado/a**	congested, stuffed-up
estar sano/a	to be healthy		

***Doler** and **molestar** are used like **gustar: Me duele la cabeza. Me molestan los ojos.**

■ ■ ■ Conversación

A. Estudio de palabras. Complete las siguientes oraciones con una palabra de la misma familia que la palabra en letra azul.

1. Si me resfrío, es cierto que tengo _____.
2. La respiración ocurre cuando alguien _____.
3. Si me _____, estoy enfermo/a. Un(a) _____ me toma la temperatura.
4. Cuando alguien tose, es porque tiene _____.
5. Si me duele el estómago, tengo _____ de estómago.

B. Situaciones. Describa la situación de estas personas. ¿Dónde y con quiénes están? ¿Qué síntomas tienen? ¿Qué van a hacer?

1.   **2.**   **3.**

1. Rosa está muy sana. Nunca le duele(n) _____. Nunca tiene _____. Siempre _____. Más tarde, ella va a _____.
2. Martín tiene _____. Debe _____. El dentista va a _____. Después, Martín va a _____.
3. A Inés le duele(n) _____. Tiene _____. El médico y la enfermera van a _____. Luego, Inés tiene que _____.

The Good News ... The Bad News ...

To describe general qualities or characteristics of something, use **lo** with the masculine singular form of an adjective.

lo bueno / lo malo   lo más importante   lo mejor / lo peor   lo mismo

This structure has a number of English equivalents, especially in colloquial speech.

lo bueno = the good thing/part/news, what's good

C. En esta universidad. En parejas, usen los siguientes adjetivos para describir esta universidad, según el modelo.

> MODELO: malo → Lo malo de esta universidad es la matrícula.

1. malo / bueno
2. peor / mejor
3. interesante / aburrido
4. curioso (*strange*) / especial
5. insoportable (*unbearable*)

D. Refranes sobre la salud. Empareje una frase de la columna A con otra de la columna B para formar algunos refranes muy comunes en el mundo hispano. En algunos casos lo/la puede ayudar la rima. Luego explique lo que significan los refranes. ¿Cuál es el equivalente en inglés?

COLUMNA A

1. La salud no se compra:
2. Músculos de Sansón,
3. Si quieres vivir sano,
4. De médico, poeta y loco,
5. Para enfermedad de años,
6. Ojos que no ven,
7. Lo que no mata (*doesn't kill*),

COLUMNA B

a. engorda (*fattens*).
b. todos tenemos un poco.
c. no tiene precio.
d. y cerebro de mosquito.
e. no hay medicina.
f. acuéstate y levántate temprano.
g. corazón que no siente.

Need more practice?

- Workbook and Laboratory Manual
- ActivityPak
- Online Learning Center (www.mhhe.com/puntos8)

GRAMÁTICA

¿Recuerda Ud.?

Since **Capítulo 7** you have been using first the preterite and then the imperfect in appropriate contexts. Do you remember which tense you used to do each of the following?

1. to tell what you did yesterday
2. to tell what you used to do when you were in grade school
3. to explain the situation or condition that caused you to do something
4. to tell what someone did as the result of a situation
5. to talk about the way things used to be
6. to describe an action that was in progress

If you understand these uses of the preterite and the imperfect, the following summary of their uses in **Gramática 30** will be very easy for you.

Gramática en acción: En el consultorio de la Dra. Méndez

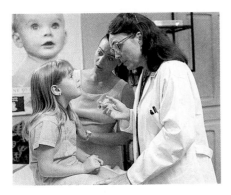

DRA. MÉNDEZ: ¿Cuándo empezó a sentirse mal su hija?
MADRE: Ayer por la tarde. Estaba resfriada, tosía mucho y se quejaba de que le dolían el cuerpo y la cabeza.
DRA. MÉNDEZ: ¿Y le notó algo de fiebre?
MADRE: Sí. Por la noche le tomé la temperatura y tenía treinta y nueve grados.*
DRA. MÉNDEZ: A ver... Tal vez necesite ponerle una inyección...

98,6 grados Fahrenheit

37,0 grados centígrados

Comprensión: Locate all of the past tense verbs in the preceding dialogue that do the following.

1. indicate actions
2. indicate conditions or descriptions

When speaking about the past in English, you use different past tense forms, depending on the context: *I wrote letters, I was writing letters, I used to write letters,* and so on. Similarly, you can use either the preterite or the imperfect in many Spanish sentences, depending on the meaning you wish to convey. Often the question is: How do you view the action or state of being?

Preterite	Imperfect
■ beginning/end of past action	■ habitual/repeated action
■ completed action	■ progress of a past action
■ series of completed actions	■ background details
■ interrupting action	■ interrupted action
■ the action on the "stage"	■ the backdrop (setup) of the "stage"

In Dr. Méndez's office DR. MÉNDEZ: *When did your daughter begin to feel ill?* MOTHER: *Yesterday afternoon. She was stuffed up, she was coughing a lot, and she was complaining that her body and head were hurting.* DR. MÉNDEZ: *And did you note any fever?* MOTHER: *Yes. At night I took her temperature and it was thirty-nine degrees.* DR. MÉNDEZ: *Let's see . . . Perhaps I'll need to give her a shot . . .*

*Normal body temperature is 37 °C (98.6 °F).

Beginning/End vs. Habitual

Use the preterite to . . .	
■ tell about the beginning or the end of a past action	El sábado pasado, el partido de fútbol **empezó** a la una. **Terminó** a las cuatro. El entrenador **habló** a las cinco. *Last Saturday, the soccer game began at one. It ended at four. The coach spoke (began to speak) at five.*

Use the imperfect to . . .	
■ talk about the habitual nature of an action (something you always did)	**Había** un partido **todos los sábados.** Muchas personas **jugaban todas las semanas.** *There was a game every Saturday. Many people played every week.*

Completed vs. Ongoing

Use the preterite to . . .	
■ express an action that is viewed as completed	El partido **duró** tres horas. **Ganaron** Los Lobos de Villalegre. *The game lasted three hours. The Lobos of Villalegre won.*

Use the imperfect to . . .	
■ tell what was happening when another action took place and to tell about simultaneous events (with **mientras** = *while*)	Yo no vi el final del partido. **Estaba** en la cocina cuando **terminó.** *I didn't see the end of the game. I was in the kitchen when it ended.* **Mientras** mi amigo **veía** el partido, **hablaba** con su novia. *While my friend was watching the game, he was talking with his girlfriend.*

Series of Completed Actions vs. Background

Use the preterite to . . .	
■ express a series of completed actions	Durante el partido, los jugadores **corrieron, saltaron** y **gritaron.** *During the game, the players ran, jumped, and shouted.*

Use the imperfect to . . .

- give background details of many kinds: time, location, weather, mood, age, physical and mental characteristics

Todos los jugadores **eran** jóvenes; **tenían** 17 ó 18 años. ¡Y todos **esperaban** ganar!
All the players were young; they were 17 or 18 years old. And all of them hoped to win!

Interrupt**ing** vs. Interrupt**ed**

The preterite and the imperfect frequently occur in the same sentence. In the first sentence the imperfect tells what was happening when another action—conveyed by the preterite—broke the continuity of the ongoing activity. In the second sentence, the preterite reports the action that took place because of a condition—described by the imperfect—that was in progress or in existence at that time.

Miguel **estudiaba** cuando **sonó** el teléfono.
Miguel was studying when the phone rang.

Olivia **comió** tanto porque **tenía** mucha hambre.
Olivia ate so much because she was very hungry.

Action vs. the Stage (Background)/Conditions/Ongoing

The preterite and imperfect are also used together in the presentation of an event. The preterite narrates the action while the imperfect sets the stage, describes the conditions that caused the action, or emphasizes the continuing nature of a particular action.

Era un día hermoso. **Hacía** mucho sol, pero no **hacía** mucho calor. Como no **tenía** que trabajar en la oficina, **salí** a comprar unas flores. Luego **me puse** camiseta y pantalones cortos y **decidí** trabajar todo el día en el jardín.
It was a beautiful day. It was very sunny, but it wasn't very hot. Since I didn't have to work at the office, I went out to buy some flowers. Then I put on a T-shirt and shorts and decided to work in the garden all day.

Changes in Meaning

Remember that, when used in the preterite, **saber, conocer, querer,** and **poder** have English equivalents different from that of the infinitives. (See page 272.) In the imperfect, the English equivalents of these verbs do not differ from the infinitive meanings.

Anoche **conocí** a Roberto.
*Last night **I met** Roberto.*

¿Anoche? Yo pensaba que ya lo **conocías**.
*Last night? I thought **you** already **knew** him.*

■ ■ ■ Práctica

A. En el consultorio. ¿Qué pasó la última vez que Ud. tuvo cita (*an appointment*) con el médico / la médica? Empareje las condiciones con las acciones.

CONDICIONES

(Yo / A mí...)

1. _____ Tenía mucho frío y tiritaba (*I was shaking*).
2. _____ Me dolía la garganta.
3. _____ Me dolía el pecho (*chest*).
4. _____ Creía que estaba anémico/a.
5. _____ No sabía lo que tenía.
6. _____ Necesitaba medicinas.
7. _____ Sólo necesitaba un chequeo (*check-up*) rutinario.

ACCIONES

(El médico / La médica...)

a. Me hizo muchas preguntas.
b. Me dio una receta.
c. Me tomó la temperatura.
d. Me auscultó (*listened to*) los pulmones y el corazón.
e. Me analizó la sangre (*blood*).
f. Me hizo sacar la lengua.
g. Me hizo toser.

NOTA COMUNICATIVA

Words and Expressions That Indicate the Use of Preterite and Imperfect

Certain words and expressions are frequently associated with the preterite, others with the imperfect.

Some words often associated with the preterite are:

> **ayer, anteayer** (*the day before yesterday*), **anoche** (*last night*)
> **una vez, dos veces** (*twice*)...
> **el año pasado, el lunes pasado...**
> **de repente** (*suddenly*)

Some words often associated with the imperfect are:

> **todos los días, todos los lunes...**
> **siempre, frecuentemente**
> **mientras**
> **de niño/a, de joven**

Some English equivalents also associated with the imperfect are:

> *was* _____ *-ing, were* _____ *-ing* (in English)
> *used to, would* (when *would* implies *used to* in English)

As you continue to practice preterite and imperfect, these expressions can help you determine which tense to use. These words do not *automatically* cue either tense, however. The most important consideration is the meaning that the speaker wishes to convey.

Ayer cenamos temprano.	*Yesterday we had dinner early.*
Ayer cenábamos cuando Juan llamó.	*Yesterday we were having dinner when Juan called.*
Jugaba al fútbol **de niño.**	*He played soccer as a child.*
Empezó a jugar al fútbol **de niño.**	*He began to play soccer as a child.*

B. Pequeñas historias. Complete los siguientes párrafos con una de las palabras o frases de cada lista. Antes de empezar, mire el dibujo que acompaña cada párrafo para tener una idea general del tema de la historia.

1. nos quedamos
nos quedábamos
íbamos
nos gustó
nuestra familia decidió
vivíamos

Cuando éramos niños, Jorge y yo _____¹ en la Argentina. Siempre _____² a la playa, a Mar del Plata, para pasar la Navidad. Allí casi siempre _____³ en el Hotel Fénix. Un año, _____⁴ quedarse en otro hotel, el Continental. No _____⁵ tanto como el Fénix y por eso, al año siguiente, _____⁶ en el Fénix otra vez.

2. estaba leyendo
había
estaban apagadas^a
pasaba
comprendí
tenía
salí
se apagaron^b
me levanté

Eran las once de la noche cuando ¡de repente _____¹ todas las luces^c de la casa! Puse el libro que _____² en la mesa y _____³ para averiguar^d qué _____⁴. La verdad es que _____⁵ mucho miedo. _____⁶ a la calle y vi que _____⁷ las luces de todo el barrio.^e En ese momento _____⁸ que _____⁹ un apagón^f por toda la ciudad.

^a*out* ^b*se... went out* ^c*lights* ^d*find out* ^e*neighborhood* ^f*power outage*

3. examinó
intentaba^a tomarle
estaba
esperaba
puso
llegó
dio
se sintió

La niña tosía mientras que la enfermera _____¹ la temperatura. La madre de la niña _____² pacientemente. Por fin _____³ la médica. Le _____⁴ la garganta a la niña, le _____⁵ una inyección y le _____⁶ a su madre una receta para un jarabe. La madre todavía _____⁷ muy preocupada, pero después de hablar con la médica, _____⁸ más tranquila.

^a*tried to*

C. Rubén y Soledad. Primero lea el siguiente párrafo (sin conjugar los infinitivos) para tener una idea general de la historia y mire el dibujo. Luego complete el párrafo con la forma apropiada de los infinitivos, en el pretérito o en el imperfecto.

Rubén estaba estudiando cuando Soledad entró en el cuarto. Le (preguntar[1]) a Rubén si (querer[2]) ir al cine con ella. Rubén le (decir[3]) que sí porque se (sentir[4]) un poco aburrido de estudiar. Los dos (salir[5]) en seguida[a] para el cine. (Ver[6]) una película cómica y (reírse[7]) mucho. Luego, como (hacer[8]) frío, (entrar[9]) en su café favorito, El Gato Negro, y (tomar[10]) chocolate. (Ser[11]) las dos de la mañana cuando por fin (regresar[12]) a casa. Soledad (acostarse[13]) en seguida porque (estar[14]) cansada, pero Rubén (empezar[15]) a estudiar otra vez.

[a]en... *right away*

Comprensión. Ahora conteste las siguientes preguntas, según el párrafo. **¡OJO!** Una pregunta *no* se contesta siempre con el mismo tiempo verbal de la pregunta. Por ejemplo, si es necesario explicar por qué ocurrió algo, se usa el imperfecto.

1. ¿Qué hacía Rubén cuando Soledad entró?
2. ¿Qué le preguntó Soledad a Rubén?
3. ¿Por qué le dijo Rubén que sí?
4. ¿Les gustó la película? ¿Cómo se sabe?
5. ¿Por qué tomaron chocolate?
6. ¿Qué hora era cuando regresaron a casa?
7. ¿Qué hicieron cuando llegaron a casa?

D. La fiesta de Roberto. Primero lea el siguiente párrafo (sin conjugar los infinitivos) para tener una idea general de la historia y mire el dibujo. Luego complete el párrafo con la forma apropiada de los infinitivos, en el pretérito, en el imperfecto o en el presente.

Durante mi segundo año en la universidad, conocí a Roberto en una clase. Pronto nos (hacer[1]) muy buenos amigos. Roberto (ser[2]) una persona muy generosa que (dar[3]) una fiesta en su apartamento todos los viernes. Todos nuestros amigos (ir[4]). (Haber[5]) muchas bebidas y comida abundante, y todos (hablar[6]) y (bailar[7]) hasta muy tarde.

Una noche algunos de los vecinos[a] de Roberto (llamar[8]) a la policía porque les (parecer[b 9]) que nosotros (hacer[10]) demasiado ruido. (Llegar[11]) dos policías al apartamento y le (decir[12]) a Roberto que la fiesta (ser[13]) demasiado ruidosa. Nosotros no (querer[14]) aguar[c] la fiesta, pero ¿qué (poder[15]) hacer? Todos nos (despedir[16]) aunque[d] (ser[17]) solamente las once de la noche.

Aquella noche Roberto (aprender[18]) algo importantísimo. Ahora cuando (hacer[19]) una fiesta, siempre (invitar[20]) a sus vecinos.

[a]*neighbors* [b]*to seem* [c]*to spoil* [d]*although*

E. Lo mejor de estar enfermo

Paso 1. Haga oraciones completas con las palabras indicadas, usando el pretérito o el imperfecto de los verbos. Añada palabras si es necesario.

1. cuando **/** yo **/** ser **/** niño, **/** pensar **/** que **/** lo mejor **/** de **/** estar enfermo **/** ser **/** guardar cama
2. lo peor **/** ser **/** que **/** con frecuencia **/** (yo) resfriarse **/** durante **/** vacaciones
3. una vez **/** (yo) ponerme **/** muy **/** enfermo **/** durante **/** Navidad
4. mi **/** madre **/** llamar **/** a **/** médico **/** con **/** quien **/** tener **/** confianza
5. Dr. Matamoros **/** venir **/** casa **/** y **/** darme **/** antibiótico **/** porque **/** tener **/** fiebre **/** altísimo
6. ser **/** cuatro **/** mañana **/** cuando **/** por fin **/** (yo) empezar **/** respirar **/** sin dificultad
7. desgraciadamente (*unfortunately*) **/** día **/** de **/** Navidad **/** (yo) tener **/** tomar **/** jarabe **/** y **/** no **/** gustar **/** nada **/** sabor (*taste, m.*)
8. lo bueno **/** de **/** este **/** enfermedad **/** ser **/** que **/** mi **/** padre **/** tener **/** dejar **/** fumar **/** mientras **/** yo **/** estar **/** enfermo

Paso 2. Ahora vuelva a contar la historia desde el punto de vista (*point of view*) de la madre. Siga el modelo.

> **MODELO:** **1.** cuando **/** yo **/** ser **/** niño, **/** pensar **/** que **/** lo mejor **/** de **/** estar enfermo **/** ser **/** guardar cama →
> Cuando mi hijo era niño, pensaba que lo mejor de estar enfermo era guardar cama.

Need more practice?

- Workbook and Laboratory Manual
- ActivityPak
- Online Learning Center (www.mhhe.com/puntos8)

■ ■ ■ Conversación

A. Una historia famosa

Paso 1. La siguiente historia está narrada en el presente. Póngala en el pasado, usando los verbos en el pretérito.

La niña abre[1] la puerta y entra[2] en la casa. Ve[3] tres sillas. Se sienta[4] en la primera silla, luego en la segunda, pero no le gusta[5] ninguna. Por eso se sienta[6] en la tercera. Ve[7] tres platos de comida en la mesa y decide[8] comer el más pequeño. Luego, va[9] a la alcoba para descansar un poco. Después de probar[a] las camas grandes, se acuesta[10] en la cama más pequeña y se queda[11] dormida.

[a]*trying*

Paso 2. ¿Reconoce Ud. la historia? Es el cuento de Ricitos de Oro y los tres osos (*bears*). Pero el cuento es un poco aburrido tal como está escrito (*as it is written*) en el **Paso 1.** Mejórelo (*Improve it*) con palabras de **Vocabulario útil** y dando detalles y descripciones (usando el imperfecto). También debe terminar el cuento: ¿Qué pasó al final?

> **MODELO:** Había una vez una niña que *se llamaba* Ricitos de Oro. Un día la niña *fue*...

Vocabulario útil

Había una vez... + *imp.* Once upon a time there was...
Un día... + *pret.*

el bosque forest
la casita little house

huir (*like* **construir**) to flee

B. Entrevista: Unas preguntas sobre el pasado

Paso 1. En parejas, hagan y contesten las siguientes preguntas.

¿Cuántos años tenías cuando... ?

1. aprendiste a pasear en bicicleta
2. hiciste tu primer viaje en avión
3. tuviste tu primera cita (*date*)
4. empezaste a afeitarte
5. conseguiste tu licencia de manejar (*driver's license*)
6. abriste una cuenta corriente (*checking account*)
7. dejaste de crecer (*grow*)

Paso 2. Ahora, en parejas, hagan y contesten estas preguntas. **¡OJO!** No deben hablar con la misma persona del **Paso 1.**

¿Cuántos años tenías cuando tus padres... ?

1. te dejaron cruzar la calle (*street*) solo/a
2. te permitieron ir de compras solo/a
3. te dejaron acostarte después de las nueve
4. te dejaron estar en casa sin niñero/a
5. te permitieron usar la estufa
6. te dejaron ver una película para mayores de 17 años («*R*»)
7. te dejaron buscar tu primer trabajo

Paso 3. Ahora, en grupos de cuatro, comparen sus respuestas. ¿Son muy diferentes las respuestas que dieron? Entre todos, ¿quién tiene los padres más estrictos? ¿los menos estrictos?

C. Experiencias en el pasado

Paso 1. Haga preguntas sobre una de las siguientes experiencias. En el **Paso 2,** va a usar esas preguntas para entrevistar a uno de sus compañeros de clase. Haga por lo menos cinco preguntas, usando el pretérito o el imperfecto, según el contexto.

EXPERIENCIAS

aprender a pasear en bicicleta
el primer trabajo
la primera cita
la elección (*choice*) de universidad
la última (*last*) enfermedad
el primer día de clases en la universidad

Paso 2. Ahora, en parejas, túrnense para hacerse preguntas sobre la experiencia del **Paso 1** que Uds. eligieron. No tiene que ser la misma experiencia.

Recognizing *que, quien(es), lo que* • Relative Pronouns

Gramática en acción: Tus médicos, tus mejores amigos

La Organización de Médicos Hispanohablantes: Siempre contigo

Tus médicos pueden ser tus mejores amigos.

- Son personas con quienes puedes hablar de TODO.
- Son personas que pueden ayudarte y explicarte TODO lo que tú necesitas saber de tu salud.
- Tienen consultorios que están CERCA de ti.
- Y además, ¡hablan ESPAÑOL!

¿Y Ud.?: Complete las oraciones con el nombre de una persona que Ud. conoce. Incluya la relación que tiene con Ud., por ejemplo: mi madre.

1. Una persona que tiene mi confianza total: _____
2. Una persona con quien hablo si necesito ayuda, no importa en qué situación: _____
3. Una persona que sabe todo —o casi todo— lo que pasa en mi vida: _____

A. There are four principal *relative pronouns* in English: *that, which, who,* and *whom.* They are usually expressed in Spanish by the relative pronouns at the right, all of which you already know.

que: refers to things and people
quien(es): refers only to people
lo que: refers to a situation

> **relative pronoun** = a pronoun that introduces a dependent clause and denotes a noun already mentioned

---

Your doctors, your best friends *The Organization of Spanish-speaking Doctors: Always with you. Your doctors can be your best friends.* ■ *They're people with whom you can talk about ANYTHING.* ■ *They're people that can help you and explain (to you) EVERYTHING that you need to know about your health.* ■ *They have offices that are CLOSE to you.* ■ *And besides, they speak SPANISH!*

B. Understanding these words in context will make reading Spanish easier for you, especially materials written for native speakers. Can you understand the sample sentences without looking at their English equivalents?

- **que** = *that, which, who*

  (**Que** is by far the most frequently used relative pronoun in Spanish.)

- **quien(es)** = *who(m)* after a preposition or as an indirect object

  (Remember that an indirect object expresses *to who(m)/what* or *for who(m)/what* something is done.)

- **lo que** = *what, that which*

   If you can substitute *that which* for *what* in a sentence, use **lo que,** not **que.**

Tuve una cita con el médico **que** duró una hora.
I had an appointment with the doctor that lasted an hour.

Es un buen médico **que** tiene mucha experiencia.
He's a good doctor who has a lot of experience.

La mujer **con quien** hablaba era mi hermana.
The woman with whom I was talking was my sister.

Ese es el niño **a quien** no le gusta el helado.
That's the boy who doesn't like ice cream.

No entiendo **lo que** dice.
I don't understand what he is saying.

Lo que no me gusta es su actitud hacia los pobres.
What I don't like is his attitude toward poor people.

C. **Lo que** always refers to a whole situation (its antecedent). It often refers to something that hasn't been mentioned yet, something that appears later in the sentence.

 Remember that the words **que** and **quien** have an accent mark only in the interrogative or exclamatory form.

Lo que necesito es **estudiar más.**

What I need is to study more.

—¿Con **quién** hablas?
Who(m) are you talking to?
—Hablo con la mujer con **quien** doy la fiesta.
I'm talking to the woman with whom I'm giving the party.

—¿**Qué** dices? ¡**Qué** historia tan interesante!
What are you saying? What an interesting story!
—Es una historia **que** me contó mi abuela.
It's a story (that) my grandmother told me.

■ ■ ■ Práctica

Cosas de urgencia. Complete los siguientes diálogos con **que, quien** o **lo que.**

EN LA SALA DE EMERGENCIAS/URGENCIA

MÉDICO: ¿Quién es el hombre _____¹ la trajo aquí?

ENFERMERA: No sé. Se fue y sólo dejó esta dirección y este número de
teléfono.
Llamamos pero desgraciadamente nadie contesta y no podemos
localizar a la persona con _____² vive.

MÉDICO: Parece que ha tenido[a] una mala reacción. Está muy grave.
¡_____³ necesitamos es más tiempo! Tienes que despertarla y
preguntarle qué medicina tomó. Quiero saber el nombre de la
medicina _____⁴ tomaba.

EN EL CONSULTORIO DEL MÉDICO

MÉDICO: Pues _____⁵ Ud. tiene es exceso de peso.[b] Debe rebajar[c] por lo
menos diez libras.

PACIENTE: Pero, doctor… Es cierto que como mucho, pero… Dígame, ¿a no
le gusta comer?

MÉDICO: De ahora en adelante,[d] Ud. puede comer todo _____⁷ le guste…
¡y aquí está la lista de _____⁸ le debe gustar!

[a]ha… *she's had*   [b]*weight*   [c]*lose (weight)*   [d]De… *From this point on*

■ ■ ■ Conversación

A. El estrés, la condición humana

Paso 1. Lea la siguiente tira cómica y conteste las preguntas.

[a]cansancio… *fatigue, restlessness, worry, nervousness, (emotional) imbalance, and anxiety*

1. Lo que quiere el padre de Libertad (la amiga de Mafalda) es _____.
2. Lo que tiene es _____.
3. Según el médico, lo que tiene su padre es _____.

Paso 2. En parejas, comparen lo que siente el padre de Libertad y lo que
sienten Uds. como estudiantes. ¿Es cierto que esos problemas son «comunes»
durante ciertas épocas del año? ¿En cuáles?

B. En la preadolescencia

Paso 1. Complete las siguientes declaraciones con detalles de su vida personal.

Cuando yo tenía diez años más o menos...

1. lo que más me divertía era _____.
2. lo que más me molestaba era _____.
3. el personaje (*character*) de ficción que más me gustaba era _____.
4. la persona / las personas que yo más quería (*loved*) era(n) _____.
5. la persona / las personas con quien(es) yo quería estar era(n) _____.
6. el programa de televisión que yo veía siempre era _____.

Paso 2. Ahora, en parejas, comparen sus respuestas. Digan a la clase lo que Uds. tienen en común.

C. Lo que debes hacer es...

Imagine que Ud. está hablando con un amigo o amiga que está en las siguientes situaciones. Déles consejos (*advice*) sobre lo que debe hacer o dígale con quién debe hablar. Siga el modelo.

MODELO: —Me duele la cabeza. →
—*Lo que debes hacer es* tomar dos aspirinas y llamarme por la mañana.

or

—*La persona con quien debes hablar es* tu mamá. Ella va a saber lo que debes hacer.

1. —Tengo un resfriado horrible.
2. —Necesito descansar, y tengo tres días libres la semana que viene.
3. —Tengo ganas de comer comida china esta noche.
4. —No sé qué clases debo tomar el semestre/trimestre que viene.
5. —¡Tengo tantas presiones horribles en mi vida privada en este momento!
6. —Vivo muy lejos de la universidad, y pierdo una hora en ir y venir todos los días.

Need more practice?

- Workbook and Laboratory Manual
- ActivityPak
- Online Learning Center (www.mhhe.com/puntos8)

♻ ¿Recuerda Ud.?

Before learning how to express reciprocal actions in **Gramática 32,** review the reflexive pronouns in **Gramática 14 (Cap. 4),** then provide the correct reflexive pronouns for the following sentences.

1. _Me_ levanté a las ocho y media.
2. Laura _Se_ puso el vestido.
3. Mis amigos y yo _Nos_ sentamos en un café.
4. ¿Prefieres duchar_te_ o bañar_te_?

32 Expressing *each other* (Part 2) • Reciprocal Actions with Reflexive Pronouns

Gramática en acción: La amistad

Los buenos amigos...

- se conocen **bien.**
- se respetan.
- se quieren.
- se recuerdan **siempre.**

En las culturas hispánicas, cuando las buenas amigas se encuentran, se besan en la mejilla.*

¿Y Ud.?: Cuando Ud. y sus amigos se encuentran, ¿cómo se saludan (*do you greet each other*)? ¿Se dan la mano (*hand*)? ¿Se besan?

A. The plural reflexive pronouns, **nos, os,** and **se,** can be used to express *reciprocal actions* (**las acciones recíprocas**). Reciprocal actions are usually expressed in English with *each other* or *one another.*

Nos queremos.	*We love each other.*
¿Os ayudáis?	*Do you help one another?*
Se miran.	*They're looking at each other.*

B. Verbs frequently used in this way include those at right, but any verb to whose meaning the phrase *each other* can be added can be used to express a reciprocal action: **hablarse, mirarse,** and so on.

abrazarse (c)	to embrace
besarse	to kiss each other
darse la mano	to shake hands
encontrarse (se encuentran)	to meet
quererse	to love; to be fond of
pelearse	to fight with each other
saludarse	to greet each other

Friendship Good friends... ■ know each other well. ■ respect each other. ■ are fond of each other. ■ always remember each other. In Hispanic cultures, when close women friends meet, they kiss each other on the cheek.

*As in many cultures, in Spain and Latin America kissing on the cheek (**la mejilla**) is a common form of greeting and leave-taking. In Hispanic cultures, women kiss each other on the cheek, and men and women kiss each other on the cheek, but men and men do not. The number of kisses varies from country to country. In Spain, two kisses (one on each cheek) is common. In much of Latin America, only one kiss, usually on the right cheek, is the norm.

■ ■ ■ Práctica

A. ¡Anticipemos! Los buenos amigos. Indique las oraciones que describen lo que hacen Ud. y uno de sus mejores amigos para mantener su amistad (*friendship*).

1. ☐ Nos vemos con frecuencia.
2. ☐ Nos conocemos muy bien. No hay secretos entre nosotros.
3. ☐ Nos respetamos mucho.
4. ☐ Nos ayudamos cuando necesitamos ayuda.
5. ☐ Nos escribimos cuando estamos en lugares distantes.
6. ☐ Nos hablamos por teléfono con frecuencia.
7. ☐ Nos decimos la verdad siempre, lo bueno y lo malo.
8. ☐ Cuando no nos hablamos por mucho tiempo, comprendemos que es porque estamos muy ocupados.

B. ¿Qué pasa entre ellos? Describa las siguientes relaciones familiares o sociales, haciendo oraciones completas con una palabra o frase de cada columna.

> MODELO: Los buenos amigos se conocen bien.

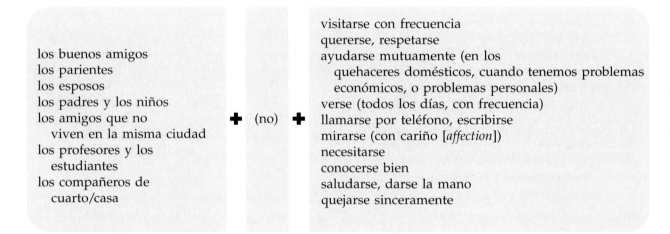

los buenos amigos los parientes los esposos los padres y los niños los amigos que no viven en la misma ciudad los profesores y los estudiantes los compañeros de cuarto/casa	✚ (no) ✚	visitarse con frecuencia quererse, respetarse ayudarse mutuamente (en los quehaceres domésticos, cuando tenemos problemas económicos, o problemas personales) verse (todos los días, con frecuencia) llamarse por teléfono, escribirse mirarse (con cariño [*affection*]) necesitarse conocerse bien saludarse, darse la mano quejarse sinceramente

■ ■ ■ Conversación

Entrevista: Preguntas sobre sus relaciones

Paso 1. Haga por lo menos una pregunta con cada uno de los siguientes verbos. En el **Paso 2**, va a usar esas preguntas para entrevistar a uno de sus compañeros de clase sobre las relaciones personales de él/ella con su pareja (esposo/a o novio/a), sus amigos, sus padres y sus parientes.

> MODELOS: ¿Tus parientes y tú se saludan dándose la mano?
> ¿Tu pareja y tú se besan en público?

1. verse
2. escribirse
3. mantenerse en contacto
4. llamarse por teléfono
5. abrazarse
6. besarse
7. saludarse dándose la mano
8. pelearse

Paso 2. Ahora, en parejas, túrnense para hacerse las preguntas del **Paso 1.** Luego digan a la clase lo que tienen en común.

Need more practice?

- Workbook and Laboratory Manual
- ActivityPak
- Online Learning Center (www.mhhe.com/puntos8)

UN POCO DE TODO

A. Caperucita Roja

Paso 1. Retell this familiar story, based on the drawings, sentences, and cues that accompany each drawing, using the imperfect or preterite of the verbs in parentheses. Add as many details as you can. Using context, try to guess the meaning of words that are glossed with ¿ ?.

Vocabulario útil

abalanzarse (c) sobre	to pounce on	**esconderse**	to hide
avisar	to warn	**huir** (*like* **construir**)	to flee
dispararle	to shoot at (*some-one/something*)	**querer**	to love
		saltar	to jump
enterarse de	to find out about		

1.   **2.**   **3.**   **4.**

1. Érase una vez[a] una niña hermosa que (llamarse[1]) Caperucita Roja. Todos los animales del bosque[b] (ser[2]) sus amigos y Caperucita Roja los (querer[3]) mucho.
2. Un día su mamá le (decir[4]): —Lleva en seguida esta jarrita de miel[c] a casa de tu abuelita. Ten cuidado[d] con el lobo[e] feroz.
3. En el bosque, el lobo (salir[5]) a hablar con la niña. Le (preguntar[6]): —¿Adónde vas, Caperucita? Esta le (contestar[7]) dulcemente:[f] —Voy a casa de mi abuelita.
4. —Pues, si vas por este sendero,[g] vas a llegar antes, le (decir[8]) el malvado[h] lobo. Él (irse[9]) por otro camino más corto.

[a]¿ ?   [b]¿ ?   [c]jarrita... *jar of honey*   [d]Ten... *Be careful*   [e]¿ ?   [f]*sweetly*   [g]*path*   [h]¿ ?

(Continúa en la página 342.)

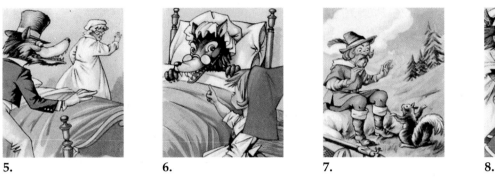

5. **6.** **7.** **8.**

5. El lobo (llegar[10]) primero a la casa de la abuelita y (entrar[11]) silenciosa-mente. La abuelita (tener[12]) mucho miedo. (*Ella:* Saltar[13]) de la cama y (correr[14]) a esconderse.

6. Caperucita Roja (llegar[15]) por fin a la casa de la abuelita. (*Ella:* Encon-trar[16]) a su «abuelita», que (estar[17]) en la cama. Le (decir[18]): —¡Qué dientes tan largos tienes! —¡Son para comerte mejor!— le (decir[19]) su «abuelita».

7. Una ardilla[i] del bosque (enterarse[20]) del peligro. Por eso le (avisar[21]) a un cazador.[j]

8. El lobo (saltar[22]) de la cama y (abalanzarse[23]) sobre Caperucita. Ella (salir[24]) de la casa corriendo y pidiendo socorro[k] desesperadamente.

[i]¿ ? [j]¿ ? [k]*help*

9. **10.**

9. El cazador (ver[25]) lo que (ocurrir[26]). (*Él:* Dispararle[27]) al lobo y lo (hacer[28]) huir.

10. Caperucita (regresar[29]) a la casa de su abuelita. La (*ella:* abrazar[30]) y lo (prometer[31]) escuchar siempre los consejos de su mamá.

Paso 2. Hay varias versiones del cuento de Caperucita Roja. La que Ud. acaba de leer termina felizmente, pero otras no. Con otros dos compañeros, vuelva a contar la historia, empezando por el dibujo número 7. Inventen un diálogo más largo entre Caperucita y el lobo y cambien por completo el final del cuento.

Vocabulario útil			
atacar (qu)	to attack	**matar**	to kill
comérselo/la	to eat something up		

B. Lengua y cultura: La leyenda del Lago de Maracaibo. Complete the following legend with the correct form of the word in parentheses, as suggested by context. The verbs will be in the preterite or imperfect. When two possibilities are given in parentheses, select the correct word.

En una tribu indígena de Venezuela, había una vez[a] un cacique[b] que se llamaba Zapara. Este[c] tenía una hija, Maruma, que (ser[1]) muy bonita. Al padre y a la hija (se / les[2]) (gustar[3]) pasar tiempo juntos y siempre caminaban por el bosque.[d]

Un día Zapara (comprender[4]) que su hija ya (ser[5]) una mujer y (se / le[6]) (decir[7]): «Debes escoger[e] esposo, pues ya tienes edad[f] para formar una familia. Pero (su / tu[8]) esposo debe ser guerrero,[g] como todos los hombres de nuestra familia». Maruma (ponerse[9]) triste porque debía separarse de su padre para casarse.[h]

Un día, mientras su padre (estar[10]) ausente visitando otras tribus, Maruma (salir[11]) sola a cazar[i] en el bosque. Estaba a punto de dispararle a un ciervo[j] cuando (un / —[12]) otro cazador[k] (matar[13])[l] al animal. El otro cazador era un joven guapo y simpático. Maruma (ponerse[14]) muy enojada[m] y le gritó:[n] «¿Quién te (dar[15]) permiso para cazar en este bosque?» El joven le contestó: «El ciervo es para (tú / ti[16]). Sólo quiero conocerte. Me llamo Tamaré». A partir de ese día[ñ] los (joven[17]) (hacerse[18])[o] amigos. Pronto se enamoraron.[p]

Pero el joven no era guerrero y por eso el padre de Maruma (enojarse[19]) mucho cuando (saber[20]) que ella (querer[21]) casarse con él. Se enfadó tanto[q] que la naturaleza reaccionó y (haber[22]) grandes terremotos[r] e inundaciones:[s] las aguas cubrieron[t] las tierras del cacique Zapara y también a su hija con su amado,[u] formando así el Lago de Maracaibo. Zapara se convirtió en una de sus pequeñas islas.

▲ *Un residente del Lago de Maracaibo en su lancha (boat)*

[a]había... *once upon a time there was* [b]*chief* [c]*He* [d]*forest* [e]*choose* [f]*ya... you're old enough*
[g]*a warrior* [h]*get married* [i]*hunt* [j]Estaba... *She was about to shoot a deer* [k]*hunter* [l]*to kill*
[m]ponerse... *to become very angry* [n]le... *she shouted at him* [ñ]A... *From that day on* [o]*to become*
[p]se... *they fell in love* [q]Se... *He was so angry* [r]*earthquakes* [s]*floods* [t]*covered* [u]*beloved*

Comprensión: Conteste las siguientes preguntas.

1. ¿Quién era Zapara?
2. ¿Qué debía hacer su hija?
3. ¿De quién estaba enamorada (*in love*) Maruma?
4. ¿Por qué se enfadó Zapara?
5. ¿Cómo se formó el Lago de Maracaibo?

Resources for Review and Testing Preparation

- Workbook and Laboratory Manual
- ActivityPak
- Online Learning Center (www.mhhe.com/puntos8)

Perspectivas culturales

Venezuela

Datos esenciales

- Nombre oficial: República de Venezuela
- Capital: Caracas
- Población: más de 25 millones de habitantes

Fíjese

- Venezuela es miembro de los Países Megadiversos Afines,[a] y es uno de los países con mayor biodiversidad del mundo.
- El clima venezolano varía entre el clima templado de la región andina y el clima tropical de los llanos[b] y de la costa. El clima es agradable la mayor parte del año.
- Por la variedad de climas, Venezuela le ofrece al turista atracciones diversas, entre ellas: (1) las hermosas[c] playas tropicales de la Isla Margarita y de la costa caribeña; (2) la famosa catarata[d] del Salto Ángel[e] que, siendo dieciséis veces más alta que las cataratas del Niágara, se considera la más alta del mundo; (3) la belleza[f] colonial de Ciudad Bolívar y Coro y (4) la moderna y cosmopolita ciudad de Caracas.
- Venezuela tiene uno de los depósitos petroleros más importantes del mundo, lo que constituye la principal riqueza[g] de su economía.

[a]Like-Minded Megadiverse Countries   [b]plains   [c]beautiful   [d]waterfall   [e]Salto... Angel Falls   [f]beauty   [g]wealth

1 Una refinería de petróleo en la isla de Curaçao   Se descubrieron los primeros yacimientos[a] de petróleo en Venezuela en los años 20.[b] Hoy día Venezuela ocupa el quinto lugar en la lista de países exportadores de petróleo.[c] El petróleo que se extrae frente a[d] las costas del país se refina en las islas de Curaçao y Aruba bajo la supervisión de PDVSA (Petróleos de Venezuela, S.A.[e]).

[a]deposits   [b]años... 1920s   [c]ocupa... is the fifth largest oil-exporting country   [d]se... is extracted off   [e]Sociedad Anónima (Incorporated)

2 El Lago de Maracaibo   El Lago de Maracaibo es el lago más grande de Sudamérica y el único del mundo que se comunica con[a] el mar, a través del[b] Golfo de Venezuela. Se encuentra en el estado occidental[c] de Zulia.

[a]se... is connected to   [b]through the   [c]western

El Salto Ángel   El Parque Nacional Canaima es un bello[a] ejemplo de la biodiversidad de Venezuela. En los 7,4 millones de acres del parque hay tepuyes,[b] grandes ríos y la joya[c] del parque, el Salto Ángel. Este[d] es el salto de caída libre[e] más alto del mundo.

[a]*beautiful*   [b]*table-top formations* (Vea la foto 2 en la página 321.)
[c]*jewel*   [d]*The latter*   [e]*de... free-fall*

La Ciudad Universitaria de Caracas   La Ciudad Universitaria de Caracas es el *campus* principal de la Universidad Central de Venezuela. Fue diseñada por[a] el arquitecto venezolano Carlos Raúl Villanueva y construida a mediados[b] del siglo XX. Todo el *campus* es un hermoso[c] ejemplo del Movimiento Moderno en la arquitectura. Se destaca especialmente[d] el Aula Magna,[e] que tiene una magnífica acústica.

[a]*designed by*   [b]*construida... built around the middle*   [c]*beautiful*   [d]*Se... Especially noteworthy is*   [e]*Aula... Main Amphitheater*

Música de Venezuela

La música folclórica típicamente venezolana es el joropo, la música del llanero, el *cowboy* venezolano. El instrumento musical representativo del joropo es el arpa llanera.[a] Como baile, el joropo es semejante a un vals,[b] pero con influencias africanas.

[a]*type of harp*   [b]*waltz*

Cametro, el metro[a] de Caracas   Cametro es uno de los mejores ejemplos de transporte público de Latinoamérica. Hay cuatro líneas con unas cuarenta estaciones que llegan a casi todas las zonas de la ciudad. Gracias a la integración de los sistemas, los pasajeros pueden usar los mismos billetes tanto para el metro como para los autobuses.

[a]*subway*

EN RESUMEN

See the Workbook, Laboratory Manual, ActivityPak, and Online Learning Center (www.mhhe.com/puntos8) for self-tests and practice with the grammar and vocabulary presented in this chapter.

Gramática

To review the grammar points presented in this chapter, refer to the indicated grammar presentations.

30. Narrating in the Past (Part 5)—Using the Preterite and the Imperfect

Do you know which tense to use to express habitual or repeated actions? Which tense should be used to express the beginning or end of an action?

31. Recognizing **que, quien(es), lo que**—Relative Pronouns

You should know when to use **quien(es)** or **lo que** instead of **que.**

32. Expressing *each other* (Part 2)—Reciprocal Actions with Reflexive Pronouns

Which reflexive pronouns are used in reciprocal constructions?

Vocabulario

Los verbos

abrazarse (c)	to embrace
besarse	to kiss each other
darse la mano	to shake hands
encontrarse (me encuentro) (con)	to meet (*someone somewhere*)
quererse	to love each other; to be fond of each other
saludarse	to greet each other

La salud y el bienestar

la rueda de molino	treadmill

Repaso: la comida

cansarse	to get tired
cuidarse	to take care of oneself
dejar de + *inf.*	to stop (*doing something*)
doler (duele)	to hurt, ache
examinar	to examine
guardar cama	to stay in bed
hacer...	to do . . .
ejercicios aeróbicos	aerobics
(el método) Pilates	Pilates
(el) yoga	yoga
llevar una vida sana/tranquila	to lead a healthy/calm life
molestar	to bother
ponerle una inyección	to give (*someone*) a shot, injection
resfriarse (me resfrío)	to get/catch a cold

respirar	to breathe
sacar (qu)	to extract
sacar la lengua	to stick out one's tongue
sacarle un diente / una muela	to extract (*someone's*) tooth/molar
tener dolor de	to have a pain/ache in
tomarle la temperatura	to take someone's temperature
toser	to cough

Repaso: caminar, comer, correr, dormir (duermo) (u), enfermarse, hacer ejercicio, llevar (to wear), practicar (qu) deportes, sentirse (me siento) (i)

Algunas partes del cuerpo humano

la boca	mouth
la cabeza	head
el cerebro	brain
el corazón	heart
el cuerpo	body
el diente	(front) tooth
el estómago	stomach
la garganta	throat
la muela	molar, back tooth
la nariz	nose
el oído	inner ear
el ojo	eye
la oreja	(outer) ear
los pulmones	lungs
la sangre	blood

Las enfermedades y los tratamientos

el bienestar	well-being
el chequeo	check-up
el consultorio	(medical) office
el dolor (de)	pain, ache (in)
la enfermedad	illness, sickness
la fiebre	fever
las gafas	glasses
la gripe	flu
el jarabe	(cough) syrup
los lentes de contacto	contact lenses
la pastilla	pill
la receta	prescription
el resfriado	cold
la sala de emergencias/ urgencia	emergency room
la salud	health
el síntoma	symptom
la tos	cough
el tratamiento	treatment

Cognados: el antibiótico, la medicina, la temperatura

El personal médico

el/la enfermero/a	nurse
el/la farmacéutico/a	pharmacist

Cognado: el/la dentista, el/la paciente

Repaso: el/la médico/a

Otro sustantivo

la cita	date; appointment

Los adjetivos

mareado/a	dizzy; nauseated
pasado/a	past, last
resfriado/a	congested, stuffed up
sano/a	healthy

Palabras adicionales

anoche	last night
anteayer	the day before yesterday
de repente	suddenly
desgraciadamente	unfortunately
dos veces	twice
en seguida	right away
eso quiere decir...	that means . . .
lo bueno	the good thing/news
lo malo	the bad thing/news
lo suficiente	enough

Repaso: ayer, de joven, de niño/a, lo que, mientras, que, quien(es), siempre, una vez

Vocabulario personal

Un paso más 10

Literatura de Venezuela

Sobre el escritor: *Rómulo Gallegos nació en Caracas, Venezuela. En Doña Bárbara, su novela más conocida, el paisaje*[a] *de los llanos*[b] *venezolanos es el protagonista. Esto es un reflejo de la lucha*[c] *del hombre contra el enorme poder*[d] *de la naturaleza en América. El argumento*[e] *de la novela presenta la lucha entre la barbarie,*[f] *representada por doña Bárbara, y la civilización, representada por el personaje Santos Luzardo. El siguiente fragmento es de la novela* Doña Bárbara (*I Parte Cap. VIII*) (*1929*).

La llanura[g] es bella y terrible a la vez; en ella caben[h] holgadamente,[i] hermosa vida y muerte atroz; esta acecha[j] por todas partes, pero allí nadie le teme.[k]

▲ Rómulo Gallegos (1884–1969)

[a]*landscape* [b]*plains* [c]*struggle* [d]*power* [e]*plot* [f]*barbarism* [g]*plain* [h]*fit* [i]*cómodamente* [j]*lies in wait* [k]*tiene miedo*

L E C T U R A

ESTRATEGIA: Using Metaphors to Explain and Clarify

Writers often use various literary techniques as a way not only to enliven their work but also as a device to further explain and clarify points for the reader. One such common technique is the use of metaphors. A metaphor is the application of a word or phrase to an object or concept in order to suggest comparison to that object or concept. Being able to recognize and distinguish such comparisons can enhance your comprehension of individual sentences and the passage as a whole. In the reading that follows, the author uses at least three distinct metaphorical references to underscore and explain the body's physiological response to allergens. Try to identify them and possibly others as you read.

■ **Sobre la lectura...** Este artículo es de la revista hispana *Nexos*, publicación de la American Airlines. Suele (*It usually*) publicar artículos de interés a los viajeros y turistas. ¿Por qué cree Ud. que un artículo sobre las alergias sería (*would be*) interesante a los viajeros?

Las alergias: Una guerra sin control

Existen alergias leves[a] (erupciones de la piel[b] después de alguna comida o bebida), moderadas (malestar, cansancio, estornudos[c] y ojos llorosos causados por el polen al inicio de la primavera) y severas (muerte por espasmo laríngeo o asma por una reacción a la penicilina o una picadura de abeja[d]).

Para poder prevenir y tratar adecuadamente una alergia, es importante entender cómo se producen.

Las alergias representan una respuesta exagerada y desordenada del sistema inmunológico ante el «ataque» de un alergeno (sustancia causante de alergia). El ataque es erróneamente percibido[e] como un «súper ataque», una invasión «tan grave» que hay que pelearla[f] con tal fuerza[g] que no importa si en el esfuerzo,[h] «se queman las propias naves[i]». En otras palabras, el fenómeno alérgico trata de matar al ratón[j] con un cañón;[k] no importa si haciéndolo, se destruye también la casa en que se esconde[l] el ratón.

Todo empieza cuando un alergeno (polen, pelos de gatos, polvillo[m] de cucarachas, medicinas, sustancias químicas, moho,[n] proteínas en ciertos alimentos, etcétera) es reconocido como extraño[ñ] por el sistema de vigilancia del organismo. Así como la señal de alarma de un coche patrullero hace que docenas[o] de carros policiales se dirijan[p] al punto de conflicto; ante la señal de alarma, millones de células[q] especializadas se dirigen al punto en el que el alergeno está «invadiendo» el cuerpo.

Una de esas células de defensa es muy especial, se llama «célula cebada», célula regordeta[r] llena[s] de una sustancia llamada histamina, y que vacía[t] incontrolablemente su contenido en el lugar de batalla.[u]

Esa histamina es la causante de los síntomas de las alergias: erupciones de la piel, ojos llorosos, catarro nasal, picazón de la garganta,[v] cansancio, fiebre, asma y espasmo bronquial, entre otros.

Ahora entendemos por qué las medicinas que se usan contra las alergias se llaman antihistamínicos y obviamente sólo tratan de controlar los síntomas, no curan la enfermedad.

El verdadero control de las alergias se hace identificando pacientemente a los alergenos y evitando[w] ponerse en contacto con ellos. ■

[a]no severas [b]skin [c]sneezes [d]bee [e]perceived [f]fight it [g]force [h]effort [i]se... lit. their own ships are burned (they harm themselves in the process) [j]mouse [k]cannon [l]se... is hidden [m]dust [n]mold [ñ]de otro lugar [o]hace.... make it so that dozens [p]se... converge [q]cells [r]gorda [s]full [t]empties [u]lugar... battleground [v]picazón... scratchy throat [w]avoiding

Comprensión

A. Preguntas. Conteste las siguientes preguntas.

1. ¿Cuáles son tres ejemplos de alergenos que provocan una reacción en el cuerpo humano?

2. ¿Cómo se clasifica cada ejemplo de la pregunta número 1 (leve, moderado, severo)?

3. ¿Por qué se llaman «anti-histaminas» las medicinas que se toman contra las alergias?

B. Metáforas. En inglés, identifique y explique una metáfora que usa el autor para describir la «respuesta exagerada» del cuerpo ante el ataque de un alergeno.

REDACCIÓN

A. ¿Cómo está de salud?

Paso 1. ¿Lleva Ud. una vida sana o lleva una vida poco saludable (*healthy*)? Indique las respuestas que expresan lo que hace.

1. Hago ejercicio…
   - ☐ todos los días.
   - ☐ de vez en cuando.
   - ☐ Nunca hago ejercicio.

2. Duermo…
   - ☐ ocho horas por día.
   - ☐ menos de ocho horas por día.
   - ☐ más de ocho horas por día.

3. Como frutas y/o verduras…
   - ☐ todos los días.
   - ☐ dos o tres veces por semana.
   - ☐ Nunca como frutas y/o verduras.

4. Tomo anti-histaminas para controlar mis alergias…
   - ☐ todos los días.
   - ☐ sólo durante estaciones específicas como, por ejemplo, la primavera.
   - ☐ No tengo alergias.

5. Me enfermo…
   - ☐ más de cinco veces por año.
   - ☐ menos de cinco veces por año.
   - ☐ Nunca me enfermo.

Paso 2. Ahora repase (*look over*) sus respuestas del **Paso 1.** ¿Cómo está Ud. de salud? ¿Está sano/a o necesita mejorar su salud? Escriba un breve resumen de sus respuestas, indicando qué tipo de vida lleva. Dé ejemplos para explicar su análisis, y proponga (*propose*) medidas (*measures*) que puede tomar para mejorar su salud, si es necesario.

B. Mi última visita al consultorio. Answer the following questions about your last visit to the doctor, adding as many details as possible. Then, using the words in **Vocabulario útil** and any other connecting words that you know, join the sentences together to form three paragraphs that flow smoothly.

Vocabulario útil			
además	besides	**pero**	but
así	thus, so	**por ejemplo**	for example
cuando	when	**por eso**	therefore, for that
de vez en cuando	from time to time		reason
en cambio	on the other hand	**por fin**	at last, finally
es decir	that is	**pues**	well; since
luego	then, next	**sin embargo**	nevertheless
mientras	while	**también**	also

PÁRRAFO A

1. ¿Cuándo fue la última vez que Ud. consultó con un médico?
2. ¿Por qué lo hizo? ¿Cuáles eran sus síntomas? ¿O fue solamente por un chequeo anual?

PÁRRAFO B

3. En el consultorio, ¿tuvo Ud. que esperar mucho tiempo? ¿Esperaban también otros pacientes?
4. Cuando entró por fin en el consultorio, ¿cuánto tiempo duró la consulta? ¿Lo/La recibió bien el médico? Mostró compasión? ¿humor? ¿preocupación? ¿indiferencia?
5. ¿Le recetó alguna medicina? ¿Qué otras recomendaciones le dio? ¿Las siguió Ud. (*did you follow*)? ¿Explique su respuesta.

PÁRRAFO C

6. ¿Cuándo se mejoró Ud. (*did you get better*) por fin? ¿O cuándo va a tener otro chequeo anual?
7. ¿Qué hace ahora para mantenerse en buen estado de salud?

CAPÍTULO 11

Las presiones de la vida moderna

Una buena ola (*wave*) **para hacer** *surfing,* **en la playa de Isabela, en Puerto Rico**

1. ¿Sabe Ud. hacer *surfing*? ¿Conoce algunos buenos lugares para practicar este deporte?

2. En su opinión, ¿qué tipos de vacaciones son buenas para quitarse el estrés?

3. ¿Cómo se quita Ud. el estrés?

2 **La hora punta** (*rush hour*) **en Ponce, Puerto Rico**

1. ¿Cómo es el tráfico en la ciudad donde Ud. vive o alrededor de (*around*) la universidad donde estudia?

2. Para muchos el tráfico puede provocar el estrés. ¿Está Ud. de acuerdo?

3. ¿Qué tipos de presiones sufren los estudiantes universitarios? ¿Son típicas de la vida moderna?

3 **Una vista del Viejo San Juan y de la bahía** (*bay*)

1. ¿Qué sabe Ud. de Puerto Rico? ¿Conoce a alguien de Puerto Rico?

2. ¿Por qué cree Ud. que el Viejo San Juan se llama así? ¿Hay alguna ciudad en su país que tenga una zona «vieja» o «antigua»?

3. ¿Por qué cree Ud. que los puertos como San Juan fueron importantes política y económicamente en otra época? ¿Cuáles son los puertos más importantes de su país?

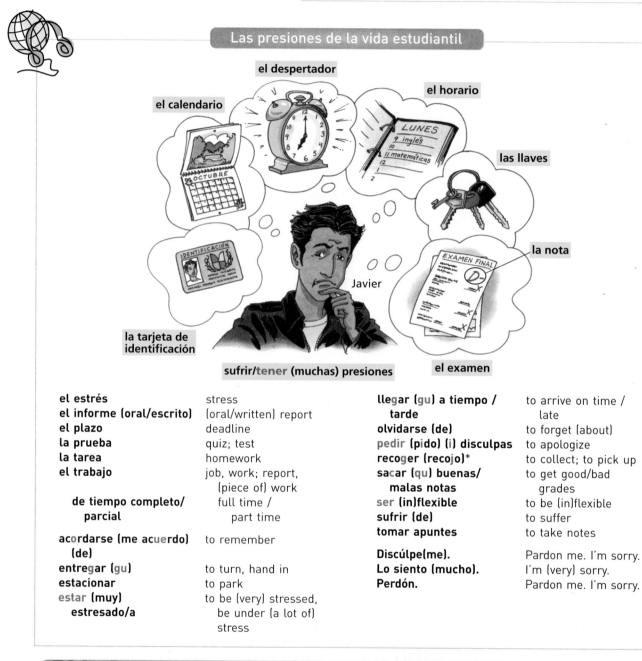

Las presiones de la vida estudiantil

el despertador

el calendario

el horario

LUNES
9 inglés
10
11 matemáticas
12
2

las llaves

IDENTIFICACIÓN

la nota

EXAMEN FINAL

Javier

la tarjeta de identificación

sufrir/tener (muchas) presiones

el examen

el estrés	stress	**llegar (gu) a tiempo / tarde**	to arrive on time / late
el informe (oral/escrito)	(oral/written) report	**olvidarse (de)**	to forget (about)
el plazo	deadline	**pedir (pido) (i) disculpas**	to apologize
la prueba	quiz; test	**recoger (recojo)***	to collect; to pick up
la tarea	homework	**sacar (qu) buenas/ malas notas**	to get good/bad grades
el trabajo	job, work; report, (piece of) work	**ser (in)flexible**	to be (in)flexible
de tiempo completo/ parcial	full time / part time	**sufrir (de)**	to suffer
		tomar apuntes	to take notes
acordarse (me acuerdo) (de)	to remember		
entregar (gu)	to turn, hand in	**Discúlpe(me).**	Pardon me. I'm sorry.
estacionar	to park	**Lo siento (mucho).**	I'm (very) sorry.
estar (muy) estresado/a	to be (very) stressed, be under (a lot of) stress	**Perdón.**	Pardon me. I'm sorry.

*Note the present indicative conjugation of **recoger: recojo, recoges, recoge, recogemos, recogéis, recogen.**

■ ■ ■ Conversación

A. Asociaciones

Paso 1. ¿Qué palabras asocia Ud. con los siguientes verbos? Pueden ser sustantivos, antónimos o sinónimos.

1. estacionar
2. recoger
3. acordarse
4. entregar
5. sacar
6. sufrir
7. pedir
8. llegar

Paso 2. ¿Qué palabras y/o situaciones asocia Ud. con los siguientes sustantivos?

1. el calendario
2. el despertador
3. las notas
4. las pruebas
5. el plazo
6. el horario
7. los informes
8. las llaves
9. la tarjeta de identificación
10. las disculpas
11. las presiones
12. la inflexibilidad
13. la prueba
14. el trabajo

B. Situaciones

Paso 1. Empareje las preguntas o comentarios con las respuestas apropiadas.

PREGUNTAS/COMENTARIOS

1. —Anoche no me acordé de poner el despertador.
2. —No puede estacionar el coche aquí sin permiso.
3. —¿Sacaste buena nota en la prueba?
4. —Ramiro se ve fatal. Algo le causa mucho estrés.
5. —Discúlpeme, profesor, pero aquí tiene mi trabajo escrito sobre el Mercado Común Europeo.

RESPUESTAS

a. —Ya lo sé, pero lo voy a dejar aquí. Estoy cansado de buscar estacionamiento por todo el campus.
b. —¡No te puedo creer! ¿Otra vez? ¿A qué hora llegaste al trabajo entonces (*then*)?
c. —¿Pero no se acordó de que el plazo era ayer? Es la última (*last*) vez que le acepto un informe atrasado (*late*).
d. —Muy buena, pero es una sorpresa. No tuve tiempo de estudiar.
e. —¡Pero, hombre! Si el pobre tiene un trabajo de tiempo completo, y además (*besides*) toma tres cursos este semestre. . .

Paso 2. Ahora, en parejas, inventen un contexto para cada diálogo. ¿Dónde están las personas que hablan? ¿En casa? ¿en una oficina? ¿en clase? ¿Quiénes son?

MODELO: 1. → Las personas que hablan están en el trabajo (la oficina). Probablemente están almorzando. Son compañeros de trabajo; se conocen, pero no son amigos…

C. La educación universitaria

Paso 1. Lea lo que dicen Edward James Olmos y Luis Miguel sobre la vida y la educación.

SOLO *para ganadores*[a]

«*Les digo con todo mi corazón, con toda mi vida. Yo no tengo talento natural. No soy un genio. Pero mis padres a pesar de[g] ser tan humildes[h] me dieron educación*».

**Edward James Olmos
actor mexicoamericano**

Ellos han logrado[b] triunfar. ¡Y cada frase que dicen es una lección gratuita[c] para el éxito[d]!

«*El destino es una mezcla[e] entre la preparación y la suerte*»[f].

Luis Miguel, cantante mexicano

[a]*winners* [b]*han... have been able to* [c]*free* [d]*success* [e]*mix* [f]*luck* [g]*a... in spite of* [h]*poor*

¿Cree Ud. que tienen razón estos dos artistas? ¿Qué cree Ud. que es más importante para tener éxito (*be successful*) en la vida, el talento natural o la preparación? ¿Cree Ud. que la educación que está recibiendo es como la que ayudó a Olmos y a Luis Miguel? ¿Le va a ser suficiente su educación para obtener un buen trabajo en el futuro?

Paso 2. Con frecuencia se oye a las personas mayores hablar de los años universitarios con nostalgia: años de libertad, sin responsabilidades, sin las presiones de la vida que vienen después. ¿Ve Ud. así la época universitaria? En parejas, comenten (*discuss*) este tema. Pueden usar las siguientes preguntas como guía (*guide*).

1. ¿Sufren muchas presiones los estudiantes universitarios? ¿Por qué? ¿Qué les causa estrés?
2. ¿Son más divertidos los años universitarios que los años de la escuela secundaria?
3. ¿Le preocupa a Ud. el costo de la matrícula? ¿Es difícil para Ud. o para su familia pagarla?
4. ¿Cree Ud. que la vida va a ser mejor después de graduarse en la universidad? Explique su respuesta.

¡La profesora Martínez se levantó con el pie izquierdo!°

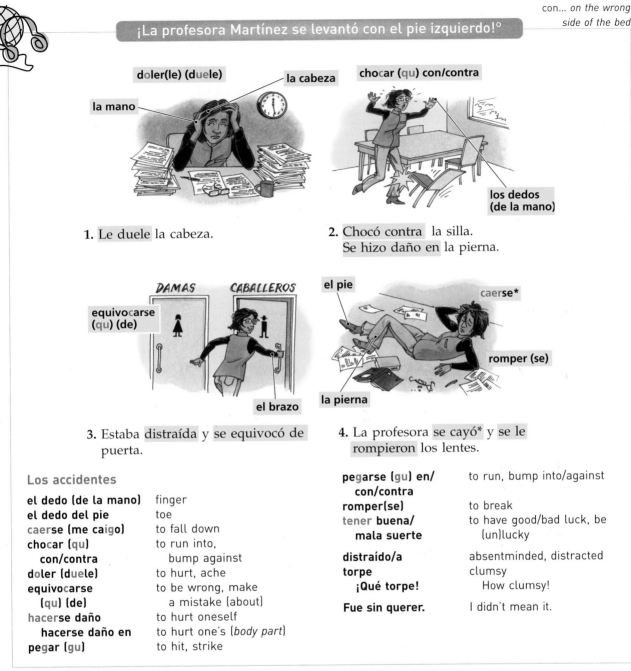

doler(le) (duele) — **la cabeza**
la mano
chocar (qu) con/contra
los dedos (de la mano)

1. Le duele la cabeza.

2. Chocó contra la silla.
Se hizo daño en la pierna.

equivocarse (qu) (de)
DAMAS   CABALLEROS
el brazo

el pie
caerse*
romper (se)
la pierna

3. Estaba distraída y se equivocó de puerta.

4. La profesora se cayó* y se le rompieron los lentes.

Los accidentes

el dedo (de la mano)	finger
el dedo del pie	toe
caerse (me caigo)	to fall down
chocar (qu) con/contra	to run into, bump against
doler (duele)	to hurt, ache
equivocarse (qu) (de)	to be wrong, make a mistake (about)
hacerse daño	to hurt oneself
hacerse daño en	to hurt one's (*body part*)
pegar (gu)	to hit, strike

pegarse (gu) en/ con/contra	to run, bump into/against
romper(se)	to break
tener buena/ mala suerte	to have good/bad luck, be (un)lucky
distraído/a	absentminded, distracted
torpe	clumsy
¡Qué torpe!	How clumsy!
Fue sin querer.	I didn't mean it.

ASÍ SE DICE

chocar con/contra = darse con/contra

distraído/a = despistado/a

hacerse daño en = lastimarse en

romperse = quebrarse

Romper means *to break*. It is generally used with **se**: **Se rompió la ventana.** And it is very frequently used in the accidental **se** construction, as in the drawing: **Se le rompieron los lentes.** You will learn about that usage in **Gramática 34** in this chapter.

---

*Note that the first person singular of **caer** is irregular: **caigo**. The present participle is **cayendo.**

■■■ Conversación

A. Un anuncio para un seguro. La palabra **seguro** no sólo significa *sure*. También quiere decir *insurance*. Este es un anuncio de un seguro de accidentes.

1. ¿Dónde patina el hombre?
2. ¿Qué le puede ocurrir?
3. ¿Por qué tiene buena suerte?
4. ¿Tiene Ud. un seguro de accidentes?

B. Accidentes y tropiezos (*mishaps*)

Paso 1. ¿Le pasaron a Ud. alguna de las siguientes cosas en los últimos meses? Modifique las declaraciones, usando palabras afirmativas y negativas, para que sean (*so that they are*) verdaderas para Ud.

> MODELOS: Me caí por unas escaleras (*on some stairs*). →
> Me caí una vez por unas escaleras.
> No me caí nunca por unas escaleras.

1. Me caí por unas escaleras.
2. No me acordé de hacer la tarea para la clase de _____.
3. Me equivoqué en algo importante.
4. El despertador sonó pero no me desperté.
5. No pude encontrar algo.
6. Choqué con algo y me hice daño.
7. Se me pasó el plazo para entregar un informe.
8. Iba un poco distraído/a y me equivoqué de puerta.

Paso 2. Ahora, usando las oraciones del **Paso 1** como guía, pregúntele a un compañero o compañera cómo le fue ayer. También puede preguntarle si le pasaron otros desastres.

> MODELO: ¿Te caíste por las escaleras? ¿Te hiciste daño?

C. Posibilidades. ¿Qué puede Ud. hacer o decir —o qué le puede pasar— en las siguientes situaciones?

> MODELO: Ud. choca contra el escritorio de otro estudiante y se hace daño en el pie. → ¡Ay! ¡Qué torpe soy!

1. A Ud. le duele mucho la cabeza.
2. Ud. le pega a otra persona sin querer.
3. Ud. se olvida del nombre de otra persona.
4. Ud. está muy distraído/a y no mira por dónde camina.
5. Ud. se hace daño en la mano (el pie).
6. Su amigo está nervioso porque chocó con la profesora antes de clase.

NOTA COMUNICATIVA

More on Adverbs

You already know the most common Spanish adverbs: words like **bien/mal, mucho/poco, siempre/nunca...**

Adverbs that end in *-ly* in English usually end in **-mente** in Spanish. The suffix **-mente** is added to the feminine singular form of adjectives. Note that the accent mark on the stem word (if there is one) is retained.

Adjective	Adverb	English
rápida	**rápida**mente	*rapidly*
fácil	**fácil**mente	*easily*
paciente	**paciente**mente	*patiently*

D. Entrevista

Paso 1. Modifique las siguientes acciones con un adverbio basado en los adjetivos de **Vocabulario útil. ¡OJO!** Hay más de una opción en algunos casos.

> MODELO: esperar → esperar pacientemente

1. esperar
2. trabajar
3. llegar
4. hacer algo
5. relajarse (*to relax*)
6. estudiar
7. empezar algo
8. estar confundido/a

Vocabulario útil	
constante	posible
directo/a	puntual
fácil	rápido/a
inmediato/a	total
paciente	tranquilo/a

Need more practice?

- Workbook and Laboratory Manual
- ActivityPak
- Online Learning Center (www.mhhe.com/ puntos8)

Paso 2. Ahora, en parejas, túrnense para entrevistarse sobre las frases del **Paso 1.** Deben obtener información interesante y personal de su compañero/a.

> MODELO: esperar pacientemente → ¿Sabes esperar pacientemente? ¿A quién esperas pacientemente? ¿Cuándo esperas pacientemente?

Paso 3. Digan a la clase por lo menos un detalle interesante de su compañero/a.

GRAMÁTICA

33 Telling How Long Something Has Been Happening or How Long Ago Something Happened • *Hace... que:* Another Use of *hacer*

Gramática en acción: ¡Cómo pasa el tiempo!

1. Hace diez años que Marcos enseña en la Universidad de Puerto Rico.

2. Marcos y Esperanza se conocieron hace quince años.

¿Y Ud.?: ¿Cuánto tiempo hace que... ?

1. estudia español
2. asiste a esta universidad
3. terminó la escuela secundaria
4. conoció a su mejor amigo/a

Present: *has been happening*	Past: *ago*
I've been studying Spanish for a year.	*I started studying Spanish a year ago.*
hace + *time* + **que** + *verb in present*	**hace** + *time* + **que** + *verb in preterite*
Hace un año **que estudio** español.	**Hace** un año **que empecé** a estudiar español.
	or
	verb in preterite + **hace** + *time*
	Empecé a estudiar español **hace** un año.

A. In Spanish, the word **hace** is used to express both the period of time that something has been happening or how long ago something happened. As in the preceding past examples, the **hace** + *time* phrase can come before or after the verb. When **hace** + *time* comes after the verb, the word **que** is not used.

hace + *time* + **que** + *present* = *have been -ing for*

hace + *time* + **que** + *preterite* ⎫
preterite + **hace** + *time* ⎭ = *ago*

 The verb form **hace** in this impersonal time construction never varies. However, the verb that accompanies the expression is always conjugated.

How time flies! *Marcos has been teaching at the University of Puerto Rico for ten years. Marcos and Esperanza met 15 years ago.*

B. Use the question **¿Cuánto tiempo hace que... ?** to ask how long something has been happening or how long ago something happened. The tense of the verb will indicate your meaning. You can answer a question of this kind by just saying the time.

—**¿Cuánto tiempo hace que** vives aquí?
—Dos meses.
—*How long have you been living here?*
—*(For) Two months.*

—**¿Cuánto tiempo hace que** te mudaste aquí?
—Dos meses.
—*How long ago did you move here?*
—*Two months ago.*

■ ■ ■ Práctica

A. ¿Qué tienes ganas de hacer?

Paso 1. ¿Qué tiene Ud. ganas de hacer en las siguientes situaciones?

MODELO: Ud. está en clase. Son las 12:30 de la tarde. Hace cinco horas que no come nada. → Tengo muchas ganas de almorzar.

1. Ud. está en casa. Hace tres horas que escribe ejercicios de español.
2. Hace dos meses que Ud. vive en una residencia estudiantil. Sus compañeros siempre hacen mucho ruido.
3. Hace diez años que Ud. tiene un coche viejo que no funciona bien.
4. Ud. está en una discoteca. Hace media hora que baila y tiene mucho calor.
5. Hace tres días que llueve y Ud. está aburrido/a de estar sin salir de la casa tanto tiempo.

Paso 2. Ahora, en parejas, túrnense para preguntarse qué tienen ganas de hacer en las situaciones del **Paso 1.**

MODELO: E1: Estás en casa. Son las 12:30 de la tarde. Hace cinco horas que no comes nada.
E2: Tengo muchas ganas de comer una hamburguesa con papas fritas.

B. Eventos históricos. ¿Cuánto tiempo hace que pasó lo siguiente? Haga oraciones completas con las palabras indicadas. ¿Sabe Ud. todas las respuestas? Los años en que pasaron estos eventos aparecen abajo.

MODELO: el primer hombre / llegar a la luna →
Hace más de treinta años que el primer hombre llegó a la luna.

1. Cristóbal Colón / llegar a América
2. la Segunda Guerra (*War*) Mundial / terminar
3. John Lennon / morir
4. el presidente actual (el primer ministro) / ser elegido (*to be elected*)
5. el profesor / la profesora de español / empezar a enseñar en esta universidad

Need more practice?
- Workbook and Laboratory Manual
- ActivityPak
- Online Learning Center (www.mhhe.com/puntos8)

Los años: MODELO: 1969 **1.** 1492 **2.** 1945 **3.** 1980 **4.** ¿ ? **5.** ¿ ?

■■■ Conversación

A. Información personal

Paso 1. Complete las siguientes oraciones con información personal.

1. Hace _____ que mi familia vive en el estado de _____.
2. Hace _____ que yo vivo en este estado.
3. Hace _____ que comí pizza por última vez.
4. Me duché / Me bañé hace _____.
5. Vi a mi mejor amigo/a hace _____.
6. Hace _____ que practico/hago _____ (deporte o pasatiempo).

Paso 2. Ahora, en parejas, comparen sus oraciones del **Paso 1.** Digan a la clase por lo menos una cosa que tienen en común.

B. Entrevista

Paso 1. Find out from a classmate how long he or she has been . . .

> MODELO: acquainted with his/her best friend →
> ¿Cuánto tiempo hace que conoces a tu mejor amigo/a?

1. living in this city
2. attending this university
3. living in his or her house (apartment, dorm, . . .)
4. studying Spanish
5. driving a car (**manejar**) / riding a bus or bike / walking to school
6. using a computer

Paso 2. Now find out how long ago he or she . . .

> MODELO: met his/her best friend →
> ¿Cuánto tiempo hace que conociste a tu mejor amigo/a?

1. last visited his or her parents (grandparents, children, . . .)
2. received a bad grade
3. learned to drive (**manejar**)
4. handed in his or her last major assignment
5. gave an oral report
6. last arrived late to class

♺ ¿Recuerda Ud.?

You have already learned to use Spanish verbs like **gustar, molestar,** and **doler,** which take an indirect object pronoun and which agree with another noun or infinitive, not with the subject of their English equivalents. The construction you will learn to use in **Gramática 34** works in almost the same way. Review what you know about these verbs by completing the following sentences.

1. No me gust_____ los exámenes.
2. No me gust_____ tomar pruebas tampoco.
3. Les molest_____ los niños pequeños.
4. ¿Te molest_____ los perros?
5. ¡Ay, cuánto me duel_____ la cabeza!
6. A Juan le duel_____ las piernas.

34 Expressing Unplanned or Unexpected Events • Another Use of *se*

Gramática en acción: Un día fatal

1. A Diego se le cayó la taza de café.

2. A Antonio se le olvidaron los libros.

3. A Antonio y a Diego se les olvidó apagar las luces del coche.

¿Y Ud.?: ¿Cómo fue el día de ayer para Ud.? ¿Cierto o falso?

1. Se me perdió algo.
2. Se me olvidó hacer algo importante.
3. Se me cayeron los libros.
4. Se me rompió algo de valor (*value*).

a + Noun (a + Pronoun)	se	Indirect Object Pronoun	Verb	Subject
A Antonio	se	le	olvidaron	los apuntes.
(A mí)	Se	me	cayó	la taza de café.
¿(A ti)	Se	te	perdió	la cartera?

A. Unplanned or unexpected events (*I dropped . . . , We lost . . . , You forgot . . .*) are frequently expressed in Spanish with **se** and a third person form of the verb. In this structure, the occurrence is viewed as happening *to* someone—the unwitting "victim" of the action.

The preceding chart illustrates the different parts and word order of this structure. Note:

■ The "victim" is indicated by an indirect object pronoun.
■ As with the verb **gustar,** the **a** + *noun* phrase is required in sentences that express the "victim" as a noun. The **a** + *pronoun* phrase is often used to clarify or emphasize meaning when the "victim" is expressed as a pronoun.

Se me cayó el papel.
I dropped the paper. (The paper was dropped by me.)

Se le olvidaron las llaves.
He forgot the keys. (The keys were forgotten by him.)

Se te olvidó llamar a tu hija.
You forgot to call your daughter. (Calling your daughter was forgotten by you.)

An awful day 1. *Diego dropped a cup of coffee.* **2.** *Antonio forgot his books.* **3.** *Antonio and Diego forgot to turn off the headlights on their car.*

Gramática

Trescientos sesenta y tres ■ **363**

- The subject of the verb is the thing that is dropped, broken, forgotten, and so on.
- The subject usually follows the verb in this structure.
- The verb agrees with the grammatical subject of the Spanish sentence (**la taza, la cartera, los apuntes**), not with the indirect object pronoun. **No** immediately precedes **se**.

A Antonio no se le olvidaron los apuntes.
Antonio didn't forget his notes. (Antonio's notes were not forgotten by him.)

A Diego se le perdió la cartera.
Diego lost his wallet. (Diego's wallet got lost on him.)

B. Here are some verbs frequently used in this construction.

Note: Although all indirect object pronouns can be used in this construction, this section will focus on the singular forms (first, second, and third persons: **se me... , se te... , se le...**).

acabar	to finish; to run out of
caer	to fall; to drop
olvidar	to forget
perder (pierdo)	to lose
quedar	to remain, be left
romper	to break

caer

romper

quedar

C. In general, this structure is used to emphasize the accidental nature of an event. When the speaker wishes to emphasize *who* committed the act, or that the act was intentional, that person becomes the subject of the verb and the **se** structure is not used.

Se me rompió el plato.
The plate broke on me. (accidentally)

(Yo) Rompí el plato.
I broke the plate. (emphasizes either who broke the plate or the intentionality of the act)

AUTOPRUEBA

Match the following sentences.

1. _____ No encuentro las llaves.
2. _____ Tu calculadora no funciona.
3. _____ Paco no entregó la tarea.
4. _____ Necesito comprar leche.

a. Se te rompió.
b. Se me acabó.
c. Se me perdieron.
d. Se le olvidó.

Answers: 1. c 2. a 3. d 4. b

■ ■ ■ Práctica

A. ¿Accidente o acción deliberada? No todo lo que nos pasa es accidental. ¿Es probable que las siguientes circunstancias sean (*are*) accidentales?

1. Se me rompieron las gafas.
2. Rompí las gafas. Las tiré (*I threw*) porque estaba furioso.
3. Se me cayó la comida en la nueva blusa blanca.
4. Tiré la comida a la basura porque no me gustaba para nada.
5. Se me quemaron (*burned*) todas mis posesiones en un incendio.
6. Quemé todas las cartas y fotos de mi novio cuando nos separamos.

B. ¡Anticipemos! ¡Qué mala memoria! Hortensia es tan distraída que, cuando se fue de vacaciones al Perú, se le olvidó hacer muchas cosas importantes antes de salir. Empareje los olvidos de Hortensia con las consecuencias.

OLVIDOS

1. _____ Se le olvidó cerrar la puerta de su casa.
2. _____ Se le olvidó pagar las cuentas.
3. _____ Se le olvidó pedirle a alguien que cuidara a (*to take care of*) su perro.
4. _____ Se le olvidó cancelar el periódico.
5. _____ Se le olvidó pedirle permiso a su jefa (*boss*).
6. _____ Se le olvidó llevar el pasaporte.
7. _____ Se le olvidó hacer reserva en un hotel.

CONSECUENCIAS

a. Va a perder el trabajo.
b. No la van a dejar entrar en el Perú.
c. Le van a suspender el servicio de la luz (*electricity*) y del gas... ¡y cancelar sus tarjetas de crédito!
d. Alguien le va a robar el televisor.
e. ¡«King» se va a morir de hambre!
f. No va a tener dónde alojarse (*to stay*).
g. Todos van a saber que no está en casa.

C. Una mañana fatal

Paso 1. Complete la siguiente descripción de lo que le pasó a Pablo ayer. **¡OJO!** Use el **se** accidental.

Pablo tuvo una mañana fatal. Primero (olvidar[1]) poner el despertador. Se levantó tarde y se vistió rápidamente. No cerró bien su maletín;[a] por eso (caer[2]) unos papeles importantes. Recogió los papeles y subió al coche, pero después de cinco minutos, (acabar[3]) la gasolina y se le paró[b] el coche. Dejó el coche en la calle y decidió ir a pie. Llevaba el maletín en una mano y las llaves y un documento urgente en la otra. Desafortunadamente,[c] en el camino, (perder[4]) el documento. Cuando llegó a la oficina, buscó a su jefe[d] para entregarle el documento pero no podía encontrarlo entre sus papeles. Cansado y enojado, cerró el maletín sin cuidado y (romper[5]) las gafas.

[a]*briefcase* [b]*se... (the car) stopped on him* [c]*Unfortunately* [d]*boss*

Paso 2. Ahora descríbale a un compañero o compañera una mañana o un día fatal que Ud. tuvo. **¡OJO!** Use el **se** accidental.

MODELO: El primer día de clases, se me olvidó poner el despertador, y llegué tarde a clase. Luego...

Need more practice?

■ Workbook and Laboratory Manual
■ ActivityPak
■ Online Learning Center (www.mhhe.com/ puntos8)

■ ■ ■ Conversación

A. ¡Desastres por todas partes (*everywhere*)!

Paso 1. ¿Es Ud. una persona distraída o torpe? Indique las oraciones que describen lo que le pasa a Ud. Puede cambiar algunos de los detalles de las oraciones si es necesario. **¡OJO!** Se usa el presente para hablar de acciones típicas.

1. ☐ Con frecuencia se me caen los libros (los platos,...).
2. ☐ Se me pierden constantemente las llaves (los calcetines,...).
3. ☐ Se me olvida apagar la computadora (la luz,...).
4. ☐ Siempre se me rompen las gafas (las lámparas,...).
5. ☐ De vez en cuando (*From time to time*) se me quedan los libros (los cuadernos,...) en la clase.
6. ☐ Se me olvida fácilmente mi horario (el teléfono de algún amigo,...).

Paso 2. ¿Es Ud. igual ahora que cuando era más joven? Complete cada oración del **Paso 1** para describir cómo era de niño/a. **¡OJO!** Use el imperfecto.

> MODELO: De niño/a, (no) se me caían los libros con frecuencia.

Paso 3. Ahora compare sus respuestas con las de un compañero o compañera. ¿Quién es más distraído/a o torpe ahora? ¿Quién era así de niño/a?

B. Encuesta (*poll*): Accidentes de la semana

Paso 1. Haga una lista de cinco accidentes o cosas que ocurren con frecuencia en la vida diaria y que a nosotros nos parecen desastres. Debe usar por lo menos tres verbos diferentes.

> MODELO: perder las llaves de la casa o apartamento

Paso 2. Ahora hágales cinco preguntas a cinco personas de la clase sobre los cinco accidentes o desastres que Ud. apuntó en el **Paso 1.**

> MODELO: perder las llaves de la casa o apartamento →
> La semana pasada, ¿se te perdieron las llaves de la casa o apartamento?

Paso 3. Diga a la clase cuál fue el accidente o desastre más común de los cinco y quién fue la persona que sufrió más accidentes entre sus encuestados (*interviewees*).

C. Unos dichos (*colloquial expressions*) hispánicos.
El **se** accidental se usa en muchos dichos en español. En parejas, traten de adivinar (*try to guess*) el significado de los siguientes dichos o den su equivalente en inglés. Luego emparejen los dichos con la situación apropiada.

DICHOS

a. Se le hace agua la boca.
b. Se le hizo tarde.
c. Se le fue el alma (*soul*) a los pies.
d. Se le fue la lengua (*tongue*).
e. Se le acabó la paciencia.
f. Se le cae la baba (*drool*) por algo o alguien.

SITUACIONES

1. Cuando Raúl llegó, la clase ya había comenzado (*had started*). A Raúl...
2. Ramón le contó a María un secreto, pero María se lo dijo a Luisa y ahora todo el mundo (*everybody*) en la residencia lo sabe. Ramón está furioso. A María...
3. La hija de Carmen es preciosa. A Carmen...

4. Julio tiene muchísimas ganas de comer la comida de su madre. ¡Qué rica! Sólo de pensarlo a Julio…

5. «¡Ya no más! (*Enough already!*)», gritó (*screamed*) la madre. «Vete (*Go*) a tu cuarto ahora mismo». A la madre…

6. Del hospital llamaron al padre para decirle que su hija había tenido (*had had*) un grave accidente. Al padre…

¿Recuerda Ud.?

Before beginning **Gramática 35,** review what you learned in **Capítulo 5** about prepositional pronouns. The first and second person singular pronouns differ from subject pronouns; the rest are identical to subject pronouns. Then give the prepositional pronouns that correspond to the following persons.

1. Pepe: de _____
2. Lisa y yo: detrás de _____
3. tú: para _____
4. yo: de _____
5. Ud.: con _____
6. Juan y Olga: para _____

35 ¿*Por o para?* • A Summary of Their Uses

Gramática en acción: ¿Qué se representa?

a.

b.

c.

d.

Comprensión: Empareje cada dibujo con la oración que le corresponde.

1. _____ Caminamos para el parque.
2. _____ Compré el regalo por la abuela.
3. _____ Caminamos por el parque.
4. _____ El regalo es para Eduardo.

You have been using the prepositions **por** and **para** throughout your study of Spanish. Although most of the information in this section will be a review, you will also learn some new uses of **por** and **para**.

Por

The preposition **por** has the following English equivalents.

- *by, by means of*

Vamos **por avión** (**tren, barco,...**).
We're going by plane (train, ship, . . .).

Nos hablamos **por teléfono** mañana.
We'll talk by (on the) phone tomorrow.

- *through, along*

Me gusta pasear **por el parque** y **por la playa**.
I like to stroll through the park and along the beach.

- *during, in* (time of day)

Trabajo **por la mañana**.
I work in the morning.

- *because of, due to*

Estoy nervioso **por la entrevista**.
I'm nervous because of the interview.

- *for = in exchange for*

Piden **1.000 dólares por el coche**.
They're asking $1,000 for the car.

Gracias por todo.
Thanks for everything.

- *for = for the sake of, on behalf of*

Lo hago **por ti**.
I'm doing it for you (for your sake).

- *for = duration* (often omitted)

Vivieron allí (**por**) **un año**.
They lived there for a year.

Por is also used in a number of fixed expressions.

por Dios	for heaven's sake
por ejemplo	for example
por eso	that's why
por favor	please
por fin	finally
por lo general	generally, in general
por lo menos	at least
por primera/ última vez	for the first/ last time
por si acaso	just in case
¡por supuesto!	of course!
por todas partes	everywhere

Para

Although **para** has many English equivalents, including *for,* its underlying nature refers to a goal, purpose, or destination.

- *in order to + infinitive*

Regresaron pronto **para estudiar.**
They returned soon (in order) to study.

Estudian **para conseguir** un buen trabajo.
They're studying (in order) to get a good job.

- *for = destined for, to be given to*

Todo esto es **para ti.**
All this is for you.

Le di un libro **para su hijo.**
I gave her a book for her son.

- *for = by (deadline, specified future time)*

Para mañana, estudien *por* y *para.*
*For tomorrow, study **por** and **para.***

La composición es **para el lunes.**
The composition is for Monday.

- *for = toward, in the direction of*

Salió **para el Ecuador** ayer.
She left for Ecuador yesterday.

- *for = to be used for*

  ¡OJO!

  Compare the second example to **un vaso de agua** = *a glass (full) of water.*

El dinero es **para la matrícula.**
The money is for tuition.

Es un vaso **para agua.**
It's a water glass.

- *for = as compared with others, in relation to others*

Para mí, el español es fácil.
For me, Spanish is easy.

Para (ser) extranjera, habla muy bien el inglés.
For (being) a foreigner, she speaks English very well.

- *for = in the employ of*

Trabajan para el gobierno.
They work for the government.

Por and para Summary

por: reason, cause
para: goal, purpose, destination

AUTOPRUEBA

Indicate whether you would use **por** or **para.**

1. _____ to travel to a place
2. _____ to travel through a place
3. _____ to travel by plane
4. _____ to work for someone (a company)
5. _____ to work for someone (on behalf of)
6. _____ to last for a period of time
7. _____ to be due by a certain time

Answers: 1. para 2. por 3. por 4. por 5. para 6. por 7. para

■■■ Práctica

A. ¡Anticipemos! Situaciones. Escoja una respuesta para cada pregunta o situación. Luego invente un contexto para cada diálogo. ¿Dónde están las personas que hablan? ¿Quiénes son? ¿Por qué dicen lo que dicen?

1. _____ ¡Uf! Vengo de jugar un partido de basquetbol. ¡Jugamos por dos horas!

2. _____ ¿Por qué quieres que llame a Pili y Adolfo? Nunca están en casa por la noche, mucho menos (*especially*) a estas horas.

3. _____ ¿No vas a comer nada? Por lo menos un sándwich.

4. _____ ¡Cuánto lo siento, don Javier! Sé que llegué tarde a la cita. Discúlpeme.

5. _____ Es imposible que tome el examen hoy, por muchas razones.

6. _____ ¿No oíste? Juana acaba de tener un accidente horrible.

7. _____ ¡Pero, papá, quiero ir!

8. _____ Ay, Mariana, ¿no sabías que hubo un ciclón? Murieron más de cien personas.

a. ¡Por Dios! ¡Qué desgracia!

b. Te digo que no, por última vez.

c. No se preocupe. Lo importante es que por fin está aquí.

d. ¡Por Dios! ¿Qué le pasó?

e. No, gracias. No tengo mucha hambre y además (*besides*) tengo que irme en seguida.

f. ¿Por ejemplo? Dígame…

g. Ah, por eso tienes tanto calor.

h. Llámalos de todas formas, por si acaso están en casa ahora.

B. Asociaciones. *¿Por o para?* ¿Con qué preposición asocia Ud. las siguientes frases?

1. gracias
2. una fecha en el futuro
3. un período de tiempo
4. durante
5. un modo de transporte
6. con cierto destino (*destination*)
7. con el propósito (*purpose*) de
8. en lugar de otra persona
9. con el fin (*goal*) de ayudar a una persona
10. a causa de
11. en medio (*middle*) de, a lo largo de (*along*)
12. trabajar en una compañía
13. pagar o pedir dinero
14. en comparación con otros

C. Preguntas. Complete las siguientes preguntas con **por** o **para**.

1. ¿_____ quién trabaja Ud.? ¿Trabaja _____ la mañana o _____ la tarde?
2. ¿_____ dónde tiene que pasar _____ llegar a la universidad?
3. ¿Cuánto pagó Ud. _____ su carro?
4. ¿_____ qué es la llave grande que Ud. tiene en la mano?
5. ¿_____ qué profesión estudió Ud.? ¿_____ cuántos años tuvo que estudiar?
6. ¿_____ qué día de esta semana necesita Ud. la tarea?

D. ¿Por o para? Complete los siguientes diálogos y oraciones con **por** o **para**.

1. Los Sres. Arana salieron _____ el Perú ayer. Van _____ avión, claro, pero luego piensan viajar en coche _____ todo el país. Van a estar allí _____ dos meses. Va a ser una experiencia extraordinaria _____ toda la familia.

2. Mi prima Graciela quiere estudiar _____ (ser) doctora. _____ eso trabaja _____ un médico _____ la mañana; tiene clases _____ la tarde.

3. —¿ _____ qué están Uds. aquí todavía? Yo pensaba que iban a dar un paseo _____ el parque.
   —Íbamos a hacerlo, pero no fuimos, _____ la nieve.

4. Este cuadro fue pintado (*was painted*) por Picasso _____ expresar los desastres de la guerra (*war*). _____ muchos críticos de arte, es la obra maestra (*masterpiece*) de este artista.

5. La «Asociación Todo _____ Ellos» trabaja _____ las personas mayores, _____ ayudarlos cuando lo necesitan. ¿Trabaja Ud. _____ alguna asociación de voluntarios? ¿Qué tuvo que hacer _____ inscribirse (*sign up*)?

ASOCIACION
TODO ELLOS
POR

Trabajamos por las personas mayores que están solas y con escasos recursos económicos

AYÚDANOS, NO ES POSIBLE SIN TI

Para más información llama al teléfono 907 98 91 15, de 18.00 a 20.00 h. tardes, martes y viernes

CAJAMADRID, SUC. 1028
C/C 6000854579

TODO POR ELLOS es una asociación no gubernamental inscrita en el Registro de Asociaciones del Ministerio del Interior con el número 160.589

■ ■ ■ Conversación

A. Entrevista. Hágale preguntas a su profesor(a) para saber la siguiente información.

1. la tarea para mañana y para la semana que viene
2. lo que hay que estudiar para el próximo examen
3. si para él/ella son interesantes o aburridas las ciencias
4. lo que piensa de la pronunciación de Uds., para ser principiantes
5. qué deben hacer Uds. para mejorar su pronunciación del español
6. cuánto tiempo deben Uds. dedicar todos los días a practicar el español

B. Preguntas con *por* y *para*

Paso 1. Complete las siguientes ideas con **por** o **para**.

1. prepararse _____ una profesión
2. estar nervioso _____ algo
3. trabajar _____ una compañía
4. hablar _____ por teléfono con frecuencia
5. tener algo que hacer _____ mañana
6. pasear _____ el *campus*
7. tener algo que comprar _____ su casa/apartamento/cuarto
8. la idea de pagar mil dólares _____ un abrigo
9. tener algo que hacer _____ alguien
10. la idea de vivir en un sitio _____ toda la vida

Paso 2. Ahora, en parejas, hagan y contesten preguntas, usando las frases del **Paso 1**.

MODELO: prepararse _____ una profesión →
¿Sabes para qué profesión estás preparándote?

Need more practice?

■ Workbook and Laboratory Manual
■ ActivityPak
■ Online Learning Center (www.mhhe.com/puntos8)

UN POCO DE TODO

A. Causa y efecto

Paso 1. Form complete sentences with the cues given. Pay attention to the various clues to decide whether you will need to use the present, the preterite, or the imperfect in your sentences. Change words and add additional words when necessary. You will use these sentences again in **Paso 2.**

1. anoche / Sra. Ortega / poner / trajes de baño / y / toallas (*towels*) / en / bolsa
2. cuando / ser / pequeño / Cecilia / acostarse / temprano / todo / noches
3. este / mañana / a Lorenzo / perder / llaves / y / caer / taza de café
4. esta noche / estudiantes / clase de historia / no / ir a dormir / mucho
5. ahora / Amalia / estar / contento

Paso 2. Now match the sentences above, followed by **porque,** with the phrases below. (The first one is done for you.) Conjugate the verbs below as needed to complete the new sentences. There is more than one possible answer in most cases.

> **MODELO:** querer ir hoy con su esposo a la playa →
>
> 1. Anoche la Sra. Ortega puso los trajes de baño y las toallas en una bolsa porque quería ir hoy con su esposo a la playa.

estar nervioso/a por su
   boda (*wedding*) mañana
tener el examen final mañana
encontrar su cartera
ser el plazo para
   un informe

siempre ir a clase muy temprano
empezar la clase de
   natación hoy
estar distraído/a
querer ir hoy con su esposo/a
   a la playa

B. ¡Qué desastre!

Paso 1. ¿Le pasó esto alguna vez a Ud.? Modifique las siguientes declaraciones, según su experiencia.

Una vez...

1. se me perdió la tarjeta de identificación de la universidad.
2. se me cayó un vaso de vino tinto en la ropa.
3. se me perdieron los lentes de contacto.
4. se me rompió un objeto caro.
5. se me quedó en casa un trabajo para la clase.

Paso 2. Ahora trabaje con un compañero o compañera para explicar los problemas que le causaron estos incidentes y cómo los resolvieron (*you solved*).

C. Lengua y cultura: Un poco de la historia de Puerto Rico.

Complete the following passage with the correct form of the words in parentheses, as suggested by context. When two possibilities are given in parentheses, select the correct word. **¡OJO!** Use the present tense of verbs unless otherwise indicated. If you see *P/I:*, choose between the preterite and the imperfect.

¿Qué sabe Ud. de la historia de Puerto Rico? Aquí tiene alguna información.

En el mar Caribe (ser/estar[1]) las Antillas, un grupo de islas que se dividen entre las «Antillas Mayores» y las «Antillas Menores». Las Antillas Mayores (ser/estar[2]) las islas de Cuba, Española (que incluye la República Dominicana y Haití), Jamaica y Puerto Rico. Los habitantes originales de Puerto Rico eran los taínos. Eran del grupo de los caribes, indígenas que se (*P/I:* extender[3]) por gran parte de las costas caribeñas.

Cristóbal Colón (*P/I,* llegar[4]) a Puerto Rico en su segunda[a] expedición al Nuevo Mundo. (Se/Le[5]) dice que el jefe[b] de los taínos, que (*P/I:* tener[6]) el título de cacique, (*P/I:* recibir[7]) a Colón con un collar[c] de oro. (Por/Para[8]) eso Colón pensó que había mucho oro en la Isla, pero no (*P/I:* tener[9]) (razón/sueño[10]). De todas formas,[d] los españoles explotaron la Isla intensamente. En poco tiempo, la población taína prácticamente (*P/I:* desaparecer[e][11]) debido a[f] tres factores: (el/la[12]) explotación laboral,[g] las rebeliones de los nativos y (por/para[13]) las enfermedades que los españoles llevaron consigo[h] y que (*P/I:* ser[14]) nuevas para los taínos. La población africana, que los españoles llevaron como esclavos,[i] (*P/I:* empezar[15]) a llegar en el siglo[j] XVI.

En el siglo XIX, por toda Latinoamérica (*P/I:* haber[16]) guerras[k] contra España (por/para[17]) obtener su independencia. Pero las islas antillanas no (*P/I:* independizarse[18]). En 1898 Puerto Rico (*P/I:* convertirse[19]) en territorio de los Estados Unidos, después de que España (*P/I:* perder[20]) la guerra que en los Estados Unidos (*P/I:* llamarse[21]) «*the Spanish American War*». (la Guerra Hispano-Norteamericana).

En 1917, los puertorriquenos fueron declarados ciudadanos[l] (estadounidense[22]), y desde 1953 su país es un Estado Libre Asociado a los Estados Unidos de América. Esto significa que aunque[m] no es independiente, tiene plena[n] autonomía interna.

▲ *Una estatua de Cristóbal Colón, en Puerto Rico*

[a]*second* [b]*chief* [c]*necklace* [d]*De... In any case* [e]*to disappear* [f]*debido... due to* [g]*explotación... slave labor* [h]*with them* [i]*slaves* [j]*century* [k]*wars* [l]*citizens* [m]*although* [n]*full*

Comprensión. Conteste las siguientes preguntas.

1. ¿Dónde están las Antillas?
2. ¿Cuáles son las Antillas Mayores?
3. ¿Quiénes eran los habitantes originales de Puerto Rico?
4. ¿Qué otros grupos raciales había en la Isla?
5. ¿Desde (*Since*) cuándo es Puerto Rico territorio de los Estados Unidos?
6. ¿Cuál es la situación política actual de Puerto Rico?

Resources for Review and Testing Preparation

- Workbook and Laboratory Manual
- ActivityPak
- Online Learning Center (www.mhhe.com/puntos8)

Perspectivas culturales
Puerto Rico

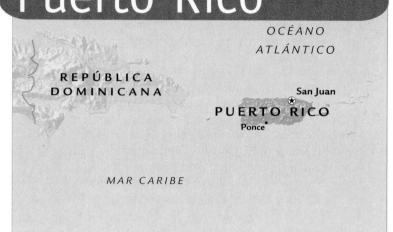

OCÉANO ATLÁNTICO

REPÚBLICA DOMINICANA

PUERTO RICO

San Juan

Ponce

MAR CARIBE

Datos esenciales

- Nombre oficial: Estado Libre Asociado de Puerto Rico
- Capital: San Juan
- Población: casi 4 millones de habitantes

Fíjese

- La isla de Puerto Rico es la más pequeña de las Antillas Mayores y la más oriental.[a] Con 1.000 personas por milla cuadrada,[b] es una de las islas más densamente pobladas del mundo.
- Puerto Rico ha estado relacionado[c] políticamente con los Estados Unidos desde la Guerra Hispano-Norteamericana de 1898. En 1952, Puerto Rico se convirtió en Estado Libre Asociado. Según este sistema de gobierno, aunque[d] los puertorriqueños son ciudadanos[e] estadounidenses, no pueden votar en las elecciones presidenciales. Por otro lado[f] tampoco tienen que pagar impuestos[g] federales como los ciudadanos de los cincuenta estados.
- Otro nombre de Puerto Rico es «Borinquen», y los puertorriqueños se conocen también como «boricuas». Estos nombres vienen de la lengua indígena de los taínos. Los taínos llegaron a la Isla en el siglo XIII, pero su cultura casi desapareció con la llegada de los españoles en 1493.

[a]*eastern* [b]*milla... square mile* [c]*ha... has been associated* [d]*although* [e]*citizens* [f]*Por... On the other hand* [g]*taxes*

El Viejo San Juan El Viejo San Juan es la zona histórica de la capital, y queda[a] dentro de las murallas[b] que protegían la ciudad. Sus calles adoquinadas[c] y sus bellos edificios coloniales le dan un gran encanto[d] e interés histórico.

[a]*está* [b]*fortified walls* [c]*cobblestone* [d]*charm*

Un coquí El coquí es una pequeña rana arborícola[a] endémica[b] de la Isla y es uno de los símbolos de Puerto Rico. Su nombre es una imitación del sonido[c] de su voz («co-quí») y es el sonido nacional de Puerto Rico.

[a]*rana... tree frog* [b]*nativa* [c]*sound*

El Observatorio de Arecibo

Este observatorio, terminado en 1963, contiene el radiotelescopio de un solo disco más grande del mundo. Se compone de casi 40.000 paneles y tiene un diámetro de 305 metros.[a] La antena y el receptor,[b] que son enormes también, están suspendidos 137 metros[c] sobre el disco y se pueden mover para interceptar señales[d] del espacio.

[a]305... *1,000 feet* [b]*receiver* [c]*137... 450 feet* [d]*signals*

El Yunque, al sureste de San Juan

El Parque Nacional del Caribe, o El Yunque, es el parque nacional más pequeño del sistema de Parques Nacionales de los Estados Unidos, así como[a] el único bosque lluvioso.[b] Es territorio protegido[c] desde 1876, y fue una de las primeras reserves ecológicas del hemisterio occidental.[d]

[a]así... *as well as* [b]bosque... *rain forest* [c]*protected* [d]*western*

El Morro

El Fuerte[a] San Felipe del Morro, o simplemente «El Morro», es una de las fortificaciones españolas más grandes y mejor conservadas del mundo. Los españoles empezaron a construirlo en 1539 a la entrada de la Bahía de San Juan para proteger la bahía y la ciudad de los ataques por mar. Fue objeto de varios ataques a través de[b] la historia, pero nunca fue conquistado.[c] Hoy día es un destino turístico que ofrece algunas de las mejores vistas de San Juan.

[a]*Fort* [b]a... *throughout* [c]*conquered*

Música de Puerto Rico

La música tradicional más conocida de Puerto Rico comprende[a] «la bomba» y «la plena». Son dos estilos diferentes, pero muchos los conocen en conjunto bajo el nombre de «bombayplena» por las semejanzas[b] que tienen. Los dos estilos tienen orígenes africanos y su interpretación incluye danzas y «conversaciones» entre los participantes. Uno de los instrumentos musicales principales es la pandereta, una especia de *tambourine* pero sin los címbalos. Otros instrumentos pueden incluir varios tipos de tambores, congas, el güiro[c] o sólo una maraca y la guitarra.

[a]*incluye* [b]*similarities* [c]*gourd instrument*

EN RESUMEN

See the Workbook, Laboratory Manual, ActivityPak, and Online Learning Center (www.mhhe.com/puntos8) for self-tests and practice with the grammar and vocabulary presented in this chapter.

Gramática

To review the grammar points presented in this chapter, refer to the indicated grammar presentations.

33. Telling How Long Something Has Been Happening or How Long Ago Something Happened—**Hace... que:** Another Use of **hacer**

You should know how to express *it's been sixteen years since* you have been doing something or that you did something *sixteen years ago*.

34. Expressing Unplanned or Unexpected Events—Another Use of **se**

Do you know how to use **se** to express unplanned or unexpected events?

35. *¿Por o para?*—A Summary of Their Uses

Do you know the difference between **por** and **para** and when to use one or the other?

Vocabulario

Los verbos

acabar	to finish; to run out of
apagar (gu)	to turn off
quedar	to remain, be left

Repaso: olvidar, perder (pierdo)

Las presiones de la vida estudiantil

los apuntes	notes (*academic*)
el despertador	alarm clock
el estrés	stress
el horario	schedule
el informe (oral/ escrito)	(oral/written) report
la nota	grade (*academic*)
el plazo	deadline
la presión	pressure
la prueba	quiz; test
la tarjeta de identificación	identification card
el trabajo	job, work; report, (piece of) work
de tiempo completo/ parcial	full time / part time

Cognado: el calendario

Repaso: el examen, la llave, la tarea, la vida

acordarse (me acuerdo) (de)	to remember

estacionar	to park
recoger (recojo)	to collect; to pick up
sacar (qu)	to get (*grades*)
sufrir (de) (muchas presiones)	to suffer; to be under (a lot of pressure)

Repaso: entregar (gu), llegar (gu) a tiempo / tarde, olvidar(se) de, tomar

Otras partes del cuerpo humano

el brazo	arm
el dedo (de la mano)	finger
el dedo del pie	toe
el pie	foot
la pierna	leg

Repaso: la cabeza, la mano

Los accidentes

caer (caigo)	to fall; to drop
caerse	to fall down
chocar (qu) con/contra	to run into, bump against
equivocarse (qu) (de)	to be wrong, make a mistake (about)
hacerse daño	to hurt oneself
hacerse daño en	to hurt one's (*body part*)
levantarse con el pie izquierdo	to get up on the wrong side of the bed
pedir (pido) (i) disculpas	to apologize
pegarse (gu) en/con/ contra	to run, bump into/against

| romper(se) | to break |
| tener buena/mala suerte | to have good/bad luck, be (un)lucky |

Repaso: doler (duele), pegar (gu)

Discúlpe(me).	Pardon me. I'm sorry.
Fue sin querer.	I didn't mean it.
Lo siento (mucho).	I'm (very) sorry.

Repaso: perdón

Los adjetivos

distraído/a	absentminded, distracted
escrito/a	written
estresado/a	stressed out, under stress
estudiantil	(of) student(s)
torpe	clumsy
último/a	last, final
universitario/a	(of the) university

Cognados: (in)flexible, oral

Otros sustantivos

| la luz (pl. luces) | light; electricity |
| la taza | cup |

Palabras adicionales

hace + *time* + que + *preterite* *preterite* + hace + *time*	} ago
hace + *time* + que + *present*	to have been (*doing something*) for (*time*)
-mente	-ly (*adverbial suffix*)
por	by
por Dios	for heaven's sake
por ejemplo	for example
por lo menos	at least
por primera/ última vez	for the first/last time
por si acaso	just in case
¡por supuesto!	of course!
por todas partes	everywhere
¡qué + *adj.*!	how + *adj.*!

Repaso: gracias por, para, por (about; because of; through; in; for), por eso, por favor, por fin, por la mañana/tarde/noche, por lo general

Vocabulario personal

Un paso más 11

Literatura de **Puerto Rico**

Sobre la escritora: *Rosario Ferré nació en Ponce, Puerto Rico. Además de biografías, crítica literaria y poesía, escribe también ficción en español y en inglés. Actualmente enseña en la Universidad de Puerto Rico y contribuye en el periódico* San Juan Star. *El siguiente fragmento es del ensayo «De cómo dejarse caer de la sartén al fuego[a]»,* Sitio a eros: Trece ensayos *(1980).*

A lo largo del tiempo, las mujeres narradoras han escrito[b] por múltiples razones: Emily Brontë escribió para demostrar la naturaleza revolucionaria de la pasión; Virginia Woolf para exorcizar su terror a la locura y a la muerte; Joan Didion escribe para descubrir lo que piensa y cómo piensa; Clarisse Lispector descubre en su escritura una razón para amar y ser amada. En mi caso, escribir es una voluntad a la vez constructiva y destructiva; una posibilidad de crecimiento[c] y de cambio.[d]

[a]de... *from the frying pan into the fire* [b]han... *have written* [c]*growth* [d]*change*

▲ Rosario Ferré
(1938–)

L E C T U R A

REPASO DE ESTRATEGIAS: Guessing the Content of a Passage

In previous reading sections, you have learned several different strategies to improve your comprehension of a text. Whenever you can, it's a good idea to utilize as many of these strategies as possible. Of course, not all texts will lend themselves to the application of all strategies. For example, there might be limited visual cues such as photos to help you anticipate what the reading is about. In those instances, what else can you rely on to make predictions about the content? One strategy is to identify the source of the passage (see **Sobre la lectura,** p. 379). And, of course, the title often reveals a great deal about the content of a passage. Take a look at the title of the reading that follows and the accompanying photo. What do you think this article is about?

1. Divorce rates in Spanish-speaking countries
2. The relationship between divorce and stress
3. Advice for reducing stress

If you picked number 3, you were right! The following article offers suggestions and techniques for reducing stress and enjoying a calmer life.

Divórciate del estrés

<u>Convivimos</u> tanto con el estrés que hasta parece un miembro de la familia. Lo llevamos al trabajo, a las tiendas, a la lavandería,[a] a veces hasta nos acostamos y <u>amanecemos</u> con él. Pero es un compañero de muchos disfraces.[b] Nos mantiene en movimiento diario, pero aparece como dolor de cabeza, nudos[c] de músculos en el cuello[d], ratos de <u>olvido</u>, cansancio o enojo.

Cinco pasos hacia una vida más tranquila

¡Córrele![e]
O hasta puedes decir «¡camínale!» si prefieres pues también te servirá.[f] Es decir, si notas que se te viene encima el maldito estrés, ponte los tenis, y ¡a la calle! Una simple <u>caminata</u> o <u>corrida</u> de 20 minutos diarios hace milagros.[g] Hasta los científicos han comprobado[h] que el ejercicio diario —aunque corto— sí reduce sustancialmente los niveles de estrés.

Respira profundamente
Uno de los mejores y más sencillos pasos a tomar para reducir el estrés es cuidar de tu respiración, según el Centro Médico Arnot Ogden de Elmira, Nueva York. Cuando te afecta el estrés, tu respiración <u>se acorta</u> y es poco <u>profunda</u> debido al efecto que producen los músculos tensos. Cada vez que te sientas tenso, concéntrate unos segundos en tu respiración y profundízala. Tu corazón te lo agradecerá.[i]

Un <u>spa</u> en tu propia casa
Aunque sea un día a la semana —o al mes— aparta[j] una hora —o más— para ti mismo. <u>Prende</u> una vela[k] de aroma tranquilizante, llena la <u>tina del baño</u> con un delicioso jabón y tómate un té caliente de manzanilla,[l] vainilla o canela.[m]

Come de manera saludable
Una buena dieta baja en <u>grasas,</u> alta en fibra y que incluye comer vegetales y frutas diariamente ayuda no sólo al cuerpo sino al estado mental. Cuando <u>ingerimos</u> en exceso comida grasosa y azucarada[n] —los famosos alimentos vacíos de nutrición que suelen aparecer en nuestras cocinas— el cuerpo protesta de diversas formas. Las enfermedades que pueden aparecer a la larga[ñ] como la obesidad, el alto colesterol y enfermedades del corazón son aun otras y muy serias fuentes de estrés.

▲ *Las verduras: Una parte importante de una buena dieta*

Convierte estos pasos en una rutina diaria
Poco a poco —¡y sin estresarte!— incorpora estos pasos a la rutina de tus días y noches. No hay que hacerlo de un jalón.[o] Comienza al paso que puedas, <u>incrementando</u> gradualmente para que poco a poco se conviertan en algo cotidiano[p] y <u>esperado.</u> Verás[q] que dentro de poco tu cara sonriente y tranquila lo dirá todo[r]: ¿Estrés? ¿De qué hablas? ■

[a]lugar público donde se puede lavar la ropa [b]*disguises*
[c]*knots* [d]*neck* [e]*Run!* [f]*te... it (walking) will work for you*
[g]*miracles, wonders* [h]*han... have proven* [i]*te... will thank you for it* [j]*set aside* [k]*candle* [l]*chamomile* [m]*cinnamon*
[n]*sweetened, containing sugar* [ñ]*a... over time* [o]*de... all at once* [p]*diario* [q]*You'll see* [r]*lo... will say it all*

Comprensión

A. Consejos. De los siguientes consejos para reducir el estrés, ¿cuáles *no* se mencionan en el artículo?

1. comer bien
2. oír música
3. hacer ejercicio
4. controlar la respiración
5. hacer yoga
6. beber bastante agua

B. Síntomas y soluciones

Paso 1. Busque tres síntomas del estrés en la lectura.

1. _____
2. _____
3. _____

Paso 2. Ahora haga una lista de posibles soluciones para el estrés. Indique las soluciones que Ud. prefiere o que cree que son más efectivas. ¿Puede añadir (*add*) otra solución no mencionada en el artículo?

REDACCIÓN

A. Ud. y el estrés. La lectura presenta varias sugerencias para reducir el estrés, pero claro que no es una lista definitiva. Seguro que hay otros métodos también. Cuando Ud. se siente estresado/a, ¿qué hace para bajar el nivel de estrés? ¿Hace algo en particular? Escriba un breve ensayo de 100 palabras en el cual describa cómo responde Ud. al estrés y qué hace para aliviarlo (*alleviate it*).

B. El estrés y los estudiantes. Aunque las presiones de la vida moderna nos afectan a todos, sin duda (*doubt*) tienen un impacto tremendo en los estudiantes universitarios. Escríbale una carta al editor o editora del periódico local comentando lo que Ud. cree que causa mayor presión en los estudiantes de su universidad. En la carta, debe identificar esa causa y las consecuencias que tiene y también sugerir algunas soluciones posibles para combatirla.

Puede comenzar su carta así:

Estimado editor: / Estimada editora:...

Introducción cultural
Los países andinos

Es obvio que la gran cordillera de los Andes es una impresionante característica geográfica de Sudamérica. Es una región que cubre gran parte del continente. Los Andes también son determinantes en la cultura e identidad nacionales de los países que atraviesa:[a] Venezuela, Colombia,* el Ecuador, el Perú, Bolivia, la Argentina y Chile.[†] Los Andes son un tema y un símbolo compartido[b] en la música, el arte, la literatura, el cine y el folclor de estos países a través de[c] la historia. Las civilizaciones indígenas que vivieron o siguen viviendo en esta amplia región también han dejado su huella[d] en la vida de los países actuales. Esta huella es evidente en la música tradicional, la comida, la ropa, la literatura, el arte, la religión y aun en la política.

[a]que... *through which it passes*　　[b]*shared*　　[c]a... *throughout*　　[d]han... *have left their mark*

Venezuela y Colombia tienen doble identidad nacional. Los habitantes de la costa se consideran caribeños, mientras que los de las montañas se consideran andinos.
[†]*La Argentina y Chile también tienen doble identidad. Los Andes ocupan parte de su territorio, por lo cual (for which reason) son países andinos, pero también pertenecen (they pertain) a la región llamada el «Cono Sur». (Vea la **Introducción cultural** en la página 443)*

1 Los Andes, en el Perú

2 Tocando una quena, un tipo de flauta (*flute*), en Cuzco, Perú

3 Semana Santa (*Holy Week*), en el Ecuador

4 Un uro (*floating village*) del Lago Titicaca, entre Bolivia y el Perú

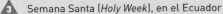

12

La calidad de la vida

1

El Parque Salazar, cerca del Centro Comercial Larcomar, en Lima

1. ¿Qué impresión le causa a Ud. esta imagen, la (*that*) de una ciudad colonial o de una ciudad moderna?

2. ¿Por qué son importantes los parques y los espacios públicos en las ciudades?

3. ¿Qué actividades se pueden disfrutar (*enjoyed*) en un parque? ¿Hay algún parque en su ciudad donde haya eventos musicales o de otro tipo?

2 **La Iglesia de la Compañía de Jesús, construida sobre los restos** (*remains*) **de una construcción inca, en Cuzco**

1. ¿Por qué cree Ud. que los españoles construyeron sus edificios sobre los templos de culturas anteriores (*previous*)?

2. La palabra «Cuzco» significa «ombligo» (*navel*) en quechua, la lengua de los incas. ¿Qué indica este nombre de la importancia que tenía Cuzco para los incas?

3. ¿Hay edificios antiguos en su región? ¿Cómo es su arquitectura?

3 **Las terrazas de la ciudad sagrada** (*holy*) **de Machu Picchu, en los Andes del Perú**

1. ¿Qué sabe Ud. de la cultura inca?

2. ¿De qué cree Ud. que vivían los habitantes de Machu Picchu?

3. ¿Le gustaría a Ud. vivir en Machu Picchu? ¿Qué ventajas y desventajas tiene?

Tengo... Necesito... Quiero... (Part 3)

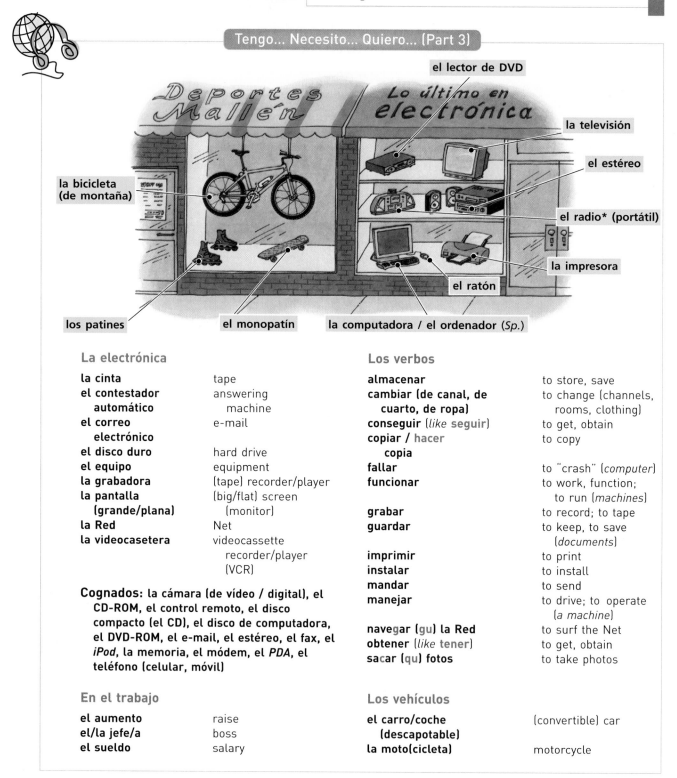

el lector de DVD

la televisión

el estéreo

la bicicleta (de montaña)

el radio* (portátil)

la impresora

el ratón

los patines

el monopatín

la computadora / el ordenador (Sp.)

La electrónica

la cinta	tape
el contestador automático	answering machine
el correo electrónico	e-mail
el disco duro	hard drive
el equipo	equipment
la grabadora	(tape) recorder/player
la pantalla (grande/plana)	(big/flat) screen (monitor)
la Red	Net
la videocasetera	videocassette recorder/player (VCR)

Cognados: la cámara (de vídeo / digital), el CD-ROM, el control remoto, el disco compacto (el CD), el disco de computadora, el DVD-ROM, el e-mail, el estéreo, el fax, el iPod, la memoria, el módem, el PDA, el teléfono (celular, móvil)

En el trabajo

el aumento	raise
el/la jefe/a	boss
el sueldo	salary

Los verbos

almacenar	to store, save
cambiar (de canal, de cuarto, de ropa)	to change (channels, rooms, clothing)
conseguir (like seguir)	to get, obtain
copiar / hacer copia	to copy
fallar	to "crash" (computer)
funcionar	to work, function; to run (machines)
grabar	to record; to tape
guardar	to keep, to save (documents)
imprimir	to print
instalar	to install
mandar	to send
manejar	to drive; to operate (a machine)
navegar (gu) la Red	to surf the Net
obtener (like tener)	to get, obtain
sacar (qu) fotos	to take photos

Los vehículos

el carro/coche (descapotable)	(convertible) car
la moto(cicleta)	motorcycle

El radio is the apparatus; **la radio** is the medium.

ASÍ SE DICE

mandar = enviar (envío)
la Red = el Internet, la Internet
el vídeo (*Sp.*) = el video (*L.A.*)

■ ■ ■ Conversación

A. Descripcíones

Paso 1. ¿Qué aparato se usa en estas situaciones?

Este aparato sirve...

1. para mandar copias de documentos inmediatamente.
2. para grabar un programa de televisión.
3. para cambiar el programa de la tele sin levantarse del sillón.
4. para recibir llamadas telefónicas cuando no estamos en casa.
5. para escuchar música mientras hacemos ejercicio.

Paso 2. Ahora, en parejas, describan otros tres aparatos, según el modelo del Paso 1. El resto de la clase va a decir qué aparatos son.

B. Los aparatos. Para Ud., ¿son ciertas o falsas las siguientes declaraciones?

1. ¡Tengo mucha habilidad mecánica! Yo entiendo bien cómo funcionan los aparatos.
2. Aprendo con facilidad a usar nuevos programas.
3. No me puedo imaginar la vida sin los aparatos electrónicos modernos.
4. Me interesa muchísimo saber qué vehículo tiene una persona, porque el vehículo es una expresión de la personalidad.
5. Una vez me falló la computadora y perdí unos documentos y archivos (*files*) muy importantes.
6. Uso la videocasetera para ver películas, pero no sé grabar.
7. Me gusta navegar la Red porque encuentro mucha información.

C. ¿Una necesidad o un lujo (*luxury*)**?**

Paso 1. Indique si Ud. tiene los siguientes aparatos o vehículos. Luego explique si los considera un lujo o una necesidad en su vida.

> **MODELOS:** la televisión →
> Tengo una. Para mí, la televisión es necesaria.
> No tengo ninguna. Para mí, la televisión es un lujo.
> No tengo ninguna. No me interesa la televisión. Prefiero leer.

1. el contestador automático
2. la videocasetera
3. el equipo fotográfico
4. la computadora
5. el coche
6. la bicicleta
7. el *iPod*
8. el teléfono móvil

Paso 2. Ahora dé otras tres cosas que Ud. considera necesarias en su vida.

Paso 3. En parejas, entrevístense para saber si tienen las mismas cosas y si están de acuerdo sobre las necesidades de la vida moderna.

Vocabulario útil

el aviso de llamadas,
la llamada en espera
  call-waiting
la línea de teléfono
  land line
el Tivo

D. Los mensajes (*messages*)

Paso 1. En parejas, traten de descifrar (*try to decipher*) la pregunta del anuncio de VODAFONE. **¡OJO! Xa** representa una preposición muy común (Pista [*Hint*]: **X = por**).

Vocabulario útil

podrás you'll be able
el servicio de mensajes cortos SMS
  (Short Message Service)
el sistema de mensajes MMS
  (Multimedia Message System)

apúntate sign up
cuanto antes as soon as possible
disfrutarás de you'll enjoy
quedar con alguien to have a planned
  meeting with someone

La vida es móvil. Móvil es Vodafone.

Mensamanía Fin de Semana

¿Ls fins d smana mands mnsajs xa qdar o qdas xa mndar mnsajs?

Con la tarifa plana **Mensamanía Fin de Semana de Vodafone** podrás enviar los fines de semana de abril todos los SMS y MMS que quieras a móviles **Vodafone** por sólo 2€. Apúntate cuanto antes, llamando o enviando gratis FINDE ON al 136, y disfrutarás de hasta cinco fines de semana de Mensamanía.

Promoción válida para clientes particulares los fines de semana del mes de abril de 06, desde el sábado a las 0h hasta el domingo a las 23.59h. Periodo de activación desde el 27/03/06 al 30/04/06. Máximo 100 SMS y 100 MMS por día de promoción. Destino Vodafone nacional, incluidos Qtel, A2 y correo electrónico. No disponible para empresas. Coste activación 2€, impuestos indirectos no incluidos.

vodafone

Paso 2. Ahora inventen un mensaje para la clase, usando un código similar al (*to that*) del anuncio.

Paso 3. En grupos, lleguen a un acuerdo sobre los siguientes temas.

1. la edad mínima para tener un teléfono celular o móvil
2. las razones para tener un móvil
3. los problemas de tener un móvil
4. dónde y cuándo no se debe usar el móvil

NOTA CULTURAL

Los nombres de los pisos[a] de un edificio

En la mayoría de los dialectos del inglés, las frases *ground floor* y *first floor* tienen el mismo significado. En español, hay dos modos de expresar estos conceptos. Aunque ha habido[b] cambios en el lenguaje debido a[c] la influencia norteamericana, **la planta baja** es el equivalente más común de *ground floor*, mientras que **el primer piso** se refiere al *second floor* de los anglohablantes.[d] Por la misma razón, en español, **el segundo piso** se refiere al *third floor*, etcétera.

[a]*floors* [b]*ha... there have been* [c]*debido... due to* [d]*English speakers*

▲ *El número de un edificio en México*

La vivienda° (Part 4)

el edificio de apartamentos

el segundo piso

la casa

el primer piso

la planta baja

el vecino

la vecina

la calle

el portero

La comunidad

el apartamento	apartment
el barrio / la vecindad	neighborhood
el cuarto	room
el/la dueño/a	owner; landlord, landlady
el/la inquilino/a	tenant; renter
el/la portero/a	building manager; doorman
la residencia	residence; dormitory

La zona

las afueras	outskirts; suburbs
la avenida	avenue

el campo	country(side)
el centro	downtown, city center
la dirección	address
la vista	view

Los gastos

el alquiler	rent
alquilar	to rent
la calefacción	heating
el gas	gas (*not for cars*)
la luz (*pl.* **luces**)	light; electricity

ASÍ SE DICE

La vecindad is the most generally accepted word for referring to the neighborhood in which one lives. Some Spanish speakers also use **el vecindario.** In Spain, Mexico, and some other countries, the term **el barrio** is used, but that word has negative connotations in this country.

The term **los suburbios** is a false cognate; it actually means *slums.* To say that they live in outlying areas, most Spanish speakers would say that they live **en las afueras (de la ciudad).** In Mexico and other parts of Latin America, **la colonia** is often used to refer to newer areas of the city (as compared to the older, more established areas of the central city).

El apartamento is used throughout Latin America and the Caribbean. **El departamento** is used in Mexico, Peru, and some other Latin American countries, but **el piso** is the word most commonly used in Spain.

■■■ Conversación

A. Definiciones. Defina las siguientes palabras en español, según el modelo.

> MODELO: la residencia →
> Es un lugar donde viven muchos estudiantes. Por lo general está situada en el *campus* universitario.

1. el inquilino
2. el centro
3. el alquiler
4. el portero
5. la vecina
6. la dueña
7. la dirección
8. las afueras
9. el barrio
10. la casa
11. la avenida
12. el campo
13. la planta baja
14. la vista
15. la luz

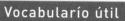

Vocabulario útil
Es una persona que...
Es un lugar donde...
Es una cosa que...

B. Anuncios clasificados. Lea los tres anuncios de viviendas en el Perú y conteste las siguientes preguntas.

1. ¿Qué tipo de vivienda se vende en cada anuncio? ¿Son para comprar o alquilar?
2. ¿Cuántos dormitorios tiene cada vivienda?
3. ¿Cree Ud. que estas viviendas son para familias con mucho dinero o con dinero limitado? Explique su respuesta.

CUZCO

Alquilo casa. Barrio residencial. Semi-amueblada[a] con teléfono. Informes Teléf. Cuzco: 084-226752. Lima: 774153 (horario 2 a 5 p.m.)

a.

DEPARTAMENTOS MONTERRICO

Finos departamentos de 3 dormitorios, 3½ baños, sala de estar,[b] 1 ó 2 cocheras,[c] acabados de primera,[d] verlos todos los días en: Domingo de la Presa 165, espalda cuadra 12 Av. Primavera.

b.

CHACARILLA DEL ESTANQUE

Departamentos exclusivos, diseño especial, 3 dormitorios, comedor de diario, área de servicio, totalmente equipados. Desde $41.500. Buenas facilidades.

Av. Buena Vista N° 230 (a 2 Cdras. de Velasco Aslete) Tels. 458107 – 357743

c.

[a]*Partially furnished*   [b]*sala... living room; sitting room*   [c]*1 ó 2... one- or two-car garage*   [d]*acabados... first-class finishing details*

C. Mi situación de vivienda

Paso 1. Diga si las siguientes declaraciones son ciertas o falsas para Ud. Corrija las declaraciones falsas.

1. Mi familia vive en una casa de dos plantas.
2. Yo estoy de inquilino/a en la actualidad.
3. Comparto (*I share*) un apartamento con otros estudiantes.
4. Mi alquiler incluye los gastos de electricidad, gas y calefacción.
5. Mi cuarto (habitación) tiene una vista magnífica.
6. Vivo en la mejor vecindad de la ciudad.
7. En el futuro, me gustaría vivir en una zona residencial en las afueras.
8. Los vecinos ideales son como yo.

Need more practice?

- ■ Workbook and Laboratory Manual
- ■ ActivityPak
- ■ Online Learning Center (www.mhhe.com/puntos8)

Paso 2. Ahora, en parejas, túrnense para entrevistarse sobre su vivienda actual, usando las ideas del **Paso 1.**

MODELO: ¿Tu familia vive en una casa de dos plantas?

Paso 3. Digan a la clase lo que Uds. tienen en común.

GRAMÁTICA

♻ ¿Recuerda Ud.?

In **Gramática 20** (**Cap. 6**) you learned about **Ud.** and **Uds.** (formal) commands. Remember that object pronouns (direct, indirect, reflexive) must follow and be attached to affirmative commands; they must precede negative commands. You'll learn about informal commands in **Gramática 36.**

AFFIRMATIVE: Háblele Ud.	Duérmase.	Dígaselo Ud.
NEGATIVE: No le hable Ud.	No se duerma.	No se lo diga Ud.

¿Cómo se dice en español?

1. Bring me the book. (**Uds.**)
2. Don't give it (*m.*) to her. (**Uds.**)
3. Sit here, please. (**Ud.**)
4. Don't sit in that chair! (**Ud.**)
5. Tell them the truth. (**Uds.**)
6. Tell it (*f.*) to them now! (**Uds.**)
7. Never tell it (*f.*) to her. (**Uds.**)
8. Take care of yourself. (**Ud.**)
9. Lead a healthy life. (**Ud.**)
10. Listen to me. (**Ud.**)

36 Influencing Others (Part 2) • *Tú* (Informal) Commands

Gramática en acción: Mandatos de la adolescencia

- Guarda la ropa limpia en tu cómoda.
- Pon la ropa sucia en el cesto.
- No te pongas esos pantalones para ir a la escuela.
- No dejes los zapatos por todas partes.
- Deja el *GameBoy* ahora mismo.
- Quítate el *iPod*: te estoy hablando.

¿Y Ud.?: ¿Oía Ud. los mandatos anteriores cuando era adolescente? ¿Sí o no? ¿Quién se los daba? (Me los daba mi...)

Commands for adolescents ■ *Put your clean clothes away in your dresser.* ■ *Put your dirty clothes in the laundry hamper.* ■ *Don't put on those pants to go to school.* ■ *Don't leave your shoes everywhere.* ■ *Stop (playing with) the GameBoy right now.* ■ *Take off your iPod: I'm talking to you.*

Gramática   Trescientos ochenta y nueve ■ **389**

Informal commands (**Los mandatos informales**) are used with persons whom you would address as **tú**.

Negative *tú* Commands

-ar verbs		-er/-ir verbs	
No hables.	Don't speak.	**No comas.**	Don't eat.
No cantes.	Don't sing.	**No escribas.**	Don't write.
No juegues.	Don't play.	**No pidas.**	Don't order.

A. Like **Ud.** commands (**Gramática 20**), the negative **tú** commands are expressed using the "opposite vowel": **-ar** verbs take **-e** endings, **-er/-ir** verbs take **-a** endings. The pronoun **tú** is used only for emphasis.

-ar → -e
-er/-ir → -a

No cantes **tú** tan fuerte.
*Don't **you** sing so loudly.*

B. As with negative **Ud.** commands, object pronouns—direct, indirect, and reflexive—precede negative **tú** commands.

No **lo** mires.
Don't look at him.

No **les** escribas.
Don't write to them.

No **te** levantes.
Don't get up.

Affirmative *tú* Commands

-ar verbs		-er/-ir verbs	
Habla.	Speak.	**Come.**	Eat.
Canta.	Sing.	**Escribe.**	Write.
Juega.	Play.	**Pide.**	Order.

A. Unlike the other command forms you have learned, most affirmative **tú** commands have the same form as the third person singular of the present indicative.* Some verbs have irregular affirmative **tú** command forms.

decir:	di	**salir:**	sal
hacer:	haz	**ser:**	sé
ir:	ve	**tener:**	ten
poner:	pon	**venir:**	ven

---

*As you know, there are two different moods in Spanish: the indicative mood (the one you have been using, which is used to state facts and ask questions) and the subjunctive mood (which is used to express more subjective actions or states). Beginning with **Gramática 37,** you will learn more about the subjunctive mood.

Spelling Hint: One-syllable words, like the affirmative **tú** commands of some verbs (**decir, ir, tener,...**) do not need an accent mark: **di, ve, ten,...** . Exceptions to this rule are those forms that could be mistaken for other words, like the command of **ser** (**sé**), which could be mistaken for the pronoun **se**.

Sé puntual pero **ten** cuidado.
Be there on time, but be careful.

¡**o**! The affirmative **tú** commands for **ir** and **ver** are identical: **ve.** Context will clarify meaning. The command form of **ver** is rarely used.

¡**Ve** esa película!
See that movie!

Ve a casa ahora mismo.
Go home right now.

B. As with affirmative **Ud.** commands, object and reflexive pronouns follow affirmative **tú** commands and are attached to them. Accent marks are necessary except when a single pronoun is added to a one-syllable command.

Dile la verdad.
Tell him the truth.

Léela, por favor.
Read it, please.

Póntelos.
Put them on.

AUTOPRUEBA

Choose the correct command form for each sentence.

1. _____ me qué quieres.
2. No _____ al parque sola.
3. No le _____ nada de la fiesta.
4. _____ te un abrigo.
5. _____ a la tienda.
6. No _____ eso en mi cama.

a. di
b. digas
c. pon
d. pongas
e. vayas
f. ve

Answers: 1. a 2. e 3. b 4. c 5. f 6. d

NOTA COMUNICATIVA

Vosotros Commands

In **Capítulo 1,** you learned about the pronoun **vosotros/vosotras** that is used in Spain as the plural of **tú.** Here is information about forming **vosotros** commands, for recognition only.

- Affirmative **vosotros** commands are formed by substituting **-d** for the final **-r** of the infinitive. There are no irregular affirmative **vosotros** commands.

  hablar → hablad
  comer → comed
  escribir → escribid

- Negative **vosotros** commands are expressed with the present subjunctive. (You will learn more about the present subjunctive in the next and subsequent grammar sections.)

  no habléis
  no comáis
  no escribáis

- Placement of object pronouns is the same as for all other command forms.

  Decídmelo.
  No me lo digáis.

■ ■ ■ Práctica

A. ¡Anticipemos! Recuerdos de la niñez

Paso 1. Indique los mandatos que le daban a Ud. con frecuencia cuando era niño/a. Después de leerlos todos, indique los dos que le daban más. ¿Qué mandato no oyó Ud. nunca?

1. _____ Limpia tu cuarto.
2. _____ Cómete el desayuno.
3. _____ Haz la tarea.
4. _____ Cierra la puerta.
5. _____ Bébete la leche.
6. _____ Lávate las manos.
7. _____ Dime la verdad.
8. _____ Quítate el *iPod*.
9. _____ Guarda tu bicicleta en el garaje.
10. _____ Sé bueno/a.

Note in **Práctica A** the use of the reflexive pronoun with the verbs **comer** and **beber**. This use of the reflexive means *to eat up* and *to drink up*, respectively.

Cómete las zanahorias.
Eat up your carrots.

No **te bebas** la leche tan rápido.
Don't drink up your milk so fast.

Paso 2. Ahora indique lo que con frecuencia le prohibían a Ud. hacer. Indique también los dos mandatos que le daban más. ¿Qué mandato no le daban nunca?

1. _____ No cruces la calle solo/a.
2. _____ No juegues con mis cosas.
3. _____ No comas dulces antes de cenar.
4. _____ No me digas mentiras (*lies*).
5. _____ No les des tanta comida a los peces.
6. _____ No hables con personas desconocidas (*strangers*).
7. _____ No dejes el monopatín en el jardín.
8. _____ No cambies los canales tanto.
9. _____ No seas malo/a.

B. Mandatos en una clase de preescolar (*preschoolers*)

Paso 1. Dé un mandato lógico para niños pequeños en cada una de las siguientes situaciones típicas. Siga los modelos.

MODELOS: Un niño está gritando (*yelling*). → Por favor, no grites.
Una niña siempre deja sus lápices en el suelo (*floor*). → Por favor, no dejes tus lápices en el suelo.

1. Hoy, un niño no se quita el abrigo en clase.
2. Una niña debe sacar su merienda de la mochila.
3. Es hora de sentarse en círculo, pero un niño está coloreando.
4. Es hora de la merienda, pero una niña no come nada.
5. Es la hora del recreo (*recess*), pero una niña no sale a jugar.
6. Es hora de dormir la siesta, pero una niña está cantando.
7. Es hora de recoger los juguetes (*toys*) que están en el suelo, pero un niño no ayuda a levantarlos del suelo.
8. Los libros de una niña están en el suelo.
9. Una niña está llorando porque quiere ver a su mamá.
10. Una niña dice cosas feas.

Need more practice?

- ■ Workbook and Laboratory Manual
- ■ ActivityPak
- ■ Online Learning Center (www.mhhe.com/puntos8)

Paso 2. Ahora dé otros tres mandatos que se les dan mucho a los niños pequeños.

■ ■ ■ Conversación

A. La importancia de una carrera universitaria

Paso 1. En parejas, lean el anuncio y contesten las preguntas.

1. Busquen los mandatos informales que se usan en el anuncio. ¿Qué significan en inglés?
2. ¿A quiénes va dirigido (*directed*) este anuncio, a la gente (*people*) joven o a la gente mayor? ¿Por qué creen eso?
3. ¿Qué tipo de estudios se destacan (*stand out*) en el anuncio?

Paso 2. Es muy común usar mandatos en los anuncios. Creen Uds. (*Create*) un anuncio para hacerle publicidad a su universidad. Deben usar por lo menos seis mandatos, dos de ellos negativos.

B. Entre compañeros de casa. En parejas, hagan una lista de los cinco mandatos que se oyen con más frecuencia en su casa (apartamento, residencia). Piensen no sólo en los mandatos que Uds. oyen sino (*but*) también en los que Uds. les dan a los demás (*others*).

C. Situaciones

Paso 1. ¿Qué consejos les daría (*would you give*) a estas personas si fueran (*they were*) sus amigos? Déles consejos en forma de mandatos informales.

1. Su abuelo va a comprarse su primera computadora y necesita su opinión y experiencia. Tiene muchas preguntas. Él quiere una computadora para conectarse con unos amigos jubilados (*retired*) que ahora viven en otro estado, para navegar la Red y para realizar el sueño de su vida: escribir la historia de la llegada de sus padres a este país.

2. Mariana gana (*makes*) muchísimo dinero pero trabaja demasiado. Nunca tiene tiempo para nada. Duerme poco y bebe muchísimo café. No come bien y jamás hace ejercicio. Acaba de comprarse un teléfono celular para poder trabajar mientras maneja a la oficina.

Paso 2. Ahora, en parejas, inventen una situación como las del **Paso 1.** Luego, léanla a la clase. Sus compañeros van a dar los consejos.

¿Recuerda Ud.?

In **Gramática 20 (Cap. 6)**, you learned about the subjunctive mood (**el subjuntivo**). The **Ud.** (formal) and negative **tú** (informal) commands are part of the present subjunctive verb system. Do you remember why the subjunctive is used in Spanish? Try to explain the use of the subjunctive in the following sentences. If you can do that, you already understand the most basic uses of the subjunctive mood, which are presented in this chapter and in **Capítulo 13.**

1. Quiero que me **llames.**   **2.** Me gusta que **estés** aquí con nosotros.   **3.** Dudo que Juan **venga** a la fiesta.

---

37 Expressing Subjective Actions or States • Present Subjunctive (Part 1): An Introduction

Gramática en acción: La compra de una nueva cámara digital

Consejos típicos de los padres

- Espero que no compres la primera que veas.
- Te recomiendo que mires los anuncios en los periódicos y que busques las mejores ofertas.
- Es posible que encuentres precios similares en varias tiendas.
- No quiero que gastes todo el dinero que te dio la abuela.

Comprensión: ¿Le daría (*would give*) un padre los siguientes consejos a su hija?

1. Deseo que gastes todo tu dinero.
2. Te sugiero que no pierdas el tiempo buscando ofertas.
3. Quiero que compres una cámara inmediatamente.
4. Espero que compares los precios de varias tiendas.

The purchase of a new digital camera   Typical advice from parents ■ I hope you won't buy the first one that you see. ■ I recommend that you look at newspaper ads and that you look for the best offers. ■ It's possible that you'll find similar prices in several stores. ■ I don't want you to spend all of the money that your grandmother gave you.

A. Except for commands, all the verb forms you have learned so far in *Puntos de partida* are part of the *indicative mood* (**el modo indicativo**). In both English and Spanish, the indicative is used to state facts and to ask questions; it objectively expresses actions or states of being that are considered true by the speaker.

INDICATIVE:

Prefiero llegar temprano a casa.
I prefer getting home early.

¿**Vienes** a la fiesta?
Are you coming to the party?

B. Both English and Spanish have another verb system called the *subjunctive mood* (**el modo subjuntivo**). The subjunctive is used to express actions or states that are colored by our desires or opinions, as well as actions or states that are not a reality. These include things that the speaker wants to happen or wants others to do, events to which the speaker reacts emotionally, things that are as yet unknown, and so on. To sum up: The indicative expresses objective reality. The subjunctive expresses actions or states that are more subjective or conceptual (exist only in one's mind).

SUBJUNCTIVE:

Prefiero que **llegues** temprano a casa.
I prefer that you be home early.

Espero que **vengas** a la fiesta.
I hope (that) you are coming to the party.

C. Sentences in English and Spanish may be simple or complex. A simple sentence is one that contains a single verb.

Complex sentences are comprised of two or more *clauses* (**las cláusulas**), each containing a conjugated verb. There are two types of clauses: main (independent) clauses and subordinate (dependent) clauses. *Main clauses* (**Las cláusulas principales**) contain an element that controls the subordinate clause. *Subordinate clauses* (**Las cláusulas subordinadas**) contain an incomplete thought and cannot stand alone. Subordinate clauses require an main clause to form a complete sentence.

When the subjects of the clauses in a complex sentence are different, the subjunctive is often used in the subordinate clause in Spanish. Note that subordinate clauses are linked by the conjunction **que,** which is never optional (as it is in English).

SIMPLE SENTENCES:

Vienes a la fiesta.
You are coming to the party.

Alicia **está** en casa.
Alicia is at home.

COMPLEX SENTENCES:

INDICATIVE		
MAIN (INDEPENDENT) CLAUSE		SUBORDINATE (DEPENDENT) CLAUSE
Ella **sabe** *She knows*	que *(that)*	**vienes** a la fiesta. *you are coming to the party.*
Miguel **piensa** *Miguel thinks*	que *(that)*	Alicia **está** en casa. *Alicia is at home.*

SUBJUNCTIVE		
MAIN CLAUSE		SUBORDINATE CLAUSE
Quiere *She wants*	que *(for)*	**vengas** a la fiesta. *you to come to the party.*

(continued on page 396)

Miguel **espera**	**que**	Alicia **esté** en casa.
Miguel hopes	*(that)*	*Alicia is at home.*
Duda	**que**	**vengas** a la fiesta.
She doubts	*(that)*	*you're coming to the party.*

As you know, when there is no change of subject in the sentence, the infinitive follows the conjugated verb and no conjunction is necessary. In this type of sentence, the infinitive functions as the direct object of the conjugated verb.

Quiero ir a la fiesta.
I want to go to the party.

D. Three of the most common uses of the subjunctive are to express influence, emotion, and doubt or denial. These are signaled in the preceding examples by the verb forms **quiere, espera,** and **duda.**

Forms of the Present Subjunctive

Many Spanish command forms that you have already learned coincide with the forms part of the subjunctive. The **Ud./Uds.** command forms are shaded in the following box. What you have learned about forming those commands will help you learn the forms of the present subjunctive.

	hablar	**comer**	**escribir**	**volver**	**decir**
Singular	hable	coma	escriba	vuelva	diga
	hables	comas	escribas	vuelvas	digas
	hable	coma	escriba	vuelva	diga
Plural	hablemos	comamos	escribamos	volvamos	digamos
	habléis	comáis	escribáis	volváis	digáis
	hablen	coman	escriban	vuelvan	digan

A. The personal endings of the present subjunctive are added to the first person singular of the present indicative minus its **-o** ending. **-ar** verbs add endings with **-e,** and **-er/-ir** verbs add endings with **-a.**

-ar → -e
-er/-ir → -a

present indicative **yo** stem = present subjunctive stem

B. **-car, -gar,** and **-zar** verbs have a spelling change in all persons of the present subjunctive to preserve the **c, g,** and **z** sounds.

-car: c → qu
-gar: g → gu
-zar: z → c

buscar		pagar		empezar	
busque	busquemos	pague	paguemos	empiece	empecemos
busques	busquéis	pagues	paguéis	empieces	empecéis
busque	busquen	pague	paguen	empiece	empiecen

C. Verbs with irregular **yo** forms show the irregularity in all persons of the present subjunctive.

conocer:	conozca,...	salir:	salga,...
decir:	diga,...	tener:	tenga,...
hacer:	haga,...	traer:	traiga,...
oír:	oiga,...	venir:	venga,...
poner:	ponga,...	ver:	vea,...

D. A few verbs have irregular present subjunctive forms.

dar:	dé, des, dé, demos, deis, den
estar:	esté,...
haber (hay):	haya
ir:	vaya,...
saber:	sepa,...
ser:	sea,...

E. **-ar** and **-er** stem-changing verbs follow the stem-changing pattern of the present indicative.

pensar (pienso):	piense	pensemos
	pienses	penséis
	piense	piensen

poder (puedo):	pueda	podamos
	puedas	podáis
	pueda	puedan

F. **-ir** stem-changing verbs show a stem change in the four forms that have a change in the present indicative. In addition, however, they show a second stem change in the **nosotros** and **vosotros** forms, the same change that occurs in the present participle (**-ndo**) and in the third person (singular and plural) of the preterite.

-ir stem-changing verbs (**nosotros, vosotros**): o → u, e → i

dormir	duerma	durmamos
(duermo) (u):	duermas	durmáis
	duerma	duerman

durmiendo / durmió, durmieron

pedir (pido) (i):	pida	pidamos
	pidas	pidáis
	pida	pidan

pidiendo / pidió, pidieron

preferir	prefiera	prefiramos
(prefiero) (i):	prefieras	prefiráis
	prefiera	prefieran

prefiriendo / prefirió, prefirieron

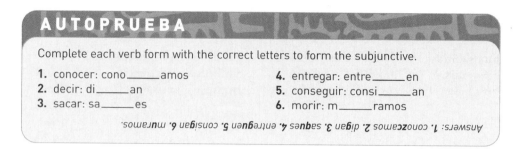

■ ■ ■ Práctica

A. ¡Anticipemos! La vida tecnológica. Diga si Ud. está de acuerdo o no con las siguientes declaraciones.

1. En la vida actual es absolutamente necesario tener una computadora.
2. Yo quiero comprarme una computadora nueva, pero no creo que pueda hacerlo pronto.
3. Hoy día (*These days*) es posible comprar una buena computadora portátil por 1.000 dólares.
4. Es horrible que la tecnología cambie tan rápidamente; nadie puede aprender a este ritmo.
5. Prefiero que la gente no dependa tanto de la tecnología.
6. Es absurdo que tantas personas usen teléfonos celulares.
7. Dudo que el precio de las llamadas de los teléfonos celulares baje más en los próximos dos años.
8. Espero que mi compañero/a de casa (esposo/a, hijo/a) cambie el mensaje del contestador automático.

B. Su trabajo actual. Use frases de la lista de la derecha para completar las oraciones de modo (*in such a way*) que se refieran a su situación en el trabajo. (Siempre hay más de una respuesta posible.) Si Ud. no trabaja ahora, no importa. ¡Invéntese una respuesta!

1. El jefe quiere que _____.
2. También espera que _____.
3. Y duda que _____.
4. Prohíbe (*He forbids*) que _____.
5. En el trabajo, es importante que _____.
6. Yo espero que _____.
7. No me gusta que _____.
8. Es difícil que _____.

a. a veces trabajemos los fines de semana
b. todos lleguemos a tiempo
c. hablemos por teléfono con los amigos
d. me den un aumento de sueldo
e. nos paguen más a todos
f. no usemos el *fax* para asuntos (*matters*) personales
g. me den un trabajo de tiempo completo algún día
h. no perdamos tiempo charlando (*chatting*) con los demás
i. escribamos e-mails personales en la oficina
j. nos pongan plazo para hacer el trabajo
k. me den otro proyecto (*project*)
l. ¿ ?

Need more practice?

■ Workbook and Laboratory Manual
■ ActivityPak
■ Online Learning Center (www.mhhe.com/puntos8)

■ ■ ■ Conversación

A. ¿Puede Ud. substituir a su profesor(a) en el salón de clase? Demuéstrele a su profesor(a) que Ud. lo/la conoce bien, haciendo oraciones como las que dice él/ella en clase. (Sólo tiene que cambiar el infinitivo.)

Quiero que
Espero que
Prohíbo que
Dudo que
Es necesario que
Me alegro de
(*I'm glad*) que
No creo que
Recomiendo que

+

(nombre de un[a] estudiante)
todos Uds.
nadie
alguien de la clase
yo

+ (no) **+**

estudiar
llegar a tiempo
copiar en un examen
saber el subjuntivo
sacar notas mejores
levantarse más
   temprano
navegar la red
dormirse en clase
hacer la tarea
ir a un país de
   habla española
¿ ?

B. Cómo dar una buena fiesta

Paso 1. Haga una lista de las cosas que hay que hacer para dar una fiesta exitosa (*successful*), en su opinión. Use infinitivos en su lista.

MODELOS: llamar a los amigos con anticipación (*ahead of time*)
comprar…

Paso 2. En parejas, comparen sus listas del **Paso 1** y hagan una sola lista de por lo menos diez acciones.

Paso 3. Luego conviertan la lista en una serie de recomendaciones para dar una buena fiesta.

MODELO: Recomendamos que llamen a los amigos con anticipación

Vocabulario útil	
Es necesario/bueno/importante/esencial que… **Recomendamos que…** **Sugerimos** (We suggest) **que…**	+ *subjunctive*

38

Expressing Desires and Requests • Use of the Subjunctive (Part 2): Influence

Gramática en acción: ¿Quién debe hacerlo?

1.   2.   3.

Comprensión: Escoja la oración que describa cada dibujo.

1. _____ **a.** Quiero aprender las formas del subjuntivo.
   b. Quiero que nosotros aprendamos juntos las formas del subjuntivo.
2. _____ **a.** Insisto en hablar con Jorge.
   b. Insisto en que tú hables con Jorge.
3. _____ **a.** Es necesario arreglar esta habitación.
   b. Es necesario que tú arregles esta habitación.

A. So far, you have learned to identify the subjunctive by the features listed at right.

- appears in a subordinate (dependent) clause
- has a different subject from the one in the main (independent) clause
- is preceded by **que**

B. In addition, the use of the subjunctive is associated with the presence of a number of concepts or conditions that trigger the use of it in the subordinate clause. The concept of influence in the main clause is one trigger for the subjunctive in a subordinate clause. When the speaker wants something to happen, he or she tries to influence the behavior of others, as in these sentences.

   The verb in the main clause is, of course, in the indicative, because it is a fact that the subject of the sentence wants something.

MAIN (INDEPENDENT) CLAUSE		SUBORDINATE (DEPENDENT) CLAUSE
Yo **quiero** *I want*	**que**	tú **pagues** la cuenta. *you to pay the bill.*
La profesora **prefiere** *The professor prefers*	**que** *that*	los estudiantes no **lleguen** tarde. *students don't arrive late.*

C. Querer is not the only verb that can express the main subject's desire to influence what someone else thinks or does. There are many other verbs of influence, some very strong and direct, some very soft and polite.

STRONG	SOFT
insistir en	**desear**
mandar (*to order*)	**pedir (pido) (i)**
permitir (*to permit, allow*)	**preferir (prefiero) (i)**
prohibir (prohíbo)	**recomendar (recomiendo)**
	sugerir (sugiero) (i) (*to suggest*)

D. An impersonal generalization of influence or volition can also be the main clause that triggers the subjunctive.

Es necesario que…   Es importante que…
Es urgente que…   Es mejor que…

■ ■ ■ Práctica

A. ¡Anticipemos! ¿Cierto o falso?

Paso 1. Diga si las siguientes ideas son ciertas o falsas para Ud.

1. Siempre insisto en que mis compañeros de cuarto bajen (mi esposo/a, novio/a baje) el volumen de la música.
2. No quiero que nadie use mi computadora.
3. Prohíbo que mi compañero de cuarto (esposo/a, novio/a) toque mis cosas.
4. No es necesario que me pidan permiso antes de usar algo mío (*of mine*).
5. Prefiero que alguien me instale los nuevos programas en la computadora, porque soy muy torpe en asuntos de la tecnología.
6. Deseo que haya una ley (*law*) contra el uso de teléfonos móviles en los edificios de clases, porque me molesta mucho el ruido que hacen.

Paso 2. Ahora, en parejas, entrevístense sobre las ideas del **Paso 1.**

MODELO: E1: ¿Insistes en que tus compañeros de cuarto bajen el volumen de la música?
E2: Yo nunca insisto en que mis compañeros de cuarto bajen el volúmen de la música.

Paso 3. Digan a la clase lo que Uds. tienen en común.

B. Expectativas de la educación

Paso 1. ¿Qué esperan durante el año escolar los profesores, los estudiantes y los padres de los estudiantes? Haga oraciones según las indicaciones.

1. todos / profesores / querer / que / estudiantes / llegar / clase / a tiempo
2. profesor(a) de / español / preferir / que / (nosotros) ir / con frecuencia / laboratorio de lenguas
3. profesores / prohibir / que / estudiantes / traer / comida / y / bebidas / clase
4. profesores / insisten en / que / (nosotros) entregar / tarea / a tiempo
5. estudiantes / pedir / que / profesores / no darles / mucho / trabajo
6. también / (ellos) querer / que / haber / más vacaciones
7. padres / insistir en / que / hijos / sacar / buenas / notas

Paso 2. Y Ud., ¿qué quiere que hagan los profesores? Invente otras tres oraciones para indicar sus deseos.

C. El día de la mudanza (*moving*)**.** Imagine que Ud., su esposo/a y sus hijos acaban de llegar, con todas sus cosas, a un nuevo apartamento. ¿Dónde quieren Uds. que se pongan los siguientes muebles? Siga el modelo. Luego explique por qué quiere que cada cosa esté en el sitio indicado. Empiece la primera oración con frases como: **Queremos que... , Preferimos que... , Es necesario que... , Es buena idea que...** Use el verbo **gustar** en la segunda oración. **¡OJO!** No se olvide de usar la palabra **que**.

MODELO: LOS MUEBLES   LA EXPLICACIÓN
         los trofeos de Julio / la sala   mirarlos todos los días →

Queremos que los trofeos de Julio estén en la sala. ¡Nos gusta mirarlos todos los días!

LOS MUEBLES	LA EXPLICACIÓN
1. la nueva televisíon / la sala	ver la tele todos juntos
2. la televisíon portátil / la cocina	ver la tele al cocinar (*while cooking*)
3. el estereo / la alcoba de Julio	oír música mientras estudia
4. el sillón grande / la sala	leer el periódico allí
5. los monopatines de los niños / el patio	jugar allí
6. la computadora / la oficina	pagar las cuentas allí
7. el acuario / la alcoba de Anita	mirar los peces

Need more practice?

- Workbook and Laboratory Manual
- ActivityPak
- Online Learning Center (www.mhhe.com/ puntos8)

■ ■ ■ Conversación

A. ¿Qué quieres?

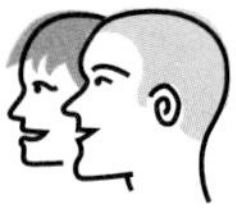

Paso 1. En parejas, hablen de afectar las acciones de otras personas. Para hacer las preguntas y oraciones, combinen palabras de las tres columnas o usen la imaginación.

MODELO: E1: ¿Qué quieres que tu padre haga?
         E2: Quiero que mi padre me compre una computadora.

querer	padre/madre	comprarme... (una televisión, rosas, ¿ ?)
preferir	amigos/as	visitarme... (mañana, el jueves, ¿ ?)
insistir en	hermana	invitarme... (al cine, a cenar, ¿ ?)
mandar	profesor(a)	(no) dar tarea... (hoy, mañana, ¿ ?)
permitir	novio/a	ayudarme... (en los quehaceres, a hacer la tarea, ¿ ?)
prohibir	esposo/a	salir con... (otra persona, mi amigo, ¿ ?)
recomendar	compañero/a de cuarto	llamarme... (todos los días, el viernes, ¿ ?)
	hijo/a	explicarme... (la gramática, ¿ ?)
	hijos	¿ ?

(handwritten margin note: Use question... Cuando que)

Paso 2. Ahora hablen de las cosas que otras personas quieren, prefieren, permiten, etcétera, que Uds. hagan.

MODELO: E1: ¿Qué quieren tus hijos que hagas?
         E2: Quieren que yo compre una computadora nueva.

B. Hablan los expertos en tecnología

Paso 1. En parejas, imaginen que son parte un equipo de expertos en problemas relacionados con la tecnología y que tienen un programa de radio. Como miembros del equipo, lean las siguientes preguntas que les han mandado (*have sent*) los radioyentes (*radio audience*) por correo electrónico y denles una solución. Es bueno usar frases como **Le recomiendamos/sugeramos que...** , **Es importante/necesario/urgente que...**

1. Tengo 20 años y soy una joven extremadamente tímida. Por eso no me gusta salir. Prefiero asumir otra personalidad al conectarme en la Red. Así paso contenta por horas. Mi madre dice que esto no es normal y me pide que deje de hacerlo. Ella insiste en que salga con otras jóvenes de mi edad. ¿Qué piensan Uds.?

2. Mi marido es un hombre muy bueno y responsable. Tiene un buen trabajo, y es una persona muy respetada en su compañía. El problema es que sólo piensa en *software* y multimedia. Pasa todo su tiempo libre delante de la computadora o leyendo catálogos y revistas sobre computadoras. Yo prefiero que él pase más tiempo conmigo. Estoy tan aburrida que estoy pensando en dejarlo. ¿Qué me recomiendan que haga?

Paso 2. Ahora piensen en un problema que se relacione con la tecnología que sea similar a los del **Paso 1,** y descríbanlo por escrito (*in writing*). El resto de las clase les va a hacer sugerencias sobre cómo resolverlo.

C. Entrevista

Paso 1. Complete las siguientes oraciones lógicamente... ¡y con sinceridad!

1. Mis padres (hijos, abuelos,...) insisten en que (yo) _____.
2. Mi mejor amigo/a (esposo/a, novio/a,...) desea que (yo) _____.
3. Prefiero que mis amigos _____.
4. No quiero que mis amigos _____.
5. Es urgente que (yo) _____.
6. Es necesario que mi mejor amigo/a (esposo/a, novio/a,...) _____.

Paso 2. Ahora pregúntele a un compañero o compañera cómo completó las oraciones del **Paso 1** para saber algo de su vida.

MODELO: ¿En qué insisten tus padres?

UN POCO DE TODO

A. Dos diablitos (little devils)

Paso 1. Alberto y Eduardo Suárez son dos niños que siempre hacen lo que no deben. Lea el mandato que les da su madre en la primera oración de cada par. Luego complete la segunda oración con el mandato opuesto.

> **MODELO:** Alberto, siéntate en la silla. No _____ (sentarte) en el suelo. → No *te sientes* en el suelo.

1. Alberto, no escuches la radio ahora. _____ (Escucharme) a mí.
2. Eduardo, haz tu tarea. No _____ (hacer) eso.
3. Eduardo, no juegues con la pelota dentro de la casa. _____ (Jugar) afuera.
4. Alberto, no cantes en la mesa. _____ (Cantar) después de cenar.
5. Alberto, dame a mí tu almuerzo. No _____ (dárselo) al perro.
6. Eduardo, pon los pies en el suelo. No _____ (ponerlos) en el sofá.

Paso 2. ¿Qué quiere la Sra. Suárez que hagan los dos niños? ¿Qué prefiere que *no* hagan? Indique sus deseos con oraciones completas.

> **MODELO:** La Sra. Suárez prefiere que Alberto se siente en la silla. No quiere que se siente en el suelo.

B. Lengua y cultura: De turismo por el Perú.

Complete the following passage with the correct form of the words in parentheses, as suggested by context. When two possibilities are given in parentheses, select the correct word. Conjugate the verbs according to the following notations: *comm.* = command, *subj.* = present subjunctive, *pret.* = preterite, *imp.* = imperfect.

¿**T**e interesa la historia? ¿Te (gusta/gustan[1]) los lugares espirituales? Entonces,[a] (*comm.: tú:* ir[2]) a Machu Picchu. (Es/Está[3]) una ciudad de los incas que (es/está[4]) cerca de Cuzco, Perú. No es fácil llegar allí. (Por/Para[5]) eso (lo/la[6]) llaman «la ciudad perdida[b] de los incas». (*Imp.: Ser*[7]) un lugar que servía de refugio y de vacaciones a los reyes[c] y nobles incas. Después de la llegada de los españoles, esta ciudad (*pret.:* estar[8]) oculta[d] (desde/hasta[9]) 1911, cuando Hiram Bingham, un profesor y explorador estadounidense la (*pret.:* descubrir[10]) y (*pret.:* publicar[11]) los resultados[e] de su investigación.[f]

Pero Machu Picchu no (es/está[12]) el único lugar interesante que se puede visitar en el Perú. Si puedes pasar más de una semana en el país, te recomendamos que (*subj.: tú:* hacer[13]) una excursión por la selva. O (*comm.: tú:* viajar[14]) (al/a el[15]) desierto de Atacama, el lugar más árido (en el/del[16]) mundo. Y también (*comm.: tú:* pasar[17]) unos días en las playas de Mancora y Cabo Blanco. (*Comm.: Tú:* Hacer[18]) un viaje fabuloso que (nunca/siempre[19]) vas a olvidar. Esperamos que (*subj.: tú:* poder[20]) ir con una persona especial para ti. (Sabemos/Conocemos[21]) que el Perú (les/nos[22]) va a fascinar.

[a]*Then* [b]*lost* [c]*kings* [d]*hidden* [e]*results* [f]*research*

▲ *Hiram Bingham (1875–1956)*

Comprensión: Las siguientes oraciones son falsas. Corríjalas con información de la lectura.

1. El actual rey del Perú vive en Machu Picchu.
2. Es fácil llegar a Machu Picchu.
3. Hiram Bingham fue un explorador español.
4. Machu Picchu es el único sitio de interés turístico en el Perú.
5. A los turistas no les gusta mucho viajar en el Perú.

C. La era del ruido

Paso 1. En parejas, estudien con cuidado (*carefully*) la tira cómica de Maitena, una dibujante (*cartoonist*) argentina. Luego contesten las siguientes preguntas.

1. ¿En qué consiste «la era del ruido», según Maitena?
2. ¿Cuáles de los ruidos de la tira cómica son parte de la vida de Uds.?
3. ¿Qué otras cosas hacen ruido en la vida de Uds.?
4. ¿Contestan Uds. el teléfono cuando suena en la tele?

Paso 2. Ahora, con otro compañero o compañera imaginen que Uds. están a cargo (*in charge*) del tema del ruido en el Departamento de Salud Pública. Usando mandatos de **tú,** hagan una lista de reglas (*rules*) sobre las cosas que se deben o no se deben usar y cuándo y dónde.

CURVASPELIGROSAS

Por **Maitena**

LA ERA DEL RUIDO

^a*elevators* ^b*gates* ^c*Cashier* ^d*hand dryers* ^e*warm* ^f*gloves* ^g*Trepidan... Drills vibrate* ^h*Retumba... The printer booms* ⁱ*is barking* ^j*tied up* ^k*shouts* ^l*television* ^m*answer*

MODELO: Apaga tu celular antes de entrar en clase.

Vocabulario útil
apagar (gu)
bajar el volumen to lower the volume
hablar en voz alta/baja to speak loudly/softly
poner

Resources for Review and Testing Preparation

- Workbook and Laboratory Manual
- ActivityPak
- Online Learning Center (www.mhhe.com/puntos8)

Perspectivas culturales

El Perú

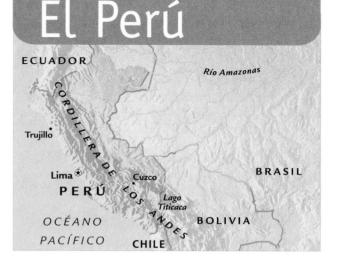

Datos esenciales

- Nombre oficial: República del Perú
- Capital: Lima
- Población: más de 28 millones de habitantes

Fíjese

- El Perú fue el centro de la civilización inca, la civilización indígena más extensa de América. Parte de esta herencia cultural sigue viviendo entre sus descendientes: los quechuas del Ecuador, Perú, Bolivia y Chile. Para muchos peruanos, el quechua es su primer, y a veces único, idioma.
- El Lago Titicaca, situado[a] entre Bolivia y el Perú, es el lago más grande de Sudamérica y es la ruta principal de transporte entre estos dos países.
- Cientos de años antes de la llegada de los españoles, la agricultura de los indígenas del Perú ya era muy avanzada. Hace más de 2.000 años, los indígenas ya construían terrazas para hacer sus cultivos en las faldas[b] de los Andes. Muchas de estas terrazas todavía se usan hoy día.
- Uno de los cultivos[c] más importantes de los incas es la papa, que se originó en la región cerca del Lago Titicaca. La papa es una de las pocas plantas que pueden subsistir[d] en altitudes de más de 4.000 metros[e] y en regiones muy frías.

[a]*located*   [b]*para... so that they could plant on the slopes*   [c]*crops*   [d]*survive*
[e]*4.000... 13,123 feet*

El Valle Sagrado[a] de los Incas, entre Pisaq y Ollantaytambo   Este valle tiene el clima y tierra[b] ideales para vivir, y por eso fue poblado[c] por los incas y después por los españoles. Hoy día se puede visitar varias ruinas del imperio inca, como las de Sacsayhuaman, Pisaq y Moray, además de[d] hermosos[e] pueblos coloniales.

[a]*Valle... Sacred Valley*   [b]*soil*   [c]*settled*
[d]*además... in addition to*   [e]*beautiful*

La Plaza de Armas[a] de Lima   Lima, la capital del Perú, se fundó en 1535. La Plaza de Armas es el centro histórico de la zona colonial, donde se construyeron los edificios políticos y religiosos de la ciudad, como el Palacio Nacional,[b] la Catedral y la Municipalidad[c] de Lima.

[a]*Plaza... common name for the main plaza of a city*   [b]*Palacio... National Palace* (*common name for the main governmental building of a country, usually found in the capital*)   [c]*City Hall*

3

Machu Picchu   A unos 2.400 metros[a] sobre el nivel del mar,[b] se encuentra la ciudad sagrada de Machu Picchu. Se conoce como «la ciudad perdida[c] de los incas», porque estuvo oculta[d] por cientos de años hasta que Hiram Bingham, un profesor estadounidense de la Universidad de Yale, encontró sus restos[e] en 1911. De hecho,[f] Machu Picchu nunca estuvo perdida. Hay evidencia concreta de que se sabía que existía, aunque[g] Hiram Bingham fue el primero en estudiar las ruinas y publicar lo que descubrió.

[a]2.400... *7,874 feet*   [b]sobre... *above sea level*   [c]lost   [d]hidden   [e]remains
[f]De... *In fact*   [g]although

4

La Plaza de Armas de Cuzco   Cuzco fue la capital del imperio[a] inca y su nombre significa «ombligo[b]». Es la ciudad continuamente habitada[c] más antigua de Sudamérica. Después de la conquista[d] de los incas, los españoles construyeron sus edificios sobre la ciudad inca original.

[a]empire   [b]navel   [c]inhabited   [d]defeat

Música del Perú

La música del Perú muestra una gran influencia de las tradiciones andinas. Entre los instrumentos típicos están el charango, un instrumento de cuerda,[a] y flautas andinas como la zampoña[b] y la quena.[c] Los varios estilos del *huayno* son una expresión de las tradiciones musicales andinas más típicas.

[a]de... *stringed*   [b]*Andean pan flute*
[c]*Andean (single) reed flute* (Vea la foto 2 en la página 381.)

5

Miraflores, el distrito más exclusivo de Lima   Además de[a] ser una ciudad histórica con una zona colonial, Lima es una inmensa ciudad con el caos y variedad de actividades que esto representa. En Miraflores, se encuentra el Centro Comercial Larcomar, con vistas panorámicas del Pacífico y sus playas. Es uno de los centros comerciales más elegantes de Latinoamérica, y sus restaurantes, bares y discotecas ofrecen una vida nocturna animada[b] y divertida.

[a]Además... *Besides*   [b]*lively*

EN RESUMEN

See the Workbook, Laboratory Manual, ActivityPak, and Online Learning Center (www.mhhe.com/puntos8) for self-tests and practice with the grammar and vocabulary presented in this chapter.

Gramática

To review the grammar points presented in this chapter, refer to the indicated grammar presentations.

36. Influencing Others (Part 2)—**Tú** (Informal) Commands

Do you know how to give orders to friends and children in Spanish? How do you tell them what not to do?

37. Expressing Subjective Actions or States—Present Subjunctive (Part 1): An Introduction

Do you understand how to form the present subjunctive?

38. Expressing Desires and Requests—Use of the Subjunctive (Part 2): Influence

You should be able to express what you want or need someone else to do without using a direct command.

Vocabulario

Los verbos

alegrarse (de)	to be happy (about)
dudar	to doubt
esperar	to hope
haber (*inf. of* **hay**)	(there is, there are)
insistir (en)	to insist (on)
mandar	to order
permitir	to permit, allow
prohibir (prohíbo)	to prohibit, forbid

Repaso: desear, pedir (pido) (i), preferir (prefiero) (i), querer, recomendar (recomiendo), sugerir (sugiero) (i)

Los vehículos

la bicicleta (de montaña)	(mountain) bike
el carro (descapotable)	(convertible) car
el monopatín	skateboard
la moto(cicleta)	motorcycle; moped
los patines	(roller/inline) skates

Repaso: el coche

La electrónica

el archivo	(computer) file
el canal	channel
la cinta	tape
el contestador automático	answering machine
el correo electrónico	e-mail
el disco duro	hard drive
el equipo	equipment
el estéreo	stereo
la grabadora	(tape) recorder/player
la impresora	printer
el lector de DVD	DVD player
el mensaje	message
el ordenador (*Sp.*)	computer
la pantalla (grande/plana)	(big/flat) screen (monitor)
el ratón	mouse
la Red	Net
la videocasetera	videocassette recorder/player (VCR)

Cognados: la cámara (de vídeo, digital), el CD-ROM, el control remoto, el disco compacto (el CD), el disco de computadora, el DVD-ROM, el e-mail, el estéreo, el fax, el *iPod,* la memoria, el módem, el *PDA,* el radio (portátil), el teléfono (celular/móvil)

Repaso: la computadora, el teléfono, la televisión

almacenar	to store, save
cambiar (de)	to change
fallar	to "crash" (*computer*)
funcionar	to work, function; to run (*machines*)
grabar	to record; to tape
guardar	to keep; to save (*documents*)
hacer copia	to copy
imprimir	to print
manejar	to drive; to operate (a *machine*)
navegar (gu) la Red	to surf the Net
obtener (*like* tener)	to get, obtain

Cognados: copiar, instalar

Repaso: conseguir (*like* seguir), mandar, sacar (qu) fotos

En el trabajo

el aumento	raise
el/la jefe/a	boss
el sueldo	salary

La vivienda

las afueras	outskirts; suburbs
el alquiler	rent
la avenida	avenue
el barrio	neighborhood
la calefacción	heating
la calle	street
el campo	country(side)
el *campus*	(university) campus
la comunidad	community
el/la dueño/a	landlord, landlady
el edificio de apartamentos	apartment building
el gas	gas (*not for cars*)
el/la inquilino/a	tenant; renter

el piso	floor (*of a building*)
el primer piso	second floor
el segundo piso	third floor
la planta baja	ground floor
el/la portero/a	building manager; doorman
la vecindad	neighborhood
el/la vecino/a	neighbor
la vista	view
la vivienda	housing
la zona	zone, area
alquilar	to rent

Repaso: el apartamento, la casa, el centro, el cuarto, la dirección, el/la dueño/a (*owner*), la luz (*pl.* luces), la residencia

Otros sustantivos

los/las demás	others
el gasto	expense
la gente	people
el lujo	luxury
la mentira	lie

Vocabulario personal

Un paso más 12

Literatura del Perú

Sobre el escritor: *Jorge Mario Pedro Vargas Llosa nació en Arequipa, Perú, donde estudió. Además, ha vivido[a] en varios países. En los años 90, se trasladó[b] a España, y consiguió la ciudadanía[c] española. Ha sido[d] profesor visitante en universidades de los Estados Unidos, Latinoamérica y Europa. El siguiente fragmento es de la novela* La tía Julia y el escribidor *(1977).*

▲ Mario Vargas Llosa (1936–)

En ese tiempo remoto, yo era muy joven y vivía con mis abuelos en una quinta[e] de paredes blancas de la calle Ocharán, en Miraflores. Estudiaba en San Marcos, Derecho,[f] creo, resignado a ganarme más tarde la vida con una profesión liberal, aunque, en el fondo,[g] me hubiera gustado[h] más llegar a ser un escritor. Tenía un trabajo de título pomposo, sueldo modesto, apropiaciones ilícitas[i] y horario elástico: director de Informaciones de Radio Panamericana. Consistía en recortar las noticias interesantes que aparecían en los diarios[j] y maquillarlas[k] un poco para que se leyeran[l] en los boletines.

[a]ha... *he has lived*   [b]se... *he moved*   [c]*citizenship*   [d]Ha... *He has been*   [e]*casa*   [f]*Law*
[g]en... *deep down*   [h]me... *I would have liked*   [i]apropiaciones... *crooked deals*   [j]*periódicos*
[k]*editing them*   [l]para... *so that they could be read*

LECTURA

ESTRATEGIA: Word Families

Guessing the meaning of a word from context is easier if it has a recognizable root or a relation to another word that you already know. For example, if you know the verb **llover** (*to rain*), you should be able to guess the meaning of **lluvia** (*rain*) and **lluvioso** (*rainy*) quite easily in context. Can you guess the meaning of the following words? Give the English meaning and then a Spanish word you already know that has the same root form. The first one is done for you.

> MODELO: **la locura:** En la Edad Media, la locura no era considerada una enfermedad, sino una manifestación en carne y hueso (*flesh and blood; literally, flesh and bone*) del diablo (*devil*). →
> *madness, loco*

1. **la pobreza:** La pobreza es un problema muy grave en muchas partes de la India y Latinoamérica.
2. **la enseñanza:** Muchos datos indican que la calidad de la enseñanza actual en los Estados Unidos es inferior a la del año 1960.
3. **la riqueza:** El número de personas que llega a Hollywood en busca de fama y riqueza en el cine sigue subiendo.

Next, check your answers with a classmate or with your instructor.

The following word is found in the first paragraph of the reading: **navegación.** What verb do you know that has the same root form?

The word **vendedor** is found in the second paragraph. Can you identify the verb that has the same root form?

Identifying root forms and knowing their meanings should help you understand some unfamiliar words in the context of the following reading.

■ **Sobre la lectura...** La lectura en la página siguiente es una colección de tres artículos breves sobre los nuevos teléfonos celulares. Los artículos vienen de la revista mexicana *Muy interesante,* que publica artículos sobre la tecnología, las ciencias, la naturaleza y la historia.

Teléfonos, ¡y mucho más!

Computeléfono

Llevar el escritorio de la oficina a todos lados[a] requiere del mejor equipo; los teléfonos inteligentes Treo 700 wx de Palm están configurados con el Windows Mobile y ofrecen a los clientes la combinación de este poderoso software con un diseño atractivo y facilidad de uso. La pantalla táctil <u>agiliza</u> la navegación en sitios de la Red, con la posibilidad de ver y editar archivos móviles de Microsoft Word y Excel, además de[b] ver archivos en Power-Point y PDF. Cuenta con[c] cámara con 1.3 mega-pixeles para obtener calidad digital. Su tecnología inalámbrica[d] permite comunicarse con auriculares[e] compatibles, kits de automóviles, computadoras e impresoras equipadas con dispositivos *Bluetooth*.

Inteligencia móvil

El nuevo celular 7710 de Nokia es el teléfono inteligente que combina las cualidades de una agenda electrónica, un teléfono celular con sistema GSM, acceso a Internet y capacidad para proyección de video. Cuenta además con una pantalla en formato *widescreen* con una gran nitidez[f] y <u>brillantez</u> en sus colores e imágenes. Con ello[g] el gigante finlandés[h] de la telefonía espera consolidarse como el mayor vendedor de aparatos en el mundo, pues hasta el momento uno de cada tres celulares en el mercado pertenece a[i] esa firma.

Celular televisor

El teléfono MX8500 es un gadget que luce[j] elegante en su color negro, además cuenta con un <u>teclado</u> circular y sensible al tacto[k] que permite agilizar las funciones. Cada uno de los íconos enciende en color rojo, esto le proporciona un aspecto moderno y diferente. También, permite a los <u>usuarios</u> tener a su alcance[l] la recepción de programas de televisión en vivo, reproductor de MP3 con memoria expandible de hasta 1 GB, así como cámara digital de 1.3 megapíxeles para fotografía y video. Es ligero (apenas 100 gramos), dispone de tecnología 3G para descargar[m] aplicaciones de pantalla con la plataforma BREW 3.1, y sistema GPS para localizar equipo o que la gente te encuentre de una manera u otra. ■

[a]a... *everywhere* [b]además... *in addition to* [c]Cuenta... *It has* [d]*wireless* [e]*headphones* [f]claridad [g]*all that* [h]*Finnish* [i]pertenece... *comes from* [j]*shines, shows off* [k]*touch* [l]a... *available* [m]*run*

Comprensión

A. ¿Qué significan? Las siguientes palabras aparecen en el primer párafo (**Computeléfono**): **poderoso, facilidad, posibilidad.** Use la estrategia presentada con la lectura para identificar un verbo, un sustantivo o un adjetivo con la misma raíz (*root*). ¿Qué significan estas palabras?

B. ¡A identificar! Conteste las siguientes preguntas.

1. ¿Cuál de los tres teléfonos no ofrece conexión al Internet?
2. ¿Cuál de los tres teléfonos no tiene cámara digital?
3. ¿Cuál de los tres teléfonos no tiene capacidad para ver videos?

REDACCIÓN

¿Qué teléfono prefiere Ud? La lectura presenta información sobre tres teléfonos celulares diferentes. Tienen algunas funciones en común, pero cada uno tiene ciertas funciones únicas también. ¿Qué teléfono prefiere Ud. y por qué? Escriba un ensayo para explicar su preferencia. Explique por qué necesita las funciones del teléfono y cómo estas le van a facilitar (*make easier*) o mejorar (*improve*) su vida.

◀ *IUSACELL es una compañía de servicio celular de México. El servicio que uno tiene puede ser tan importante como el equipo telefónico. En su opinión, ¿qué compañía ofrece el mejor servicio celular de la ciudad o región donde Ud. vive?*

CAPÍTULO 13

El arte y la cultura

1

Residentes de Quito, Ecuador, mirando cuadros (*paintings*) **de artistas locales, en el Parque de la Alameda**

1. ¿Qué tipo de pintura se ve en la foto?

2. ¿Qué tipo de arte le interesa a Ud.? ¿Qué tipo de objetos artísticos tiene Ud. en su casa?

3. ¿Hay algún museo en su ciudad? ¿algún teatro?

2 **El charango, un instrumento tradicional de Bolivia**

1. ¿A qué instrumento musical se parece (*is similar*) el charango?

2. ¿Sabe Ud. tocar algún instrumento musical? ¿Cuál?

3. ¿Qué sabe Ud. de la música andina? ¿Qué tipos de instrumentos son predominantes en esa música? ¿de percusión, de viento o de cuerda (*string*)?

3 **Una vendedora de flores en un mercado de Quito, Ecuador**

1. ¿Reconoce Ud. algunas de las flores que vende esta mujer?

2. ¿Compra Ud. flores a veces? ¿En qué ocasiones?

3. ¿Se puede comprar flores en las calles de su ciudad? ¿Dónde?

Las artes*

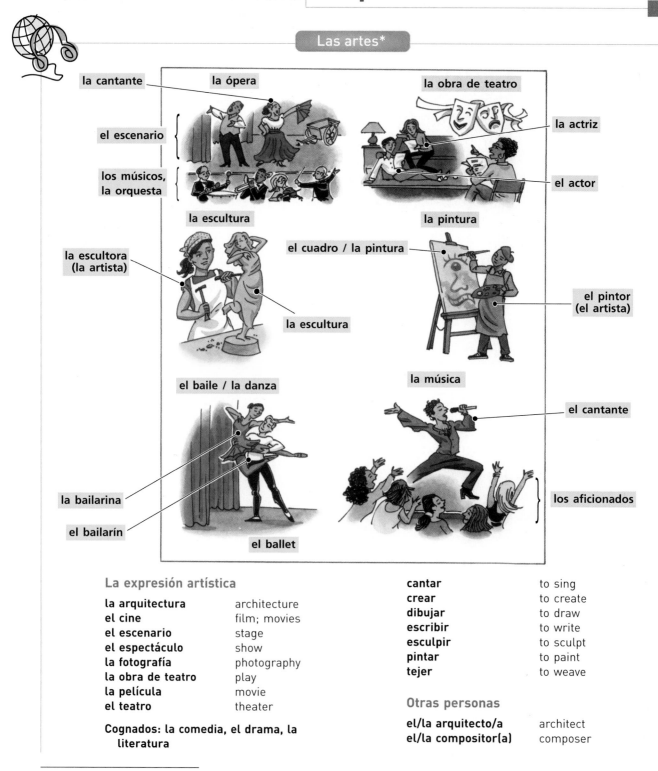

la cantante · la ópera · la obra de teatro · la actriz · el escenario · los músicos, la orquesta · el actor · la escultura · la pintura · la escultora (la artista) · el cuadro / la pintura · la escultura · el pintor (el artista) · el baile / la danza · la música · el cantante · la bailarina · el bailarín · los aficionados · el ballet

La expresión artística

la arquitectura	architecture
el cine	film; movies
el escenario	stage
el espectáculo	show
la fotografía	photography
la obra de teatro	play
la película	movie
el teatro	theater

Cognados: la comedia, el drama, la literatura

cantar	to sing
crear	to create
dibujar	to draw
escribir	to write
esculpir	to sculpt
pintar	to paint
tejer	to weave

Otras personas

el/la arquitecto/a	architect
el/la compositor(a)	composer

---

*The word **arte** is both masculine and feminine. The masculine articles and adjectives are normally used with **arte** in the singular while the feminine ones are used in the plural. Note that **las artes** often refers to "the arts" in general: **Guillermo es estudiante *de arte moderno*. Me gustan mucho *las artes gráficas*.**

el/la dramaturgo/a	playwright		
el/la escritor(a)	writer		
el/la escultor(a)	sculptor		
el/la espectador(a)	spectator; pl. audience		
el/la guía	guide		
el/la músico/a	musician		
el/la pintor(a)	painter		

Cognados: el/la artista, el/la director(a), el/la poeta

La tradición cultural

la artesanía	arts and crafts
la cerámica	pottery; ceramics
las ruinas	ruins
los tejidos	woven goods

Otras palabras útiles

la canción	song
el escenario	stage; scenery
el guión	script
la obra de arte	work of art
la obra maestra	masterpiece
folclórico/a	traditional

■ ■ ■ Conversación

A. Obras de arte

Paso 1. ¿Qué clase de arte representan las siguientes obras?

1. la catedral de Notre Dame y la de Santiago de Compostela
2. los murales de Diego Rivera
3. la Venus de Milo y la Estatua de la Libertad
4. *El lago de los cisnes* (*Swan Lake*) y *El amor brujo* (*Love, the Magician*)
5. *El ciudadano Kane, El mago de Oz*
6. *La Bohème* y *La Traviata*
7. las pirámides aztecas y mayas
8. *Don Quijote* y *Cien años de soledad*
9. la *Mona Lisa* de Leonardo da Vinci
10. «*El cuervo* (*The Raven*)» de Edgar Allan Poe
11. las imágenes de Ansel Adams
12. «La Bamba», los boleros, los corridos

Paso 2. Ahora dé otros ejemplos de obras en cada una de las categorías artísticas que Ud. mencionó en el **Paso 1.**

ASÍ SE DICE

Some Spanish speakers use **el/la comediante** to express *actor/actress*, but usually in reference to people who act on the stage. Use **el cómico / la cómica** to refer explicitly to a *comedian/comedienne*.

An alternative spelling of **folclórico/a** is **folklórico/a.**

NOTA COMUNICATIVA

Más sobre los gustos y preferencias

You already know a number of verbs for talking about what you like and don't like: **gustar, encantar, interesar, molestar.** As you know, these verbs are used with indirect object pronouns, and the verb always agrees with the thing or things liked or disliked, not with the person whose preferences are being described.

Here are some additional verbs that are used like **gustar**.

- aburrir — **Me aburre** el baile moderno.
  Modern dance is boring to me (bores me).
- atraer — A Juan **le atraen** las ruinas incas.
  Juan is drawn to (attracted by) Inca ruins.
- fascinar — **Nos fascinan** las artesanías indígenas.
  We're fascinated by indigenous handicrafts.

B. Entrevista: ¿Te gustan los eventos culturales?

Paso 1. Haga por lo menos cinco preguntas usando las siguientes ideas como base. Use verbos de la **Nota comunicativa** de la página 417.

> **MODELO:** la ópera → ¿Te aburre la ópera?

1. el ballet clásico
2. los museos de arte moderno
3. las obras de teatro
4. los grandes museos como *The Smithsonian* o *The Natural History Museum*
5. los conciertos de música clásica
6. los recitales de poesía en algún café
7. las películas extranjeras
8. la ópera
9. ¿ ?

Paso 2. Ahora use las preguntas para entrevistar a cinco compañeros de clase para saber su opinión sobre las manifestaciones artísticas mencionadas en sus preguntas. ¿Qué puede Ud. decir sobre las tendencias culturales de la clase?

C. ¿Qué hacen?

Paso 1. Haga oraciones completas, usando una palabra o frase de cada columna. ¡OJO! Hay más de una posibilidad en algunos casos.

> **MODELO:** La compositora compone canciones.

la compositora	escribir	novelas
la artesana	bailar	canciones
la actriz	esculpir	en el ballet
el director	tocar	cerámica
el músico	componer (*to compose*)	edificios y casas
el bailarín	interpretar	papeles (*roles*) en la televisión
el dramaturgo	diseñar	guiones
la pintora	pintar	tejidos
el escritor	mirar	con actores
la arquitecta	trabajar	obras de teatro
el poeta	dirigir (*to direct*)	cuadros
	hacer	instrumentos musicales
		poesía

Paso 2. Ahora, con dos o tres compañeros, dé nombres de artistas (del sexo femenino o masculino) en cada categoría. ¿Cuántos artistas hispanos pueden nombrar?

Los toros

El toreo[a] es un espectáculo típicamente hispánico. Viene de una larga tradición histórica. De hecho, no se sabe exactamente cuándo surgió la primera **corrida de toros.**[b]

Para sus aficionados, el toreo es **un arte,** y **el torero** necesita mucho más que valor:[c] necesita destreza[d] técnica, gracia y mucha comprensión de **los toros.** Algunos creen que el toreo *no es* un arte, sino **un espectáculo cruel y violento** que causa la muerte[e] prematura e innecesaria de un animal valiente.

Sea cual sea la opinión que Ud. tiene[f] de las corridas de toros, las corridas son **muy simbólicas para los hispanos.** El toro es símbolo de fuerza,[g] coraje, bravura, independencia y belleza.[h] Si Ud. visita un país hispánico y tiene ganas de ver una corrida, es aconsejable que les pregunte a algunas personas nativas cuáles son las corridas que debe ver.

Aunque el toreo es **de origen español,** hoy es una fiesta igualmente famosa en muchos países latinoamericanos, como Colombia, el Ecuador, el Perú, Venezuela, Bolivia, Panamá, Guatemala y México. México, D.F., tiene **la plaza de toros más grande del mundo,** la Plaza Monumental, con más de 40.000 asientos.

[a]El... *Bullfighting* [b]corrida... *bullfight* [c]*bravery* [d]*skill* [e]*death*
[f]Sea... *Whatever your opinion may be* [g]*strength* [h]*beauty*

▲ *Una corrida de toros en Toledo, España*

D. Entrevista

Paso 1. Complete las siguientes declaraciones de manera que sean ciertas para Ud.

1. Me gusta mucho _____ (una actividad relacionada con el arte).
2. El arte que más me interesa como espectador(a) es _____.
3. (No) Tengo talento artístico para _____.
4. (No) Me gusta ir a mercados y ferias de artesanía. Allí (no) compro

    _____.
5. En la universidad, los espectáculos que más me interesan son _____.
6. En cuanto a (*As for*) música, prefiero _____. Mi canción / artista / cantante favorito/a es _____.

Paso 2. Ahora, en parejas, hablen de sus preferencias artísticas, usando como base las declaraciones del **Paso 1.**

Paso 3. Digan a la clase las preferencias que Uds. tienen en común.

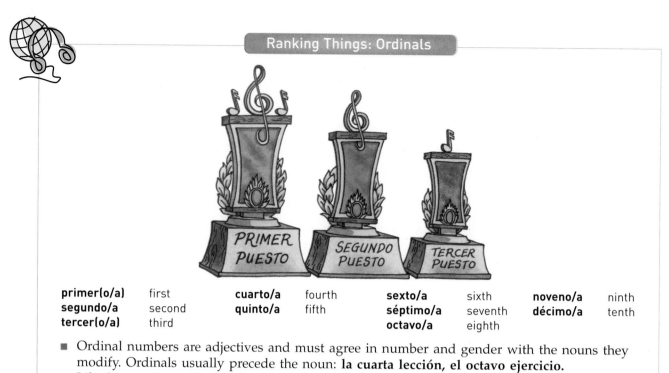

primer(o/a)	first	cuarto/a	fourth	sexto/a	sixth	noveno/a	ninth
segundo/a	second	quinto/a	fifth	séptimo/a	seventh	décimo/a	tenth
tercer(o/a)	third			octavo/a	eighth		

- Ordinal numbers are adjectives and must agree in number and gender with the nouns they modify. Ordinals usually precede the noun: **la cuarta lección, el octavo ejercicio.**
- Like **bueno,** the ordinals **primero** and **tercero** shorten to **primer** and **tercer,** respectively, before masculine singular nouns: **el primer niño, el tercer mes.**
- Ordinal numbers are frequently abbreviated with superscript letters that show the adjective ending: **las 1as lecciones, el 1^r grado, el 5° estudiante.**

■■■ Conversación

A. Mis actividades favoritas

Paso 1. Piense en las actividades culturales que le gusta hacer en su tiempo libre. Luego, usando los números del 1 al 10, ponga en el orden de su preferencia las siguientes actividades.

_____ ir al cine
_____ ir a ver películas extranjeras o clásicas
_____ ir a museos
_____ asistir a conciertos de música clásica/rock
_____ leer poesía

_____ bailar en una discoteca
_____ ver programas de televisión
_____ ver obras teatrales
_____ leer una novela
_____ ¿ ?

Paso 2. Ahora, en parejas, entrevístense sobre sus cinco actividades favoritas Usen números ordinales.

MODELO: Mi actividad favorita es ir a ver películas clásicas. Mi segunda actividad favorita es...

B. Autorretrato (*Self-portrait*) de un(a) estudiante. Complete las declaraciones.

1. Soy estudiante de _____ año.
2. Estoy en mi _____ semestre / trimestre de español.
3. Los lunes, mi primera clase es la de _____, a las _____. Mi segunda clase es la de _____, a las _____.
4. Con frecuencia, soy la _____ persona en llegar a la clase de español.
5. Soy la _____ persona de mi familia que asiste a una universidad. Y soy la _____ persona de mi familia que asiste a *esta* universidad.

Need more practice?

- Workbook and Laboratory Manual
- ActivityPak
- Online Learning Center (www.mhhe.com/ puntos8)

GRAMÁTICA

♻ **¿Recuerda Ud.?**

In **Capítulo 12**, you learned the forms of the present subjunctive as well as the basics about how and when the subjunctive is used. Review what you learned by answering the following questions.

1. Is the Spanish subjunctive used in one- or two-clause sentences?
2. Is the Spanish subjunctive used in the main (independent) or subordinate (dependent) clause?
3. Is it used before or after the word **que**?
4. Influence is one "cause" of the subjunctive. What are two additional subjunctive "triggers"?

You will learn about those two subjunctive "triggers" in **Gramáticas 39** and **40**.

39 Expressing Feelings • Use of the Subjunctive (Part 3): Emotion

Gramática en acción: Diego y Lupe oyen tocar a los mariachis

DIEGO: Ay, ¡cómo me encanta esta música!

LUPE: Me alegro de que te guste.

DIEGO: Y yo me alegro de que estemos aquí. ¿Sabes el origen de la palabra **mariachi**?

LUPE: No... ¿Lo sabes tú?

DIEGO: Bueno, una de las teorías es que viene del siglo XIX, cuando los franceses ocuparon México. Ellos contrataban a grupos de músicos para tocar en las bodas. Y como los mexicanos no podían pronunciar bien la palabra francesa *mariage*, pues acabaron por decir **mariachi.** Y de allí viene el nombre de los grupos.

LUPE: ¡Qué fascinante! Me sorprende que sepas tantos datos interesantes de nuestra historia.

DIEGO: Pues, todo buen antropólogo debe saber un poco de historia también, ¿no?

▲ *México, D.F.*

Comprensión

1. Lupe se alegra de que _____.
2. Y Diego se alegra de que _____.
3. A Lupe le sorprende que _____.

MAIN (INDEPENDENT) CLAUSE		SUBORDINATE (DEPENDENT) CLAUSE
first subject + *indicative* (expression of emotion)	**que**	second subject + *subjunctive*

Diego and Lupe hear a mariachi group play   DIEGO: *Oh, how I love this music!* LUPE: *I'm glad you like it.* DIEGO: *And I'm glad we're here. Do you know the origin of the word* **mariachi?** LUPE: *No ... Do you?* DIEGO: *Well, one of the theories is that it comes from the nineteenth century, when the French occupied Mexico. They used to hire musical groups to play at weddings. And because the Mexicans couldn't correctly pronounce the French word* mariage, *they ended up saying* **mariachi.** *And so that's where the name of the groups comes from.* LUPE: *How fascinating! I'm surprised (that) you know so much interesting information about our history.* DIEGO: *Well, all good anthropologists should also know a little bit of history, shouldn't they?*

A. Expressions of emotion are those in which speakers express their feelings: *I'm glad you're here; It's good that they can come.* Such expressions of emotion are followed by the subjunctive mood in the subordinate (dependent) clause in Spanish.

Esperamos que Ud. **pueda** asistir.
We hope (that) you'll be able to come.

Tengo miedo de que mi abuelo **esté** muy enfermo.
I'm afraid (that) my grandfather is very ill.

Es una lástima que no **den** conciertos.
It's a shame (that) they're not putting on any concerts.

B. Here are some common expressions of emotion.

alegrarse de	to be happy about
esperar	to hope
lamentar	to regret; to feel sorry
sentir (siento) (i)	to regret; to feel sorry
temer	to fear, be afraid

Temo que María **se caiga** mientras baila.
I'm afraid that María will fall while she's dancing.

C. Here are some common expressions of emotion used with indirect object pronouns. Remember that any expression of emotion is followed by the subjunctive in the subordinate clause when there is a change of subject.

me (te, le...) gusta / molesta / sorprende que...
I'm (you're, he's . . .) glad / annoyed / surprised that . . .

Me molesta que **fumen** en una exposición de arte.
It bothers me that they're smoking at an art show.

Nos sorprende que este cantante **tenga** tanto éxito.
It surprises us that this singer is so successful.

D. When a new subject is introduced after a generalization of emotion, it is followed by the subjunctive in the subordinate clause. Here are some general expressions of emotion.

es absurdo que...	it's absurd that . . .
es extraño que...	it's strange that . . .
¡qué extraño que... !	how strange that . . . !
es increíble que...	it's incredible that . . .
es mejor/bueno/ malo que...	it's better/good/ bad that . . .
es terrible que...	it's terrible that . . .
es una lástima que...	it's a shame that . . .
¡qué lástima que... !	what a shame that . . . !
es urgente que...	it's urgent that . . .

■■■ Práctica

A. ¡Anticipemos! Opiniones sobre el cine

Paso 1. Diga si las siguientes declaraciones son ciertas o falsas para Ud.

1. Me molesta que muchas películas sean tan violentas.
2. Es absurdo que algunos actores ganen (*earn*) tanto dinero.
3. Espero que presenten a más actores asiáticos e hispánicos en las películas.
4. Es una lástima que no haya muchos papeles para las actrices maduras.
5. Es increíble que gasten millones de dólares en hacer películas.
6. Me sorprende que Jessica Simpson sea tan famosa.

Paso 2. Ahora haga oraciones sobre cómo Ud. quiere o no quiere que sean las cosas con respecto al cine. Use las oraciones del **Paso 1** como base.

MODELO: **1.** Quiero que las películas *no sean tan violentas*.

B. Comentarios sobre el arte

▲ Catavi (tríptico), *por la pintora boliviana María Luisa Pacheco* (1919–1982)

Paso 1. Complete las siguientes opiniones sobre esta pintura de María Luisa Pacheco. Use la forma apropiada de los verbos entre paréntesis.

1. Dicen que esta pintora es famosa. Me sorprende que su pintura le (gustar) a la gente. Temo que sus obras (ser) demasiado abstractas para mí. Es una lástima que (haber) tantas obras de arte que yo no comprendo.
2. ¡Me encanta esta pintura! ¡Qué lástima que (haber) gente que no entiende el arte abstracto. Me alegro de que esta pintura (estar) en este libro, porque no yo conocía la obra de Pacheco. Me sorprende que (ella) no (tener) más fama fuera de Bolivia.

Paso 2. Ahora, en parejas, entrevístense sobre sus opiniones esta pintura. Deben explicar lo que les gusta más y lo que les gusta menos.

Expressing Hopes with *ojalá*

The word **ojalá** is invariable in form and translates as *I hope*. It is used with the present subjunctive to express hopes. The use of **que** with it is optional.

¡**Ojalá (que)** yo **gane** la lotería algún día!   *I hope (that) I win the lottery some day!*

¡**Ojalá (que)** **haya** paz en el mundo algún día!   *I hope (that) there will be peace in the world some day!*

Ojalá (que) no **pierdan** tu equipaje.   *I hope (that) they don't lose your luggage.*

Ojalá can also be used alone as an interjection in response to a question.

—¿Te va a ayudar Julio a estudiar para el examen?
—¡**Ojalá!**

C. Una noche en la ópera. Dos amigos van a la ópera. Diga lo que temen y lo que esperan. Use **ojalá.**

> MODELO: las entradas (*tickets*) **/** no costar mucho →
> Ojalá (que) las entradas no *cuesten* mucho.

1. poner **/** escenarios **/** fantástico
2. haber **/** subtítulos **/** en inglés
3. el director (*conductor*) **/** estar **/** preparado
4. los cantantes **/** saber **/** su parte
5. nuestros asientos **/** no estar **/** lejos del escenario
6. (nosotros) llegar **/** a tiempo

Need more practice?

- Workbook and Laboratory Manual
- ActivityPak
- Online Learning Center (www.mhhe.com/puntos8)

■ ■ ■ Conversación

A. Situaciones

Paso 1. Las siguientes personas están pensando en otra persona o en algo que van a hacer. ¿Qué emociones sienten? ¿Qué temen? Conteste las preguntas según los dibujos.

1. Jorge piensa en su amiga Estela. ¿Por qué piensa en ella? ¿Dónde está? ¿Qué siente Jorge? ¿Qué espera? ¿Qué espera Estela? ¿Espera que la visiten los amigos? ¿que le manden algo?
2. Fausto quiere comer fuera esta noche. ¿Quiere que alguien lo acompañe? ¿Dónde espera que cenen? ¿Qué teme Fausto? ¿Qué le molesta de los precios del restaurante?
3. ¿Dónde quiere pasar las vacaciones Mariana? ¿Espera que alguien la acompañe? ¿Dónde espera que estén juntos? ¿Qué teme Mariana? ¿Qué espera?

Paso 2. Ahora, en parejas, hagan y contesten preguntas basadas en los dibujos y en sus respuestas del **Paso 1.** ¿Tuvieron los/las dos la misma impresión de los dibujos?

B. Los valores de nuestra sociedad. Diga lo que Ud. opina de las siguientes situaciones. Use las **Expresiones** o cualquier (*any*) otra. **¡OJO!** Estas expresiones requieren (*require*) el uso del subjuntivo o del indicativo en la cláusula subordinada que sigue, según se indica en la tabla. Siga el modelo.

Expresiones	
SUBJUNTIVO	INDICATIVO
es bueno/malo que	**es obvio que**
es extraño/increíble que	**es verdad que**
es una lástima que	**la realidad es que**
lamento que	**(yo) sé que**
me sorprende que	

MODELO: Los futbolistas profesionales ganan sueldos fenomenales →
Es increíble que los futbolistas *ganen* sueldos fenomenales.

1. Muchas personas viven para trabajar. No saben descansar.
2. La nuestra es una sociedad de consumidores.
3. Juzgamos (*We judge*) a los otros por las cosas materiales que tienen.
4. Las personas ricas tienen mucho prestigio en esta sociedad.
5. Las mujeres generalmente no ganan tanto dinero como los hombres por hacer igual trabajo.
6. Algunas obras de arte cuestan millones de dólares.
7. Para la gente joven la televisión es más atractiva que los libros.
8. Hay discriminación contra la gente mayor en ciertas profesiones.

C. Esta universidad. Diga 1. que Ud. opina de las siguientes declaraciones. Use frases como: **Me gusta que… , Me molesta que… , Es terrible que… .**

MODELO: Gastan mucho/poco dinero en construir nuevos edificios. →
Me molesta que gasten mucho dinero en construir nuevos edificios.

1. Se les da mucha importancia a los deportes.
2. El precio de la matrícula es exagerado / muy bajo.
3. Se ofrecen muchos/pocos cursos en mi especialización (*major*).
4. Es necesario estudiar ciencias/lenguas para graduarse.
5. Hay muchos/pocos requisitos (*requirements*) para graduarse.
6. En general, hay mucha/poca gente en las clases.

D. Tres deseos. En parejas, piensen en tres deseos: uno que se relaciona con Uds. personalmente; otro con algún amigo o miembro de su familia y otro con su país, con el mundo o con la humanidad en general. Expresen sus deseos con **Ojalá (que).**

MODELO: Ojalá que *no haya otra guerra.*

Vocabulario útil	
las elecciones	**la pobreza** poverty
la gente que no tiene hogar (casa)	
la guerra war	**resolver (resuelvo)** to solve;
el hambre hunger	to resolve
el partido	**terminar** to end

Expressing Uncertainty • Use of the Subjunctive (Part 4): Doubt and Denial

Gramática en acción: El traje tradicional de las bolivianas

◀ En La Paz, Bolivia

¿Cuánto sabe Ud. de la ropa que llevan las indígenas bolivianas? ¿Cree que son ciertas o falsas las siguientes declaraciones? Las respuestas están al pie de la página.

1. Es verdad que los sombreros hongo son una parte del traje tradicional de las indígenas del altiplano boliviano.
2. Es probable que sea muy frecuente ver a bolivianas que llevan sombrero hongo.
3. Dudo que los pantalones sean parte del traje tradicional de las bolivianas del altiplano.
4. No creo que el uso de los sombreros hongo sea una tradición inca.
5. En Bolivia, es obvio que llevar sombrero es una buena protección contra el sol.

¿Y Ud.?: ¿Le gusta el traje tradicional de las mujeres bolivianas? ¿Cree que es hermoso (*beautiful*) y práctico? ¿Le sorprende que las bolivianas indígenas lleven sombrero?

The traditional costume of Bolivian women *How much do you know about the clothing that indigenous Bolivian women wear? Do you think that the following statements are true or false? The answers are at the foot of the page.* **1.** *It's true that bowler hats are a part of the traditional costume of indigenous women of the Bolivian high plateau.* **2.** *It's likely that one frequently sees Bolivian women who are wearing bowler hats.* **3.** *I doubt that pants are part of the traditional costume of women from the high plateau.* **4.** *I don't think that the use of bowler hats is an Inca tradition.* **5.** *In Bolivia, it's obvious that wearing a hat is good protection from the sun.*
Respuestas: *1. cierto: Muchas indígenas bolivianas lo llevan. 2. cierto: Bolivia tiene el porcentaje más alto de población indígena en toda América. Por eso es muy normal ver a mujeres que llevan ropa tradicional. 3. cierto: La pollera, un tipo de falda con mucho vuelo (flare) y colores, es la ropa típica de las indígenas bolivianas. 4. cierto: Es una tradición colonial. 5. cierto: La región del altiplano boliviano está tan alta que la exposición a los rayos solares es un problema serio. Por eso, el sombrero es una protección ideal para la cara, y también protege a los habitantes del frío.*

MAIN (INDEPENDENT) CLAUSE		SUBORDINATE (DEPENDENT) CLAUSE
first subject + *indicative* (expression of doubt or denial)	**que**	second subject + *subjunctive*

A. Expressions of *doubt and denial* (**duda y negación**) are those in which speakers express uncertainty or negation. Such expressions, however strong or weak, are followed by the subjunctive in the subordinate (dependent) clause in Spanish.

No creo que **sean** sus cuadros.
I don't believe they're her paintings.

Es imposible que ella **esté** en el escenario.
It's impossible for her to be on the stage.

B. Here are some expressions of doubt and denial. Not all Spanish expressions of doubt are given here. Remember that any expression of doubt is followed by the subjunctive in the subordinate clause.

no creer	to disbelieve
dudar	to doubt
negar (niego) (gu)	to deny
no estar seguro/a (de)	to be unsure (of)

¡OJO! **Creer** and **estar seguro/a** are followed by the indicative in affirmative statements because they do not express doubt, denial, or negation. Compare these examples.

Estamos seguros de (Creemos) que el concierto **es** hoy.
We're sure (We believe) that the concert is today.

No estamos seguros de (No creemos) que el concierto **sea** hoy.
We're not sure (We don't believe) that the concert is today.

C. When a new subject is introduced after a generalization of doubt, the subjunctive is used in the subordinate clause. Here are some generalizations of doubt and denial.

es posible que...	it's possible that . . .
es imposible que...	it's impossible that . . .
es probable que...	it's probable (likely) that . . .
es improbable que...	it's improbable (unlikely) that . . .
no es cierto que...	it's not certain that . . .
no es seguro que...	it's not a sure thing that . . .
no es verdad que...	it's not true that . . .

¡OJO! Generalizations that express certainty are not followed by the subjunctive but rather by the indicative.

Es verdad que Julio **cocina** bien.

No hay duda de que Julio **cocina** bien.

AUTOPRUEBA

Identify the phrases that express doubt or denial.

1. ☐ dudamos
2. ☐ estoy segura
3. ☐ niegas
4. ☐ es cierto
5. ☐ es posible
6. ☐ no cree

Answers: 1, 3, 5, 6

A. ¿Qué opina Ud.?

Paso 1. Diga lo que Ud. opina de las siguientes declaraciones.

	ES CIERTO	NO ES CIERTO
1. A la mayoría de la gente le gusta ir a los museos.	☐	☐
2. Todos mis amigos prefieren el teatro al cine.	☐	☐
3. Conozco a muchas personas que se interesan en la arquitectura.	☐	☐
4. En esta clase hay mucha gente con talento artístico.	☐	☐
5. La expresión artística más popular entre los jóvenes es la música.	☐	☐
6. Me encanta regalar objetos de cerámica.	☐	☐
7. Voy a conciertos de música clásica con frecuencia.	☐	☐
8. *El cascanueces* (*The Nutcracker*) es un ballet típico del mes de mayo.	☐	☐

Paso 2. Ahora repita las declaraciones del **Paso 1,** empezando con **Es cierto que…** o **No es cierto que…** , según sus respuestas. **¡OJO!** Hay que usar el subjuntivo después de **No es cierto que…** .

B. Distintas teorías. Dos amigos están mirando una figura en un museo arqueológico. Como (*Since*) no hay ningún letrero (*sign*) que indique lo que representa la figura, empiezan a especular. Haga oraciones completas, según las indicaciones. Añada palabras cuando sea necesario.

Habla Martín:

1. creo **/** que **/** ser **/** figura **/** de **/** civilización **/** inca
2. es cierto **/** que **/** figura **/** estar **/** hecho (*made*) **/** de oro
3. es posible **/** que **/** representar **/** dios (*god, m.*) **/** importante
4. no estoy seguro de **/** que **/** figura **/** ser **/** auténtico

Habla Camila:

5. no creo **/** que **/** ser **/** figura **/** de **/** civilización **/** inca
6. creo **/** que **/** ser **/** de **/** civilización **/** tolteca
7. estoy seguro de **/** que **/** estar **/** hecho **/** de bronce (*bronz*)
8. creo **/** que **/** representar **/** víctima (*m.*) **/** de **/** sacrificios humanos

Need more practice?
- Workbook and Laboratory Manual
- ActivityPak
- Online Learning Center (www.mhhe.com/puntos8)

■ ■ ■ Conversación

A. ¿Una ganga? Imagine que Ud. va a un mercado de artesanía al aire libre como la (*that*) del dibujo de la página 429. Encuentra algunos objetos muy interesantes que parecen ser de origen azteca… ¡y son baratísimos! Diga lo que piensa de estas gangas. Empiece sus oraciones con las siguientes frases.

1. ¡Es imposible que… !
2. No creo que…
3. Dudo muchísimo que…
4. Estoy seguro/a de que…
5. Es improbable que…

Vocabulario útil	
el calendario	
la joyería	jewelry
la máscara	mask
auténtico/a	
falsificado/a	forged

NOTA COMUNICATIVA

Verbs That Require Prepositions

You learned in earlier chapters that when two verbs occur in a series (one right after the other), the second verb is usually the infinitive.

Prefiero *cenar* a las siete.   *I prefer to eat at seven.*

Some Spanish verbs, however, require that a preposition or other word be placed before the second verb (still the infinitive). You have already used many of the important Spanish verbs that have this feature.

■ The following verbs require the preposition **a** before an infinitive.

aprender a	**empezar (empiezo) (c) a**	**invitar a**	**venir a**
ayudar a	**enseñar a**	**ir a**	**volver (vuelvo) a**

Mis padres me **enseñaron a bailar.**   *My parents taught me to dance.*

■ These verbs or verb phrases require **de** before an infinitive.

acabar de	**dejar de**	**tener ganas de**
acordarse (me acuerdo) de	**olvidarse de**	**tratar de** (*to try to*)

Siempre **tratamos de llegar** puntualmente.   *We always try to arrive on time.*

■ **Insistir** requires **en** before an infinitive.

Insisten en venir esta noche.   *They insist on coming over tonight.*

■ Two verbs require **que** before an infinitive: **haber que, tener que.**

Hay que ver el nuevo museo.   *It's necessary to see the new museum.*

B. ¿Qué piensa Ud. del futuro?

Paso 1. Haga oraciones completas, usando una palabra o frase de cada columna para expresar lo que Ud. cree que le puede ocurrir en los próximos cinco años. **¡OJO!** No se olvide de usar el subjuntivo después de expresiones de duda o negación.

En los próximos cinco años…

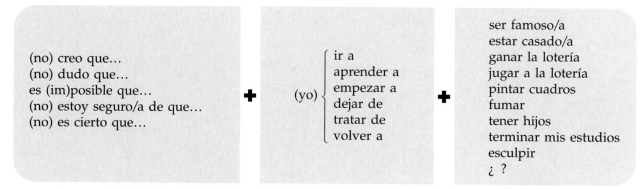

(no) creo que… (no) dudo que… es (im)posible que… (no) estoy seguro/a de que… (no) es cierto que…	**+** (yo) { ir a aprender a empezar a dejar de tratar de volver a	**+** ser famoso/a estar casado/a ganar la lotería jugar a la lotería pintar cuadros fumar tener hijos terminar mis estudios esculpir ¿ ?

Paso 2. Ahora, en parejas, compare sus respuestas del **Paso 1.** ¿Cuántas respuestas tienen Uds. en común?

41 Expressing Influence, Emotion, Doubt, and Denial • The Subjunctive (Part 5): A Summary

Gramática en acción: Los tejidos de Otavalo, Ecuador

◀ *Textiles en un mercado de Otavalo, Ecuador*

EXPRESIONES CON EL SUBJUNTIVO O EL INFINITIVO

- influencia   Quiero (que)…
- emoción   Espero (que)…
                 Ojalá (que)…
                 No me sorprende que…
- duda y negación   Dudo que…

EXPRESIONES CON EL INDICATIVO

- información   Dicen que…
- certeza (*certainty*)   Sé que…
                 No hay duda que…
- creencia (*belief*)   Creo que…

¿Y Ud.?: Combine las expresiones de la página 430 con las siguientes frases para hacer oraciones verdaderas para Ud. y gramaticalmente correctas.

> **MODELO:** ...(yo) pueda visitar el mercado de Otavalo algún día. →
> *Ojalá* pueda visitar el mercado de Otavalo algún día.

1. ...visitar el Ecuador algún día.
2. ...el mercado de Otavalo está en las montañas del Ecuador.
3. ...haya mucho turismo porque es una zona muy bonita y tiene artesanía típica muy fina.
4. ...los otavaleños hacen hermosos tejidos.
5. ...Otavalo es un lugar muy interesante para visitar.
6. ...los otavaleños no pierdan sus ricas tradiciones.
7. ...haya mucha información sobre Otavalo en el Internet.

MAIN (INDEPENDENT) CLAUSE		SUBORDINATE (DEPENDENT) CLAUSE
first subject + *indicative*	**que**	second subject + *subjunctive*
expression of { influence / emotion / doubt, denial }		

A. Remember that, in Spanish, the subjunctive occurs primarily in two-clause sentences with a different subject in each clause. If there is no change of subject, an infinitive follows the first verb.

Quiero / Es necesario } **sacar** una nota buena.

I want / *It's necessary* } *to get a good grade.*

Quiero / Es necesario } que **los estudiantes saquen** una buena nota.

I want / *It's necessary for* } *the students to get a good grade.*

B. The main (independent) clause, in addition to fulfilling the preceding conditions, must contain an expression of influence, emotion, or doubt in order for the subjunctive to occur in the subordinate (dependent) clause. If there is no such expression, the indicative is used.*

Dicen que cante Julio.
They say that Julio should sing.

Dicen que Julio **canta** muy mal; por eso quieren que cante Carlota.
They say that Julio sings very badly; that's why they want Carlota to sing.

C. Some expressions of influence are frequently used with indirect object pronouns.
The indirect object indicates the subject of the subordinate clause, as in the sample sentences: **Nos → vayamos.**

Nos dicen / **Nos** piden / **Nos** recomiendan } que **vayamos** al concierto.

They tell us to / *They ask us to* / *They recommend that we* } *go to the concert.*

---

*See **Gramáticas 38–40** for a more detailed presentation of the uses of the subjunctive in noun clauses.

D. These uses of the subjunctive fall into the general category of the subjunctive in *noun clauses* (**las cláusulas nominales**). The clause in which the subjunctive appears functions like a noun in the sentence as a whole: it is the subject or the direct object of the verb.

In the first set of sample sentences, the subordinate clause (**que los músicos…**) is the direct object of the verb **quiere.**

In the second set of sample sentences, the subordinate clause (**que los precios…**) is the subject of the verb **gusta.**

—¿Qué quiere el director de la orquesta?
What does the orchestra conductor want?
—Quiere **que los músicos dejen de tocar.**
He wants the musicians to stop playing.

—¿Qué no les gusta a los aficionados?
What don't the fans like?
—No les gusta **que los precios de las entradas sean** muy altos.
They don't like the ticket prices to be very high.

■■■ Práctica

A. En el Museo del Prado

Imagine que Ud. va a escribir un informe sobre la vida y la obra del pintor español Diego Velázquez. Va al Museo del Prado para examinar los cuadros de Velázquez de cerca (*up close*). Pero también va a necesitar la ayuda de un guía (*guide*).

Paso 1. ¿Qué quiere Ud. que pase en el museo?

Quiero que el guía…

1. enseñarme los cuadros más famosos de Velázquez
2. explicarme algunos detalles de los cuadros
3. saber mucho sobre la vida del pintor

Paso 2. Claro está que Ud. va a aprender mucho sobre Velázquez. Pero, ¿qué es lo que le sorprende?

Me sorprende que muchos cuadros de Velázquez…

1. tener como tema la vida cotidiana (*everyday*)
2. estar en otros museos fuera de España
3. ser de la familia real (*royal*) de Felipe IV

▲ Las meninas, *por Diego Velázquez (español, 1599–1660)*

Paso 3. Ud. está muy agradecido/a (*grateful*) por la ayuda del guía. Pero todavía quiere saber algo más sobre la vida y el arte de Velázquez.

Es posible que el guía...

1. recomendarme algunos libros sobre la vida y el arte del pintor
2. preguntarle a un colega si sabe algo más sobre Velázquez
3. no tener más tiempo para hablar conmigo

B. ¡Qué maravilla de robot! Imagine que Ud. tiene un robot último modelo que va a hacer todo lo que Ud. le diga, especialmente las cosas que Ud. detesta o le cuestan hacer (*are hard for you to do*). ¿Qué le va a mandar al robot que haga?

Le voy a decir que...
Le voy a mandar que...

+

escribirme el informe para la clase de literatura
hacerme la crítica de una película para la clase de composición
poner la mesa
asistir por mí a todas las clases que tengo en la universidad
pagar mis cuentas
trabajar por mí en la oficina todas las tardes
¿ ?

■ ■ ■ Conversación

El lugar ideal para vivir

Paso 1. Piense en el lugar ideal para vivir. ¿Es una casa o un apartamento? ¿Está en una ciudad grande o pequeña? ¿Qué actividades culturales ofrece la ciudad? Lea la siguiente lista de factores e indique los que son indispensables para Ud., más otros dos que no estén en la lista.

_____ casa con jardín grande
_____ apartamento grande
_____ apartamento con vista
_____ buenos museos
_____ cerca de una universidad importante
_____ buena orquesta y teatros
_____ muchos cines
_____ cerca de un gran centro comercial
_____ parques
_____ zonas naturales cerca de Ud.
_____ ¿ ?
_____ ¿ ?

Paso 2. Ahora describa su lugar ideal para vivir. Use las siguientes frases como modelo.

MODELOS: Deseo que mi casa/apartamento...
No quiero vivir en...
(No) Me importa (mucho) (que)...
Es importante que la casa / el apartamento...
(No) Es absolutamente necesario que...
Espero (que)...

Need more practice?

- Workbook and Laboratory Manual
- ActivityPak
- Online Learning Center (www.mhhe.com/puntos8)

UN POCO DE TODO

A. Reacciones

Paso 1. Las siguientes declaraciones se refieren a temas importantes en el mundo de hoy. ¿Qué opina Ud.? Exprese sus opiniones, usando algunas de las siguientes expresiones.

MODELO: Hay mucha pobreza en el mundo. →
Es una lástima que *haya* mucha pobreza en el mundo.

Dudo que...
Es bueno/malo que...
Es increíble que...
Es una lástima que...
Es probable que...
Es absurdo que...
Es terrible que...
(No) Es verdad que...
No hay duda que...
(No) Me gusta que...

1. Los niños miran la televisión seis horas al día.
2. Hay mucha pobreza en el mundo.
3. En este país gastamos mucha energía.
4. Hay muchas escenas sexuales y violentas en la televisión y en el cine.
5. En muchas partes del mundo se come poco y mal.
6. Los temas de la música *rap* son demasiado violentos.
7. Hay mucho interés en la exploración del espacio.
8. Fumar no es malo para la salud.
9. Los deportes para las mujeres no reciben tanta ayuda económica como los de los hombres.
10. No se permite el uso de la marihuana.
11. Muchos adolescentes tienen acceso fácil a las drogas y a las bebidas alcohólicas.
12. Los vehículos que consumen mucha gasolina son más populares cada día.

Paso 2. Indique Ud. soluciones para algunos de los problemas que se mencionan en el **Paso 1.** Empiece las soluciones con las siguientes expresiones.

MODELO: Es urgente que *ayudemos* a los pobres.

Es importante que...
Es necesario que...
Es mejor que...
Es urgente que...
Insisto en que...
Quiero que...
Recomiendo que...

B. Lengua y cultura: En el Museo Nacional Centro de Arte Reina (*Queen*) **Sofía.** Two friends, Beto and Ana, are in Madrid as part of a tour group. They are at the **Museo Nacional Centro de Arte Reina Sofía** and their tour guide is talking about *Guernica*, the famous painting by Spanish artist Pablo Picasso. Complete the following dialogue with the correct form of the words in parentheses, as suggested by context. When two possibilities are given in parentheses, select the correct word or phrase. Conjugate the verbs in the present indicative, present subjunctive, or preterite.

◀ Guernica, *por Pablo Picasso* (*español, 1881–1973*)

GUÍA: (Pasar[1]) Uds. por aquí, por favor. También les pido que (dejar[2]) suficiente espacio para todos. Y bien, aquí estamos (delante/detrás[3]) de *Guernica*, la obra maestra pintada por Picasso. (Ser[4]) obvio que el cuadro (representar[5]) los horrores de la guerra,[a] ¿no? En 1937 Picasso (pintar[6]) este cuadro como reacción al bombardeo[b] (del / de la[7]) ciudad de Guernica durante la Guerra Civil Española. Por razones políticas, (durante / encima de[8]) la dictadura[c] de Franco,[d] el cuadro (fue/estuvo[9]) muchos años en el Museo de Arte Moderno de Nueva York. Pero por deseo expreso del pintor, el cuadro (trasladarse[e][10]) a España después de la muerte de Franco...

BETO: Yo dudo que (este/esto[11]) cuadro (ser[12]) una obra maestra. No creo que (tener[13]) nada de bonito. ¡No tiene colores!

ANA: Yo no (creer[14]) que todos los cuadros (tener[15]) que (ser[16]) bonitos. Para mí, la falta de color (servir[17]) para expresar el dolor y el desastre... (Por/Para[18]) eso se (poder[19]) percibir el mensaje de la destrucción de la guerra en la pintura.

[a]*war* [b]*bombing* [c]*dictatorship* [d]Francisco Franco (1892–1975), dictador de España desde 1939 hasta su muerte [e]*to move*

Comprensión. ¿Quién pudo haber dicho (*could have said*) lo siguiente, el guía, Beto o Ana?

1. «Yo prefiero los cuadros en colores».
2. «Ahora voy a mostrarles una obra maestra de la pintura española».
3. «No me molesta que esta pintura esté pintada en blanco y negro».
4. «Quiero que todos me sigan y que se pongan delante del cuadro».

Resources for Review and Testing Preparation

■ Workbook and Laboratory Manual
■ ActivityPak
■ Online Learning Center (www.mhhe.com/ puntos8)

Perspectivas culturales
Bolivia y el Ecuador

Quito
ECUADOR
Guayaquil
Río Amazonas
CORDILLERA DE LOS ANDES
BRASIL
PERÚ
BOLIVIA
La Paz
ALTIPLANO
Sucre
CHILE
PARAGUAY
ARGENTINA

Datos esenciales

Bolivia

- Nombre oficial: República de Bolivia
- Capital: La Paz (sede [*seat*] del gobierno), Sucre (capital constitucional)
- Población: casi 9 millones de habitantes

El Ecuador

- Nombre oficial: República de Ecuador
- Capital: Quito
- Población: más de 13 millones de habitantes

Fíjese

- Lo que hoy es Bolivia formó parte del antiguo imperio inca. Aproximadamente el 60 por ciento de la población boliviana actual[a] es de origen indígena.
- Bolivia, en el centro de Sudamérica y sin acceso al mar,[b] tiene dos regiones principales: las tierras altas[c] y las tierras bajas.[d] La mayoría de la población vive en las tierras altas, donde el aire es poco denso, y tiene serios problemas causados[e] por la exposición[f] al sol.
- A 3.660 metros[g] sobre el nivel[h] del mar, La Paz es la capital más alta del mundo.
- El Ecuador, nombrado[i] así por su ubicación[j] en el ecuador,[k] es un país pequeño con cuatro regiones geográficas: las tierras bajas de la costa (oeste), las tierras altas de los Andes (centro), la selva[l] amazónica (este) y las Islas Galápagos en el Pacífico. Tiene una población indígena numerosa, principalmente quechua, que vive en las tierras altas.

[a]*current* [b]*sin... landlocked* [c]*tierras... highlands* [d]*tierras... lowlands* [e]*caused* [f]*exposure* [g]*3.660... 12,007 feet*
[h]*level* [i]*named* [j]*location* [k]*equator* [l]*jungle*

El Lago Titicaca   Muchos consideran que el Lago Titicaca es la cuna[a] de la civilización andina. A 3.820 metros[b] sobre el nivel del mar, es el lago navegable más alto del mundo. Mide[c] 80 kilómetros de ancho[d] en algunos lugares y tiene una profundidad[e] máxima de 280 metros.[f]

[a]*cradle* [b]*3.820... 12,532 feet* [c]*It measures* [d]*80...*
50 miles wide [d]*depth* [f]*280... 918 feet*

Un curandero[a] kallawaya   Los curanderos kallawayas viajan largas distancias para llegar a sus pacientes. Su catálogo farmacológico incluye medicinas obtenidas[b] de animales, minerales y plantas, y es uno de los más ricos y considerables del mundo. Los curanderos son hombres, pero las mujeres tejen artículos para los ritos[c] curativos, además de participar en ellos.[d]

[a]*healers* [b]*obtained* [c]*rituals* [d]*them* (los ritos curativos)

▶ Una mujer vestida con[a] la ropa tradicional boliviana

Muchas mujeres bolivianas todavía llevan la pollera, un tipo de falda de varias capas,[b] y la chola, un sombrero hongo.[c] Estas prendas de ropa, introducidas[d] en Bolivia para occidentalizar[e] a los indígenas, eran populares durante el período colonial.

[a]vestida... *wearing*   [b]*layers*   [c]sombrero... *bowler hat, derby*   [d]*introduced*   [e]*westernize*

▶ El mercado de Otavalo, Ecuador

Este mercado se considera el mercado al aire libre[a] más grande del mundo. En este mercado pintoresco,[b] abierto todos los sábados, los otavaleños venden sus tejidos,[c] sombreros, muñecas,[d] joyería[e] y también sus cosechas.[f]

[a]al... *open air*   [b]*picturesque*   [c]*woven goods*   [d]*dolls*   [e]*jewelry*   [f]*harvested goods*

Música de Bolivia y el Ecuador

Bolivia y el Ecuador comparten la tradición musical andina. Este tipo de música, aun[a] las composiciones modernas de este tipo, se toca con instrumentos musicales tradicionales como la zampoña[b] y la quena.[c] El sonido[d] único de esta música evoca el misterio y la magia de las culturas andinas.

[a]*even*   [b]*Andean pan flute*   [c]*Andean (single) reed flute* (Vea la foto 2 en la página 381.)   [d]*sound*

▶ La Bahía[a] Sullivan en la isla de Santiago, una de las Islas Galápagos

Las Islas Galápagos pertenecen[b] al Ecuador. Son de origen volcánico y se encuentran a unas 960 kilómetros[c] al oeste del continente. Fueron descubiertas[d] en 1535 por el español Tomás de Berlanga. Este archipiélago aislado[e] debe[f] su fama a Charles Darwin, quien estudió las especies únicas[g] de las islas para avanzar sus teorías sobre la evolución.

[a]*Bay*   [b]*belong*   [c]960... *596 miles*   [d]*discovered*   [e]*isolated*   [f]*owes*   [g]*unique*

See the Workbook, Laboratory Manual, ActivityPak, and Online Learning Center (www.mhhe.com/puntos8) for self-tests and practice with the grammar and vocabulary presented in this chapter.

Gramática

To review the grammar points presented in this chapter, refer to the indicated grammar presentations.

39. Expressing Feelings—Use of the Subjunctive (Part 3): Emotion

You should know how and when to use the subjunctive in a subordinate (dependent) clause when the main (independent) clause of a sentence expresses emotion.

40. Expressing Uncertainty—Use of the Subjunctive (Part 4): Doubt and Denial

You should know how and when to use the subjunctive in a subordinate clause when the main clause of a sentence expresses doubt or denial.

41. Expressing Influence, Emotion, Doubt, and Denial—The Subjunctive (Part 5): A Summary

Do you now have a general understanding of when and why the subjunctive is used?

Vocabulario

Los verbos

aburrir	to bore
atraer (*like* traer)	to draw, attract
fascinar	to fascinate
lamentar	to regret; to feel sorry
negar (niego) (gu)	to deny
sentir (siento) (i)	to regret; to feel sorry
temer	to fear, be afraid
tratar de + *inf.*	to try to (*do something*)

Repaso: alegrarse de, creer, dudar, esperar, estar seguro/a de, gustar, tener miedo de

La expresión artística

el baile	dance
la danza	dance
la escultura	sculpture
el espectáculo	show
la fotografía	photography
la obra de arte	work of art
la obra de teatro	play
la obra maestra	masterpiece
la pintura	painting (*general*)

Cognados: la arquitectura, las artes (*pl.*), el ballet, la comedia, el drama, la música, la ópera

Repaso: el arte, el cine, la literatura, la película, el teatro

crear	to create
dibujar	to draw
esculpir	to sculpt
tejer	to weave

Repaso: cantar, escribir, pintar

Las personas

el actor, la actriz	actor, actress
el bailarín, la bailarina	dancer
el/la cantante	singer
el/la compositor(a)	composer
el/la director(a)	director; conductor
el/la dramaturgo/a	playwright
el/la escritor(a)	writer
el/la escultor(a)	sculptor
el/la espectador(a)	spectator; *pl.* audience
el/la guía	guide
el/la músico	musician
la orquesta	orchestra
el/la pintor(a)	painter

Cognados: el/la arquitecto/a, el/la artista, el/la poeta

Repaso: el/la aficionado/a

La tradición cultural

la artesanía	arts and crafts
la cerámica	pottery; ceramics
los tejidos	woven goods

Cognado: las ruinas

Otros sustantivos

la canción	song
el cuadro	painting (*piece of art*)
el escenario	stage; scenery
el guión	script
el papel	role
la pintura	painting (*piece of art; the art form*)

Los adjetivos

clásico/a	classic(al)
folclórico/a	traditional
moderno/a	modern

Los números ordinales

primer(o/a)	sexto/a
segundo/a	séptimo/a
tercer(o/a)	octavo/a
cuarto/a	noveno/a
quinto/a	décimo/a

Palabras adicionales

es extraño que	it's strange that
¡qué extraño que... !	how strange that . . . !
es...	it's . . .
absurdo que	absurd that
cierto que	certain that
(im)posible que	impossible that
(im)probable que	(un)likely, (im)probable that
increíble que	incredible that
seguro que	a sure thing that
terrible que	terrible that
urgente que	urgent that
es una lástima que	it's a shame that
¡qué lástima que... !	what a shame that . . . !
hay que + *inf.*	it is necessary to (*do something*)
me (te, le,...) molesta que	it annoys me (you, him, . . .) that
me (te, le,...) sorprende que	it surprises me (you, him, . . .) that
ojalá (que)	I hope (that)

Repaso: es mejor/bueno/malo que, es verdad que, estar seguro/a (de) que

Vocabulario personal

Un paso más 13

Literatura del Ecuador

Sobre el escritor: *Jorge Icaza nació en Icuña, Ecuador. Empezó su carrera como actor y dramaturgo, pero cuando las autoridades censuraron su drama,* El dictador, *abrió una librería y empezó a escribir novelas. Su novela* Huasipungo *es la novela ecuatoriana más famosa y además una de las novelas indigenistas más importantes de Latinoamérica. El siguiente fragmento es de la novela* Huasipungo (1934).

—Nu han de robar[a] así nu más[b] a taita[c] Andrés Chiliquinga—concluyó el indio, rascándose[d] la cabeza, lleno de un despertar[e] de oscuras e indefinidas venganzas.[f] Ya le era imposible dudar de la verdad del atropello[g] que invadía el cerro.[h] Llegaban... Llegaban más pronto de lo que él pudo imaginarse. Echarían abajo su techo,[i] le quitarían la tierra.[j] Sin encontrar[k] una defensa posible, acorralado[l] como siempre, se puso pálido, con la boca semiabierta, con los ojos fijos,[m] con la garganta anudada.[n] ¡No!

[a]Nu... *They will not rob* [b]nu... *ever again* [c]*abuelo* [d]*scratching* [e]*lleno... overcome by an awakening* [f]*oscuras... dark and vague vengeance* [g]*attack, assault* [h]*hill* [i]*Echarían... They would tear down his roof (house)* [j]*le... they would take away his land* [k]*Sin... Without finding* [l]*corralled* [m]*fixed* [n]*con... with a lump in his throat*

▲ Jorge Icaza
(1906–1978)

LECTURA

REPASO DE ESTRATEGIAS: **Guessing the Content of a Passage**

Look at the photo and caption that accompany the reading, and read the title of the passage. Based on these clues, what do you think the article is going to be about? How do you know? What important information do the photo and the title provide? Remember to always look for these types of visual and textual clues as a useful way to facilitate comprehension when reading in a second language (or even in your first language).

■ **Sobre la lectura...** Este artículo es de la revista hispánica *Nexos,* publicación de la American Airlines. Suele incluir (*It usually includes*) artículos de interés a los viajeros y turistas. Esta lectura presenta información sobre un tipo de artesanía en Bolivia, país de enfoque en este capítulo.

Ch'aska Palomas: Artesanas textiles

▲ *En un mercado de La Paz, Bolivia*

Los <u>visitantes</u> del altiplano boliviano quedan impresionados por la belleza y diseño de la artesanía indígena.

Cerca de Potosí una asociación de mujeres indígenas se dedica a la artesanía textil como expresión de la identidad étnica calcheña.[a] Trabajando en diez centros, o «ayllus», cerca de 300 mujeres tejedoras,[b] <u>llamadas</u> «Ch'aska Palomas», producen una serie de diferentes tipos de ropa y tejidos.

Hecha[c] a mano, la artesanía textil «calcha» es reconocida por la belleza de sus colores y diseños. Son ideales para decorar ambientes[d] con calidez[e] y elegancia.

Los tejidos de lana de oveja[f] muestran la riqueza de los «ayllus» calcheños. Empiezan siempre con verde, rojo y panti (guindo),[g] combinación de colores que es algo como sello[h] calcheño. En el café-museo San Marcos hay una exposición del arte textil calcheño, donde también se puede comprar ponchos y tejidos.

Otra opción para un <u>recuerdo</u> es la platería[i] típica potosina.[j] Con las enseñanzas de maestros europeos, la colonia Potosí desarrolló[k] un gremio[l] de artesanos que producía tanto para el <u>consumo</u> local como para la exportación a España exquisitas obras de arte en plata conocidas[m] como platería potosina. Actualmente se conserva esta rica tradición, y artesanos locales han reanudado[n] la producción de objetos similares a los coloniales.

Los objetos artísticos pueden ser de <u>adorno</u>, como los delicados <u>broches</u> para la mujer, o también para uso en la casa, como soperas y cubiertos.[ñ] ■

[a]de Chalcha (un lugar)   [b]mujeres... *female weavers*   [c]*Made*   [d]*places, room, environments*   [e]*quality*
[f]lana... *lamb's wool*   [g]*cherry*   [h]*stamp, seal*   [i]*silver work*   [j]de Potosí (un lugar)   [k]*developed*   [l]grupo de personas que tiene la misma profesión   [m]*known*   [n]han... *have revived*   [ñ]soperas... *bowls and silverware*

Comprensión

A. Preguntas. Conteste las siguientes preguntas.

1. ¿Qué es un «ayllu»?
2. ¿Cuáles son algunas características de los textiles «calcha»?
3. ¿Quiénes les enseñaron el arte de la platería a los bolivianos?

B. ¿Cierto o falso? Corrija las oraciones falsas.

1. La artesanía producida por los artesanos bolivianos incluye textiles, obras de plata y cerámica.
2. Dos colores típicos de los tejidos son el rojo y el verde.
3. Las mujeres tejedoras usan una tecnología avanzada para producir la ropa y los tejidos.

REDACCIÓN

A. La expresión artística. Muchas personas se expresan mediante el arte en sus varias formas. Es decir, el arte no se limita solamente a la pintura y la escultura. El arte puede tomar varias formas: la música, la escritura, el diseño de ropa o muebles, etcétera. ¿Qué «arte» usa Ud. para expresar su personalidad? Escriba un breve ensayo (*essay*) para explicar cómo Ud. se expresa por medio del arte. Ideas para considerar:

- el medio artístico (la música, etcétera)
- cómo el arte expresa sus emociones y personalidad
- si sus preferencias con respecto a la expresión artística están cambiando o si se mantienen estables

Cuando termine su ensayo, entrégueselo a su profesor(a). Él/Ella lo va a presentar al resto de la clase para ver si sus compañeros pueden adivinar quién es el autor o autora de ese ensayo.

B. El museo. Casi todos los museos importantes del mundo, como El Prado en Madrid, España, y el Museo del Oro en Bogotá, Colombia, tienen un sitio Web. Busque el sitio Web de un museo del mundo hispánico. Usando el sitio Web como referencia, describa las instalaciones del museo. ¿Qué tipo de arte exponen (*do they exhibit*)? ¿Qué épocas representan las instalaciones? ¿Qué artistas representan? En su opinión, ¿por qué son importantes estas «extensiones» de los museos? ¿Cree Ud. que los sitios Web pueden causar algunos problemas o dificultades a los museos?

ALGUNOS MUSEOS DEL MUNDO HISPANOHABLANTE

Museo Arqueológico Nacional, Madrid, España
Museo de Arte Moderno, Buenos Aires, Argentina
Museo Guggenheim, Bilbao, España
Museo Nacional de Antropología, México, D.F.
Museo Nacional de Bellas Artes, Santiago, Chile
Museo del Oro, Bogotá, Colombia
Museo del Palacio de Bellas Artes, México, D.F.
Museo del Prado, Madrid, España

Introducción cultural
El Cono Sur

El Cono Sur es una región de Sudamérica que abarca[a] la Argentina, Chile,* el Paraguay, el Uruguay y el sur del Brasil. Geográficamente, es la parte que se ubica[b] al sur del Trópico de Capricornio. Con la excepción del Paraguay, los países del Cono Sur se caracterizan por un alto nivel de vida, en comparación con el resto de Latinoamérica. Tienen tasas de alfabetización[c] comparables a las de los países más desarrollados[d] del mundo, además de[e] un gran desarrollo[f] industrial, altas esperanzas de vida y buenos sistemas médicos y educativos.

En la Argentina y el Uruguay, la mayoría de la población es de origen europeo. En cambio, aproximadamente el 90 por ciento de la población paraguaya es mestiza, una combinación de europeo y guaraní.[†] Por eso, el Paraguay tiene dos idiomas oficiales: el español y el guaraní.

[a]*is comprised of*   [b]*se... is located*   [c]*tasas... literacy and life expectancies rates*   [d]*developed*   [e]*además... in addition to*   [f]*development*

---

*La Argentina y Chile también se pueden considerar países andinos también. (Vea la página 381.)

†Los guaraníes forman el grupo indígena más numeroso del Paraguay.

1 Bailando tango en la Argentina

2 Tomando mate en el Uruguay

3 Asunción, Paraguay

Vista nocturna de la Avenida 9 de Julio, en Buenos Aires, Argentina

4

CAPÍTULO 14

La naturaleza y el medio ambiente°

Uvas para los famosos vinos argentinos, cerca del río Mendoza

1. ¿Por qué tipos de productos es famosa la región donde Ud. vive?

2. ¿Qué se hace en su región para beneficiar (*benefit*) y no perjudicar (*threaten, damage*) el medio ambiente?

3. ¿Es la contaminación un problema grave en la ciudad donde Ud. vive? ¿Qué otros problemas ambientales (*environmental*) hay allí?

°La... *Nature and the environment*

2 **Las Pampas, la inmensa pradera
(grassland) que se extiende por
varias provincias de la Argentina y
por partes del Uruguay y del Brasil**

1. ¿Qué sabe Ud. de las Pampas
   y de la figura del gaucho, el
   cowboy de la Argentina?

2. ¿Qué comidas y productos son
   importantes en esa región?

3. ¿Qué parte de este país se parece
   a (*resembles*) las Pampas? ¿Qué
   tienen en común? Explique.

3 **El Cerro (*Mt.*) Fitz Roy, en la Patagonia**

1. ¿Por qué cree Ud. que tiene un nombre extranjero esta
   montaña?

2. ¿Qué sabe Ud. de la Patagonia?

3. ¿A qué tipo de turista cree Ud. que le puede interesar
   viajar a la Patagonia?

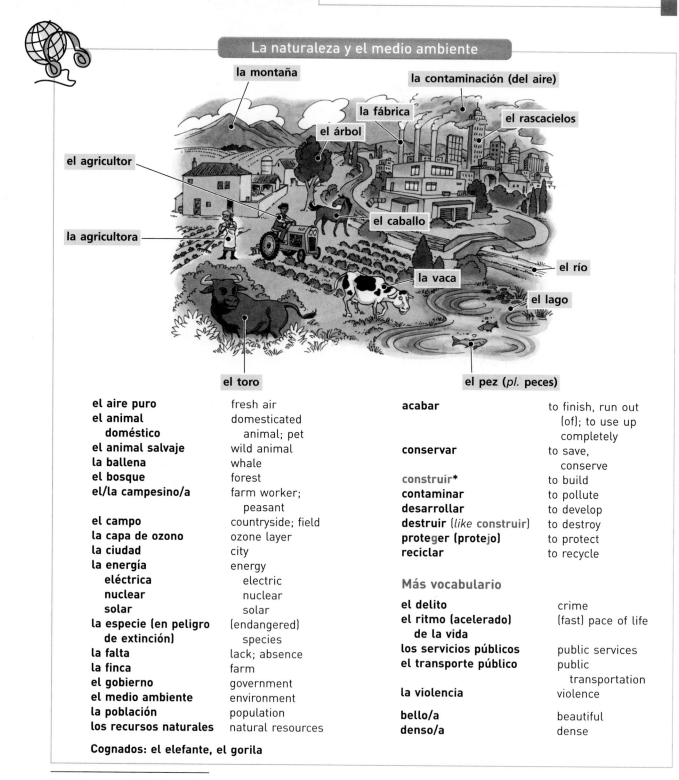

La naturaleza y el medio ambiente

la montaña
la contaminación (del aire)
la fábrica
el árbol
el rascacielos
el agricultor
el caballo
la agricultora
el río
la vaca
el lago
el toro
el pez (pl. peces)

el aire puro	fresh air	acabar	to finish, run out (of); to use up completely
el animal doméstico	domesticated animal; pet		
el animal salvaje	wild animal	conservar	to save, conserve
la ballena	whale		
el bosque	forest	**construir***	to build
el/la campesino/a	farm worker; peasant	**contaminar**	to pollute
		desarrollar	to develop
el campo	countryside; field	**destruir** (like **construir**)	to destroy
la capa de ozono	ozone layer	**proteger (protejo)**	to protect
la ciudad	city	**reciclar**	to recycle
la energía	energy		
eléctrica	electric		
nuclear	nuclear	**Más vocabulario**	
solar	solar		
la especie (en peligro de extinción)	(endangered) species	el delito	crime
		el ritmo (acelerado) de la vida	(fast) pace of life
la falta	lack; absence		
la finca	farm	los servicios públicos	public services
el gobierno	government	el transporte público	public transportation
el medio ambiente	environment		
la población	population	la violencia	violence
los recursos naturales	natural resources		
		bello/a	beautiful
		denso/a	dense

Cognados: el elefante, el gorila

---

*Note the present indicative conjugation of **construir**: **construyo, construyes, construye, construímos, construís, construyen.**

ASÍ SE DICE

la fábrica = la factoría

la finca = la granja, el rancho, la estancia

El árbol is also called **el palo** in Mexico, Central America, and the Caribbean. The names of at least two California cities contain the word **palo**: Palo Alto and Palos Verdes.

■ ■ ■ Conversación

A. ¿En la ciudad o en el campo?

1. El aire es más puro; hay menos contaminación.
2. La naturaleza es más bella.
3. El ritmo de la vida es más acelerado.
4. Hay más delitos.
5. Los servicios profesionales (financieros, legales...) son más accesibles.
6. Hay pocos medios de transporte públicos.
7. La población es menos densa.
8. Hay falta de viviendas.

B. Definiciones. Defina las siguientes palabras en español.

MODELO: el agricultor → Es el dueño de una finca.

1. la fábrica
2. el campesino
3. la falta
4. la finca
5. la naturaleza
6. la población
7. el río
8. el rascacielos
9. el agricultor

NOTA CULTURAL

Programas medioambientales

Muchos países del mundo se encuentran en la posición de **equilibrar**[a] la protección del **medio ambiente** con los objetivos del **desarrollo económico.** En muchos casos, **la explotación de recursos naturales** es la mayor fuente de ingreso[b] para la economía de un país. Los gobiernos latinoamericanos están conscientes de la necesidad de **proteger** el medio ambiente y de **conservar** los recursos naturales, y están haciendo lo posible por hacerlo. Los siguientes son algunos de los muchos **programas medioambientales** que se encuentran en los países hispanohablantes.

■ En la Ciudad de México, existe un programa permanente de **restricción vehicular** que se llama «Hoy no circula[c]». Los coches no pueden circular un día por semana. El día está determinado por el último número de la placa.[d] El propósito de este programa es controlar **la emisión de contaminantes.** Programas semejantes a «Hoy no circula» existen también en otros países, como Chile y la Argentina.

■ En México, España y otros países existen programas de **separación de basura.** Se depositan materiales distintos en recipientes[e] de colores diferentes, desde el papel y el cartón, el vidrio,[f] el metal y el plástico, hasta la materia orgánica y los desechos[g] sanitarios.

▲ *Un bote de reciclaje* (recycling bin), *en Madrid, España*

[a]*needing to balance* [b]*fuente... source of income* [c]*Hoy... Today* [these] *don't drive.* [d]*license plate* [e]*containers* [f]*glass* [g]*waste*

C. Problemas del mundo en que vivimos

Paso 1. Los siguientes problemas afectan en cierta medida (*in some measure*) a todos los habitantes de nuestro planeta. ¿Cuáles tienen más impacto en su vida actual? En parejas, pónganlos en orden, del 1 al 10, según la importancia que tienen para Uds. ¡No va a ser fácil!

_____ la contaminación del aire
_____ la destrucción de la capa de ozono
_____ la falta de petróleo
_____ la deforestación de la selva (jungla) del Amazonas
_____ la falta de viviendas para todos
_____ el ritmo acelerado de la vida moderna
_____ el uso de drogas ilegales
_____ el abuso de los recursos naturales
_____ la sobrepoblación (*overpopulation*) del mundo
_____ el crimen y la violencia en el país

Paso 2. En parejas, nombren los tres problemas más serios que afectan a los habitantes de la ciudad o región donde Uds. viven.

Paso 3. Digan a la clase los tres problemas. ¿Están todos de acuerdo en cuanto a los problemas más serios del área donde viven?

D. Opiniones. En parejas, comenten las siguientes opiniones. Pueden usar las siguientes expresiones para aclarar (*clarify*) su posición con respecto a cada tema. **¡OJO!** Todas las expresiones requieren el uso del subjuntivo o del infinitivo.

Vocabulario útil

Es / Me/Nos parece { **fundamental que...**
importantísimo que...
absurdo que... }
Me opongo / Nos oponemos a que... I am against . . .
No creo / creemos que...

1. Para conservar energía debemos reciclar todo lo posible.
2. Es mejor calentar (*to heat*) las casas con estufas de leña (*wood stoves*) que con gas o electricidad.
3. Se debe crear más parques urbanos, estatales y nacionales.
4. La protección del medio ambiente no debe impedir la explotación de los recursos naturales.
5. Para evitar la contaminación urbana, debemos limitar el uso de los coches a ciertos días de la semana, como se hace en otros países.
6. El gobierno debe ponerles multas (*fines*) muy graves a las compañías e individuos que causan la contaminación.

E. Un recurso natural importante

Paso 1. Lea el siguiente anuncio de una empresa colombiana y luego conteste las preguntas.

En ECOPETROL tenemos conciencia ambiental y social. Nuestra planeación incluye siempre los estudios de localización e impacto ambiental, buscando no perturbar la naturaleza y la vida de las poblaciones vecinas a nuestras futuras operaciones. En esta planeación el trabajo con la comunidad es indispensable.

Nuestro propósito:
Una mejor convivencia

EMPRESA COLOMBIANA DE PETROLEOS
ECOPETROL

1. ¿Qué tipo de negocio cree Ud. que tiene la Empresa Ecopetrol? ¿Qué produce?
2. ¿Qué asuntos (*matters*) son de mayor interés para esta empresa? ¿El tránsito? ¿la deforestación? ¿las poblaciones humanas? ¿otros asuntos?
3. ¿Cree que la foto del anuncio es buena para la imagen de la empresa? ¿Por qué?
4. El sustantivo **convivencia** se relaciona con el verbo **vivir** y contiene la preposición **con.** ¿Qué cree Ud. que significa **convivencia**?
5. ¿Sabe Ud. cuáles son algunos de los países que producen lo mismo que Ecopetrol?

Paso 2. Ahora, en parejas, creen un anuncio para el periódico de su universidad, sugiriendo ideas para conservar energía y reciclar en su *campus.*

En la gasolinera Gómez

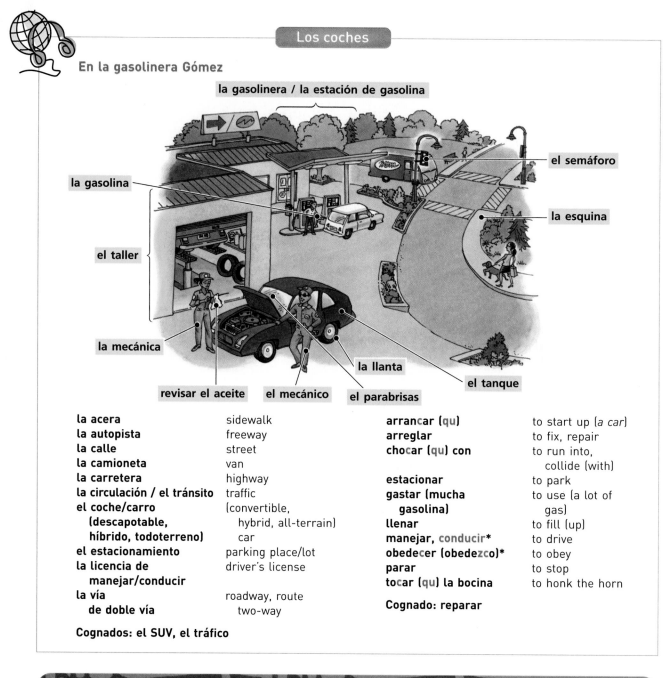

la gasolinera / la estación de gasolina

el semáforo

la gasolina

la esquina

el taller

la mecánica

revisar el aceite   el mecánico   la llanta   el tanque

el parabrisas

la acera	sidewalk	**arrancar (qu)**	to start up (a car)
la autopista	freeway	**arreglar**	to fix, repair
la calle	street	**chocar (qu) con**	to run into,
la camioneta	van		collide (with)
la carretera	highway	**estacionar**	to park
la circulación / el tránsito	traffic	**gastar (mucha**	to use (a lot of
el coche/carro	(convertible,	**gasolina)**	gas)
(descapotable,	hybrid, all-terrain)	**llenar**	to fill (up)
híbrido, todoterreno)	car	**manejar, conducir***	to drive
el estacionamiento	parking place/lot	**obedecer (obedezco)***	to obey
la licencia de	driver's license	**parar**	to stop
manejar/conducir		**tocar (qu) la bocina**	to honk the horn
la vía	roadway, route		
de doble vía	two-way	**Cognado: reparar**	

Cognados: el SUV, el tráfico

*Like the verb **conocer,** **conducir** *and* **obedecer** *have a spelling change in the* **yo** *form of the present indicative:* **conozco, conduzco, obedezco.** *This spelling change is also used in all forms of the present subjunctive.*

■ ■ ■ Conversación

A. Definiciones

Paso 1. Empareje las definiciones con las palabras y frases.

DEFINICIONES

1. _____ Se pone en el tanque.
2. _____ Se llenan de aire.
3. _____ Lubrica el motor.
4. _____ Es necesaria para arrancar el motor.
5. _____ Cuando se llega a una esquina, hay que hacer esto o seguir todo derecho (*straight*).
6. _____ Si no tiene aire suficiente, es necesario cambiarla.
7. _____ Es una vía pública ancha (*wide*) donde los coches circulan rápidamente.
8. _____ Se usan para parar el coche.
9. _____ El policía nos la pide cuando nos para el coche.
10. _____ Allí se revisan y se arreglan los coches.

PALABRAS Y FRASES

a. los frenos (*brakes*)
b. doblar (*to turn*)
c. la carretera
d. la batería
e. el taller
f. una llanta desinflada (*flat*)
g. la gasolina
h. las llantas
i. el aceite
j. la licencia

Paso 2. Ahora, siguiendo el modelo de las definiciones del **Paso 1**, dé una definición de las siguientes palabras.

1. el semáforo
2. la circulación
3. estacionar
4. gastar gasolina
5. la gasolinera
6. la autopista

B. Entrevista: Un conductor (*driver*) responsable

Paso 1. Entreviste a un compañero o compañera para saber con qué frecuencia hace las siguientes cosas.

1. dejar la licencia en casa cuando va a manejar
2. acelerar (*to speed up*) cuando ve a un policía
3. tomar bebidas alcohólicas y después manejar
4. respetar el límite de velocidad o excederlo
5. estacionar el coche donde dice «Prohibido estacionar»
6. revisar el aceite y la batería
7. seguir todo derecho a toda velocidad cuando no sabe llegar a su destino
8. rebasar (*to pass*) tres carros a la vez (*at the same time*)

Paso 2. Ahora, con el mismo compañero o compañera, haga una lista de diez de las cosas que hace —o no hace— un conductor responsable. Pueden usar frases del **Paso 1**, si quieren.

Paso 3. Ahora analice Ud. sus propias (*own*) costumbres y cualidades como conductor(a). ¡Diga la verdad! ¿Es Ud. un conductor o conductora responsable?

NOTA COMUNICATIVA

Getting or Giving Directions

Since you know how to form informal (**tú**) and formal (**Ud.**) commands, you should be able to give simple directions in Spanish. Here are a few new words as well as a review of other useful terms.

doblar	to turn
seguir (sigo) (i)	to keep on going; to continue
a la derecha	to the right
a la izquierda	to the left
por (la calle...)	on, through (. . . street)
(todo) derecho/recto	straight ahead
¿cómo se llega a... ?	how do you get to . . . ?

C. Dando direcciones

Paso 1. En parejas, escriban direcciones para ir desde su *campus* a los siguientes lugares en su ciudad.

1. a un cine que está cerca del *campus*
2. al centro de la ciudad
3. a un centro comercial popular
4. a un restaurante bien conocido (*well-known*)

Paso 2. Ahora lean las direcciones a la clase pero sin dar el nombre del destino (*destination*). La clase va a tratar de adivinar (*guess*) el destino.

D. Los mecánicos deshonestos

Paso 1. Lea el siguiente párrafo sobre los mecánicos y los coches.

En este país, cuando algo le pasa al coche, automáticamente lo llevamos a un mecánico. ¿Y qué hace el mecánico? Si tiene suerte, encuentra la parte dañada[a] y la cambia por otra nueva. En realidad, hay mecánicos que no reparan nada o que reparan partes que no necesitan reparación. Pero cuando un mecánico no puede arreglarle el coche a un norteamericano, es muy probable que este[b] decida comprarse un coche nuevo en vez de gastar dinero en reparaciones. En cambio, en Latinoamérica y en España, un coche nuevo cuesta relativamente mucho dinero y en algunos países hasta una fortuna. Además, los repuestos[c] son costosos y por eso los mecánicos tratan de reparar verdaderamente las partes que no funcionan. Por eso es común ver coches viejos que después de más de veinticinco años de uso diario todavía funcionan.

▲ *Un viejo Chevy, en Barranquilla, Colombia*

[a]*damaged* [b]*the former* (el norteamericano) [c]*spare parts*

Paso 2. Ahora, en parejas, hagan y contesten preguntas sobre los siguientes temas. **¡OJO!** Si alguno de Uds. no tiene coche, hable del coche de su padre (madre, abuelo/a, amigo/a,...).

1. la marca (*make*) y modelo de su coche
2. el tiempo que hace que lo tiene y cuánto tiempo más piensa tenerlo
3. adónde lo lleva cuando necesita reparaciones
4. si alguna vez tuvo una mala experiencia con algún mecánico deshonesto
5. ¿ ?

Need more practice?

- Workbook and Laboratory Manual
- ActivityPak
- Online Learning Center (www.mhhe.com/puntos8)

¿Recuerda Ud.?

A number of adjectives you have learned to use with **estar** are actually past participles, a verb form that you will learn about in **Gramática 42.** If you can tell how the following adjectives are derived from their infinitives, the next grammar section will be easy for you.

- cansado/a, cerrado/a, encantado/a, pasado/a, resfriado/a
- aburrido/a, divertido/a, querido/a
- abierto/a, escrito/a

GRAMÁTICA

42 *Más descripciones* • Past Participle Used As an Adjective

Gramática en acción: Algunos refranes y dichos en español

a. En boca cerrada no entran moscas.

b. Estar tan aburrido como una ostra.

c. Cuando está abierto el cajón, el más honrado es ladrón.

Comprensión: Empareje estas oraciones con el refrán o dicho que explican.

1. _____ Es posible que una persona honrada caiga en la tentación de hacer algo malo si la oportunidad se le presenta.
2. _____ Hay que ser prudente. A veces es mejor no decir nada para evitar (*avoid*) problemas.
3. _____ Las ostras ejemplifican el aburrimiento (*boredom*) porque llevan una vida tranquila… siempre igual.

A few Spanish proverbs and sayings **a.** *Into a closed mouth no flies enter.* **b.** *To be as bored as an oyster.* **c.** *When the (treasure) chest is open, the most honest person is (can become) a thief.*

Forms of the Past Participle

A. The past participle of most English verbs ends in *-ed*.

to walk → walked   to close → closed

Many, however, are irregular.

to sing → sung   to write → written

In Spanish, the *past participle* (**el participio pasado**) is formed by adding **-ado** to the stem of **-ar** verbs, and **-ido** to the stem of **-er** and **-ir** verbs. An accent mark is used on the past participle of **-er/-ir** verbs with stems ending in **-a, -e,** or **-o.**

Pronunciation hint: Remember that the Spanish **d** between vowels, as found in past participle endings, is pronounced as the fricative [đ] (like a *th* in *the*).

> **past participle** = the form of a verb used with *to have* in English to form perfect tenses (*I have eaten*)

hablar	**comer**	**vivir**
hablado	**comido**	**vivido**
spoken	eaten	lived

caer → **caído**	oír → **oído**
creer → **creído**	(son)reír → **(son)reído**
leer → **leído**	traer → **traído**

B. Some Spanish verbs have irregular past participles.

abrir:	abierto	**morir:**	muerto
cubrir:*	cubierto	**poner:**	puesto
decir:	dicho	**resolver:**	resuelto
descubrir:†	descubierto	**romper:**	roto
escribir:	escrito	**ver:**	visto
hacer:	hecho	**volver:**	vuelto

The Past Participle Used As an Adjective

A. In both English and Spanish, the past participle can be used as an adjective to modify a noun. Like other Spanish adjectives, the past participle must agree in number and gender with the noun modified.

Viven en **una casa construida** en 1920.
They live in a house built in 1920.

El español es una de **las lenguas habladas** en los Estados Unidos y en el Canadá.
Spanish is one of the languages spoken in the United States and in Canada.

B. The past participle is frequently used with **estar** to describe conditions that are the result of a previous action.

El lago **está** contaminado.
The lake is polluted.

Todos los peces **estaban** cubiertos de crudo.
All the fish were covered with crude oil.

***cubrir** = *to cover*
†**descubrir** = *to discover*

English past participles often have the same form as the past tense.

I closed the book.

The thief stood behind the closed door.

The Spanish past participle is never identical in form or use to a past tense.

Cerré la puerta. Ahora la puerta está **cerrada**.
I closed the door. Now the door is closed.

Resolvieron el problema. Ahora el problema está **resuelto**.
They solved the problem. Now the problem is solved.

■ ■ ■ Práctica

A. ¡Anticipemos! En este momento...

Paso 1. En este momento, ¿son ciertas o falsas las siguientes declaraciones con relación a su salón de clase?

1. La puerta está abierta.
2. Las luces están apagadas.
3. Las ventanas están cerradas.
4. Algunos libros están abiertos.
5. Los estudiantes están sentados.
6. Hay algo escrito en la pizarra.
7. Una silla está rota.
8. Hay carteles y anuncios colgados en la pared.
9. Un aparato está enchufado (*plugged in*).
10. Las persianas (*blinds*) están bajadas.

Paso 2. Ahora describa el estado de las siguientes cosas en su casa (cuarto, apartamento).

1. las luces
2. la cama
3. la televisión
4. las ventanas
5. la puerta
6. las cortinas (*curtains*)

B. Comentarios sobre el mundo de hoy. Complete cada párrafo con el participio pasado de los verbos de cada lista.

VERBOS: desperdiciar (*to waste*), destruir, hacer, reciclar

Todos los días, Ud. tira en el basurero[a] aproximadamente media libra[b] de papel. Si Ud. trabaja en un banco, en una compañía de seguros[c] o en una agencia del gobierno, el promedio[d] se eleva a tres cuartos de libra al día. Todo ese papel _____[1] constituye un gran número de árboles _____.[2] Esto es un buen motivo para que Ud. empiece un proyecto de recuperación de papeles hoy en su oficina. Ud. puede completar el ciclo del reciclaje únicamente si compra productos _____[3] con materiales _____.[4]

[a]*wastebasket* [b]*media... half a pound* [c]*insurance* [d]*average*

VERBOS: acostumbrar, agotar (*to use up*), apagar, bajar, cerrar, limitar

Las fuentes[a] de energía no están _____[5] todavía. Pero estas fuentes son _____.[6] Desgraciadamente, todavía no estamos _____[7] a conservar energía diariamente. ¿Qué podemos hacer? Cuando nos servimos la comida, la puerta del refrigerador debe estar _____.[8] Cuando miramos la televisión, algunas luces de la casa deben estar _____.[9] El regulador termómetro debe estar _____[10] cuando nos acostamos.

[a]*sources*

Vocabulario útil

colgar (cuelgo) (gu)
to hang
enchufar to plug in

C. ¡Rápidamente! Dé Ud. el nombre de...

1. algo contaminado
2. una persona muy/poco organizada
3. un programa de computadora bien diseñado
4. un edificio bien/mal construido
5. algo que puede estar cerrado o abierto
6. un servicio necesitado por muchas personas
7. un tipo de transporte usado por muchas personas a la vez
8. algo deseado por muchas personas

Need more practice?

- Workbook and Laboratory Manual
- ActivityPak
- Online Learning Center (www.mhhe.com/puntos8)

■ ■ ■ Conversación

A. ¡Ojo alerta! Los dibujos A y B se diferencian (*differ*) en por lo menos cinco aspectos. En parejas, encuéntrenlas todas. Usen participios pasados como adjetivos si pueden.

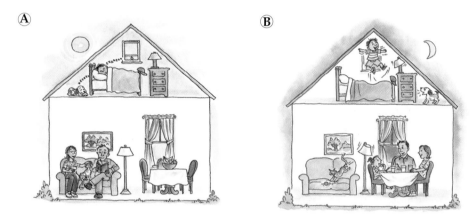

B. ¿Hecho o por hacer (*yet to be done*) **todavía?**

Paso 1. Haga oraciones completas que sean verdaderas para Ud. Use un participio pasado como adjetivo, según el modelo. Si Ud. no tiene ninguna de estas cosas, diga «No tengo... », según el modelo.

> MODELOS: una tarea para la clase de _____ (escribir) →
> Mi tarea para la clase de inglés ya está escrita.
> Mi tarea para la clase de inglés no está escrita todavía.
> No tengo que hacer ninguna tarea por escrito para ninguna clase.

1. un informe (oral/escrito) para la clase de _____ (organizar)
2. una presentación oral para la clase de _____ (preparar)
3. mi cama (hacer)
4. los problemas para la clase de matemáticas (resolver)
5. la mesa (poner para la cena)

Paso 2. Ahora, en parejas, comparen sus respuestas. Digan a la clase algo que tienen en común.

¿Qué has hecho? • Perfect Forms: Present Perfect Indicative and Present Perfect Subjunctive

Gramática en acción: Una llanta desinflada

¿Qué ha pasado? ¡Ay, no! ¡Una llanta desinflada! ¡Nunca he cambiado una llanta desinflada!

¿Y Ud.?
Alguna vez…

1. ¿le ha cambiado una llanta desinflada a un carro?
2. ¿le ha revisado el aceite al coche?
3. ¿le ha reparado otras cosas al coche?
4. ¿ha tenido un accidente automovilístico?
5. ¿ha excedido el límite de velocidad en la autopista?

Present Perfect Indicative

haber + *past participle* (-ado/-ido)			
he **hablado**	I have spoken	hemos **hablado**	we have spoken
has **hablado**	you have spoken	habéis **hablado**	you have spoken
ha **hablado**	you have spoken he/she has spoken	han **hablado**	you/they have spoken

A. In English, the present perfect is a compound tense consisting of the present tense form of the verb *to have* plus the past participle: *I have written, you have spoken,* and so on.

In the Spanish *present perfect indicative* (**el presente perfecto de indicativo**), the past participle is used with present tense forms of **haber,** the equivalent of English *to have* in this construction.

In general, the use of the Spanish present perfect parallels that of the English present perfect.

No **hemos estado** aquí antes.
We haven't been here before.

Me **he divertido** mucho.
I've had a very good time.

Ya le **han escrito** la carta.
They've already written her the letter.

 Haber, an auxiliary verb, is not interchangeable with **tener.**

B. The form of the past participle never changes with **haber,** regardless of the gender or number of the subject. The past participle always appears immediately after the appropriate form of **haber** and is never separated from it. Object pronouns and **no** are always placed directly before the form of **haber.**

Ella **ha cambiado llantas desinfladas** varias veces.
She's changed flat tires several times.

Todavía **no** le **han revisado** el aceite al coche.
They still haven't checked the car's oil.

A flat tire   What has happened? Oh, no! A flat tire! I've never changed a flat tire!

Gramática

C. The present perfect form of **hay** is **ha habido** (*there has/have been*).

Ha habido un accidente.
There's been an accident.

 Remember that **acabar** + **de** + *infinitive*—not the present perfect tense—is used to state that something *has just occurred*.

Acabo de mandar la carta.
I've just mailed the letter.

[Práctica A–B]

Present Perfect Subjunctive

The *present perfect subjunctive* (**el presente perfecto de subjuntivo**) is formed with the present subjunctive of **haber** plus the past participle. It is used to express *I have spoken* (*written,* and so on) when the subjunctive is required. Although its most frequent equivalent is *I have* plus the past participle, its exact equivalent in English depends on the context in which it occurs.

Note in the sample sentences that the English equivalent of the present perfect subjunctive can be expressed as a simple or as a compound tense: *did / have done; came / have come; built / have built.*

[Práctica C–D]

haya **habl**ado	hayamos **habl**ado
hayas **habl**ado	hayáis **habl**ado
haya **habl**ado	hayan **habl**ado

Es posible que lo **haya hecho**.
It's possible (that) he may have done (he did) it.

Me alegro de que **hayas venido**.
I'm glad (that) you've come (you came).

Es bueno que lo **hayan construido**.
It's good (that) they built (have built) it.

AUTOPRUEBA

Give the correct form of **haber**.

INDICATIVE

1. yo _____
2. Uds. _____
3. nosotros _____

SUBJUNCTIVE

4. tú _____
5. Ud. _____
6. ellos _____

Answers: *1.* he *2.* han *3.* hemos *4.* hayas *5.* haya *6.* hayan

■ ■ ■ Práctica

A. ¡Anticipemos! El pasado y el futuro

Paso 1.   Indique cuáles de las siguientes experiencias Ud. ha tenido.

1. ☐ He hecho un viaje a Europa.
2. ☐ He montado a camello (*camel*).
3. ☐ He buceado (*gone scuba diving*).
4. ☐ He ido de safari a África.
5. ☐ He comprado un coche.
6. ☐ He preparado un plato mexicano.
7. ☐ He ocupado un puesto político.

8. □ He tenido una mascota.
9. □ He escrito un poema.
10. □ He visto una película de Almodóvar.
11. □ He leído un periódico en español.
12. □ Me he roto el brazo o la pierna.

Paso 2. Ahora, en parejas, hagan y contesten las siguientes preguntas. Luego digan a la clase cuál de Uds. dos es el más «atrevido» (*daring*).

1. ¿Cuál es el lugar más «raro» (*strange*) que has visitado en tu vida?
2. ¿Cuál es el plato o ingrediente más «exótica» que has comido?
3. ¿Cuál es el libro más «extraordinario» que has leído?
4. ¿Cuál es la cosa más «peligrosa» (*dangerous*) que has hecho?

B. El coche de Carmina. Carmina acaba de comprarse un coche usado. Describa lo que le ha pasado a Carmina, según el modelo.

MODELO: ir a la agencia de compra-venta →
Ha ido a la agencia de compra-venta.

1. pedirle ayuda a su padre
2. ver diferentes coches y compararlos
3. mirar uno baratísimo
4. revisarle las llantas
5. conducirlo para probarlo
6. regresar a la agencia
7. decidir comprarlo
8. comprarlo
9. volver a casa
10. llevar a sus amigas al cine en su coche

C. ¡No lo creo! ¿Tienen espíritu aventurero sus compañeros de clase? ¿Llevan una vida interesante? ¿O viven tan aburridos como una ostra? ¡A ver!

Paso 1. Indique cuál de las oraciones de cada par expresa su opinión acerca de los estudiantes de esta clase.

1. □ Creo que alguien en esta clase ha visto las pirámides de Egipto.
   □ Es dudoso que alguien haya visto las pirámides de Egipto.
2. □ Estoy seguro/a de que por lo menos uno de mis compañeros ha escalado una montaña alta.
   □ No creo que nadie haya escalado una montaña alta.
3. □ Creo que alguien ha viajado haciendo autostop.
   □ Dudo que alguien haya hecho autostop en un viaje.
4. □ Creo que alguien ha practicado el paracaidismo.
   □ Es improbable que alguien haya practicado el paracaidismo.
5. □ Estoy seguro/a de que alguien ha tomado el metro en Nueva York a medianoche.
   □ No creo que nadie haya tomado el metro neoyorquino a medianoche.

Paso 2. Ahora escuche las respuestas mientras su profesor(a) pregunta si alguien ha hecho estas actividades. ¿Tenía Ud. razón en el **Paso 1**?

Vocabulario útil
escalar to climb
hacer autostop to hitchhike
el paracaidismo skydiving

D. Situaciones. Conteste las siguientes preguntas, usando el presente perfecto de indicativo o de subjuntivo. Use también los pronombres de complemento directo para evitar la repetición.

> MODELO: ¿Compró Rigoberto el coche usado que miraba? (Sí, creo que...)
> → Sí, creo que lo ha comprado.

HABLANDO DE COCHES

1. ¿Julio arregló su coche? (No, no creo que...)
2. ¿Reparó el mecánico el problema que tenía tu coche? (Dudo que...)
3. ¿Consiguió Ana la licencia de conducir? (Sí, ella ya...)
4. ¿Excedió Carmen el límite de velocidad alguna vez? (No, no es probable que...)

HABLANDO DEL MEDIO AMBIENTE

5. ¿Conservaron suficiente agua los agricultores? (Espero...)
6. ¿Construyeron más rascacielos en Buenos Aires este año? (Sí, es probable...)
7. ¿Destruyeron más recursos naturales en Latinoamérica este año?) (Sí, y es una lástima que...)
8. ¿Hemos hecho lo suficiente para proteger el medio ambiente? (No, no creo que...)

Need more practice?

- Workbook and Laboratory Manual
- ActivityPak
- Online Learning Center (www.mhhe.com/puntos8)

■ ■ ■ Conversación

A. Entrevista: ¿Lo has hecho o no?

Paso 1. Indique si Ud. ha hecho o no las siguientes cosas, según el modelo. También añada a la lista una cosa que ha hecho esta semana y una cosa que debería haber hecho (*you should have done*).

> MODELO: visitar la Argentina → He visitado la Argentina una vez. (Nunca he visitado la Argentina, pero sí he visitado México.)

1. correr en un maratón
2. manejar un Alfa Romeo
3. escribir un poema
4. actuar en una obra teatral
5. conocer a una persona famosa
6. romperse la pierna alguna vez
7. ¿ ____ ?
8. ¿ ____ ?

Paso 2. Ahora, usando como base algunas de las actividades del **Paso 1** que Ud. ha hecho o no, complete las siguientes oraciones con referencia a sus compañeros de clase o a su profesor(a). Nombre a una persona diferente en cada oración.

> MODELO: Creo que... → Creo que la profesora ha manejado un Alfa Romeo.

1. Creo que...
2. Dudo que...
3. Es probable que...
4. Estoy seguro/a de que...
5. Ojalá que...

Paso 3. Lea sus oraciones del **Paso 2** a la clase entera. La persona nombrada en su oración va a decir si la oración es cierta o falsa. ¿Quién acertó más (*guessed most accurately*)?

B. ¿Verdad o mentira?

Paso 1. Invente Ud. tres declaraciones sobre cosas que ha hecho y no ha hecho en su vida. Dos de las declaraciones deben ser verdaderas y una debe ser mentira.

> MODELO: *He hecho* un viaje a Sudamérica.
> Nunca *he conocido* a nadie famoso.
> *He visto* muchas películas en español.

Paso 2. Lea sus declaraciones a un compañero o compañera. Él/Ella va a tratar de encontrar la mentira.

> MODELO: Creo que *has hecho* un viaje a Sudamérica y que *has visto* muchas películas en español. Dudo que no *hayas conocido* a nadie famoso.

NOTA COMUNICATIVA

Talking About What You Had Done

Use the past participle with the imperfect form of **haber** (**había, habías,...**) to talk about what you had—or had not—done before a given time in the past. This form, called the *past perfect* (**el pluscuamperfecto**), is used like its English equivalent.

Antes de graduarme en la escuela secundaria, no **había estudiado** español.	*Before graduating from high school, I hadn't studied Spanish.*
Antes de 1985, **habíamos vivido** en Kansas todo el tiempo.	*Before 1985, we had always lived in Kansas.*

C. Entrevista. En parejas, hagan y contesten preguntas basadas en las siguientes frases.

> MODELO: ¿qué cosa? **/** no haber aprendido a hacer antes del año pasado →
> E1: ¿Qué cosa no *habías aprendido* a hacer antes del año pasado?
> E2: Pues... no *había aprendido* a nadar. Aprendí a nadar este año en la clase de natación.

1. ¿qué cosa? **/** no haber aprendido a hacer antes del año pasado
2. ¿qué materia? **/** no haber estudiado antes de venir a esta universidad
3. ¿qué deporte? **/** haber practicado algún tiempo
4. ¿qué viaje? **/** haber hecho varias veces
5. ¿qué libro importante? **/** no haber leído
6. ¿qué decisión? **/** no haber tomado
7. ¿ ?

A. Dos dibujos, un punto de vista. Un español hizo el dibujo de la derecha; un argentino, el de la izquierda. Pero los dos comentan el mismo tema.

Vocabulario útil			
el arado plow	la flor	la mecanización	el tractor
la deshumanización	la gente	la mula	

Paso 1. Conteste las siguiente preguntas sobre el dibujo de la derecha.

1. Describa la ciudad que se ve en el dibujo.
2. ¿Qué ha descubierto la gente? ¿Por qué mira con tanto interés?
3. ¿Qué hicieron primero antes de construir esta ciudad? ¿Qué destruyeron?

Paso 2. Conteste las siguientes preguntas sobre el dibujo de la izquierda.

1. ¿Qué se ha comprado el agricultor de la izquierda? ¿Qué ha vendido para comprarlo?
2. ¿Qué es «más moderno», según el otro agricultor?
3. ¿Qué desventaja tiene el tractor?

Paso 3. Ahora explique su opinión personal sobre estos dos dibujos. ¿Son chistosos (*funny*)? ¿serios?

B. Lengua y cultura: El Parque Nacional los Glaciares. Complete the following paragraphs with the correct form of the words in parentheses, as suggested by context. When two possibilities are given, select the correct word. Form adverbs with **-mente**, as needed. **¡OJO!** *PP:* = present perfect (indicative or subjunctive) *P/I:* = preterite or imperfect. Other infinitives are either present subjunctive or must remain in the infinitive form.

Algunos aspectos de la cultura y de la geografía de la Argentina son bien conocidos por todos. Seguro que Uds. (*PP: ver*[1]) bailar el tango, porque es un baile que se (*PP: hacer*[2]) muy popular (reciente[3]) entre los bailes de salón.[a] Otra cosa que (mucho[4]) gente (sabe/conoce[5]) es que la Pampa es una (gran/grande[6]) extensión de tierra que sirve para pastar el ganado[b] y para el cultivo de granos. Y es muy posible que Uds. (*PP: oír*[7]) hablar de los gauchos, los hombres que (tradicional[8]) (*P/I: cuidar*[9]) el ganado en la Pampa. (Este[10]) hombres (son/están[11]) comparables a los *cowboys* del (este/oeste[12]) de los Estados Unidos.

◀ *Un turista en el Parque Nacional los Glaciares, Argentina*

Pero es fácil (olvidar[13]) que la Argentina es un país larguísimo que se extiende desde la selva[c] tropical en la frontera[d] con el Brasil hasta la Antártida. Por eso (el/la[14]) país tiene una increíble variedad climática y geográfica.

Si Ud. es un aficionado/a al ecoturismo, (se/le[15]) aconsejamos que (visitar[16]) el Parque Nacional los Glaciares, en (el/la[17]) región de la Patagonia, al sur del país. El gobierno[e] argentino (*P/I: crear*[f18]) el parque en 1937, y en 1982 la UNESCO (lo/la[19]) (*P/I: declarar*[20]) Patrimonio Natural de la Humanidad. Allí, en las 600.000 hectáreas[g] del parque, los visitantes pueden explorar impresionantes glaciares. Es posible (escalar[21]) montañas de hielo con grandes precipicios, como el Cerro Torre,[h] (que/lo que[22]) es un desafío[i] para los (mejor[23]) escaladores.[j]

[a]bailes... *ballroom dances*   [b]pastar... *pasture cattle*   [c]*jungle*   [d]*frontier*   [e]*government*   [f]*to create*   [g]*hectares (1 hectar = 2.47 acres)*   [h]Cerro... *Tower Hill*   [i]*challenge*   [j]*climbers*

Comprensión. Conteste las siguientes preguntas.

1. ¿Qué aspectos de la cultura argentina son bien conocidos?
2. ¿Qué es la Pampa? ¿Para qué sirve?
3. ¿Por qué hay gran variedad climática y geográfica en la Argentina?
4. ¿En qué región está el Parque Nacional Los Glaciares?
5. ¿Es grande o pequeño el Parque?
6. ¿Por qué es tan bueno el Parque para el alpinismo (*mountain climbing*)?

Resources for Review and Testing Preparation

■ Workbook and Laboratory Manual
■ ActivityPak
■ Online Learning Center (www.mhhe.com/puntos8)

Perspectivas culturales

La Argentina

Datos esenciales

- Nombre oficial: República Argentina
- Capital: Buenos Aires
- Población: aproximadamente 40 millones de habitantes

Fíjese

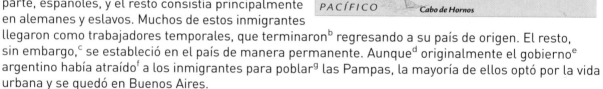

- La inmigración de europeos en el siglo XIX ha tenido un papel decisivo en la formación de la población de la Argentina (así como en la del Uruguay). En 1856, la población argentina era de 1,2 millones de habitantes; ya para 1930, 10,5 millones de extranjeros habían llegado al país por el puerto de Buenos Aires. La mitad[a] de ellos era italianos; una tercera parte, españoles, y el resto consistía principalmente en alemanes y eslavos. Muchos de estos inmigrantes llegaron como trabajadores temporales, que terminaron[b] regresando a su país de origen. El resto, sin embargo,[c] se estableció en el país de manera permanente. Aunque[d] originalmente el gobierno[e] argentino había atraído[f] a los inmigrantes para poblar[g] las Pampas, la mayoría de ellos optó por la vida urbana y se quedó en Buenos Aires.
- La ciudad de Buenos Aires es una metrópolis con más de 13 millones de habitantes, lo cual supone[h] más del 30 por ciento de la población del país. Es el centro cultural, comercial, industrial, financiero y gubernamental,[i] así como el puerto principal de la Argentina. A las personas de Buenos Aires se les llama[j] «porteños», nombre que viene de la palabra **puerto**.
- El 95 por ciento de la población argentina es de origen europeo porque la mayoría de los indígenas murió durante los primeros años de la colonización por enfermedades traídas por los europeos.

[a]La... *Half* [b]*ended up* [c]sin... *however* [d]*Although* [e]*government* [f]*attracted* [g]*populate*
[h]lo... *which constitutes* [i]se... *they are called*

La Boca, en Buenos Aires   La Boca es un pintoresco barrio de Buenos Aires. Es famoso por sus casas pintadas de colores brillantes, especialmente en la calle Caminitos. Fue el primer puerto de Buenos Aires, y hoy sus edificios, clubes de baile, tiendas y restaurantes atraen tanto a los porteños como a los turistas.

Un gaucho con su mate[a]   El gaucho, la versión argentina del *cowboy*, tradicionalmente trabajaba cuidando el ganado[b] desde las Pampas hasta la Patagonia. Más que el *cowboy* estadounidense, el gaucho argentino es reverenciado[c] como símbolo nacional de su país. Hay gauchos que trabajan en las estancias[d] todavía, pero hoy día muchos son figuras representativas que sólo aparecen en festivales y desfiles.[e]

[a]*typical tea of the Southern Cone*   [b]cuidando... *taking care of cattle*   [c]*revered*   [d]*ranches*   [e]*parades*

La Casa Rosada y la Plaza de Mayo, en Buenos Aires   La Casa Rosada es el palacio presidencial y está enfrente de la Plaza de Mayo. La Plaza de Mayo se hizo famosa en las últimas décadas del siglo XX a causa de las manifestaciones[b] semanales de las Madres de la Plaza de Mayo. Estas mujeres manifestaban para exigir[c] información a las autoridades sobre los llamados «desparecidos», sus hijos y nietos que desaparecieron durante la cruel dictadura[d] militar de 1976 a 1983.

[a]*scene*   [b]*demonstrations*   [c]*to demand*   [d]*dictatorship*

La Garganta del Diablo,[a] en las Cataratas[b] del Iguazú   Las Cataratas del Iguazú están en la frontera[c] entre la Argentina y el Brasil. Hay casi 300 saltos[d] individuales en este complejo, entre ellos la Garganta del Diablo es el más impresionante. El nombre «Iguazú» viene del guaraní y significa «agua grande».

[a]Garganta... *Devil's Throat*   [b]*Waterfalls*   [c]*border*   [d]*waterfalls*

Música de la Argentina

El tango representa la música y el baile nacionales de la Argentina. Esta música se toca con varios instrumentos musicales, pero el instrumento característico del tango es el bandoneón, un tipo de acordeón de origen alemán. El baile se caracteriza por movimientos pegados[a] y contenidos[b] entre las parejas porque originalmente el tango se bailaba entre las mesas y sillas de los bares porteños, donde no había pista de baile.[c]

[a]*close*   [b]*contained*   [c]pista... *dance floor*

EN RESUMEN

See the Workbook, Laboratory Manual, ActivityPak, and Online Learning Center (www.mhhe.com/puntos8) for self-tests and practice with the grammar and vocabulary in this chapter.

Gramática

To review the grammar points presented in this chapter, refer to the indicated grammar presentations.

42. Más descripciones—Past Participle Used As an Adjective

Do you know how to form past participles? You should remember that past participles that are used as adjectives agree with the noun they describe.

43. ¿Qué has hecho?—Perfect Forms: Present Perfect Indicative and Present Perfect Subjunctive

How do you express that you have done something? Do you know how to say that you're happy or sad that someone else did or has done something?

Vocabulario

Los verbos

cubrir	to cover
descubrir	to discover
evitar	to avoid
resolver (resuelvo)	to solve, resolve

El medio ambiente

la capa de ozono	ozone layer
la fábrica	factory
la falta	lack; absence
el gobierno	government
el medio ambiente	environment
la naturaleza	nature
la población	population
los recursos naturales	natural resources

Cognados: el aire, la energía (eléctrica, nuclear, solar)

Repaso: la contaminación

conservar	to save, conserve
construir	to build
contaminar	to pollute
desarrollar	to develop
destruir (*like* construir)	to destroy
proteger (protejo)	to protect
reciclar	to recycle

Repaso: acabar

¿En la ciudad o en el campo?

el/la agricultor(a)	farmer
el/la campesino/a	farm worker; peasant
el campo	field
el delito	crime
la finca	farm
el rascacielos	skyscraper
el ritmo	rhythm, pace

Cognados: el servicio, la violencia

Repaso: el campo (*countryside*), **la ciudad, el transporte, la vida**

Los animales

el animal doméstico	domesticated animal; pet
el animal salvaje	wild animal
la ballena	whale
la especie (en peligro de extinción)	(endangered) species
el pez (*pl.* peces)	fish
el toro	bull
la vaca	cow

Cognados: el elefante, el gorila

Repaso: el caballo

La naturaleza

el árbol	tree
el bosque	forest
el lago	lake
el río	river

Repaso: el mar, la montaña, el océano

Los coches

la estación de gasolina	gas station
los frenos	brakes
la gasolinera	gas station
la llanta (desinflada)	(flat) tire
el/la mecánico/a	mechanic
el parabrisas	windshield

el taller	(repair) shop
el tanque	tank

Cognados: la batería, la gasolina

Repaso: el aceite, la camioneta, el carro, el coche, el SUV

arrancar (qu)	to start up (a car)
arreglar	to fix, repair
gastar	to use (gas)
llenar	to fill (up)
revisar	to check

Cognado: reparar

En la calle

la acera	sidewalk
la autopista	freeway
la bocina	horn (car)
la carretera	highway
la circulación	traffic
el/la conductor(a)	driver
la esquina	(street) corner
el estacionamiento	parking place/lot
la licencia de manejar/conducir	driver's license
el límite de velocidad	speed limit
el/la policía	police officer

el semáforo	traffic signal
el tránsito	traffic
la vía	roadway, route
de doble vía	two-way

Repaso: la calle

conducir	to drive
doblar	to turn
obedecer (obedezco)	to obey
parar	to stop
seguir (sigo) (i)	to keep on going; to continue
tocar (qu)	to honk

Repaso: chocar (qu) (con), estacionar, manejar

(todo) derecho/recto	straight ahead

Repaso: a la derecha, a la izquierda, por (through)

¿cómo se llega a... ?	how do you get to . . . ?

Los adjetivos

acelerado/a	fast, accelerated
bello/a	beautiful
todoterreno (inv.)	all-terrain

Cognados: denso/a, híbrido/a, público/a, puro/a

Repaso: descapotable

Vocabulario personal

Literatura de la Argentina

Sobra la escritora: *Alfonsina Storni nació en Sala Capriasca, Suiza, pero vivió en la Argentina casi toda la vida, una vida llena de desilusiones y obstáculos. Storni era—y sufría los problemas de—una mujer intelectual a principios del siglo XX. El poema «Cuadrados[a] y ángulos» es de la colección* El dulce daño *(1918).*

Casas enfiladas,[b] casas enfiladas,
casas enfiladas.
Cuadrados, cuadrados, cuadrados.
Casas enfiladas.
las gentes ya tienen el alma[c] cuadrada,
ideas en fila[d]
y ángulos en la espalda.
Yo misma he vertido[e] ayer una lágrima,[f]
Dios mío, cuadrada.

▲ Alfonsina Storni
(1892–1938)

[a]*Squares* [b]*in a straight row* [c]*soul* [d]*en... in single file* [e]*shed* [f]*tear*

LECTURA

ESTRATEGIA: Using Background Knowledge

Another useful strategy that you can use to facilitate your reading comprehension is the "activation" of any background knowledge that you might have about the topic. That is, if you think about all that you know about the topic of the passage, you can begin to formulate a hypothesis and make predictions about the content.

The following passage is entitled *"La Amazonia pierde cada año un millón y medio de hectáreas."* No doubt you already know something about the Amazon, given that it is frequently mentioned in the press and on television. To begin, jot down three things that you already know about the Amazon.

1.

2.

3.

Think about these things as you read the article. This information might be mentioned in the passage.

Sobre la lectura... El siguiente artículo es de un periódico español, *El Diario de Sevilla*. Se publicó en el verano de 1999. El tema de la Amazonia sigue siendo de interés internacional, y recibe la atención del mundo, no sólo de este país.

La Amazonia pierde cada año un millón y medio de hectáreas[a]

La Amazonia, espacio vital para el equilibrio del Planeta, pierde cada año 1,5 (uno coma cinco) millones de hectáreas, debido principalmente a la extracción ilegal de madera[b] por parte de las multinacionales de explotación forestal.

Según un informe de Greenpeace, *Plantando cara a*[c] *la deforestación*, el 80 por ciento de la madera obtenida de la Amazonia se extrae ilegalmente y el 72 por ciento de los treinta y seis «puntos críticos» de deforestación de la zona son consecuencia de la actividad maderera.[d]

El documento, que responsabiliza a diecisiete multinacionales de explotación forestal de la destrucción progresiva de este «pulmón del Planeta», resalta[e] que la contribución de la Amazonia a la producción total de madera en Brasil se ha disparado[f] del 14 por ciento al 85 por ciento en sólo dos décadas.

«A la cabeza de la destrucción de los bosques primarios de la Amazonia se encuentra la industria de la madera, que en 1997 causó daños en cerca de 1,5 millones de hectáreas», afirma el documento.

El informe y la denuncia[g] sobre la actual situación de la Amazonia se encuadran[h] en una campaña mundial de Greenpeace para frenar la destrucción acelerada de la Amazonia y la gira[i] por varios países de una delegación amazónica, que estos días se encuentra en España.

▲ *Área deforestada de la Amazonia*

Tras destacar[j] que la explotación forestal intensiva aumenta[k] de forma preocupante, los portavoces[l] alertaron de que, en los últimos cuatro años, ocho multinacionales han comprado una extensión de selva amazónica del tamaño de la Comunidad Valenciana[m] —2,3 millones de hectáreas— y ya controlan el 12 por ciento de la capacidad de producción que hay en la zona.

También subrayaron[n] que, en los últimos veinte años, se ha destruido el 15 por ciento de la Amazonia —un territorio equivalente a Francia— y afirmaron que «es posible e imprescindible[ñ] compatibilizar la vida de los trabajadores indígenas con la conservación de este ecosistema que da equilibrio al Planeta».

■

---

[a]*land measurement equivalent to 2.47 acres*   [b]*wood*   [c]*Plantando... Confronting*   [d]*wood-related*
[e]*emphasizes*   [f]*se... has increased*   [g]*accusation*   [h]*se... are included*   [i]*tour*   [j]*Tras... After emphasizing*   [k]*is increasing*   [l]*spokespersons*   [m]*Comunidad... region in Spain*   [n]*they underscored*
[ñ]*necesario*

Comprensión

A. Confirmación. Vuelva a la lista que Ud. escribió en Estrategia. ¿Qué información de su lista aparece en el artículo?

B. ¿Cierto o falso? Corrija las oraciones falsas.

   1. La Amazonia pierde 1,5 millones de hectáreas cada mes.
   2. Greenpeace ha declarado que el 80 por ciento de la extracción de madera de la Amazonia es ilegal.
   3. Greenpeace también ha nombrado a diecisiete multinacionales responsables por la deforestación.
   4. Cuando se publicó el artículo, el área destruida era un territorio equivalente a Francia.
   5. La delegación amazónica está en Brasil.

C. Preguntas. Conteste las siguientes preguntas.

   1. Según el artículo, ¿quiénes son los responsables de la deforestación de la Amazonia?
   2. En el artículo, a la Amazonia se le llama el «pulmón del Planeta». Explique esta imagen en español con sus propias palabras.

REDACCIÓN

A. Greenpeace. Imagine que Ud. quiere hablar con un amigo de dos de las medidas (*measures*) que han tomado los miembros de Greenpeace para proteger los océanos. Escoja tres de las medidas de la siguiente lista (u otras, si quiere) y escriba oraciones, usando el presente perfecto.

> protestar ante la Organización de Naciones Unidas
> publicar información sobre las compañías petrolíferas
> atacar buques petroleros
> investigar las consecuencias ambientales de los submarinos nucleares
> ¿ ?

Empiece sus oraciones con:

> Los miembros de Greenpeace...

▲ *La sede* (headquarters) *de la Organización de Naciones Unidas, en Nueva York*

B. **Problemas del medio ambiente.** ¿Qué problema ecológico le preocupa más a Ud.? ¿Ha pensado en las varias maneras (*ways*) en que puede proteger el medio ambiente? Escoja el problema de la lista que más le interese. Luego escriba una breve composición sobre ese problema. Incluya un comentario sobre lo que ha hecho o lo que piensa hacer para ayudar a resolver el problema.

- La deforestación
- La contaminación de los ríos y lagos
- El uso de pesticidas (*m.*) en las verduras y frutas
- La escasez (*shortage*) de energía eléctrica
- La falta de recursos naturales
- El desecho (*waste*) de productos de plástico y de papel
- La destrucción de la capa de ozono

CAPÍTULO 15

La vida social y la vida afectiva°

▲
Una pareja (*couple*) **en el Parque Forestal de Santiago**

1. ¿Tiene Ud. pareja? ¿Novio o novia? ¿esposo o esposa?

2. ¿Cree Ud. en el amor a primera vista (*sight*)?

3. En su opinión, ¿por cuánto tiempo se debe conocer a alguien antes de casarse (*before getting married*)?

°*emotional*

2 **Una playa popular de Valparaíso, el puerto más importante de Chile**

1. ¿Por qué cree Ud. que Valparaíso es una de las ciudades más interesantes de Latinoamérica?

2. ¿Por qué son sus playas lugares de vacaciones preferidos por las familias?

3. ¿Qué ciudades de este país también tienen playas populares?

3 **Algunos moais de la Isla de Pascua, en el Pacífico**

1. ¿Qué sabe Ud. de la Isla de Pascua? ¿Sabía que es territorio chileno?

2. ¿Qué pueden representar estas estatuas llamadas «moais»?

3. ¿Recuerda Ud. otros países hispánicos donde los habitantes originales han dejado huellas (*traces*) importantes?

Las relaciones sentimentales

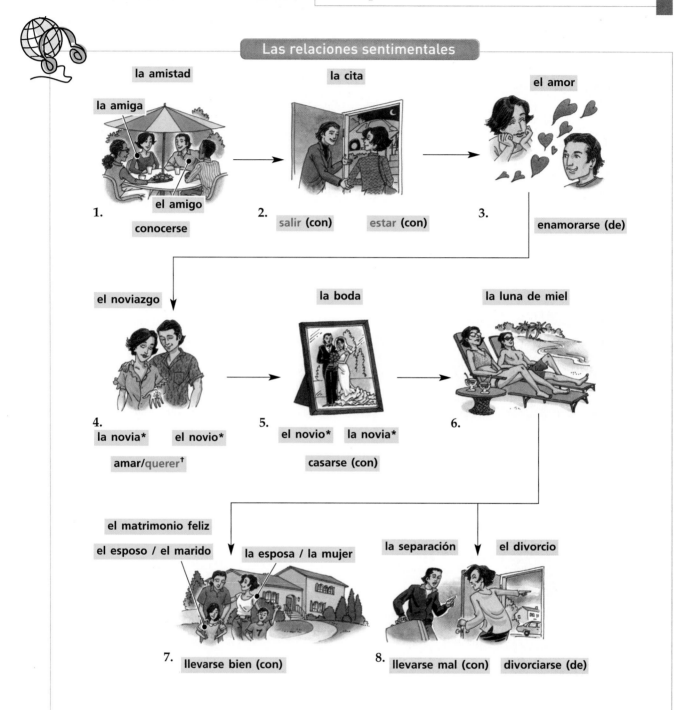

la amistad

la amiga

el amigo

1.

conocerse

la cita

2.   salir (con)   estar (con)

el amor

3.   enamorarse (de)

el noviazgo

la boda

la luna de miel

4.
la novia*   el novio*

amar/querer†

5.   el novio*   la novia*

casarse (con)

6.

el matrimonio feliz

el esposo / el marido   la esposa / la mujer

la separación   el divorcio

7.   llevarse bien (con)

8.   llevarse mal (con)   divorciarse (de)

---

*El novio / La novia *can mean* boyfriend/girlfriend, fiancé(e), *or* groom/bride.
†Amar *and* querer *both mean* to love, *but* amar *can imply more passion in some dialects.*

la pareja	(married) couple; partner	cariñoso/a	affectionate
el/la viudo/a	widower/widow	casado/a* (con)	married (to)
		divorciado/a (de)	divorced (from)
casarse (con)	to marry	enamorado/a† (de)	in love (with)
pelear (con)	to fight (with)	recién casado/a (con)	newlywed (to)
romper (con)	to break up (with)	soltero/a*	single, not married
separarse (de)	to separate (from)		
		conmigo	with me
amistoso/a	friendly	contigo	with you (*fam.*)

■ ■ ■ Conversación

ASÍ SE DICE

la boda = el casamiento

The words that refer to friends or to one's group vary widely from country to country. In Chile, for example, **gallos y gallas** (*roosters and hens*) means *guys and gals*. The phrase **la pandilla** is used in a number of countries to refer to that group, and the shortened version of **compañero/a, mi compa (mis compas)**, is often used to refer to good friends, as well as to classmates, coworkers, life partners, and so on.

A. ¡Usemos la lógica! Complete las siguientes oraciones lógicamente.

1. Mi abuelo es el _____ de mi abuela.
2. Muchos novios tienen un _____ bastante (*rather*) largo antes de la boda.
3. María y Julio tienen una _____ el viernes para comer en un restaurante. Luego van a bailar.
4. La _____ de Juan y Pati es el domingo a las dos de la tarde, en la iglesia (*church*) de San Martín.
5. En una _____, ¿quién debe comprar los boletos, el hombre o la mujer?
6. La _____ entre ex esposos es imposible. No pueden ser amigos.
7. ¡El _____ es ciego (*blind*)!
8. Para algunas personas, el _____ es un concepto anticuado. Prefieren vivir juntos, sin casarse.
9. Algunas parejas modernas no quieren gastar su dinero en una _____.
10. ¿Cree Ud. que es posible el _____ a primera vista (*sight*)?

B. Preguntas impertinentes

Paso 1. Use las siguientes palabras para hacer preguntas muy personales. Las preguntas pueden ser sobre el presente o el pasado.

MODELOS: ¿Has roto alguna vez con un novio / una novia?
¿De quién estás enamorado/a ahora mismo?

1. romper con
2. salir con
3. una cita
4. estar enamorado/a
5. amar
6. la luna de miel
7. llevarse mal con
8. estar divorciado/a

Paso 2. Ahora, en parejas, hagan y contesten las preguntas del **Paso 1.** Si creen que alguna pregunta es demasiado personal, pueden contestar cortésmente: «Prefiero no contestar esa pregunta». También pueden contestar sin cortesía: «¿Y a ti qué te importa?»

Paso 3. Digan a la clase las cosas que Uds. tienen en común.

---

*In the activities of **Capítulo 2,** you began to use **ser casado/a.** A variation of this phrase is **estar casado/a.** *Estar casado/a* means *to be married;* **ser casado/a** means *to be a married person.* **Ser soltero/a** *is used exclusively to describe an unmarried person.*

†**(Mi) Enamorado/a** *can also mean* (my) boyfriend/girlfriend.

la adolescencia

la niñez

la madurez

la juventud

la infancia

Javier

la vejez

la muerte	death
nacer (nazco)	to be born
crecer (crezco)	to grow
morir (muero) (u)	to die

■ ■ ■ Conversación

A. Las etapas de la vida

Paso 1. Relacione las siguientes palabras y frases con las distintas etapas de la vida de una persona. ¡OJO! Hay más de una relación posible en algunos casos.

1. el amor
2. los nietos
3. los juguetes (*toys*)
4. no poder comer sin ayuda
5. los hijos en la universidad
6. los granos (*pimples*)
7. la universidad
8. la boda

Paso 2. Ahora dé una definición o descripción de las siguientes etapas de la vida. Pueden ser descripciones serias o divertidas.

MODELOS: La infancia es cuando una persona tiene menos de dos años.
La infancia es la etapa de la vida en que sólo te importa comer, dormir y jugar.

1. la niñez   2. la adolescencia   3. la madurez   4. la vejez

B. La vida de Ud. por etapas

Paso 1. Describa las acciones que Ud. hacía, hace o va a hacer en cada etapa de la vida. ¡OJO! Ud. va a usar diferentes tiempos verbales para cada etapa: el pretérito y el imperfecto para el pasado, el presente para la etapa actual y el futuro (**ir** + **a** + infinitivo) para las etapas posteriores (*later*).

MODELOS: En mi infancia, viví en Oklahoma. Mis padres no estaban divorciados todavía.
En el momento actual estoy en la madurez. Vivo en… Me preocupa mucho…
En el futuro, voy a estudiar…

Paso 2. Ahora, en parejas, comparen sus descripciones. Digan a la clase lo que Uds. tienen en común.

Los términos de cariño

Dos palabras españolas que no tienen equivalente exacto en inglés son **amigo** y **novio.** En el diagrama se indica cuándo es apropiado usar estas palabras para describir relaciones sociales en muchas culturas hispánicas y en la norteamericana.

friend   *girlfriend/boyfriend*   *fiancée/fiancé*   *bride/groom*

amiga/amigo   novia/novio

Como en todas partes del mundo, los enamorados hispanos usan muchos términos de cariño: **(mi) amor, (mi) amorcito/a, mi vida, querido/a, cielo, corazón.** Es también frecuente el uso afectuoso de las frases **mi hijo / mi hija** entre esposos y aun[a] entre buenos amigos.

[a]*even*

▲ *Hola, mi amorcito.*

Infinitive Commands

You have already learned how to make formal and informal commands in Spanish. Another very common way to communicate a command in Spanish, especially in lists, written instructions, and recipes, is to use the infinitive. Object pronouns always follow the infinitive in an infinitive command.

No estacionar.   **No pisar** el cesped (*grass*).   **Llamar** a los padres.   **Invitarlos** a cenar.

You will use infinitive commands in **Paso 1** of **Conversación C.**

C. Receta para unas buenas relaciones. En su opinión, ¿cuáles son los ingredientes necesarios para un buen matrimonio o una buena amistad?

Paso 1. Haga una lista de los cinco ingredientes esenciales en forma de mandatos con el infinitivo.

Paso 2. Compare su lista con las de otros tres estudiantes. ¿Han seleccionado algunos de los mismos ingredientes? Hablen de todos los ingredientes y hagan una lista de los cinco más importantes.

Paso 3. Ahora comparen los resultados obtenidos por todos los grupos.

Need more practice?

- Workbook and Laboratory Manual
- ActivityPak
- Online Learning Center (www.mhhe.com/puntos8)

GRAMÁTICA

Before studying **Gramática 44,** review the indefinite and negative words that you learned in **Gramática 19** (Cap. 6). Remember that **alguien** and **nadie** take the personal **a** when they are used as direct objects.

Busco **a alguien** de la familia.   *I'm looking for someone from the family.*

No veo **a nadie** en el salón de baile.   *I don't see anyone in the dance hall.*

Give the opposite of the following words.   **1.** nada   **2.** algunos   **3.** alguien

44 ¿Hay alguien que... ? ¿Hay un lugar donde... ? • The Subjunctive (Part 6): The Subjunctive After Nonexistent and Indefinite Antecedents

Gramática en acción: Un buen lunes

© Joaquín Salvador Lavado (QUINO)
Toda Mafalda—
Ediciones de La Flor, 1993

[a]eres

- Mafalda tiene un padre que la quiere, la protege y comparte su tiempo con ella. Por eso, Mafalda ve a su padre como un hombre que ahora es más guapo que cuando era joven.
- Todos los niños necesitan padres que los quieran, los cuiden y tengan tiempo para estar con ellos.

Comprensión: ¿Quién lo dice o piensa, el padre de Mafalda u otro pasajero del autobús?

1. No hay nadie en este autobús que sea más feliz que yo.
2. Tengo una hija que es una maravilla, ¿verdad?
3. Cuando voy para el trabajo no hay nada que me haga sonreír.

EXISTENT/DEFINITE ANTECEDENT → **indicative**
NONEXISTENT/INDEFINITE ANTECEDENT → subjunctive

A. In English and Spanish, statements or questions about a person, place, thing, or idea often contain two clauses.

   Each of the sample sentences contains a main (independent) clause (*I have a car; Is there a house for sale*). In addition, each sentence also has a subordinate (dependent) clause (*that gets good mileage; that is closer to the city*) that modifies a noun in the main clause: *car, house.* The noun (or pronoun) modified is called the *antecedent* (**el antecedente**) of the subordinate clause, and the clause itself is called an adjective clause because—like an adjective—it modifies a noun (or pronoun).

I have a **car** *that gets good mileage.*
Is there a **house** for sale *that is closer to the city?*

antecedent = the word or phrase referred to by a pronoun or clause

---

A good Monday ■ *Mafalda has a father who loves her, protects her, and shares his time with her. That's why Mafalda sees her father as a man who is now more handsome than when he was young.* ■ *All children need parents who love them, take care of them, and have time to spend with them.*

B. Sometimes the antecedent of an adjective clause is something that, in the speaker's mind, does not exist or whose existence is indefinite or uncertain.

In these cases, the subjunctive must be used in the adjective (subordinate) clause in Spanish.

Note in the examples that adjective clauses that describe a place can be introduced with **donde...** as well as with **que...** .

NONEXISTENT ANTECEDENT

There is *nothing* that you can do.

INDEFINITE ANTECEDENT

We need *a car* that will last for years. (We don't have one yet.)

EXISTENT ANTECEDENT: INDICATIVE

Hay algo aquí que me **interesa.**
There is something here that interests me.

NONEXISTENT ANTECEDENT: SUBJUNCTIVE

No veo nada que me interese.
I don't see anything that interests me.

DEFINITE ANTECEDENT: INDICATIVE

Hay muchos restaurantes donde **sirven** comida mexicana auténtica.
There are a lot of restaurants where they serve authentic Mexican food.

INDEFINITE ANTECEDENT: SUBJUNCTIVE

Buscamos un restaurante donde sirvan comida chilena auténtica.
We're looking for a restaurant where they serve authentic Chilean food.

The subordinate adjective clause structure is often used in questions to find out about someone or something the speaker does not know much about. Note, however, that the indicative is used to answer the question if the antecedent is known to the person who answers.

INDEFINITE ANTECEDENT: SUBJUNCTIVE

¿Hay algo aquí que te guste?
Is there anything here that you like?

DEFINITE ANTECEDENT: INDICATIVE

Sí, **hay varias bolsas** que me **gustan.**
Yes, there are several purses that I like.

The personal **a** is not used with direct object nouns that refer to unknown persons (those that are "nonexistent" in the pool of persons that the speaker knows). Compare the use of the indicative and the subjunctive in the sample sentences.

NONEXISTENT (UNKNOWN) ANTECEDENT: SUBJUNCTIVE

Busco **un señor** que sepa francés.
I'm looking for a man who knows French. (I don't know of any.)

EXISTENT (KNOWN) ANTECEDENT: INDICATIVE

Busco **al señor** que **sabe** francés.
I'm looking for the man who knows French. (I know there's one in our office, for example.)

■ ■ ■ Práctica

A. ¡Anticipemos! Hablando de gente que conocemos

Paso 1. Indique las características que Ud. ha visto en personas que conoce. Añada una característica más a cada lista.

Conozco a alguien que...

1. _____ está divorciado.
2. _____ está recién casado.
3. _____ se lleva mal con sus padres (hijos).
4. _____ está locamente (*madly*) enamorado.
5. _____ es viudo.
6. _____ no cree en el matrimonio.
7. _____ ¿ ?

No conozco a nadie que...

8. _____ se case pronto.
9. _____ esté en su luna de miel ahora.
10. _____ se lleve bien con toda la familia.
11. _____ salga con una persona famosa.
12. _____ esté separado de su esposo o esposa.
13. _____ haya roto con su novio/a (esposo/a) esta semana.
14. _____ ¿ ?

Paso 2. Ahora, en parejas, comparen sus respuestas. ¿Cuál es la coincidencia más interesante que tienen?

B. Hablando de bodas

Paso 1. Complete las oraciones de la página 481, según lo que se ve en siguiente dibujo.

Need more practice?

■ Workbook and Laboratory Manual
■ ActivityPak
■ Online Learning Center (www.mhhe.com/ puntos8)

AUTOPRUEBA

Indicate which of the following sentences expresses an indefinite or nonexistent antecedent.

1. We need the counselor who works with this couple.
2. They are looking for a minister who will perform the wedding on the beach.
3. I met a man who has thirteen children.

Answer: 2

1. Hay un hombre que… (estar tomando una foto)
2. Hay una persona que… (estar llorando)
3. Hay un hombre que… (estar sonriendo)
4. Hay dos niñas que… (estar peleando)
5. No hay nadie que… (estar cantando)
6. ¿Hay alguien que… ? (estar tirando [*throwing*] arroz)

Paso 2. Ahora complete las siguientes oraciones según su experiencia con bodas de su familia o de sus amigos.

En las bodas que yo he visto,…

1. (no) hay mucha gente de otros estados que… (asistir)
2. hay alguien que / no hay nadie que… (no dar un buen regalo)
3. (no) hay una ceremonia que… (ser en la iglesia [*church*])
4. hay gente que / no hay nadie que… (tirar arroz)
5. siempre hay alguien que / nunca hay nadie que… (llorar)
6. ¿ ?

■ ■ ■ Conversación

A. **Una encuesta.** ¿Qué sabe Ud. de los compañeros de su clase de español? Pregúnteles si saben hacer lo siguiente o a quién le ocurre lo siguiente. Deben levantar la mano sólo los que puedan contestar afirmativamente. Luego la persona que hizo la pregunta debe hacer un comentario apropiado. Siga el modelo.

MODELO: hablar chino →
En esta clase, ¿hay alguien que *hable* chino?
(*Nadie levanta la mano.*) No hay nadie que *hable* chino.
(*Alguien levanta la mano.*) Hay una (dos) persona(s) que *habla(n)*
chino.

1. hablar ruso
2. saber tocar la viola
3. conocer a un actor o actriz
4. saber hacer comida vietnamita
5. celebrar su cumpleaños hoy
6. cantar ópera
7. bailar tango o salsa
8. ¿ ?

B. **Entrevista**

Paso 1. Complete las siguientes declaraciones de acuerdo con su vida real y sus deseos.

1. Tengo un amigo / una amiga que…
2. No conozco a nadie que…
3. Este verano quiero tener un trabajo que…
4. Este verano no quiero hacer nada que…
5. Busco un compañero / una compañera en la vida que…
6. No quiero que…
7. Este semestre/trimestre tengo cursos que…
8. El próximo semestre/trimestre quiero tomar cursos que…

Paso 2. Ahora, en parejas, hagan y contesten preguntas basadas en las declaraciones del **Paso 1**.

Paso 3. Digan a la clase las coincidencias o diferencias más interesantes que Uds. tienen.

45 Lo hago para que tú... • The Subjunctive (Part 7): The Subjunctive After Conjunctions of Contingency and Purpose

Gramática en acción: Maneras de amar

¿A qué dibujo corresponde cada una de las siguientes oraciones? ¿Quién las dice?

1. _____ Aquí tienes la tarjeta de crédito, pero úsala sólo en caso de que haya una emergencia, ¿eh?
2. _____ Escúchame bien. No vas a salir antes de que termines la tarea. ¿Me entiendes?
3. _____ Quiero casarme contigo para que estemos siempre juntos y no salgas más con Raúl.

Comprensión

1. En el dibujo **a,** es obvio que el niño _____. Es natural que la madre _____.
2. En el dibujo **b,** está claro que la nieta _____. Por eso el abuelo se siente _____ (adjetivo).
3. En el dibujo **c,** creo que el joven _____. No estoy seguro/a de que la joven _____. Pienso que esta pareja es muy joven para _____.

A. When one action or condition is related to another—*x* will happen provided that *y* occurs; we'll do *z* unless *a* happens—a relationship of *contingency* is said to exist: one thing is contingent, or depends, on another.

Here are some Spanish *conjunctions* (**las conjunciones**) that express relationships of contingency or purpose. The subjunctive *always* occurs in subordinate (dependent) clauses introduced by these conjunctions.

> **conjunction** = a word or phrase that connects words, phrases, or clauses

a menos que	unless
antes (de) que	before
con tal (de) que	provided (that)
en caso de que	in case
para que	so that

Ways of loving Which drawing does each of the following sentences correspond to? Who is saying them? **1.** Here's the credit card, but use it only in case there's an emergency, OK? **2.** Listen carefully. You're not going out before you finish your homework. Do you understand me? **3.** I want to marry you so that we can always be together and (so that) you don't go out with Raúl again.

B. Note that these conjunctions introduce subordinate clauses in which the events have not yet materialized; the events are conceptual, not real-world, events.

Voy **con tal de que** ellos me **acompañen.**
I'm going, provided (that) they go with me.

En caso de que llegue Juan, dile que ya salí.
In case Juan arrives, tell him that I already left.

C. When there is no change of subject in the sentence, Spanish more frequently uses the prepositions **antes de** and **para,** plus an infinitive, instead of the corresponding conjunctions plus the subjunctive. Compare the sample sentences.

PREPOSITION (one subject)	Estoy aquí **para aprender.** *I'm here to (in order to) learn.*
CONJUNCTION (two subjects)	Estoy aquí **para que** Uds. **aprendan.** *I'm here so that you will learn.*
PREPOSITION (one subject)	Voy a comer **antes de salir.** *I'm going to eat before leaving.*
CONJUNCTION (two subjects)	Voy a comer **antes de que salgamos.** *I'm going to eat before we leave.*

AUTOPRUEBA

Match each conjunction with its correct meaning in English.

1. _____ **para que**
2. _____ **antes de que**
3. _____ **con tal de que**
4. _____ **a menos que**
5. _____ **en caso de que**

a. unless
b. before
c. provided that
d. in case
e. so that

Answers: 1. e 2. b 3. c 4. a 5. d

■ ■ ■ Práctica

A. ¡Anticipemos! ¿Es Ud. un buen amigo o buena amiga? La amistad es una de las relaciones más importantes de la vida. Lea las siguientes declaraciones e indique si es cierto o falso que eso le pasa a Ud. con sus amigos. **¡OJO!** No todo lo que se dice es bueno. Hay que leer las declaraciones con cuidado.

	CIERTO	FALSO
1. Les hago muchos favores a mis amigos con tal de que después ellos me ayuden a mí.	☐	☐
2. Les doy consejos a mis amigos para que ellos luego tomen buenas decisiones.	☐	☐
3. Les presto dinero a mis amigos a menos que yo sepa que no me lo van a devolver (*return*).	☐	☐
4. Les traduzco el menú en los restaurantes mexicanos en caso de que no sepan leer español.	☐	☐
5. Los llevo a casa cuando beben bebidas alcohólicas para que no tengan ningún accidente.	☐	☐

B. Un fin de semana en las montañas

Paso 1. Hablan Manolo y Lola. Use la conjunción entre paréntesis para unir las oraciones, haciendo todos los cambios necesarios.

1. No voy. Podemos dejar a la niña con los abuelos. (a menos que)
2. Vamos solos a las montañas. Pasamos un fin de semana romántico. (para que)
3. Esta vez voy a aprender a esquiar. Tú me enseñas. (con tal de que)
4. Vamos a salir temprano por la mañana. Nos acostamos tarde esta noche. (a menos que)
5. Es urgente que lleguemos a la estación (*resort*) de esquí. Empieza a nevar. (antes de que)
6. Deja la dirección y el teléfono del hotel. Tus padres nos necesitan. (en caso de que)
7. No vamos a regresar. Nos hemos cansado de esquiar. (antes de que)

Paso 2. Diga si las siguientes oraciones son ciertas o falsas o si no se mencionan, según el **Paso 1.**

1. Manolo y Lola acaban de casarse.
2. Casi siempre salen de vacaciones con su hija.
3. Los dos son excelentes esquiadores.
4. Van a dejar a la niña con los abuelos.

NOTA COMUNICATIVA

¿Para qué? / Para (que)... and ¿Por qué? / Porque...

These words are all close in meaning, but they are used for different purposes. Their use is similar to the use of their English equivalents.

¿Para qué? What for? For what purpose? **¿Por qué?** Why? For what reason?
Para (que)... (In order) To . . . So that . . . **Porque...** Because . . .

Compare the use of these words in the following sentences.

—¿**Para qué** necesitas ahora la lista de invitados a la boda?
—**Para** confirmar el número de invitados que van a asistir. Y **para que** el gerente (*manager*) del restaurante sepa exactamente cuántos invitados van a venir.

—¿**Por qué** estás tan nervioso?
—¡**Porque** me caso en una semana!

¡OJO! Porque... → indicative   **Para...** → infinitive   **Para que...** → subjunctive

---

C. Razones para hacer las cosas que hacemos. Empareje las frases de las dos columnas para hacer oraciones completas.

1. Las universidades tienen cursos que son requisitos para…
2. Los profesores corrigen (*correct*) tareas para…
3. Estudiamos español para…
4. Trabajamos en parejas en clase para…
5. Los profesores organizan actividades en grupo en clase para que…

a. los estudiantes tengan más oportunidad de hablar español.
b. poder comunicarnos con mucha más gente.
c. que los estudiantes tengan un conocimiento amplio del mundo.
d. darles a los estudiantes más atención individual.
e. hablar más en clase.

D. La boda. Julia y Salvador se casan pronto y todos los parientes hacen preguntas. En parejas, hagan y contesten las siguientes preguntas, imaginando que uno/a de Uds. es Julia o Salvador. Usen las palabras entre paréntesis, empezando las respuestas con **porque, para** o **para que.**

> MODELO: ¿Por qué se casan en enero? (ser el mes cuando nos conocimos)
> → *Porque* es el mes en que nos conocimos.

1. ¿Por qué desean casarse? (quererse mucho)
2. ¿Por qué tienen tantos invitados? (querer asistir a la boda / todos los parientes)
3. ¿Por qué van a mandar las invitaciones con tres meses de anticipación? (necesitar viajar / muchos parientes)
4. ¿Para qué necesitan alquilar un salón de baile tan grande? (haber un baile después de la ceremonia)
5. ¿Para qué han contratado un grupo musical? (haber buena música para bailar)
6. ¿Para qué sirve la limosina? (llevarnos al aeropuerto después de la recepción)

Need more practice?
- Workbook and Laboratory Manual
- ActivityPak
- Online Learning Center (www.mhhe.com/puntos8)

■ ■ ■ Conversación

A. Situaciones. Cualquier acción puede justificarse. En parejas, den una explicación para las siguientes situaciones. Luego comparen sus explicaciones con las de otra pareja.

1. Los padres trabajan mucho para (que)…
2. Los profesores les dan tarea a los estudiantes para (que)…
3. Los dueños de los equipos deportivos profesionales les pagan mucho a algunos jugadores para (que)…
4. Las películas extranjeras se doblan (*are dubbed*) para (que)…
5. Los padres castigan (*punish*) a los niños para (que)…
6. Las parejas se divorcian para (que)…
7. Los jóvenes forman pandillas (*gangs*) para (que)…

B. Preguntas y respuestas

Paso 1. Conteste las siguientes preguntas.

PREGUNTA	→	RESPUESTA
¿Por qué… ?	→	**Porque** + *verbo en indicativo*
¿Para qué… ?	→	**Para** + *infinitivo* / **Para que** + *verbo en subjuntivo*

1. ¿Por qué hace calor en verano?
2. ¿Por qué estudia Ud. español?
3. ¿Para qué se necesita un título (*degree*) universitario?
4. ¿Para qué dan exámenes los profesores?
5. ¿Para qué tienen horas de oficina los profesores?
6. ¿Qué cosa va Ud. a hacer el próximo año con tal de que tenga suficiente dinero?
7. ¿Qué tiene Ud. que hacer todavía antes de que se gradúe en esta universidad?

Paso 2. Ahora, entre todos, comparen sus respuestas.

UN POCO DE TODO

A. Situaciones de la vida. En parejas, hagan y contesten pregunta según el modelo. Deben justificar sus respuestas.

> MODELO: compañero/a de cuarto **/** tener coche →
>
> > E1: ¿Buscas un compañero de cuarto que *tenga* coche?
> > E2: No, ya tengo coche. (Sí, *para que* yo no *tenga* que manejar tanto. / Sí, *en caso de que* mi coche viejo no *funcione*.)

1. marido/mujer **/** ser médico/a
2. amigo/a **/** no haber roto recientemente con su pareja
3. casa **/** estar lejos de la ciudad
4. ciudad **/** haber un buen sistema de transporte público
5. amistad **/** estar basada en la confianza (*trust*)
6. coche **/** arrancar en seguida, sin dificultad
7. computadora **/** tener más memoria
8. teléfono celular **/** poder recibir correo electrónico y fotos

B. Mi vida. Complete las siguientes declaraciones. Luego escriba una frase original con las conjunciones indicadas.

1. Mis padres (hijos) quieren que estudie en la universidad para que...
2. Voy a graduarme en _____ (mes/año) a menos que...
3. Este verano voy a... a menos que...
4. Voy a seguir viviendo en esta ciudad con tal de que...
5. Este mes (año) voy a... en caso de que...
6. Estudio español para...
7. ...antes de que...
8. ...para que...

C. Lengua y cultura: ¿Cómo se divierten los hispanos? Complete the following description of the favorite pastimes of Hispanic youths. Give the correct form of the words in parentheses, as suggested by context. When two possibilities are given in parentheses, select the correct word. **¡OJO!** As you conjugate verbs in this activity you will decide whether to use the subjunctive mood (the present or present perfect tense) or the indicative mood (the present, the present perfect, the preterite, or the imperfect tense). Context will give you clues to help you choose.

Como Ud. sabe, hay semejanzas y diferencias entre las culturas hispana y norteamericana. En cuanto a[a] las diversiones, la verdad es (que / lo que[1]), en general, no hay (mucho[2]) diferencia en la manera de divertirse entre los (joven[3]) hispanos y los norteamericanos. Es natural que los muchachos y muchachas —chicos y chicas en España, gallos y gallas en Chile, patojos y patojas en Guatemala, pelaos y pelaas en Colombia, (por / para[4]) ejemplo— (ir[5]) a bailar por la noche a las discotecas y clubes y que (bailar[6]) casi hasta el amanecer.[b] La música (ser / estar[7]) una de las grandes aficiones de todos, y (a / —[8]) los muchachos especialmente les (gusta / gustan[9]) también mirar los partidos deportivos. En años recientes, el concepto de los centros comerciales (llegar[10]) a las ciudades hispánicas. En estos centros (haber[11])

---

[a]En... *As far as . . . are concerned*   [b]el... *dawn*

▲ *Unas gallas (jóvenes) chilenas, en Valparaíso*

tiendas y restaurantes que (le/les^{12}) (interesar^{13}) a la gente joven. Con frecuencia allí también hay cines y hasta (grande^{14}) supermercados.

Pero hay algo que sí es diferente entre las dos culturas, y es la costumbre del paseo. Consiste en andar por distracción[c] o por hacer ejercicio, particularmente al aire libre. Para dar un paseo, tradicionalmente la gente de todas las edades (ir^{15}) a una plaza o a otro lugar céntrico a pasar un rato. Allí (por/para^{16}) la tarde, (relajarse^{17}) y (encontrarse^{18}) con amigos y familiares. Hoy día, como[d] las ciudades son más grandes, el paseo no (concentrarse^{19}) en un solo[e] lugar, pero la costumbre (seguir^{20}) existiendo de igual forma.

Hay que recordar que el paseo no (se/—^{21}) considera como una actividad deportiva sino[f] social. El paseo *no* se compara con el *hiking* norteamericano. Para expresar esa idea, se (poder^{22}) decir «dar/hacer una caminata por el bosque o la montaña». Pero (ese^{23}) actividad no es típica de la cultura hispana, a menos que los que[g] la practiquen (tener^{24}) tendencia al naturismo.[h]

[c]*amusement* [d]*since* [e]*single* [f]*but rather* [g]*los... those who* [h]actividades recreativas en la naturaleza

Comprensión. Conteste las siguientes preguntas.

1. Según la información en los párrafos, ¿cuáles son algunas de las diferencias y semejanzas en la forma de divertirse entre los jóvenes hispánicos y norteamericanos?
2. ¿Qué palabras se usan para expresar «muchachos y muchachas» en varios países hispánicos?
3. ¿Qué ventajas y desventajas ve Ud. en la costumbre hispana del paseo?
4. ¿En qué sentido puede un hispano sentirse incómodo en una ciudad norteamericana en cuanto a las formas de divertirse de este país?

Resources for Review and Testing Preparation

■ Workbook and Laboratory Manual
■ ActivityPak
■ Online Learning Center (www.mhhe.com/puntos8)

Perspectivas culturales

Chile

Datos esenciales

- Nombre oficial: República de Chile
- Capital: Santiago de Chile (o Santiago)
- Población: más de 16 millones de habitantes

Fíjese

- Chile es hoy uno de los países más modernos e industrializados de Sudamérica. Pero durante la colonización de Sudamérica, debido a[a] que la barrera[b] natural de los Andes dificultaba los viajes a lo que hoy es Chile, el desarrollo[c] de la región no empezó hasta que el explorador portugués Fernando de Magallanes descubrió el estrecho[d] que lleva su nombre y que conecta el océano Atlántico con el Pacífico.
- Aunque Chile pasó por una crisis económica en los años 70,[e] a finales del siglo XX muchos lo llamaban «el jaguar económico de Latinoamérica». La calidad de la vida en Chile es una de las mejores entre los países hispánicos. Los problemas de la natalidad[f] han bajado drásticamente y la esperanza de vida[g] es de aproximadamente 80 años. Chile tiene un sistema estable de escuelas y universidades, y una tasa de alfabetización[h] de casi el 95 por ciento.

[a]debido... *due to the fact*   [b]*barrier*   [c]*development*   [d]*strait*   [e]años... *1970s*   [f]*birth*   [g]esperanza... *life expectancy*   [h]tasa... *literacy rate*

El Valle de la Luna,[a] en el desierto de Atacama   El desierto de Atacama está al norte de Chile, y es el lugar más árido del mundo, con un promedio[b] de precipitación de sólo 15 milímetros[c] al año. Pueden pasar años sin que[d] llueva en todo el desierto, ¡y en una parte no ha llovido desde el año 1570!

[a]Valle... *Valley of the Moon*   [b]*average*   [c]15... *0.59 inches*   [d]sin... *without*

Una viña[a] chilena   Chile tiene una larga historia vinícola.[b] En el siglo XVI los españoles introdujeron las primeras cepas.[c] Más tarde en el siglo XVIII, los franceses mandaron cepas de Cabernet y Merlot, lo que inició una gran tradición de excelentes vinos tintos. Hoy los vinos chilenos se cuentan entre[d] los mejores del mundo, y Chile ocupa el cuarto lugar entre los mayores[e] exportadores de vinos a los Estados Unidos.

[a]*vineyard*   [b]*wine-growing*   [c]*root stock* (*vine seedlings*)   [d]se... *are included among*   [e]*largest*

Las Torres^a del Paine en la Patagonia El Parque Nacional de las Torres del Paine es un destino ideal para los turistas que desean ver la naturaleza. Las tres torres son estructuras monolíticas de piedra,^b formadas por los glaciares y los vientos. La torre más alta, el Cerro^c Paine Grande de 3.050 metros de altura,^d fue escalada^e por primera vez en 1963. En una excursión por el Paine, se puede admirar hermosos lagos de aguas intensamente verdes o azules, además de numerosas especies de animales, como guanacos^f y cóndores.

^a*Towers*   ^b*stone*   ^c*Mt.*   ^d*3.050... 10,006 feet high*
^e*climbed*   ^f*type of mammal similar to a llama*

Una empanada^a chilena La cocina chilena es tan variada como su geografía y clima. Las empanadas son una de las comidas típicas. Hay muchas variedades de empanadas en Chile, pero típicamente llevan un relleno^b de carne o mariscos con cebolla.^c Gracias a una costa larguísima y a lo que se llama «la Corriente^d de Humboldt», Chile tiene fama por sus mariscos y pescados exquisitos. Entre estos, los más notables son la langosta, los ostiones,^e los camarones, las machas (almejas^f), los cangrejos^g gigantes, la albacora y la famosa corvina del Pacífico.^h

^a*turnovers*   ^b*filling*   ^c*onion*   ^d*Current*   ^e*large oysters*   ^f*clams*
^g*crabs*   ^h*Chilean Sea Bass*

Algunos moais de la Isla de Pascua «*Moai*» significa «estructura» en la lengua de los rapanuis, los habitantes originales de la Isla de Pascua. Estas estatuas monolíticas talladas^a de ceniza volcánica comprimida^b son, sin duda alguna, la principal atracción turística de Rapa Nui (nombre de la isla en rapanui). Hay casi 900 moais, algunos de ellos de 6 metros de altura^c y 20 toneladas de peso.^d Los rapanuis, probablemente de origen polinesio, han conseguido^e mantener su lengua y su cultura a pesar de^f grandes influencias externas. Hoy día el pueblo rapanui vive principalmente del turismo y de la pesca.^g

^a*carved*   ^b*ceniza... compressed volcanic ash*   ^c*6... 20 feet high*   ^d*20... weighing 20 tons*   ^e*managed*   ^f*a... in spite of*   ^g*fishing*

Música de Chile

La «nueva canción» chilena surgió^a en los años 50 y 60. Este estilo musical combina formas folclóricas con elementos más modernos como los de la música rock. Los temas de la «nueva canción» son casi siempre sociales y políticos, y tratan de problemas como la violación de los derechos humanos,^b la pobreza,^c etcétera.

^a*emerged*   ^b*derechos... human rights*   ^c*poverty*

EN RESUMEN

See the Workbook, Laboratory Manual, ActivityPak, and Online Learning Center (www.mhhe.com/puntos8) for self-tests and practice with the grammar and vocabulary presented in this chapter.

Gramática

To review the grammar points presented in this chapter, refer to the indicated grammar presentations.

44. ¿Hay alguien que... ? ¿Hay un lugar donde... ?—The Subjunctive (Part 6): The Subjunctive After Nonexistent and Indefinite Antecedents

You should know how to use the subjunctive in two-clause sentences when the antecedent is nonexistent or indefinite.

45. Lo hago para que tú... —The Subjunctive (Part 7): The Subjunctive After Conjunctions of Contingency and Purpose

You should know how and when to use the subjunctive after certain conjunctions of contingency and purpose.

Vocabulario

Las relaciones sentimentales

amar	to love
casarse (con)	to marry
conocerse	to meet
divorciarse (de)	to get divorced (from)
enamorarse (de)	to fall in love (with)
llevarse bien/mal (con)	to get along well/poorly (with)
querer	to love
romper (con)	to break up (with)
separarse (de)	to separate (from)

Repaso: estar (con), pelear con, salir (con)

la amistad	friendship
el amor	love
la boda	wedding (*ceremony*)
la luna de miel	honeymoon
el marido	husband
el matrimonio	marriage; married couple
la mujer	wife
la novia	fiancée; bride
el noviazgo	engagement
el novio	fiancé; groom
la pareja	(married) couple; partner
el/la viudo/a	widower/widow

Cognados: el divorcio, la separación

Repaso: el/la amigo/a, la cita, el/la esposo/a, el/la novio/a (*boy/girlfriend*)

amistoso/a	friendly
divorciado/a (de)	divorced (from)
enamorado/a (de)	in love (with)
recién casado/a (con)	newlywed (to)

Repaso: cariñoso/a, casado/a (con), feliz (*pl.* **felices), soltero/a**

Las etapas de la vida

la etapa	stage, phase
la juventud	youth
la madurez	middle age
la muerte	death
la vejez	old age

Cognados: la adolescencia, la infancia

Repaso: la niñez, la vida

crecer (crezco)	to grow
nacer (nazco)	to be born

Repaso: morir (muero) (u)

Las conjunciones

a menos que	unless
antes (de) que	before
con tal (de) que	provided (that)
en caso de que	in case
para que	so that

Palabras adicionales

a primera vista	at first sight
bastante	rather, sufficiently; enough
¿para qué... ?	for what purpose?, what for?

Repaso: conmigo, contigo

Vocabulario personal

Literatura de Chile

Sobra la escritora: *Gabriela Mistral nació en Vicuña, Chile. Publicó sus primeros versos a los 15 años. Fue maestra rural. Después fue cónsul de Chile en varios países. Participó en la asamblea de las Naciones Unidas y publicó varias colecciones de poesía. En 1945 le otorgaron el Premio Nóbel de Literatura por sus versos líricos. Murió en Nueva York. Los siguientes versos son del poema, «Puertas», Lagar (1954).*

▲ Gabriela Mistral
(1889–1957)

> Entre los gestos[a] del mundo
> recibí el que dan las puertas.
> En la luz yo las he visto
> o selladas[b] o entreabiertas[c]
> y volviendo sus espaldas[d]
> del color de la vulpeja.[e]
> ¿Por qué fue que las hicimos
> para ser sus prisioneras?

[a]*gestures*   [b]*cerradas*   [c]*half-open, ajar*   [d]*volviendo... turning a cold shoulder*
[e]*vixen (female fox)*

LECTURA

ESTRATEGIA: Using Graphics to Get Information

Reading graphics such as tables and pie charts requires as much concentration as, if not more than, any other reading since a lot of information is often summarized in a compact space. Paying attention to the heading of a section as well as to the categories within the graphic can help you to focus your attention on important parts of the information presented.

   The chart on page 492 offers a visual snapshot of statistical information pertaining to marriage and divorce in Spain since 1981. As you read and analyze the information in the chart, remember to rely on all of the visual clues that you can to facilitate your comprehension. Maybe you'll be surprised by what you read!

■   **Sobre la lectura...** La lectura, o mejor dicho, el gráfico, de la página 492 es del periódico *El País*, de España. Es parte de un artículo más largo sobre el divorcio en España. Como Ud. puede ver, el uso de elementos visuales, como este gráfico, sirve para presentar la información de una manera más organizada para el lector.

Las separaciones y los divorcios
han aumentado el 66% en los
últimos diez años

Las sentencias de divorcios y separaciones continúan al alza

■ EVOLUCIÓN
En número.

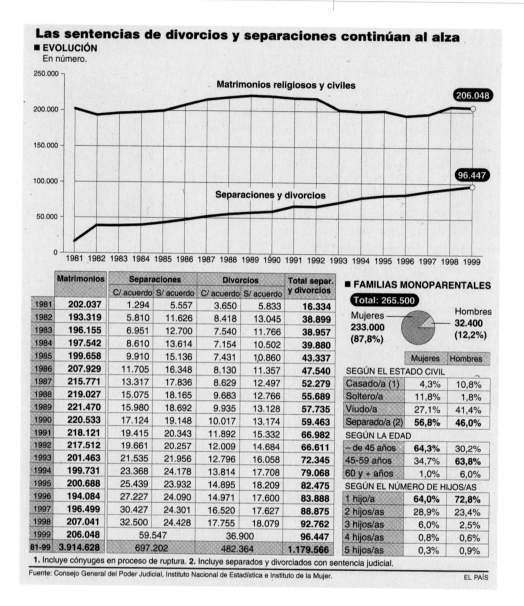

Matrimonios religiosos y civiles **206.048**

Separaciones y divorcios **96.447**

	Matrimonios	Separaciones		Divorcios		Total separ. y divorcios
		C/ acuerdo	S/ acuerdo	C/ acuerdo	S/ acuerdo	
1981	**202.037**	1.294	5.557	3.650	5.833	**16.334**
1982	**193.319**	5.810	11.626	8.418	13.045	**38.899**
1983	**196.155**	6.951	12.700	7.540	11.766	**38.957**
1984	**197.542**	8.610	13.614	7.154	10.502	**39.880**
1985	**199.658**	9.910	15.136	7.431	1,0.860	**43.337**
1986	**207.929**	11.705	16.348	8.130	11.357	**47.540**
1987	**215.771**	13.317	17.836	8.629	12.497	**52.279**
1988	**219.027**	15.075	18.165	9.683	12.766	**55.689**
1989	**221.470**	15.980	18.692	9.935	13.128	**57.735**
1990	**220.533**	17.124	19.148	10.017	13.174	**59.463**
1991	**218.121**	19.415	20.343	11.892	15.332	**66.982**
1992	**217.512**	19.661	20.257	12.009	14.684	**66.611**
1993	**201.463**	21.535	21.956	12.796	16.058	**72.345**
1994	**199.731**	23.368	24.178	13.814	17.708	**79.068**
1995	**200.688**	25.439	23.932	14.895	18.209	**82.475**
1996	**194.084**	27.227	24.090	14.971	17.600	**83.888**
1997	**196.499**	30.427	24.301	16.520	17.627	**88.875**
1998	**207.041**	32.500	24.428	17.755	18.079	**92.762**
1999	**206.048**	59.547		36.900		**96.447**
81-99	**3.914.628**	697.202		482.364		**1.179.566**

1. Incluye cónyuges en proceso de ruptura. 2. Incluye separados y divorciados con sentencia judicial.

Fuente: Consejo General del Poder Judicial, Instituto Nacional de Estadística e Instituto de la Mujer.

EL PAÍS

■ FAMILIAS MONOPARENTALES

Total: 265.500

Mujeres 233.000 (87,8%) Hombres 32.400 (12,2%)

	Mujeres	Hombres
SEGÚN EL ESTADO CIVIL		
Casado/a (1)	4,3%	10,8%
Soltero/a	11,8%	1,8%
Viudo/a	27,1%	41,4%
Separado/a (2)	**56,8%**	**46,0%**
SEGÚN LA EDAD		
– de 45 años	**64,3%**	30,2%
45-59 años	34,7%	**63,8%**
60 y + años	1,0%	6,0%
SEGÚN EL NÚMERO DE HIJOS/AS		
1 hijo/a	**64,0%**	**72,8%**
2 hijos/as	28,9%	23,4%
3 hijos/as	6,0%	2,5%
4 hijos/as	0,8%	0,6%
5 hijos/as	0,3%	0,9%

Comprensión

A. ¿Qué significa el título? Utilice el gráfico de la página 492 para determinar el equivalente en inglés de la frase «han aumentado» del título.

☐ have decreased
☐ have remained unchanged
☐ have increased

B. ¿Cierto o falso? Diga si las siguientes oraciones son ciertas o falsas según el gráfico. Corrija las oraciones falsas.

1. En 1999 hay más divorcios en España que matrimonios.
2. El porcentaje de hogares (*households*) monoparentales encabezados por (*headed by*) madres y padres es igual.
3. En 1999 hay muchas más bodas que en 1981.
4. Los hombres que crían (*raise*) a sus hijos en familias monoparentales tienen menos de 45 años de edad.

C. A contestar. Conteste las siguientes preguntas según el gráfico.

1. ¿En qué año se nota el mayor (*greatest*) número de matrimonios en España?
2. ¿Entre qué años se ve el aumento más drástico en el número total de divorcios y separaciones?
3. ¿Cuántos hijos tiene la mayoría de las familias monoparentales?

REDACCIÓN

¿Casarse o no? Según el gráfico, el número de separaciones y divorcios en España va aumentando constantemente desde 1981, año en que se legalizó el divorcio en dicho (*that*) país. Una consecuencia de este cambio social es el aumento en alternativas fuera del matrimonio. Por ejemplo, muchas personas prefieren convivir (*to live together*) en vez de contraer matrimonio (*getting married*). Esta decisión puede traer ventajas y desventajas.

Paso 1. Imagine que un amigo suyo / una amiga suya le pide consejos respecto al asunto (*about this question*). ¿Qué le va a recomendar? Haga una lista de tres ventajas y tres desventajas de convivir sin casarse.

VENTAJAS

1. _____
2. _____
3. _____

DESVENTAJAS

1. _____
2. _____
3. _____

Paso 2. Ahora escríbale una carta a su amigo/a, mostrándole una de las dos perspectivas. Trate de presentarle un argumento muy persuasivo para que siga sus consejos. Puede empezar su carta así:

Querido/a _____:

He pensado mucho en tu situación y creo que…

CAPÍTULO 16

¿Trabajar para vivir o vivir para trabajar?

1

Punta del Este, famoso lugar de vacaciones en el Uruguay

1. ¿Cuáles son los negocios y profesiones predominantes en un lugar turístico como Punta del Este?

2. En su opinión, ¿cuántas semanas de vacaciones al año deben tener los empleados de una empresa? ¿Cuál es la norma en este país?

3. Cuando Ud. necesita escaparse del trabajo y de los estudios, ¿adónde le gusta ir?

2 El Puente de la Amistad entre el Paraguay y el Brasil, sobre el río Paraná, por el que cada día pasan más de 30.000 personas

1. ¿Le parece apropiado el nombre de este puente? Explique su respuesta.

2. ¿Por qué cree Ud. que pasan tantas personas por este puente?

3. ¿Ha cruzado Ud. alguna vez un puente entre dos países (estados, provincias,...)? ¿Cuál?

3 Casa Pueblo, museo, hotel, escuela y restaurante en la costa del Uruguay, y hogar y taller (*home and studio*) de su arquitecto, Carlos Páez Vilaro

1. «Pueblo» significa «ciudad pequeña». ¿Por qué cree Ud. que este lugar se llama así?

2. ¿Cómo es la arquitectura de este edificio?

3. ¿Le gustaría a Ud. vivir en un lugar como Casa Pueblo?

Las profesiones y los oficios° *trades*

el maestro (la maestra) (de escuela)

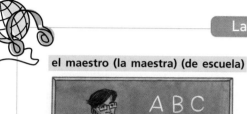

la médica (el médico)

el abogado (la abogada)

la bibliotecaria (el bibliotecario)

el peluquero (la peluquera)

el plomero (la plomera)

la cocinera (el cocinero)

el enfermero (la enfermera)

la mujer soldado (el soldado)

Las profesiones

el/la consejero/a	counselor
el/la contador(a)	accountant
el hombre / la mujer de negocios	businessperson
el/la ingeniero/a	engineer
el/la periodista	journalist
el/la sicólogo/a	psychologist
el/la siquiatra	psychiatrist
el/la trabajador(a) social	social worker
el/la traductor(a)	translator

Los oficios

el ama de casa	housekeeper
el/la cajero/a	cashier; teller
el/la dependiente/a	clerk
el/la obrero/a	worker, laborer
el/la técnico/a	technician
el/la vendedor(a)	salesperson

Cognados: el/la analista de sistemas, el/la artista, el/la asistente de vuelo, el/la astronauta, el/la dentista, el/la electricista, el/la fotógrafo/a, el/la mecánico/a, el/la profesor(a), el/la programador(a), el/la secretario/a, el/la veterinario/a

 If the vocabulary needed to describe your career goal is not listed here, look it up in a dictionary or ask your instructor.

■■■ Conversación

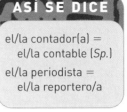

ASÍ SE DICE

el/la contador(a) =
  el/la contable (*Sp.*)

el/la periodista =
  el/la reportero/a

A. ¿A quién necesita Ud.?

Paso 1. ¿A quién se debe llamar o con quién se debe consultar en estas situaciones? **¡OJO!** Hay más de una respuesta posible en algunos casos.

1. La tubería (*plumbing*) de la cocina no funciona bien.
2. Ud. acaba de tener un accidente automovilístico; el conductor del otro coche dice que Ud. tuvo la culpa (*blame*).
3. Por las muchas tensiones y presiones de su vida profesional y personal, Ud. tiene serios problemas afectivos.
4. Ud. necesita ayuda en las comidas porque no tiene tiempo para hacerlas.
5. Ud. quiere que alguien le construya un muro (*wall*) en el jardín.
6. Ud. conoce los detalles de un escándalo local y quiere divulgarlos.

Paso 2. Ahora, en parejas, inventen situaciones como las del **Paso 1.** Luego léanlas a otros estudiantes para que ellos digan a quién deben consultar.

B. Asociaciones. ¿Qué profesiones u oficios asocian Uds. con estas frases? Consulten la lista de profesiones y oficios y usen el **Vocabulario útil**.

1. creativo/rutinario
2. muchos/pocos años de preparación o experiencia
3. buen sueldo / sueldo regular
4. mucha/poca responsabilidad
5. mucho/poco prestigio
6. flexibilidad / «de nueve a cinco»
7. mucho/poco tiempo libre
8. peligroso (*dangerous*) / seguro
9. en el pasado, sólo para hombres/mujeres
10. todavía, sólo para hombres/mujeres

Vocabulario útil

actor/actriz	detective
arquitecto/a	niñero/a
asistente de vuelo	pintor(a)
camarero/a	poeta
cantinero/a	policía / mujer policía
bar tender	político/a
carpintero/a	presidente/a
chófer	senador(a)
consejero/a	
cura (priest), pastor(a),	
rabino/a	

NOTA CULTURAL

La forma femenina de los nombres profesionales

En el mundo de habla española hay poco acuerdo sobre las palabras que se refieren a las mujeres que ejercen ciertas profesiones. Eso se debe al hecho de que, en muchos de estos países, las mujeres acaban de empezar a ejercer esas profesiones; por eso el idioma todavía está cambiando para acomodarse a esa nueva realidad. En la actualidad se emplean, entre otras, las siguientes formas:

■ Se usa el artículo **la** con los sustantivos que terminan en **-ista.**
   el dentista → **la** dent**ista**

■ En otros casos se usa una forma femenina.
   el médico → **la** médi**ca**   el trabajador → **la** trabajador**a**

■ Se usa la palabra **mujer** con el nombre de la profesión.
   el policía → **la mujer** policía   el soldado → **la mujer** soldado

▲ *Una científica en su laboratorio*

Escuche lo que dice cualquier[a] persona con quien Ud. habla español para saber las formas que él o ella usa. No se trata de[b] formas correctas o incorrectas, sólo de usos y costumbres locales.

[a]*any*   [b]*No... It's not a question of*

C. **¿Qué preparación se necesita para ser... ?** Imagine que Ud. es consejero universitario / consejera universitaria. Explíquele a un(a) estudiante qué cursos debe tomar para prepararse para las siguientes carreras. Use el **Vocabulario útil** y la lista de cursos académicos del **Capítulo 1.** Piense también en el tipo de experiencia que debe obtener.

1. traductor(a) en la ONU (Organización de las Naciones Unidas)
2. reportero deportivo / reportera deportiva en la televisión
3. contador(a) para un grupo de abogados
4. periodista para una revista de ecología
5. trabajador(a) social, especializado/a en los problemas de los ancianos
6. maestro/a de primaria, especializado/a en la educación bilingüe

D. Entrevista

Paso 1. En parejas, túrnense para hacer y contestar preguntas para averiguar (*find out*) la siguiente información.

1. lo que hacían sus abuelos
2. la profesión u oficio de sus padres
3. si tienen un amigo o pariente que tenga una profesión extraordinaria o interesante y el nombre de esa profesión
4. lo que sus padres (su esposo/a) quiere(n) que Uds. sean (lo que Uds. quieren que sean sus hijos)
5. lo que Uds. quieren ser (lo que sus hijos quieren ser)
6. la carrera que estudian muchos de sus amigos (los hijos de sus amigos)

Paso 2. Ahora digan a la clase dos detalles interesantes sobre su compañero/a.

El mundo del trabajo

Rosa

graduarse (me gradúo) (en)

llenar la solicitud

la entrevista

tener una entrevista

conseguir (*like* seguir) el empleo

renunciar al puesto

el/la aspirante	candidate; applicant	**la empresa**	corporation; business
el currículum	résumé	**el/la entrevistador(a)**	interviewer
el empleo	job; position	**el/la gerente**	manager
bien/mal pagado	well-/poorly paying	**el salario**	pay, wages (*often per hour*)
de tiempo completo/ parcial	full-/part-time	**el sueldo**	salary

conseguir (*like* seguir) un empleo	to get a job	dejar	to quit
contestar el teléfono	to answer the phone	escribir a computadora	to key in, type
		renunciar (a)	to resign (from)

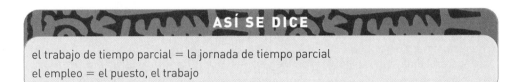

el trabajo de tiempo parcial = la jornada de tiempo parcial

el empleo = el puesto, el trabajo

■ ■ ■ Conversación

A. En busca de un empleo

Paso 1. Ponga en orden del 1 al 7 las siguientes acciones típicas de la búsqueda (*search*) de un empleo.

a. _____ Escribir el currículum y mandarlo.

b. _____ Hacer preguntas sobre los beneficios que ofrece la empresa.

c. _____ Leer los avisos (*ads*) clasificados sobre trabajos en un periódico o en el Internet.

d. _____ Esperar que lo/la llamen para una entrevista.

e. _____ Ir a la oficina de empleos de la universidad.

f. _____ Tener una entrevista con el gerente.

g. _____ Pedirle a alguien que le escriba una carta de recomendación.

Paso 2. Ahora añada por lo menos dos pasos más a la secuencia del **Paso 1.**

Paso 3. Finalmente, narre en el pasado y en primera persona (**yo**) la secuencia completa (**Pasos 1** y **2**). Explique su propia experiencia de buscar un trabajo.

MODELO: Yo necesitaba un trabajo para el próximo verano. Por eso, primero fui a la oficina de empleos de la universidad…

B. Definiciones. Defina las siguientes palabras y frases en español.

MODELO: la empresa →
una compañía grande, como la IBM o Ford

1. el currículum

2. dejar un empleo

3. la aspirante

4. el gerente

5. el sueldo

6. llenar una solicitud

la factura / la cuenta

el banco

el cajero automático

el billete	bill (*money*)
la caja	cashier window
la cuenta corriente	checking account
la cuenta de ahorros	savings account
el efectivo	cash
la factura	bill
el interés	interest
la moneda	coin
el préstamo	loan
el presupuesto	budget
ahorrar	to save (*money*)
cobrar	to cash (*a check*); to charge (*someone for an item or service*)
compartir	to share
depositar/sacar (qu)	to deposit / to withdraw, take out
devolver (*like* **volver**)	to return (*something*)
economizar (c)	to economize

el billete   **la moneda**

el efectivo   **la tarjeta bancaria / de crédito**   **el cheque**

ganar	to earn
gastar	to spend (*money*)
pagar (gu) a plazos / con cheque / en efectivo	to pay in installments / by check / in cash
pedir (pido) (i) prestado/a	to borrow
prestar	to lend

ASÍ SE DICE

depositar dinero = ingresar dinero, poner dinero en una cuenta

pagar en efectivo = pagar al contado

■ ■ ■ Conversación

A. El mes pasado. Piense en sus finanzas personales del mes pasado. ¿Fue un mes típico? ¿Tuvo dificultades al final del mes o todo le salió bien?

Paso 1. Indique las respuestas apropiadas, según su experiencia.

	SÍ	NO
1. Hice un presupuesto al principio (*beginning*) del mes.	☐	☐
2. Deposité más dinero en el banco del que (*than what*) saqué.	☐	☐
3. Saqué dinero del cajero automático sin apuntar (*writing down*) la cantidad en mi chequera (*checkbook*).	☐	☐
4. Pagué todas mis cuentas a tiempo.	☐	☐
5. Saqué un préstamo (Le pedí dinero prestado al banco) para pagar mis cuentas.	☐	☐
6. No usé el coche. Tomé el autobús, para economizar un poco.	☐	☐
7. Gasté mucho dinero en divertirme.	☐	☐
8. Le presté dinero a un amigo.	☐	☐
9. Usé la tarjeta de crédito sólo un par de veces.	☐	☐

Paso 2. Vuelva a mirar sus respuestas del **Paso 1**. ¿Fue el mes pasado un mes típico? Pensando todavía en sus respuestas, diga tres cosas que Ud. debe hacer para mejorar su situación económica.

MODELO: Debo hacer un presupuesto mensual.

B. Diálogos

Paso 1. Empareje las preguntas de la izquierda con las respuestas de la derecha.

1. _____ ¿Cómo prefiere Ud. pagar?

2. _____ ¿Pasó algo?

3. _____ Me da una identificación, por favor. Necesito verla para que pueda cobrar su cheque.

4. _____ ¿Va a depositar este cheque en su cuenta corriente o en su cuenta de ahorros?

5. _____ ¿Adónde quiere Ud. que mandemos la factura?

a. En la cuenta de ahorros, por favor.

b. Me la manda a la oficina, por favor.

c. Voy a pagar en efectivo.

d. Sí, señorita. Ud. me cobró demasiado por el jarabe.

e. Aquí tiene mi licencia de manejar.

Paso 2. Ahora, en parejas, inventen un contexto posible para cada diálogo. ¿Dónde están las personas que hablan? ¿en un banco? ¿en una tienda? ¿Qué hacen? ¿Quiénes son? ¿Clientes? ¿cajeros? ¿dependientes?

C. Situaciones. En parejas, describan lo que pasa en los siguientes dibujos. Usen las preguntas a continuación como guía.

- ¿Quiénes son estas personas?
- ¿Dónde están?
- ¿Qué van a comprar?

- ¿Cómo van a pagar?
- ¿Qué van a hacer después?

1.

2.

3.

4.

Need more practice?
- Workbook and Laboratory Manual
- ActivityPak
- Online Learning Center (www.mhhe.com/puntos8)

GRAMÁTICA

♻ **¿Recuerda Ud.?**

Before studying the future tense in **Gramática 46,** review **Gramática 3 (Cap. 1)** and **Gramática 11 (Cap. 3),** where you learned ways of expressing future actions. Then indicate which of the following sentences can be used to express a future action.

1. Trabajé hasta las dos.
2. Trabajo a las dos.
3. Voy a trabajar a las dos.

4. Trabajaba a las dos.
5. Estoy trabajando.
6. He trabajado a las dos.

46 Talking About the Future • Future Verb Forms

Gramática en acción: ¿Cómo será su futuro?

- Viviré en otra ciudad.
- Estaré casada.
- Tendré uno o más hijos.
- Seré dueña de mi propia casa.
- Llevaré una vida más tranquila.
- Trabajaré como maestra de escuela.
- Ganaré por lo menos cuarenta mil dólares al año.

¿Y Ud.?: ¿Cómo será su vida dentro de diez años? Modifique las declaraciones de **Gramática en acción** para describirla.

hablar		comer		vivir	
hablaré	hablaremos	comeré	comeremos	viviré	viviremos
hablarás	hablaréis	comerás	comeréis	vivirás	viviréis
hablará	hablarán	comerá	comerán	vivirá	vivirán

What will your future be like? ■ *I'll live in another city.* ■ *I'll be married.* ■ *I'll have one or more children.* ■ *I'll be the owner of my own home.* ■ *I'll lead a calmer life.* ■ *I'll work as a grade school teacher.* ■ *I'll earn at least $40,000 a year.*

A. The future tense expresses things or events that *will* or *are going* to happen. In English, the future is formed with the auxiliary verbs *will* or *shall*.

*I **will**/**shall** speak.*

In Spanish, the *future* (**el futuro**) is a simple verb form (only one word). It is formed by adding future endings to the infinitive. No auxiliary verbs are needed.

Future Endings	
-é	-emos
-ás	-éis
-á	-án

B. Here are the most common Spanish verbs that are irregular in the future. The future endings are attached to their irregular stems.

Note that the future of **hay (haber)** is **habrá** (*there will be*).*

decir: diré, dirás, dirá, diremos, diréis, dirán

decir:	dir-	
haber (hay):	habr-	
hacer:	har-	-é
poder:	podr-	-ás
poner:	pondr-	-á
querer:	querr-	-emos
saber:	sabr-	-éis
salir:	saldr-	-án
tener:	tendr-	
venir:	vendr-	

C. Note that indicative and subjunctive present tense forms can also express the immediate future in Spanish.

When the English *will* refers not to future time but to the willingness of someone to do something, Spanish uses the verbs **querer** or **poder**, not the future. Of the two, **querer** is the stronger, with almost the force of a command.

Llegaré a tiempo.
I'll arrive on time.

Llego a las ocho mañana. ¿**Vienes** a buscarme?
I'll arrive at 8:00 tomorrow. Will you come to pick me up?

No creo que Pepe **llegue** a tiempo.
I don't think Pepe will arrive on time.

¿**Quieres/Puedes** cerrar la puerta, por favor?
Will/Could you please close the door?

---

*The future forms of the verb **haber** are used to form the future perfect tense (**el futuro perfecto**), which expresses what will have occurred at some point in the future.

Para mañana, ya **habré hablado** con Miguel. By tomorrow, **I will have** already **spoken** with Miguel.

You will find a more detailed presentation of these forms in Appendix 3, Additional Perfect Forms (Indicative and Subjunctive).

■ ■ ■ Práctica

A. ¡Anticipemos! Mis compañeros de clase. ¿Cree Ud. que conoce bien a sus compañeros de clase? ¿Sabe lo que les va a pasar en el futuro?

Paso 1. Indique si las siguientes declaraciones serán realidad para Ud. algún día.

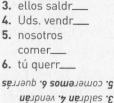

	SÍ	NO
1. Seré profesor(a) de idiomas.	☐	☐
2. Me casaré (Me divorciaré) dentro de tres años.	☐	☐
3. Iré a vivir a otro país.	☐	☐
4. Compraré un coche deportivo.	☐	☐
5. Tendré una familia muy grande.	☐	☐
6. Haré estudios superiores (*graduate*).	☐	☐
7. Visitaré Latinoamérica.	☐	☐
8. Tendré menos deudas (*debts*).	☐	☐
9. No tendré que trabajar porque seré rico/a.	☐	☐

Paso 2. Ahora, usando las declaraciones del **Paso 1,** indique el nombre de una persona de la clase para quien Ud. cree que la declaración es cierta. La persona nombrada debe contestar.

> **MODELO:** La profesora Martín no tendrá que trabajar porque será rica algún día.

B. ¿Qué harán? Explique lo que harán las siguientes personas en su trabajo futuro. Luego, para cada grupo, diga qué profesión se describe.

> **MODELO:** yo / darles consejos a los estudiantes →
> Les *daré* consejos a los estudiantes.

1. yo
- hablar bien el español
- pasar mucho tiempo en la biblioteca
- escribir artículos sobre la literatura latinoamericana
- enseñar clases en español

2. tú
- trabajar en una oficina y en la corte
- ganar mucho dinero
- tener muchos clientes
- cobrar por muchas horas de trabajo

3. Felipe
- ver a muchos pacientes
- resolver muchos problemas mentales
- leer a Freud y a Jung constantemente
- hacerle un sicoanálisis a un paciente

4. Susana y Juanjo
- pasar mucho tiempo sentados
- usar el teclado (*keyboard*) constantemente
- inventar nuevos programas
- mandarles mensajes electrónicos a todos los amigos

C. Este mes

Paso 1. Describa lo que Ud. hará o no hará este mes en cuanto a (*as far as*) sus finanzas.

> MODELO: (no) gastar **/** menos **/** mes →
> (No) *Gastaré* menos este mes.

1. (no) gastar **/** menos **/** mes
2. (no) pagar **/** a tiempo **/** todo **/** cuentas
3. (no) hacer **/** presupuesto
4. (no) depositar **/** dinero **/** en **/** cuenta de ahorros
5. (no) quejarse **/** porque **/** no **/** tener **/** suficiente dinero
6. (no) seguir **/** usando **/** tarjetas de crédito
7. (no) pedirles **/** dinero **/** a **/** padres (hijos)
8. (no) buscar **/** trabajo **/** tiempo parcial

Paso 2. Ahora, en parejas, comparen sus respuestas. Digan a la clase si Uds. son responsables en cuanto a asuntos de dinero, siguiendo los modelos. También digan a la clase las cosas que tienen en común.

> MODELOS: Yo soy / _____ es (muy) responsable en cuanto a asuntos de dinero. Soy / _____ es un buen modelo de imitar.
> Yo tengo / _____ tiene que aprender a ser más responsable con el dinero.

Need more practice?

- Workbook and Laboratory Manual
- ActivityPak
- Online Learning Center (www.mhhe.com/puntos8)

■ ■ ■ Conversación

A. Soluciones extremas para casos extremos. Diga cuáles son las ventajas y desventajas de las siguientes opciones para conseguir más dinero.

> MODELO: dejar de tomar tanto café →
> Si dejo de tomar tanto café, ahorraré sólo unos pocos dólares. Estaré menos nervioso/a, pero creo que tendré más dificultad en despertarme por la mañana.

1. pedirles dinero a mis amigos o parientes
2. cometer un robo
3. alquilar unos cuartos de mi casa
4. dejar de fumar / tomar tanto café
5. buscar un trabajo de tiempo parcial
6. vender mi coche/televisor
7. comprar muchos billetes de lotería
8. estudiar más y divertirme menos
9. invertir (*to invest*) mi dinero en bonos y acciones (*stocks and bonds*)

B. El mundo del año 2100.

¿Cómo será el mundo del futuro? Haga una lista de cosas que Ud. cree que van a ser diferentes para el año 2100, por ejemplo: el transporte, la comida, la vivienda. Piense también en temas globales: la política, los problemas que presenta la capa de ozono, etcétera.

Ahora, a base de su lista, haga una serie de predicciones para el futuro.

MODELO: La gente comerá (Comeremos) comidas sintéticas.

Vocabulario útil
la colonización
la energía nuclear/solar
el espacio
los OVNIs (Objetos Volantes No Identificados)
el planeta
la pobreza *poverty*
el robot
el satélite
el transbordador espacial *space shuttle*
la vida artificial
diseñar *to design*
eliminar
intergaláctico/a
interplanetario/a
sintético/a

NOTA COMUNICATIVA

Expressing Conjecture

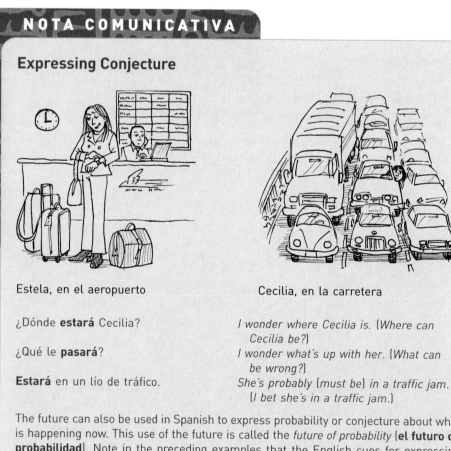

Estela, en el aeropuerto

Cecilia, en la carretera

¿Dónde **estará** Cecilia?

¿Qué le **pasará**?

Estará en un lío de tráfico.

I wonder where Cecilia is. (Where can Cecilia be?)

I wonder what's up with her. (What can be wrong?)

She's probably (must be) in a traffic jam. (I bet she's in a traffic jam.)

The future can also be used in Spanish to express probability or conjecture about what is happening now. This use of the future is called the *future of probability* (**el futuro de probabilidad**). Note in the preceding examples that the English cues for expressing probability (*probably, I bet, must be, I wonder, Where can . . . ?,* and so on) are not directly expressed in Spanish. Their sense is conveyed in Spanish by the use of the future form of the verb.

C. Predicciones. ¿Quiénes serán las siguientes personas? ¿Qué estarán haciendo? ¿Dónde estarán? En parejas, inventen todos los detalles que puedan sobre los siguientes dibujos.

Vocabulario útil

el botones bellhop
Cristóbal Colón Christopher Columbus
la propina tip

redondo/a round

1.

2.

3.

4.

♻ ¿Recuerda Ud.?

In **Gramática 45 (Cap. 15)**, you learned about a series of adverbial conjunctions that always require the use of the subjunctive in the dependent clause. There are five such conjunctions. Complete the following phrases to name them all.

1. a _____ que
2. _____ (de) que
3. con _____ (_____) que
4. en _____ de que
5. _____ que

You will learn more about using one of these conjunctions and about others like them in **Gramática 47.**

47 Expressing Future or Pending Actions • The Subjunctive (Part 8): The Subjunctive and Indicative After Conjunctions of Time

Gramática en acción: Planes para el futuro

1. Después de graduarme, tendré que buscar trabajo. Tan pronto como tenga trabajo, ganaré mucho dinero y pagaré los préstamos de la universidad.

2. En cuanto me jubile, jugaré al golf por lo menos tres veces por semana.

1.

2.

3.

¡Pero desgraciadamente quedan quince años hasta que me jubile!

3. Cuando trabajaba, siempre estaba cansado. Ahora me siento mejor que nunca. ¡Y voy a jugar al golf hasta que tenga cien años!

¿Y Ud.?

1. ¿Buscará trabajo antes de graduarse o después de graduarse?
2. Cuando Ud. se gradúe, ¿piensa empezar a trabajar en seguida? ¿Ganará mucho dinero?
3. ¿Tendrá que pagar préstamos cuando se gradúe?
4. Cuando tenga un trabajo, ¿estará más cansado/a que ahora?
5. ¿Practicará algún deporte hasta que tenga cien años?

Conjunctions	Future or Pending	Habitual or Completed
antes de que	subjunctive	subjunctive
cuando **después (de) que** **en cuanto** **hasta que** **tan pronto como**	subjunctive	indicative

A. Future events are often expressed in Spanish in two-clause sentences introduced by adverbial conjunctions of time.

antes (de) que	before
cuando	when
después (de) que	after
en cuanto	as soon as
hasta que	until
tan pronto como	as soon as

Plans for the future **1.** *After I graduate, I'll have to look for a job. As soon as I have a job, I'll earn lots of money and I'll pay off my university loans.* **2.** *As soon as I retire, I'll play golf at least three times a week. But unfortunately it'll be 15 more years until I retire!* **3.** *When I was still working, I was always tired. Now I feel better than ever. And I'm going to play golf until I'm 100 (years old)!*

B. The subjunctive is used in a subordinate (dependent) clause after conjunctions of time to express a future action or state of being—that is, one that is still pending or has not yet occurred from the point of view of the main (independent) clause. This use of the subjunctive in clauses beginning with **Cuando...** is very frequent as in the examples.

The events in the subordinate clause are imagined—not real-world—events. They haven't happened yet.

Cuando sea grande/mayor...
When I'm older . . .

Cuando tenga tiempo...
When I have the time . . .

Cuando me gradúe...
When I graduate . . .

C. When the present subjunctive is used in this way to express pending actions, the *main-clause* verb is in the present indicative or future.

MAIN CLAUSE: FUTURE OR PRESENT INDICATIVE

Pagaré las cuentas **en cuanto reciba** mi cheque.
I'll pay the bills as soon as I get my check.

Debo depositar el dinero **tan pronto como** lo **reciba.**
I should deposit the money as soon as I get it.

D. However, the present indicative (not the subjunctive) is used after conjunctions of time to describe a habitual action or a completed action in the past. Compare the examples.

HABITUAL ACTIONS: INDICATIVE

Siempre **pago** las cuentas **en cuanto** recibo mi cheque.
I always pay bills as soon as I get my check.

Deposito el dinero **tan pronto como** lo recibo.
I deposit the money as soon as I receive it.

COMPLETED PAST ACTION: INDICATIVE

El mes pasado **pagué** las cuentas **en cuanto** recibí mi cheque.
Last month I paid my bills as soon as I got my check.

Deposité el dinero **tan pronto como** lo recibí.
I deposited the money as soon as I got it.

¡**¡OJO!** The subjunctive is always used with **antes (de) que.** [See **Gramática 45 [Cap. 15]**.]

¡Claro que no puedo depositar el dinero **antes de que** reciba el cheque!
Of course I can't deposit the money before I receive the check!

AUTOPRUEBA

Indicate which sentences express a pending action and thus require the subjunctive in Spanish.

1. I'll call as soon as I get home.
2. We interview applicants only after we contact their references.
3. Many students apply for graduate school as soon as they begin their senior year.
4. They won't deposit this check until you sign it.

Answers: 1, 4

■ ■ ■ Práctica

A. Decisiones económicas

Paso 1. Lea las siguientes oraciones sobre Rigoberto y determine si se trata de una acción habitual o de una acción que no ha ocurrido todavía. Luego indique la frase que mejor complete cada oración.

1. Rigoberto se va a comprar un coche en cuanto...
   a. ahorre suficiente dinero.   **b.** ahorra suficiente dinero.
2. Siempre usa su tarjeta de crédito cuando...
   a. no tenga dinero en efectivo.   **b.** no tiene dinero en efectivo.
3. Piensa pagar su préstamo para la universidad tan pronto como...
   a. consiga un trabajo.   **b.** consigue un trabajo.
4. No puede pagar sus cuentas este mes hasta que...
   a. su hermano le devuelva el dinero que le prestó.
   b. su hermano le devuelve el dinero que le prestó.

Paso 2. Ahora diga cómo maneja Ud. sus propios asuntos económicos, completando las siguientes oraciones.

1. Voy a comprarme _____ en cuanto el banco me dé un préstamo.
2. Cuando no tengo dinero en efectivo, siempre uso _____.
3. Después de que el banco me envía el estado de cuenta (*bank statement*), yo siempre _____.
4. Tan pronto como consiga un trabajo, voy a _____.
5. No les presto más dinero a mis amigos hasta que me _____ el dinero que me deben.
6. Este mes, voy a _____ antes de que se me olvide.

B. Cosas de la vida.
Las siguientes oraciones tienen que ver con (*have to do with*) algunas aspectos de la vida de Mariana del pasado, del presente y del futuro. Lea los párrafos para tener una idea general del contexto. Luego dé la forma apropiada de los infinitivos.

1. Hace cuatro años, cuando Mariana (graduarse) en la escuela secundaria, sus padres (darle) un reloj. El año que viene, cuando (graduarse) en la universidad, (darle) un coche.
2. Cuando (ser) niña, Mariana (querer) ser enfermera. Luego, cuando (tener) 18 años, (decidir) que estudiaría[a] computación. Cuando (terminar) su carrera este año, yo creo que (poder) encontrar un buen empleo como programadora.
3. Generalmente Mariana no (escribir) cheques hasta que (tener) los fondos en su cuenta corriente. Este mes tiene muchos gastos, pero no (ir) a pagar ninguna cuenta hasta que le (llegar) el cheque de su empleo de tiempo parcial.

[a]*She would study*

C. **Hablando de dinero: Planes para el futuro.** Complete las siguientes oraciones con el presente de subjuntivo de los verbos indicados.

1. Voy a ahorrar más dinero en cuanto…
   (ellos) darme un aumento de sueldo / (yo) dejar de gastar tanto
2. Pagaré todas mis cuentas tan pronto como…
   tener el dinero para hacerlo / ser absolutamente necesario
3. El semestre/trimestre que viene, pagaré la matrícula después de que…
   cobrar mi cheque en el banco / (¿quién?) mandarme un cheque
4. No podré pagar el alquiler hasta que…
   sacar dinero de mi cuenta de ahorros / depositar el dinero en mi cuenta corriente
5. No voy a jubilarme hasta que mis hijos…
   terminar sus estudios universitarios / casarse

Need more practice?

- Workbook and Laboratory Manual
- ActivityPak
- Online Learning Center (www.mhhe.com/puntos8)

■ ■ ■ Conversación

A. **Descripciones.** Describa los dibujos, completando las oraciones e inventando un contexto para las escenas. Luego describa su propia vida.

1. Pablo va a estudiar hasta que _____.

   Esta noche yo voy a estudiar hasta que _____.
   Siempre estudio hasta que _____.
   Anoche estudié hasta que _____.

2. Los Sres. Castro van a cenar tan pronto como _____.

   Esta noche voy a cenar tan pronto como _____.
   Siempre ceno tan pronto como _____.
   Anoche cené tan pronto como _____.

3. Lupe va a viajar al extranjero en cuanto _____.

   En cuanto yo gane la lotería, voy a _____.
   En cuanto tengo el dinero, siempre _____.
   De niño/a, _____ en cuanto tenía dinero.

B. Publicidad

Paso 1. Diga si las siguientes declaraciones son ciertas o falsas según el anuncio. Corrija las declaraciones falsas.

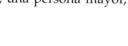

Estas vacaciones disfruta de INTERNET donde, cuando y para lo que tú quieras.

Con movistar Tarifa Plana 1GB por sólo **15€**/al mes.

Además **GRATIS** tu Tarjeta Internet Móvil.

Infórmate en el 1485   www.movistar.es

Telefónica

movistar

1. Hay muchas razones para usar el Internet cuando estamos de vacaciones.
2. No es lógico que uno quiera usar el Internet durante las vacaciones.
3. Con el plan «movistar», se puede tener acceso al Internet desde cualquier (*from any*) lugar.
4. Este plan es ideal para que uno use el Internet antes de salir de vacaciones.
5. Es mejor que uno tome este plan antes de que se vaya de vacaciones.
6. Este plan sólo sirve para que uno lea su e-mail.

Paso 2. Ahora, en parejas, inventen un anuncio para uno de los aparatos o servicios que Uds. tienen, electrónicos o no. Deben escoger un aparato o servicio que sea su favorito y muy necesario en su vida diaria. Antes de escribir, piensen en un público específico: la gente joven, los niños, una persona mayor, los estudiantes universitarios, etcétera.

UN POCO DE TODO

A. Los planes de la familia Alonso

Paso 1. Alicia Alonso habla de su familia. Haga oraciones completas según las indicaciones. Use el futuro donde sea posible.

MODELO: yo **/** hacer **/** planes **/** para el futuro **/** tan pronto **/** graduarse (yo) →
Haré planes para el futuro tan pronto como me gradúe.

1. ser **/** necesario **/** que **/** (nosotros) ahorrar **/** más
2. yo **/** no **/** usar **/** tanto **/** tarjetas **/** crédito
3. mamá **/** buscar **/** trabajo **/** donde **/** (ellos) pagarle **/** más
4. (nosotros) pedir **/** préstamo **/** en **/** banco
5. nos **/** lo **/** (ellos) dar, **/** ¿no **/** creer (tú)?
6. papá **/** estar **/** tranquilo **/** cuando **/** todos **/** empezar **/** economizar
7. (tú) deber **/** pagar **/** siempre **/** al contado
8. no **/** (nosotros) poder **/** tomar **/** vacaciones **/** este verano

Paso 2. Según los comentarios de las personas del **Paso 1,** ¿cree Ud. que la familia Alonso está muy bien económicamente o no? Explique.

B. Planes para una boda. Use las conjunciones entre paréntesis para unir cada oración con la frase que la sigue. Haga todos los cambios necesarios. **¡OJO!** No se usa el subjuntivo en todos los casos.

Miguel quiere casarse con Carmen. / él: conseguir trabajo (tan pronto como) →

Miguel quiere casarse con Carmen tan pronto como él *consiga* trabajo.

1. Carmen quiere esperar. / ella: graduarse en la universidad (hasta que)
2. Miguel se lo va a decir a los padres de Carmen. / (ellos) llegar a la ciudad (tan pronto como)
3. Los padres de Carmen siempre quieren ver a Miguel. / él: visitar a su hija (cuando)
4. Los padres se van a alegrar. / (ellos) oír las noticias (en cuanto)
5. Miguel y Carmen van a Punta del Este para su luna de miel. / (ellos) tener dinero (cuando)
6. Todos les vamos a dar una fiesta. / (ellos) regresar de su viaje (después de que)

C. Lengua y cultura: Trabajos para estudiantes universitarios. Complete the following paragraphs with the correct form of the words in parentheses, as suggested by context. When two possibilities are given in parentheses, select the correct word. *P/I:* will show you when to use the preterite or the imperfect. Conjugate all other infinitives in the present indicative or subjunctive, or leave them in the infinitive form.

La necesidad de dinero es un problema para muchos estudiantes en todas partes del mundo. En la mayoría de los países hispanohablantes, (el/la[1]) sistema universitario es gratuito. Además,[a] es natural que los estudiantes (vivir[2]) con sus familias, (por qué/porque[3]) la mayoría no (irse[4]) a (estudiar[5]) a otras ciudades. (*Ellos:* Estudiar[6]) en (el/la[7]) universidad más cercana.[b]

Sin embargo, los estudiantes con frecuencia necesitan un trabajo para (pagar/paguen[8]) sus gastos y ayudar a su familia. Y, así como en este país, hay estudiantes que (conseguir[9]) trabajos de tiempo parcial antes de (terminar/terminen[10]) la escuela secundaria. A continuación se puede leer las experiencias laborales de algunos estudiantes durante la época universitaria.

Una joven paraguaya: «Desde los dieciséis años, (*yo:* trabajar[11]) en una oficina. Así puedo (cobrar/pagar[12]) la matrícula en la universidad y mi ropa y gastos personales y también (*yo:* poder[13]) colaborar un poquito con la economía familiar».

Un joven uruguayo: «Cuando (*P/I: yo:* ser/estar[14]) estudiante universitario, (*P/I:* trabajar[15]) como fotógrafo. (*P/I: Yo:* Sacar[16]) fotos en bodas, bautizos y primeras comuniones. Era un (bueno[17]) trabajo (por/para[18]) un estudiante, porque (*P/I: yo:* tener[19]) (de/que[20]) trabajar los fines de semana pero casi nunca los días de clase».

Una mujer española: «Cuando (*P/I: yo:* ser/estar[21]) en la universidad, (les/se[22]) (*P/I:* dar[23]) clases particulares[c] a niños con problemas de aprendizaje.[d] No (*P/I: yo:* trabajar[24]) muchas horas y siempre era por la tarde. Así (*P/I: yo:* ganar[25]) dinero suficiente para mis gastos».

[a]*Besides* [b]*más... nearest* [c]*private* [d]*de... learning*

Comprensión. Conteste las siguientes preguntas.

1. ¿Qué necesidad comparten los estudiantes de todo el mundo?
2. ¿Es caro o barato el sistema universitario de los países hispanos?
3. ¿Dónde vive la mayoría de los estudiantes hispanos?
4. ¿Qué trabajos se describen en estos párrafos?

Resources for Review and Testing Preparation

- Workbook and Laboratory Manual
- ActivityPak
- Online Learning Center (www.mhhe.com/puntos8)

Perspectivas culturales
El Paraguay y el Uruguay

Datos esenciales

El Paraguay

- Nombre oficial: República de Paraguay
- Capital: Asunción
- Población: más de 6 millones de habitantes

El Uruguay

- Nombre oficial: República Oriental de Uruguay
- Capital: Montevideo
- Población: más de 3 millones de habitantes

Fíjese

- El Paraguay, como Bolivia, no tiene acceso al mar, por lo cual[a] los ríos del país son importantes para su economía.
- Asunción, Paraguay, fue la primera ciudad permanente de la región, fue fundada por los españoles en 1537.
- El Paraguay es el único país latinoamericano que tiene dos lenguas oficiales: el guaraní (una lengua indígena) y el español. Aunque[b] el español es la lengua del gobierno, aproximadamente el 90 por ciento de la población habla guaraní, ya sea[c] como su única lengua o además del[d] español.
- El Uruguay es el país hispanohablante más pequeño de Sudamérica. Aproximadamente el 45 por ciento de su población vive en Montevideo.
- En el Uruguay, toda la educación, incluso la universitaria, es gratuita.[e] La tasa de alfabetización[f] es de un 98 por ciento, una de las más altas de Latinoamérica.

[a]por... *for which reason*   [b]*Although*   [c]ya... *whether that be*   [d]además... *in addition to*   [e]*free*   [f]tasa... *literacy rate*

Punta del Este, Uruguay   Punta del Este está en una península entre el océano Atlántico y el río de la Plata. Por el lado[a] del Atlántico se encuentra Playa Brava, un lugar estupendo para hacer *surfing*. Por la costa rioplatense está Playa Mansa, un famoso lugar de vacaciones de aguas tranquilas, ideal para hacer esquí acuático y *windsurfing*.

[a]*side*

En Colonia del Sacramento,[a] Uruguay   Las calles adoquinadas[b] de Colonia del Sacramento reflejan su historia. Fue construida por los portugueses en el siglo XVII y tiene muchas de las características de Lisboa, la capital de Portugal. Fue un lugar estratégico para resistir a los españoles, quienes habían fundado la cercana[c] Montevideo. Este pueblo uruguayo pasó de manos portuguesas a manos españolas varias veces.

[a]Colonia... *Colony of the Blessed Sacrament (a colonial town)*   [b]*cobblestone*   [c]*nearby*

El Chaco, Paraguay El Chaco es una inmensa llanura[a] seis veces más grande que el Parque Nacional Yosemite de los Estados Unidos. Cubre el 60 por ciento del Paraguay, aunque sólo el 2 por ciento de la población vive en esta zona de bosques de malezas[b] y pantanos.[c]

[a]*plain* [b]*shrubs* [c]*marshes*

Unos tambores[a] de candombe[b] Según muchos, el Uruguay tiene el carnaval más prolongado del mundo: su celebración dura[c] un mes. Los desfiles[d] y celebraciones del carnaval se distinguen por las «cuerdas»: los tres tambores del candombe. El tambor piano es el más grande, el tambor chico es el de tamaño mediano[e] y el tambor repique es el más pequeño.

[a]*drums* [b]*type of Uruguayan music* [c]*it lasts* [d]*parades* [e]*el... the medium sized one*

La Represa[a] de Itaipú, entre el Paraguay, la Argentina y el Brasil La Represa de Itaipú, resultado de un proyecto binacional entre el Paraguay y el Brasil, es la represa hidroeléctrica más grande del mundo y una de las siete maravillas[b] del mundo moderno, según la Sociedad Americana de Ingenieros Civiles. Provee de casi[c] toda la energía necesaria al Paraguay y un cuarto de la energía que consume el Brasil.

Datos interesantes

- Con el cemento de la Represa de Itaipú, se podrían[d] construir 210 estadios de fútbol como el del Maracaná, en el Brasil, con capacidad para más de 100.000 espectadores.
- Con el acero,[e] se podrían erigir[f] 380 Torres Eiffel.

[a]*Dam* [b]*wonders* [c]*Provee... It provides almost* [d]*se... one could* [e]*steel* [f]*erect*

Música del Paraguay y del Uruguay

Entre las contribuciones de los jesuitas al Paraguay están la música y el arpa[a] paraguaya. El arpa paraguaya se usa en la música folclórica del país, pero también es apreciada por su calidad[b] entre los arpistas y músicos de todo el mundo.

El candombe es la música del Uruguay. Este ritmo afrouruguayo, de tradiciones bantúes con influencias europeas y del tango, se toca con tres tambores o «cuerdas». Los desfiles de comparsas[c] del candombe durante el carnaval son populares, aunque durante todo el año en Montevideo hay desfiles espontáneos del candombe.

[a]*harp* [b]*quality* [c]*troupes*

EN RESUMEN

See the Workbook, Laboratory Manual, ActivityPak, and Online Learning Center (www.mhhe.com/puntos8) for self-tests and practice with the grammar and vocabulary presented in this chapter.

Gramática

To review the grammar points presented in this chapter, refer to the indicated grammar presentations.

46. Talking About the Future—Future Verb Forms

You should know how to form and when to use the future tense, including all irregular forms.

47. Expressing Future or Pending Actions—The Subjunctive (Part 8): The Subjunctive and Indicative After Conjunctions of Time

Do you know how to express actions that will take place only after something else takes place? What are the conjunctions that you can use for this?

Vocabulario

Las profesiones y los oficios

el/la abogado/a	lawyer
el ama de casa	housekeeper
el/la cajero/a	cashier; teller
el/la cocinero/a	cook; chef
el/la contador(a)	accountant
el hombre / la mujer de negocios	businessperson
el/la ingeniero/a	engineer
el/la maestro/a (de escuela)	schoolteacher
el/la obrero/a	worker, laborer
el/la peluquero/a	hairstylist .
el/la periodista	journalist
el/la plomero/a	plumber
el/la sicólogo/a	psychologist
el/la siquiatra	psychiatrist
el soldado / la mujer soldado	soldier
el/la técnico/a	technician
el/la trabajador(a) social	social worker
el/la traductor(a)	translator
el/la vendedor(a)	salesperson

Cognados: el/la analista de sistemas, el/la astronauta, el/la dentista, el/la electricista, el/la fotógrafo/a, el/la programador(a), el/la veterinario/a

Repaso: el/la artista, el/la asistente de vuelo, el/la bibliotecario/a, el/la consejero/a, el/la dependiente/a, el/la enfermero/a, el/la mecánico/a, el/la médico/a, el/la profesor(a), el/la secretario/a

El mundo del trabajo

el/la aspirante	candidate; applicant
el currículum	resumé

el empleo	job; position
bien/mal pagado	well-/poorly paid
de tiempo completo/ parcial	full-/part-time
la empresa	corporation; business
la entrevista	interview
el/la entrevistador(a)	interviewer
el/la gerente	manager
el oficio	trade (*profession*)
el salario	pay, wages (*often per hour*)
la solicitud	application (*form*)

Repaso: el puesto, el sueldo, el teléfono, el trabajo

dejar	to quit
escribir a computadora	to key in, type
graduarse (me gradúo) (en)	to graduate (from)
jubilarse	to retire
llenar	to fill out (*a form*)
renunciar (a)	to resign (from)

Repaso: conseguir (*like* seguir), contestar

Una cuestión de dinero

el banco	bank
el billete	bill (*money*)
la caja	cashier window
el cajero automático	automatic teller machine (ATM)
el cheque	check
la cuenta corriente	checking account
la cuenta de ahorros	savings account
el efectivo	cash
la factura	bill
el interés	interest
la moneda	coin
el préstamo	loan

| el presupuesto | budget |
| la tarjeta bancaria | debit card |

Repaso: la cuenta, el dinero, la tarjeta de crédito

ahorrar	to save (*money*)
cobrar	to cash (*a check*); to charge (*someone for an item or service*)
compartir	to share
devolver (*like* **volver**)	to return (*something*)
ganar	to earn
pedir (pido) (i) prestado/a	to borrow
sacar (qu)	to withdraw, take out

Cognados: depositar, economizar (c)

Repaso: gastar, pagar (gu), prestar

| a plazos | in installments |

| con cheque | by check |
| en efectivo | in cash |

Las conjunciones

después (de) que	after
en cuanto	as soon as
hasta que	until
tan pronto como	as soon as

Repaso: antes (de) que, cuando

Palabras adicionales

| al principio de | at the beginning of |

Vocabulario personal

Un paso más 16

Literatura del Uruguay

Sobre el escritor: *Horacio Silvestre Quiroga nació en Salto, Uruguay. En 1899 fundó la* Revista de Salto, *y en 1900 viajó a París con otros jóvenes intelectuales. Volvió al Uruguay pero, después de matar[a] accidentalmente a un amigo, se trasladó a la Argentina. En 1935 publicó* Más allá, *su último libro de cuentos antes de morir. El siguiente fragmento es del cuento «El hijo»,* Más allá *(1935).*

Es un poderoso[b] día de verano en Misiones, con todo el sol, el calor y la calma que puede deparar[c] la estación. La naturaleza plenamente[d] abierta, se siente satisfecha de sí.
Como el sol, el calor y la calma ambiente, el padre abre también su corazón a la naturaleza.
—Ten cuidado, chiquito— dice a su hijo; abreviando[e] en esa frase todas las observaciones del caso y que su hijo comprende perfectamente.
—Sí, papá— responde la criatura[f] mientras coge la escopeta[g] y carga de cartuchos[h] los bolsillos[i] de su camisa, que cierra con cuidado.

[a]*killing*   [b]*powerful*   [c]*traer*   [d]*completely, fully*   [e]*abbreviating*   [f]*niño*   [g]*shotgun*   [h]*carga... fills with cartridges*   [i]*pockets*

▲ Horacio Quiroga (1878–1937)

L E C T U R A

Note: The readings in the final three chapters of *Puntos de partida*, beginning with this chapter, are poems from the Spanish-speaking world. Your professor may have already introduced you to some of the great works of Spanish and Latin American literature through the **Literatura de...** excerpts that appear in the **Un paso más** section of each chapter. Reading poetry presents challenges for you that are different from the challenges of reading prose. But your developing language proficiency will provide you a solid foundation with which to approach the task. As you read, remember to utilize the various reading strategies that have been introduced in previous chapters, as some of these will be applicable to the reading of literature as well.

ESTRATEGIA: Using Language Cues to Understand Poetry (1)

Much of the information you get in a poem is conveyed through its adjectives. Classifying the adjectives can often help you understand the poet's purpose or the poem's deeper "message." It can also help you to focus your attention on the important aspects of the poem.

You can classify the adjectives in the following poem as negative and positive. As you read, decide which adjectives describe the noun in favorable terms and which describe the noun in unfavorable terms. How is the central figure of the poem described? Why do you think the poet may have chosen this strategy?

■ **Sobre la escritora:** Juana Fernández de Ibarbourou (1895–1970) nació en Melo, Uruguay, donde pasó una niñez feliz. Demostró su interés en la poesía a una temprana edad y publicó sus primeros versos en un periódico local a los 8 años. Después de su matrimonio a los 20 años, ella y su esposo se fueron a vivir a Montevideo.

La poesía de Ibarbourou refleja la satisfacción de ser esposa, madre y poeta. A menudo (*Often*) escribía sobre la naturaleza y la reencarnación, dos de sus temas favoritos. En el siguiente poema, Ibarbourou crea la fuerte imagen de un elemento que ella califica de (*calls*) «feo» dentro de un medio ambiente muy bello y nos hace pensar en lo que constituye la belleza verdadera.

La higuera[a]

Porque es áspera[b] y fea;
Porque todas sus ramas[c] son grises,
Yo le tengo piedad[d] a la higuera.

En mi quinta[e] hay cien árboles bellos:
   Ciruelos redondos,[f]
   Limoneros rectos[g]
Y <u>naranjos</u> de brotes[h] lustrosos

   En las primaveras,
Todos ellos se cubren de flores
   En torno a[i] la higuera.

Y <u>la pobre</u> parece tan triste
Con sus gajos torcidos[j] que nunca
De apretados capullos[k] se visten…

   Por eso,
Cada vez que yo paso a su lado
Digo, procurando[l]
Hacer <u>dulce</u> y alegre mi acento:
—Es la higuera el más bello
De los árboles todos del huerto.[m]

   Si ella escucha,
Si comprende el idioma en que hablo,
¡Qué dulzura tan honda hará nido[n]
En su alma sensible[ñ] de árbol!

   Y tal vez, a la noche,
Cuando el viento abanique su copa,[o]
Embriagada de gozo[p] le cuente:
—Hoy a mí me dijeron hermosa.[q]

[a]*fig tree* [b]*rough* [c]*branches* [d]*pity* [e]*casa de campo* [f]*Ciruelos… Round plum trees* [g]*Limoneros… Straight lemon trees* [h]*shoots* [i]*En… Around* [j]*gajos… twisted branches* [k]*apretados… tight buds* [l]*tratando de* [m]*orchard* [n]*¡Qué… How deep the sweetness that will nest* [ñ]*alma… sensitive soul* [o]*Cuando… When the wind fans its upper branches* [p]*Embriagada… Drunk with joy* [q]*beautiful*

Comprensión

A. **Descripción.** Escriba una lista de adjetivos y frases que usa la autora del poema para describir la higuera.

B. **Interpretación**

  1. ¿Por qué cree Ud. que la autora siente piedad por la higuera?
  2. ¿Qué «lección» ofrece el poema?

REDACCIÓN

A. Yo soy la higuera. Imagine que Ud. es la higuera en el huerto de la autora. ¿Cómo se siente, rodeada (*surrounded*) de tantos árboles tan bonitos? ¿Qué opina Ud. sobre el cariño que le muestra la autora del poema a la higuera? Escriba un breve ensayo en el que (*which*) exprese sus emociones y perspectiva. El título de su ensayo puede ser «Yo soy la higuera».

▲ *Una higuera*

B. Un poema. Siga los pasos para escribir un poema sobre un objeto en su vida. Puede ser algo que le guste o que no le guste.

- Nombre y describa el objeto.
- Ubique (*Locate*) el objeto.
- Describa la relación que Ud. tiene con el objeto.
- Compare el objeto con otras cosas que hay en su vida.
- Concluya el poema con una declaración sobre el objeto.

MODELO: Mi nueva computadora
En mi escritorio
La uso todos los días para trabajar y jugar
Estoy con mi computadora más que con mis amigos
¡Cómo han cambiado nuestra vida las computadoras!

Introducción cultural
España y la comunidad hispana global

En 1492, España comenzó un proceso de expansión y colonización que abarcó[a] América, África y el Pacífico. Este proceso resultó en la erosión y destrucción de muchas civilizaciones, al mismo tiempo que dio pie a[b] nuevas mezclas culturales. El mestizaje[c] de lo español con lo indígena tuvo como consecuencia una rica fusión humana y cultural que hoy se experimenta[d] en la mayoría de Latinamérica y en partes de África y del Pacífico.

España misma es un país que se caracteriza por su historia de país acogedor[e] de otras culturas; en ella se han asentado[f] numerosos pueblos, entre otros, fenicios, romanos, visigodos, árabes, judíos y gitanos. Los romanos dejaron a través de[g] su lengua, el latín, la base de lo que hoy es el español o «castellano», como también se le llama. Los árabes vivieron en gran parte de la Península Ibérica durante ocho siglos. Influyeron en la arquitectura, la cocina, la agricultura, y dejaron numerosos nombres geográficos también. España también contó por varios siglos con[h] una vibrante comunidad judía, los sefardíes, que siguen llevando el substrato[i] del castellano en su lengua desde que[j] fueron expulsados del país en 1492. Todas estas culturas han dejado huellas[k] profundas en lo que es la España actual, con toda su diversidad lingüística y cultural.

La influencia cultural de otros grupos no ha terminado en España, que hoy día es un país de intensa y creciente inmigración. Estos inmigrantes vienen de Latinoamérica, de países del norte de África, especialmente de Marruecos, y del África subsahariana, como Nigeria, así como de países del este de Europa y Asia. La España contemporánea es una sociedad moderna y cambiante[l] que empieza a reflejar cada vez más[m] el mestizaje que originó[n] hace ya más de cinco siglos con su expansión colonial.

Para terminar, se puede decir que los movimientos migratorios en general siguen redefiniendo los países hispanohablantes y los países donde los hispanohablantes son una parte substancial de la población, como en los Estados Unidos y el Canadá. Y no parece que esta tendencia vaya a terminar en un futuro cercano.[ñ]

[a]*covered* [b]*dio... caused* [c]*cultural blend* [d]*se... one experiences* [e]*welcoming* [f]*se... have settled* [g]*a... throughout* [h]*contó... had for several centuries* [i]*foundation* [j]*desde... since* [k]*traces* [l]*changing* [m]*cada... more every day* [n]*originated* [ñ]*near*

La creciente inmigración requiere que los españoles y todo el mundo busquen soluciones a problemas como la intolerancia y los prejuicios raciales.

Bajo la dominación musulmana, Toledo fue un centro artístico y científico donde coexistieron y colaboraron los intelectuales y artistas de las comunidades cristianas, judías y musulmanas de España.

La planta termosolar Solúcar PS10, cerca de Sevilla

CAPÍTULO 17

En la actualidad

1 La Giralda, torre (*tower*) de la Catedral de Sevilla, España, que fue minarete de una mezquita (*mosque*) musulmana construida en 1184

1. ¿Qué aspectos de la Giralda le llaman la atención a Ud.?

2. Es fácil ver la influencia árabe en la Giralda. ¿Qué tipo de arquitectura se puede ver en su ciudad? ¿Hay algún movimiento o influencia que se destaque (*stands out*)?

3. ¿Qué tipos de edificios urbanos son interesantes, generalmente, como ejemplos de arquitectura?

2 **Los reyes** (*king and queen*) **de España, Juan Carlos y Sofía, en Madrid**

1. ¿Cuántos países puede nombrar Ud. que tienen rey o reina o ambos (*both*)?

2. ¿Cuál es la diferencia entre una monarquía y una democracia?

3. ¿Qué significa para Ud. el concepto de «ser un buen ciudadano (*citizen*)»?

3 **Periodistas entrevistan a Miguel Ángel Moratinos, ministro español de Asuntos Exteriores** (*Foreign Affairs*), **en Madrid**

1. ¿Es importante para Ud. estar al día (*up to date*) en cuanto a (*in terms of*) las noticias?

2. ¿Cómo se siente cuando no puede oír/leer las noticias por un día, una semana o por más tiempo?

3. ¿Por qué medio (*medium*) se mantiene Ud. al día? ¿Por el Internet? ¿la televisión? ¿la prensa?

Las noticias

el reportero

Y ahora, el canal 45 les ofrece a Uds. el NOTICIERO 45 con los últimos acontecimientos del mundo…

El asesinato de un dictador

La huelga de obreros

La guerra en el Oriente Medio

La erupción de un volcán en Centroamérica

Bombas en un avión

El choque de trenes

el acontecimiento	event, happening
el desastre	disaster
la esperanza	hope, wish
la lucha	fight, struggle
la manifestación	demonstration, march
los medios de comunicación	mass media
la muerte	death
la paz	peace
el periódico	newspaper
la prensa	(print) press; news media
la revista	magazine
el/la testigo	witness

Cognados: el ataque (terrorista), el blog, el Internet, la radio, la televisión, el terrorismo, el/la terrorista, la víctima

comunicarse (qu) (con)	to communicate (with)
enterarse (de)	to find out, learn (about)
estar al día	to be up to date
informar	to inform
luchar	to fight
mantener (*like* **tener**) **la paz**	to maintain, keep peace
matar	to kill
ofrecer (ofrezco)	to offer
vivir en paz	to live in peace

el acontecimiento = el evento, el hecho, el suceso

estar al día = estar al tanto, estar al corriente

la huelga = el paro

■ ■ ■ Conversación

A. Las noticias: ¿qué y cómo?

Paso 1. ¿Qué tipo de noticias le interesan más a Ud.? Indique todas las que siempre o casi siempre atraen su interés.

1. ☐ las noticias sobre la política internacional
2. ☐ las noticias locales de su ciudad
3. ☐ las noticias de su estado o provincia
4. ☐ las noticias sobre los desastres o las tragedias
5. ☐ las noticias de interés humano
6. ☐ las noticias sobre los deportes
7. ☐ las noticias financieras o sobre los negocios
8. ☐ las noticias sobre el arte y la cultura
9. ☐ ¿ ?

Paso 2. Ahora, en parejas, comparen sus preferencias noticieras. ¿Hay más coincidencias (*similarities*) o más diferencias entre sus preferencias?

Paso 3. Hagan una lista de los medios de comunicación que se usan hoy en día, en orden de preferencia personal.

B. ¿Quién está más al día? En grupos de tres o cuatro, den un ejemplo de las siguientes cosas o personas.

MODELO: un reportero → Jorge Ramos Ávalo

1. un reportero
2. un asesinato
3. una huelga o una lucha
4. una guerra
5. un desastre natural
6. otro tipo de desastre (por ejemplo, un accidente)
7. un ataque terrorista
8. un canal local de televisión o radio

C. Definiciones

Paso 1. Dé las palabras definidas.

1. un programa que nos informa diariamente de lo que pasa en el mundo
2. una muerte violenta causada intencionadamente
3. un medio de comunicación que presenta la información por escrito
4. la persona que investiga y presenta una noticia
5. una persona que emplea la violencia para causar pánico
6. cuando los obreros se niegan a (*refuse to*) trabajar para protestar por su situación laboral o por su salario
7. una persona que está presente cuando ocurre algo y lo ve todo

(Continúa en la página 526.)

Paso 2. Ahora, en parejas, definan las siguientes palabras en español.

1. la guerra
2. el asesinato
3. el terrorismo
4. el blog
5. el Internet

Paso 3. Lean a la clase las definiciones que crearon en el **Paso 2** para que sus compañeros adivinen (*guess*) la palabra definida.

D. Ud. y los medios de comunicación. En parejas, expresen y justifiquen su opinión sobre las siguientes ideas.

1. El interés por los *reality shows* demuestra (*shows*) que el público se interesa en la realidad del mundo.
2. La prensa de los países democráticos es con frecuencia irresponsable y parcial.
3. Ver la televisión es una pérdida (*waste*) de tiempo.
4. Hay demasiado sexo y violencia en los programas de televisión.
5. El Internet es una fuente (*source*) de información tan buena como los otros medios de comunicación.
6. Los niños no deben poder ver la televisión hasta que tengan diez años.

Vocabulario útil
creer que + *indicative*
no creer que + *subjunctive*
dudar que + *subjunctive*
no dudar que + *indicative*
esperar que + *subjunctive*
estar de acuerdo con / en que + *indicative*
no estar de acuerdo con / en que + *subjunctive*
es una lástima / probable / increíble que + *subjunctive*

El gobierno y la responsabilidad cívica

el rey

la reina

1.

el dictador (la dictadora)

2.

el político (la política)

3.

el ejército

4.

el/la ciudadano/a	citizen
el deber	responsibility; obligation
los/las demás	others, other people
el derecho	right

la (des)igualdad	(in)equality
la dictadura	dictatorship
la discriminación	discrimination
el ejército	army

la ley	law	**obedecer (obedezco)**	to obey
la política	politics; policy; female politician	**perder (pierdo)**	to lose
		postularse	to run for
el servicio militar	military service	**(a un cargo)**	(political office)
		(como candidato/a)	(as a candidate)
durar	to last	**votar**	to vote
ganar	to win		

■ ■ ■ Conversación

A. ¿Quién sabe más de la política?

Paso 1. ¿Cuánto sabe Ud. de la política? Si puede, dé un ejemplo de las siguientes categorías.

ASÍ SE DICE

postularse (a un cargo político como candidato/a)
= presentarse (como candidato/a a un cargo político)

1. un país con un rey o una reina
2. un país que tenga o haya tenido una dictadura
3. un dictador o una dictadora
4. un cargo político que dure cuatro años
5. el mes típico para votar en este país
6. un político o política muy conocido/a hoy en día
7. un presidente o presidenta demócrata y otro republicano o republicana, actual o del pasado, de los Estados Unidos
8. un derecho esencial de todos los ciudadanos de este país
9. una causa de la desigualdad social o política

Paso 2. En parejas, comparen sus respuestas del **Paso 1.** Luego digan a la clase cuál de Uds. pudo contestar más preguntas y qué respuestas tienen en común.

NOTA CULTURAL

La mayoría de edad en los países hispánicos

En el mundo hispánico los jóvenes se consideran legalmente adultos, es decir, alcanzan[a] **la mayoría de edad,** a los 18 años. Al cumplir los 18 años, los jóvenes hispanos pueden participar en la política y pueden votar. En varios países los hombres de 18 años también tienen la responsabilidad de inscribirse[b] en **el servicio militar.** En Colombia, los jóvenes pueden inscribirse en el servicio militar a los 16 años. La selección de los conscriptos[c] generalmente se hace mediante[d] una lotería. Actualmente, las mujeres mexicanas y argentinas también pueden inscribirse en el servicio militar, un hecho reciente sin precedentes en Latinoamérica.

A los 18 años, los jóvenes hispanos pueden obtener su **licencia de manejar.** Sin embargo, algunos jóvenes hispanos en ciertos países no esperan hasta los 18 años. A los 16 años solicitan un **permiso especial** para menores de edad para operar un vehículo.

Otro aspecto importante al llegar a la mayoría de edad es el consumo de **bebidas alcohólicas. La edad límite** para tomar bebidas alcohólicas varía entre los 18 y 21 años. En el Ecuador, por ejemplo, la edad límite es de 21 años. En algunos países hay menos restricciones sociales y legales sobre el consumo del alcohol.

[a]*they reach*   [b]*de… of registering*   [c]*draftees*   [d]*by means of*

B. El gobierno de España. Complete el siguiente párrafo sobre España con las palabras de la lista.

ciudadano	los demás	rey
ejército	monarquía	servicio militar
gobierno	políticos	vota
igualdad	reina	

España es un país democrático, con principios de
_____[1] muy similares a los que existen en países con
democracias bien establecidas, como los Estados Unidos
o el Canadá. Sin embargo, una diferencia es
el tipo de _____[2]. En España existe una _____[3]
parlamentaria, lo que significa que hay un _____[4] y una
_____[5]. Los reyes son figuras representativas, sin poder
ejecutivo. Nadie _____[6] por el rey, pero sí se vota
para elegir al presidente y todos _____[7] cargos _____[8].
    España tiene un _____[9] voluntario; es decir, que no
hay _____[10] obligatorio para ningún _____[11].

▲ *El presidente de España, José Luis Rodríguez Zapatero, y la vicepresidenta, María Teresa Fernández de la Vega, en el Parlamento, Madrid*

C. ¿Qué opina Ud.? En parejas, den su opinión sobre las siguientes ideas.

1. En este país, se permite que consumamos demasiado petróleo, energía o carne.
2. Votar es un deber, no un privilegio.
3. En este país, la igualdad de todos no es una realidad todavía.
4. Es posible que una dictadura sea una buena alternativa a la democracia en algunos casos.
5. El personal a cargo de los servicios básicos de un país (por ejemplo, del agua) no debe tener derecho a declararse en huelga.

Vocabulario útil	
Por un lado...	On the one hand . . .
Por otro lado...	On the other hand . . .
En mi opinión...	In my opinion . . .
Aunque...	Although . . .
Sin embargo...	Nevertheless, However . . .
De hecho, ...	In fact . . .

GRAMÁTICA

¿Recuerda Ud.?

The forms of the past subjunctive, which you will learn in **Gramática 48,** are based on the third person plural of the preterite. Here is a brief review of that preterite form.

■ regular **-ar** verbs: **-ar** → **-aron**
■ regular **-er/-ir** verbs: **-er/-ir** → **-ieron**
■ **-ir** stem-changing verbs: **e** → **i, o** → **u** in the stem: **pidieron, durmieron**
■ verbs whose stem ends in a vowel (**leer, construir,** etc.): **-ieron** → **-yeron: leyeron, construyeron**
■ irregular preterite stems: **quisieron, hicieron, dijeron,** and so on
■ four totally irregular verbs: **ser/ir** → **fueron, dar** → **dieron, ver** → **vieron**

Give the third person plural of the preterite for these infinitives.

1. hablar	**5.** perder	**9.** estar	**13.** traer	**17.** decir
2. comer	**6.** dormir	**10.** tener	**14.** dar	**18.** creer
3. vivir	**7.** reír	**11.** destruir	**15.** saber	**19.** ir
4. jugar	**8.** leer	**12.** mantener	**16.** vestirse	**20.** poder

¡No queríamos que fuera así! • The Subjunctive (Part 9): The Past Subjunctive

Gramática en acción: Las últimas elecciones

BORICUA[a]
¡INSCRIBETE[b] **Y VOTA!**
QUE NADA
NOS DETENGA[c]
1-800-596-VOTA

Indique las ideas que son verdaderas para Ud. sobre las últimas elecciones en su país, estado o provincia.

En las últimas elecciones…

1. ☐ yo no tenía edad para votar.
2. ☐ yo tenía edad para votar, pero no voté.
3. ☐ para mí era importante que votara mucha gente.
4. ☐ yo dudaba que ganara uno de los candidatos que yo apoyaba, ¡pero sí ganó!
5. ☐ no se postuló ningún candidato que me convenciera o me entusiasmara de verdad.
6. ☐ en mi estado/provincia no hubo clases para los niños, para que las escuelas primarias sirvieran de lugares de votación.

[a]*puertorriqueño/a* [b]*Register* [c]*Que... Let nothing stop us*

Although Spanish has two simple indicative past tenses (preterite and imperfect), it has only one simple subjunctive past tense, the *past subjunctive* (**el imperfecto de subjuntivo**). Generally speaking, this tense is used in the same situations as the present subjunctive but, of course, when talking about past events. The exact English equivalent depends on the context in which it is used.

The last elections: Indicate the ideas that are true for you about the last elections in your country, state or province. In the last elections . . . **1.** I wasn't old enough to vote. **2.** I was old enough to vote, but I didn't vote. **3.** it was important to me that many people vote. **4.** I doubted that one of the candidates that I supported would win, but he did win! **5.** no candidate ran who won me over or about whom I got really enthusiastic. **6.** in my state/province there were no classes for children, so that elementary schools could serve as voting sites.

Past Subjunctive of Regular Verbs*					
hablar: hablar~~on~~		**comer: comier~~on~~**		**vivir: vivier~~on~~**	
hablara	habláramos	comiera	comiéramos	viviera	viviéramos
hablaras	hablarais	comieras	comierais	vivieras	vivierais
hablara	hablaran	comiera	comieran	viviera	vivieran

A. The past subjunctive endings **-a, -as, -a, -amos, -ais, -an** are identical for **-ar, -er,** and **-ir** verbs. These endings are added to the third person plural of the preterite, minus its **-on** ending. For this reason, the forms of the past subjunctive reflect the irregularities of the preterite.

Past Subjunctive Endings	
-a	-amos
-as	-ais
-a	-an

B. Stem-changing verbs

-ar and **-er** verbs: no change

empezar: empezar~~on~~ → **empezara, empezaras,...**
volver: volvier~~on~~ → **volviera, volvieras,...**

-ir verbs: All persons of the past subjunctive reflect the vowel change in the third person plural of the preterite.

dormir: durmier~~on~~ → **durmiera, durmieras,...**
pedir: pidier~~on~~ → **pidiera, pidieras,...**

C. Spelling changes

All persons of the past subjunctive reflect the change from **i** to **y** between two vowels.

i → **y** (caer, construir, creer, destruir, leer, oír)

creer: creyer~~on~~ →

creyera	**creyéramos**
creyeras	**creyerais**
creyera	**creyeran**

D. Verbs with irregular preterites

dar: dier~~on~~ →

diera	**diéramos**
dieras	**dierais**
diera	**dieran**

decir:	dijer~~on~~ → **dijera**	**venir:**	vinier~~on~~ → **viniera**
estar:	estuvier~~on~~ → **estuviera**	**poner:**	pusier~~on~~ → **pusiera**
haber:	hubier~~on~~ → **hubiera**	**querer:**	quisier~~on~~ → **quisiera**
hacer:	hicier~~on~~ → **hiciera**	**saber:**	supier~~on~~ → **supiera**
ir:	fuer~~on~~ → **fuera**	**ser:**	fuer~~on~~ → **fuera**
poder:	pudier~~on~~ → **pudiera**	**tener:**	tuvier~~on~~ → **tuviera**

---

*An alternative form of the past subjunctive ends in **-se: hablase, hablases, hablase, hablásemos, hablaseis, hablasen.** This form will not be practiced in Puntos de partida.

Uses of the Past Subjunctive

A. The past subjunctive usually has the same applications as the present subjunctive, but it is used for past events. Compare the pairs of sample sentences.

Quiero que **se enteren** esta tarde.
I want them to find out this afternoon.
Quería que **se enteraran** por la tarde.
I wanted them to find out in the afternoon.

Siente que no **estén** allí esta noche.
He's sorry (that) they aren't there tonight.
Sintió que no **estuvieran** allí anoche.
He was sorry (that) they weren't there last night.

Dudamos que **mantengan** la paz.
We doubt that they will keep the peace.
Dudábamos que **mantuvieran** la paz.
We doubted that they would keep the peace.

B. Remember that the subjunctive is used after:
(1) expressions of influence, emotion, and doubt
(2) nonexistent and indefinite antecedents
(3) conjunctions of contingency and purpose, as well as those of time

(1) **¿Era necesario** que **regatearas**?
Was it necessary for you to bargain?

(1) **Sentí** que no **tuvieran** tiempo para ver Granada.
I was sorry that they didn't have time to see Granada.

(2) **No había nadie** que **pudiera** resolverlo.
There wasn't anyone who could (might have been able to) resolve it.

(3) Los padres **trabajaron** mucho **para que** sus hijos **asistieran** a la universidad.
The parents worked hard so that their children could (might) go to the university.

(3) Anoche, **íbamos** a salir **en cuanto** **llegara** Felipe.
Last night, we were going to leave as soon as Felipe arrived.

C. The past subjunctive of the verb **querer** is often used to make a request sound more polite.

Quisiéramos hablar con Ud. en seguida.
We would like to speak with you immediately.

Quisiera un café, por favor.
I would like a cup of coffee, please.

AUTOPRUEBA

Change the following verbs from the present subjunctive to the past subjunctive.

1. quiera
2. tengamos
3. salgan
4. sepas
5. esté
6. traigas

Answers: *1.* quisiera *2.* tuviéramos *3.* salieran *4.* supieras *5.* estuviera *6.* trajeras

---

◼◼◼ Práctica

A. ¡Anticipemos! Las noticias en la prensa. Empareje los siguientes titulares (*headlines*) inventados con las noticias correspondientes.

a. **Final de la Copa UEFA[a]: triunfo del Sevilla F.C.[b]**

b. **Miles de ecuatorianos votan en España**

c. **Industria de la fresa[c] se recupera**

d. **Presidente recibe a representantes de Oriente Medio**

e. **Maestra de origen marroquí[d] recibe el premio[e] estatal a la excelencia educativa**

f. **Almodóvar vuelve a trabajar con sus musas más famosas**

[a]*United European Football Association* [b]*Fútbol Club* [c]*strawberry* [d]*Moroccan* [e]*prize*

LAS NOTICIAS

1. _____ Un aficionado del club de fútbol sevillano, bromeando (*joking*), dijo que no creía que hubiera nadie que estuviera tan contento como él, «excepto sus hijos, sus vecinos y el resto de los sevillistas (*supporters of the Sevilla soccer team*)».

2. _____ El cineasta español esperaba que su nueva película fuera bien recibida, pero no esperaba tanto éxito (*success*).

3. _____ La educadora expresó públicamente su deseo de que el honor que le daban fuera «una pequeña prueba (*proof*) del valor de la integración de los emigrantes en la sociedad del país».

4._____ El gobierno del país sudamericano le pidió al gobierno español que facilitara el proceso electoral de sus ciudadanos, en unas elecciones que prometían un índice de participación sin precedentes entre sus emigrantes.

5._____ Los agricultores mostraron su satisfacción por el buen invierno de lluvia. Además, indicaron que no se esperaba que hubiera serios problemas meteorológicos este año, según el Instituto Meteorológico Nacional.

6._____ Los diferentes emisarios, que deseaban una nueva reunión para que se discutiera un plan alternativo, expresaron unánimemente el compromiso (*commitment*) de sus gobiernos a encontrar una solución final y satisfactoria para todos. «Es la hora de la paz», declaró el Ministro de Asuntos Exteriores después de la reunión.

B. ¡Anticipemos! En la escuela secundaria

Paso 1. Lea las siguientes declaraciones e indique las que reflejan su propia experiencia. Cambie las oraciones falsas para que también expresen su experiencia.

Cuando yo estaba en la escuela secundaria…

1. ☐ era obligatorio que yo asistiera a todas mis clases.
2. ☐ mis padres insistían en que yo no saliera con mis amigos sin terminar la tarea antes.
3. ☐ era necesario que yo trabajara para que pudiera asistir a la universidad algún día.
4. ☐ no había ninguna clase que me interesara.
5. ☐ tenía que sacar buenas notas para que mis padres me dieran dinero.
6. ☐ era necesario que volviera a casa a una hora determinada.
7. ☐ mis padres me exigían que limpiara mi cuarto cada semana.
8. ☐ mis padres no permitían que saliera con cierta persona.

Paso 2. Ahora, en parejas, comparen sus respuestas del **Paso 1**. Luego digan a la clase algo que tenían en común y algo que era muy diferente en cuanto a (*regarding*) sus experiencias de adolescentes.

C. Y ahora, la niñez. ¿Qué quería Ud. de la vida cuando era niño/a? ¿Y qué querían los demás que Ud. hiciera? Conteste, haciendo oraciones completas con una frase de cada columna.

Mis padres (no) querían que yo… Mis maestros me pedían que… Yo buscaba amigos que… Me gustaba mucho que nosotros…	**+**

ir a la iglesia / al templo con ellos
portarse bien, ser bueno/a
estudiar mucho, hacer la tarea todas las noches, sacar buenas notas
ponerse ropa vieja para jugar, jugar en la calle, pelear con mis amigos
mirar mucho la televisión, leer muchas tiras cómicas, comer muchos dulces
vivir en nuestro barrio, asistir a la misma escuela, tener muchos juguetes (*toys*), ser aventureros
ir a cierto lugar de vacaciones en verano, pasar todos juntos los días feriados, poner un árbol de Navidad muy alto

D. El noticiero de las seis. Cuando dan las noticias los reporteros presentan los acontecimientos del día, pero a veces también ofrecen sus propias opiniones.

Paso 1. Lea las siguientes declaraciones y cámbielas al pasado. Debe usar el imperfecto del primer verbo en cada oración y luego el imperfecto de subjuntivo en la segunda parte.

MODELO: Los obreros quieren que les den un aumento de sueldo. →
Los obreros *querían* que les *dieran* un aumento de sueldo.

1. Es posible que los trabajadores sigan en huelga hasta el verano.
2. Es necesario que las víctimas reciban atención médica en la Clínica del Sagrado Corazón.
3. Es una lástima que no haya espacio para todos allí.
4. Los terroristas piden que los oficiales no los persigan.
5. Parece imposible que el gobierno acepte sus demandas.
6. Es necesario que el gobierno informe al público del desastre ocurrido.
7. Dudo que la paz mundial esté fuera de nuestro alcance (*reach*).
8. El presidente y los directores prefieren que la nueva fábrica se construya en México.
9. Temo que el número de votantes sea muy bajo en las próximas elecciones. No todos los ciudadanos tienen la intención de votar.

Paso 2. Ahora indique si las oraciones del **Paso 1** representan un hecho o si son una opinión.

Need more practice?

- Workbook and Laboratory Manual
- ActivityPak
- Online Learning Center (www.mhhe.com/puntos8)

■ ■ ■ Conversación

A. Una encuesta (*poll*)

Paso 1. Haga cinco oraciones completas con elementos de cada columna. Trate de no repetir muchos elementos.

MODELO: Cuando yo era niña, mi hermana mayor no me permitía que jugara con sus videojuegos.

Cuando yo era niño/a Cuando yo era adolescente (13 ó 14 años) Cuando yo estaba en el último año de la escuela secundaria	(yo) mi madre/padre mis padres mi mejor amigo/a mi hermano/a mis hermanos (no) era necesario/imposible ¿ ?	tener miedo de (que)… (no) querer (que)… necesitar un trabajo para (que)… prohibir que… (no) permitir que… (no) gustar (que)… ¿ ?

Paso 2. Ahora convierta sus oraciones de **Paso 1** en preguntas generales sobre los temas que Ud. escogió. Use las preguntas para encuestar a cinco compañeros de clase para ver si tuvieron experiencias similares cuando eran niños o adolescentes.

MODELO: Cuando eras niño, ¿te permitían tus hermanos mayores que jugaras con sus videojuegos?

Paso 3. Diga a la clase por lo menos dos detalles interesantes de su encuesta.

B. Situaciones. El niño del dibujo sabe que está molestando a sus padres cuando los despierta para pedirles un favor. Por eso les habla muy cortésmente: «quisiera un vaso de agua… quisiera saber… ». ¿Cómo podrían Uds. (*could you*) pedir de una forma muy cortés lo que necesitan en las siguientes situaciones? ¿Qué dirían (*would you say*) para conseguirlo?

1. Ud. quiere el número de teléfono de una persona que acaba de conocer. Habla con un amigo de él/ella.
2. En un restaurante, el camarero no es muy atento. Ud. no quiere perder la paciencia, pero quiere el café que le pidió hace diez minutos… y la cuenta.
3. Uds. quieren saber cuándo es el examen final en esta clase y qué va a comprender (*include*).
4. Ud. necesita una prórroga (*extension*) para el próximo examen de español.
5. Ud. piensa que va a necesitar una prórroga para el próximo proyecto.
6. Ud. necesita una carta de recomendación del profesor / de la profesora.
7. Ud. quiere invitar personalmente al rector o a la rectora de la universidad a cenar en su residencia con motivo de una ocasión especial.

—Verás, quisiera un vaso de agua. Pero no te molestes, porque ya no tengo sed. Sólo quisiera saber si, en el caso de que tuviese otra vez sed, podría (*I could*) venir a pedirte un vaso de agua.

NOTA COMUNICATIVA

I wish I could . . . I wish they would . . .

In **Capítulo 13,** you learned to use **ojalá (que)** + *present subjunctive* to express hopes that can become a reality.

Ojalá que saque una buena nota en este curso.
Ojalá que encuentre trabajo tan pronto como me gradúe.

Ojalá (que) can also be used with the *past subjunctive* to express wishes about things that are not likely to occur or that are impossible.

Ojalá que pudiera ir a la playa este fin de semana. (*You can't because the semester/quarter isn't over yet. And, unless you live on the East or West Coast, the beach may be far away.*)
Ojalá que todos los estudiantes **pudieran** pasar el verano en un país hispanohablante. (*It's obvious that that's not possible for everyone.*)

C. ¡Ojalá! Complete las siguientes oraciones lógicamente.

1. Ojalá que (yo) tuviera _____.
2. Ojalá que pudiera _____.
3. Ojalá inventaran una máquina que _____.
4. Ojalá solucionaran el problema de _____.
5. Ojalá que en esta universidad fuera posible _____.

Review the forms and uses of possessive adjectives in **Gramática 6** (**Cap. 2**) before beginning **Gramática 49**. Remember to use the following when the possessive adjectives modify a singular noun.

mi   tu   su   nuestro/a   vuestro/a   su

When the possessive adjectives modify a plural noun, use the following.

mis   tus   sus   nuestros/as   vuestros/as   sus

Express the following with possessive adjectives.

1. el país de él
2. los derechos (que tienes tú)
3. la obligación de nosotros
4. la prensa de nosotros
5. el gobierno de Uds.
6. el crimen de ellos

49 More About Expressing Possession (Part 2) • Stressed Possessives

Gramática en acción: ¿El futuro del mundo nuestro?

Algún día, hijo mío, todo esto va a ser tuyo.

1. ¿Quién es el dueño del mundo en esta visión del futuro?
2. ¿A quién le va a dejar todo el robot padre?
3. ¿A qué se refieren las palabras «todo esto»?

¿Y Ud.?

1. ¿Quisiera Ud. heredar «todo esto» algún día?
2. Imagine que Ud. le dice a su hijo/a: «Todo esto va a ser tuyo». ¿Qué quiere dejarle para el futuro?

Forms of the Stressed Possessive Adjectives

mío/a(s)	my, (of) mine	**nuestro/a(s)**	our, (of) ours
tuyo/a(s)	your, (of) yours	**vuestro/a(s)**	your, (of) yours
suyo/a(s)	your, (of) yours; his, (of) his; her, (of) hers; its	**suyo/a(s)**	your, (of) yours; their, (of) theirs

A. When in English you would emphasize the possessive with your voice or with *of mine* (*of yours, of his*, and so on), you will use the *stressed forms* (**las formas tónicas**) of the possessive in Spanish. As the term implies, they are more emphatic than the *unstressed forms* (**las formas átonas**).

B. The stressed forms of the possessive adjective follow the noun, which must be preceded by a definite or indefinite article or by a demonstrative adjective. The stressed forms agree with the noun modified in number and gender.

The stressed possessives are often used as nouns.

Es **su** perro. — *It's her dog.*

Es **un** perro **suyo.** — *It's **her** dog.*
Es **suyo.** { *It's a dog of hers.* / *It's hers.*

Ese perro **suyo** es bravo. — *That dog of hers is fierce.*

la maleta **suya** → **la suya**
el pasaporte **tuyo** → **el tuyo**

■ ■ ■ Práctica

A. **En el hotel.** Complete el siguiente diálogo con las formas apropiadas del posesivo.

> —Perdone, señorita, pero esta maleta que Uds. me han dado no es (mío[1]).
> —¿No es (suyo[2])? ¿No es Ud. el doctor Méndez?
> —Sí, soy yo, pero esta maleta no es (mío[3]). Ud. todavía tiene la (mío[4]). Está allí a la derecha.
> —Ah, perdone. Nos equivocamos. Esta es la de los Sres. Palma. Aquí tengo la (suyo[5]). ¡Cuánto lo siento!

B. **En el departamento de objetos perdidos.** ¿Son suyos los objetos que le ofrecen? En parejas, hagan y contesten preguntas.

> MODELO: de Ud. → E1: Esta maleta, ¿es de Ud.?
> E2: No, no es *mía.*

1. de Juan   **2.** de Uds.   **3.** de Alicia   **4.** mía   **5.** tuya

> MODELO: libro → E1: ¿Y este libro?
> E2: No, no es *mío. El mío* es más pequeño.

6. despertador   **8.** llave   **10.** pastillas
7. zapatos   **9.** televisor   **11.** periódico

■ ■ ■ Conversación

A. **Entrevista**

Paso 1. En parejas, túrnense para entrevistarse sobre las siguientes ideas. Deben obtener detalles interesantes y personales de su compañero/a.

> MODELO: El horario de Burt es más exigente (*demanding*) que el mío. (Burt tiene clases muy difíciles, pero mi horario es más exigente que el suyo.)

Las clases: ¿Quién de los dos… ?

1. tiene el horario más exigente
2. tiene el horario que empieza más temprano
3. tiene las clases más interesantes

La vivienda: ¿Quién de los dos… ?

4. tiene el apartamento más grande
5. paga el alquiler más barato
6. vive en el barrio más elegante

Paso 2. Ahora digan a la clase por lo menos tres detalles interesantes que obtuvieron en la entrevista del **Paso 1.** Usen pronombres posesivos cuando sea posible.

> MODELO: Carlos tiene un horario más exigente que el mío, pero mi horario empieza más tarde que el suyo.

Need more practice?

- Workbook and Laboratory Manual
- ActivityPak
- Online Learning Center (www.mhhe.com/puntos8)

Las clases

¿cuántas clases en total?
¿a qué hora empiezan?
¿varios cursos de ciencias?
¿de humanidades?

La vivienda

¿el tamaño (size) del apartamento/casa?
¿un alquiler alto?
¿un barrio elegante?

B. Comparaciones: En general... Compare los siguientes aspectos de su vida con lo que pasa en general. Complete sólo las oraciones que reflejan su propia experiencia.

1. Las clases en esta universidad son fáciles/regulares/difíciles. Pienso que las mías...
2. Las clases aquí son grandes/pequeñas. Me parece que la nuestra...
3. En esta ciudad, los alquileres son altos. Creo que el mío...
4. Dicen que el perro es el mejor amigo del hombre. Sin duda, el mío...
5. La familia es un apoyo (*support*) cuando uno tiene problemas. En general, la mía...
6. Los coches modernos son más pequeños que los de la década de los cincuenta. El mío...

UN POCO DE TODO

A. Escenas históricas

Paso 1. La gente emigra por varias razones. Complete las siguientes oraciones con la forma correcta del infinitivo. Luego, si puede, nombre un grupo que emigró por la razón indicada.

1. Las leyes de su país de origen no permitían que este grupo (practicar) libremente su religión.
2. Algunas personas esperaban que (haber) oro y plata en América.
3. El rey no quería que estos criminales (seguir) viviendo en su país.
4. Estos inmigrantes buscaban un país donde (haber) paz y esperanza y seguridad (*safety*) personal.
5. Los miembros de este grupo buscaban un país donde no (tener) que pasar hambre.

Paso 2. Exprese algunas ideas históricas de los Estados Unidos, haciendo oraciones según las indicaciones. Empiece en el pasado. Las oraciones 8 y 9 se refieren al presente.

1. indios / temer / que / colonos / quitarles / toda la tierra
2. colonos / no / gustar / que / ser obligación / pagarle / impuestos / rey
3. parecía imposible / que / joven república / tener éxito (*success*)
4. los del sur / no / gustar / que / gobernarlos / los del norte
5. abolicionistas / no / gustar / que / algunos / no / tener / mismo / libertades
6. era necesario / que / declararse / en huelga / obreros / para / obtener / alguno / derechos
7. era terrible / que / haber / dos / guerra / mundial
8. para que / nosotros / vivir / en paz / es cuestión de / aprender / comunicarse
9. también / es necesario / que / haber / leyes / que / garantizar / derechos

B. Lengua y cultura: Un viaje por España. Complete the following narrative with the correct forms of the words in parentheses, as suggested by context. When two possibilities are given in parentheses, select the correct word. **¡OJO!** As you conjugate verbs in this activity, you will have to decide which mood (subjunctive or indicative) and tense to use, according to context.

Hoy en día hay mucho interés en conocer España. El país se ha convertido en uno de los principales destinos[a] turísticos del mundo. Si Ud. va a España (por/para[1]) primera vez, ¿qué (debe[2]) visitar? Esa (ser/estar[3]) una pregunta difícil de contestar, porque (es/hay[4]) una inmensa cantidad de lugares recomendables. Todo depende de lo que le guste (a/—[5]) Ud. y de cuánto tiempo (tener[6]).

(Por/Para[7]) empezar, España es tan grande (que/como[8]) Texas, y eso significa que las distancias de un punto a otro del país son considerables. Recuerde que en España hay muestras[b] de su rica y larga

▲ Un puerto en Palma de Mallorca, capital de la isla de Mallorca, una de las islas Baleares, en el Mediterráneo

historia de más de 2.000 años (por/para[9]) todas partes del país. Finalmente, a causa de la diversidad cultural y geográfica del país, cada región parece (ser/estar[10]) un país diferente. España tiene las montañas más altas (de/que[11]) Europa, después de los Alpes; islas en el Mediterráneo y en la costa africana; una región celta; una (grande[12]) zona que muestra la larga influencia musulmana[c] en el pasado; una zona desértica; zonas de intensa actividad agrícola y miles de kilómetros de costa de todo tipo. ¡Es imposible que alguien no (encontrar[13]) (algo/algún[14]) de su interés!

Ayer le pedimos a una española, Patricia, que nos (recomendar[15]) un itinerario para un viaje a España. Nos (*ella:* sugerir[16]) que antes de todo (*nosotros:* escoger[d][17]) el clima que preferimos (fresco o caluroso) y el tipo de paisaje[e] (más o menos urbano, en las montañas o de playa). Después, nos aseguró que no (*ella:* conocer/saber[18]) a (nadie/alguien[19]) que no (pensar[20]) que España es un país interesante y (mucho/muy[21]) bello. Otro español, Jesús, dijo que, (por/para[22]) él, es importante (pasar[23]) tiempo suficiente en los lugares que se visitan. Cree que no (ser/estar[24]) bueno ver demasiados lugares en poco tiempo. Por eso, él nos recomienda que no (*nosotros:* tratar[25]) de ver toda España en una semana o diez días. Es mejor escoger una zona del país para conocerla bien.

[a]*destinations* [b]*examples* [c]*Islamic* [d]*to choose* [e]*countryside*

Comprensión. Las siguientes oraciones son falsas. Corríjalas.

1. En España, hay pocos lugares recomendables para los turistas.
2. España es un país recién fundado.
3. Todas las regiones de España se parecen; no hay diferencia entre ellas.
4. Los árabes vivieron en España, pero sin dejar gran impacto cultural.
5. España casi no tiene costas.
6. A las personas que conoce Patricia, les parece que España es un país muy aburrido.
7. Jesús recomienda verlo todo… ¡y muy rápidamente!

Resources for Review and Testing Preparation

■ Workbook and Laboratory Manual
■ ActivityPak
■ Online Learning Center (www.mhhe.com/puntos8)

Perspectivas culturales

España

Datos esenciales

- Nombre oficial: Reino de España
- Capital: Madrid
- Población: más de 44 millones de habitantes

Fíjese

- España es un país donde muchas culturas se han encontrado a través de[a] la historia. Sin embargo,[b] quizás[c] se puede decir que fueron los romanos los que marcaron el principio de la historia de la España moderna, ya que[d] ellos introdujeron el latín a la Península Ibérica.
- En España hay cuatro idiomas oficiales: el español o castellano, el catalán (hablado en Cataluña), el gallego (hablado en Galicia) y el vasco (hablado en el País Vasco). Todos, menos[e] el vasco, se derivaron del latín.
- España no fue siempre un solo país. De hecho,[f] España se unificó en el siglo XV cuando los Reyes Católicos, Isabel y Fernando, monarcas de dos reinos[g] independientes, se casaron. Su campaña[h] de unificación terminó en 1492 con la conquista de los árabes en Granada.
- Los árabes ocuparon una gran parte de la Península Ibérica durante ocho siglos. Por eso influyeron mucho en casi todas las áreas de la vida española: la arquitectura, el idioma, la filosofía, las ciencias, el arte, la agricultura, el comercio, etcétera.
- España es famosa por sus ferias[i] y vida social animada,[j] y es uno de los destinos turísticos más populares de Europa.

[a]a... *throughout* [b]*Sin... However* [c]*perhaps* [d]*ya... since* [e]*except* [f]*De... In fact* [g]*kingdoms* [h]*campaign* [i]*festivals* [j]*exciting*

1 **El acueducto de Segovia** «*Hispania Romana*» fue el nombre en latín del territorio de la Península Ibérica ocupado por los romanos entre 200 a.C.[a] y 419 d.C.[b] Durante esos seis siglos, los romanos construyeron templos, anfiteatros, puentes,[c] acueductos y otras estructuras, algunas de las cuales[d] se conservan hasta hoy. El acueducto de Segovia fue construido en el siglo I d.C., y después de dos mil años, es el mejor conservado de los acueductos romanos de toda Europa.

[a]antes de Cristo (*B.C.*) [b]después de Cristo (*A.D.*) [c]*bridges*
[d]*algunas... some of which*

El Templo de la Sagrada[a] Familia, en Barcelona El Templo de la Sagrada Familia se considera la obra maestra del arquitecto Antonio Gaudí (1852–1926), y muestra un estilo y originalidad impresionantes que reflejan el lema[b] del arquitecto: «Más es más». La Sagrada Familia se construyó sobre una iglesia neogótica, pero desafortunadamente[c] Gaudí murió antes de poder completarla. Hoy en día con la ayuda de donativos, se continúa construyendo, siguiendo los planos originales de Gaudí.

2

[a]*Holy* [b]*motto* [c]*unfortunately*

La Feria de Abril, de Sevilla   En España se celebran más ferias que en cualquier otro país europeo. Todos los pueblos y ciudades celebran por lo menos una feria local durante el año. Muchas ferias son en homenaje al santo patrón[a] del lugar o en celebración de otro evento religioso. Otras tienen su origen en ferias comerciales, como es el caso de la espectacular Feria de Abril de Sevilla, que se originó en una feria de ganado.[b]

[a]santo... *patron saint*   [b]*livestock*

Toledo, con el Alcázar[a] al fondo[b]   Toledo, una hora al sur de Madrid, es una ciudad medieval amurallada[c] de gran importancia histórica. Durante la época medieval, fue el hogar[d] de cristianos, árabes y judíos, y fue una vibrante comunidad intelectual y artística. En el siglo XVI, fue capital del nuevo reino unificado de España. Además,[e] fue la ciudad donde vivió el pintor El Greco.

[a]*Castle*   [b]al... *in the background*   [c]*walled*   [d]*home*   [e]*In addition*

Música de España

Cada región de España tiene su estilo de música folclórica, bailes e instrumentos típicos: las gaitas[a] de la música céltica (noroeste), el acordeón y la pandereta[b] de la música vasca (norte), el tamboril caramillo[c] de la música de Extremadura (oeste) y el flabiol[d] y tamboril[e] de la música de la Sardana (noreste). Pero el flamenco, la música de Andalucía, en el sur, es la música más conocida de España. El cante jondo,[f] el baile y la guitarra del flamenco, son una fusión de tradiciones gitanas[g] y árabes.

[a]*bagpipes*   [b]*tambourine*   [c]tamboril... *tabor-pipe*   [d]*type of tabor-pipe*   [e]*small drum*   [f]cante... *style of singing typical to flamenco music*   [g]*Gypsy*

EN RESUMEN

See the Workbook, Laboratory Manual, ActivityPak, and Online Learning Center (www.mhhe.com/puntos8) for self-tests and practice with the grammar and vocabulary presented in this chapter.

Gramática

To review the grammar points presented in this chapter, refer to the indicated grammar presentations.

48. ¡No queríamos que fuera así!—The Subjunctive (Part 9): The Past Subjunctive

You should know the forms of the past subjunctive and when to use it.

49. More About Expressing Possession (Part 2)—Stressed Possessives

Do you know how to form and place stressed possessives?

Vocabulario

Las noticias

el acontecimiento	event, happening
el asesinato	assassination
el choque	collision, crash
el desastre	disaster
la esperanza	hope, wish
la guerra	war
la huelga	strike (*labor*)
la lucha	fight, struggle
la manifestación	demonstration, march
los medios de comunicación	mass media
las noticias	news
el noticiero	newscast
la paz	peace
la prensa	(print) press; news media
el/la reportero/a	reporter
el/la testigo	witness

Cognados: el ataque (terrorista), el blog, la bomba, la erupción, el evento, el Internet, el terrorismo, el/la terrorista, la víctima

Repaso: el canal, la muerte, el mundo, el/la obrero/a, el periódico, el radio, la revista, la televisión

comunicarse (qu) (con)	to communicate (with)
enterarse (de)	to find out, learn (about)
estar al día	to be up to date
informar	to inform
luchar	to fight
mantener (*like* tener)	to maintain, keep
matar	to kill

Repaso: ofrecer (ofrezco), vivir

El gobierno y la responsabilidad cívica

el cargo	(political) office
el/la ciudadano/a	citizen

el deber	responsibility; obligation
el derecho	right
la (des)igualdad	(in)equality
el/la dictador(a)	dictator
la dictadura	dictatorship
el ejército	army
la ley	law
la política	politics; policy
el/la político/a	politician
el rey / la reina	king/queen
el servicio militar	military service

Cognado: el/la candidato/a, la discriminación

Repaso: los/las demás, el gobierno

durar	to last
postularse a	to run for (*political office*)

Cognado: votar

Repaso: ganar, obedecer (obedezco), perder (pierdo)

Las formas posesivas

mío/a(s)	nuestro/a(s)
tuyo/a(s)	vuestro/a(s)
suyo/a(s)	

Palabras adicionales

hoy (en) día	nowadays

Vocabulario personal

Literatura de España

Sobre el escritor: *Juan Ramón Jiménez nació en Moguer, en la región de Andalucía, España. Estudió derecho,[a] pero se interesó más en la poesía y la pintura. Fue un poeta prolífico. Le otorgaron[b] el Premio Nóbel de Literatura en 1956. El siguiente poema, «El viaje definitivo», es del libro de poesías* Canción *(1936).*

▲ Juan Ramón Jiménez (1881–1958) y su esposa Zenobia

El viaje definitivo

Y yo me iré. Y se quedarán los pájaros
cantando;

y se quedará mi huerto,[c] con su verde árbol,
y con su pozo[d] blanco.

Todas las tardes, el cielo será azul y plácido;
y tocarán, como esta tarde están tocando,
las campanas del campanario.[e]

Se morirán aquellos que me amaron;
y el pueblo se hará nuevo cada año;
y en el rincón[f] aquel de mi huerto florido y encalado,[g]
mi espíritu errará,[h] nostálgico...

Y yo me iré; y estaré solo, sin hogar,[i] sin árbol
verde, sin pozo blanco,
sin cielo azul y plácido...
Y se quedarán los pájaros cantando.

[a]*law*   [b]*they awarded*   [c]jardín   [d]*well*   [e]campanas... *bells of the bell tower*   [f]*corner*
[g]*whitewashed*   [h]*will wander*   [i]*home*

LECTURA

ESTRATEGIA: Using Language Cues to Understand Poetry (2)

One of the things that distinguishes poetry from prose is its use of repetition. Sometimes this repetition is straightforward: A word appears in the same form more than once in the course of the poem, although it does not necessarily have the same meaning each time it appears. But there are other forms of repetition. Variants of the word or synonyms may appear. Sometimes you will find several words with the same root. Finding these words will help you further understand the poem and its meaning.

In the following poem, you will find repetitions of this sort. Why do you think the poet chose to repeat the same word so often in such a short poem? What kind of repetition can you find? Do you think this usage of language makes the poem stronger or more interesting? Why or why not?

■ **Sobre el escritor:** Antonio Machado (1875–1939) nació en Sevilla, España, de padres progresistas. Su padre fue por un tiempo abogado en Puerto Rico, pero al morir este (*the latter*), Machado volvió a Sevilla a cursar estudios de Filosofía y Letras. A los 24 años viajó a París, donde conoció a muchos de los grandes escritores y poetas europeos. En esa capital escribió muchos de los poemas de su primera colección, *Soledades* (*Solitudes*). A principios del nuevo siglo, con su hermano Manuel, forma parte de un famoso movimiento literario que vino a llamarse la "Generación del 98", ya que muchos de sus miembros habían empezado a publicar sus primeras obras en ese año. La poesía de Machado es seria y dramática y tiene como tema el ambiente de la región de Castilla, en España. Machado tuvo que salir de su amada patria (*beloved homeland*) durante la Guerra Civil española y murió en Colliure, Francia, después de haber cruzado a pie las montañas que dividen los dos países. El siguiente poema (Rima) es de su colección *Proverbios y cantares*.

▲ *Antonio Machado*

XXIX

Caminante,[a] son tus huellas[b]
el camino,[c] y nada más;
caminante, no hay camino:
se hace camino al andar.[d]
Al andar se hace el camino,
y al volver la vista atrás[e]
se ve la senda[f] que nunca
se ha de volver a pisar.[g]
Caminante, no hay camino,
sino estelas[h] en la mar.

[a]*Traveler (person who walks)* [b]*footprints, traces* [c]*road* [d]*al... as you walk* [e]*al... when you look back*
[f]*path* [g]*nunca... will never be tread upon again* [h]*wakes (of boats)*

Comprensión

Paso 1. Conteste las siguientes preguntas.

1. ¿A quién se dirige el poeta?
2. ¿Por qué dice el autor del poema que «no hay camino»?
3. ¿Hay algún momento en que sí hay camino?
4. ¿Qué se ve al mirar atrás? ¿Por qué?

Paso 2. En parejas, interpreten el poema, contestando las siguientes preguntas.

1. ¿Creen Uds. que el caminante del poema es verdaderamente una persona que va de paseo? Si no lo es, ¿qué clase de camino sigue esta persona?
2. En este poema, ¿se trata de un camino por un lugar sin carreteras? Y si no, ¿qué experiencia es la que se describe aquí?
3. En el contexto de este poema, ¿qué son las estelas del mar?

R E D A C C I Ó N

A. Caminante. Imagine que Ud. es consejero o consejera y va a usar el poema de Machado como introducción a los consejos que va a darle a un estudiante que está para graduarse. Escriba sus consejos usando el poema como punto de partida y explicando el significado y/o la importancia de algunos versos del poema.

B. La «Generación del 98». La «Generación del 98», a la que perteneció Machado (*to which Machado belonged*), fue uno de los movimientos literarios españoles más importantes del último milenio. Use los recursos del Internet y de la biblioteca para investigar este movimiento. Escoja uno de los siguientes temas y escriba un breve informe.

1. los poetas y novelistas de la «Generación del 98» y sus ideas sobre la literatura
2. un poeta de este grupo y su obra
3. un poema o un grupo de poemas (puede describir un poema o comparar las ideas de dos o tres)

18

En el extranjero°

▲

Una dama de honor (*bridesmaid*) **en una boda en la Iglesia** (*Church*) **de San Agustín, Manila, las Filipinas**

1. ¿Qué sabe Ud. de las Islas Filipinas? ¿Dónde se encuentran?

2. En la foto, ¿qué elementos le parecen a Ud. vestigios (*traces*) de la cultura española en las Filipinas?

3. ¿Sabe Ud. qué algunos países latinoamericanos tienen mucha población de origen asiática?

°En... *Abroad*

2 **La Catedral en la zona colonial de la ciudad de Malabo, Guinea Ecuatorial**

1. ¿En qué parte de África está la Guinea Ecuatorial?

2. ¿Qué aspectos de la cultura guineana actual posiblemente fueron influidos por los españoles?

3. ¿Por qué cree Ud. que casi siempre se encuentran iglesias (*churches*) y catedrales en los lugares anteriormente (*formerly*) colonizados por los españoles?

3 **Vista nocturna de Toronto, Canadá, ciudad con una creciente (*growing*) población hispánica**

1. ¿Por qué cree Ud. que hay una creciente inmigración de latinoamericanos al Canadá?

2. ¿De qué forma cree Ud. que los hispanos han afectado la cultura canadiense?

En el extranjero: Lugares y cosas

- la pastelería
- la farmacia
- la oficina de correos
- la papelería
- el quiosco
- el café
- la estación del metro
- la parada del autobús

el batido	milkshake	**el papel para cartas**	stationery
el champú	shampoo	**el paquete**	package
la copa / el trago	drink (*alcoholic*)	**la pasta dental**	toothpaste
el correo	mail	**el pastel(ito)**	(small) pastry
la estampilla	stamp	**la revista**	magazine
el estanco	tobacco stand/shop	**el sobre**	envelope
el fósforo	match	**la tarjeta postal**	postcard
el jabón	soap		

ASÍ SE DICE

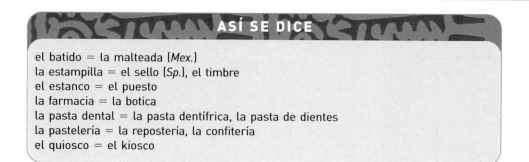

el batido = la malteada (*Mex.*)
la estampilla = el sello (*Sp.*), el timbre
el estanco = el puesto
la farmacia = la botica
la pasta dental = la pasta dentífrica, la pasta de dientes
la pastelería = la repostería, la confitería
el quiosco = el kiosco

■ ■ ■ Conversación

A. Asociaciones

Paso 1. ¿Con qué palabras de **En el extranjero: Lugares y cosas** asocia Ud. las siguientes opciones?

1. ¿Chocolate o vainilla?
2. ¿Lavanda (*Lavender*) o verbena?
3. ¿Para fuera (*outside*) del país o dentro del país?
4. ¿Vino o cerveza?
5. ¿Times Square o Quinta Avenida con Calle 59?
6. ¿Con sabor (*flavor*) a menta o a fruta?
7. ¿Para niños o para pelo teñido (*dyed hair*)?
8. ¿Con crema o sin crema?
9. ¿*Hola* o *People en español*?

Paso 2. ¿Dónde se puede comprar las siguientes cosas? (Sugerencia: Lea primero la **Nota cultural.**)

1. las aspirinas
2. un refresco
3. una tarjeta postal
4. un periódico
5. unas estampillas
6. el champú

B. ¿Cómo se dice? En parejas, expliquen en español qué son las siguientes cosas sin dar la palabra en español. Luego digan dónde se puede comprar estas cosas en el extranjero.

1. *Kleenex*
2. *Ibuprofen*
3. *Ginger Ale* (**el jengibre** = *ginger*)
4. *a comb*
5. *candles*
6. *dental floss*
7. *a day pass for the bus or the metro*
8. *a hair dryer*

NOTA CULTURAL

De compras en el extranjero

Aunque[a] los nombres de muchos lugares y tiendas del mundo hispánico se parecen a los de este país, no siempre son iguales los productos que en ellos se venden. Tome en cuenta sobre todo las siguientes diferencias.

- En **las farmacias** no venden la variedad de cosas —dulces, tarjetas postales, etcétera— que se venden en las farmacias de los EE.UU.* y el Canadá. Por lo general, sólo se venden medicinas y productos para **la higiene personal** como jabón, pasta dental, champú...
- En **los estancos,** además de productos tabacaleros, se venden **estampillas,** así que[b] uno no tiene que ir a una oficina de correos para comprarlos. También se venden **sobres** y **tarjetas postales** en los estancos.
- En **los quioscos** se vende una **gran variedad** de cosas: periódicos, revistas, libros, etcétera, pero también lápices, papel para cartas...

[a]*Although*   [b]*así... so*

▲ *Un quiosco en Madrid, España*

*****EE.UU.** *is one way to abbreviate* **Estados Unidos.** *E.U. and* **USA** *are also used.*

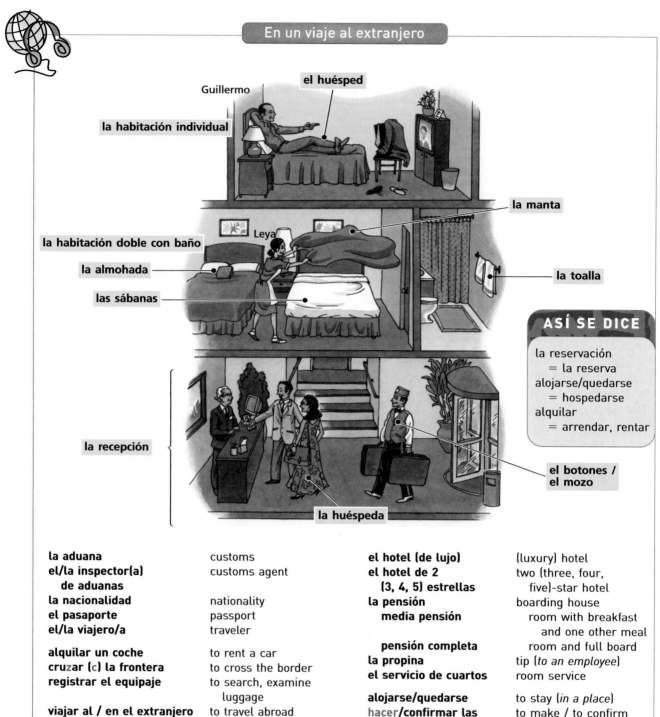

Guillermo
el huésped
la habitación individual
la manta
la habitación doble con baño
Leya
la almohada
la toalla
las sábanas
la recepción
el botones / el mozo
la huéspeda

la aduana	customs
el/la inspector(a) de aduanas	customs agent
la nacionalidad	nationality
el pasaporte	passport
el/la viajero/a	traveler
alquilar un coche	to rent a car
cruzar (c) la frontera	to cross the border
registrar el equipaje	to search, examine luggage
viajar al / en el extranjero	to travel abroad

El alojamiento°	El... *Lodging*
la criada	maid
la habitación	(hotel) room
individual/doble	single/double (*room*)
con baño/ducha	(*room*) with attached bath/shower
sin baño/ducha	(*room*) without attached bath/shower

el hotel (de lujo)	(luxury) hotel
el hotel de 2 (3, 4, 5) estrellas	two (three, four, five)-star hotel
la pensión	boarding house
media pensión	room with breakfast and one other meal
pensión completa	room and full board
la propina	tip (*to an employee*)
el servicio de cuartos	room service
alojarse/quedarse	to stay (*in a place*)
hacer/confirmar las reservaciones	to make / to confirm reservations
completo/a	full, no vacancy
desocupado/a	vacant, unoccupied
con anticipación	ahead of time

■ ■ ■ Conversación

A. Definiciones

Paso 1. Empareje las personas con la descripción apropiada.

1. el huésped
2. el recepcionista
3. el botones
4. la turista
5. la inspectora de aduanas
6. el viajero

a. la persona que nos ayuda con el equipaje en un hotel
b. la persona que se aloja en un hotel
c. una persona que va de un lugar a otro
d. alguien que viaja para ver otros lugares
e. la persona que nos registra las maletas y toma la declaración en la aduana
f. la persona que nos atiende en la recepción de un hotel

Paso 2. Defina las siguientes palabras en español.

1. la aduana
2. el pasaporte
3. la pensión completa
4. la frontera
5. la propina
6. el formulario de inmigración

B. Cuando Ud. viaja...

Paso 1. Lea la siguiente lista de acciones que típicamente hacen los viajeros. ¿Hace Ud. lo mismo cuando viaja? Indique las acciones que Ud. hace.

1. ☐ Hago una reservación en un hotel (motel) o en una pensión con un mes de anticipación.
2. ☐ Confirmo la reservación antes de salir de viaje.
3. ☐ Voy al banco a conseguir cheques de viajero.
4. ☐ Alquilo un coche.
5. ☐ Me alojo en un hotel de lujo.
6. ☐ Pido que el mozo me suba las maletas.
7. ☐ Llamo al servicio de cuartos en vez de comer en el restaurante.
8. ☐ Le dejo una propina a la criada el último día de mi estancia (*stay*).

Paso 2. En parejas, hagan y contesten preguntas para comparar lo que Uds. hicieron en su último viaje. Usen las acciones del **Paso 1** como guía. Deben obtener detalles interesantes y personales de su compañero/a.

> MODELO: E1: ¿Hiciste una reservación en un hotel o en un motel?
> E2: En un motel.
> E1: ¿Con cuántos días de anticipación?...

Paso 3. Digan a la clase los detalles más interesantes de sus últimos viajes.

C. Viajeros típicos.
En parejas, usen los siguientes íconos de un anuncio para inventar las preguntas que el viajero típico podría (*could*) hacerle al personal de recepción de un hotel. Para ser muy corteses, usen palabras como **podría(n)...** y **me hace(n) el favor de...** , no sólo mandatos.

> MODELO: Perdón, ¿podría llamar a un botones para que me ayude con el equipaje?

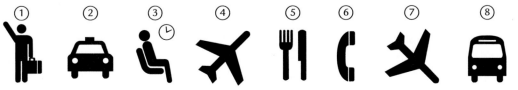

Frases útiles para un viaje al extranjero

Many of the phrases and expressions you have learned throughout *Puntos de partida* will be useful when traveling to a Spanish-speaking country. The following phrases and expressions can be useful when you encounter unexpected events or urgencies during your travels.

En el restaurante

¿Cómo se prepara o se hace...?	How is . . . prepared?
Tengo alergia a...	I'm allergic to . . .
¿Qué lleva... este plato / esta bebida?	What is there . . . in this dish/drink?

En el hotel

¿Hay agua embotellada?	Is there bottled water?
Quisiera...	I would like...
un rollo de película.	a roll of film.
un plano de la ciudad.	a map of the city.
saber las horas de las excursiones a...	to know the times for tours to . . .
¿Dónde está... más cercana?	Where is the closest . . . ?
la tintorería	dry cleaner
la lavandería	laundry
la farmacia	pharmacy
¿Hay salón de belleza / gimnasio en este hotel?	Is there a beauty salon / gym in this hotel?
Quisiera...	I'd like . . .
un corte de pelo.	a haircut.
hacerme la manicura.	a manicure.
Tengo un vestido / una chaqueta para...	I have a dress/jacket to be . . .
lavar.	washed.
planchar.	ironed.
limpiar en seco.	dry-cleaned.
¿Puede sacar esta mancha?	Can you get this stain out?

D. Situaciones. En parejas, túrnense para hacer el papel de un viajero o viajera o el de recepcionista de un hotel.

Paso 1. El/La recepcionista le pregunta al viajero o viajera que acaba de llegar:

- si tiene una reservación
- cuánto tiempo piensa quedarse
- el tipo de habitación reservada o deseada
- la forma de pago

Paso 2. El huésped o huéspeda pide los siguientes servicios:

- el desayuno en su cuarto
- más toallas/jabón
- información sobre lugares turísticos de interés

Paso 3. Por fin, el huésped o huéspeda pasa por la recepción para pagar la cuenta. Encuentra los siguientes errores en su cuenta.

- Le cobraron por un desayuno que no tomó.
- Le cobraron por cuatro noches en vez de tres.
- Le cobraron por una llamada a larga distancia que nunca hizo.

Need more practice?

- Workbook and Laboratory Manual
- ActivityPak
- Online Learning Center (www.mhhe.com/puntos8)

GRAMÁTICA

♺ **¿Recuerda Ud.?**

In **Gramática 46 (Cap. 16)** you learned the forms and uses of the future tense. Can you provide the correct future forms of the following verbs?

1. (yo) viajar
2. (ellos) beber
3. (tú) ir
4. (Ud.) venir
5. (nosotros) hacer
6. (ella) poner

Review all of the future forms before studying the conditional tense in **Gramática 50.** Also note that you learned a conditional expression in **Capítulo 7: me gustaría.** What is the English equivalent of the following sentence?

Me gustaría visitar el museo esta tarde.

50 Expressing What You Would Do • Conditional Verb Forms

Gramática en acción: El viaje de sus sueños

Yolanda es una mujer de negocios muy ocupada. Sufre muchas presiones y está muy cansada. Le gustaría tomar unas vacaciones.

«Con tres días de vacaciones, simplemente dormiría todo el día. No haría más que comer y dormir. Con una semana de vacaciones, iría a la playa, tomaría el sol todo el día. Iría a un bar elegante y tomaría copas de bebidas tropicales. Con un mes de vacaciones… descansaría una semana en casa y luego viajaría por Europa».

¿Y Ud.?: ¿Sufre muchas presiones? ¿Le gustaría ir de vacaciones al lugar de sus sueños? ¿Qué haría en las vacaciones? Haga oraciones completas con las siguientes indicaciones. Use **no** cuando sea necesario.

MODELO: dormir todo el día → *Dormiría* todo el día.

1. ir a la playa
2. tomar el sol
3. descansar una semana
4. viajar por Europa
5. ¿ ?

Her dream trip *Yolanda is a very busy businesswoman. She's under a lot of pressure, and she's very tired. She would like to take a vacation. "With three days of vacation, I would simply sleep all day. I wouldn't do anything but eat and sleep. With a week of vacation, I would go to the beach and sunbathe all day. I would go to an elegant bar and have tropical drinks. With a month of vacation . . . I would rest at home a week and then I would travel through Europe."*

The phrase **me gustaría...** expresses what you *would like to* (do, say, and so on). **Gustaría** is a conditional verb form, part of a system that will allow you to talk about what you and others *would* (do, say, buy, and so on) in a given situation.

hablar		comer		vivir	
hablaría	hablaríamos	comería	comeríamos	viviría	viviríamos
hablarías	hablaríais	comerías	comeríais	vivirías	viviríais
hablaría	hablarían	comería	comerían	viviría	vivirían

A. Like the English future, the English conditional is formed with an auxiliary verb: *I **would** speak, I **would** write*.

The Spanish *conditional* (**el condicional**), like the Spanish future, is a simple verb form (only one word). It is formed by adding conditional endings to the infinitive. No auxiliary verbs are needed.

Conditional Endings

-ía	-íamos
-ías	-íais
-ía	-ían

B. Verbs that form the future on an irregular stem use the same stem to form the conditional.

Note that the conditional of **hay (haber)** is **habría** (*there would be*).*

decir: diría, dirías, diría, diríamos, diríais, dirían

decir:	dir-	
haber (hay):	habr-	
hacer:	har-	-ía
poder:	podr-	-ías
poner:	pondr-	-ía
querer:	querr-	-íamos
saber:	sabr-	-íais
salir:	saldr-	-ían
tener:	tendr-	
venir:	vendr-	

C. The conditional expresses what you would do in a particular situation, given a particular set of circumstances.

When *would* implies *used to* in English, use the imperfect in Spanish.

—¿**Hablarías** español en el Brasil?
Would you speak Spanish in Brazil?

—No. **Hablaría** portugués.
No. I would speak Portuguese.

Íbamos a la playa todos los veranos.
We would go (used to go) to the beach every summer.

---

*The conditional forms of the verb **haber** are used to form the conditional perfect tense (**el condicional perfecto**), which expresses what would have occurred at some point in the past.

Habríamos tenido que buscarla en el aeropuerto.

We would have had to pick her up at the airport.

You will find a more detailed presentation of these forms in Appendix 3, *Additional Perfect Forms* (Indicative and Subjunctive).

D. As in English, the conditional is used to express the future from the point of view of the past.

Manuel **dijo** que **vendría** a la fiesta.
Manuel said (that) he would come to the party.

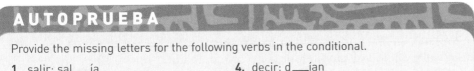

AUTOPRUEBA

Provide the missing letters for the following verbs in the conditional.

1. salir: sal__ía
2. hacer: ha__íamos
3. querer: que__ías
4. decir: d__ían
5. tener: ten__ía
6. poder: po__ía

Answers: 1. saldría 2. haríamos 3. querrías 4. dirían 5. tendría 6. podría

■ ■ ■ Práctica

A. ¡Anticipemos! ¿Qué haría Ud. en... ?

Paso 1. Complete las siguientes declaraciones para describir su viaje ideal.

1. Viajaría a _____ porque _____.
2. Hablaría _____.
3. Comería _____ y bebería _____.
4. Iría a _____ y allí vería _____.
5. No podría terminar el viaje sin antes visitar _____.
6. Me compraría _____.
7. Me divertiría mucho _____. (¡OJO! Use un gerundio: **-iendo** o **-ando.**)
8. Yo haría el viaje con _____.
9. Tendría que sacar muchas fotos para mostrárselas a _____.
10. Le(s) mandaría tarjetas postales a _____.
11. Querría _____ durante el viaje, pero probablemente no lo haría.
12. Me gustaría conocer a _____.

Paso 2. Ahora, en parejas, comparen sus viajes. Luego digan a la clase los detalles más interesantes de su conversación.

B. ¿Es posible escapar? Cuente la siguiente fantasía de una trabajadora social, dando la forma condicional de los verbos.

Necesito salir de todo esto... Creo que me (gustar[1]) ir al Caribe... No (trabajar[2])... (Poder[3]) nadar todos los días... (Tomar[4]) el sol en la playa... (Beber[5]) de un coco... (Ver[6]) bellos lugares naturales... El viaje (ser[7]) ideal...

Pero... , tarde o temprano, (tener[8]) que volver a lo de siempre... a los rascacielos de la ciudad... al tráfico... al medio ambiente contaminado... al trabajo... (Poder[9]) usar mi tarjeta de crédito, como dice el anuncio —pero ¡(tener[10]) que pagar después!

Comprensión: ¿Cierto, falso o no lo dice? Corrija las oraciones falsas.

1. Esta persona trabaja en una ciudad grande.
2. No le interesan los deportes acuáticos.
3. Puede pagar este viaje de sueños al contado.
4. Tiene un novio con quien quisiera hacer el viaje.

C. ¿Qué haría Ud. si pudiera?

Paso 1. En parejas, hagan y contesten preguntas, según el modelo. Pueden cambiar los detalles, si quieren.

MODELO: estudiar árabe/japonés →
    E1: ¿Estudiarías *árabe*?
    E2: No. Estudiaría *japonés*.

1. estudiar italiano/chino
2. renunciar a un puesto sin avisar / con dos semanas de anticipación
3. hacer un viaje a España / la Argentina
4. salir de casa sin apagar el estéreo / las luces
5. tener un presupuesto rígido / uno flexible
6. gastar menos en ropa/libros
7. poner el aire acondicionado en invierno/verano
8. alquilar un coche de lujo / uno económico

Paso 2. Ahora sigan con el mismo modelo del **Paso 1,** pero inventen los detalles.

1. dejar de estudiar / ¿ ?
2. vivir en otra ciudad / ¿ ?
3. ser presidente/a de los Estados Unidos / primer ministro (primera ministra) del Canadá / ¿ ?
4. gustarle conocer a una persona famosa / ¿ ?

Need more practice?
- Workbook and Laboratory Manual
- ActivityPak
- Online Learning Center (www.mhhe.com/puntos8)

■ ■ ■ Conversación

A. **Entrevista.** ¿Cómo será su futuro? ¿Qué hará? ¿Qué haría? En parejas, hagan y contesten las siguientes preguntas.

> MODELO: E1: ¿Dejarás de fumar algún día? →
> E2: No. No dejaré de fumar nunca. No puedo.
> (Creo que sí. Dejaré de fumar algún día.)

PREGUNTAS CON EL FUTURO

1. ¿Te graduarás en esta universidad (o en otra)?

2. ¿Vivirás en esta ciudad después de graduarte?

3. ¿Buscarás un puesto aquí?

4. ¿Cuántos niños (nietos) crees que tendrás algún día?

PREGUNTAS CON EL CONDICIONAL

5. ¿Te casarías con una persona de otro país?

6. ¿Podrías vivir contento/a sin la televisión?

7. ¿Serías capaz de (*capable of*) ahorrar el 10 por ciento de tu sueldo?

8. ¿Podrías vivir sin las tarjetas de crédito?

B. **Una encuesta** (poll)

Paso 1. Prepare cinco preguntas sobre temas universales, como son la vida sentimental y familiar, el trabajo, el medio ambiente, etcétera.

> MODELO: ¿Por cuánto tiempo vivirías con alguien sin casarte?

Vocabulario útil
casarse / vivir juntos sin casarse
tener (número de) hijos / adoptar
vivir permanentemente en esta ciudad / en este estado / en otro país
ganar mucho dinero o tener mucho tiempo libre
proteger (protejo) el medio ambiente
poder vivir sin la televisión / el Internet / el teléfono celular

Paso 2. Use sus preguntas del **Paso 1** para entrevistar a cinco compañeros de clase. Luego prepare un breve informe para toda la clase con los resultados de su encuesta.

Hypothetical Situations: What if . . . ? • *Si* Clause Sentences

Gramática en acción: ¿Qué desean estas personas?

MARGARITA: Si tuviera dinero suficiente, me compraría una computadora portátil nueva.

ANDRÉS: Si pudiera, estudiaría en el D.F. por un año y me quedaría con una familia mexicana.

ANTONIA Y MARIO: Si la universidad nos diera un aumento de sueldo, viajaríamos por Europa.

¿Y Ud.?: Exprese algunos de sus deseos, completando las siguientes declaraciones.

1. Si yo tuviera dinero suficiente, iría a _____.
2. Si pudiera conocer a alguna persona famosa, me gustaría conocer a _____.
3. Si consiguiera una beca (*scholarship*), estudiaría en _____.
4. Si ganara la lotería, me compraría _____.

	Si Clause	Result
Habitual in the present	*si* + present indicative,	present indicative
Possible in the present	*si* + present indicative,	future
Contrary-to-Fact	*si* + past subjunctive,	conditional
Habitual/Possible in the past	*si* + imperfect indicative,	imperfect indicative

A. Both English and Spanish use clauses with *if* (**si**) to speculate or hypothesize about situations that are habitual/possible. In Spanish, when the **si** clause is in the present tense, the indicative (present or future) is used.

Si **tiene** tiempo, **va/irá** a las montañas.
If he has time, he goes / will go to the mountains.

B. To express a contrary-to-fact situation, the **si** in the first clause is followed by the past subjunctive. The conditional is used in the other clause (the result).

Si **tuviera** tiempo, **iría** a las montañas.
*If he had time, he would go to the mountains.**

Si yo **fuera** tú, no **haría** eso.
*If I were you, I wouldn't do that.**

What do these people want? MARGARITA: *If I had enough money, I would buy myself a new laptop computer.* ANDRÉS: *If I could, I would study in Mexico City for a year and I would stay with a Mexican family.* ANTONIA AND MARIO: *If the university gave us a raise, we would travel throughout Europe.*

C. When the verb in the **si** clause is in the past tense and the event is not contrary-to-fact, the indicative is used in both clauses. This is especially true when habitual actions or situations are expressed.

Si **tenía** tiempo, **iba** a las montañas.
If (When) he had time, he would go (used to go) to the mountains.

Si means *when* in this context, not *if*.

■ ■ ■ Práctica

A. ¡Anticipemos! ¿Qué haría Ud.?

Paso 1. Complete las siguientes declaraciones lógicamente.

1. Si yo quisiera comprar comida, iría a _____.
2. Si necesitara comprar un libro, iría a _____.
3. Si necesitara consultar un libro, iría a _____.
4. Si tuviera sed en este momento, tomaría _____.
5. Si tuviera que emigrar, iría a _____.
6. Si fuera a _____, tendría que viajar en _____.
7. Si tuviera suficiente dinero, compraría _____.
8. Si pudiera, me gustaría _____.

Paso 2. Ahora, en parejas, túrnense para comparar sus declaraciones ya completas. Luego digan a la clase lo que Uds. tienen en común.

B. El horario de todos los días. ¿Tiene Ud. un horario bastante fijo y rutinario? Conteste las siguientes preguntas.

¿Dónde estaría Ud... . ?

1. si fuera miércoles a las tres de la tarde
2. si fuera jueves a las diez de la mañana
3. si fuera viernes a las nueve de la noche
4. si fuera domingo a las nueve de la mañana
5. si fuera lunes a la una de la tarde

Contrary-to-fact situations express speculations about the present. The perfect forms of the conditional and the past subjunctive are used to speculate about the past: what would have happened if a particular event had occurred.

Si **hubiera tenido** el dinero, **habría hecho** el viaje.   *If **I had had** the money, **I would have made** the trip.*

You will find a more detailed presentation of this structure in Appendix 3, Additional Perfect Forms (Indicative and Subjunctive).

C. Si Ud. pudiera viajar a otro país... ¿Qué haría Ud. si viajara a la Argentina? Haga oraciones completas según el modelo.

MODELO: si / poder viajar / otro / país, / ir / la Argentina →
Si pudiera viajar a otro país, iría a la Argentina.

1. si / ir / la Argentina, / quedarme / en / Buenos Aires
2. si / tener / interés / en / población / italiano, / visitar / barrio italiano La Boca
3. si / querer / mandar / tarjeta postal, / comprarla / en / quiosco
4. si / tener ganas / de / comprar / libros, / pedir / direcciones / barrio San Telmo
5. si / querer / ver / obra de teatro, / ir / Teatro Colón
6. si / interesarme / visitar / sitios / turístico, / ver / obelisco / y / réplica / de / Big Ben
7. si / querer / probar (*to try*) / comida / auténtico, / comer / carne / argentino
8. si / querer / oír / música / típico, / oír / tango

D. Situaciones

Paso 1. Empareje las oraciones con el dibujo apropiado.

1.

2.

3.

4.

5.

a. _____ Los Martínez quieren usar su coche.
b. _____ A Mariana le encanta ese vestido.
c. _____ Simón quiere encender (*to turn on*) la luz.
d. _____ Julia no tiene ganas de levantarse.
e. _____ La Sra. Blanco tiene miedo de viajar en avión.

Paso 2. Ahora haga una oración con **si** para cada situación. Use su imaginación para añadir detalles.

MODELO: Mariana se compraría ese vestido si...

Need more practice?

- Workbook and Laboratory Manual
- ActivityPak
- Online Learning Center (www.mhhe.com/ puntos8)

■ ■ ■ Conversación

A. **¿En qué circunstancias... ?** En parejas, hagan y contesten preguntas sobre los siguientes temas.

MODELO: comprar un coche nuevo →
　　　　E1: ¿En qué circunstancias *comprarías* un coche nuevo?
　　　　E2: *Compraría* un coche nuevo si tuviera más dinero.

1. dejar de estudiar en esta universidad
2. emigrar a otro país
3. estudiar otro idioma
4. no obedecer a tus padres / a tu jefe/a
5. votar por _____ para presidente/a / primer ministro (primera ministra)
6. ser candidato/a para presidente/a / primer ministro (primera ministra)
7. casarse / divorciarse
8. no decirle la verdad a un amigo / una amiga

B. **¿Qué haría si... ?**

Paso 1. En parejas, inventen soluciones para los siguientes dilemas.

1. Si su mejor amigo/a le pidiera 500 dólares para algo muy urgente.
2. Si uno de sus profesores o profesoras le dijera: «Ud. me cae muy bien (*I think you're really nice*). Por eso no tiene que tomar el examen final».
3. Si su novio/a le propusiera que se casaran inmediatamente. (O si su esposo/a le propusiera que se divorciaran en seguida.)
4. Si de pronto tuviera un millón de dólares hoy.

Paso 2. Ahora inventen dos situaciones bien difíciles de resolver que la clase tiene que solucionar. ¡Sean imaginativos!

UN POCO DE TODO

A. **¡Entendiste mal!** En parejas, hagan y contesten preguntas según el modelo.

MODELO: llegar el trece de junio / tres →
　　　　E1: *Llegaré* el trece de junio.
　　　　E2: ¿No dijiste que *llegarías* el tres?
　　　　E1: ¡Que no! Te dije que *llegaría* el trece. Entendiste mal.

1. estar en el café a las dos / doce
2. estudiar con Juan / Juana
3. ir de vacaciones a Madrid en julio / junio
4. verte en casa / en clase
5. comprar la blusa rosada / roja

B. Si el mundo fuera diferente... Adaptarse a un nuevo país o a nuevas circunstancias es difícil, pero también es una aventura interesante. ¿Qué ocurriría si el mundo fuera diferente?

MODELO: Si yo fuera la última persona en el mundo... →
- tendría que aprender a hacer muchas cosas.
- sería la persona más importante —y más ignorante— del mundo.
- me adaptaría fácilmente/difícilmente.
- los animales y yo nos haríamos buenos amigos.

1. Si yo pudiera tener solamente un amigo o amiga, _____.
2. Si yo tuviera que pasar un año en una isla desierta, _____.
3. Si yo fuera _____ (otra persona), _____.
4. Si el presidente fuera presidenta, _____.
5. Si yo viviera en Puerto Rico, _____.

C. De viaje en Latinoamérica. Lea el anuncio para una cadena hotelera y conteste las preguntas.

1. ¿Qué contraste ofrece el anuncio entre el mundo de los negocios y la atmósfera del hotel?
2. Busque en el anuncio un sinónimo de: **con frecuencia, afortunadamente.**
3. ¿Qué significa la palabra **estadía**? (Sugerencia: piense en el verbo **estar.**)
4. Si Ud. fuera a Latinoamérica en un viaje de negocios, ¿se alojaría en un hotel de esta cadena? Explique por qué.

D. Lengua y cultura: Maneras de practicar el español fuera de clase. Complete the following paragraphs with the correct form of the words in parentheses, as suggested by context. When two possibilities are given, select the correct word. **¡OJO!** As you conjugate verbs in this activity, decide whether to use the subjunctive (present, present perfect, or past) or the indicative (present, present perfect, future, preterite, or imperfect). Context will guide you, and you will also occasionally see clues in italics. Start out in the present.

Claro está que Ud. habla español en clase. También es probable que lo (hablar[1]) con su profesor(a) cada vez que lo/la (ver[2]) en el *campus* de la universidad. Pero (por/para[3]) hablar español con soltura,[a] Ud. tiene que practicar más.

«¡Ojalá que (*yo:* poder[4]) practicar español fuera de clase!» ¿(*pres. perf.:* Decir[5]) Ud. eso alguna vez? Pues hay muchas maneras de hacerlo. Por ejemplo, los compañeros de una misma clase de español siempre pueden hablar español cuando (verse[6]) para no (perder[7]) (ninguno[8]) oportunidad de practicar. Otra idea es (mirar[9]) una telenovela[b] o (un/una[10]) programa de noticias en español. También puede escuchar la radio cuando (manejar[11]). Lo importante es dedicar un rato[c] a escuchar español auténtico con frecuencia.

[a]con... *fluently* [b]*soap opera* [c]un... *a bit of time*

▲ *Jorge Ramos y María Elena Salinas, presentadores del noticiero de Univisión*

Muchas personas (sentirse¹²) muy frustradas con esta actividad (por qué/porque¹³) no pueden comprenderlo todo. Pero (haber¹⁴) que recordar que no es necesario entender cada una de las palabras que se oyen. Para los estudiantes principiantes,[d] es suficiente identificar (el/la¹⁵) tema y (alguno¹⁶) palabras y expresiones. Si Ud. escucha español habitualmente en los medios de comunicación, es seguro que (ir¹⁷) (a/de¹⁸) aprender mucho… y rápidamente.

Otra actividad útil es leer el periódico o una revista de actualidad en español. Puesto que[e] hay muchos hispanohablantes en (este/ese¹⁹) país, es relativamente fácil conseguir algo que leer en español. Y si esto no (ser/estar²⁰) fácil en el lugar donde Ud. vive, *(comm., Ud.:* buscar²¹) en el Internet. (Por/Para²²) ejemplo, si le gusta viajar, *(comm., Ud.:* consultar²³) las páginas relacionadas con el turismo en los países donde se habla español.

Finalmente, *(comm., Ud.:* recordar²⁴) su propia comunidad. Es muy posible que Ud. (vivir²⁵) en una ciudad o estado que tiene una comunidad hispana. Le sugerimos que *(Ud.:* visitar²⁶) tiendas o supermercados hispanos para que *(Ud.:* ver²⁷) las cosas que se venden allí. ¡Leer la lista de los ingredientes de cualquier producto es ya[f] un ejercicio de lectura!

[d]*beginning* [e]*Puesto… Since* [f]*actually*

Comprensión. Conteste las siguientes preguntas.

1. Además de hablar español con sus compañeros de clase, ¿qué cosas puede Ud. hacer para practicar el idioma fuera de la clase?
2. ¿Es buena o mala la idea de mirar la televisión en español? ¿Qué tipos de programas se recomienda ver?
3. ¿Es necesario que un estudiante entienda cada una de las palabras de lo que oye o mira en los medios de comunicación en español?
4. ¿Qué tipos de lecturas puede Ud. conseguir en español para practicar más?
5. ¿Qué posibilidades de hablar español existen en la mayoría de las comunidades? ¿Existen en la suya?

Resources for Review and Testing Preparation

- Workbook and Laboratory Manual
- ActivityPak
- Online Learning Center (www.mhhe.com/puntos8)

Perspectivas culturales

Otras comunidades hispanas del mundo

Fíjese

- En el siglo XVI, España efectuaba campañas colonizadoras[a] en América, África y el Pacífico. Esa colonización resultó en la imposición del gobierno y el sistema de leyes españoles, además del[b] adoctrinamiento[c] cristiano de las culturas indígenas. El mestizaje de las culturas originales con la colonizadora dio lugar a una fusión que se refleja en los idiomas, la comida, el arte, la música, las tradiciones religiosas y aun[d] la forma de pensar de la gente. De esa manera, aun en países que fueron colonizados por los españoles, pero que tradicionalmente no se consideran como países hispanos, hay vestigios del contacto entre los españoles y la cultura indígena original.

- Desde el siglo XX, la inmigración de hispanohablantes a países no hispanos ha aumentado, creando en muchos casos grandes comunidades de hispanos, como ocurre en los Estados Unidos y el Canadá. A veces una ola[e] de inmigrantes ha resultado en la creación espontánea de una nueva comunidad, como en el caso de la comunidad cubana en Miami. En otros lugares, las comunidades hispanas se han desarrollado con el tiempo, de una generación a otra. Hoy en día hay medio millón de hispanos en el Canadá y más de 40 millones en los Estados Unidos.

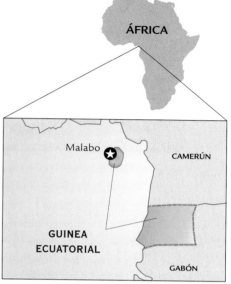

[a]efectuaba... *held colonizing campaigns*   [b]además... *in addition to the*   [c]*indoctrination*   [d]*even*   [e]*wave*

1 La Guinea Ecuatorial: Las empanadas,[a] un vestigio de la influencia española   La Guinea Ecuatorial, o «Guinea Española» como se llamó anteriormente,[b] fue colonia española por 190 años hasta que obtuvo su independencia de España en 1968. Está en la costa occidental[c] de África entre Camerún y Gabón al norte del ecuador.[d] Comprende[e] la parte continental, la antigua provincia de Río Muni, que ahora se llama «Mbini»; la isla Bioko, donde está la capital Malabo, y otras islas más pequeñas. Los idiomas oficiales son el español y el francés, pero también se hablan un inglés criollo[f] y varias lenguas indígenas, incluyendo el fang (principalmente en la zona continental) y el bubi (en Bioko).

Aunque tradicionalmente la Guinea Ecuatorial no se considera un país hispano, se nota la influencia hispana en el idioma, la arquitectura, la religión (aproximadamente el 80 por ciento de la población es católica) y la comida. Un ejemplo de esta influencia en la comida son las empanadas, que fueron introducidas durante la colonización española del país.

[a]*turnovers*   [b]*formerly*   [c]*western*   [d]*equator*   [e]*It includes*   [f]*pidgin*

2

Las Islas Filipinas: Un grupo de estudiantes filipinos ensaya[a] una forma teatral derivada de la zarzuela[b] española Las Islas Filipinas, un archipiélago de más de 7.000 islas en el océano Pacífico, fue un territorio español gobernado desde México por más de 300 años, hasta 1898, cuando España cedió control de las Islas a los Estados Unidos como resultado de la Guerra Hispano-Norteamericana. La primera lengua oficial del país fue el español, pero su uso disminuyó con la ocupación estadounidense. La influencia del español todavía se nota en los apellidos, nombres de lugares y en el vocabulario filipino. Hoy en día, el español se usa principalmente en las comunidades de ascendencia española.

La música filipina refleja la herencia[c] española. Instrumentos como la guitarra y formas musicales como la zarzuela llegaron a las Islas desde México y España, y ahora forman parte de la tradición musical filipina. La harana es una forma musical relacionada con la música de los mariachis, y la rondalla es un conjunto[d] de instrumentos de cuerda[e] que se usa para tocar música parecida[f] a las oberturas y arias de las óperas europeas.

[a]*rehearses* [b]*operetta (usually with a spoken dialogue and comedic theme)* [c]*heritage* [d]*group* [e]*string* [f]*similar*

3

El Canadá: *Hispanic Fiesta,* **Harbourfront, Toronto, Ontario** La concentración más grande de hispanos en el Canadá se encuentra[a] en la región conocida en inglés como la «*Golden Horseshoe*», que incluye Toronto y Hamilton. También hay comunidades hispanas al oeste del país. Por ejemplo, muchos argentinos y chilenos inmigraron a la provincia de Alberta durante las últimas décadas del siglo XIX.

Una población de casi medio millón de hispanocanadienses disfruta de[b] todos los medios de comunicación en español. «Telelatino» es la red[c] canadiense de televisión en italiano y español y la red étnica más popular del país. Además, los canadienses celebran la comunidad y cultura hispana con festivales, conferencias y otros eventos. Por ejemplo, en la *Hispanic Fiesta,* que tiene lugar a finales de agosto en Toronto, la gente puede disfrutar de[d] la comida, música y bailes hispanos, en un ambiente también hispano. Se puede oír música andina, mariachis y casi toda clase[e] de música latina. Hay demostraciones de tango, flamenco y de otros bailes tradicionales de España y Latinoamérica.

[a]*se... is found* [b]*disfruta... enjoy* [c]*network* [d]*enjoy* [e]*type*

4

Los Estados Unidos: El Castillo[a] San Marcos en San Agustín, Florida La historia de la presencia hispana en los Estados Unidos precede a[b] la inglesa. La ciudad más antigua de los Estados Unidos, San Agustín, Florida, fue fundada por los españoles en 1565. En los estados del suroeste, gran parte de la población de origen mexicano ya se había establecido allí cuando toda esa región pertenecía[c] a México.

Los grupos más grandes de hispanos en los Estados Unidos son: los mexicanos, establecidos principalmente en el suroeste, los cubanos, en Miami, y los puertorriqueños en Nueva York. Pero con la llegada más reciente de inmigrantes de otras partes de Latinoamérica, como por ejemplo los salvadoreños, establecidos en San Francisco, y los dominicanos, en Nueva York, los hispanos están dejando sentir[d] su presencia importante por todo el país. Se estima que para el año 2050 la población hispana total de los Estados Unidos será de casi 100 millones.

[a]*Castle* [b]*precede... predates* [c]*belonged* [d]*dejando... allowing to be felt*

EN RESUMEN

See the Workbook, Laboratory Manual, ActivityPak, and Online Learning Center (www.mhhe.com/puntos8) for self-tests and practice with the grammar and vocabulary presented in this chapter.

Gramática

To review the grammar points presented in this chapter, refer to the indicated grammar presentations.

50. Expressing What You Would Do—Conditional Verb Forms

Do you know how to form the conditional tense? When would you use the conditional in Spanish?

51. Hypothetical Situations: What if . . . ?—**Si** Clause Sentences

You should know the difference between a simple **si** clause and a contrary-to-fact **si** clause in Spanish.

Vocabulario

En el extranjero: Lugares y cosas

el batido	milkshake
el champú	shampoo
la copa	drink (*alcoholic*)
el correo	mail
la estación del metro	subway stop
la estampilla	stamp
el estanco	tobacco stand/shop
el fósforo	match
el jabón	soap
la oficina de correos	post office
el papel para cartas	stationery
la papelería	stationery store
el paquete	package
la parada del autobús	bus stop
la pasta dental	toothpaste
la pastelería	pastry shop
el pastel(ito)	(small) pastry
el quiosco	kiosk
el sobre	envelope
el trago	drink (*alcoholic*)

Cognados: el café, la farmacia

Repaso: la revista, la tarjeta postal

En un viaje al extranjero

la aduana	customs
el extranjero	abroad
el formulario	form (*to fill out*)
la frontera	border
el viaje de sueños	dream trip
el/la viajero/a	traveler

Cognados: el/la inspector(a), el pasaporte

Repaso: el equipaje, la nacionalidad

cruzar (c)	to cross
registrar	to search, examine

Repaso: viajar

El alojamiento

la almohada	pillow
el alojamiento	lodging
el botones	bellhop
la criada	maid
la estancia	stay (*in a hotel*)
la habitación	(hotel) room
individual/doble	single/double (*room*)
con baño/ducha	(*room*) with attached bath/shower
sin baño/ducha	(*room*) without attached bath/shower
el hotel (de lujo)	(luxury) hotel
el hotel de 2 (3, 4, 5) estrellas	two (three, four, five)-star hotel
el/la huésped(a)	(hotel) guest
la manta	blanket
el mozo	bellhop
la pensión	boardinghouse
pensión completa	room and full board
media pensión	room with breakfast and one other meal
la propina	tip (*to an employee*)
la recepción	front desk
las sábanas	sheets
el servicio de cuartos	room service
la toalla	towel

Cognado: la reservación
Repaso: el coche

alojarse	to stay (*in a place*)

Cognado: confirmar
Repaso: alquilar, quedarse

completo/a	full, no vacancy
desocupado/a	vacant, unoccupied
con anticipación	ahead of time

Vocabulario personal

Un paso más 18

Literatura de los Estados Unidos

Sobre el escritor: *Elías Miguel Muñoz nació en Ciego de Ávila, Cuba, y desde que[a] emigró de su país en 1968 ha vivido en Madrid, California, Kansas, Washington, D.C. y Nuevo México. Se le considera una de las voces más representativas de la literatura cubanoamericana. Muñoz es autor de cinco novelas, entre las cuales se destacan[b]* Los viajes de Orlando Cachumbambé *(1984),* The Greatest Performance *(1991) y* Brand New Memory *(1998). Tiene dos obras teatrales y la primera de estas,* The L.A. Scene, *fue montada[c] por el Duo Theater de Nueva York en 1990. Muñoz ha publicado poemas, cuentos y artículos en antologías y revistas, como también los poemarios[d]* En estas tierras / In This Land *(1989) y* No fue posible el sol *(1989). Su obra es el enfoque[e] de numerosos ensayos y libros de crítica literaria. Muñoz se proyecta, además, como narrador exclusivo de la Serie Storyteller de McGraw-Hill, para la cual ha escrito los textos de ficción* Viajes fantásticos, Isla de luz *y* Ladrón de la mente. *Elías Miguel Muñoz reside ahora en California con su esposa y sus dos hijas. El siguiente poema, «Abuelo», es de la colección* En estas tierras / In this Land.

▲ Elías Miguel Muñoz

Abuelo

Abuelo se orina[f]
dondequiera que esté.[g]
Le molesta su cuerpo.
Se pone a buscar
objetos invisibles
en el suelo,[h]
o le da por atrapar
telarañas[i] en cada rincón,[j]
o gatea[k] como un niño
por toda la sala.

Le han puesto ganchos[l]
en la puerta del cuarto.
Hay que tenerlo allí
encerrado[m] el día entero.

Porque si sale, desnudo,[n]
le puede entrar la rabia,[ñ]
o el impulso de huir,[o]
de recorrer los
matorrales,[p]
de su infancia,
de subir a las palmas
reales,[q]
de tumbar el palmiche,[r]
de ayudar a su padre.

Porque según mi abuelo
no hay más que cruzar
el umbral[s] de la puerta
para llegar a Cuba.

[a]desde... *ever since* [b]se... *of note are* [c]*put on* [d]*collections of poems* [e]*focus* [f]se... *urinates on himself* [g]dondequiera... *wherever he is* [h]*floor* [i]*o... or he takes to grasping at spiderwebs* [j]*corner* [k]*he crawls* [l]*locks* [m]*locked up* [n]*naked* [ñ]*rage* [o]el... *the urge to flee* [p]de... *to run through the thickets* [q]palmas... *palms royal* [r]de... *to fell the royal palm* [s]*threshold*

LECTURA

ESTRATEGIA: Using Language Cues to Understand Poetry (3)

In **Capítulo 16,** you examined a poet's use of adjectives to better understand a poem. You can also consider how the particular grammatical forms in a poem convey information or contribute to its unique mood. For example, a poem written primarily in the imperfect may convey a sense of timelessness or of things recurring in the poet's personal history. The use of the preterite may give you the feeling that the moment was fleeting, perhaps all too fleeting.

As you read the following poem, note the instances of the past subjunctive that you have learned in this chapter. Why do you think the poet chose this form? What or how does it make you feel? Do you think the poem would be different if the poet had chosen a different grammatical form?

■ **Sobre el escritor...** Gustavo Pérez Firmat (1949–) nació en La Habana, Cuba, y se crió en Miami, Florida. Su poesía comprende una variedad de temas, entre los que se incluyen las relaciones de familia y la experiencia cubano-americana en los Estados Unidos. Pérez Firmat obtuvo un doctorado en la Universidad de Michigan y ahora enseña en la Universidad de Columbia. El poema que aquí se presenta, «Cubanita descubanizada», es de una colección que se titula *Bilingual Blues*.

▲ *Gustavo Pérez Firmat*

Cubanita descubanizada

Cubanita descubanizada
quién te pudiera recubanizar.
Quién supiera devolverte
el ron[a] y la palma,[b]
el alma y el son.[c]

Cubanita descubanizada,
tú que pronuncias todas las eses*
y dices ómnibus[d] y autobús
quién te pudiera
quién te supiera
si te quisieras recubanizar.

[a]*rum* [b]*palm tree* [c]*el... the soul and the sound (the son is also a popular Cuban dance)* [d]*synonym for* autobús *(the author is referring to the rich lexical variety that exists in Cuban Spanish, but that in this case signals a departure from its local, rural roots)*

In general, Cuban Spanish is characterized by a lack of pronunciation of the letter **s** *when found in certain positions within a word.*

Comprensión

A. Definiciones. El autor toma libertades poéticas en su poema e inventa palabras que sirven para expresar sus ideas. En parejas, traten de definir las siguientes palabras inventadas por Pérez Firmat. Comparen sus definiciones con las de otra persona en la clase.

- descubanizada
- recubanizar

B. Interpretación. ¿Cuál cree Ud. que es el punto de vista del narrador del poema? ¿Tiene una actitud positiva hacia la vida en el extranjero? ¿Qué mensaje trata de expresar? ¿Qué elementos de la poesía comunican este mensaje?

REDACCIÓN

A. ¿Sí al bilingüismo o no? La inmigración es uno de los temas que provoca muchas opiniones y sentimientos distintos en este país. A continuación hay dos puntos de vista contrarios. Escoja una de estas posturas y escriba un breve informe en el que presente y apoye su opinión.

1. El bilinguismo y el biculturalismo enriquecen la vida de este país.
2. Los inmigrantes establecidos en este país deben asimilarse por completo a la vida y a la cultura de este país y, por supuesto, aprender la lengua.

B. Una experiencia personal. Escriba una breve composición sobre la experiencia de emigrar a los Estados Unidos o al Canadá. Puede escribir desde el punto de vista de un(a) pariente o persona, o puede tomar la perspectiva de una persona imaginaria. Explique cuándo emigró, por qué y con quién. También incluya detalles sobre su llegada: el lugar al que llegó, sus sentimientos en aquel entonces (*back then*) y sus sentimientos ahora.

Glossary of Grammatical Terms

ADJECTIVE   A word that describes a noun or pronoun.

una casa **grande**
a big house

Ana es **inteligente.**
Ana is smart.

Demonstrative adjective   An adjective that points out a particular noun.

este chico, **esos** libros, **aquellas** personas
this boy, those books, those people (over there)

Interrogative adjective   An adjective used to form questions.

¿**Qué** cuaderno?
Which notebook?

¿**Cuáles** son los carteles que buscas?
What (Which) posters are you looking for?

Possessive adjective (unstressed)   An adjective that indicates possession or a special relationship.

sus coches
their cars

mi hermana
my sister

Possessive adjective (stressed)   An adjective that more emphatically describes possession.

Es **una** amiga **mía.**
She's my friend. | She's a friend of mine.

Es **un** coche **suyo.**
It's her car. | It's a car of hers.

ADVERB   A word that describes an adjective, a verb, or another adverb.

Roberto es **muy** alto.
Reberto is very tall.

María escribe **bien.**
María writes well.

Van **demasiado** rápido.
They are going too quickly.

ARTICLE   A determiner that sets off a noun.

Definite article   An article that indicates a specific noun.

el país
the country

la silla
the chair

las mujeres
the women

Indefinite article   An article that indicates an unspecified noun.

un chico
a boy

una ciudad
a city

unas zanahorias
(some) *carrots*

CLAUSE   A construction that contains a subject and a verb.

Main (Independent) clause   A clause that can stand on its own because it expresses a complete thought.

Busco una muchacha.
I'm looking for a girl.

Si yo fuera rica, **me compraría una casa.**
*If I were rich, **I would buy a house.***

Subordinate (Dependent) clause   A clause that cannot stand on its own because it does not express a complete thought.

Busco a la muchacha **que juega al tenis.**
*I'm looking for the girl **who plays tennis.***

Si yo fuera rica, me compraría una casa.
***If I were rich,** I would buy a house.*

COMPARATIVE   The form of adjectives and adverbs used to compare two nouns or actions.

Luis es **menos** hablador **que** Julián.
*Luis is **less talkative than** Julián.*

Luis corre **más** rápido **que** Julián.
*Luis runs **faster than** Julián.*

CONJUGATION   The different forms of a verb for a particular tense or mood. A present indicative conjugation:

(yo) **hablo**   (nosotros/as) **hablamos**
(tú) **hablas**   (vosotros/as) **habláis**
(Ud.) **habla**   (Uds.) **hablan**
(él/ella) **habla**   (ellos/as) **hablan**

I speak   *we speak*
you (fam. sing.) speak   *you (fam. pl.) speak*
you (form. sing.) speak   *you (pl. fam. & form.)*
                             speak

he/she speaks   *they speak*

CONJUNCTION   An expression that connects words, phrases, or clauses.

Cristóbal **y** Diana
*Cristóbal **and** Diana*

Hace frío, **pero** hace buen tiempo.
*It's cold, **but** it's nice out.*

DIRECT OBJECT   The noun or pronoun that receives the action of a verb.

Veo **la caja.**
*I see **the box.***

La veo.
*I see **it.***

GENDER   A grammatical category of words. In Spanish, there are two genders: masculine and feminine.

	MASCULINE	FEMININE
ARTICLES AND NOUNS:	**el** disco compacto	**la** cinta
PRONOUNS:	**él**	**ella**
ADJECTIVES:	bonito, listo	bonita, lista
PAST PARTICIPLES:	El informe está **escrito.**	La composición está **escrita.**

IMPERATIVE   *See* Mood.

IMPERFECT (*IMPERFECTO*)   In Spanish, a verb tense that expresses a past action with no specific beginning or ending.

Nadábamos con frecuencia.
*We **used to swim** often.*

IMPERSONAL CONSTRUCTION One that contains a third person singular verb but no specific subject in Spanish. The subject of English impersonal constructions is generally *it*.

Es importante que…
It is important that . . .
Es necesario que…
It is necessary that . . .

INDICATIVE *See* Mood.

INDIRECT OBJECT The noun or pronoun that indicates *for who(m)* or *to who(m)* an action is performed. In Spanish, the indirect object pronoun must always be included, even when the indirect object is explicitly stated as a noun.

Marcos **le** da el suéter **a Raquel**. / Marcos **le** da el suéter.
*Marcos gives the sweater **to Raquel**. / Marcos gives **her** the sweater.*

INFINITIVE The form of a verb introduced in English by *to: to play, to sell, to come*. In Spanish dictionaries, the infinitive form of the verb appears as the main entry.

Luisa va a **comprar** un periódico.
*Luisa is going **to buy** a newspaper.*

MOOD A set of categories for verbs indicating the attitude of the speaker toward what he or she is saying.

Imperative mood A verb form expressing a command.

¡**Ten** cuidado!
Be careful!

Indicative mood A verb form denoting actions or states considered facts.

Voy a la biblioteca.
I'm going to the library.

Subjunctive mood A verb form, uncommon in English, used primarily in subordinate clauses after expressions of desire, doubt, or emotion. Spanish constructions with the subjunctive have many possible English equivalents.

Quiero que **vayas** inmediatamente.
*I want you **to go** immediately.*

NOUN A word that denotes a person, place, thing, or idea. Proper nouns are capitalized names.

abogado, ciudad, periódico, libertad, Luisa
lawyer, city, newspaper, freedom, Luisa

NUMBER

Cardinal number A number that expresses an amount.

una silla, **tres** estudiantes
one chair, three students

Ordinal number A number that indicates position in a series.

la **primera** silla, el **tercer** estudiante
*the **first** chair, the **third** student*

PAST PARTICIPLE The form of a verb used in compound tenses (*see* Perfect Tenses). Used with forms of *to have* or *to be* in English and with **ser, estar,** or **haber** in Spanish.

comido, terminado, perdido
eaten, finished, lost

PERFECT TENSES Compound tenses that combine the auxiliary verb **haber** with a past participle.

Present perfect indicative This form uses a present indicative form of **haber.** The use of the Spanish present perfect generally parallels that of the English present perfect.

No **he viajado** nunca a México.
*I've never **traveled** to Mexico.*

Past perfect indicative This form uses **haber** in the imperfect tense to talk about something that had or had not been done before a given time in the past.

Antes de 2008, **no había estudiado** español.
*Before 2008, **I hadn't studied** Spanish.*

Present perfect subjunctive This form uses the present subjunctive of **haber** to express a present perfect action when the subjunctive is required.

¡Ojalá que Marisa **haya llegado** a su destino!
*I hope (that) Marisa **has arrived** at her destination!*

PERSON The form of a pronoun or verb that indicates the person involved in an action.

	SINGULAR	PLURAL
FIRST PERSON:	*I* / yo	*we* / nosotros/as
SECOND PERSON:	*you* / tú, Ud.	*you* / vosotros/as, Uds.
THIRD PERSON:	*he, she* / él, ella	*they* / ellos, ellas

PREPOSITION A word or phrase that specifies the relationship of one word (usually a noun or pronoun) to another. The relationship is usually spatial or temporal.

a la escuela
to school

cerca de la biblioteca
near the library

con él
with him

antes de la medianoche
before midnight

PRETERITE (*PRETÉRITO*) In Spanish, a verb tense that expresses a past action with a specific beginning and ending.

Salí para Roma el jueves.
I left for Rome on Thursday.

PRONOUN A word that refers to a person (I, you) or that is used in place of one or more nouns.

Demonstrative pronoun A pronoun that singles out a particular person, place, thing, or idea.

Aquí están dos libros. **Este** es interesante, pero **ese** es aburrido.

*Here are two books. **This one** is interesting, but **that one** is boring.*

Interrogative pronoun A pronoun used to ask a question.

¿**Quién** es él?
Who is he?

¿**Qué** prefieres?
What do you prefer?

Object pronoun   A pronoun that replaces a direct object noun or an indirect object noun. Both direct and indirect object pronouns can be used together in the same sentence.

Si **me** llamas más tarde, **te** doy el número de teléfono de David.
*If you call **me** later, I'll give **you** David's phone number.*

Veo a **Alejandro. Lo** veo.
*I see **Alejandro**. I see **him**.*

However, when the pronouns **le** or **les** are used with **lo, la, los,** or **las, le** or **les** change to **se.**

Le doy **el libro** a Juana.
*I give the book **to Juana**.*

Se lo doy (a ella).
*I give **it** to **her**.*

Reflexive pronoun   A pronoun that represents the same person as the subject of the verb.

Me miro en el espejo.
*I look at **myself** in the mirror.*

Relative pronoun   A pronoun that introduces a dependent clause and denotes a noun already mentioned.

El hombre con **quien** hablaba era mi vecino.
*The man with **whom** I was talking was my neighbor.*

Aquí está el bolígrafo **que** buscas.
*Here is the pen (**that**) you're looking for.*

Subject pronoun   A pronoun representing the person, place, thing, or idea performing the action of a verb.

Lucas y Julia juegan al tenis.
***Lucas and Julia** are playing tennis.*

Ellos juegan al tenis.
***They** are playing tennis.*

SUBJECT   The word(s) denoting the person, place, thing, or idea performing an action or existing in a state.

Sara trabaja aquí.
***Sara** works here.*

¡**Buenos Aires** es una ciudad magnífica!
***Buenos Aires** is a great city!*

Mis **libros** y mi **computadora** están allí.
*My **books** and my **computer** are over there.*

SUBJUNCTIVE   *See* Mood.

SUPERLATIVE   The form of adjectives or adverbs used to compare three or more nouns or actions. In English, the superlative is marked by *most, least,* or *-est.*

Escogí **el** vestido **más caro.**
*I chose **the most expensive** dress.*

Ana es **la** persona **menos habladora** que conozco.
*Ana is **the least talkative** person I know.*

TENSE   The form of a verb indicating time: present, past, or future.

Raúl **era, es** y siempre **será** mi mejor amigo.
*Raúl **was, is**, and always **will be** my best friend.*

VERB   A word that reports an action or state.

Maribel **llegó.**
*Maribel **arrived**.*

La niña **estaba** cansada.
*The child **was** tired.*

Auxiliary verb   A verb in conjuction with a participle to convey distinctions of tense and mood. In Spanish, one auxiliary verb is **haber.**

Han viajado por todas partes del mundo.
*They **have** traveled everywhere in the world.*

Reflexive verb   A verb whose subject and object are the same.

Juan **se corta** la cara cuando **se afeita.**
*Juan **cuts himself** when he **shaves** (**himself**).*

Using Adjectives as Nouns

Nominalization means using an adjective as a noun. In Spanish, adjectives can be nominalized in a number of ways, all of which involve dropping the noun that accompanies the adjective, then using the adjective in combination with an article or other word. One kind of adjective, the demonstrative, can simply be used alone. In most cases, these usages parallel those of English, although the English equivalent may be phrased differently from the Spanish.

Article + Adjective

Simply omit the noun from an *article + noun + adjective* phrase.

> el **libro** azul → **el azul** (*the blue one*)
> la **hermana** casada → **la casada** (*the married one*)
> el **señor** mexicano → **el mexicano** (*the Mexican one*)
> los **pantalones** baratos → **los baratos** (*the inexpensive ones*)

You can also drop the first noun in an *article + noun + de + noun* phrase.

> la **casa** de Julio → **la de Julio** (*Julio's*)
> los **coches** del Sr. Martínez → **los del Sr. Martínez** (*Mr. Martínez's*)

In both cases, the construction is used to refer to a noun that has already been mentioned. The English equivalent uses *one* or *ones*, or a possessive without the noun.

> — ¿Necesitas el **libro** grande?
> — No. Necesito **el pequeño.**
> *Do you need the big book?*
> *No. I need the small one.*

> — ¿Usamos el **coche** de Ernesto?
> — No. Usemos **el de Ana.**
> *Shall we use Ernesto's car?*
> *No. Let's use Ana's.*

Note that in the preceding examples the noun is mentioned in the first part of the exchange (**libro, coche**) but not in the response or rejoinder.

Note also that a demonstrative can be used to nominalize an adjective: **este rojo** (*this red one*), **esos azules** (*those blue ones*).

Lo + Adjective

As seen in **Capítulo 10, lo** combines with the masculine singular form of an adjective to describe general qualities or characteristics. The English equivalent is expressed with words like *part* or *thing*.

lo mejor	*the best thing (part), what's best*
lo mismo	*the same thing*
lo cómico	*the funny thing (part), what's funny*

Article + Stressed Possessive Adjective

The stressed possessive adjectives — but not the unstressed possessives — can be used as possessive pronouns: **la maleta suya → la suya.** The article and the possessive form agree in gender and number with the noun to which they refer.

> Este es mi **banco.** ¿Dónde está el **suyo**?
> *This is my bank. Where is yours?*

> Sus **bebidas** están preparadas; las **nuestras,** no.
> *Their drinks are ready; ours aren't.*

> No es la **maleta** de Juan; es la **mía.**
> *It isn't Juan's suitcase; it's mine.*

Note that the definite article is frequently omitted after forms of **ser: ¿Esa maleta? Es suya.**

Demonstrative Pronouns

The demonstrative adjective can be used alone, without a noun. An accent mark can be added to the demonstrative pronoun (**éste, ése, aquél**) to distinguish it from the demonstrative adjectives.

> Necesito este diccionario y **ese (ése).**
> *I need this dictionary and that one.*

> Estas señoras y **aquellas (aquéllas)** son las hermanas de Sara, ¿no?
> *These women and those (over there) are Sara's sisters, aren't they?*

It is acceptable in modern Spanish, per the **Real Academia Española,** to omit the accent on demonstrative pronouns when context makes the meaning clear and no ambiguity is possible.

Additional Perfect Forms (Indicative and Subjunctive)

Some indicative verb tenses have corresponding perfect forms in the indicative and subjunctive moods. Here is the present tense system.

el presente:	yo hablo, como, pongo
el presente perfecto:	yo he hablado, comido, puesto
el presente perfecto de subjuntivo:	yo haya hablado, comido, puesto

Other indicative forms that you have learned also have corresponding perfect indicative and subjunctive forms. Here are the most important ones, along with examples of their use. In each case, the tense or mood is formed with the appropriate form of **haber.**

El pluscuamperfecto de subjuntivo

yo:	hubiera hablado, comido, vivido, *and so on.*
tú:	hubieras hablado, comido, vivido, *and so on.*
Ud./él/ella:	hubiera hablado, comido, vivido, *and so on.*
nosotros:	hubiéramos hablado, comido, vivido, *and so on.*
vosotros:	hubierais hablado, comido, vivido, *and so on.*
Uds./ellos/ellas:	hubieran hablado, comido, vivido, *and so on.*

These forms correspond to **el presente perfecto de indicativo** (**Capítulo 14**). These forms are most frequently used in **si** clause sentences, along with the conditional perfect. See examples in the second column.

El futuro perfecto

yo:	habré hablado, comido, vivido, *and so on.*
tú:	habrás hablado, comido, vivido, *and so on.*
Ud./él/ella:	habrá hablado, comido, vivido, *and so on.*
nosotros:	habremos hablado, comido, vivido, *and so on.*
vosotros:	habréis hablado, comido, vivido, *and so on.*
Uds./ellos/ellas:	habrán hablado, comido, vivido, *and so on.*

These forms correspond to **el futuro** (**Capítulo 16**) and are most frequently used to tell what *will have already happened* at some point in the future. (In contrast, the future is used to tell what *will happen.*)

Mañana **hablaré** con Miguel.
I'll speak with Miguel tomorrow.

Para las tres, ya **habré hablado** con Miguel.
By 3:00, I'll already have spoken to Miguel.

El año que viene **visitaremos** a los nietos.
We'll visit our grandchildren next year.

Para las Navidades, ya **habremos visitado** a los nietos.
We'll already have visited our grandchildren by Christmas.

El condicional perfecto

yo:	habría hablado, comido, vivido, *and so on.*
tú:	habrías hablado, comido, vivido, *and so on.*
Ud./él/ella:	habría hablado, comido, vivido, *and so on.*
nosotros:	habríamos hablado, comido, vivido, *and so on.*
vosotros:	habríais hablado, comido, vivido, *and so on.*
Uds./ellos/ellas:	habrían hablado, comido, vivido, *and so on.*

These forms correspond to **el condicional** (**Capítulo 18**). These forms are frequently used to tell what *would have happened* at some point in the past. (In contrast, the conditional tells what one *would do.*)

Yo **hablaría** con Miguel.
I would speak with Miguel (if I were you, at some point in the future).

Yo **habría hablado** con Miguel.
I would have spoken with Miguel (if I had been you, at some point in the past).

Si Clause: Sentences About the Past

You have learned (**Capítulo 18**) to use the past subjunctive and conditional to speculate about the present in **si** clause sentences: what *would happen* if a particular event *were* (or *were not*) to occur.

Si **tuviera** el tiempo, **aprendería** francés.
If I had the time, I would learn French.

The perfect forms of the past subjunctive and the conditional are used to speculate about the past: what *would have happened* if a particular event *had* (or *had not*) occurred.

En la escuela superior, si **hubiera tenido** el tiempo, **habría aprendido** francés.
In high school, if I had had the time, I would have learned French.

VERBS

A. Regular Verbs: Simple Tenses

Infinitive Present Participle Past Participle	INDICATIVE					SUBJUNCTIVE		IMPERATIVE
	Present	Imperfect	Preterite	Future	Conditional	Present	Imperfect	
hablar hablando hablado	hablo hablas habla hablamos habláis hablan	hablaba hablabas hablaba hablábamos hablabais hablaban	hablé hablaste habló hablamos hablasteis hablaron	hablaré hablarás hablará hablaremos hablaréis hablarán	hablaría hablarías hablaría hablaríamos hablaríais hablarían	hable hables hable hablemos habléis hablen	hablara hablaras hablara habláramos hablarais hablaran	habla tú, no hables hable Ud. hablemos hablen
comer comiendo comido	como comes come comemos coméis comen	comía comías comía comíamos comíais comían	comí comiste comió comimos comisteis comieron	comeré comerás comerá comeremos comeréis comerán	comería comerías comería comeríamos comeríais comerían	coma comas coma comamos comáis coman	comiera comieras comiera comiéramos comierais comieran	come tú, no comas coma Ud. comamos coman
vivir viviendo vivido	vivo vives vive vivimos vivís viven	vivía vivías vivía vivíamos vivíais vivían	viví viviste vivió vivimos vivisteis vivieron	viviré vivirás vivirá viviremos viviréis vivirán	viviría vivirías viviría viviríamos viviríais vivirían	viva vivas viva vivamos viváis vivan	viviera vivieras viviera viviéramos vivierais vivieran	vive tú, no vivas viva Ud. vivamos vivan

B. Regular Verbs: Perfect Tenses

INDICATIVE					SUBJUNCTIVE	
Present Perfect	Past Perfect	Preterite Perfect	Future Perfect	Conditional Perfect	Present Perfect	Past Perfect
he	había	hube	habré	habría	haya	hubiera
has	habías	hubiste	habrás	habrías	hayas	hubieras
ha + hablado comido vivido	había + hablado comido vivido	hubo + hablado comido vivido	habrá + hablado comido vivido	habría + hablado comido vivido	haya + hablado comido vivido	hubiera + hablado comido vivido
hemos	habíamos	hubimos	habremos	habríamos	hayamos	hubiéramos
habéis	habíais	hubisteis	habréis	habríais	hayáis	hubierais
han	habían	hubieron	habrán	habrían	hayan	hubieran

C. Irregular Verbs

Infinitive / Present Participle / Past Participle	INDICATIVE					SUBJUNCTIVE		IMPERATIVE
	Present	Imperfect	Preterite	Future	Conditional	Present	Imperfect	
andar andando andado	ando andas anda andamos andáis andan	andaba andabas andaba andábamos andabais andaban	anduve anduviste anduvo anduvimos anduvisteis anduvieron	andaré andarás andará andaremos andaréis andarán	andaría andarías andaría andaríamos andaríais andarían	ande andes ande andemos andéis anden	anduviera anduvieras anduviera anduviéramos anduvierais anduvieran	anda tú, no andes ande Ud. andemos anden
caber cabiendo cabido	quepo cabes cabe cabemos cabéis caben	cabía cabías cabía cabíamos cabíais cabían	cupe cupiste cupo cupimos cupisteis cupieron	cabré cabrás cabrá cabremos cabréis cabrán	cabría cabrías cabría cabríamos cabríais cabrían	quepa quepas quepa quepamos quepáis quepan	cupiera cupieras cupiera cupiéramos cupierais cupieran	cabe tú, no quepas quepa Ud. quepamos quepan
caer cayendo caído	caigo caes cae caemos caéis caen	caía caías caía caíamos caíais caían	caí caiste cayó caímos caisteis cayeron	caeré caerás caerá caeremos caeréis caerán	caería caerías caería caeríamos caeríais caerían	caiga caigas caiga caigamos caigáis caigan	cayera cayeras cayera cayéramos cayerais cayeran	cae tú, no caigas caiga Ud. caigamos caigan

Infinitive Present Participle Past Participle	INDICATIVE Present	Imperfect	Preterite	Future	Conditional	SUBJUNCTIVE Present	Imperfect	IMPERATIVE
creer creyendo creído	creo crees cree creemos creéis creen	creía creías creía creíamos creíais creían	creí creíste creyó creímos creísteis creyeron	creeré creerás creerá creeremos creeréis creerán	creería creerías creería creeríamos creeríais creerían	crea creas crea creamos creáis crean	creyera creyeras creyera creyéramos creyerais creyeran	cree tú, no creas crea Ud. creamos crean
dar dando dado	doy das da damos dais dan	daba dabas daba dábamos dabais daban	di diste dio dimos disteis dieron	daré darás dará daremos daréis darán	daría darías daría daríamos daríais darían	dé des dé demos deis den	diera dieras diera diéramos dierais dieran	da tú, no des dé Ud. demos den
decir diciendo dicho	digo dices dice decimos decís dicen	decía decías decía decíamos decíais decían	dije dijiste dijo dijimos dijisteis dijeron	diré dirás dirá diremos diréis dirán	diría dirías diría diríamos diríais dirían	diga digas diga digamos digáis digan	dijera dijeras dijera dijéramos dijerais dijeran	di tú, no digas diga Ud. digamos digan
estar estando estado	estoy estás está estamos estáis están	estaba estabas estaba estábamos estabais estaban	estuve estuviste estuvo estuvimos estuvisteis estuvieron	estaré estarás estará estaremos estaréis estarán	estaría estarías estaría estaríamos estaríais estarían	esté estés esté estemos estéis estén	estuviera estuvieras estuviera estuviéramos estuvierais estuviera	está tú, no estés esté Ud. estemos estén
haber habiendo habido	he has ha hemos habéis han	había habías había habíamos habíais habían	hube hubiste hubo hubimos hubisteis hubieron	habré habrás habrá habremos habréis habrán	habría habrías habría habríamos habríais habrían	haya hayas haya hayamos hayáis hayan	hubiera hubieras hubiera hubiéramos hubierais hubieran	

C. Irregular Verbs (continued)

Infinitive / Present Participle / Past Participle	INDICATIVE Present	Imperfect	Preterite	Future	Conditional	SUBJUNCTIVE Present	Imperfect	IMPERATIVE
hacer / haciendo / hecho	hago / haces / hace / hacemos / hacéis / hacen	hacía / hacías / hacía / hacíamos / hacíais / hacían	hice / hiciste / hizo / hicimos / hicisteis / hicieron	haré / harás / hará / haremos / haréis / harán	haría / harías / haría / haríamos / haríais / harían	haga / hagas / haga / hagamos / hagáis / hagan	hiciera / hicieras / hiciera / hiciéramos / hicierais / hicieran	haz tú, no hagas / haga Ud. / hagamos / hagan
ir / yendo / ido	voy / vas / va / vamos / vais / van	iba / ibas / iba / íbamos / ibais / iban	fui / fuiste / fue / fuimos / fuisteis / fueron	iré / irás / irá / iremos / iréis / irán	iría / irías / iría / iríamos / iríais / irían	vaya / vayas / vaya / vayamos / vayáis / vayan	fuera / fueras / fuera / fuéramos / fuerais / fueran	ve tú, no vayas / vaya Ud. / vayamos / vayan
oír / oyendo / oído	oigo / oyes / oye / oímos / oís / oyen	oía / oías / oía / oíamos / oíais / oían	oí / oíste / oyó / oímos / oísteis / oyeron	oiré / oirás / oirá / oiremos / oiréis / oirán	oiría / oirías / oiría / oiríamos / oiríais / oirían	oiga / oigas / oiga / oigamos / oigáis / oigan	oyera / oyeras / oyera / oyéramos / oyerais / oyeran	oye tú, no oigas / oiga Ud. / oigamos / oigan
poder / pudiendo / podido	puedo / puedes / puede / podemos / podéis / pueden	podía / podías / podía / podíamos / podíais / podían	pude / pudiste / pudo / pudimos / pudisteis / pudieron	podré / podrás / podrá / podremos / podréis / podrán	podría / podrías / podría / podríamos / podríais / podrían	pueda / puedas / pueda / podamos / podáis / puedan	pudiera / pudieras / pudiera / pudiéramos / pudierais / pudieran	
poner / poniendo / puesto	pongo / pones / pone / ponemos / ponéis / ponen	ponía / ponías / ponía / poníamos / poníais / ponían	puse / pusiste / puso / pusimos / pusisteis / pusieron	pondré / pondrás / pondrá / pondremos / pondréis / pondrán	pondría / pondrías / pondría / pondríamos / pondríais / pondrían	ponga / pongas / ponga / pongamos / pongáis / pongan	pusiera / pusieras / pusiera / pusiéramos / pusierais / pusieran	pon tú, no pongas / ponga Ud. / pongamos / pongan

C. Irregular Verbs (*continued*)

Infinitive / Present Participle / Past Participle	INDICATIVE						SUBJUNCTIVE		IMPERATIVE
	Present	Imperfect	Preterite	Future	Conditional		Present	Imperfect	
querer queriendo querido	quiero quieres quiere queremos queréis quieren	quería querías quería queríamos queríais querían	quise quisiste quiso quisimos quisisteis quisieron	querré querrás querrá querremos querréis querrán	querría querrías querría querríamos querríais querrían		quiera quieras quiera queramos queráis quieran	quisiera quisieras quisiera quisiéramos quisierais quisieran	quiere tú, no quieras quiera Ud. queramos quieran
saber sabiendo sabido	sé sabes sabe sabemos sabéis saben	sabía sabías sabía sabíamos sabíais sabían	supe supiste supo supimos supisteis supieron	sabré sabrás sabrá sabremos sabréis sabrán	sabría sabrías sabría sabríamos sabríais sabrían		sepa sepas sepa sepamos sepáis sepan	supiera supieras supiera supiéramos supierais supieran	sabe tú, no sepas sepa Ud. sepamos sepan
salir saliendo salido	salgo sales sale salimos salís salen	salía salías salía salíamos salíais salían	salí saliste salió salimos salisteis salieron	saldré saldrás saldrá saldremos saldréis saldrán	saldría saldrías saldría saldríamos saldríais saldrían		salga salgas salga salgamos salgáis salgan	saliera salieras saliera saliéramos salierais salieran	sal tú, no salgas salga Ud. salgamos salgan
ser siendo sido	soy eres es somos sois son	era eras era éramos erais eran	fui fuiste fue fuimos fuisteis fueron	seré serás será seremos seréis serán	sería serías sería seríamos seríais serían		sea seas sea seamos seáis sean	fuera fueras fuera fuéramos fuerais fueran	sé tú, no seas sea Ud. seamos sean
tener teniendo tenido	tengo tienes tiene tenemos tenéis tienen	tenía tenías tenía teníamos teníais tenían	tuve tuviste tuvo tuvimos tuvisteis tuvieron	tendré tendrás tendrá tendremos tendréis tendrán	tendría tendrías tendría tendríamos tendríais tendrían		tenga tengas tenga tengamos tengáis tengan	tuviera tuvieras tuviera tuviéramos tuvierais tuvieran	ten tú, no tengas tenga Ud. tengamos tengan

C. Irregular Verbs (continued)

Infinitive Present Participle Past Participle	INDICATIVE					SUBJUNCTIVE		IMPERATIVE
	Present	Imperfect	Preterite	Future	Conditional	Present	Imperfect	
traer trayendo traído	traigo traes trae traemos traéis traen	traía traías traía traíamos traíais traían	traje trajiste trajo trajimos trajisteis trajeron	traeré traerás traerá traeremos traeréis traerán	traería traerías traería traeríamos traeríais traerían	traiga traigas traiga traigamos traigáis traigan	trajera trajeras trajera trajéramos trajerais trajeran	trae tú, no traigas traiga Ud. traigamos traigan
venir viniendo venido	vengo vienes viene venimos venís vienen	venía venías venía veníamos veníais venían	vine viniste vino vinimos vinisteis vinieron	vendré vendrás vendrá vendremos vendréis vendrán	vendría vendrías vendría vendríamos vendríais vendrían	venga vengas venga vengamos vengáis vengan	viniera vinieras viniera viniéramos vinierais vinieran	ven tú, no vengas venga Ud. vengamos vengan
ver viendo visto	veo ves ve vemos veis ven	veía veías veía veíamos veíais veían	vi viste vio vimos visteis vieron	veré verás verá veremos veréis verán	vería verías vería veríamos veríais verían	vea veas vea veamos veáis vean	viera vieras viera viéramos vierais vieran	ve tú, no veas vea Ud. veamos vean

D. Stem-Changing and Spelling Change Verbs

Infinitive Present Participle Past Participle	INDICATIVE					SUBJUNCTIVE		IMPERATIVE
	Present	Imperfect	Preterite	Future	Conditional	Present	Imperfect	
pensar (pienso) pensando pensado	pienso piensas piensa pensamos pensáis piensan	pensaba pensabas pensaba pensábamos pensabais pensaban	pensé pensaste pensó pensamos pensasteis pensaron	pensaré pensarás pensará pensaremos pensaréis pensarán	pensaría pensarías pensaría pensaríamos pensaríais pensarían	piense pienses piense pensemos penséis piensen	pensara pensaras pensara pensáramos pensarais pensaran	piensa tú, no pienses piense Ud. pensemos piensen

Infinitive Present Participle Past Participle	INDICATIVE					SUBJUNCTIVE		IMPERATIVE
	Present	Imperfect	Preterite	Future	Conditional	Present	Imperfect	
volver (vuelvo) volviendo vuelto	vuelvo vuelves vuelve volvemos volvéis vuelven	volvía volvías volvía volvíamos volvíais volvían	volví volviste volvió volvimos volvisteis volvieron	volveré volverás volverá volveremos volveréis volverán	volvería volverías volvería volveríamos volveríais volverían	vuelva vuelvas vuelva volvamos volváis vuelvan	volviera volvieras volviera volviéramos volvierais volvieran	vuelve tú, no vuelvas vuelva Ud. volvamos vuelvan
dormir (duermo) (u) durmiendo dormido	duermo duermes duerme dormimos dormís duermen	dormía dormías dormía dormíamos dormíais dormían	dormí dormiste durmió dormimos dormisteis durmieron	dormiré dormirás dormirá dormiremos dormiréis dormirán	dormiría dormirías dormiría dormiríamos dormiríais dormirían	duerma duermas duerma durmamos durmáis duerman	durmiera durmieras durmiera durmiéramos durmierais durmieran	duerme tú, no duermas duerma Ud. durmamos duerman
sentir (siento) (i) sintiendo sentido	siento sientes siente sentimos sentís sienten	sentía sentías sentía sentíamos sentíais sentían	sentí sentiste sintió sentimos sentisteis sintieron	sentiré sentirás sentirá sentiremos sentiréis sentirán	sentiría sentirías sentiría sentiríamos sentiríais sentirían	sienta sientas sienta sintamos sintáis sientan	sintiera sintieras sintiera sintiéramos sintierais sintieran	siente tú, no sientas sienta Ud. sintamos sientan
pedir (pido) (i) pidiendo pedido	pido pides pide pedimos pedís piden	pedía pedías pedía pedíamos pedíais pedían	pedí pediste pidió pedimos pedisteis pidieron	pediré pedirás pedirá pediremos pediréis pedirán	pediría pedirías pediría pediríamos pediríais pedirían	pida pidas pida pidamos pidáis pidan	pidiera pidieras pidiera pidiéramos pidierais pidieran	pide tú, no pidas pida Ud. pidamos pidan
reír (río) (i) riendo reído	río ríes ríe reímos reís ríen	reía reías reía reíamos reíais reían	reí reíste rio reímos reísteis rieron	reiré reirás reirá reiremos reiréis reirán	reiría reirías reiría reiríamos reiríais reirían	ría rías ría riamos riáis rían	riera rieras riera riéramos rierais rieran	ríe tú, no rías ría Ud. riamos rían

D. Stem-Changing and Spelling Change Verbs (*continued*)

Infinitive Present Participle Past Participle	INDICATIVE					SUBJUNCTIVE		IMPERATIVE
	Present	Imperfect	Preterite	Future	Conditional	Present	Imperfect	
seguir (sigo) (i) siguiendo seguido	sigo sigues sigue seguimos seguís siguen	seguía seguías seguía seguíamos seguíais seguían	seguí seguiste siguió seguimos seguisteis siguieron	seguiré seguirás seguirá seguiremos seguiréis seguirán	seguiría seguirías seguiría seguiríamos seguiríais seguirían	siga sigas siga sigamos sigáis sigan	siguiera siguieras siguiera siguiéramos siguierais siguieran	sigue tú, no sigas siga Ud. sigamos sigan
construir construyendo construido	construyo construyes construye construimos construís construyen	construía construías construía construíamos construíais construían	construí construiste construyó construimos construisteis construyeron	construiré construirás construirá construiremos construiréis construirán	construiría construirías construiría construiríamos construiríais construirían	construya construyas construya construyamos construyáis construyan	construyera construyeras construyera construyéramos construyerais construyeran	construye tú, no construyas construya Ud. construyamos construyan
conducir conduciendo conducido	conduzco conduces conduce conducimos conducís conducen	conducía conducías conducía conducíamos conducíais conducían	conduje condujiste condujo condujimos condujisteis condujeron	conduciré conducirás conducirá conduciremos conduciréis conducirán	conduciría conducirías conduciría conduciríamos conduciríais conducirían	conduzca conduzcas conduzca conduzcamos conduzcáis conduzcan	condujera condujeras condujera condujéramos condujerais condujeran	conduce tú, no conduzcas conduzca Ud. conduzcamos conduzcan

VOCABULARIES

This **Spanish-English Vocabulary** contains all the words that appear in the text, with the following exceptions: (1) most close or identical cognates that do not appear in the chapter vocabulary lists; (2) most conjugated verb forms; (3) diminutives ending in **-ito/a;** (4) absolute superlatives in **-ísimo/a;** and (5) most adverbs ending in **-mente.** Active vocabulary is indicated by the number of the chapter in which a word or given meaning is first listed (**AT = Ante todo**); vocabulary that is glossed in the text is not considered to be active vocabulary and is not numbered. Only meanings that are used in the text are given. The **English-Spanish Vocabulary** is based on the chapter lists of active vocabulary.

The gender of nouns is indicated, except for masculine nouns ending in **-o** and feminine nouns ending in **-a.** Because **ch** and **ll** are no longer considered separate letters, words beginning with **ch** and **ll** are found as they would be found in English. The letter **ñ** follows the letter **n: añadir** follows **anuncio,** for example.

There is a new coding system for verbs in this edition of *Puntos.* Irregular verbs found in the verb charts of Appendix 4 are set all in color: **andar.** Verbs with stem changes or spelling changes in the *present tense* show the **yo** form of the present tense in parentheses with the stem-vowel or spelling changes indicated in color: **sentarse (me siento); conocer (conozco); escoger (escojo); actuar (actúo).** Verbs with stem changes in the third person *preterite* and the *present participle* show the stem vowel (**i** or **u**) in parentheses after the present tense **yo** form: **preferir (prefiero) (i); morirse (me muero) (u).** Verbs with any other spelling changes in the *preterite* show the change in parentheses: **buscar (qu); pagar (gu); empezar (empiezo) (c); averiguar (ü).**

The following abbreviations are used:

adj.	adjective	*interj.*	interjection
adv.	adverb	*inv.*	invariable form
Arg.	Argentina	*L.A.*	Latin America
Bol.	Bolivia	*m.*	masculine
C.A.	Central America	*Mex.*	Mexico
Carib.	Caribbean	*n.*	noun
Ch.	Chile	*obj. (of prep.)*	object (of a preposition)
coll.	colloquial	*pl.*	plural
conj.	conjunction	*poss.*	possessive
def. art.	definite article	*p.p.*	past participle
d.o.	direct object	*prep.*	preposition
f.	feminine	*pron.*	pronoun
fam.	familiar	*refl. pron.*	reflexive pronoun
form.	formal	*s.*	singular
gram.	grammatical term	*sl.*	slang
Guat.	Guatemala	*Sp.*	Spain
ind. art.	indefinite article	*sub. pron.*	subject pronoun
inf.	infinitive	*Uru.*	Uruguay
i.o.	indirect object		

Spanish–English Vocabulary

A

a to (AT); at (*with time*) (AT); to the (3); **a base de** based on; **a casa** (with **regresar**) home (1); **a causa de** because of; **a continuación** following, below; **a dieta** (with **estar**) on a diet (6); **a la derecha de** to the right of (5); **a la izquierda de** to the left of (5); **a la(s)... at** . . . (*time of day*) (AT); **a la vez** at the same time; **a lo largo de** along; throughout; **a menos que** *conj.* unless (15); **a menudo** *adv.* often; **a partir de** as of; from (*this moment, date*) on; **a plazos** in installments (16); **a primera vista** at first sight (15); **¿a qué hora?** at what time?

(AT); **a tiempo** on time (7); **a toda velocidad** at full speed; **a través de** across; through; throughout; **a veces** sometimes, at times (2)

abacería grocery store

abajo below, underneath; **echar abajo** to pull down

abalanzarse (c) (sobre) to pounce (on)

abandonar to abandon; to leave

abanicar (qu) to fan

abeja bee

abierto/a (*p.p.* of **abrir**) open(ed) (5)

abogado/a lawyer (16)

abolicionista *n. m., f.* abolitionist

abolir to abolish

abrazarse (c) to embrace, hug (10)

abrazo embrace, hug; **dar(se) un abrazo** to give (each other) a hug

abreviar to abbreviate

abrigo coat (3)

abril *m.* April (5)

abrir (*p.p.* **abierto**) to open (2)

absoluto/a absolute; **en absoluto** at all

abstracto/a abstract

absurdo/a absurd (13); **es absurdo que...** it's absurd that . . . (13)

abuelo/a grandfather/grandmother (2); *pl.* grandparents (2)

abundante abundant

aburrido/a bored (5); **ser aburrido/a** to be boring (9)

aburrir to bore (13); **aburrirse** to get bored (9)

abuso abuse

acabar to finish; to run out of; to use up completely (11); **acabar de** + *inf.* to have just (*done something*) (6); **acabar por** + *inf.* to end up (*doing something*)

academia academy

académico/a *adj.* academic

acaso: por si acaso just in case

acceso access

accidentalmente accidentally

acción *f.* action; **Día** (*m.*) **de Acción de Gracias** Thanksgiving

acecho/a: estar acecho/a to be lying in wait; to watch, be on the lookout

aceite *m.* oil (6); **aceite de oliva/canola** olive/canola oil; **revisar el aceite** to check the oil (14)

acelerado/a fast, accelerated (14)

acelerar to accelerate, speed up

acento accent

acentuado/a accentuated

aceptar to accept

acera sidewalk (14)

acerca de *prep.* about, concerning

acercarse (qu) (a) to come near (to); to become more familiar (with)

acertar (acierto) to ascertain

aclarar to clarify

acomodarse (a) to adapt oneself (to)

acompañar to accompany; to go with

acondicionado/a: aire (*m.*) **acondicionado** air conditioning

aconsejable advisable

aconsejar to advise

acontecimiento event, happening (17)

acorazado/a armored, steel-plated

acordarse (me acuerdo) (de) to remember (11)

acordeón *m.* accordion

acorralado/a corralled; frightened

acortarse to become, get shorter

acostarse (me acuesto) to go to bed (4)

acostumbrarse (a) to become accustomed (to), get used (to)

acre *m.* acre

acreditado/a accredited

acrílico acrylic

acrópolis *f.* acropolis

actitud *f.* attitude

actividad *f.* activity

activo/a active

actor *m.* actor (13)

actriz *f.* (*pl.* **actrices**) actress (13)

actual *adj.* current, present-day

actualidad *f.* present time

actualmente currently, in the present day

actuar (actúo) to act

acuario aquarium; **Acuario** Aquarius

acuático/a: deportes (*m. pl.*) **acuáticos** water sports

acueducto aqueduct

acuerdo agreement; **de acuerdo** agreed; **de acuerdo con** in accordance with; **(no) estoy de acuerdo** I (don't) agree (2)

adaptar to adapt; **adaptarse (a)** to adapt oneself (to)

adecuado/a appropriate

adelante forward; **de ahora en adelante** from now on

adelgazar (c) to lose weight

además *adv.* moreover; **además de** *prep.* besides

adicional additional (AT)

adiós good-bye (AT)

adivinar to guess

administración *f.* administration (1); **administración de empresas** business administration (1)

admirar to admire

admitir to admit

adoctrinamiento indoctrination

adolescencia adolescence (15)

adolescente *n. m., f.* adolescent

¿adónde? where (to)? (3)

adoptar to adopt

adoquinado/a cobblestoned

adornar to decorate

adorno decoration

adosado/a: casa adosada townhouse

aduana customs (18); **inspector(a) de aduana** customs agent (18)

adulto/a adult

adverbio adverb

aeróbico/a: hacer ejercicios aeróbicos to do aerobics (10)

aerolínea airline

aeropuerto airport (7)

afectar to affect

afectivo/a emotional (8); **estado afectivo** emotional state (8)

afectuoso/a affectionate

afeitarse to shave oneself (4)

afición *f.* pastime, fun activity, hobby (9)

aficionado/a fan (9); **ser aficionado/a (a)** to be a fan (of) (9)

afirmación *f.* statement

afirmar to affirm, state

afirmativo/a affirmative

afortunadamente fortunately

africano/a *n., adj.* African

afuera *adv.* outside, outdoors (5)

afueras *n. pl.* outskirts (12); suburbs (12)

agencia agency (7); **agencia de compra-ventas (de coches)** used car dealership; **agencia de viajes** travel agency (7)

agenda agenda; date book; **agenda digital/electrónica** electronic agenda, PDA

agente *m., f.* agent (7); **agente de viajes** travel agent (7)

ágil agile

agilizar (c) to make more flexible; to speed up

agobiado/a overwhelmed

agosto August (5)

agotador(a) exhausting

agotar to use up

agradecer (agradezco) to thank; to be grateful

agradecido/a grateful

agregar (gu) to add

agresividad *f.* aggressiveness

agresivo/a aggressive

agrícola *adj. m., f.* agricultural

agricultor(a) farmer (14)

agricultura agriculture

agroturismo agrotourism

agua *f.* (*but* **el agua**) water (6); **agua dulce** fresh water; **agua mineral** mineral water (6); **agua potable** drinkable water; **agua salada** salt water; **huevo pasado por agua** poached egg; **se le hace agua la boca** it makes your mouth water

aguacate *m.* avocado

aguar (ü) to spoil (*a party*)

agujero small hole; piercing

ahí there

ahogar(se) (gu) to drown

ahora now (1); **ahora mismo** right now (5); at once; **de ahora en adelante** from now on

ahorrar to save (*money*) (16)

ahorros: cuenta de ahorros savings account (16)

aire *m.* air (14); **aire acondicionado** air conditioning; **aire puro** clean air; **al aire libre** outdoors; **contaminación** (*f.*) **del aire** air pollution

aislamiento isolation

ajedrez *m.* chess (9); **jugar (juego) (gu) al ajedrez** to play chess (9)

al (*contraction of* **a** + **el**) to the (3); **al** + *inf.* upon, while, when + *verb form*; **al aire libre** outdoors; **al alcance** within reach; **al contrario** on the contrary; **al día siguiente** the next day; **al fondo** in the background; **al lado de** *prep.* alongside of (5); beside; next to; **al principio de** at the beginning of (16); **al revés** backward

alarma alarm

alberca swimming pool (*Mex.*)

albergue *m.* shelter, refuge

alcance *m.* reach; **al alcance** within reach

alcanzar (c) to reach; to achieve

alce *m.* elk; moose

alcoba bedroom (4)

alcohol *m.* alcohol

alcohólico/a *adj.* alcoholic

alegrarse (de) to be happy (about) (12)

alegre happy (5)

alemán *m.* German (*language*) (1)

alemán, alemana *n., adj.* German (2)

Alemania Germany

alergeno allergen

alergia allergy; **tener alergia a** to be allergic to

alérgico/a: ser alérgico/a a to be allergic to

alertar to alert

alerto/a: ojo alerta eagle eye

alfabetizado/a alphabetized

alfombra rug (4)

alfombrado/a carpeted

algo something, anything (3)

algodón *m.* cotton (3); **es de algodón** it's made of cotton (3)

alguien someone, anyone (6); **caerle bien/mal a alguien** to make a good/bad impression on someone

algún, alguno/a some, any (6); **algún día** some day; **algún lugar** some place; **alguna vez** once; ever

alianza alliance

alimento food

aliviar to alleviate

allá over there (3); **más allá** further, farther; **más allá de** beyond

allí there (3)

alma *f.* (*but* **el alma**) soul

almacén *m.* department store (3)

almacenamiento storage

almacenar to store, save (12)

almohada pillow (18)

almorzar (almuerzo) (c) to have lunch (4)

almuerzo lunch (6)

alojamiento lodging (18)

alojarse to stay (*in a place*) (18)

Alpes *m. pl.* Alps

alpinismo mountain climbing; **practicar (qu) el alpinismo** to mountain climb

alpinista *m., f.* mountain climber

alquilar to rent (12)

alquiler *m.* rent (12)

altar *m.* altar

alternado/a alternate, alternating

alternativa alternative

alto/a tall (2); high; **alto colesterol** high cholesterol; **en voz alta** aloud; **más alto** louder

altura altitude

alza: en alza upward

ama *f.* (*but* **el ama**) **de casa** housekeeper (16)

amable kind (2); nice (2)

amado/a *adj.* beloved

amanecer (amanezco) to wake up

amar to love (15)

amarillo/a yellow (3)

Amazonas *m. s.* Amazon (River); **Selva Amazonas** Amazon Jungle

Amazonia Amazon (Basin)

amazónico/a *adj.* Amazonian; **Selva Amazónica** Amazon Jungle

ambicioso/a ambitious

ambiental environmental

ambiente *m.* atmosphere, environment; **medio ambiente** environment (*nature*) (14)

ambos/as both

amenazador(a) threatening

América Central Central America

americano/a American; **fútbol** (*m.*) **americano** football; **jugar (juego) (gu) al fútbol americano** to play football

amigo/a friend (1); **encontrarse (me encuentro) con amigos** to get together with friends

amistad *f.* friendship (15)

amistoso/a friendly (15)

amoblar (amueblo) to furnish

amor *m.* love (15)

ampliar to widen, broaden

amplio/a wide, broad

amueblado/a furnished

amurallado/a walled

análisis *m. inv.* analysis

analista *m., f.* analyst (16); **analista de sistemas** systems analyst (16)

analizar (c) to analyze

anaranjado/a orange (3)

ancho/a wide; **de ancho** in width

anciano/a *n.* old person; *adj.* old; ancient

andar to walk; **andar en bicicleta** to ride a bicycle

andino/a *adj.* Andean

anémico/a anemic

anfibio amphibian

anfiteatro amphitheater

anfitrión, anfitriona host(ess) (8)

anglohablante *m., f.* English-speaker

anglosajón, anglosajona *adj.* Anglo Saxon

ángulo angle

anillo ring

animado/a lively; animated; **dibujos animados** cartoons

animal *m.* animal (14); **animal doméstico** pet (14); domesticated animal (14); **animal salvaje** wild animal (14)

animarse to cheer, brighten up; **anímate** cheer up

ánimo: dar ánimo to cheer up; **estado de ánimo** state of mind

aniversario anniversary

anoche *adv.* last night (10)

ansiedad *f.* anxiety, worry, nervousness

ante *prep.* before; in front of; **ante todo** above all; first of all

anteayer *adv.* the day before yesterday (10)

antecedente *m.* antecedent

antemano: de antemano beforehand

anterior previous, preceding

antes *adv.* before; **antes de** *prep.* before (4); **antes (de) que** *conj.* before (15)

antibiótico antibiotic (10)

anticipación: con anticipación in advance; ahead of time (18); **de anticipación** ahead

anticipar to anticipate

anticuado/a antiquated, old-fashioned

antigüedad *f.* antiquity; advanced age

antiguo/a old; ancient; former

antihistamínico antihistamine

antillano/a: Islas Antillanas Antilles Islands

antipático/a unpleasant (2)

antología anthology

antónimo antonym

antropología anthropology

antropólogo/a anthropologist

anudado/a knotted

anunciar to announce (7)

anuncio announcement; advertisement; **anuncios clasificados** classified ads

añadir to add

año year (5); **al año** yearly, per year; **cada año** every year; **cumplir años** to have a birthday; **de los últimos años** in recent years; **el año entrante** next year; **el año pasado** last year; **el año que viene** next year; **el próximo año** next year; **Feliz Año Nuevo** Happy New Year; **por año** yearly, per year; **tener... años** to be . . . years old (2); **los años**

sesenta, ochenta, etcétera the sixties, eighties, *and so on;* **todo el año** all year

apagar (gu) to turn off (*lights, appliance*) (11); **apagar las luces** to turn out the lights; **apagarse** to go out (*lights*)

Apalaches: Montes (*m. pl.*) **Apalaches** Appalachian Mountains

aparato appliance (9); **aparato doméstico** home appliance (9); **aparato electrónico** electronic device

aparcamiento parking lot

aparcar (qu) to park

apartamento apartment (1); **edificio de apartamentos** apartment building (12)

apartar to set aside; to separate

aparte *adv.* apart, separately

apellido surname

apenas hardly

apilado/a piled up

apio celery

aplazado/a: pagar (gu) aplazado/a to pay in installments

aplicación *f.* application

apoyo support; help

apreciado/a appreciated

aprender to learn (2); **aprender a** + *inf.* to learn how to (*do something*) (2)

aprendizaje *m.* learning

apretado/a tight

apropiación *f.* appropriation

apropiado/a appropriate

aprovechar de to take advantage of

aproximadamente approximately

apuntar to write down

apuntes *m. pl.* notes (*academic*) (11)

aquel, aquella *adj.* that (*over there*) (3); *pron.* that one (*over there*)

aquello that, that thing (*over there*) (3)

aquellos/as *adj.* those (*over there*) (3); *pron.* those ones (*over there*)

aquí here (1)

árabe *m.* Arabic (*language*); *n. m., f.* Arab

árbol *m.* tree (14); **árbol de Navidad** Christmas tree

archipiélago archipelago

archivo (*computer*) file (12)

arco arch

ardilla squirrel

área *f.* (*but* **el área**) area

arena sand

arete *m.* earring (3)

argentino/a *n., adj.* Argentine

argumento argument; plot (*of a play, novel*)

árido/a arid, dry

aristocrático/a aristocratic

arma *f.* (*but* **el arma**) weapon

armario closet (4)

arpa *f.* (*but* **el arpa**) harp

arpista *m., f.* harpist

arqueológico/a archeological

arqueólogo/a archeologist

arquitecto/a architect (13)

arquitectura architecture (13)

arrancar (qu) to start up (*a car*) (14)

arreglar to fix (14); to repair

arroba @ ["at" sign]

arrogante arrogant

arroz *m.* rice (6)

arte *f.* (*but* **el arte**) art (1); **los artes** the arts (13); **bellas artes** fine arts; **obra de arte** work of art (13)

artesanía arts and crafts (13)

artesano/a artisan

artículo article; **artículo definido** *gram.* definite article

artificial: fuegos artificiales fireworks

artista *m., f.* artist (13)

artístico/a artistic

arvejas peas (6)

asado/a roast[ed] (6); **lechón** (*m.*) **asado** roast suckling pig; **pollo asado** roast chicken (6)

asalto attack, assault

asamblea assembly

ascendencia ancestry, descent

ascensor *m.* elevator

asegurado/a insured

asegurar to assure

asesinar murder

asesinato murder; assassination (17)

asesoramiento advice

así thus, so; **así como** as well as; **así que** therefore, consequently, so

asiático/a *adj.* Asian

asiento seat (7); **asiento de ventanilla** window seat

asignar(se) to assign (oneself)

asimilarse to assimilate

asistencia assistance; care

asistente *m., f.* assistant (7); **asistente de vuelo** flight attendant (7); **asistente social** social worker

asistir (a) to attend, go to (*a class, function*) (2)

asma *f.* (*but* **el asma**) asthma

asociación *f.* association

asociado/a: estado libre asociado commonwealth

asociar to associate

aspecto aspect; appearance

áspero/a rough

aspiradora vacuum cleaner (9); **pasar la aspiradora** to vacuum (9)

aspirante *m., f.* candidate, applicant (16)

aspirina aspirin

astronauta *m., f.* astronaut (16)

astronomía astronomy

asumir to assume

asunto question, matter

atacar (qu) to attack

atado/a tied up

ataque *m.* **(terrorista)** (terrorist) attack (17)

atención *f.* attention

atender (atiendo) to attend to; to serve

atento/a attentive

Atlántico: (océano) Atlántico Atlantic (Ocean)

atleta *m., f.* athlete

atlético/a athletic

atmósfera atmosphere

atono/a *gram.* unstressed

atracción *f.* attraction

atractivo/a attractive

atraer (*like* **traer**) to attract (13)

atrapar to trap

atrás *adv.* back, backward; behind; **de atrás** backwards

atrasado/a: estar atrasado/a to be late (7)

atrevido/a daring

atropello accident; running over

atroz (*pl.* **atroces**) atrocious, brutal

atún *m.* tuna (6)

audiencia audience

auditorio auditorium

aula *f.* (*but,* **el aula**) classroom

aumentar to increase

aumento increase; raise (12); **aumento de sueldo** raise (*in salary*)

aun *adv.* even

aún *adv.* still, yet

aunque although

auriculares *m. pl.* headphones

auscultar to listen (*with a stethoscope*)

ausente absent

auténtico/a authentic

autobús *m.* bus (7); **estación** (*f.*) **de autobuses** bus station (7) **ir en autobús** to go/travel by bus (7); **parada del autobús** bus stop (18)

autoestima self-esteem

automático/a automatic; **cajero automático** ATM (16); **contestador** (*m.*) **automático** answering machine; **tarjeta de cobro automático** debit card

automóvil *m.* automobile

automovilístico/a *adj.* automobile

autonomía autonomy

autónomo/a autonomous

autopista freeway (14)

autoprueba self-test

autor(a) author

autoridad *f.* authority

autorretrato self-portrait

autostop: hacer autostop to hitchhike

avanzar (c) to advance

avenida avenue (12)

aventura adventure

aventurado/a adventurous

aventurero/a adventurous

aventurismo adventure tourism

aventurista *m., f.* adventure tourist

avergonzado/a embarrassed (8)

averiguar (ü) to find out

avestruz *m.* (*pl.* **avestruces**) ostrich

avión *m.*   airplane (7); **billete** (*m.*) **de avión** plane ticket; **ir en avión** to go/travel by plane (7); **volar (vuelo) en avión** to fly, go by plane (7)

avisar   to warn

¡ay! *interj.*   ah!; ouch!

ayer   yesterday (4); **ayer fue (miércoles)** yesterday was (Wednesday) (4)

ayuda *n.*   help (6)

ayudar   to help (6)

azteca *n., adj. m., f.*   Aztec

azúcar *m.*   sugar (6)

azucarado/a   sweetened; containing sugar

azul   blue (3)

B

baba   saliva; **se le cae la baba** he/she is drooling

bachiller *m.*   Bachelor's degree

bahía   bay

bailar   to dance (1)

bailarín, bailarina   dancer (13)

baile *m.*   dance (13); **baile de salón** ballroom dance; **salón** (*m.*) **de baile** ballroom

bajado/a   lowered

bajar   to lower; **bajarse de** to get down, from, off (7)

bajo *prep.*   under

bajo/a *adj.*   low; short (*in height*) (2); **clase** (*f.*) **baja** lower class; **hablar en voz baja** to speak softly; **planta baja** ground floor (12)

balcón *m.*   balcony

baldío/a   uncultivated; waste (*land*)

Baleares: Islas Baleares   Balearic Islands

ballena   whale (14)

ballet *m.*   ballet (13)

balneario   thermal spa

baloncesto   basketball (*Sp.*)

bamba   *folkloric dance of Veracruz, Mexico*

banana   banana (6)

bancario/a *adj.*   bank; **tarjeta bancaria** debit card

banco   bank (16)

bandoneón *m.*   large concertina

bantú *n., adj. m., f.*   Bantu

bañar   to bathe; **bañarse** to take a bath (4)

bañera   bathtub (4)

baño   bathroom (4); **habitación** (*f.*) **con/sin baño** room with(out) bath (18); **traje** (*m.*) **de baño** bathing suit (3)

bar *m.*   bar (9); **ir a un bar** to go to a bar (9)

barato/a   inexpensive (3)

barbacoa   barbecue (6)

barbaridad *f.*: **¡qué barbaridad!** how awful!

barbarie *f.*   barbarity, savagery

barbería   barber's shop

barbero/a   barber

barco   boat, ship (7); **ir en barco** to go/travel by boat, ship (7)

barra   bar; railing

barrer (el piso)   to sweep (the floor) (9)

barrera   barrier

barrio   neighborhood (12)

barroco/a   Baroque

basar   to base; to support (*an opinion*); **basarse en** to base one's ideas, opinions on

base *f.*   base, foundation; basis; **a base de** based on

básico/a   basic

basílica   basilica

basquetbol *m.*   basketball (9); **jugar (juego) (gu) al basquetbol** to play basketball

bastante   rather, sufficiently (15); enough (15)

bastar   to be enough, sufficient; to suffice

basura   trash, garbage (9); **sacar (qu) la basura** to take out the garbage (9)

basurero   trashcan

bata   robe

batalla   battle

batería   battery (14); drum set

batido   milkshake (18)

bautizo   baptism

beber   to drink (2)

bebida   drink (4); beverage

beca   scholarship

béisbol *m.*   baseball (9); **jugar (juego) (gu) al béisbol** to play baseball

beisbolista *m., f.*   baseball player

Belén   Bethlehem

Bélgica   Belgium

bello/a   beautiful (14); **Bella Durmiente** Sleeping Beauty; **bellas artes** *f. pl.* fine arts

beneficiarse (de)   to benefit (from)

beneficio   benefit

besar(se)   to kiss (each other) (10)

beso   kiss

biblioteca   library (1)

bibliotecario/a   librarian (1)

bicicleta (de montaña)   (mountain) bike (12); **andar/montar en bicicleta** to ride a bicycle; **pasear en bicicleta** to ride a bicycle (9)

biculturalismo   biculturalism

bien *adv.*   well (AT); **bien pagado** well-paid (16); **caerle bien a alguien** to make a good impression on someone; **estar bien** to be comfortable (*temperature*) (5); **llevarse bien (con)** to get along well (with) (15); **(muy) bien** fine, (very) well (AT); **pasarlo bien** to have a good time (8); **salir bien** to turn, come out well (4)

bienestar *m.*   well-being (10)

bilingüe   bilingual

bilingüismo   bilingualism

billete   bill (*money*) (16); ticket (*Sp.*) (7); **billete de ida/vuelta** one-way/round-trip ticket (7)

billón *m.*   billion

biodiversidad *f.*   biodiversity

biografía   biography

biología   biology

biológicamente   biologically

biólogo/a   biologist

biosfera   biosphere

bisonte *m.*   bison

bistec *m.*   steak (6)

blanco/a   white (3); **espacio en blanco** blank space; **vino blanco** white wine (6)

blando/a   bland

blindado/a   armor-plated

blog *m.*   blog (17)

blusa   blouse (3)

boca   mouth (10); **se le hace agua la boca** it makes your mouth water

bocina   horn (14); **tocar (qu) la bocina** to honk (14)

boda   wedding (15)

bodega   grocery store (*Carib.*)

bolero   love song

boleto   ticket (*L.A.*) (7); **boleto de ida/vuelta** one-way/round-trip ticket (7)

bolígrafo   pen (1)

boliviano/a *n., adj. m., f.*   Bolivian

bolsa   purse (3)

bolsillo   pocket

bolso   purse

bomba   bomb (17)

bombardear   to bomb

bombardeo   bombing

bonito/a   pretty (2)

bono   voucher

bordado/a   embroidered

boricua   *n. adj. inv.* Puerto Rican

bosque *m.*   forest (14); **bosque lluvioso** rain forest; **bosque primario** old-growth forest

bota   boot (3)

botana   appetizer (8)

botella   bottle

botica   pharmacy

botones *m. inv.*   bellhop (18)

boutique *f.*   boutique

Brasil   Brazil

brasileño/a *n., adj.*   Brazilian

bravo/a   fierce; brave

bravura   ferocity; bravery

brazo   arm (11)

breve   brief

brillante   brilliant, bright

brillantez *f.*   brilliance, brightness

británico/a *adj.*   British

broche *m.*   brooch; clasp

bromear   to joke

bronce *m.*   bronze

bronquial   bronchial

brote *m.* bud, shoot
bruja witch
brujo warlock; magician
bucear to scuba dive; to snorkel
buen, bueno/a *adj.* good (2); **bueno...** well ... (2); **buenas noches** good evening, night (AT); **buenas tardes** good afternoon (AT); **buenos días** good morning (AT); **es bueno que...** it's good that ...; **hace (muy) buen tiempo** it's (very) good weather (5); **lo bueno** the good thing (10); **sacar (qu) buenas notas** to get good grades (11); **tener buena suerte** to have good luck (11)
bulevar *m.* boulevard
bullicioso/a boisterous
buque *m.* ship, boat; **buque petrolero** oil tanker
busca: en busca de in search of
buscar (qu) to look for (1)
búsqueda search

C

caballero knight; gentleman
caballo horse; **montar a caballo** to ride a horse (9)
cabaña cabin
caber to fit
cabeza head (10); **dolerle (me duele) la cabeza** to have a headache (10); **dolor** (*m.*) **de cabeza** headache
cabina cabin (*on a ship*) (7)
caciqu, cacica chief
cada *inv.* each, every (4); **cada vez más** increasingly
cadena channel (*television*); chain
caer to fall; **caerse** to fall down (11); **caer de la sartén al fuego** to go from the frying pan to the fire; **caerle bien/mal a alguien** to make a good/bad impression on someone; **se le cae la baba** he/she is drooling
café *m.* café (18); coffee (1); **(de) color café** brown (3); **granos de café** coffee beans
cafeína caffeine
cafetera coffeemaker (9)
cafetería cafeteria (1)
caída fall; **caída libre** free fall
caimán *m.* alligator
caja box; register; cashier window (16)
cajero/a cashier (16); **cajero automático** ATM (16)
cajón *m.* drawer
calabaza gourd
calcetines *m. pl.* socks (3)
calcheño/a *of or pertaining to a Bolivian indigenous group from Potosí*
calculadora calculator (1)
calcular to calculate; **máquina de calcular** calculator
cálculo calculus
caldera crater

calefacción *f.* heating (12)
calendario calendar (11)
calentar (caliento) to heat
calidad *f.* quality
calidez *f.* warmth
cálido/a hot
caliente hot (*temperature*) (6)
calificación *f.* grade
calipso *Caribbean music of African origin*
calle *f.* street (12)
callejero/a *adj.* street
calma calm
calor *m.* heat; **hace (mucho) calor** it's (very) hot (5); **tener (mucho) calor** to be (very) warm, hot (5)
caloría calorie
caluroso/a warm
calzonudo/a timid
cama bed (4); **guardar cama** to stay in bed (10); **hacer la cama** to make the bed (9)
cámara (de vídeo/digital) (video/digital) camera (12)
camarero/a waiter, waitress (6)
camarones *m. pl.* shrimp (6)
cambiar (de) to change (12); **cambiar de canal** to change channels (12)
cambio change; **en cambio** on the other hand, on the contrary
camello camel
caminante *m., f.* traveler, walker
caminar to walk (9)
caminata walk; **dar/hacer una caminata** to take a walk
camino way; road, street
camioneta station wagon (7); van
camisa shirt (3)
camiseta T-shirt (3)
campamento campground
campana bell
campanario bell tower
campaña campaign; **tienda de campaña** tent (7)
campeonato championship
campesino/a farm worker, peasant (14)
camping *m.* campground (7); **hacer camping** to go camping (7)
campo field (14); countryside (12); **campo de fútbol** soccer field
campus *m. inv.* (university) campus (12)
Canadá Canada; **Día** (*m.*) **del Canadá** Canada Day
canadiense *n., adj. m., f.* Canadian
canal *m.* canal; channel (12); **cambiar de canal** to change channels (12)
cancelar to cancel
cáncer *m.* cancer
canción *f.* song (13)
candidato/a candidate (17); **postularse a un cargo como candidato** to run for office as a candidate (17)

candombe *m.* *Uruguayan drum music of African origins*
canola: aceite (*m.*) **de canola** canola oil
cansado/a tired (5)
cansancio fatigue, weariness
cansarse to get tired (10)
cantante *m., f.* singer (13)
cantar to sing (1)
cántaro pitcher, jug; **está lloviendo a cántaros** it's raining heavily
cantidad *f.* quantity
cantinero/a bartender
cañón *m.* cannon
capa layer (14); cape; **capa de ozono** ozone layer (14)
capacidad *f.* ability
capacitación *f.* training
capacitado/a trained
capaz (*pl.* **capaces**) capable, able
Caperucita Roja Little Red Ridinghood
capital *f.* capital (city) (5)
caprichoso/a capricious
Capricornio Capricorn
capullo bud
cara face; **plantar cara a** to confront
caracola large shell
característica *n.* characteristic
caracterizar (c) to characterize
cardar to comb, card (*wool*)
cardinal: punto cardinal cardinal direction (5)
cargar (gu) to carry; to load (*a weapon*)
cargo position; post (17); **estar a cargo (de)** to be in control (of) (17); **postularse a un cargo como candidato** to run for office as a candidate (17)
Caribe *m.* Caribbean; **mar** (*m.*) **Caribe** Caribbean Sea
caribeño/a *n., adj.* Caribbean
cariño affection
cariñoso/a affectionate (5)
Carnaval *m.* Carnival
carne *f.* meat (6)
carnet (*m.*) **de conducir/manejar** driver's license
caro/a expensive (3)
carpintero/a carpenter
carrera career; major (*academic*)
carreta cart
carretera highway (14)
carro (descapotable) (convertible) car (12)
carta letter (2); *pl.* cards (9); **carta de recomendación** letter of recommendation; **jugar (juego) (gu) a las cartas** to play cards; **papel** (*m.*) **para cartas** stationery (18)
cartel *m.* poster
cartera wallet (3); handbag (3)
cartón *m.* cardboard
cartucho cartridge
casa house (2); **casa particular** private home; **en casa** at home (1); **limpiar la**

casa (entera) to clean the (entire) house (9); **regresar a casa** to go home (1)

casado/a married (2); **recién casado/a (con)** newlywed (to) (15)

casamiento wedding

casarse (con) to get married to (15)

cascanueces *m. inv.* nutcracker

casero/a *adj.* home

casi almost (2); **casi nunca** almost never (2)

caso case; **en caso de que** *conj.* in case (15)

castaño/a brown

castellano Spanish (language) (*Sp.*)

castigar (gu) to punish

castillo castle

catálogo catalog

catarata waterfall

catarro cold (*health condition*); **catarro nasal** head cold

catastrófico/a catastrophic

catedral *f.* cathedral

categoría category

católico/a *n., adj.* Catholic

catorce fourteen (AT)

causa cause; **a causa de** because of

causante causing, originating

causar to cause

cazador(a) hunter

cazar (c) to hunt

CD *m.* CD (12)

CD-ROM *m.* CD-ROM (12)

cebolla onion

celebración *f.* celebration

celebrar to celebrate (5)

célula cell

celular: teléfono celular cell phone (12)

cementerio cemetery

cena dinner, supper (6)

cenar to have (eat) dinner, supper (6)

Cenicienta Cinderella

ceniza ash

censura censorship

centígrado Celsius

central central; **América Central** Central America

céntrico/a central

centro center; downtown (3); **centro comercial** shopping mall (3)

Centroamérica Central America

centroamericano/a *n., adj.* Central American

cepillarse los dientes to brush one's teeth (4)

cerámica pottery (13)

cerca *adv.* near, nearby, close; **cerca de** *prep.* close to (5); **de cerca** up close

cercanía closeness, proximity

cercano/a *adj.* close, near

cerdo pork (6); **chuleta de cerdo** pork chop (6)

cereal *m.* cereal (6)

cerebro brain (10)

cerilla match

cero zero (AT)

cerrado/a closed (5)

cerradura lock

cerrajería locksmith's shop

cerrar (cierro) to close (4)

cerro hill

certeza certainty

certificado/a certified

cervantino/a pertaining to (Miguel) Cervantes

cerveza beer

cesina salted aged beef

césped *m.* lawn, grass

ceviche *m.* *raw fish dish*

champán *m.* champagne

champiñones *m. pl.* mushrooms

champú *m.* shampoo (18)

chanclas flip-flops (3)

chaqueta jacket (3)

charango *stringed instrument*

charlar to chat

chele blond (*C.A.*)

cheque *m.* check (16); **cheque de viajero** traveler's check; **cobrar un cheque** (16) to cash a check; **talonario de cheques** checkbook (*Sp.*)

chequeo checkup (10)

chequera checkbook

chévere cool; **¡qué chévere!** cool!

chico/a boy, girl

chileno/a *n., adj.* Chilean

chimpancé *m.* chimpanzee

chino Chinese (*language*)

chino/a *n., adj.* Chinese

chirimía oboe

chirriar to screech

chirrido squawk, screech

chisme *m.* gossip

chiste *m.* joke (7)

chistoso/a funny

chocar (qu) con/contra to run into, bump against (11)

chocolate *m.* chocolate; hot chocolate

chofer *m., f.* driver

chola *indigenous woman of Bolivia*

choque *m.* collision (17); **choque de trenes** train wreck

chubasco rain shower

chuleta (de cerdo) (pork) chop (6)

cibercafé *m.* cybercafé

ciclismo bicycling (9)

ciclo cycle

ciclón *m.* cyclone

ciego/a blind

cielo sky; heaven

cien, ciento one hundred (2); **por ciento** percent

ciencia science (1); **ciencia ficción** science fiction (1); **ciencias naturales** natural sciences (1); **ciencias políticas**

political science (1); **ciencias sociales** social sciences (1)

científico/a scientist

cierto/a true; certain (13); **en cierta medida** in some measure, to some degree; **es cierto que...** it's true that . . . (13)

ciervo deer; stag

cigarrillo cigarette

cilantro cilantro, fresh coriander

cima peak

cinco five (AT)

cincuenta fifty (2)

cine *m.* movies (4); movie theater (4)

cineasta *m., f.* film director

cinta tape (12)

cinturón *m.* belt (3)

circulación *f.* traffic (14)

circular to circulate

círculo circle

circunstancia circumstance

ciruelo plum tree

cisne *m.* swan

cita date (6); appointment (10)

citado/a quoted; summoned; **estar citado/a con** to have an appointment with

ciudad *f.* city (2)

ciudadanía citizenship

ciudadano/a citizen (17)

cívico/a civic (17)

civil civil; **estado civil** marital status

civilización *f.* civilization

claro/a clear

clase *f.* class (*of students*) (1); class, course (*academic*) (1); **clase baja** lower class; **clase particular** private class; **clase turística** tourist class (7); **compañero/a de clase** classmate (1); **primera clase** first class (7); **sala de clase** classroom; **salón** (*m.*) **de clase** classroom (1)

clásico/a classic(al) (13)

clasificado/a classified; **anuncios clasificados** classified ads

clasificar (qu) to classify

claustrofobia claustrophobia

cláusula *gram.* clause

clavadista *m., f.* diver

claxon *m.* horn; **tocar (qu) el claxon** to honk

cliente/a client (1)

clima *m.* climate (5)

climático/a climatic

climatología climatology

clínica clinic

clínico/a clinical

club *m.* club

cobrar to charge; to cash (*a check*) (16); to charge (*someone for an item or service*) (16); **cobrar un cheque** to cash a check (16)

cobro: tarjeta de cobro automático debit card

coche *m.* car (2); **agencia de compra-**

ventas de coches used car dealership; **coche de lujo** luxury car; **coche deportivo** sports car; **coche descapotable** convertible car

cochera garage; carport
cocina kitchen (4); cuisine (6)
cocinar to cook (6)
cocinero/a cook (16); chef (16)
coco coconut
cocodrilo crocodile
cocotero coconut palm
código code
cognado cognate
coincidencia coincidence
coincidir to coincide
cola line (*of people*) (7); **hacer cola** to stand in line (7)
colección *f.* collection
coleccionar to collect
colega *m., f.* colleague
colesterol *m.* cholesterol
colgar (cuelgo) (gu) to hang
collar *m.* necklace
colmar to fill up, fill to the brim
colocar (qu) to place
colombiano/a *n., adj.* Colombian
colonia colony
colonizador(a) colonizer
colonizar (c) to colonize
colono/a settler
color *m.* color (3); **color kaki** khaki; **(de) color café** brown (3); **de color violeta** violet; **¿de qué color es?** what color is it?
colorear to color
colorido/a colorful
columna column
combatir to fight, combat
combinación *f.* combination
combinar to combine
comedia comedy (13)
comediante *m., f.* comedian
comedor *m.* dining room (4)
comentar to comment on; to discuss
comentario comment
comenzar (comienzo) (c) to begin; **comenzar a** + *inf.* to begin + *inf.*
comer to eat (2); **comer comidas sanas** to eat healthy food
comercial: centro comercial shopping mall (3)
comercio business, commerce
comestibles *m. pl.* foodstuff, groceries (6)
cómico/a *n.* comedian; *adj.* funny
comida food (6); meal (6); **comida rápida** fast food; **comer comidas sanas** to eat healthy food
como like, as; **así como** as well as; **tal como** just as; **tan... como** as . . . as (5); **tan pronto como** as soon as; **tanto como** as much as (5); **tanto/a(s)... como** as much/many . . . as (5)

¿cómo? how?; what? (AT); **¿cómo es usted?** what are you (*form. s.*) like? (AT); **¿cómo está(s)?** how are you? (AT); **¿cómo se llama usted?** what is your (*form. s.*) name? (AT); **¿cómo se llega a... ?** how do you get to . . . ? (14); **¿cómo te llamas?** what is your (*fam. s.*) name? (AT)
cómoda bureau (4); dresser (4)
cómodo/a comfortable (3)
compacto: disco compacto compact disc (CD) (12)
compañero/a companion; friend; **compañero/a de clase** classmate (1); **compañero/a de cuarto** roommate (1); **compañero de trabajo** co-worker; **compañero/a de viaje** traveling companion
compañía company
comparación *f.* comparison; **en comparación con** in comparison with
comparar to compare
compartir to share (16)
compatibilizar (c) to make compatible
competencia competition
competición *f.* competition
complacer (complazco) to please
complejo/a complex
complemento directo *gram.* direct object; **complemento indirecto** *gram.* indirect object
completar to complete, finish
completo/a complete; full, no vacancy (18); **de tiempo completo** full-time (16); **pensión** (*f.*) **completa** room and full board (18); **por completo** completely; **trabajo de tiempo completo** full-time work (11)
complicado/a complicated
componer (*like* **poner**) (*p.p.* **compuesto**) to compose
composición *f.* composition
compositor(a) composer (13)
compra: hacer la compra to go shopping
comprar to buy (1)
compras: de compras shopping (3); **ir de compras** to go shopping (3)
compra-ventas: agencia de compra-ventas de coches used car dealership
comprender to understand (2)
comprensión *f.* understanding; comprehension
comprensivo/a understanding
comprimido/a compressed
compromiso commitment
compuesto/a (*p.p. of* **componer**) composed
computación *f.* computer science (1)
computadora computer (1); **computadora portátil** laptop; **disco de computadora** computer disc (12); **escribir a computadora** to key in (type) (16)

común common, usual, ordinary; **tener en común** to have in common
comunicación *f.* communication; *pl.* **medios de comunicación** mass media (17)
comunicarse (qu) (con) to communicate (with) (17)
comunicativo/a communicative; **nota comunicativa** note about communication
comunidad *f.* community (12)
comunión *f.* communion; **primera comunión** first communion
comunitario/a *adj.* community
con with (1); **con anticipación** in advance; ahead of time (18); **con cheque** with a / by check (16) **con cuidado** carefully; **con frecuencia** frequently (1); **con permiso** excuse me (AT); **¿con qué frecuencia?** how often, frequently? (2); **con rapidez** quickly; **con relación a** regarding; **con respecto a** with regard to, with respect to (15); **con (tal) de que** provided (that) (15)
concedido/a conceded; granted
concentración *f.* concentration
concentrarse to concentrate
concepto concept
concertar (concierto) to arrange; to agree upon
concesionario/a concessionary
conciencia conscience, moral awareness
concierto concert (9); **ir a un concierto** to go to a concert (9)
concluir (*like* **construir**) to conclude
conclusión *f.* conclusion
concordar (concuerdo) (con) to agree (with); to reconcile
concurrir to concur
concurso contest
condición *f.* condition
condicional *m. gram.* conditional
conducir to drive (14); **licencia de conducir** driver's license (14); **carnet** (*m.*) **de conducir** driver's license
conductor(a) driver (14)
conectarse (a) to connect (to)
conexión *f.* connection
conferencia lecture
confiabilidad *f.* reliability
confianza trust
confiar (confío) to trust
configurado/a configured
confirmación *f.* confirmation
confirmar to confirm (18)
confitería sweetshop
conflicto conflict
confundido/a confused
congelado/a frozen (5); very cold (5)
congelador *m.* freezer (9)
conjugar (gu) *gram.* to conjugate
conjunción *f. gram.* conjunction

conjunto   group
conmemorarse   to commemorate
conmigo   with me (5)
conocer (conozco)   to know, be acquainted with (6); conocerse to meet (15)
conocido/a   known, famous
conocimiento   knowledge
conquistador(a)   conqueror
conquistar   to conquer
consciente   conscious, aware
conscripto   draftee
consecuencia   consequence
conseguir   (like seguir) to get, obtain (8); conseguir + inf. to succeed in (doing something) (8)
consejero/a   advisor (1)
consejo   (piece of) advice (6); dar consejos to give advice
conservación f.   conservation
conservar   to save, conserve (14); conservar energía to conserve energy
considerar   to consider
consigo   with themselves
consistir en   to consist of
consolidarse   to consolidate
constante adj.   constant
constitución f.   constitution
constitucional   constitutional
constituir   (like construir) to constitute
construcción f.   construction
construir   to build, construct (14)
cónsul m.   consul
consulta   consultation
consultar   to consult
consultorio   (medical) office (10)
consumidor(a)   consumer
consumir   to consume
contable m., f.   accountant
contacto   contact; lentes (m. pl.) de contacto contact lenses (10); mantenerse (like tener) en contacto to stay in touch; ponerse en contacto con to get in touch with
contado: pagar (gu) al contado   to pay in cash
contador(a)   accountant (16)
contaminación f. (de aire)   (air) pollution; hay (mucha) contaminación there's a lot of) pollution (5)
contaminante m.   pollutant
contaminar   to pollute (14)
contar (cuento)   to tell, narrate (7); contar con to count on
contemplar   to contemplate
contener   (like tener) to contain
contento/a   content, happy (5)
contestador (m.) automático   answering machine (12)
contestar   to answer (6)
contexto   context
contigo   with you (fam., s.) (5)
continente m.   continent

continuación f.   continuation; a continuación following, below
continuamente   continually
continuar (continúo)   to continue (5)
continuidad f.   continuity
contorno   perimeter
contra   against; chocar (qu) con/contra to run into, bump against (11); darse contra to run into, bump against
contrabando   contraband
contraer (like traer) matrimonio   to get married
contrario/a   opposite; al contrario on the contrary; lo contrario the opposite
contraste m.   contrast
contratar   to hire
contrato   contract
contribución f.   contribution
contribuir (like construir)   to contribute
control m.   control; control remoto remote control (12); pasar por el control de seguridad to go through security (check) (7)
controlar   to control
convencer (convenzo)   to convince
conveniente   convenient
conversación f.   conversation
conversar   to converse
convertir (convierto) (i)   to change, convert; convertirse en to turn into
convivencia   living together, cohabitation
convivir   to live together
cónyuge m., f.   spouse
cooperativo/a   cooperative
copa   glass; drink (alcoholic) (18); Copa Mundial World Cup; tomar una copa to have a drink
copia   copy; hacer copia to copy (12)
copiar   to copy (12); to cheat
coraje m.   courage
corazón m.   heart (10)
corbata   necktie (3)
cordillera   mountain range
Corea   Korea
coro   choir
corona   wreath
correcto/a   correct
correo   mail (18); correo electrónico e-mail (12); oficina de correos post office (18)
correr   to run; to jog (9)
corresponder   to correspond
correspondiente m., f.   correspondent
corrida   run; corrida de toros bullfight
corriente: cuenta corriente   checking account (16); estar al corriente to be up to date
cortar   to cut
corte m.   cut; corte (m.) de pelo haircut; f. court (of law)
cortés m., f.   courteous, polite
cortesía   courtesy

cortina   curtain
corto/a   short (in length) (2); pantalones (m. pl.) cortos shorts
cosa   thing (4)
cosecha   harvest
cosechar   to harvest
cosmopolita adj. m., f.   cosmopolitan
costa   coast
costar (cuesto)   to cost; ¿cuánto cuesta(n)? how much does it (do they) cost? (3)
costarricense n., adj. m., f.   Costa Rican
costero/a   coastal
costilla   rib
costo   cost
costumbre f.   custom
cotidiano/a   everyday, daily
cráter m.   crater
creación f.   creation
creador(a)   creator
crear   to create (13)
creatividad f.   creativity
creativo/a   creative
crecer (crezco)   to grow (15)
creciente   growing
crecimiento   growth
crédito   credit; tarjeta de crédito credit card (6)
creencia   belief
creer (en)   to think; to believe (in) (2)
crema   cream
Creta   Crete
criada   maid (18)
criatura   child
crimen m.   crime
cristianismo   Christianity
cristiano/a   Christian
crítico/a n.   critic; adj. critical
crucero   cruise (ship) (7)
crudo   crude (oil)
cruz f.   (pl. cruces) cross; Día (m.) de la Cruz Day of the Cross
cruzar (c)   to cross (18); cruzar la frontera to cross the border (18)
cuaderno   notebook (1)
cuadra   (city) block
cuadrado/a   squared
cuadro   painting (13); de cuadros plaid (3)
¿cuál(es)?   what? (1); which? (1); ¿cuál es la fecha de hoy? what is today's date? (5)
cualidad f.   quality
cualquier adj.   any
cualquiera pron.   anyone; either
cuán adv.   however much
cuando   when; de vez en cuando once in a while
¿cuándo?   when? (1)
cuanto: en cuanto conj.   as soon as (16); en cuanto a regarding
¿cuánto/a?   how much? (1); ¿cuánto cuesta(n)? how much does it (do they)

cost? (3); **¿cuánto es?** how much is it? (3); **¿cuánto tiempo hace que... ?** how long has it been since . . . ?

¿cuántos/as? how many? (1); **¿a cuántos estamos?** what's today's date?

cuarenta forty (2)

cuarto *n.* room (1); one-fourth; quarter (of an hour); **compañero/a de cuarto** roommate (1); **menos cuarto** a quarter to (*hour*) (AT); **servicio de cuartos** room service (18); **y cuarto** a quarter after (*hour*) (AT)

cuarto/a *adj.* fourth (13)

cuatro four (AT)

cuatrocientos/as four hundred (3)

cubano/a *n., adj.* Cuban

cubanoamericano/a *n., adj.* Cuban American

cubierto/a (*p.p. of* **cubrir**) covered

cubiertos *pl.* cutlery

cubo cube

cubrir (*p.p.* **cubierto**) to cover (14)

cucaracha cockroach

cuchara spoon

cucharada spoonful

cuenta account; check, bill (6); **cuenta corriente** checking account (16); **cuenta de ahorros** savings account (16); **estado de cuentas** bank statement; **tomar en cuenta** to take into account

cuento story

cuerda cord; string

cuero leather (3); **es de cuero** it's (made of) leather (3)

cuerpo body (10)

cuervo crow

cuestión *f.* question, issue (16)

cueva cave

cuidado care; *interj.* careful!; **con cuidado** carefully; **tener cuidado** to be careful

cuidarse to take care of oneself (10)

culinario/a culinary

cultivación *f.* cultivation, raising (*of crops*)

cultivar to cultivate

cultivo cultivation, raising (*of crops*)

culto cult

cultura culture

cumbia *Colombian folk dance now popular throughout Latin America*

cumpleaños *m. inv.* birthday (5); **feliz cumpleaños** happy birthday; **tarjeta de cumpleaños** birthday card; **pastel** (*m.*) **de cumpleaños** birthday cake (8); **tarta de cumpleaños** birthday cake

cumplir años to have a birthday (8)

cuñado/a brother-in-law, sister-in-law

cupo quota, share

cura priest

curandero/a healer

curar to cure

curioso/a curious

currículum *m.* résumé (16)

cursar to study (*at a university*)

cursiva: letra cursiva italics

curso course

curva curve

cuyo/a whose

D

dama lady

danza dance (13); **danza güegüense** *traditional dance of Nicaragua*

daño harm; **hacerse daño en** to hurt one's (*body part*) (11)

dar to give (7); **dar ánimo** to cheer up; **dar(se) un abrazo** to give (each other) a hug; **dar un paseo** to take a walk (9); **dar consejos** to give advice; **dar una fiesta** to give a party (8); **dar una caminata** to take a walk; **darle una vuelta a** to go around (something); **darse con/contra** to run into, bump against; **darse la mano** to shake hands (10)

datos *pl.* data

de *prep.* of (AT); from (AT); **de acuerdo** agreed; **de acuerdo con** in accordance with; **de ahora en adelante** from now on; **de antemano** beforehand; **de anticipación** ahead; **de atrás** backwards; **de cerca** up close; (**de**) **color café** brown (3); **de color violeta** violet; **de compras** shopping (3); **de cuadros** plaid (3); **de doble vía** two-way; **de guardia** on-call; **de habla española** Spanish-speaking; **de ida** one-way (7); **de ida y vuelta** round-trip (7); **de joven** as a youth (9); **de la mañana** in the morning, a.m. (AT); **de la noche** in the evening, p.m. (AT); **de la tarde** in the afternoon, p.m. (AT); **de largo** in length; **de los últimos años** in recent years; **de lunares** polka-dot (3); **de manera que** *conj.* so that, in such a way that; **de moda** in style; **de modo que** in such a way that; **de nada** you're welcome (AT); **de niño/a** as a child (9); **de primera** first-class; **de rayas** striped (3); **de repente** suddenly (10); **¿de qué color es?** what color is it?; **¿de quién?** whose? (2); **de tiempo completo/parcial** full-/part-time (16); **de todo** everything (3); **de todas formas** anyway; **de última** trendy (hot) (3); **de vacaciones** on vacation (7); **de vez en cuando** once in a while; **de viaje** on a trip (7)

debajo (de) *prep.* below (5)

deber *n.* responsibility (17); obligation (17)

deber *v.* + *inf.* should, must, ought to (*do something*) (2)

debido a due to; because of

débil weak

debilitamiento weakening

década decade

decena ten; *pl.* tens

decidir to decide

décimo/a tenth (13)

decir to say (7); to tell (7); **eso quiere decir...** that means . . . (10)

decisión *f.* decision

declaración *f.* statement

declarar(se) to declare

decoración *f.* decoration

decorar to decorate

decorativo/a decorative

dedicar (qu) to dedicate

dedo (de la mano) finger (11); **dedo del pie** toe (11)

defensa defense

definición *f.* definition

definido/a defined; **artículo definido** *gram.* definite article

definir to define

deforestación *f.* deforestation

deforestado/a deforested

dejar to leave; to let, allow; to quit (16); **dejar de** + *inf.* to stop (*doing something*) (10); **dejar (en)** to leave behind (in [*a place*]) (9)

del (*contraction of* **de** + **el**) of the, from the (2)

delante de in front of (5); in the presence of

delegación *f.* delegation

deleitarse to enjoy oneself, delight in

delgado/a thin (2)

deliberado/a deliberate

delicado/a delicate

delicioso/a delicious

delito crime (14)

demanda demand

demás: los/las demás the rest, others (12)

demasiado *adv.* too (9)

demasiado/a *adj.* too many; too much

democracia democracy

demócrata *m., f.* Democrat

democrático/a democratic

demonio devil, demon

demora delay (7)

demostración *f.* march, demonstration

demostrar (demuestro) to demonstrate, show

demostrativo *gram.* demonstrative

denso/a dense (14)

dental: pasta dental toothpaste (18)

dentífrico/a: pasta dentífrica toothpaste (18)

dentista *m., f.* dentist (16)

dentro inside; **dentro de** inside; within, in (*time*)

denuncia report; denunciation

deparar to provide

departamento department; apartment

depender (de) to depend (on)

dependiente/a clerk (1)

deporte *m.* sport (9); **deportes**

acuáticos water sports; **hacer un deporte** to play, do a sport; **practicar (qu) un deporte** to play, practice a sport

deportivo/a *adj.* sporting, sport-related (9); **club** (*m.*) **deportivo** sports club; **coche** (*m.*) **deportivo** sports car; **evento deportivo** sporting event; **reportero/a deportivo/a** sports reporter

depositar to deposit (16)

depósito deposit

derecha *n.* right side; **a la derecha** to the right (5)

derecho law (*profession*); right (17); **tener derecho a** to have the right to; **(todo) derecho** straight ahead (14)

derivarse (de) to derive (from)

derrotar to defeat

desafío challenge

desafortunadamente unfortunately

desahogado/a relieved

desaparecer (desaparezco) to disappear

desarraigado/a uprooted

desarrollar to develop (14)

desarrollo development

desastre *m.* disaster (17)

desastroso/a disastrous

desayunar to have (eat) breakfast (6)

desayuno breakfast (6)

descansar to rest (4)

descapotable: carro/coche (*m.*) **descapotable** convertible (car) (12)

descargar (gu) to download

descendiente *m., f.* descendent

descifrar to decipher, figure out

descompuesto/a (*p.p. of* **descomponer**) broken

desconocido/a unknown

descortés impolite

describir (*p.p.* **descrito**) to describe

descripción *f.* description

descriptivo/a descriptive

descubanizado/a less Cuban

descubierto/a (*p.p. of* **descubrir**) discovered (14)

descubrimiento discovery (14)

descubrir (*p.p.* **descubierto**) to discover (14)

descuidado/a careless

desde *prep.* from; since; **desde entonces** since then; **desde que** *conj.* since

desear to want (1)

desecho waste (*product*)

deseo wish (8)

desequilibrio imbalance

desértico/a *adj.* desert

desesperadamente desperately

desfile *m.* parade

desgracia disgrace

desgraciadamente unfortunately (10)

desierto desert

desierto/a deserted

designado/a designated

desigualdad *f.* inequality (17)

desilusión *f.* disillusion

desinflado/a: llanta desinflada flat tire (14)

desnudo/a nude

desocupado/a vacant, unoccupied (18)

desordenado/a messy (5)

despedirse (de) (*like* **pedir**) to say good-bye (to) (8)

despensa pantry

desperdiciar to waste

despertador *m.* alarm clock (11)

despertar(se) (me despierto) (*p.p.* **despierto**) to wake up (4)

despierto/a (*p.p. of* **despertar**) awake

desprivilegiado/a without privilege

después *adv.* after; later, then; **después de** *prep.* after (4); **después de que** *conj.* after (16)

destacar (qu) to emphasize; to stand out; **destacarse** to distinguish oneself

desterrado/a exiled

destino destiny; destination

destreza skill

destrucción *f.* destruction

destructivo/a destructive

destructor(a) destructive

destruido/a destroyed

destruir (*like* **construir**) to destroy (14)

desventaja disadvantage

detalle *m.* detail

detective *m., f.* detective

detener (*like* **tener**) to detain

detenido/a detained

determinado/a determined

determinar to determine

detestar to detest

detrás de *prep.* behind (5)

deuda debt

devoción *f.* devotion

devolver (*like* **volver**) to return (*something*) (16)

día *m.* day (1); **al día siguiente** the next day; **algún día** some day; **buenos días** good morning (AT); **Día de Acción de Gracias** Thanksgiving; **Día de la Cruz** Day of the Cross; **Día de la Independencia** Independence Day; **Día de la Madre** Mother's Day; **Día de la Raza** Columbus Day (Hispanic Awareness Day); **Día de los Difuntos** Day of the Dead; **Día de los Enamorados** Valentine's Day; **Día de los Inocentes** April Fool's Day; **Día de los Muertos** Day of the Dead; **Día de los Reyes Magos** Day of the Magi (Three Kings); **Día de San Patricio** St. Patrick's Day; **Día de San Valentín** St. Valentine's Day; **Día de Todos los Santos** All Saints Day; **Día del Año Nuevo** New Year's Day; **Día del Canadá** Canada Day; **día feriado** holiday; **día festivo** holiday (8); **estar al día** to be up to date; **hoy en día** nowadays (17);

¿qué día es hoy? what day is today? (4); **todo el día** all day; **todos los días** everyday (1)

diablo devil

diagrama *m.* diagram

dialecto dialect

diálogo dialogue

diamante *m.* diamond

diámetro diameter

diario/a daily (4); **rutina diaria** daily routine (4)

dibujante *m., f.* sketch artist

dibujar to draw (13)

dibujo drawing; **dibujos animados** cartoons

diccionario dictionary (1)

diciembre *m.* December (5)

dictador(a) dictator (17)

dictadura dictatorship (17)

dictar to dictate

diecinueve nineteen (AT)

dieciocho eighteen (AT)

dieciséis sixteen (AT)

diecisiete seventeen (AT)

diente *m.* tooth (10); **cepillarse los dientes** to brush one's teeth (4); **pasta de dientes** toothpaste; **sacarle (qu) un diente** to pull a tooth (10)

dieta diet (6); **estar a dieta** to be on a diet (6)

dietético/a *adj.* diet

diez ten (AT)

diferencia difference

diferente different

difícil hard, difficult (5)

dificultad *f.* difficulty

difunto/a deceased; **Día** (*m.*) **de los Difuntos** Day of the Dead

digital digital; **agenda digital** electronic agenda, PDA; **cámara digital** digital camera (12); **edición** (*f.*) **digital** digital edition; **impresión** (*f.*) **digital** digital printing

dilema *m.* dilemma

Dinamarca Denmark

dinero money (1); **sacar (qu) (dinero)** to withdraw (money)

dios *m. s.* god; **Dios** God; **por Dios** for heaven's sake (11)

diosa goddess

diplomático/a diplomatic

diptongo *gram.* diphthong

dique *m.* dike

dirección *f.* address (6); direction

directo/a direct; **complemento directo** *gram.* directo object

director(a) director (13); conductor (13)

disciplina discipline

disco: disco compacto compact disc (CD) (12); **disco de computadora** computer disc (12); **disco duro** hard drive (12)

discoteca discotheque (9); **ir a una discoteca** to go to a discotheque (9)

discriminación *f.* discrimination (17)

disculpa apology, excuse; **pedir disculpas** to apologize (11)

disculpar to excuse, pardon; **discúlpeme** pardon me (11); I'm sorry (11)

discutir (sobre) (con) to argue (about) (with) (8)

diseñador(a) designer

diseñar to design

diseño design

disfraz *m.* (*pl.* **disfraces**) disguise

disfrutar to enjoy

disminuir (*like* **construir**) to diminish

disolver (disuelvo) (*p.p.* **disuelto**) to dissolve

disparar shoot at (*someone/something*)

disponer (*like* **poner**) to be available

disponible available

disputar to dispute

distancia distance; **llamada a larga distancia** long-distance call

distante distant

distinguir (distingo) to distinguish

distinto/a distinct, different

distracción *f.* distraction

distraer (*like* **traer**) to distract

distraído/a absent-minded, distracted (11)

distribución *f.* distribution

distrito district

disuelto/a (*p.p. of* **disolver**) dissolved

diversidad *f.* diversity

diversificar (qu) to diversify

diversión *f.* diversion (9)

diverso/a diverse

divertido/a fun (9); **ser divertido** to be fun (9)

divertir (divierto) (i) to entertain; **divertirse** to have a good time, enjoy oneself (4)

dividir to divide

división *f.* division

divorciado/a divorced (15)

divorciarse (de) to get divorced from (15)

divorcio divorce (15)

divulgar (gu) to make known

doblar to turn (14)

doble double; **de doble vía** two-way (14); **habitación** (*f.*) **doble** double room (18)

doce twelve (AT)

dócil docile

doctor(a) doctor

doctorado doctorate

documento document

dólar *m.* dollar

doler (duele) to hurt, ache (10); **doler(le) la cabeza / el estómago** to have a headache/stomachache (10)

dolor *m.* **(de)** pain, ache (in) (10); **dolor de cabeza** headache; **tener dolor de** to have a pain in (10); **tener dolor de ca-**

beza/muela to have a headache/toothache

doméstico/a domestic; **animal** (*m.*) **doméstico** pet (14); domesticated animal (14); **aparato doméstico** home appliance (9); **quehacer** (*m.*) **doméstico** household chore (9)

domicilio home, residence

dominación *f.* domination

domingo Sunday (4)

dominicano/a Dominican

don *m.* *title of respect used with a man's first name*

donde where

¿dónde? where? (AT)

dondequiera wherever

doña *title of respect used with a woman's first name*

dorado/a golden

dormir (duermo) (u) to sleep (4); **dormir la siesta** to take a nap (4); **dormir lo suficiente** to sleep enough (10); **dormirse** to fall asleep (4)

dormitorio bedroom

dos two (AT); **dos veces** twice (10)

doscientos two hundred (3)

drama *m.* drama (13)

dramático/a dramatic

dramaturgo/a playwright (13)

drástico/a drastic

droga drug

dromedario dromedary (camel)

ducha shower

ducharse to shower (4)

duda doubt; **no hay duda** there is no doubt; **sin duda** without a doubt

dudar to doubt (12)

dudoso/a doubtful

dueño/a owner (6); landlord/lady (12)

dulces *m.* candy, sweets (6); *adj.* sweet; **agua** (*f. but* **el agua**) **dulce** fresh water

dulzura sweetness

dúo duo

durante during (4)

durar to last (17)

durmiente: Bella Durmiente Sleeping Beauty

duro/a hard, firm; **disco duro** hard drive (12); **huevo duro** hard-boiled egg

DVD *m.* DVD; **lector** (*m.*) **de DVD** DVD player (12)

DVD-ROM *m.* DVD-ROM (12)

E

e and (*used instead of* **y** *before words beginning with stressed* **i** *or* **hi**, *except* **hie-**)

echar to throw; **echar abajo** to pull down; **echarse una siesta** to take a nap

ecología ecology

ecológico/a ecological

economía economy; *s.* economics (1)

económico/a economic

economizar (c) to economize (16)

ecosistema *m.* ecosystem

ecoturismo ecotourism

ecoturista *m., f.* ecotourist

ecuatoriano/a Ecuadorian

edad *f.* age; **Edad Media** Middle Ages

edición *f.* edition; **edición digital** online edition

edificio building (1); **edificio de apartamentos** apartment building (12)

editar to edit

editor(a) editor

educación *f.* education

educador(a) educator

educativo/a educational

efectivo cash (16); **en efectivo** in cash (16); **pagar (gu) en efectivo** to pay with cash (16)

efecto effect

eficiencia efficiency

eficiente efficient

Egipto Egypt

egoísta *m., f.* selfish

ejecutivo/a executive

ejemplificar (qu) to exemplify

ejemplo example; **por ejemplo** for example (11)

ejercicio exercise (4); **hacer ejercicio** to exercise (4); **hacer ejercicios aeróbicos** to do aerobics (10)

ejército army (17)

el *def. art. m. s.* the; **el primero de** the first of (*month*) (5)

él *sub. pron.* he (1)

elástico/a flexible

elección *f.* election

electricidad *f.* electricity

electricista *m., f.* electrician (16)

electrónica *n.* electronic equipment (12)

electrónico/a electronic; **correo electrónico** e-mail (12); **agenda electrónica** electronic agenda, PDA; **aparato electrónico** electronic device

elefante *m.* elephant (14)

elegancia elegance

elegante elegant

elegir (elijo) to elect

elemento element

eliminar to eliminate

ella *sub. pron.* she (1); *obj.* (*of prep.*) her

ellos/as *sub. pron.* they (1); *obj.* (*of prep.*) them

e-mail *m.* e-mail (12)

embargo: sin embargo nevertheless (5)

embarque: tarjeta de embarque boarding pass

embotellamiento de tráfico traffic jam

embriagado/a intoxicated, drunk

emergencia emergency; **sala de emergencias** emergency room (10)

emigrante *m., f.* emigrant
emigrar to emigrate
emisario (radio, television) station
emisión *f.* emission; programming
emoción *f.* emotion (8)
emocional emotional
emocionante exciting
empanada *turnover pie or pastry*
empapelado/a (wall) papered
emparejar to pair
empezar (empiezo) (c) to begin (4);
  empezar a + *inf.* to begin to (*do something*) (4)
empleado/a employee
emplear to employ
empleo (bien/mal pagado) (well/poorly paying) job (16)
empresa business, corporation (16); company; **administración** (*f.*) **de empresas** business administration (1)
empresario/a businessman/woman
emular to emulate
en in (AT); on (AT); at (AT); **en absoluto** at all; **en alza** upward; **en cambio** on the other hand, on the contrary; **en casa** at home (1); **en caso de que** *conj.* in case (15); **en cierta medida** in some measure, to some degree; **en comparación con** in comparison with; **en cuanto** as soon as (16); **en efectivo** in cash (16); **en este momento** right now; **en exceso** excessively; **en fin** in short; **en general** in general; **en la actualidad** currently, right now (9); **en lugar de** in place of; **en onda** in style; **en punto** on the dot (AT); **en resumen** in summary; **en seguida** right away (10); **en torno a** around; **en vez de** instead of; **en vivo** live; **en voz alta** aloud
enamorado/a (de) in love (with) (15); **Día** (*m.*) **de los Enamorados** Valentine's Day
enamorarse (de) to fall in love (with) (15)
encabezado/a por headed by
encalado/a whitewashed
encantado/a pleased to meet you (AT)
encantador(a) enchanting, delightful
encantar to like very much, love (7)
encarar to confront, face up to
encargado/a in charge
encender (enciendo) to turn on (appliance); to light; **encender la luz** to turn on the light
encerrado/a shut, locked up
enchufar to plug in
encima de *prep.* on top of (5); in addition to
encontrar (encuentro) to find (8); **encontrarse (con)** to meet (*someone somewhere*) (10); **encontrarse con amigos** to get together with friends
encuesta survey
encuestar to survey
endémico/a endemic

energético/a energetic
energía energy (14); **conservar energía** to conserve energy; **energía elétrica/nuclear/solar** electric/nuclear/solar energy (14)
enérgico/a energetic
enero January (5)
enfadar to anger; **enfadarse** to get, become mad
enfático/a emphatic
enfatizar (c) to emphasize
enfermarse to get sick (8)
enfermedad *f.* illness (10)
enfermero/a nurse (10)
enfermo/a sick (5); **estar enfermo** to be sick
enfilado/a in a row
enfoque *m.* focus
enfrente de *prep.* in front of
engordar to gain weight
enmascarado/a masked
enojado/a angry, mad
enojarse (con) to get angry (at) (8)
enorme enormous
enriquecer (enriquezco) to enrich
enrollado/a rolled
ensalada salad (6)
ensayar to rehearse
ensayo essay
enseñanza teaching
enseñar to teach (1); **enseñar a** + *inf.* to teach to (*do something*)
entender (entiendo) to understand (4)
enterarse (de) to find out (about) (17)
entero/a entire (9); **limpiar la casa entera** to clean the entire house (9)
entonces then, next; **desde entonces** since then
entrada entrance; ticket
entrante: el año entrante next year
entrar (en/a) to enter
entre *prep.* between (5); among
entreabierto/a half-open, ajar
entregar (gu) to hand in (7)
entremeses *m. pl.* hors d'œuvres
entrenador(a) trainer, coach
entrenamiento training, practice
entrenar to practice, train (9)
entrevista interview (16)
entrevistador(a) interviewer (16)
entrevistar to interview (16)
entusiasmar to enthuse
enviar (envío) to send
epifanía epiphany
época era, time (*period*) (9)
equilibradamente in a balanced way
equilibrar to balance
equilibrio balance
equipado/a equipped
equipaje *m.* luggage, baggage (7); **facturar el equipaje** to check baggage (7)
equipo team (9); equipment; **equipo fotográfico** photography equipment

equivalente *m.* equivalent
equivocarse (qu) (de) to be wrong, make a mistake (about) (11)
érase una vez once upon a time
eres you (*fam. s.*) are (AT)
errante errant; wandering
errar to make a mistake, err
erróneamente erroneously
es he/she is, you (*form. s.*) are (AT)
error *m.* error
erupción *f.* eruption (17)
escala stop; **hacer escalas** to make stops (7)
escalado/a climbed
escalador(a) climber
escalón *m.* step
escándalo scandal
escaparate *m.* store (display) window
escaparse to escape
escasez (*pl.* **escaseces**) lack; shortage
escena scene
escenario setting (13)
esclavitud *f.* slavery
esclavo/a slave
esclusa lock, sluice
escoger (escojo) to choose
esconder(se) to hide
escopeta rifle
escribir (*p.p.* **escrito**) to write (2); **escribir a computadora** to key in (type) (16)
escrito/a (*p.p. of* **escribir**) written (11); **informe** (*m.*) **escrito** written report (11)
escritor(a) writer (13)
escritorio desk (to) (1)
escritura writing
escuchar to listen (to) (1)
escuela school (9); **escuela primaria** elementary school; **escuela secundaria** high school; **escuela superior** high school; **maestro/a de escuela** schoolteacher (16)
esculpir to sculpt (13)
escultor(a) sculptor (13)
escultura sculpture (13)
ese, esa *pron.* that one; *adj.* that (3)
esencial essential
esfuerzo effort
eso that (3); **eso quiere decir...** that means . . . (10)
esos/as *pron.* those ones; *adj.* those (3)
espacial space; **nave** (*f.*) **espacial** space ship; **transbordador** (*m.*) **espacial** space shuttle
espacio space; **espacio en blanco** blank space
espacioso/a spacious
espalda back
espantoso/a frightening
español *m.* Spanish (*language*) (1)
español(a) *n.* Spaniard; *adj.* Spanish (2); **de habla española** Spanish-speaking

espárragos *m. pl.* asparagus (6)

espasmo spasm

especial special

especialidad *f.* specialty

especialista *m., f.* specialist

especialización *f.* specialization; major (*academic*)

especializarse (c) (en) to major (in)

especialmente especially

especie *f.* species (14); **especie en peligro de extinción** endangered species (14)

específico/a specific

espectacular spectacular

espectáculo show (13)

espectador(a) spectator (13)

especular to speculate

espejo mirror

espera wait; **llamada en espera** call-waiting; **sala de espera** waiting room (7)

esperanza hope (17)

esperar to wait (for) (6); to expect (6); to hope (12)

espíritu *m.* spirit

espiritual spiritual

espléndido/a splendid

espontáneo/a spontaneous

esposo/a husband/wife (2); spouse

esqueleto skeleton

esquí *m.* skiing; **estación** (*f.*) **de esquí** ski resort

esquiar (esquío) to ski (9)

esquina corner (14)

esta noche tonight (5)

establecer (establezco) to establish

estación *f.* season (5); station (7); **estación de autobuses / del tren** bus/train station (7); **estación de esquí** ski resort; **estación de gasolina** gas station (14); **estación de metro** subway station (18); **estación de radio** radio station

estacionamiento parking lot; parking spot

estacionar to park (11)

estadía stay (*in a place*)

estadio stadium

estadística statistic

estado state (2); **estado afectivo** emotional state (8); **estado civil** marital status; **estado de ánimo** state of mind; **estado de cuentas** bank statement; **estado libre asociado** commonwealth; **estado mental** mental state

estadounidense *n., adj.* of the United States of America (2)

estampilla stamp (18)

estancia stay (*in a hotel*) (18)

estanco tobacco stand/shop (18)

estanque *m.* pond

estante *m.* bookshelf (4)

estar to be (1); **¿a cuántos estamos? / ¿en qué fecha estamos?** what's today's date?; **estar a cargo (de)** to be in control (of); **estar a dieta** to be on a diet (6); **estar al corriente** to be up to date; **estar al día** to be up to date; **estar al tanto** to be up to date; **estar atrasado/a** to be late; **estar bien** to be well (5); **estar de vacaciones** to be on vacation (7); **estar en rebaja** to be on sale; **estar en un lío** to be in trouble, a problem; **estar enfermo** to be sick; **está** he/she/it is; you (*form. s.*) are; **está lloviendo a cántaros** it's raining heavily; **está (muy) nublado** it's (very) cloudy (5); **(no) estar seguro/a (de)** to be (un)sure (of); **(no) estoy de acuerdo** I (don't) agree (2)

estatal *adj.* state

estatua statue

estatus *m.* status

este *m.* east (5)

este, esta *pron.* this one; *adj.* this (2); **esta noche** tonight (5); **en este momento** right now

estela stone column with carvings

estéreo stereo (12)

estereofónico/a *adj.* stereo

estereotipado/a stereotyped

estereotipo stereotype

estilo style

estimado/a esteemed

estimulante *m.* stimulant

estimular to stimulate

estímulo stimulus

esto this (2)

estofado/a stewed

estómago stomach (10); **dolerle (me duele) el estómago** to have a stomachache

estos/as *pron.* these ones; *adj.* these (2)

estoy de acuerdo I agree (2)

estrategia strategy

estratégico/a strategic

estrecho strait; **Estrecho de Magallanes** Strait of Magellan

estrecho/a narrow

estrella star; **hotel de 2 (3, 4, 5) estrellas** two- (three-, four-, five-) star hotel (18)

estrés *m.* stress (11)

estresado/a stressed (11)

estructura structure

estudiante *m., f.* student (1)

estudiantil *adj.* student (11)

estudiar to study (1)

estudio study

estudioso/a studious

estufa oven; stove (9); **limpiar la estufa** to clean the oven

estupendo/a stupendous

etapa stage, phase (15)

etcétera etcetera

étnico/a ethnic

Europa Europe

europeo/a European

evaluar (evalúo) to evaluate

evento event (17); **evento deportivo** sporting event

evidencia evidence

evitar to avoid (14)

evocar (qu) to evoke

evolución *f.* evolution

exacto/a exact

exagerado/a exaggerated

examen *m.* exam, test (3)

examinar to examine (10)

exceder to exceed

excelencia excellence

excelente excellent

excepto except

exceso excess; **en exceso** excessively

exclamación *f.* exclamation

exclusivo/a exclusive

excursión *f.* excursion

excusa excuse

exhibición *f.* exhibition

exigente demanding

exigir (exijo) to demand

exilio exile

existir to exist

éxito success; **tener éxito** to be successful

exitoso/a successful

exorcizar (c) to exorcize

exótico/a exotic

expandible expandable

expansión *f.* expansion

expansivo/a expansive

expendedor(a) retail

experiencia experience

experimentar to experiment

experimento experiment

experto/a expert

explicación *f.* explanation

explicar (qu) to explain (7)

exploración *f.* exploration

explorador(a) explorer

explorar to explore

explosión *f.* explosion

explotación *f.* exploitation

explotado/a exploited

explotar to exploit

exponer (*like* **poner**) (*p.p.* **expuesto**) to display; to propose

exportador(a) *adj.* exporting

exportar to export

exposición *f.* exposition

expresar to express

expresión *f.* **(de cortesía)** expression (of courtesy) (AT)

expuesto/a (*p.p. of* **exponer**) proposed

expulsar to expulse

expulsión *f.* expulsion

exquisito/a exquisite

extender (extiendo) to extend

extensión *f.* extension

extenso/a extensive

extinción *f.* extinction; **especie** (*f.*) **en peligro de extinción** endangered species (14)

extraer (*like* **traer**) to extract

extranjero abroad (18)

extranjero/a *n.* foreigner (1); *adj.* foreign; **lenguas extranjeras** foreign languages (1)

extraño/a strange (13); **es extraño que...** it's strange that . . . (13); **¡qué extraño que... !** how strange that . . . ! (13)

extraordinario/a extraordinary

extravagante extravagant

extremo/a extreme

extroversión *f.* extroversion

extrovertido/a extroverted

exuberancia exuberance

exuberante exuberant

F

fábrica factory (14)

fabricación *f.* manufacture

fabricar (**qu**) to manufacture

fabuloso/a fabulous

fachada facade

fácil easy (5)

facilidad *f.* ease

facilitar to facilitate

factible feasible

factor *m.* factor

factoría factory

factura bill (16)

facturar to check (*baggage*) (7); **facturar el equipaje** to check baggage (7)

Fahrenheit: grados Fahrenheit degrees Fahrenheit

falda skirt (3)

fallar to "crash" (*computer*) (12)

falsificado/a falsified

falso/a false

falta lack (14); absence (14)

faltar (a) to be absent (from), not attend (8)

fama fame

familia family (2); **familia monoparental** single-parent family

familiar *n. m.* relation, member of the family; *adj.* pertaining to a family

famoso/a famous

fantasía fantasy

fantástico/a fantastic

farmacéutico/a pharmacist (10)

farmacia pharmacy (18)

farmacología pharmacology

farmacológico/a pharmacological

fascinante fascinating

fascinar to fascinate (13)

fatal *sl.* bad, awful

favor *m.* favor; **favor de** + *inf.* please (*do something*); **por favor** please (AT); **me hace el favor de...** if you would do me the favor of . . .

favorecer (favorezco) to favor

favorito/a favorite

fax *m.* FAX (12)

fe *f.* faith

febrero February (5)

fecha date (5); **¿cuál es la fecha de hoy?** what's today's date? (5); **¿en qué fecha estamos?** what's today's date? **fecha tope** deadline; **¿qué fecha es hoy?** what's today's date? (5)

¡felicitaciones! *interj.* congratulations! (8)

feliz (*pl.* **felices**) happy (8); **felicísimo/a** very happy; **Feliz Año Nuevo** Happy New Year; **feliz cumpleaños** happy birthday; **Feliz Navidad** Merry Christmas

femenino/a feminine

feminidad *f.* femininity

fénix *m.* phoenix

fenomenal phenomenal

fenómeno phenomenon

feo/a ugly (2)

feria fair

feriado: día (*m.*) **feriado** holiday

feroz (*pl.* **feroces**) ferocious

festejar to celebrate

festival *m.* festival

festividad *f.* festivity

festivo: día (*m.*) **festivo** holiday (8)

fibra fiber

ficción *f.* fiction; **ciencia ficción** science fiction

fiebre *f.* fever (10); **tener fiebre** to have a fever

fiel faithful (2)

fiesta party (1); **fiesta de sorpresa** surprise party; **hacer/dar una fiesta** to have, give a party (8)

figura figure

fijar to set; **fijarse (en)** to take note (of), pay attention (to)

fijo/a fixed, set (3); **precio fijo** fixed, set price (3)

fila line, row; **en fila** in single file

Filipinas: Islas Filipinas Philippines

filipino/a Philippine

filme *m.* movie; film

filosofía philosophy (1)

fin *m.* end; **en fin** in short; **fin de semana** weekend (1); **por fin** at last (4)

final *n. m.* end; *adj.* final

finalmente finally

financiación *f.* financing

financiamiento financing

financiero/a financial

finanza finance

finca farm (14)

finlandés, finlandesa *n., adj.* Finnish

Finlandia Finland

firma signature

física physics (1)

físico/a physical

flabiol *m.* *traditional flute-like instrument of Catalonia*

flaco/a thin

flamenco *music of Andalusia and southern Spain*

flan *m.* (baked) custard (6)

flauta flute

flexibilidad *f.* flexibility (11)

flexible flexible (11)

flor *f.* flower (7)

florecer (florezco) to flourish; to bloom

florido/a flowering

flota fleet

folclórico/a folkloric (13)

folleto brochure

fomentar to encourage, promote

fondo fund; bottom; **al fondo** in the background

fontanero/a plumber

forestal *adj.* forest

forma form; shape; **de todas formas** anyway

formar to form

formulario form (*to fill out*) (18)

fortaleza fort

fortificación *f.* fortification

fósforo match (18)

foto(grafía) photo(graph) (7); photography (13); **sacar (qu) fotos** to take pictures (7)

fotográfico/a photographic; **equipo fotográfico** photography equipment

fotógrafo/a photographer (16)

frágil fragile

fragmento fragment

francés *m.* French (*language*) (1)

francés, francesa *n.* French person; *adj.* French

Francia France

franco/a frank, open

frase *f.* sentence; phrase

frecuencia frequency (1); **con frecuencia** frequently (1); **¿con qué frecuencia?** how often, frequently?

frecuente frequently

fregar (friego) (gu) to clean; **fregar los platos** to do the dishes

freír (*like* **reír**) (*p.p.* **frito**) to fry

frenar to brake

frenos brakes (14)

frente a facing, opposite

fresa strawberry

fresco/a fresh (6); cool (*weather*); **hace fresco** it's cool (*weather*) (5)

frialdad *f.* coldness

frigidez *f.* (*pl.* **frigideces**) frigidity

frigorífico/a refrigerator

frijoles *m. pl.* beans (6)

frío cold(ness); *adj.* cold; **hace (mucho) frío** it's (very) cold (*weather*) (5); **tener (mucho) frío** to be (very) cold (5)

frisbee: jugar (juego) (gu) al frisbee to play Frisbee

frito/a (*p.p. of* **freír**)   fried (6); **papas/patatas fritas** French fries (6); **pollo frito** fried chicken

frontera border (18); **cruzar (c) la frontera** to cross the border (18)

fructuoso/a fructiferous

fruta fruit (6); **jugo de fruta** fruit juice (6)

frutal *adj.* fruit

fue sin querer I didn't mean it (11)

fuego fire; **fuegos artificiales** fireworks; **caer de la sarten al fuego** to go from the frying pan to the fire

fuente *f.* source; fountain

fuera *adv.* outside

fuerte strong; heavy (*meal*)

fuerza strength

fumador(a) smoker; **sala de fumadores** smoking area (7)

fumar to smoke (7); **sala de fumar/fumadores** smoking area (7)

función *f.* function

funcionar to work, function (12); to run (*machines*) (12)

fundado/a founded

furioso/a furious (5)

fusión *f.* fusion

fútbol *m.* soccer (9); **fútbol americano** football (9); **campo de fútbol** soccer field; **partido de fútbol** soccer game; **jugar (juego) (gu) al fútbol** to play soccer; **jugar (juego) (gu) al fútbol americano** to play football

futbolista *m., f.* soccer player

futuro *n.* future

futuro/a *adj.* future

G

gabardina gabardine

gabinete *m.* cabinet

gadget *m.* gadget

gafas glasses (10)

gaita bagpipe

gajo branch

Galápagos: Islas Galápagos Galapagos Islands

galla gal (*sl. ch.*)

galleta cookie (6)

gallina hen

gallinero chicken house

gallo rooster; guy (*sl. Ch.*); **misa del gallo** midnight mass

gamba shrimp

gana desire; wish; **tener ganas de +** *inf.* to feel like (*doing something*) (3)

ganado cattle

ganador(a) winner

ganar to win (9); to earn (16)

ganga bargains (3); **¡qué ganga!** what a bargain!

garaje *m.* garage (4); **limpiar el garaje** to clean the garage

garantía guarantee

garantizar (c) to guarantee

garganta throat (10)

garífunas Black Caribs (*descendents of Carib indigenous people and African slaves in Honduras*)

gas *m.* gas (*not for cars*) (12)

gaseosa soft drink

gasolina gasoline (14); **estación** (*f.*) **de gasolina** gas station (14)

gasolinera gas station (14)

gastar (dinero) to spend (*money*) (8); to use (*gasoline*) (14)

gasto expense (12)

gastronómico/a gastronomic

gatear to crawl

gato/a cat (2)

gaucho Argentine cowboy

gemelo/a twin

general general; **en general** in general; **por lo general** in general (4)

género genre

generoso/a generous

génesis *f.* genesis

genio genius

gente *f. s.* people (12)

geografía geography

geográfico/a geographic

geología geology

geoturismo geotourism

gerente *m., f.* manager (16)

gerundio *gram.* gerund

gesto gesture

gigante *m.* giant

gigantesco/a gigantic

gimnasio gym(nasium)

gira tour

glaciación *f.* glaciation

glaciar glacial

globo balloon

gobernar to govern

gobierno government (14)

golf *m.* golf (9); **jugar (juego) (gu) al golf** to play golf

gordo/a fat (2)

gorila *m.* gorilla (14)

gorra hat; cap (3)

gorro hat

gozo joy

GPS: sistema (*m.*)   **GPS** GPS

grabadora (tape) recorder/player (12)

grabar to record; to tape (12)

gracia grace

gracias thank you (AT); **gracias por** thank you for (8); **muchas gracias** thank you very much (AT); **Día** (*m.*) **de Acción de Gracias** Thanksgiving

grado gradelevel (*in school*) (9)

gradualmente gradually

graduarse (me gradúo) (en) to graduate (from) (16)

gráfico *n.* graph

gráfico/a *adj.* graphic

gramática grammar

gramaticalmente grammatically

gran, grande big, large (2); great (2); **pantalla grande** big screen (monitor) (12)

granito granite

granja farm

grano grain; **granos de café** coffee beans

grasa fat

grasoso/a greasy; fatty

gratis *inv.* free (*of charge*)

gratuito/a free (*of charge*)

grave serious

Grecia Greece

gremio guild

gripe *f.* flu (10)

gris gray (3)

gritar to shout

grotesco/a grotesque

grúa crane; tow truck

grupo group

guagua bus (*Carib.*)

guancasco *dance of the Lenca indigenous group of Honduras*

guante *m.* glove

guaraní *m.* *indigenous language of South America*

guardar to save (*a place*) (7); to keep (12); to save (*documents*) (12); **guardar cama** to stay in bed (10); **guardar en secreto** to keep as a secret; **guardar un puesto** to save a place (in line) (7)

guardia: de guardia on-call

guatemalteco/a *n., adj.* Guatemalan

gubernamental governmental

güegüense: danza güegüense *traditional dance of Nicaragua*

güero/a blond(e) (*Mex.*)

guerra war (17)

guerrero/a warrior

gueto ghetto

guía guide book; **guía telefónica** telephone book; *m., f.* guide (*person*) (13)

guión *f.* script (13)

guisantes *m.* peas (*Sp.*)

guitarra guitar

guitarrista *m., f.* guitarist

gustar to be pleasing (7); **me gustaría... muchísimo** I would (really) like . . . an awful lot (7); **¿le gusta... ?** do you (*form. s.*) like . . . ? (AT); **¿te gusta... ?** do you (*fam. s.*) like . . . ? (AT); **no, no me gusta...** no, I don't like . . . (AT); **sí, me gusta...** yes, I like . . . (AT)

gusto like, preference, taste (AT); **mucho gusto** pleased to meet you (AT)

H

haber *infinitive form of* **hay** (12); **hay** there is/are (AT); **hay (mucha) contaminación** there's (a lot of) pollution (5); **no hay** there is/are not (AT); **hay que +** *inf.*

it's necessary to (*do something*) (13); **no hay de que** you're welcome (AT); **no hay duda** there is no doubt
habilidad *f.* ability, skill
habitable habitable
habitación *f.* room (18); **habitación con/sin baño** room with(out) bath (18); **habitación individual/doble** single/double room (18)
habitado/a inhabited
habitante *m., f.* inhabitant
habitar to inhabit
hábito habit
habla *f.* (*but* **el habla**) speech; **de habla española** Spanish-speaking
hablar to speak (1); to talk (1); **hablar en voz baja** to speak softly; **hablar por teléfono** to talk on the phone (1)
hacer (*p.p.* **hecho**) to do; to make; **hacerse** to become; **hace** + *period of time* + *que* + *present tense* to have been (*doing something*) for (*a period of time*) (11); **hace** + *time* ago (11); **hace (muy) buen/mal tiempo** it's (very) good/bad weather (5); **hace fresco** it's cool (*weather*) (5); **hace (mucho) frío/calor** it's (very) cold/hot (*weather*) (5); **hace (mucho) sol** it's (very) sunny (5); **hace (mucho) viento** it's (very) windy (5); **hacer autostop** to hitchhike; **hacer camping** to go camping (7); **hacer cola** to stand in line (7); **hacer copia** to copy (12); **hacer deporte** to play, do a sport; **hacer ejercicio** to exercise (4); **hacer ejercicios aeróbicos** to do aerobics (10); **hacer escalas** to make stops (7); **hacer la cama** to make the bed (9); **hacer la compra** to go shopping; **hacer la(s) maleta(s)** to pack one's suitcase(s) (7); **hacer Pilates** to do Pilates (10); **hacer planes para** to make plans to (9); **hacer reserva** to make a reservation; **hacer un picnic** to go on a picnic (9); **hacer un viaje** to take a trip (4); **hacer una caminata** to take a walk; **hacer una fiesta** to have a party (8); **hacer una pregunta** to ask a question; **hacer una reservación** to make a reservation; **hacer surfing** to surf; **hacer yoga** to do yoga; **hacerse daño** to hurt oneself (11); **hacerse daño en** to hurt one's (*body part*) (11); **me hace el favor de...** if you would do me the favor of . . . ; **¿qué tiempo hace hoy?** what's the weather like today? (5); **se le hace agua la boca** it makes your mouth water
hacia toward
Haití Haiti
hambre *f.* (*but* **el hambre**) hunger; **tener (mucha) hambre** to be (very) hungry (6)
hamburguesa hamburger (6)
hasta *adv.* until; even; *prep.* until (4);

hasta luego see you later (AT); **hasta mañana** see you tomorrow (AT); **hasta pronto** see you soon; **hasta que** *conj.* until (16)
hay there is/are (AT); **no hay** there isn't/aren't (AT); **¿hay... ?** is/are there . . . ?; **hay que** + *inf.* it's necessary to (*do something*)
hecho *n.* fact, event (8)
hecho/a (*p.p. of* hacer) made; done
hectárea *land measure equal to 2.5 acres*
heladera freezer
helado ice cream (6)
helado/a frozen
heliconia *flowering tropical plant*
hemisferio hemisphere
heredar to inherit
herencia inheritance
hermanastro/a stepbrother/stepsister
hermano/a brother/sister (2); **medio/a hermano/a** half-brother/half-sister
hermoso/a beautiful
héroe *m.* hero
herramienta tool
híbrido/a hybrid (14)
hidroeléctrico/a hydroelectric
hidrógeno hydrogen
hielo ice
hierro iron
higiénico/a hygienic
higuera fig tree
hijastro/a stepson/stepdaughter
hijo/a son/daughter (2); *m. pl.* children (2)
himno hymn, anthem
hipopótamo hippopotamus
hipoteca mortgage
hispánico/a Hispanic
hispano/a Hispanic
hispanocanadiense *n., adj. m., f.* Hispanic-Canadian
hispanohablante *adj. m., f.* Spanish-speaking
histamina histamine
historia history (1); story
histórico/a historic
hockey *m.* hockey (9)
hogar *m.* home; hearth
hoja leaf
¡hola! hi! (AT)
Holanda Holland
holgadamente comfortably, easily
hombre *m.* man (1); **hombre de negocios** businessman (16)
homenaje *m.* homage
homeópata *inv.* homeopathic
homeopatía homeopathy
homogéneo/a homogeneous
hondo/a deep
hondureño/a *n., adj.* Honduran
hongo mushroom; toadstool; fungus; **sombrero hongo** bowler hat, derby

honor *m.* honor
honrado/a honest; honorable
hora hour; time; **¿a qué hora?** at what time? (AT); **es hora de** + *inf.* it's time to (*do something*); **¿qué hora es?** what time is it? (AT)
horario schedule (11)
horno oven (9); **horno de microondas** microwave oven (9)
horóscopo horoscope
horror *m.* horror
hortaliza vegetable
hospedarse to stay (*in a place*)
hospicio hospice
hospital *m.* hospital
hospitalario/a hospitable
hotel *m.* (**de lujo**) (luxury) hotel (18); **hotel de 2 (3, 4, 5) estrellas** two- (three-, four-, five-) star hotel (18)
hotelero/a *adj.* hotel
hoy today (AT); **hoy (en) día** nowadays (17); **¿cuál es la fecha de hoy?** what's today's date? (5); **¿qué día es hoy?** what day is today?; **¿qué fecha es hoy?** what's today's date? (5)
huayno *traditional folk tune, ballad* (*Arg., Bol., Ch., Peru*)
huelga strike (17)
huerto orchard
hueso bone
huésped(a) (hotel) guest (18)
huevo egg (6); **huevo duro** hard-boiled egg; **huevo tibio / pasado por agua** poached egg
huir (*like* construir) to flee
humanidad *f.* humanity; *pl.* humanities (2)
humano/a human (10); **ser** (*m.*) **humano** human being
humilde humble
humor *m.* humor

I

ibérico/a *adj.* Iberian
icono icon
ida: de ida one-way (7); **de ida y vuelta** round-trip (7)
idealista *m., f.* idealistic
idéntico/a identical
identidad *f.* identity
identificación *f.* identification; **tarjeta de identificación** identification card (11)
identificado/a identified; **objeto volante no identificado (OVNI)** unidentified flying object (UFO)
identificar (**qu**) to identify
idioma *m.* language
iglesia church
igual equal, same
igualdad *f.* equality (17)
igualmente likewise, same here (AT)
ilegal illegal
ilícito/a illicit

imagen *f.* image
imaginación *f.* imagination
imaginar(se) to imagine
imitar to imitate
impaciente impatient
impedir (*like* **pedir**) to impede
imperfecto *gram.* imperfect
imperio empire
imperiosamente imperiously
impermeable *m.* raincoat (3)
impertinente impertinent
imponente imposing; majestic
importado/a imported
importancia importance
importante important
importar to matter, be important
imposible impossible (13); **es imposible que...** it's impossible that . . . (13)
imposición *f.* imposition
imprescindible essential, indispensable
impresión *f.* impression; **impresión digital** digital printing
impresionante impressive
impresora printer (12)
imprimir to print (12)
improbable unlikely (13); **es improbable que...** it's unlikely that . . . (13)
improvisación *f.* improvisation
impuesto tax
impulsivo/a impulsive
impulso impulse
inalámbrico/a wireless
inaugurado/a inaugurated
inca *n. m., f.* Inca; *adj. m., f.* Incan
incendio fire
incidente *m.* incident
incluir (*like* **construir**) to include
incomodar to inconvenience; to make uncomfortable
incómodo/a uncomfortable
incompleto/a incomplete
inconcebible inconceivable
incontrolablemente uncontrollably
incorporar to incorporate, include
incorrecto/a incorrect
increíble incredible (13); **es increíble que...** it's incredible that . . . (13)
incrementar to increase
inculcar (**qu**) to instill
indefinido/a: artículo indefinido *gram.* indefinite article
independencia independence; **Día** (*m.*) **de la Independencia** Independence Day
independiente independent
independizarse (**c**) to become independent
indicación *f.* instruction; direction
indicar (**qu**) to indicate
indicativo *gram.* indicative
índice *m.* index
indígena *n. m., f.* indigenous person; *adj. m., f.* indigenous

indigenista pertaining to indigenous topics and themes
indio/a *n., adj.* Indian
indirecto/a indirect; **complemento indirecto** *gram.* indirect object
individual: habitación (*f.*) **individual** single room (18)
individuo *n.* individual
individuo/a *adj.* individual
indoctrinar to indoctrinate
industria industry
industrializado/a industrialized
inesperado/a unexpected
infancia infancy (15)
infantil *adj.* child, children's
inferior lower
infinitivo *gram.* infinitive
inflexibilidad *f.* inflexibility (11)
inflexible unyielding (11)
influencia influence
influir (*like* **construir**) **(en)** to influence
influjo influx
influyente influential
información *f.* information
informar to inform (17)
informática computer science
informativo/a informative
informe *m.* **(oral/escrito)** (oral/written) report (11)
ingeniería engineering
ingeniero/a engineer (16)
ingerir (**ingiero**) (**i**) to ingest
Inglaterra England
inglés *m.* English (*language*) (1)
inglés, inglesa *n.* English person; *adj.* English (2)
ingrediente *m.* ingredient
ingresar to deposit (*money*); to pay money into
ingreso income; revenue
iniciar to begin, initiate
inicio beginning
inmediato/a immediate
inmenso/a immense
inmigración *f.* immigration
inmigrante *m., f.* immigrant
inmigrar to immigrate
inmunológico/a: sistema (*m.*) **inmunológico** immune system
innecesario/a unnecessary
inocente innocent; **Día** (*m.*) **de los Inocentes** April Fool's Day
inquilino/a tenant (12)
inscribir(se) (*p.p.* **inscrito**) **(en)** to sign up, register (for)
inscrito/a (*p.p. of* **inscribir**) registered
insistir (en) + *inf.* to insist (on) (*doing something*) (12)
insoportable unbearable
inspección *f.* inspection
inspector(a) inspector (18); **inspector(a) de aduana** customs agent

instalación *f.* installation
instalar to install (12)
institución *f.* institution
instituto institute
instrumento instrument
integración *f.* integration
intelectual intellectual
inteligencia intelligence
inteligente intelligent (2)
intención *f.* intention
intencionadamente intentionally
intensivo/a intensive
intenso/a intense
intercambiar to exchange
interés *m.* interest (16)
interesante interesting
interesar to interest (*someone*) (7)
internacional international
Internet *m.* Internet (17); **tarjeta Internet móvil** wireless Internet card
interno/a internal
interpretación *f.* interpretation
interpretado/a interpreted
interpretar to interpret
interrogativo/a *gram.* interrogative (AT)
íntimamente intimately
intranquilidad *f.* uneasiness, restlessness
introducción *f.* introduction
introducir (*like* **producir**) to introduce
introversión *f.* introversion
introvertido/a introverted
inundación *f.* flood
inusual unusual
invadir to invade
invasión *f.* invasion
inventar to invent
inventario inventory
invertir (**invierto**) (**i**) to invest
investigación *f.* investigation
investigar (**gu**) to investigate
invierno winter (5)
invitación *f.* invitation
invitado/a guest (8)
invitar to invite (6)
inyección *f.* injection (10); **ponerle una inyección** to give (*someone*) a shot, injection (10)
iPod *m.* iPod (12)
ir to go; **ir a** + *inf.* to be going to (*do something*) (3); **ir a un bar** to go to a bar (9); **ir a un concierto** to go to a concert (9); **ir a una discoteca** to go to a discotheque (9); **ir al cine** to go to the movies; **ir al mar** to go to the sea(side); **ir al teatro** to go to the theater (9); **ir de compras** to go shopping (3); **ir de mal en peor** to go from bad to worse; **ir de safari** to go on a safari; **ir de vacaciones a...** to go on vacation to . . . (7); **ir en autobús/avión/barco/tren** to go/travel by bus/plane/boat/train (7); **irse** to leave

Irlanda Ireland
irresponsable irresponsible
-ísimo *adv.* very very (8)
-ísmo/a *adj.* very very (8)
isla island (5); **isla desértica** deserted island; **Islas Antillanas** Antilles Islands; **Islas Baleares** Balearic Islands; **Isla de Pascua** Easter Island; **Islas Filipinas** Philippine Islands; **Islas Galápagos** Galapagos Islands
Italia Italy
italiano Italian (*language*) (1)
italiano/a *n., adj.* Italian
itinerario itinerary
izquierda *n.* left-hand side; **a la izquierda (de)** to the left (of) (5); **levantarse con el pie izquierdo** to get up on the wrong side of the bed (11)

J

jabón *m.* soap (18)
jaguar *m.* jaguar
jalón *m.:* **de un jalón** all at once
jamás never (6); not ever
jamón *m.* ham (6)
Japón Japan
japonés *m.* Japanese (*language*)
jarabe *m.* (cough) syrup (10)
jardín *m.* garden; yard (4)
jarrita small jar
jeans *m. pl.* jeans (3)
jefe/a boss (12)
jeroglífico/a hieroglyphic
jersey *m.* sweater
jesuita *m., f.* Jesuit
jirafa giraffe
jornada laboral work day
joropo *folkloric music of Venezuela*
joven *n. m., f.* youth; *adj.* young (2); **de joven** as a youth (9)
joya jewel
joyería jewelry store
jubilarse to retire (16)
judío/a *n.* Jewish person; *adj.* Jewish; **Pascua Judía** Passover
juego game; **Juegos Olímpicos** Olympic Games
jueves *m. inv.* Thursday (4)
jugador(a) player (9)
jugar (juego) (gu) a/al to play (*a game, sport*) (4); **jugar a la lotería** to play the lottery; **jugar a las cartas** to play cards; **jugar a los videojuegos** to play video games; **jugar al ajedrez** to play chess (9); **jugar al basquetbol** to play basketball; **jugar al béisbol** to play baseball; **jugar al frisbee** to play Frisbee; **jugar al fútbol** to play soccer; **jugar al fútbol americano** to play football; **jugar al golf** to play golf; **jugar al voleibol** to play volleyball
jugo (de fruta) (fruit) juice (6)
juguete *m.* toy

julio July (5)
jungla jungle
junio June (5)
junto a near, next to
juntos/as together (7)
jurar to swear (*promise, oath*)
justificar (qu) to justify
justo/a fair
juventud *f.* youth (15)
juzgar (gu) to judge

K

kaki: color *(m.)* **kaki** khaki
kallawaya *Bolivian healers*
kilo(gramo) kilo(gram)
kilómetro kilometer
kiosco kiosk

L

la *def. art. f. s.* the; *d.o. f. s.* you (*form.*); her, it
laboral *adj.* labor; **jornada laboral** work day
laboratorio laboratory
lado side; **al lado de** *prep.* alongside of (5); beside; next to; **por otro lado** on the other hand; **por un lado** on the one hand
ladrar to bark
ladrón, ladrona thief
lago lake (14)
lágrima tear
lamentar to regret (13); to feel sorry (13)
lámpara lamp (4)
lana wool (3); **es de lana** it's (made of) wool (3)
langosta lobster (6)
lapicero pen
lápiz *m.* (*pl.* **lápices**) pencil (1)
largo *n.:* **de largo** in length
largo/a long (2); **a lo largo de** along; throughout; **llamada a larga distancia** long-distance call
laríngeo/a laryngeal
lástima shame (13); **es una lástima** it's a shame (13); **¡qué lástima que... !** what a shame that . . . ! (13)
lastimarse to injure oneself
latín *m.* Latin (*language*)
latino/a *adj.* Latin
Latinoamérica Latin America
latinoamericano/a Latin American
lavabo (bathroom) sink (4)
lavadora washing machine (9)
lavanda lavender
lavandería laundromat
lavaplatos *m. inv.* dishwasher (9)
lavar to wash (9); **lavar los platos** to wash dishes (9); **lavar la ropa** to wash clothes, do laundry (9); **lavar las ventanas** to wash windows (9); **lavarse** to wash (oneself); **lavarse las manos** to wash one's hands

le *i.o. pron.* to him/her/you (*form. s.*); **¿le gusta...?** do you (*form. s.*) like . . . ? (AT)
leal loyal
lección *f.* lesson
leche *f.* milk (6)
lechón *(m.)* **asado** roast suckling pig
lechuga lettuce (6)
lector(a) reader; **lector** *(m.)* **de DVD** DVD player (12)
lectura reading
leer (*like* **creer**) to read (2)
legalizar (c) to legalize
legumbre *f.* vegetable
lejos de *prep.* far from (5)
lempira *currency of Honduras*
lenca *indigenous people of Honduras and El Salvador*
lengua language (1); tongue (10); **lenguas extranjeras** foreign languages (1); **sacar (qu) la lengua** to stick out one's tongue (10)
lente *m.* lens (10); **lentes de contacto** contact lenses (10); **llevar lentes de contacto** to wear contacts
leña firewood
león *m.* lion
letanía litany
letra lyrics (*song*) (6); letter (*alphabet*); **letra cursiva** *s.* italics
letrero sign
levantar to raise, lift; **levantar la mano** to raise one's hand; **levantarse** to get up (4); to stand up (4); **levantarse con el pie izquierdo** to get up on the wrong side of bed (11)
ley *f.* law (17)
leyenda legend
libertad *f.* liberty, freedom
libra pound
libre free; **al aire libre** outdoors; **caída libre** free fall; **estado libre asociado** commonwealth; **ratos libres** spare (free) time (9); **tiempo libre** free time
librería bookstore (1)
libro (de texto) (text)book (1)
licencia license (14); **licencia de conducir/manejar** driver's license (14)
licenciatura Bachelor's degree
líder *m., f.* leader
liga league
ligero/a light (*not heavy*) (6)
lima lime
limitado/a limited
limitar(se) to limit (oneself)
límite *m.* limit (14); **límite de velocidad** speed limit (14)
limón *m.* lemon
limonada lemonade
limonero lemon tree
limpiar to clean (9); **limpiar la casa (entera)** to clean the (entire) house (9); **limpiar el garaje** to clean the garage;

limpiar en seco to dry clean; **limpiar la estufa** to clean the oven

limpio/a clean (5)

lindo/a pretty, lovely

línea line; **patinar en línea** to inline skate (9); **línea de teléfono** telephone line

lío problem; trouble; **lío de tráfico** traffic jam; **estar en un lío** to be in trouble, a problem

liquidación *f.* liquidation

líquido liquid

lírico/a lyrical

Lisboa Lisbon

lista list

listo/a smart, clever (2); ready

literario/a literary

literatura literature

llamada (telephone) call; **llamada a larga distancia** long-distance call; **llamada en espera** call-waiting

llamar to call (6); **¿cómo se llama usted?** what is your (*form. s.*) name? (AT); **¿cómo te llamas?** what is your (*fam. s.*) name? (AT); **llamarse** to be called (4); **me llamo...** my name is . . . (AT)

llanero/a person of the plains

llanos plain, prairie

llanta (llanta desinflada) (flat) tire (14)

llanto weeping, crying

llave *f.* key (4)

llegada arrival (7)

llegar (gu) to arrive (2); **llegar a ser** to become; **llegar a tiempo** to arrive on time; **¿cómo se llega a... ?** how do you get to . . . ? (14)

llenar to fill (up) (14); to fill out (*a form*) (16); **llenar una solicitud** to fill out an application (16)

lleno/a full

llevar to wear (3); to carry (3); to take (3); to lead; **llevar gafas** to wear glasses; **llevar lentes de contacto** to wear contacts; **llevar puesto/a** to have on; **llevar una vida saludable** to lead a healthy life; **llevar una vida sana/tranquila** to lead a healthy/calm life (10); **llevarse bien/mal (con)** to get along well/poorly (with) (15)

llorar to cry (8)

lloroso/a teary

llover (llueve) to rain (5); **está lloviendo a cántaros** it's raining hard; **llueve** it's raining (5)

lluvia rain

lluvioso/a *adj.* rainy; rain; **bosque** (*m.*) **lluvioso** rain forest

lo *d.o. m.s.* you (*form.*); him, it; **lo bueno / lo malo** the good/bad thing (10); **lo contrario** the opposite; **lo mismo** the same thing; **lo que** what, that which (4); **¡lo siento (mucho)!** I'm (very) sorry! (11); **lo suficiente** enough (10)

lobo/a wolf

localidad *f.* ticket (*to a movie, play*)

localización *f.* location

localizar (c) to locate

loco/a crazy (5)

lógica logic

lógico/a logical

lograr to achieve

loma hill

Londres London

longaniza sausage

loro parrot

los *def. art. m. pl.* the; *d.o. m. pl.* you (*form. pl.*); them; **los años sesenta, ochenta, etcétera** the sixties, eighties, *and so on*; **los/las demás** the others, the rest (12); **los lunes, martes, etcétera** on Mondays, Tuesdays, *and so on* (4)

lotería lottery; **billete** (*m.*) **de lotería** lottery ticket; **ganar la lotería** to win the lottery; **jugar (juego) (gu) a la lotería** to play the lottery

lubricar (qu) to lubricate

lucha fight, struggle (17)

luchar to fight (17)

luego then, afterward, next (4); **hasta luego** see you later (AT)

lugar *m.* place (1); **algún lugar** some place; **en lugar de** in place of; **ningún lugar** nowhere; **tener lugar** to take place

lujo luxury (12); **coche** (*m.*) **de lujo** luxury car; **hotel** (*m.*) **de lujo** luxury hotel (18)

lujoso/a luxurious

lumbre *f.* fire; light

luna moon; **luna de miel** honeymoon (15)

lunar: de lunares polka-dot (3)

lunes *m. inv.* Monday (4); **el lunes...** Monday . . . (4); **los lunes** on Mondays (4)

lustroso/a shiny

Luxemburgo Luxembourg

luz *f.* (*pl.* **luces**) light (11); electricity (11); **apagar (gu) las luces** to turn out the lights; **encender (enciendo) la luz** to turn on the lights

M

macho male

madera wood

maderero/a *adj.* pertaining to wood

madrastra stepmother

madre *f.* mother (2); **Día** (*m.*) **de la Madre** Mother's Day

madrugada dawn

madurez *f.* maturity (15)

maestro/a schoolteacher (16); **maestro/a de escuela** schoolteacher (16); **obra maestra** masterpiece (13)

Magallanes: Estrecho de Magallanes Strait of Magellan

magia magic

magnífico/a magnificent

magno/a great

mago wizard; **Mago de Oz** Wizard of Oz; **Día** (*m.*) **de los Reyes Magos** Day of the Magi (Three Kings)

mahones *m. pl.* jeans (*Carib.*)

maíz *m.* (*pl.* **maíces**) corn

mal *adv.* poorly (1); badly

mal *n.* evil; illness, sickness; **mal pagado** poorly paid (16); **caerle mal a alguien** to make a bad impression on someone; **ir de mal en peor** to go from bad to worse; **llevarse mal (con)** to get along poorly (with) (15); **pasarlo mal** to have a bad time (8); **portarse mal** to misbehave (4); **salir mal** to turn out badly (4); **sentirse (me siento) (i) mal** to feel badly; to feel ill

mal, malo/a *adj.* bad (2); **hace (muy) mal tiempo** it's (very) bad weather (5); **lo malo** the bad thing, news (10); **¡qué mala suerte!** what bad luck!; **sacar (qu) malas notas** to get bad grades (11); **tener mala suerte** to have bad luck (11)

maldito/a accursed, awful

malestar *m.* malaise

maleta suitcase (7); **hacer la(s) maleta(s)** to pack one's suitcase(s) (7)

maletero porter (7)

maletín *m.* briefcase; small suitcase

maleza bramble, weed

malteada milkshake

malvado/a evil

mamá mother, mom (2)

mami mom, mommy

mamífero/a mammal

mancha stain

mandar to send (7); to order (*someone to do something*) (12)

mandato command (6)

manejar to drive (12); to operate (*machines*) (12); to manage; **licencia de manejar** driver's license (14)

manera way, manner; **de manera que** *conj.* so that, in such a way that

manicura manicure

manifestación *f.* demonstration, march (17)

manifestar (manifiesto) to manifest; demonstrate

mano *f.* hand (10); **darse la mano** to shake hands (10); **dedo de la mano** finger (11); **hecho/a a mano** handmade; **lavarse las manos** to wash one's hands; **levantar la mano** to raise one's hand

manso/a peaceful; gentle

manta blanket (18)

mantener (*like* **tener**) to maintain, keep (17); **mantener la paz** to maintain peace; **mantenerse en contacto** to stay in touch

mantequilla butter (6)
manzana apple (6)
manzanilla chamomile
mapa *m.* map
mañana *n.* morning; *adv.* tomorrow
(AT); **de la mañana** in the morning, a.m.
(AT); **hasta mañana** see you tomorrow
(AT); **pasado mañana** the day after tomorrow (4)
máquina machine; **máquina de calcular** calculator
mar *m.* sea (7); **mar Caribe** Caribbean
Sea; **mar Mediterráneo** Mediterranean
Sea; **ir al mar** to go to the sea(side)
maratón *m.* marathon
maravilla wonder, marvel
maravilloso/a wonderful, marvelous
marca brand
marcar (qu) to mark
mareado/a dizzy (10)
marido husband (15)
marihuana marijuana
marimba *musical percussive instrument*
marino/a *adj.* marine
mariscos *pl.* shellfish
marítimo/a maritime; sea, marine
marroquí Moroccan
Marruecos Morocco
martes *m. inv.* Tuesday (4)
Martinica Martinique
marzo March (5)
más more (1); **más allá** further, farther; **más allá de** beyond; **más alto**
louder; **más... que** more . . . than (5);
cada vez más increasingly
máscara mask
mascota pet (2)
masculino/a masculine
masoquista *m., f.* masochist
matar to kill (17)
matemáticas mathematics (1)
materia (school) subject (1)
material *m.* material (*of which something is made*) (3)
materialista *m., f.* materialist
matorral *m.* scrub; thicket
matriarcado matriarchy
matrícula tuition (1)
matricularse to enroll, register
matrimonio marriage (15); married
couple (15); **contraer** (*like* **traer**) **matrimonio** to get married
máximo/a maximum
maya *n., adj. m., f.* Mayan
mayo May (5)
mayor older (5); oldest; greater; greatest
mayoría majority
me *d.o.* me; *i.o.* to/for me; *refl. pron.*
myself; **me llamo...** my name is . . . (AT);
me gustaría... muchísimo I would (really)
like . . . an awful lot (7); **me (te, le...)
molesta que...** it bothers me (you, him

. . .) that (13); **me (te, le...) sorprende
que...** it surprises me (you, him . . .) that
(13); **no, no me gusta...** no, I don't like . . .
(AT); **sí, me gusta...** yes, I like . . . (AT)
mecánico/a *n.* mechanic (14); *adj.* me-
chanical
medalla metal
mediano/a medium
medianoche *f.* midnight (8)
mediante *adv.* by means of; through
medias stockings (3)
medicina medicine (10)
médico/a doctor (2)
medida measure; **en cierta medida** in
some measure; to some degree
medio *n.* medium; means; **medio ambiente** environment (*nature*) (14);
medios de comunicación mass media
(17); **medio de transporte** means of
transportation (7); **por medio de** by
means of
medio/a *adj.* half; middle; average;
Edad (*f.*) **Media** Middle Ages; **media
hermana** half-sister; **media pensión**
room with breakfast and one other
meal (18); **medio hermano** half-
brother; **Oriente** (*m.*) **Medio** Middle East
medioambiental environmental
mediodía *m.* noon
mediterráneo/a Mediterranean; **mar**
(*m.*) **Mediterráneo** Mediterranean Sea
megapíxel *m.* megapixel
mejilla cheek
mejor better (5); best (5)
mejorar to improve
memoria memory (12)
mencionar to mention
menor *m.* minor; *adj.* younger (5);
youngest; less; least
menos less; least; minus; **a menos que**
conj. unless (15); **menos cuarto
(quince)** a quarter (fifteen minutes) to
(*hour*) (AT); **menos... que** less . . . than
(5); **por lo menos** at least (11)
mensaje *m.* message (12); **mensaje telefónico** phone message
mensual monthly
mensualidad *f.* monthly installment
menta mint
mental: estado mental mental state
mente *f.* mind
-mente -ly (*adverbial suffix*) (11)
mentira lie (12)
menú *m.* menu (6)
menudo: a menudo *adv.* often
mercadillo flea market
mercado market(place) (3)
merced *f.* mercy
merecer (merezco) to deserve
merendar (meriendo) to have a snack (6)
merengue *m.* *dance from the Dominican
Republic*
merienda snack (6)

mermelada jam
mes *m.* month (5)
mesa table (1); **poner la mesa** to set
the table (9); **quitar la mesa** to clear
the table (9)
mesabanco desk
meseta plateau
mesita end table (4)
mesoamericano/a Meso-American
metáfora metaphor
meteorológico/a meteorological
método method (10); **método Pilates**
Pilates method (10)
metro subway; **estación** (*f.*) **del metro**
subway station (18)
metrópoli *f.* metropolis
metropolitano/a metropolitan
mexicano/a *n., adj.* Mexican (2)
mexicoamericano *n., adj.* Mexican
American
mexica *pre-Columbian culture of Mexico*
(*original name of the Aztecs*)
mezcla mix
mezclar to mix
mí *obj. of prep.* me (5)
mi(s) *poss. adj.* my (2)
microondas: horno de microondas microwave oven (9)
miedo fear; **tener miedo (de)** to be afraid
(of) (3)
miel *f.* honey; **luna de miel** honeymoon
(15)
miembro member
mientras while (9); *conj.* **mientras que**
while
miércoles *m. inv.* Wednesday (4)
migratorio/a migratory
mil *m.* thousand, one thousand (3)
militar: servicio militar military service (17)
milla mile
millón *m.* million (3); **un millón de** one
million of (3)
mineral mineral; **agua** (*f. but* **el agua**)
mineral mineral water
minifalda mini-skirt
mínimo/a minimum
ministerio ministry
**ministro/a: primer ministro / primera
ministra** prime minister
minuto minute
mío/a(s) *poss. adj.* my (17); *poss. pron.*
(of) mine (17)
mirar to look at, watch (2); **mirar la televisión** to watch television (2)
misa mass; **misa del gallo** midnight
mass
misión *f.* mission
misionero/a missionary
mismo *adv.* same; **ahora mismo** right
now (5); at once
mismo/a *adj.* same (5); self; **lo mismo**
the same thing

misterio mystery

misterioso/a mysterious

mitología mythology

mochila backpack (1)

moda fashion; style; **de moda** in style; **de última moda** trendy (hot) (3)

modelo model

módem *m.* modem (12)

moderación *f.* moderation

modernismo modernism

moderno/a modern (13)

modesto/a modest

modificar (qu) to modify

modo way, matter; mode; *gram.* mood; **de modo que** in such a way that

mogote *m.* knoll; mound

mola *traditional textile art form made by the Kuna people of Panama and Colombia*

molestar to bother (10); to annoy; **me (te, le...) molesta que** it bothers me (you, him . . .) that (13)

molestia bother, annoyance

molesto/a annoyed (5)

molido/a *adj.* ground

molino: rueda de molino treadmill (10)

momento moment; **en este momento** right now

monarquía monarchy

monasterio monastery

moneda coin; currency (16)

monedero coin purse

monitor *m.* monitor

monolítico/a monolithic

monoparental: familia monoparental single-parent family

monopatín *m.* skateboard (12)

monstruo monster

montaña mountain (7); **bicicleta de montaña** mountain bike (12)

montañoso/a mountainous

montar to ride (9); **montar a caballo** to ride a horse (9); **montar en bicicleta** to ride a bicycle

monte *m.*: **montes Apalaches** Appalachian Mountains

montón *m.*: **un montón** a lot

monumento monument

morado/a purple (3)

moreno/a brunet(te) (2)

morir(se) (muero) (u) (*p.p.* **muerto**) to die (8)

moro/a *n.* Moor; *adj.* Moorish

morro knoll; hill

mosaico mosaic

mostaza mustard

mostrar (muestro) to show (7)

motivo motive

moto(cicleta) motorcycle (12); moped (12)

motor *m.* motor

móvil mobile; **tarjeta Internet móvil** wireless Internet card; **teléfono móvil** cell phone

movimiento movement

mozo bellhop (18)

muchacho/a boy, girl

muchísimo an awful lot (7); **me gustaría... muchísimo** I would (really) like . . . an awful lot (7)

mucho *adv.* a lot, much (1); **¡lo siento mucho!** I'm very sorry! (11)

mucho/a *adj.* a lot (of) (2); *pl.* many (2); **muchas gracias** thank you very much (AT); **mucho gusto** pleased to meet you (AT)

mudanza *n.* move

mudarse to move

mueble *m.* piece of furniture; *pl.* furniture (4); **sacudir los muebles** to dust the furniture (9)

muela molar, back tooth (10); **sacarle (qu) una muela** to pull a tooth (10); **tener dolor de muela** to have a toothache (10)

muerte *f.* death (15)

muerto/a (*p.p. of* **morir**) *n., adj.* dead; **Día** (*m.*) **de los Muertos** Day of the Dead

muestra sample; sign

muisca *pre-Columbian culture of central Colombia*

mujer *f.* woman (1); wife (15); **mujer de negocios** businesswoman (16); **mujer policía** policewoman; **mujer soldado** female soldier (16)

mulato/a mulatto

multinacional multinational

múltiple multiple

mundial *adj.* world; **Copa Mundial** World Cup

mundo world (5)

municipalidad *f.* municipality

muñeca doll

mural *m.* mural

muralla city wall

murciélago bat

muro wall

musa muse

músculo muscle

museo museum (9); **visitar un museo** to visit a museum (9)

música music (13); **música ranchera** *traditional music of Mexico sung by mariachis*

músico/a musician (13)

musulmán, muslumana *adj.* Moslem

mutuamente mutually

muy very (1); **muy bien** fine, very well (AT); **muy buenas** good afternoon/evening (AT)

N

nacer (nazco) to be born (15)

nacimiento birth

nación *f.* nation; **Naciones Unidas** United Nations

nacional national

nacionalidad *f.* nationality (2)

nacionalismo nationalism

nada nothing, not anything (6); **de nada** you're welcome (AT); **para nada** at all

nadar to swim (7)

nadie no one, nobody, not anybody (6)

nana *term of endearment for a grandmother*

naranja orange (6)

naranjo orange tree

nariz *f.* nose (10)

narración *f.* narration

narrado/a narrated

narrador(a) narrator

nasal: catarro nasal head cold

natación *f.* swimming (9)

natal *adj.* native

nativo/a native

natural natural (1); **ciencias naturales** natural sciences (1); **recurso natural** natural resource (14)

naturaleza nature (14)

naturismo naturism

nave *f.* ship; **nave espacial** spaceship

navegable navigable

navegar (gu) to sail; to navigate; **navegar la Red** to surf the Internet (12)

Navidad *f.* Christmas (8); **árbol** (*m.*) **de Navidad** Christmas tree; **Feliz Navidad** Merry Christmas

navideño/a *adj.* Christmas

necesario/a necessary (2)

necesidad *f.* necessity

necesitar to need (1)

negación *f.* negation

negar (niego) (gu) to deny (13); **negarse** to refuse

negativo/a negative

negocio business; **hombre** (*m.*) / **mujer** (*f.*) **de negocios** businessman/woman (16)

negro/a black (3)

neoclásico/a Neoclassical

neoyorquino/a *adj.* pertaining to New York

nervioso/a nervous (5)

neutro/a neutral

nevar (nieva) to snow (5); **nieva** it's snowing (5)

nevera refrigerator

ni neither; nor; not even; **ni... ni...** neither . . . nor . . .

nicaragüense *n., adj.* Nicaraguan

nido nest

nieto/a grandson/granddaughter (2); *pl.* grandchildren

ningún, ninguna no, none, not any (6); **ningún lugar** nowhere

niñero/a baby-sitter (9)

niñez *f.* childhood (9)

niño/a small child (2); boy/girl (2); **de niño/a** as a child (9)

nitidez *f.* clarity

nitrógeno nitrogen

nivel *m.* level

no no (AT); not; ¿**no**? right? (3); **no hay** there isn't/aren't (AT); **no hay de qué** you're welcome (AT); **no hay duda** there is no doubt; **no, no me gusta...** no, I don't like . . . (AT)

noche *f.* night (AT); **buenas noches** good evening, night (AT); **de la noche** p.m. (AT); **esta noche** tonight (5); **Noche Vieja** New Year's Eve (8); **por la noche** in the evening, at night (1)

Nochebuena Christmas Eve (8)

noctámbulo/a *adj.* night

nocturno/a nocturnal

nombrar to name

nombre *m.* name (6)

norma rule, regulation

normalidad *f.* normality

noroeste *m.* northwest

norte *m.* north (5)

Norteamérica North America

norteamericano/a *n., adj.* North American

norteño/a northern

Noruega Norway

nos *d.o. pron.* us; *i.o. pron.* to/for us; *refl. pron.* ourselves; **nos vemos** see you around (AT)

nosotros/as *sub. pron.* we; *obj. (of prep.)* us

nota grade (in a course) (11); note; **nota comunicativa** note about communication; **sacar (qu) buenas/malas notas** to get good/bad grades (11)

notar to note, notice

noticia piece of news; *pl.* news (17)

noticiero newscast (17)

novecientos/as nine hundred (3)

novela novel

novelista *m., f.* novelist

noveno/a ninth (13)

noventa ninety (2)

noviazgo engagement (15)

noviembre *m.* November (5)

novio/a boyfriend/girlfriend (5); fiancé(e) (15); groom, bride (15); **vestido de novia** wedding gown

nublado/a cloudy (5); **está (muy) nublado** it's (very) cloudy (5)

nuboso/a cloudy

nuclear: energía nuclear nuclear energy

nuera daughter-in-law

nuestro/a(s) *poss. adj.* our (2); *poss. pron.* ours, of ours (17)

nueve nine (AT)

nuevo/a new (2); **Día (m.) del Año Nuevo** New Year's Day; **Feliz Año Nuevo** Happy New Year

número number (AT); **número de teléfono** phone number; **número ordinal** *gram.* ordinal number (13)

numeroso/a numerous

nunca never, not ever (2); **casi nunca** almost never (2)

nutrición *f.* nutrition

O

o or (AT)

ó or (*between two numbers* [*digits*])

obedecer (obedezco) to obey (14)

obelisco obelisk

obertura overture

obesidad *f.* obesity

obispo bishop

objetivo *n.* objective

objeto object (1); **objeto volante no identificado (OVNI)** unidentified flying object (UFO)

obligación *f.* obligation

obligatorio/a obligatory, compulsory

obra work (13); **obra de arte** work of art (13); **obra de teatro** play (*theatrical*) (13); **obra maestra** masterpiece (13)

obrero/a worker, laborer (16)

observación *f.* observation

observar to observe

observatorio observatory

obstáculo obstacle

obtener (*like* **tener**) to get, obtain (12)

obvio/a obvious

ocarina *ancient flute-like instrument*

ocasión *f.* occasion

occidental western

occidentalizar (c) to westernize

océano ocean (7); **océano Pacífico** Pacific Ocean

ochenta eighty (2)

ocho eight (AT)

ochocientos/as eight hundred (3)

ocio leisure time

octavo/a eighth (13)

octubre *m.* October (5)

oculto/a hidden

ocupación *f.* occupation

ocupado/a busy (5)

ocupar to occupy

ocurrir to occur

odiar to hate (7)

odio *n.* hate

oeste *m.* west (5)

oferta offer

oficial official

oficina office (1); **oficina de correos** post office (18)

oficio trade (*profession*) (16)

ofrecer (ofrezco) to offer (7)

oído inner ear (10)

oír to hear (4)

ojalá (que) I hope, wish (that) (13)

ojo eye (10); **ojo alerta** eagle eye; *interj.* ¡**ojo!** watch out!

ola wave

olímpico/a: Juegos Olímpicos Olympic Games

oliva olive; **aceite** (*m.*) **de oliva** olive oil

olmeca *n., adj. m., f.* Olmec

olvidadizo/a forgetful

olvidar(se) (de) to forget (about) (8)

olvido forgetfulness; oblivion

ombligo navel

ómnibus *m.* bus

once eleven (AT)

onda wave; ¿**qué onda?** what's new/happening?; **en onda** in style

ONU *f.* (**Organización** [*f.*] **de Naciones Unidas**) U.N. (United Nations)

opción *f.* option

opcional optional

ópera opera (13)

operación *f.* operation

operar to operate

opinar to think; to have, express an opinion

opinión *f.* opinion

oponerse (a) (*like* **poner**) to oppose

oportunidad *f.* opportunity

oposición *f.* opposition

optar (por) to opt (for)

optimista *m., f.* optimistic

opuesto/a opposite

oración *f.* sentence

oral oral (11); **informe** (*m.*) **oral** oral report (11); **patrimonio oral** oral history

orden *f.* order; **poner en orden** to put in order

ordenado/a neat (5)

ordenador *m.* computer (*Sp.*) (12)

ordinal: número ordinal *gram.* ordinal number (13)

oreja (outer) ear (10)

orgánico/a organic

organismo organism

organización *f.* organization; **Organización de Naciones Unidas (ONU)** United Nations (U.N.)

organizar (c) to organize

orgullo pride

oriental eastern

oriente *m.* east; **Oriente Medio** Middle East

origen *m.* origin

originar(se) to originate

originario/a originating; native

orinar to urinate

orisha *m., f. spiritual beings in Yoruba mythology*

oriundo/a native

oro gold (3); **es de oro** it's (made of) gold (3); **Ricitos de Oro** Goldilocks

orquesta orchestra (13)

ortiga nettle

os *d.o. pron.* you (*fam. pl.*); *i.o. pron.* to/for you (*fam. pl.*)

oscuro/a dark

oso bear

ostra oyster

otavaleño/a of or pertaining to Otavalo (Ecuador)

otoño autumn (5)

otorgar (gu) to grant

otro/a other, another (2); **otra vez** again; **por otra parte / otro lado** on the other hand

oveja sheep

OVNI (objeto volante no identificado) UFO (unidentified flying object)

Oz: Mago de Oz Wizard of Oz

ozono: capa de ozono ozone layer

P

paciencia patience

paciente *n. m., f.* patient (10); *adj.* patient

Pacífico: (océano) Pacífico Pacific (Ocean)

padrastro godfather

padre *m.* father (2); *pl.* parents (2)

paella *Spanish dish made with rice, shellfish, and often chicken, and flavored with saffron*

pagado: bien/mal pagado well-/poorly paid (15)

pagar (gu) to pay (1); **pagar al contado** to pay in cash; **pagar aplazado/a** to pay in installments; **pagar / en efectivo** to pay in cash (16)

página page

país *m.* country (2)

paisaje *m.* landscape

pájaro bird (2)

Pakistán Pakistan

pakistaní *m., f.* Pakistani

palabra word (AT)

palacio palace

palma palm tree

palmera palm tree

palmiche *m.* royal palm tree

palo stick

paloma pigeon; dove

pampa plain (*geography, Arg.*)

pan (*m.*) bread (6); **pan tostado** toast (6)

panameño/a *n., adj.* Panamanian

panamericano/a Pan-American

pandereta tambourine

pandilla gang

panorámico/a panoramic

pantalla screen (12); **pantalla grande** big screen (12); **pantalla plana** flat screen (12); **pantalla táctil** touch screen

pantalones *m., pl.* pants (3); **pantalones cortos** shorts

papá *m.* dad (2)

papa potato (6); **papas fritas** French fries (6)

papel *m.* paper (1); role (*in a play*) (13); **papel para cartas** stationery (18)

papelería stationery store (18)

paquete *m.* package (18)

par *m.* pair; **un par de veces** a couple of times

para *prep.* (intended) for (2); in order to (2); **para + inf.** in order to (*do something*); **para nada** at all; **para que** *conj.* so that (15)

parabrisas *m. inv.* windshield (14)

paracaidismo skydiving

parada stop (18); **hacer paradas** to make stops (7); **parada del autobús** bus stop (18)

paraguayo/a *n., adj.* Paraguayan

paraíso paradise

parar to stop (14)

parcial: de tiempo parcial part-time (11)

pardo brown

parecer (parezco) to seem

pared *f.* wall (4); **pintar las paredes** to paint the walls (9)

pareja (married) couple (15); partner (15)

paréntesis *m. inv.* parentheses

pariente *m., f.* relative (2)

parlamentario/a parliamentary

paro strike

párpado eyelid

parque *m.* park

párrafo paragraph

parranda party

parroquial parrochial

parte *f.* part (4); **por otra parte** on the other hand; **por parte de** on behalf of; **por todas partes** everywhere

participación *f.* participation

participante *m., f.* participant

participio pasado *gram.* past participle

particular particular, private; **casa particular** private home; **clase** (*f.*) **particular** private class

partida: punto de partida starting point

partido game, match (*sports*) (9)

partir: a partir de... as of . . . ; from (*point in time*) on

pasado/a *adj.* last (10); past (10); **el año pasado** last year; **huevo pasado por agua** poached egg; **pasado mañana** the day after tomorrow (4)

pasado *n.* past

pasado mañana the day after tomorrow (4)

pasaje *m.* passage; ticket; fare, price (*of a transportation ticket*) (7)

pasajero/a passenger (7)

pasaporte *m.* passport (18)

pasar to happen (5); to pass; to spend (*time*) (5); **pasar la aspiradora** to vacuum (9); **pasar las vacaciones en...** to spend one's vacation in . . . (7); **pasar por (el control de) seguridad** to go through security (7); **pasarlo bien/mal** to have a good/bad time (8)

pasatiempo pastime (9)

Pascua Easter (8); **Pascua Judía** Passover; **Isla de Pascua** Easter Island

pasear to take a walk, stroll; to go for a ride; **pasear en bicicleta** to ride a bicycle (9)

paseo walk, stroll (9); **dar un paseo** to take a walk (9)

pasillo hallway (7)

pasión *f.* passion

paso step

pasta pasta; paste; **pasta dental** toothpaste (18); **pasta dentrífica / de dientes** toothpaste

pastar to pasture

pastel *m.* cake (6); pie (6); **pastel de cumpleaños** birthday cake (8)

pastelería pastry shop (18)

pastelito small pastry (18)

pastilla pill (10)

pastor(a) pastor

patata potato (6); **patatas fritas** French fries (6)

patín *m.* skate (12)

patinar to skate (9); **patinar en línea** to inline skate (9)

patio patio; yard (4)

patojo/a guy/gal (*sl. Guat.*)

Patricio: Día (*m.*) **de San Patricio** St. Patrick's Day

patrimonio patrimony; **patrimonio oral** oral history

patrón, patrona *adj.* patron; boss

pavimentado/a paved

pavo real peacock

pavo turkey (6)

paz *f.* (*pl.* **paces**) peace (17); **mantener** (*like* **tener**) **la paz** to maintain peace (17); **vivir en paz** to live in peace

PDA *m.* PDA (12)

pedir (pido) (i) to ask for (4); to order (*in a restaurant*) (4); **pedir disculpas** to apologize (11); **pedir prestado/a** to borrow (16)

pegar (gu) to hit (9); **pegarse con/contra/en** to run, bump into (11)

peinarse to comb one's hair (4)

pelado/a peeled

pelear to fight (9)

película movie (4); film; **ir a ver una película** to go to the movies; **rollo de película** roll of film

peligro danger; **especie** (*f.*) **en peligro de extinción** endangered species (14)

peligroso/a dangerous

pelo hair; **corte** (*m.*) **de pelo** haircut; **tomarle el pelo** to pull someone's leg

pelota ball

peluquero/a hairstylist (15)

pendiente *m.* earring

penicilina penicillin

península peninsula

pensar (pienso) (en) to think (about) (4); **pensar + inf.** to intend/plan to (*do something*) (4)

pensión *f.* boardinghouse (18); **media pensión** room with breakfast and one other meal (18); **pensión completa** room and full board (18)

penúltimo/a next-to-last

peor worse (5); **ir de mal en peor** to go from bad to worse

pepino cucumber

pequeño/a small (2)

percibir to perceive

perder (pierdo) to lose (4); to miss (*a function*) (4)

pérdida loss

perdón pardon me, excuse me (AT)

perdonar to forgive

peregrinaje *m.* pilgrimage

perejil *m.* parsley

perezoso/a lazy (2)

perfecto/a lazy

perfil *m.* profile

perfume *m.* perfume

periódico newspaper (2)

periodista *m., f.* journalist (16)

período period (*of time*)

perla pearl

permanecer (permanezco) to remain, stay

permanente permanent

permiso permission; permit; **con permiso** excuse me (AT)

permitir to permit, allow (12)

pero but (AT)

perpetuo/a perpetual

perro dog (2)

perseguir (*like* seguir) to chase; to pursue

persianas (window) shades, blinds

persona person (1)

personalidad *f.* personality

personalmente personally

perspectiva perspective

persuasivo/a persuasive

pertenecer (pertenezco) a to belong to

perturbar to bother, perturb

peruano/a *n., adj.* Peruvian

pesado/a heavy; difficult; boring (9)

pesar to weigh; **a pesar de** in spite of

pescado fish (*cooked*) (6)

pesimista *m., f.* pessimistic

peso weight; **tener exceso de peso** to be overweight

pesticida pesticide

petróleo petroleum, oil

petrolero/a *adj.* petroleum; oil; **buque** (*m.*) **petrolero** oil tanker

petrolífera *adj.* oil-bearing

pez *m.* (*pl.* **peces**) fish (14)

picado/a chopped

picadura sting

picante hot, spicy (6)

picazón *m.* itch; stinging

Picis *m.* Pisces

picnic *m.:* **hacer un** *picnic* to go on a picnic (9)

pie *m.* foot (11); **a pie** on foot; **dedo del**

pie toe (11); **levantarse con el pie izquierdo** to get up on the wrong side of the bed (11)

pierna leg (11)

Pilates *m. inv.:* (**método**) **Pilates** Pilates (method) (10); **hacer Pilates** to do Pilates (10)

píldora pill

pileta bathroom sink

piloto pilot

pimienta pepper (6)

pingüino penguin

pino pine

pintar to paint (9); **pintar las paredes** to paint the walls (9)

pintor(a) painter (13)

pintoresco/a picturesque

pintura paint; painting (*general*) (13); painting (*piece of art*) (13)

pirámide *f.* pyramid

pirata *m., f.* pirate

Pirineos Pyrenees

pisar to step on, tread on

piscina swimming pool (4)

piscolabis *m.* snack

piso floor (*of a building*) (12); apartment; **barrer el piso** to sweep the floor (9); **primer/segundo piso** first/second floor (12)

pizarra chalkboard (1)

pizzería pizza parlor

placer *m.* pleasure

plan *m.* plan (9); **hacer planes (para)** to make plans to (9)

planchar to iron (9)

planeación *f.* plan

planeta *m.* planet

plano *m.* map; blueprint

plano/a flat; **pantalla plana** flat screen (12); **tarifa plana** flat rate

planta plant; floor (*of a building*) (12); **planta baja** ground floor (12)

plantación *f.* plantation

plantar cara a to confront

plástico *n.* plastic

plata *n.* silver (3)

plataforma platform

platería silversmithing

plato dish (*plate*) (4); dish (6); course (6); **fregar (friego) (gu) los platos** to do the dishes; **lavar los platos** to wash dishes (9)

playa beach (5)

plazo deadline (11); **a plazos** in installments (16); **poner plazo** to set a deadline

plena *narrative musical form from the coasts of Puerto Rico*

plomero/a plumber (15)

pluma pen

pluscuamperfecto *gram.* pluperfect (*tense*)

población *f.* population (14)

poblado/a populated

pobre *n. m., f.* poor person; *adj.* poor (2)

pobreza poverty

poco *adv.* little (3); **dentro de poco** in a little while; **poco a poco** little by little; **un poco (de)** a little bit (of) (1)

poco/a *adj.* little, few (3)

poder *n. m.* power

poder to be able to, can (3)

poderoso/a powerful

poema *m.* poem

poemario collection of poetry

poesía poetry; **recital** (*m.*) **de poesía** poetry reading

poeta *m., f.* poet (13)

poético/a poetic

polen *m.* pollen

policía *m., f.* police officer (14); *f.* police (*force*); **mujer** (*f.*) **policía** policewoman

policial *adj.* police

poliomielitis *f.* polio

política politics (17)

político/a *n.* politician (17); *adj.* political; **ciencias políticas** political science (1)

pollera *type of skirt made of various layers*

pollo chicken (6); **pollo asado** roast chicken (6); **pollo frito** fried chicken

polvillo fine dust

polvo dust; **quitar el polvo** to dust

pomposo/a pompous

poner (*p.p.* **puesto**) to put, place (4); **poner la mesa** to set the table (9); **poner plazo** to set a deadline; **ponerle una inyección** to give (someone) a shot, injection (10); **ponerle una vacuna** to give (someone) a vaccination; **ponerse** to put on (*clothing*) (4); **ponerse + *adj.*** to get, become + *adj.* (8); **ponerse en contacto con** to get in touch with

pontificio/a pontifical

popularidad *f.* popularity

por *prep.* about (5); because of (5); by; for (7); through (7); during; along; by way of; **gracias por** thanks for (8); **por año** yearly, per year; **por ciento** percent; **por completo** completely; **por Dios** for heaven's sake (11); **por ejemplo** for example (11); **por eso** therefore (2); **por favor** please (AT); **por fin** at last (4); **por la mañana** in the morning (1); **por la noche** in the evening, at night (1); **por la tarde** in the afternoon (1); **por lo general** in general (4); **por lo menos** at least (11); **por medio de** by means of; **por otra parte** on the other hand; **por otro lado** on the other hand; **por primera vez** for the first time (11); **¿por qué?** why? (2); **por si acaso** just in case (11); **¡por supuesto!** of course! (11); **por todas partes** everywhere (11); **por última vez** for the last time (11); **por un lado** on the one hand

porcentaje *m.* percentage
porción *f.* portion
porque because (2)
portada entryway
portarse (bien/mal) to behave well/badly (8)
portátil portable; **computadora portátil** laptop; **radio portátil** (portable) radio (*apparatus*) (12); **televisor** (*m.*) **portátil** portable television
portavoz *m.* (*pl.* **portavoces**) spokesperson
porteño/a *resident of Buenos Aires*
portero/a building manager (12); doorman (12)
portugués *m.* Portuguese (*language*)
portugués, portuguesa *n., adj.* Portuguese
posada inn; *pl.* December celebration of Mexico that re-enacts the travels of Joseph and Mary
posesión *f.* possession
posesivo/a possessive
posibilidad *f.* possibility
posible possible (2); **es posible que...** it's possible that . . .
posición *f.* position
positivo/a positive
postal: tarjeta postal postcard (7)
postre *m.* dessert (6)
postularse (a un cargo como candidato) to run (*for office as a candidate*) (17)
potable: agua (*f. but* **el agua**) **potable** drinkable water
potencial *m.* potential
potosino/a *of or pertaining to San Luis Potosí* (*Mexico*)
pozo well
práctica practice
practicar (qu) to practice (1); **practicar el alpinismo** to mountain climb; **practicar un deporte** to play, practice a sport
práctico/a practical
pradera prairie
preadolescencia preadolescence
precio (fijo) (fixed) price (3)
precioso/a precious
precipicio precipice
precipitado/a hasty
precisamente precisely
precolombino/a pre-Columbian
predicción *f.* prediction
preescolar *m., f.* preschooler
preferencia preference (AT)
preferible preferable; **es preferible que...** it's preferable that . . .
preferir (prefiero) (i) to prefer (3)
pregunta question (4); **hacer una pregunta** to ask a question (4)
preguntar to ask (*a question*) (6)
prehispánico/a pre-Hispanic
prejuicio prejudice
prematuro/a premature

premio award; prize
prenda article of clothing
prender to turn on (*lights or an appliance*)
prensa press (media) (17)
prensado/a pressed
preocupación *f.* worry
preocupado/a worried (5)
preocupante worrisome
preparación *f.* preparation
preparar to prepare (6)
preparativo preparation
preposición *f. gram.* preposition
presa capture
presencia presence
presentación *f.* presentation
presentar to present; to introduce
presente *m.* present (*time*); *gram.* present tense
preservación *f.* preservation
presidencia presidency
presidencial presidential
presidente/a president
presión *f.* pressure (11); **sufrir (muchas) presiones** to be under (a lot of) stress (11)
prestado/a: **pedir prestado/a** to borrow (16)
préstamo loan (16)
prestar to loan (7)
prestigio prestige
presupuesto budget (16)
pretérito *gram.* preterite (*tense*)
primario/a primary; **bosque** (*m.*) **primario** old-growth forest; **escuela primaria** elementary school
primavera spring (5)
primer, primero/a *adj.* first (4); **a primera vista** at first sight (15); **de primera** first-class; **primera clase** first class (7); **primera comunión** first communion; **el primero de** the first of (*month*) (5); **primer ministro / primera ministra** prime minister; **primer piso** first floor (12); **por primera vez** for the first time
primero *adj.* first (4)
primo/a cousin (2)
principal main, principle
príncipe *m.* prince
principio beginning (16); **a principios de** at the beginning of; **al principio** in the beginning, at first; **al principio de** at the beginning of (16)
prisa hurry (3); **tener prisa** to be in a hurry (3)
prisionero/a prisoner
privado/a private
privilegio privilege
probabilidad *f.* probability
probable probable (13); **es probable que...** it's probable, likely that . . . (13)
probar (pruebo) to try, taste
problema *m.* problem

procesión *f.* procession
proceso process
procurar to procure
producción *f.* production
producir (*like* **conducir**) to produce
producto product
profesión *f.* profession
profesor(a) professor (1)
profundidad *f.* depth
profundizar (c) to deepen
profundo/a deep
programa *m.* program
programación *f.* programming
programador(a) programmer (15)
progresista *m., adj.* progressive
progresivo *gram.* progressive
prohibir (prohíbo) to prohibit (12)
prolífico/a prolific
promedio average
prometer to promise (7)
pronombre *m. gram.* pronoun (1); **pronombre personal** personal pronoun (1)
pronominal *adj.* pronoun
pronto soon; **hasta pronto** see you soon; **tan pronto como** as soon as (16)
pronunciación *f.* pronunciation
pronunciar to pronounce
propiedad *f.* property
propina tip (18)
propio/a *adj.* own
proponer (*like* **poner**) to propose
proporcionar to provide
propósito purpose
prórroga extension
próspero/a prosperous
protagonista *m., f.* protagonist
protección *f.* protection
proteger (protejo) to protect (14)
proteína protein
protesta protest
protestar to protest
proveer (*like* **ver**) to provide
provenir (*like* **venir**) to come from
proverbio proverb
providencia providence
provincia province
provocar (qu) to provoke
provocativo/a provocative
proximidad *f.* proximity
próximo/a next (4); **el próximo año** next year; **el próximo martes** next Tuesday (4)
proyección *f.* projection
proyecto project
prudente *m., adj.* prudent
prueba quiz (11); test (11)
psicología psychology
psíquico/a psychic
publicación *f.* publication
publicar (qu) to publish
publicidad *f.* publicity
publicitario: anuncio publicitario commercial, ad

público/a public (14)
pueblo town
puente *m.* bridge
puerco pig
puerta door (1)
puerto port (7)
puertorriqueño/a *n., adj.* Puerto Rican
pues *conj.* since, because, for; *adv.* then, well, all right
puesto job; position; place (*in line*) (7); **guardar (un puesto)** to save (*a place*) [in line] (7)
puesto/a (*p.p. of* **poner**): **llevar puesto/a** to have on
pulgada inch
pulgar *m.* thumb
pulmón *m.* lung (10)
pulóver *m.* sweater (*Arg.*)
pulpería grocery store (*C.A.*)
punta point, tip
punto point; **en punto** on the dot (*time*) (AT); **punto cardinal** cardinal direction (5); **punto de partida** starting point, point of departure; **punto de vista** point of view
puntual punctual
purista *m., f.* purist
puro *n.* cigar
puro/a pure (14); **aire** (*m.*) **puro** clean air
púrpura purple
purpúreo/a purple

Q

que that (2); which; who (2); **así que** therefore, consequently, so; **hasta que** *conj.* until (16); **hay que** + *inf.* it's necessary to (*do something*) (13); **lo que** what, that which (4); **más... que** more . . . than (5); **menos... que** less . . . than (5)
¿qué? what? (AT); which? (AT); **¿por qué?** why? **¿qué día es hoy?** what day is today? (4); **¿qué fecha es hoy?** what's today's date? (5); **¿qué hora es?** what time is it? (AT); **¿qué onda?** what's new/happening?; **¿qué tal?** how are you? (AT); **¡qué... ! ¿qué tiempo hace?** what's the weather like? (5)
¡qué... ! what . . . !; **¡qué** + *adj.*! how . . . + *adj.*! (11); **¡qué barbaridad!** how awful!; **¡qué chévere!** cool!; **¡qué extraño que... !** how strange that . . . ! (13); **¡qué ganga!** what a bargain; **¡qué lástima que... !** what a shame that . . . ! (13); **¡qué mala suerte!** what bad luck!; **¡qué torpe!** how clumsy!
quebrar(se) (**[me] quiebro**) to break
quechua *m.* Quechua (*indigenous South American language*)
quedar to remain, be left (11); to be situated; **quedarse** to stay, remain (*in a place*) (5)
quehacer *m.* chore; **quehacer doméstico** household chore (9)

quejarse (de) to complain (about) (7)
quemar to burn
quena *South American panpipe*
querer to want (3); **quererse** to love each other (10); to be fond of each other (10); **eso quiere decir...** that means . . . (10); **fue sin querer** it was unintentional (11)
querido/a dear (5)
queso cheese (6)
quien(es) who, whom
¿quién(es)? who? (1); whom? (1); **¿de quién?** whose? (2)
quijongo *instrument consisting of a single-string bow with a gourd resonator*
química chemistry (1)
quince fifteen (AT); **menos quince** fifteen till (*the hour*) (AT); **y quince** fifteen past (*the hour*) (AT)
quinceañera *young woman's fifteenth birthday party*
quinientos/as five hundred (3)
quinta country house
quinto/a fifth (13)
quiosco kiosk (18)
quitar to remove; **quitar la mesa** to clear the table (9); **quitar el polvo** to dust; **quitarse** to take off (*clothing*) (4)
quizá(s) perhaps

R

rabia rage
rabino/a rabbi
radical *m. gram.* stem
radio *m.* radius; **radio (portátil)** (portable) radio (*apparatus*) (12); *f.* radio (*medium*); **estación** (*f.*) **de radio** radio station
radioyente *m., f.* radio listener; *m., pl.* radio audience
raíz *f.* (*pl.* **raíces**) root
rama branch
rana frog
ranchero/a *adj.* ranch; **música ranchera** *traditional music of Mexico sung by mariachis*
rancho ranch
rapidez *f.* speed; **con rapidez** quickly
rápido *adv.* quickly
rápido/a fast; **comida rápida** fast food
rascacielos *m. inv.* skyscraper (14)
rato *n.* while, short time; **ratos libres** spare (free) time (9)
ratón *m.* mouse (12)
raya: de rayas striped (3)
raza race; **Día** (*m.*) **de la Raza** Columbus Day (Hispanic Awareness Day)
razón *f.* reason; **no tener razón** to be wrong (3); **tener razón** to be right (3)
reacción *f.* reaction
reaccionar to react
real real; royal; **pavo real** peacock
realidad *f.* reality

realista *m., f.* realist; *adj.* realistic
realizar (**c**) to achieve, attain
reanudar to renew
rebaja sale, reduction (3); **estar en rebaja** to be on sale
rebajar to lower
rebelde *n. m., f.* rebel; *adj.* rebellious
rebelión *f.* rebellion
recado written note
recámara bedroom
recepción *f.* reception; front desk (18)
recepcionista *m., f.* receptionist
receptor *m.* receptor
receta recipe (6); prescription (10)
recetar to prescribe
recibir to receive (2)
recibo receipt
reciclaje *m.* recycling (1)
reciclar to recycle (14)
recién *adv.* newly, recently; **recién casado/a (con)** newlywed (to) (15)
reciente recent
recíproco/a reciprocal
recital *m.* **de poesía** poetry reading
reclinado/a reclined
recoger (recojo) to collect (11); to pick up (11)
recomendable recommendable
recomendación *f.* recommendation; **carta de recomendación** letter of recommendation
recomendar (recomiendo) to recommend (7)
reconocer (reconozco) to recognize
reconquista reconquest
recordar (recuerdo) to remember (8)
recorrer to cross; to go through
recortar to cut out
recorte *m.* clipping
recreo recess
recto/a straight
rector(a) university president
recubanizar (**c**) to become Cuban again
recuerdo memory; souvenir
recuperación *f.* recuperation
recuperar to recuperate
recurso resource (14); **recurso natural** natural resource (14)
Red *f.* Internet; Net (12); **navegar** (**gu**) **la Red** to surf the Internet (12)
redacción *f.* editing
redecorado/a redecorated
redondo/a round
reducción *f.* reduction
reducir (*like* **conducir**) to reduce
reencarnación *f.* reincarnation
referencia reference
referirse (refiero) (i) (a) to refer (to)
refinar to refine
refinería refinery
reflejar to reflect
reflejo reflection

reflexivo/a reflexive

refrán *m.* saying, proverb

refresco soft drink (6)

refrigerador *m.* refrigerator (9)

refrigerar to refrigerate

refugiarse to take refuge

refugio refuge

regalar to give as a gift (7)

regalo gift (2)

regatear to barter (3)

región *f.* region

registrar to search, examine (18)

regla rule

regordete, regordeta full; plump

regresar to return (*to a place*) (1); **regresar a casa** to go home (1)

regulador (*m.*) **termómetro** thermostat

regular so-so, OK (AT)

reina queen (17)

reino kingdom

reír(se) de to laugh (at) (8)

relación *f.* relation; relationship (15); **con relación a** regarding

relacionarse con to be related to

relajante relaxing

relajarse to relax

relativo/a relative

religión *f.* religion

religioso/a religious

rellenar to fill

relleno/a full, filled

reloj *m.* watch (3)

remedio remedy

remolcar (**qu**) to tow

remoto/a remote; **control** (*m.*) **remoto** remote control (12)

renombrado/a renowned

renovar to renovate

renunciar (**a**) to resign (from) (16)

reparar to repair (14)

repaso review

repente: de repente suddenly (10)

repetición *f.* repetition

repetir (**repito**) (**i**) to repeat

repetitivo/a repetitive

repique: tambor (*m.*) **repique** *typical drum of Uruguay (used in Candombe music)*

réplica replica

reportaje *m.* report

reportero/a journalist (17); **reportero/a deportivo/a** sports reporter

repostería confectioner's, cake shop

represa dam

representación *f.* representation

representante *n. m., f.* representative

representativo/a *adj.* representative

república republic

republicano/a Republican

requerir (**requiero**) (**i**) to require

requisito requirement

res *f.* beast, animal

reserva reserve; reservation (*Sp.*); **hacer reserva** to make a reservation

reservación *f.* reservation (18); **hacer una reservación** to make a reservation

resfriado *n.* cold (*illness*) (10)

resfriado/a *adj.* congested, stuffed up (10)

resfriarse (**me resfrío**) to get a cold (10)

residencia dormitory (1)

residencial residential

residente *m., f.* resident

resignado/a resigned

resistir to resist

resolver (**resuelvo**) (*p.p.* **resuelto**) to resolve (14)

respectivo/a respective

respecto: (con) respecto a with regard to, with respect to

respetar to respect

respeto respect

respiración *f.* breath

respirar to breathe (10)

responder to respond

responsabilidad *f.* responsibility (17)

responsabilizar (**c**) to make responsible (for)

responsable responsible

respuesta answer (5)

restaurado/a restored

restaurante *m.* restaurant (4)

resto rest; *pl.* remains

restricción *f.* restriction

resucitar to resuscitate

resuelto/a (*p.p. of* **resolver**) resolved

resultar to result

resumen *m.* summary; **en resumen** in summary

retirarse to retire

retrato portrait

retumbar to resound, thunder

reunión *f.* reunion

reunirse (**me reúno**) (**con**) to get together (with) (8)

reverenciado/a revered

revés: al revés backward

revisar to check (14); **revisar el aceite** to check the oil (14)

revista magazine (2)

revolución *f.* revolution

revolucionario/a revolutionary

revolver (*like* **volver**) to revolve

rey *m.* king (17); **Día** (*m.*) **de los Reyes Magos** Day of the Magi (Three Kings)

rezar (**c**) to pray

Ricitos de Oro Goldilocks

rico/a rich (2); delicious (6)

ridículo ridiculous

riesgoso/a risky

rima rhyme

rincón *m.* corner

rinoceronte *m.* rhinoceros

río river (14)

riqueza wealth

risa laughter

ritmo rhythm (14)

robar to rob, steal

robo theft

robot *m.* robot

rocoso/a rocky

rodaja slice

rodear to surround

rojo/a red (3); **Caperucita Roja** Little Red Ridinghood

rollo de película roll of film

Roma Rome

romano/a *n., adj.* Roman

romántico/a romantic

romper(se) (*p.p.* **roto**) to break (11); **romper con** to break up with (15)

rondalla *group of serenaders or minstrels*

ropa clothes, clothing (3); **ropa interior** underwear (3); **planchar la ropa** to iron clothing (9)

ropero armoire

rosa rose

rosado/a pink (3)

roto/a (*p.p. of* **romper**) broken

rotulador *m.* felt-tipped pen

rubio/a blond(e) (2)

rueda wheel, tire; **rueda de molino** treadmill (10)

ruido noise (4)

ruidoso/a noisy

ruina ruin (13)

ruptura rupture

ruso Russian (*language*)

ruso/a *n., adj.* Russian

rutina routine (14); **rutina diaria** daily routine (4)

rutinario/a *adj.* routine

S

sábado Saturday (4)

sábana sheet (18)

saber to know (6); **saber** + *inf.* to know how to (*do something*) (6)

sabiduría wisdom

sabor *m.* taste; flavor

sabroso/a tasty

sacar (**qu**) to withdraw, take out (*money*) (16); to take (*photos*) (7); to get (*grades*) (11); to extract; **sacar buenas/malas notas** to get good/bad grades (11); **sacar dinero** to withdraw money; **sacar fotos** to take pictures (7); **sacar la basura** to take out the garbage (9); **sacar la lengua** to stick out one's tongue (10); **sacar un diente / una muela** to pull a tooth (10)

sacerdote *m.* priest

sacrificio sacrifice

sacudir los muebles to dust the furniture (9)

safari: ir de safari to go on a safari

Sagitario Sagittarius

sagrado/a sacred

sal *f.* salt (6)

sala room; living room (4); **sala de**

clase classroom; **sala de emergencias/urgencia** emergency room (10); **sala de espera** waiting room (7); **sala de fumar/fumadores** smoking area (7)

salado/a: agua (*f. but* **el agua**) **salada** saltwater

salar *m.* salt mine

salario pay, wages (16)

salchicha sausage (6)

salida departure (7)

salir (de) to leave (*a place*) (4); **salir bien/mal** to turn/come out well/badly (4); **salir con** to go out with (4); **salir de vacaciones** to leave on vacation (7); **salir para** to leave for (*a place*) (4)

salmón *m.* salmon (6)

salón *m.* room; **salón de baile** ballroom; **salón de clase** classroom (1); **baile** (*m.*) **de salón** ballroom dance

salsa sauce; salsa (*music*)

salto waterfall

salud *f.* health (10)

saludable healthy; **llevar una vida saludable** to lead a healthy life

saludarse to greet each other (10)

saludo greeting (AT)

salvadoreño/a *n., adj.* Salvadoran

salvaje: animal (*m.*) **salvaje** wild animal (14)

san, santo/a *n.* saint; **Día** (*m.*) **de San Patricio** St. Patrick's Day; **Día** (*m.*) **de San Valentín** St. Valentine's Day; **Día** (*m.*) **de Todos los Santos** All Saints Day

sandalias sandals (3)

sándwich *m.* sandwich (6)

sangre *f.* blood (10)

sanitario/a sanitary

sano/a healthy (10); **comer comidas sanas** to eat healthy food; **llevar una vida sana** to lead a healthy life (10)

santo/a holy; **Semana Santa** Holy Week

sardana *traditional dance of the region of Catalonia, Spain*

sartén *f.* skillet; **caer de la sartén al fuego** to go from the frying pan to the fire

satélite *m.* satellite

satisfacción *f.* satisfaction

satisfacer (*like* **hacer**) to satisfy

satisfactorio/a satisfactory

Saudita: Arabia Saudita Saudi Arabia

sazonador(a) *adj.* seasoning

secadora clothes dryer (9)

sección *f.* section

seco/a dry; **seco; limpiar en seco** to dry clean

secretario/a secretary (1)

secreto secret; **guardar en secreto** to keep as a secret

sector *m.* sector

secuencia sequence

secundario/a secondary; **escuela secundaria** high school

sed *f.* thirst; **tener** (**mucha**) **sed** to be (very) thirsty (6)

seda silk (3); **es de seda** it's (made of) silk (3)

seguida: en seguida right away (10)

seguir (sigo) (i) to keep on going (14); to continue (5)

según according to (2)

segundo *n.* second (*time*)

segundo/a second (13); **segundo piso** second floor (12)

seguridad *f.* security (17); **pasar por (el control de) seguridad** to go through security (7)

seguro/a *adj.* sure, certain (5); **es seguro que...** it's a sure thing that ... (13); (**no**) **estar seguro/a (de)** to be (un)sure (of)

seguro/a *n.* insurance; **seguro social** social security

seis six (AT)

seiscientos/as six hundred (3)

selección *f.* selection

seleccionar to select

sellado/a sealed

sello stamp (*Sp.*)

selva jungle; **selva tropical** tropical jungle; **Selva Amazonas** Amazon Jungle; **Selva Amazónica** Amazon Jungle

semáforo traffic signal (14)

semana week (4); **día** (*m.*) **de semana** weekday; **fin** (*m.*) **de semana** weekend (1); **la semana que viene** next week (4); **Semana Santa** Holy Week; **una vez a la semana** once a week (2)

semejante similar

semejanza similarity

semestre *m.* semester

semiabierto/a partially open

semilla seed

semillero nursery; hot-bed

senador(a) senator

sencillo/a simple

senda path

sendero path

sensación *f.* sensation

sensible sensitive

sentado/a seated, sitting

sentarse (me siento) to sit down (4)

sentencia judgment, verdict, sentence

sentido meaning; sense

sentimental sentimental (15)

sentimiento feeling

sentir (siento) (i) to regret (13); to feel sorry (13); **¡lo siento (mucho)!** I'm (very) sorry! (11); **sentirse** to feel (*an emotion*) (8); **sentirse mal** to feel badly; to feel ill

señor (Sr.) *m.* man; Mr.; sir (AT)

señora (Sra.) woman; Mrs.; ma'am (AT)

señorita (Srta.) young woman; Miss; Ms. (AT)

separación *f.* separation (15)

separado/a separate

separar to separate; **separarse (de)** to separate (from) (15)

septiembre *m.* September (5)

séptimo/a seventh (13)

ser (*m.*) **humano** human being

ser to be (2); **ser** + *profession* to be a/an (*profession*); **ser aburrido/a** to be boring (9); **ser aficionado/a (a)** to be a fan (of) (9); **ser alérgico/a (a)** to be allergic (to); **ser divertido/a** to be fun (9); **ser en** + *place* to take place in/at (*a place*) (8); **¿cuál es la fecha de hoy?** what is today's date? (5); **¿cuánto es?** how mucho is it? (3); **¿de qué color es?** what color is it? (3); **¿qué hora es?** what time is it? (AT); **es he/she/it is** (AT); **eres** you (*fam. s.*) are (AT); **es de algodón/cuero/lana/oro/plata/seda** it's (made of) cotton/leather/wool/gold/silver/silk (3); **es absurdo que...** it's absurd that ... (13); **es cierto que...** it's true that ... (13); **es de...** it is made of ... (13); **es extraño que...** it's strange that ... (13); **es hora de** + *inf.* it's time to (*do something*); **es(im)posible que...** it's impossible that ... (13); **es improbable que...** it's unlikely that ... (13); **es increíble que...** it's incredible that ... (13); **es la una** it's one o'clock (AT); **es preferible que...** it's preferable that ... (13); **es seguro que...** it's a sure thing that ... (13); **es terrible que...** it's terrible that ... (13); **es urgente que...** it's urgent that ... (13); **es una lástima que...** it's a shame that ... (13); **ayer fue (miércoles...)** yesterday was (Wednesday ...) (4); **fue sin querer** it was unintentional (11); **llegar (gu) a ser** to become; **son las...** it's ... o'clock (AT); **soy** I am (AT)

serie *f.* series

serio/a serious

servicio service (14); **servicio de cuartos** room service (18); **servicio militar** military service (17); **servicios públicos** public services

servilleta napkin

servir (sirvo) (i) to serve (4)

sesenta sixty (2)

sesión *f.* session

setecientos/as seven hundred (3)

setenta seventy (2)

severo/a severe

sevillano/a *n.* person from Seville; *adj.* of/from Seville

sevillista *n.* person from Seville; *adj.* of/from Seville

sexo sex

sexto/a sixth (13)

si if (2); **por si acaso** just in case (11)

sí yes (AT); **sí, me gusta...** yes, I like ... (AT)

sicoanálisis *m. inv.* psychoanalysis

sicología psychology (1)
sicólogo/a psychologist (16)
siempre always (2)
sierra mountain
siesta nap (4); **dormir (duermo) (u) la siesta** to take a nap (4); **echarse una siesta** to take a nap
siete seven (AT)
siglo century
significado meaning
significar (qu) to mean
signo sign
siguiente *adj.* following (4)
sílaba syllable
silencio silence
silenciosamente silently
silla chair (1)
sillón *m.* armchair (4)
silvestre wild (*of plants*)
simbólico/a symbolic
símbolo symbol
simpático/a nice, likeable (2)
simular to simulate
sin without (4); **sin duda** without a doubt; **sin embargo** nevertheless (5); **sin hogar** homeless; **fue sin querer** it was unintentional (11)
sinceridad *f.* sincerity
sincero/a sincere
sino but (rather); **sino que** *conj.* but (rather)
sinónimo synonym
sintético/a synthetic
síntoma *m.* symptom (10)
siquiatra *m., f.* psychiatrist (16)
sistema *m.* system; **sistema GPS** GPS; **sistema inmunológico** immune system; **sistema solar** solar system; **analista** (*m., f.*) **de sistemas** systems analyst (16)
sitio place, location; room (*space*); **sitio Web** website
situación *f.* situation; **situación de urgencia** emergency
situado/a situated
sobre *n. m.* envelope (18); *prep.* on; on top of; over; about; **sobre todo** especially; above all
sobrepoblación *f.* overpopulation
sobreponer (*like* **poner**) to superimpose
sobrino/a nephew/niece (2)
social social; **seguro social** social security; **asistente** (*m., f.*) **social** social worker; **trabajador(a) social** social worker (16)
sociedad *f.* society
sociología sociology (1)
socorro help, aid
sofá *m.* sofa (4)
sofisticado/a sophisticated
software *m.* software
sol *m.* sun; **hace (mucho) sol** it's (very) sunny (5); **tomar el sol** to sunbathe (7)
solamente only

solar solar; **energía solar** solar energy; **sistema** (*m.*) **solar** solar system
solas: a solas alone
soldado/a soldier (16); **mujer** (*f.*) **soldado** female soldier (16)
soleado/a sunny
soledad *f.* solitude
soler (suelo) + *inf.* to be in the habit / accustomed to (*doing something*)
solicitado/a requested
solicitar to request; to apply for
solicitud *f.* application (*form*) (16); **llenar una solicitud** to fill out an application (16)
sólo *adv.* only (1)
solo/a *adj.* alone (4); single
soltero/a single, unmarried (2)
solución *f.* solution
solucionar to solve
sombrero hat (3); **sombrero hongo** bowler hat, derby
sonar (sueno) to ring (9); to sound (9)
sonido sound
sonreír(se) (*like* **reír**) to smile (8)
soñar (sueño) (con) to dream (about)
sopa soup (6)
sopera soup tureen
sorprender to surprise; **me (te, le...) sorprende que...** it surprises me (you, him . . .) that (13)
sorpresa surprise (8); **fiesta de sorpresa** surprise party
sostener (*like* **tener**) to sustain
soy I am (AT); **yo soy de** I am from (AT)
su(s) *poss. adj.* his, her, its, your (*form. s.*); their, your (*form. pl.*) (2)
subir to climb; to go up (7); to get in/on (*a vehicle*) (7); to take, carry up
subjuntivo/a *gram.* subjunctive
submarino submarine
subordinado/a *gram.* subordinate
subrayar to underline
substancialmente substantially
subtítulo subtitle
suburbios slums
suceso happening
sucio/a dirty (5)
sudadera sweatshirt (3)
Sudáfrica South Africa
Sudamérica South America
sudamericano/a *n., adj.* South American
Suecia Sweden
suegro/a father-in-law / mother-in-law
sueldo salary (12); **aumento de sueldo** raise (*in salary*) (12)
suelo floor
sueño dream; **tener sueño** to be tired (3); **viaje** (*m.*) **de sueños** dream trip (18)
suerte *f.* luck (11); **¡qué mala suerte!** what bad luck!; **tener buena/mala suerte** to have good/bad luck (11)
suéter *m.* sweater (3)
suficiente enough, sufficient; **dormir**

(duermo) (u) lo suficiente to sleep enough (10); **lo suficiente** enough (10)
sufijo *gram.* suffix
sufrir to suffer (11); **sufrir (muchas) presiones** to be under (a lot of) stress (11)
sugerencia suggestion
sugerir (sugiero) (i) to suggest (8)
Suiza Switzerland
sujeto subject
sultán *m.* sultan
suma sum
Superhombre *m.* Superman
superior higher; **escuela superior** high school
superlativo *n. gram.* superlative
supermercado supermarket
supervisar to supervise
supervisión *f.* supervision
supervisor(a) supervisor
supuesto: ¡por supuesto! of course! (11)
sur *m.* south (5)
sureño/a southern
surfing: hacer surfing to surf
surgir (surjo) to arise
suroeste *m.* southwest
surrealista *adj. m., f.* surrealistic
suscripción *f.* subscription
suspender to suspend
sustancia substance
sustantivo *gram.* noun (1)
sustituir (*like* **construir**) to substitute
SUV *m.* SUV (14)
suyo/a(s) *poss. adj.* your (*form.*); his, her, its, their (17); *poss. pron.* (of) your, yours (*form.*) (17); (of) his, her, its, their (17); (of) theirs (17)

T

tabacalero/a *adj.* pertaining to tobacco
tabaco tobacco
tabla table, chart
tablero chalkboard
tabú *f.* taboo
táctil: pantalla táctil touch screen
Tailandia Thailand
taíno *pre-Columbian culture of the Caribbean*
tal such, such a; **con tal (de) que** *conj.* provided (that) (15); **¿qué tal?** how are you (doing)? (AT); **tal como** just as; **tal vez** perhaps
taladro drill
talento talent
talentoso/a talented
tallado/a carved
taller *m.* (repair) shop (14)
talonario de cheques checkbook (*Sp.*)
tamal *m.* tamale
tamalada *get-together to make and eat tamales*
tamaño size

también also (AT)

tambor *m.* drum; **tambor repique** *typical drum of Uruguay (used in Candombe music)*

tampoco neither, not either (6)

tan *adv.* so; as; **tan... como** as . . . as (5); **tan pronto como** as soon as (16)

tango *dance of Argentina*

tanque *m.* tank (14)

tanto *adv.* so much; **tanto como** as much as (5)

tanto/a *adj.* as much, so much; such a; *pl.* so many; as many; **tanto/a(s)... como** as much/many . . . as (5)

tanto: estar al tanto to be up to date

tapa appetizer (*Sp.*) (8)

tarde *adv.* late (1)

tarde *n., f.* afternoon (AT); **buenas tardes** good afternoon (AT); **de la tarde** in the afternoon (AT); **por la tarde** in the afternoon (1); *adv.* late

tarea homework (4); chore

tarifa plana flat rate

tarjeta card (6); **tarjeta bancaria** debit card (16); **tarjeta de cobro automático** debit card; **tarjeta de crédito** credit card (6); **tarjeta de cumpleaños** birthday card; **tarjeta de embarque** boarding pass; **tarjeta de identificación** identification card (11); **tarjeta Internet móvil** wireless Internet card; **tarjeta postal** postcard (7)

tarta (de cumpleaños) (birthday) cake

tatuaje *m.* tattoo

Tauro Taurus

taxi *m.* taxi

taza cup (11)

te *d.o. pron. s.* you (*fam.*); *i.o. pron. s.* to/for you (*fam.*); *refl. pron. s.* yourself (*fam.*); **¿cómo te llamas?** what's your (*fam.*) name? (AT); **¿te gusta...?** do you (*fam.*) like . . . ? (AT)

té *m.* tea (6)

teatral theatrical; **obra teatral** play

teatro theater (9); **ir al teatro** to go to the theater (9); **obra de teatro** play (13)

techo roof; ceiling

teclado keyboard

técnico/a *n.* technician (16); *adj.* technical

tecnológico/a technological

tejedor(a) weaver

tejer to weave (13)

tejidos woven goods (13)

tela cloth

telaraña spider web

tele *f.* T.V.

telefonear to call on the telephone

telefónico/a *adj.* telephone; **guía telefónica** telephone book; **llamada telefónica** phone call; **mensaje** (*m.*) **telefónico** phone message; **número de teléfono** phone number

teléfono (celular/móvil) (cellular) telephone (12); **hablar por teléfono** to talk on the phone (1)

telegrama *m.* telegram

telenovela soap opera

televidente *m., f.* television viewer

televisión *f.* television (2); **mirar la televisión** to watch television (2)

televisor *m.* television set

tema *m.* subject, topic

temer to fear (13)

temperatura temperature (10); **tomarle la temperatura** to take someone's temperature (10)

templo temple

temprano *adv.* early

temprano/a *adj.* early

tendencia tendency

tender (tiendo) a to tend to, be inclined to; **tender la cama** to make the bed

tengo I have (2)

tener to have (3); **tener alergia a** to be allergic to; **tener... años** to be . . . years old (2); **tener buena suerte** to have good luck (11); **tener (mucho) calor/frío** to be (very) warm, hot/cold (5); **tener cuidado** to be careful; **tener derecho a** to have the right to; **tener dolor de** to have a pain in (10); **tener en común** to have in common; **tener exceso de peso** to be overweight; **tener éxito** to be successful; **tener fiebre** to have a fever; **tener ganas de** + *inf.* to feel like (*doing something*) (3); **tener (mucha) hambre/sed** to be (very) hungry/thirsty (6); **tener la culpa** to be guilty; **tener lugar** to take place; **tener miedo (de)** to be afraid (of) (3); **tener que** + *inf.* to have to (*do something*) (3); **(no) tener razón** to be right (wrong) (3); **tener sueño** to be tired (3)

tenis *m.* tennis (9); **jugar (juego) (gu) al tenis** to play tennis; **zapato de tenis** tennis shoe (3)

tensión *f.* tension

tenso/a tense

tentación *f.* temptation

tentempié *m.* snack

teoría theory

tepui *m.* flat mountain top

tequila *m.* tequila

terapia therapy

tercer, tercero/a *adj.* third (13)

tercio *n.* third

termal thermal

térmico/a thermal

terminación *f.* ending

terminar to end

término term

termómetro: regulador (*m.*) **de termómetro** thermostat

termostato thermostat

terraza terrace

terremoto earthquake

terrestre terrestrial

terrible terrible (13); **es terrible que...** it's terrible that . . . (13)

territorio territory

terrorismo terrorism (17)

terrorista *n., adj. m., f.* terrorist (17); **ataque** (*m.*) **terrorista** terrorist attack (17)

tesoro treasure

testigo *m., f.* witness (17)

testimonio testimony

texto text; **libro de texto** textbook

ti *obj.* (*of prep.*) you (*fam. s.*) (5)

tibio: huevo tibio por agua poached egg

tiburón *m.* shark

tiempo time (5); weather (5); *gram.* tense; **a tiempo** on time (7); **¿cuánto tiempo hace que... ?** how long has it been since . . .?; **de tiempo completo/parcial** full-time/part-time (11); **hace (muy) buen/mal tiempo** it's (very) good/bad weather (5); **llegar (gu) a tiempo** to arrive on time; **pasar tiempo (con)** to spend time (with); **¿qué tiempo hace hoy?** what's the weather like today? (5); **tiempo libre** free time

tienda shop, store (3); **tienda de acampar** tent; **tienda (de campaña)** tent (7)

tiene he/she has, you (*form. s.*) have (2)

tienes you (*fam. s.*) have (2)

tierra land; Earth (*planet*); soil

tigre *m.* tiger

timbre *m.* stamp (*Sp.*); doorbell

tímido/a shy

tinto/a: vino tinto red wine (6)

tío/a uncle/aunt (2); *pl.* aunts and uncles

típico/a typical

tipo type coll. character, person, guy, dude

tira cómica comic strip

tirar to throw

tiritar to chatter (*teeth*)

títere *m.* puppet

titular to (en)title

título title

toalla towel (18)

toallero towel rack

tocar (qu) to touch; to play (*a musical instrument*) (1); **tocar el claxon** to honk (14); **tocarle a uno** to be someone's turn to (*do something*) (9)

todavía yet; still (5)

todo *adv.* entirely, completely; **de todo** everything (3)

todo/a *n.* whole; all, everything; *adj.* all (2); every (2); each; *pl.* everybody, all; **a toda velocidad** at full speed; **ante todo** above all; first of all; **de todas formas** anyway; **Día** (*m.*) **de Todos los Santos** All Saints' Day; **por todas partes** everywhere (11); **sobre todo** especially; above all; **todo derecho** straight ahead (14); **todo el año** all year; **todo el día** all day; **todos los días** everyday (7) **venden de todo** they sell (have) everything

todoterreno/a all-terrain (14)

tolerante tolerant

tolteca n., adj. m., f.   Toltec

tomar to take (1); to drink (1); **tomar el sol** to sunbathe (7); **tomar en cuenta** to take into account; **tomar una copa** to have a drink; **tomarle el pelo** to pull someone's leg; **tomarle la temperatura** to take someone's temperature (10)

tomate m.   tomato (6)

tonelada ton

tono tone

tonto/a silly, foolish (2)

tope: fecha tope deadline

toque m.   touch

torcido/a twisted

toreo bullfighting

torero/a bullfighter, matador

torneo tournament

torno: en torno a around

toro bull (14); **corrida de toros** bullfight

torpe clumsy (11); **¡qué torpe!** how clumsy!

torre f.   tower

tortilla potato omelet (Sp.); thin unleavened cornmeal or flour pancake (Mex.)

tortuga turtle

tos f.   cough (10)

toser to cough (10)

tostado/a toasted (6); **pan** (m.) **tostado** toast (6)

tostadora toaster (9)

total: en total as a whole

tóxico/a toxic

trabajador(a) worker (16); **trabajador(a) social** social worker (16); adj. hard-working (2)

trabajar to work (1)

trabajo job, work (11); report (11); (piece of) work (11); **compañero(a) de trabajo** co-worker; **trabajo de tiempo completo/parcial** full-time / part-time job (11)

trabalenguas m. inv.   tongue twister

tractor m.   tractor

tradición f.   tradition

tradicional traditional

traducir (like **conducir**)   to translate

traductor(a) translator (16)

traer to bring (4)

traficar (qu) **en drogas** to traffic in / deal drugs

tráfico traffic (14); **embotellamiento/lío de tráfico** traffic jam

tragedia tragedy

trágico/a tragic

trago drink (alcoholic) (18)

traje m.   suit (3); **traje de baño** bathing suit (3)

tranquilidad f.   quiet, calm

tranquilizante calming, quieting

tranquilizar (c)   to calm

tranquilo/a calm, quiet (10); **llevar una vida tranquila** to lead a quiet life (10)

transbordador (m.) **espacial** space shuttle

transición f.   transition

tránsito traffic (14)

transmitir to transmit

transportación f.   transportation

transportar to transport

transporte m.   (means of) transportation (7); **transporte público** public transportation; **medio de transporte** means of transportation (7)

tras prep.   after

trasladarse to move

tratado treaty

tratamiento treatment (10)

tratar to treat; to deal with (a subject); **se trata de** it's a question of; **tratar de** + inf. to try to (do something) (13)

través: a través de across; through; throughout

travesía prank, joke

travieso/a mischievous

trece thirteen (AT)

treinta thirty (AT); **y treinta** half-past / 30 minutes past (the hour) (AT)

tremendo/a tremendous

tren m.   train (7); **choque** (m.) **de trenes** train wreck; **ir en tren** to go/travel by train (7)

trepidar to shake; to vibrate

tres three (AT)

trescientos/as three hundred (3)

tribu f.   tribe

trimestre m.   trimester

triste sad (5)

triunfar to triumph

triunfo triumph, victory

trofeo trophy

tropical tropical; **selva tropical** tropical jungle

trópicos tropics

tropiezo mistake

trozo piece

trucha trout

tú sub. pron. you (fam. s.) (1); **¿y tú?** and you (fam. s.)? (AT)

tu(s) poss. adj. your (fam. s.) (2)

tubería plumbing

tumba tomb

tumbar to knock down

túnel m.   tunnel

turbio/a turbulent

turismo tourism

turista n. m., f.   tourist

turístico/a adj.   tourist; **clase** (f.) **turística** tourist class (7)

turnarse to take turns

turno turn

tuyo/a(s) poss. adj.   your (fam. s.) (17); poss. pron. of yours (fam. s.) (17)

txistu m.   flute-type instrument of the Basque region

U

u or (used instead of **o** before words beginning with **o** or **ho**)

ubicación f.   placement; location

ubicar (qu)   to locate

último/a last, final (11); latest; **de los últimos años** in recent years; **de última moda** trendy (hot) (3); **por última vez** for the last time (11)

umbral m.   threshold; sill

un, uno/a one (AT); ind. art. a, an; **un poco (de)** a little bit (of) (1); **una vez** once; **una vez a la semana** once a week (1)

unánimemente unanimously

único/a adj.   only; unique

unidad f.   unit

unido/a united; **Estados Unidos** United States; **Naciones** (f.) **Unidas** United Nations

unión f.   union

unir to join (together); to unite

universidad f.   university (1)

universitario/a (of the) university (11)

unívoco/a univocal, of one voice; unambiguous

unos/as ind. art. some, a few

urbanización f.   urbanization

urbano/a urban

urgencia: situación (f.) **de urgencia** emergency; **sala de urgencia** emergency room (10)

urgente urgent (13); **es urgente que...** it's urgent that . . . (13)

uruguayo/a n., adj.   Uruguayan

usar to use (3); to wear (3)

uso use

usted (Ud., Vd.) sub. pron. you (form. s.) (1); obj. (of prep.) you (form. s.); **¿cómo se llama usted?** what's your (form. s.) name? (AT); **¿y usted?** and you (form. s.)? (AT)

ustedes (Uds., Vds.) sub. pron. you (form. pl.) (1); obj. (of prep.) you (form. pl.)

usuario/a user

útil useful

utilización f.   use, utilization

utilizar (c)   to use, utilize

uva grape

¡uy! interj.   oops!

V

vaca cow (14)

vacaciones f. pl.   vacation; **de vacaciones** on vacation (7); **estar de vacaciones** to be on vacation (7); **ir de vacaciones a...** to go on vacation to . . . (7); **pasar las vacaciones en...** to spend one's vacation in . . . (7); **salir de vacaciones** to leave on vacation (7);

tomar unas vacaciones to take a vacation (7); **vacaciones de primavera** spring break

vacío/a empty

vacuna vaccine; **ponerle una vacuna** to give a vaccination

vainilla vanilla

valenciano/a *of or pertaining to Valencia, Spain*

Valentín: Día (*m.*) **de San Valentín** St. Valentine's Day

válido/a valid

valiente brave

valija valise, suitcase

valle *m.* valley

vallenato *folk music of Colombia*

valor *m.* value; courage, bravery

vals *m.* waltz

vaquero/a cowboy/cowgirl

variación *f.* variation

variar (varío) to vary

variedad *f.* variety

varios/as several

vasco/a *n., adj.* Basque

vaso glass

vecindad *f.* neighborhood (12)

vecino/a *n.* neighbor (12); *adj.* neighboring

vegetal *adj.* vegetable

vegetariano/a vegetarian

vehículo vehicle

veinte twenty (AT)

veinticinco twenty-five (AT)

veinticuatro twenty-four (AT)

veintidós twenty-two (AT)

veintinueve twenty-nine (AT)

veintiocho twenty-eight (AT)

veintiséis twenty-six (AT)

veintitrés twenty-three (AT)

veintiún, veintiuno/a twenty-one (AT)

vejez *f.* old age (15)

vela candle

velludo/a hairy

velocidad *f.* speed; **a toda velocidad** at full speed; **límite** (*m.*) **de velocidad** speed limit (14)

vendedor(a) salesperson (16)

vender to sell (2); **venden de todo** they sell (have) everything

venerar to venerate

venezolano/a *n., adj.* Venezuelan

venganza revenge

venidero/a coming, approaching

venir to come (3); **el año que viene** next year; **la semana que viene** next week (4); **venga** come on

venta sale

ventaja advantage

ventana window (1); **lavar las ventanas** to wash windows

ventanilla small window (*on a plane*) (7); **asiento de ventanilla** window seat

ver (*p.p.* **visto**) to see (4); **a ver** let's

see; **ir a ver una película** to go to the movies; **nos vemos** see you around (AT)

verano summer (5)

verbo *gram.* verb (AT)

verdad *f.* truth; **¿verdad?** right? (3)

verdadero/a true; real

verde green (3)

verdura vegetable (6)

verificar (qu) to verify

versión *f.* version

verso verse; line of a poem

verter (vierto) to spill; to shed (*a tear*)

vestíbulo vestibule

vestido dress (3); **vestido de novia** wedding gown

vestir (visto) (i) to dress; **vestirse** to get dressed (4)

veterinario/a veterinarian (16)

vez *f.* (*pl.* **veces**) time; **a veces** sometimes, at times (2); **a la vez** at the same time; **alguna vez** once; ever; **cada vez más** increasingly; **de vez en cuando** once in a while; **dos veces** twice (10); **en vez de** instead of; **érase una vez** once upon a time; **otra vez** again; **por primera/última vez** for the first/last time (11); **tal vez** perhaps; **un par de veces** a couple of times; **una vez** once (2); **una vez a la semana** once a week (2)

vía roadway (14); **de doble vía** two-way (14)

viajar to travel (7); **viajar al / en el extranjero** to travel abroad

viaje *m.* trip (4); **viaje de sueños** dream trip (18); **agencia de viajes** travel agency (7); **agente** (*m., f.*) **de viajes** travel agent (7); **compañero/a de viaje** traveling companion; **de viaje** on a trip (7); **hacer un viaje** to take a trip (4)

viajero/a *n., adj.* traveler (18); **cheque** (*m.*) **de viajero** traveler's check

vicepresidente/a vice president

víctima *f.* victim (17)

vida life (10); **llevar una vida saludable/sana** to lead a healthy life (10)

vídeo video; **cámara de vídeo** video camera (12)

videocasetera videocassette recorder (VCR) (12)

videoclub *m.* video club

videojuego videogame; **jugar (juego) (gu) a videojuegos** to play videogames

vidrio glass

viejo/a *n.* old person; *adj.* old (2); **Noche** (*f.*) **Vieja** New Year's Eve (8)

viento wind; **hace (mucho) viento** it's (very) windy (5)

viernes *m. inv.* Friday (4)

vietnamita *n., adj.* Vietnamese

vigilancia vigilance

villancico Christmas carol

vino (blanco, tinto) (white, red) wine (6)

viñedo vineyard

violencia violence (14)

violento/a violent

violeta: de color violeta violet

violín *m.* violin

virgen *n. f.* virgin

visado visa

visión *f.* vision

visita visit

visitante *m., f.* visitor

visitar to visit (9); **visitar un museo** to visit a museum (9)

víspera eve

vista view (12); sight; **a primera vista** at first sight (15); **punto de vista** point of view

visto/a (*p.p. of* **ver**) seen

viudo/a widower/widow (15)

vivienda housing (12)

vivir to live (2); **vivir en paz** to live in peace

vivo/a alive; **en vivo** live

vocabulario vocabulary

vocación *f.* vocation

vocal *n. f.* vowel

volante: objeto volante no identificado (OVNI) unidentified flying object (UFO)

volar (vuelo) to fly; **volar en avión** to fly, go by plane (7)

volcán *m.* volcano

volcánico/a volcanic

voleibol *m.* volleyball (9); **jugar (juego) (gu) al voleibol** to play volleyball

volumen *m.* volume

voluntad *f.* will; choice, decision

voluntario/a *n.* volunteer

volver (vuelvo) (*p.p.* **vuelto**) to return (*to a place*) (4); **volver a** + *inf.* to (*do something*) again (4)

vos *subj. pron.* you (*fam. s. Arg., Uru., C.A.*); *obj.* (*of prep.*) you (*fam. s. Arg., Uru., C.A.*)

vosotros/as *subj. pron.* you (*fam. pl. Sp.*) (1); *obj.* (*of prep.*) you (*fam. pl. Sp.*)

votante *m., f.* voter

votar to vote (17)

voz *f.* (*pl.* **voces**) voice; **en voz alta** aloud; **hablar en voz baja** to speak softly

vuelo flight (7); **asistente** (*m., f.*) **de vuelo** flight attendant (7)

vuelta: de ida y vuelta round-trip (7); **billete** (*m.*)**/boleto de ida y vuelta** round-trip ticket (7); **darle una vuelta a** to go around (something); **darse la vuelta** to turn oneself around; **de vuelta** returned

vuestro/a *poss. adj.* your (*fam. pl. Sp.*) (2); *poss. pron.* your, of yours (*fam. pl. Sp.*) (17)

vulpeja vixen

W

walkman *m.* walkman (12)

Web *m.* Web; **sitio Web** website

Y

y and (AT); **y cuarto** a quarter (fifteen minutes) after (*the hour*) (AT); **y media (treinta)** half past / 30 minutes past (*the hour*) (AT); **¿y tú?** and you (*fam. s.*)? (AT); **¿y usted?** and you (*form. s.*)? (AT)

ya already (8); **ya no** no longer; **ya que** since

yerno son-in-law

yo *sub. pron.* I (1); **yo soy (de)** I am (from) (AT)

yoga *m.* yoga (10); **hacer yoga** to do yoga (10)

yogur *m.* yogurt (6)

York: Nueva York New York

yoruba *n., adj.* of or pertaining to the Yoruba, a West African ethnic group

Z

zampona *South American panpipe*

zanahoria carrot (6)

zapatería shoe store

zapato shoe (3); **zapato de tenis** tennis shoe (3)

zócalo central plaza (*Mex.*)

zona zone, area (12)

zoológico zoo

zumo juice (*Sp.*)

English-Spanish Vocabulary

A

able: to be able **poder** (3)
about **por** (5)
abroad **extranjero** n. (18)
absence **falta** (14)
absent: to be absent (from) **faltar (a)** (8)
absentminded **distraído/a** (11)
accelerated **acelerado/a** (14)
according to **según** (2)
account **cuenta** (16); checking account **cuenta corriente** (16); savings account **cuenta de ahorros** (16)
accountant **contador(a)** (16)
ache v. **doler (duele)** (10); n. **dolor** m. (10)
acquainted: to be acquainted with **conocer (conozco)** (6)
actor **actor** m. (13)
actress **actriz** f. (pl. **actrices**) (13)
additional **adicional** (AT)
address **dirección** f. (6)
adjective **adjetivo** gram. (2)
administration: business administration **administración** (f.) **de empresas** (1)
adolescence **adolescencia** (15)
advice (piece of) **consejo** (6)
advisor **consejero/a** (1)
aerobic: to do aerobics **hacer ejercicios aeróbicos** (10)
affectionate **cariñoso/a** (5)
afraid: to be afraid (of) **tener miedo (de)** (3)
after prep. **después de** (4); conj. **después (de) que** (16)
afternoon **tarde** f. (1); good afternoon **buenas tardes** (AT); afternoon **muy buenas** (AT) (a time) in the afternoon **de la tarde** (AT); in the afternoon **por la tarde** (1)
afterward **luego** (4)
age: old age **vejez** f. (15)
agency: travel agency **agencia de viajes** (7)
agent: travel agent **agente** (m., f.) **de viajes** (7)
ago **hace** + time (11)
agree: I (don't) agree **(no) estoy de acuerdo** (2)
ahead of time **con anticipación** (18); straight ahead **todo derecho** (14)
air **aire** m. (14)
airplane **avión** m. (7)
airport **aeropuerto** (7)
alarm clock **despertador** m. (11)
all **todo(s)/a(s)** adj. (2); all terrain **todoterreno** inv. (14)
allow **permitir** (12)

almost: almost never **casi nunca** (2)
alone **solo/a** adj. (4)
alongside of **al lado de** prep. (5)
already **ya** (8)
also **también** (AT)
always **siempre** (2)
American (from the United States) **estadounidense** (2)
among **entre** prep. (5)
amusement **diversión** f., **pasatiempo** (9)
analyst: systems analyst **analista** (m., f.) **de sistemas** (16)
and **y** (AT); and you? **¿y tú?** fam., **¿y usted?** form. (AT)
angry **furioso/a** (5); to get angry (at) **enojarse (con)** (8)
animal **animal** m. (14); domesticated animal **animal doméstico** (14); wild animal **animal salvaje** (14)
announce **anunciar** (7)
annoyed **molesto/a** (5)
another **otro/a** (2)
answer v. **contestar** (6); n. **respuesta** (5)
answering machine **contestador** (m.) **automático** (12)
antibiotic **antibiótico** (10)
any **algún, alguno/a** (6)
anyone **alguien** (6)
anything **algo** (3)
apartment **apartamento** (1); apartment building **edificio de apartamentos** (12)
apologize **pedir disculpas** (11)
apple **manzana** (6)
appliance: home appliance **aparato doméstico** (9)
applicant **aspirante** m., f. (16)
application (form) **solicitud** f. (16)
appointment **cita** (10)
April **abril** m. (5)
architect **arquitecto/a** (13)
architecture **arquitectura** (13)
area **zona** (12)
argue (about) (with) **discutir (sobre) (con)** (8)
arm **brazo** (11)
armchair **sillón** m. (4)
army **ejército** (17)
arrival **llegada** (7)
arrive **llegar (gu)** (2)
art **arte** f. (but **el arte**) (1); fine arts **las artes** (13) work of art **obra de arte** (13)
artist **artista** m., f. (13)
arts and crafts **artesanía** (13)
as . . . as **tan... como** (5); as much/many as **tanto/a... como** (5); as soon as **tan pronto como** conj. (16); **en cuanto** conj. (16)

ashamed **avergonzado/a** (8)
ask: to ask for **pedir** (4); to ask (a question) **hacer una pregunta** (4); **preguntar** (6)
asparagus **espárragos** pl. (6)
assassination **asesinato** (17)
astronant **astronauta** m., f. (16)
at **en** (AT); **a** (with time) (AT); at . . . (hour) **a la(s)...** (AT); at home **en casa** (1); at last **por fin** (4); at least **por lo menos** (11); at night **de la noche** (AT); **por la noche** (1); at the beginning of **al principio de** (16); at times **a veces** (2)
ATM **cajero automático** (16)
attack: terrorist attack **ataque** (m.) **terrorista** (17)
attend (a function) **asistir (a)** (2)
attendant: flight attendant **asistente** (m., f.) **de vuelo** (7)
attract **atraer** (like **traer**) (13)
August **agosto** (5)
aunt **tía** (2)
automatic teller machine **cajero automático** (16)
autumn **otoño** (5)
avenue **avenida** (12)
avoid **evitar** (14)
away: right away **en seguida** (10)
awful: an awful lot **muchísimo** (7)

B

baby-sitter **niñero/a** (9)
backpack **mochila** (1)
bad **mal** adv. (1); **mal, malo/a** adj. (2); it's bad weather **hace mal tiempo** (5); the bad thing, news **lo malo** (10)
baggage **equipaje** m. (7)
ballet **ballet** m. (13)
banana **banana** (6)
bank **banco** (16); (bank) check **cheque** m. (16)
bar **bar** m. (9)
barbeque **barbacoa** (6)
bargain n. **ganga** (3); v. **regatear** (3)
baseball **béisbol** m. (9)
basketball **basquetbol** m. (9)
bath: to take a bath **bañarse** (4)
bathing suit **traje** (m.) **de baño** (3)
bathroom **baño** (4)
bathtub **bañera** (4)
battery **batería** (14)
be **estar** (1); **ser** (2); to be (feel) (very) warm, hot **tener (mucho) calor** (5); to be (very) hungry **tener (mucha) hambre** (6); to be . . . years old **tener... años** (2); to be a fan (of) **ser aficionado/a (a)** (9); to be able **poder** (3); to be afraid (of)

be (continued)

tener miedo (de) (3); to be boring **ser aburrido/a** (9); to be (very) cold **tener (mucho) frío** (5); to be comfortable (*temperature*) **estar bien** (5); to be flexible **ser flexible** (11); to be fun **ser divertido/a** (9); to be in a hurry **tener prisa** (3); to be late **estar atrasado/a** (7); to be lucky/unlucky **tener buena/mala suerte** (11); to be on a diet **estar a dieta** (6); to be right **tener razón** (3); to be sleepy **tener sueño** (3); to be (very) thirsty **tener (mucha) sed** (6); to be wrong **no tener razón** (3); to be wrong (about) **equivocarse (qu) (de)** (11); to take place in/at (*place*) **ser en** + *place* (8)

beach   **playa** (5)
bean   **frijol** *m.* (6)
beautiful   **bello/a** (14)
because   **porque** (2) because of **por** (5)
become + *adj.*   **ponerse** + *adj.* (8)
bed   **cama** (4); to make the bed **hacer la cama** (9); to stay in bed **guardar cama** (10)
bedroom   **alcoba** (4)
beer   **cerveza** (6)
before *conj.*   **antes (de) que** (15); *prep.* **antes de** (4)
beginning: at the beginning of   **al principio de** (16)
behave well/badly   **portarse bien/mal** (8)
behind   **detrás de** *prep.* (5)
believe (in)   **creer (en)** (2)
bellhop   **mozo, botones** *m. inv.* (18)
below   **debajo de** *prep.* (5)
belt   **cinturón** *m.* (3)
best   **mejor** (5)
better   **mejor** (5)
between   **entre** *prep.* (5)
beverage   **bebida** (4)
bicycle   **bicicleta** (12); (mountain) bicycle **bicicleta (de montaña)** (12); to ride a bicycle **pasear en bicicleta** (9)
bicycling   **ciclismo** (9)
big   **gran, grande** (2)
bill (*for service*)   **cuenta** (6); **factura** (16) (*money*) **billete** (16)
bird   **pájaro** (2)
birthday   **cumpleaños** *m. inv.* (5); birthday cake **pastel** (*m.*) **de cumpleaños** (8); to have a birthday **cumplir años** (8)
black   **negro/a** (3)
blanket   **manta** (18)
blog   **blog** *m.* (17)
blond(e)   **rubio/a** *n., adj.* (2)
blood   **sangre** *f.* (10)
blouse   **blusa** (3)

blue   **azul** (3)
boardinghouse   **pensión** *f.* (18); room and full board **pensión completa** (18); room with breakfast and one other meal **media pensión** (18)
boat   **barco** (7)
body   **cuerpo** (10)
book   **libro** (1); textbook **libro de texto** (1)
bomb   **bomba** (17)
bookshelf   **estante** *m.* (4)
bookstore   **librería** (1)
boot   **bota** (3)
border   **frontera** (18)
bore   **aburrir** (13)
bored   **aburrido/a** (5); to be bored **ser aburrido/a** (9); to bore **aburrir** (13) to get bored **aburrirse** (9)
boring   **pesado/a**; to be boring **ser aburrido/a** (9)
born: to be born   **nacer (nazco)** (15)
borrow   **pedir prestado/a** (16)
boss   **jefe/a** (12)
bother: it bothers me (you, him, . . .) that   **me (te, le...) molesta que** (13)
boy   **niño** (2)
boyfriend   **novio** (5)
brain   **cerebro** (10)
brakes   **frenos** (14)
bread   **pan** *m.* (6)
break   **romperse** (*p.p.* **roto/a**) (11); to break up (with) **romper (con)** (15)
breakfast   **desayuno** (4); to have breakfast **desayunar** (6)
breathe   **respirar** (10)
bride   **novia** (15)
bring   **traer** (4)
brother   **hermano** (2)
brown   **(de) color café** (3)
brunet(te)   **moreno/a** *n., adj.* (2)
brush one's teeth   **cepillarse los dientes** (4)
budget   **presupuesto** (16)
build   **construir** (14)
building   **edificio** *n.* (1); building manager **portero/a** (12)
bull   **toro** (14)
bump into, against   **pegarse (gu) en/con/contra** (11); **chocar (qu) con/contra** (11)
bureau (*furniture*)   **cómoda** (4)
bus   **autobús** *m.* (7); bus station **estación** (*f.*) **de autobuses** (7); bus stop **parada del autobús** (18)
business   **empresa** (16); business administration **administración** (*f.*) **de empresas** (1)
businessperson   **hombre** (*m.*)**/mujer** (*f.*) **de negocios** (16)
busy   **ocupado/a** (5)
but   **pero** *conj.* (AT)
butter   **mantequilla** (6)
buy   **comprar** (1)

by   **por** *prep.* (11); in the morning (afternoon, evening) **por la mañana (tarde, noche)** (1); by check **con cheque** (16)

C

cabin   **cabina** (*on a ship*) (7)
café   **café** *m.* (18)
cafeteria   **cafetería** (1)
cake   **pastel** *m.* (6); birthday cake **pastel de cumpleaños** (8)
calculator   **calculadora** (1)
calendar   **calendario** (11)
call *v.*   **llamar** (6); to be called **llamarse** (4)
calm   **tranquilo/a** (10)
camera   **cámera** (12); digital/video **cámera digital/de vídeo** (12)
campground   **camping** *m.* (7)
camping: to go camping   **hacer camping** (7)
campus   **campus** *m.* (12)
can   **poder** *v.* (3)
candidate (*for a job*)   **aspirante** *m., f.* (16); (*political*) **candidato/a** (17)
candy   **dulces** *m. pl.* (6)
cap   **gorra** (3)
capital city   **capital** *f.* (5)
car   **coche** *m.* (2); convertible car **carro/coche descapotable** (12)
card: credit card   **tarjeta de crédito** (6); debit card **tarjeta bancaria** (16) identification card **tarjeta de identificación** (11); postcard **tarjeta (postal)** (7) to play cards **jugar (juego) (gu) a las cartas** (9)
cardinal directions   **puntos cardinales** (5)
carrot   **zanahoria** (6)
carry   **llevar** (3)
case   in case **en caso de que** (15); just in case **por si acaso** (11)
cash (*a check*)   **cobrar** (16); *n.* **el efectivo** (16); in cash **en efectivo** (16)
cashier   **cajero/a** (16) cashier window **caja** (16)
cat   **gato/a** (2)
catch a cold   **resfriarse (me resfrío)** (10)
CD   **disco compacto, CD** *m.* (12)
CD-ROM   **CD-ROM** *m.* (12)
celebrate   **celebrar** (5)
cellular telephone   **teléfono celular** (12)
ceramics   **cerámicas** (13)
cereal   **cereal** *m.* (6)
certain   **seguro/a** *adj.* (5); **cierto/a** (13); it's certain that **es cierto que** (13)
chair   **silla** (1); armchair **sillón** *m.* (4)
chalkboard   **pizarra** (1)
change *v.*   **cambiar (de)** (12)
channel   **canal** *m.* (12)
charge (*to an account*)   **cargar (gu)** (16); (*someone for an item or service*) **cobrar** (16)

check (bank) **cheque** m. (16); by check **con cheque** (16); to check (the oil) **revisar (el aceite)** (14); to check baggage **facturar el equipaje** (7)
checking account **cuenta corriente** (16)
checkup **chequeo** (10)
cheese **queso** (6)
chef **cocinero/a** (16)
chemistry **química** (1)
chess **ajedrez** m. (9); to play chess **jugar (juego) (gu) al ajedrez** (9)
chicken (roast) **pollo (asado)** (6)
chief **jefe/a** (12)
child **niño/a** (2); as a child **de niño/a** (9)
childhood **niñez** f. (pl. **niñeces**) (9)
children **hijos** m. pl. (2)
chop: pork chop **chuleta de cerdo** (6)
chore: household chore **quehacer** (m.) **doméstico**
Christmas Eve **Nochebuena** (8)
Christmas **Navidad** f. (8)
citizen **ciudadano/a** (17)
city **ciudad** f. (2)
civic **círico/a** (17)
class **clase** f. (1); first class **primera clase** (7); tourist class **clase turística** (7)
classical **clásico/a** (13)
classmate **compañero/a de clase** (1)
classroom **salón** (m.) **de clase** (1)
clean adj. **limpio/a** (5)
clean: to clean the (whole) house **limpiar la casa (entera)** (9)
clear the table **quitar la mesa** (9)
clerk **dependiente/a** (1)
clever **listo/a** (2)
client **cliente/a** (1)
climate **clima** m. (5)
close **cerrar (cierro)** (4)
close to prep. **cerca de** (5)
closed **cerrado/a** (5)
closet **armario** (4)
clothes dryer **secadora** (9)
clothing **ropa** (3); to wear (clothing) **llevar, usar** (3)
cloudy: it's (very) cloudy, overcast **está (muy) nublado** (5)
clumsy **torpe** (11)
coffee **café** m. (1)
coffee pot **cafetera** (9)
coin **moneda** (16)
cold (illness) **resfriado** (10); it's (very) cold (weather) **hace (mucho) frío** (5); to be (very) cold **tener (mucho) frío** (5); very cold, frozen **congelado/a** (5)
collect **recoger (recojo)** (11)
collision **choque** m. (17)
color **color** m. (3)
comb one's hair **peinarse** (4)
come **venir** (3)
comedy **comedia** (13)
comfortable **cómodo/a** (3); to be comfortable (temperature) **estar bien** (5)
command **mandato** (6)

communicate (with) **comunicarse (qu) (con)** (17)
communication (major) **comunicaciones** f. (1); means of communication **medios de comunicación** (17)
community **comunidad** f. (12)
compact disc **disco compacto** (12)
comparison **comparación** f. (5)
complain (about) **quejarse (de)** (8)
composer **compositor(a)** (13)
computer **computadora** (L.A.) (1); **ordenador** m. (Sp.) (12); computer disc **disco de computadora** (12); computer file **archivo** (12); computer science **computación** f. (1)
concert **concierto** (9); to go to a concert **ir a un concierto** (9)
confirm **confirmar** (18)
congested **resfriado/a** (10)
congratulations **felicitaciones** f. pl. (8)
conserve **conservar** (14)
contact lenses **lentes** (m. pl.) **de contacto** (10)
content adj. **contento/a** (5)
continue **continuar (continúo)** (5); **seguir** (14)
control: remote control **control** (m.) **remoto** (12)
convertible (car) **carro/coche descapotable** (12)
cook v. **cocinar** (6); n. **cocinero/a** (16)
cookie **galleta** (6)
cool: it's cool (weather) **hace fresco** (5)
copy **copia** (12); to copy **copiar, hacer una copia** (12)
corner (street) **esquina** (14)
corporation **empresa** (16)
cotton **algodón** m. (3); it is made of cotton **es de algodón** (3)
cough **tos** f. (10); to cough **toser** (10); cough syrup **jarabe** m. (10)
country **país** m. (2)
country(side) **campo** (12)
couple (married) **pareja** (15)
course (of a meal) **plato** (6); of course **por supuesto** (11)
courtesy: greetings and expressions of courtesy **saludos y expresiones** (f.) **de cortesía** (AT)
cousin **primo/a** (2)
cover **cubrir** (pp. **cubierto/a**) (14)
cow **vaca** (14)
crash (computer) **fallar** (12); n. **choque** m. (17)
crazy **loco/a** (5)
create **crear** (13)
credit card **tarjeta de crédito** (6)
crime **delito** (14)
cross **cruzar (c)** (18)
cruise(ship) **crucero** (7)
cry **llorar** (8)
cuisine **cocina** (6)

cup **taza** (11)
currently **en la actualidad** (9)
custard: baked custard **flan** m. (6)
customs **aduana** s. (18)

D

dad **papá** m. (2)
daily routine **rutina diaria** (4)
dance **baile** m. (13); **danza** (13); to dance **bailar** (1)
dancer **bailarín, bailarina** (13)
date (calendar) **fecha** (5); (social) **cita** (15); what's today's date? **¿cuál es la fecha de hoy?, ¿qué fecha es hoy?** (5)
daughter **hija** (2)
day **día** m. (1); what day is today? **¿qué día es hoy?** (4); day after tomorrow **pasado mañana** (4); the day before yesterday **anteayer** (10); every day **todos los días** (1)
deadline **plazo** (11)
dear **querido/a** n., adj. (5)
death **muerte** f. (15)
debit card **tarjeta bancaria** (16)
December **diciembre** m. (5)
delay n. **demora** (7)
delighted **encantado/a** (AT)
demonstration **demonstración** f. (17)
dense **denso/a** (14)
dentist **dentista** m., f. (16)
deny **negar (niego) (gu)** (13)
department store **almacén** m. (3)
departure **salida** (7)
deposit **depositar** (16)
desk **escritorio** (1)
dessert **postre** m. (6)
destroy **destruir** (like **construir**) (14)
develop **desarrollar** (14)
dictator **dictador(a)** (17)
dictatorship **dictadura** (17)
dictionary **diccionario** (1)
die **morirse (me muero) (u)** (p.p. **muerto/a**) (8)
diet: to be on a diet **estar a dieta** (6)
difficult **difícil** (5); **pesado/a** (9)
digital camera **cámara digital** (12)
dining room **comedor** m. (4)
dinner **cena** (6); to have dinner **cenar** (6)
directions: cardinal directions **puntos cardinales** (5)
director **director(a)** (13)
dirty **sucio/a** (5)
disaster **desastre** m. (17)
disc: compact disc **disco compacto , CD** m. (12); computer disc **disco de computadora** (12)
disco: to go to a disco **ir a una discoteca** (9)
discover **descubrir** (p.p. **descubierto**) (14)
discrimination **discriminación** f. (17)
dish (plate) **plato** (4); (course) **plato** (6)
dishwasher **lavaplatos** m. inv. (9)
divorce **divorcio** (15)

divorced **divorciado/a** (15); to get divorced (from) **divorciarse (de)** (15)

dizzy **mareado/a** (10)

do **hacer** (4); to do aerobics **hacer ejercicios aeróbicos** (10); to do exercise **hacer ejercicio** (4) (do something) again **volver a** + inf. (4); to do well/poorly **salir bien/mal** (4)

doctor (medical) **médico/a** (2)

dog **perro/a** (2)

domesticated animal **animal** (m.) **doméstico** (14)

door **puerta** (1)

doorman **portero/a** (12)

dormitory **residencia** (1)

double: double room (18) **habitación** (f.) **doble**

doubt **dudar** (12)

downtown **centro** (3)

drama **drama** m. (13)

draw **dibujar** (13); draw, attract **atraer** (like **traer**) (13)

dress **vestido** (3)

dressed: to get dressed **vestirse (me visto) (i)** (4)

dresser (furniture) **cómoda** (4)

drink **bebida** (4); **copa, trago** (alcoholic) (18); to drink **tomar** (1); **beber** (2)

drive (a vehicle) **conducir** (14); **manejar** (12)

driver **conductor(a)** (14); driver's license **licencia de manejar/conducir** (14)

dryer (clothes) **secadora** (9)

during **durante** (4); **por** (4)

dust the furniture **sacudir los muebles** (9)

DVD **DVD-ROM** m. (12)

DVD player **lector** (m.) **de DVD** (12)

E

e-mail **correo electrónico, e-mail** (12)

each **cada** inv. (4)

ear (inner) **oído** (10); (outer) **oreja** (10)

early **temprano** adv. (1)

earn **ganar** (16)

earring **arete** m. (3)

east **este** m. (5)

Easter **Pascua** (8)

easy **fácil** (5)

eat **comer** (2); eat breakfast **desayunar** (6); eat dinner, supper **cenar** (6)

economics **economía** (1)

economize **economizar (c)** (16)

egg **huevo** (6)

eight **ocho** (AT)

eight hundred **ochocientos/as** (3)

eighteen **dieciocho** (AT)

eighth **octavo/a** adj. (13)

eighty **ochenta** (2)

electric **eléctrico/a** (14)

electrician **electricista** m., f. (16)

electricity **luz** f. (pl. **luces**) (11)

electronic equipment **electrónica** (12)

elephant **elefante** m. (14)

eleven **once** (AT)

embrace **abrazarse (c)** (10)

embarrassed **avergonzado/a** (8)

emergency room **sala de emergencias/urgencia** (10)

emotion **emoción** f. (8)

emotional state **estado afectivo** (8)

energy **energía** (14)

engagement **noviazgo** (15)

engineer **ingeniero/a** (16)

English (language) **inglés** m. (1); n., adj. **inglés, inglesa** (2)

enjoy oneself, have a good time **divertirse (me divierto) (i)** (4)

enough **bastante** adv. (15); **lo suficiente** (10)

entertainment **diversión** f. (9)

envelope **sobre** m. (18)

environment **medio ambiente** (14)

equality **igualdad** f. (17)

equipment **equipo** (9)

era **época** (9)

eruption **erupción** f. (17)

evening: good evening **buenas tardes** (AT); evening **muy buenas** (AT); in the afternoon, evening **de la tarde** (AT); in the evening **por la tarde** (1)

event **acontecimiento, evento** (17); **hecho** (8)

every **cada** inv. (4); **todo(s)/a(s)** adj. (2); every day **todos los días** (1)

everything **de todo** (3)

everywhere **por todas partes** (11)

exactly, on the dot (time) **en punto** (AT)

exam **examen** m. (3)

examine **examinar** (10); **registrar** (18)

excuse me **con permiso, perdón** (AT); **discúlpeme** (11)

exercise **ejercicio** (4); to exercise **hacer ejercicio** (4)

expect **esperar** (6)

expense **gasto** (12)

expensive **caro/a** (3)

explain **explicar (qu)** (7)

expressions: greetings and expressions of courtesy **saludos y expresiones** (f.) **de cortesía** (AT)

extract **sacar (qu)** (10); extract a tooth/molar **sacar un diente / una muela** (10)

eye **ojo** (10)

eyeglasses **gafas** (10)

F

fact **hecho** n. (8)

factory **fábrica** (14)

faithful **fiel** (2)

fall (season) **otoño** (5)

fall v. **caer** (11); to fall asleep **dormirse** (4); to fall down **caerse** (11); to fall in love (with) **enamorarse (de)** (15)

family **familia** (2)

fan: to be a fan (of) **ser aficionado/a (a)** (9)

far from **lejos de** prep. (5)

fare (transportation) **pasaje** m. (7)

farm **finca** (14); farm worker **campesino/a** (14)

farmer **agricultor(a)** (14)

fascinate **fascinar** (13)

fast **acelerado/a** (14)

fat **gordo/a** (2)

father **papá** m., **padre** m. (2)

fax **fax** m. (12)

fear: to fear **temer** (13)

February **febrero** (5)

feel to feel (an emotion) **sentirse** (8); to feel like (doing something) **tener ganas de** + inf. (3); to feel sorry **sentir, lamentar** (13)

female soldier **mujer** (f.) **soldado** (16)

fever **fiebre** f. (10); have a fever **tener fiebre** (10)

fiance(e) **novio/a** (15)

field (agricultural) **campo** (14)

fifteen **quince** (AT); a quarter (fifteen minutes) to (the hour) **menos cuarto/quince** (AT); a quarter (fifteen minutes) past (the hour) **y cuarto/quince** (AT)

fifth **quinto/a** adj. (13)

fifty **cincuenta** (2)

fight n. **lucha** (17); v. **luchar** (17), **pelear** (9)

file: computer file **archivo** (12)

fill (up) **llenar** (14); to fill out an application **llenar la solicitud** (16)

finally **por fin** (4)

find **encontrar (encuentro)** (8); to find out (about) **enterarse (de)** (17)

fine **muy bien** (AT)

finger **dedo (de la mano)** (11)

finish **acabar** (11)

first adv. **primero** (4); **primer, primero/a** adj. (13); at first sight **a primera vista** (15); first of (month) **el primero de (mes)** (5); first class **primera clase** (7)

fish (cooked) **pescado** (6); (animal) **pez** m. (pl. **peces**) (14)

five **cinco** (AT)

five hundred **quinientos/as** (3)

fix **arreglar** (12)

fixed price **precio fijo** (3)

flat: flat tire **llanta desinflada** (14); flat screen **pantalla grande** (12)

flexible **flexible** (11)

flight **vuelo** (7); flight attendant **asistente** (m., f.) **de vuelo** (7)

flip-flops **chanclas** (3)

floor (of a building) **piso** (12); ground floor **planta baja** (12); second floor **primer piso** (12); third floor **segundo piso** (12) to sweep the floor **barrer el piso** (9)

flower **flor** f. (7)

flu **gripe** f. (10)

fly **volar (vuelo) en avión** (7)

folkloric **folclórico/a** (13)

following adj. **siguiente** (4)

fond: be fond of each other **quererse** (10)
food **comida** (6)
foolish **tonto/a** (2)
foot **pie** *m.* (11)
football **fútbol** (*m.*) **americano** (9)
for **por** *prep.* (7); **para** *prep.* (2); for example **por ejemplo** (11); for that reason **por eso** (2) for heaven's sake **por Dios** (11) for the first/last time **por primera/última vez** (11) for (*a period of time*) **hace... que** (11); for what purpose? **¿para qué?** (15)
forbid **prohibir (prohíbo)** (12)
foreign languages **lenguas extranjeras** (1)
foreigner **extranjero/a** *n.* (1)
forest **bosque** *m.* (14)
forget (about) **olvidarse (de)** (8)
form (*to fill out*) **formulario** (18)
forty **cuarenta** (2)
four **cuatro** (AT)
four hundred **cuatrocientos/as** (3)
fourteen **catorce** (AT)
fourth **cuarto/a** *adj.* (13)
freeway **autopista** (14)
freezer **congelador** *m.* (9)
French (*language*) **francés** *n. m.* (1); (French fried) potato **papa/patata (frita)** (6)
frequently **con frecuencia** (1)
fresh **fresco/a** (6)
Friday **viernes** *m. inv.* (4)
fried **frito/a** (6); **papa/patata frita** French fried potato (6)
friend **amigo/a** (1)
friendly **amistoso/a** (15)
friendship **amistad** *f.* (15)
from **de** (AT); from the **del** (*contraction of* **de** + **el**) (2)
front desk **recepción** *f.* (18)
front: in front of **delante de** *prep.* (5)
frozen; very cold **congelado/a** (5)
fruit **fruta** (6); **jugo de fruta** fruit juice (6)
full, no vacancy **completo/a** (18)
full-time **de tiempo completo** (16); full-time job **trabajo de tiempo completo** (16)
fun: to be fun **ser divertido/a** (9)
function **funcionar** (12)
furious **furioso/a** (5)
furniture **muebles** *m. pl.* (4); to dust the furniture **sacudir los muebles** (9)

G

game **partido** (9)
garage **garaje** *m.* (4)
garbage **basura** (9)
garden **jardín** *m.* (4)
gas **gas** *m.* (12)
gas station **estación** (*f.*) **de gasolina, gasolinera** (14)
gasoline **gasolina** (14)
generally **por lo general** (4)
German (*language*) **alemán** *m.* (1); **alemán, alemana** *n., adj.* (2)

get **sacar** (**qu**) (11); **obtener** (*like* **tener**) (12); to get along well/poorly (with) **llevarse bien/mal (con)** (15); to get down (from) **bajarse (de)** (7); to get good/bad grades **sacar** (**qu**) **buenas/malas notas** (11); to get off (of) **bajarse (de)** (7); to get (on/in) (*a vehicle*) **subir (a)** (7); to get tired **cansarse** (10) to get together (with) **reunirse (me reúno) (con)** (8); to get up **levantarse** (4); to get up on the wrong side of the bed **levantarse con el pie izquierdo** (11); to get, obtain **conseguir** (*like* **seguir**) (8) to get (*a job*) **conseguir** (*like* **seguir**) (16)
gift **regalo** (2)
girl **niña** (2)
girlfriend **novia** (5)
give **dar** (7); to give (*as a gift*) **regalar** (7); to give (someone) a shot, injection **poner(le)** (*irreg.*) **una inyección** (10); give a party **dar/hacer una fiesta** (8)
go **ir** (3); to be going to (*do something*) **ir a** + *inf.* (3); to go (to) (*a function*) **asistir (a)** (2); to go by (train/ airplane/bus/boat) **ir en (tren/avión/ autobús/barco)** (7); to go home **regresar a casa** (1); to go shopping **ir de compras** (3); to go out with **salir con** (4); to go through security (check) **pasar por el control de la seguridad** (7); to go to bed **acostarse (me acuesto)** (4); to go up **subir** (7)
gold **oro** (3); it is made of gold **es de oro** (3)
golf **golf** *m.* (9)
gorilla **gorila** *m.* (14)
good **buen, bueno/a** *adj.* (2); good afternoon **buenas tardes** (AT); good morning **buenos días** (AT); good night **buenas noches** (AT); the good thing, news **lo bueno** (10)
good-bye **adiós** (AT)
good-looking **guapo/a** (2)
government **gobierno** (14)
grade (*in a course*) **nota** (11); (*level*) **grado** (9)
graduate (from) **graduarse (me gradúo) (en)** (16)
granddaughter **nieta** (2)
grandfather **abuelo** (2)
grandmother **abuela** (2)
grandparents **abuelos** *pl.* (2)
grandson **nieto** (2)
gray **gris** (3)
great **gran, grande** (2)
green pea **arveja** (6)
green **verde** (3)
greet each other **saludarse** (10)
greeting: greetings and expressions of courtesy **saludos y expresiones de cortesía** (AT)
groceries **comestibles** *m.* (6)
groom **novio** (15)
ground floor **planta baja** (12)

grow **crecer (crezco)** (15)
guest **invitado/a** *n.* (8); (*in a hotel*) **huésped(a)** (18)
guide **guía** *m., f.* (13)

H

hairstylist **peluquero(a)** (16)
half-past (*the hour*) **y media/treinta** (AT)
ham **jamón** *m.* (6)
hamburger **hamburguesa** (6)
hand **mano** *f.* (11)
hand in **entregar** (**gu**) (11)
handbag **cartera** (3)
handsome **guapo/a** (2)
happen **pasar** (5)
happening **acontecimiento, evento** (17)
happy **alegre** (5); **feliz** (*pl.* **felices**) (8); **contento/a** (5); to be happy (about) **alegrarse (de)** (12)
hard **difícil** (5)
hard drive **disco duro** (12)
hardworking **trabajador(a)** (2)
hat **sombrero** (3)
hate **odiar** (7)
have **tener** (3); **haber** (*inf. of* **hay** there is/are) *auxiliary* (12); to have a good/bad time **pasarlo bien/mal** (8); to have been (*doing something*) for (*a period of time*) **hace** + *period of time* + **que** + *present tense* (11); to have breakfast **desayunar** (6); to have dinner, supper **cenar** (6); to have lunch **almorzar (almuerzo) (c)** (6); to have a snack **merendar (meriendo)** (6); to have to (*do something*) **tener que** + *inf.* (3) to have just (*done something*) **acabar de** + *inf.* (6)
he **él** (1); he is **es** (AT)
head **cabeza** (10)
health **salud** *f.* (10)
healthy **sano/a** (10)
hear **oír** (4)
heart **corazón** *m.* (10)
heat **calor** *m.* (5); **gas** *m.* (12)
heating **calefacción** *f.* (12)
hello **¡hola!** (AT)
help *n.* **ayuda** (6); *v.* **ayudar** (6)
her *poss.* **su(s)** (2); hers, (of) her **suyo/a** (17)
here **aquí** (1)
highway **carretera** (14)
his *poss.* **su(s)** (2); his **suyo/a** (17)
history **historia** (1)
hit **pegar** (**gu**) (9)
hobby **pasatiempo, afición** *f.* (9)
hockey **hockey** *m.* (9)
holiday **día** (*m.*) **festivo** (8)
home **casa** (2); at home **en casa** (1)
homework **tarea** (4)
honeymoon **luna de miel** (15)
honk **tocar** (**qu**) (14)
hope **esperanza** (17); to hope **esperar** (12); I hope, (that) **ojalá (que)** (13)
horn (*car*) **bocina** (14)
hors d'oeuvres **botanas, tapas** (8)

horse **caballo** (9); to ride a horse **montar a caballo** (9)
host **anfitrión** *m.* (8)
hostess **anfitriona** (8)
hot dog **salchicha** (6)
hot: (*spicey*) **picante** (6); (*temperatŕure*) **caliente** (6); (*trendy*) **de (última) moda** (3); to be (feel) (very) hot **tener (mucho) calor** (5); it's (very) hot **hace (mucho) calor** (5)
hotel **hotel** *m.* (18); luxury hotel **hotel de lujo** (18) two (three, four, five) star hotel **hotel de 2 (3, 4, 5) estrellas** (18)
hotel guest **huésped(a)** (18)
hour: (at) what time? **¿a qué hora?** (AT); what time is it? **¿qué hora es?** (AT)
house **casa** (2)
household chore **quehacer** (*m.*) **doméstico** (9)
housing **vivienda** (12)
housekeeper **ama** *f.* (*but* **el ama**) **de casa** (16)
how + *adj.* **¡qué + *adj*!** (11)
how? what? **¿cómo?** (AT); how are you doing? **¿qué tal?** (AT); how are you? **¿cómo está(s)?** (AT); how many? **¿cuántos/as?** (1); how much does it/do they cost? **¿cuánto cuesta (n)?** (3); how do you get to... **¿cómo se llega a...?** (14) how often? **¿con qué frecuencia?** (2); how much? **¿cuánto?** (1)
human **humano/a** (10)
humanities **humanidades** *f. pl.* (1)
hungry: to be (very) hungry **tener (mucha) hambre** (6)
hurry: to be in a hurry **tener prisa** (3)
hurt **doler (duelo)** (10)
hurt oneself **hacerse daño** (11)
husband **esposo** (2); **marido** (15)
hybrid **híbrido/a**

I

I **yo** (1); I am **soy** (AT); I am from **soy de** (AT); I didn't mean it **fue sin querer** (11); I'm sorry **discúlpeme** (11); I'm (very) sorry **lo siento (mucho)**; I'm called **me llamo** (AT); I hope (that) **ojalá (que)** (13) (11)
ice cream **helado** (6)
identification card **tarjeta de identificación** (11)
if **si** (2)
improbable: it's improbable that . . . **es improbable que...** (13)
in **en** (AT); (*the morning, evening, etc.*) **por** *prep.* (1); in case **en caso de que** (15); in cash **en efectivo** (16); in order to **para** *prep.* (2)
incredible: it's incredible **es increíble** (13)
inequality **desigualdad** *f.* (17)
inexpensive **barato/a** (3)
infancy **infancia** (15)
inflexible **inflexible** (11)

inform **informar** (17)
injection: to give (some one) an injection **ponerle una inyección** *f.* (10)
insist (on) **insistir (en)** (12)
inspector **inspector(a)** (18)
install **instalar** (12)
installment: to pay in installments **pagar (gu) a plazos** (16)
intelligent **inteligente** (2)
intend **pensar (pienso)** (4)
intended for **para** (2)
Internet **Internet** *m.*, **Red** *f.* (12)
interest **interesar** (7); *n.* **interés** *m.* (16)
interview **entrevista** (16)
interviewer **entrevistador/a** (16)
interrogative **interrogativo/a** (AT)
invite **invitar** (6)
iPod **iPod** *m.* (12)
iron clothes **planchar la ropa** (9)
island **isla** (5)
Italian (*language*) **italiano** *m.* (1)
its *poss.* **su(s)** (2)

J

jacket **chaqueta** (3)
January **enero** (5)
jeans **jeans** *m. pl.* (3)
job **empleo** (16); **trabajo** (11); full-time/part-time job **trabajo de tiempo completo/parcial** (11)
joke **chiste** *m.* (7)
journalist **periodista** *m., f.* (16)
juice: (fruit) juice **jugo (de fruta)** (6)
July **julio** (5)
June **junio** (5)
just in case **por si acaso** (11)

K

keep (*documents*) **guardar** (12); **mantener** (*like* **tener**) (17); to keep on going **seguir (sigo) (i)** (14)
key **llave** *n. f.* (4); key in **escribir a computadora** (16)
kill **matar** (17)
kind *adj.* **amable** (2)
king **rey** *m.* (17)
kiosk **quiosco** (18)
kiss each other **besarse** (10)
kitchen **cocina** (4)
know **conocer (conozco)** (6); to know (how) **saber** (6)

L

laborer **obrero/a** (16)
lack **falta** (14)
lady **señora (Sra.)** (AT)
lake **lago** (14)
lamp **lámpara** (4)
landlady **dueña** (12)
landlord **dueño** (12)
language **lengua** (1); foreign languages **lenguas extranjeras** (1)

large **gran, grande** (2)
last **último/a** (11); last night **anoche** (10); to last **durar** (17)
late **tarde** *adv.* (1); to be late **estar atrasado/a** (7)
later: see you later **hasta luego** (AT)
latest: the latest style **de última moda** (3)
laugh (about) **reír(se) (de)** (8)
law **ley** *f.* (17)
lawyer **abogado/a** (16)
lazy **perezoso/a** (2)
lead a healthy/calm life **llevar una vida sana/tranquila** (10)
learn **aprender** (2); to learn (about) **enterarse (de)** (17); to learn how (*to do something*) **aprender a + *inf.*** (2)
least **menos** (5); at least **por lo menos** (8)
leather **cuero** (3); it is made of leather **es de cuero** (3)
leave (from) **salir (de)** (4); (for) **salir para** (4); (behind) (in [*a place*]) **dejar (en)** (9)
left: to the left (of) **a la izquierda (de)** (5); to be left **quedar(se)** (11)
leg **pierna** (11)
lend **prestar** (7)
lenses: contact lenses **lentes** (*m. pl.*) **de contacto** (10)
less: less . . . than **menos... que** (5)
letter **carta** (2)
lettuce **lechuga** (6)
librarian **bibliotecario/a** (1)
library **biblioteca** (1)
license **licencia** (14); driver's license **licencia de manejar/conducir** (14)
lie **mentira** (12)
life **vida** (10); to lead a healthy/calm life **llevar una vida sana/tranquila** (10)
light **luz** *f.* (*pl.* **luces**) (11); *adj.* light (not heavy) **ligero/a** (6)
like **gusto** (AT); **gustar** (7); do you (*form.*) like . . . ? **¿le gusta... ?** (AT); do you (*fam.*) like... ? **¿te gusta... ?** (AT); I (don't) like . . . **(no) me gusta(n)...** (AT); I would like . . . **me gustaría...** (7); to like very much **encantar** (7)
likeable **simpático/a** (2)
likely: it's likely that . . . **es probable que...** (13)
likewise **igualmente** (AT)
limit: speed limit **límite** (*m.*) **de velocidad** *f.* (14)
line **cola** (7); to stand in line **hacer cola** (7)
listen (to) **escuchar** (1)
literature **literatura** (1)
little, few **poco/a** *adj.* (3); little **poco** *adv.* (1); a little bit (of) **un poco (de)** (1)
live **vivir** (2); to live a healthy life **llevar una vida sana** (10)
loan **préstamo** (16)

lobster **langosta** (6)
lodging **alojamiento** (18)
long **largo/a** (2)
look at **mirar** (2); to look for **buscar (qu)** (1)
lose **perder (pierdo)** (4)
lot: a lot *adv.* **mucho** (1); a lot (of) **mucho/a** (2); an awful lot **muchísimo** (7)
love **amar** (15); **encantar** (7); **quererse** (15); *n.* **amor** *m.* (15); in love (with) **enamorado/a (de)** (15); to fall in love (with) **enamorarse (de)** (15)
luck **suerte** *f.* (11)
lucky: to be lucky **tener suerte** (11)
luggage **equipaje** *m.* (7)
lunch **almuerzo** (6); to have lunch **almorzar (almuerzo) (c)** (4)
lung **pulmón** *m.* (10)
luxury *n.* **lujo** (12); luxury hotel **hotel** *(m.)* **de lujo** (18)
-ly *adv.* ending **-mente** (11)
lyrics *(song)* **letra** *s.* (6)

M

machine: answering machine **contestador** *(m.)* **automático** (12)
magazine **revista** (2)
maid **criada** (18)
mail **correo** (18); e-mail **correo electrónico** (12)
maintain **mantener** *(like* **tener)** (17)
make **hacer** (4); to make a mistake (about) **equivocarse (qu)** (11); to make plans to *(do something)* **hacer planes para** + *inf.* (9); to make stops **hacer escalas/paradas** (7); to make the bed **hacer la cama** (9)
mall: shopping mall **centro comercial** (3)
man **hombre** *m.* (1); **señor (Sr.)** *m.* (AT); business man **hombre de negocios** (16)
manager **gerente** *m., f.* (16)
many **muchos/as** (2); how many? **¿cuántos/as?** (1)
march **demonstración** *f.* (17)
March **marzo** (5)
market(place) **mercado** (3)
marriage **matrimonio** (15)
married **casado/a** (2); married couple **pareja** (15)
marry **casarse (con)** (15)
masterpiece **obra maestra** (13)
match *(for lighting things)* **fósforo** (18)
material **material** *n. m.* (3)
mathematics **matemáticas** *pl.* (1)
May **mayo** (5)
me *d.o., i.o.* **me**; *obj. (of prep.)* **mí** (5)
meal **comida** (6)
means: that means **eso quiere decir** (10)
means: means of communication **medios de comunicación** (17); means of transportation **medio de transporte** *m.* (7), **transporte** (14)

meat **carne** *f.* (6)
mechanic **mecánico/a** (14)
medical **médico/a** (2); medical office **consultorio** (10)
medicine **medicina** (10)
meet *(a person)* **conocerse (conozco)** (15) *(someone somewhere)* **encontrarse (encuentro) (con)** (10)
memory **memoria** (12)
menu **menú** *m.* (6)
message **mensaje** (12)
messy **desordenado/a** (5)
metro stop **estación** *(f.)* **del metro** (18)
Mexican **mexicano/a** *n., adj.* (2)
microwave oven **horno de microondas** (9)
middle age **madurez** *f.* (15)
midnight **medianoche** *f.* (8)
military service **servicio militar** (17)
milk **leche** *f.* (6)
milkshake **batido** (18)
million **millón** *(m.)* **(de)** (3)
mineral water **agua** *(f., but* **el agua) mineral** (6)
miss *(a function, bus, plane, etc.)* **perder (pierdo)** (4)
Miss **señorita (Srta.)** (AT)
mistake: to make a mistake (about) **equivocarse (qu) (de)** (11)
modem **módem** *m.* (12)
modern **moderno/a** (13)
molar **muela** (10)
mom **mamá** (2)
Monday **lunes** *m. inv.* (4)
money **dinero** (1)
month **mes** *m.* (5)
moped **moto(cicleta)** *f.* (12)
more **más** *adv.* (1); more . . . than (5) **más... que**
morning in the morning **de la mañana** (AT); in the morning **por la mañana** (1); good morning **buenos días** (AT)
mother **mamá, madre** *f.* (2)
motorcycle **moto(cicleta)** *f.* (12)
mountain **montaña** (7)
mouse **ratón** *m.* (12)
mouth **boca** (10)
movie **película** (4); movies **cine** *m. s.* (4); movie theater **cine** *m.* (4)
Mr. **señor (Sr.)** *m.* (AT)
Mrs. **señora (Sra.)** (AT)
much **mucho** *adv.* (1); how much does it do they cost? **¿cuánto cuesta(n) ?** (3); too much **demasiado** *adv.* (9)
museum: to visit a museum **visitar un museo** (9)
mushroom **champiñón** *m.* (6)
music **música** (13)
musician **músico/a** *n. m., f.* (13)
must *(do something)* **deber** + *inf.* (2)
my *poss.* **mi(s)** (2); my, (of) mine *poss.* **mío/a(s)** (17)

name **nombre** *m.* (6)
named what's your *(form.)* name? **¿cómo se llama usted?** (AT); what's your *(fam.)* name? **¿cómo te llamas?** (AT); my name is . . . **me llamo...** (AT)
nap: to take a nap **dormir** (4) **la siesta** (4)
nationality **nacionalidad** *f.* (2)
natural resources **recursos naturales** (14)
nature **naturaleza** (14)
nauseated **mareado/a** (10)
neat **ordenado/a** (5)
necessary **necesario/a** (2); it is necessary to *(do something)* **hay que** + *inf.* (13)
need *v.* **necesitar** (1)
neighbor **vecino/a** (12)
neighborhood **barrio, vecindad** *f.* (12)
neither, not either **tampoco** (6)
nephew **sobrino** (2)
nervous **nervioso/a** (5)
Net: to surf the Net **navegar (gu) la Red** (12)
never **nunca** (2); **jamás** (6); almost never **casi nunca** (6)
new **nuevo/a** (2); New Year's Eve **Noche** *(f.)* **Vieja** (8)
news **noticias** *pl.* (17); news media **prensa** (17)
newscast **noticiero** (17)
newspaper **periódico** (2)
next *adv.* **luego** (4); *adj.* **próximo/a** (4); next to **al lado de** *prep.* (5); next week **la semana que viene** (4)
nice **amable** (2), **simpático/a** (2)
niece **sobrina** (2)
night: at night **de la noche** (AT); **por la noche** (1); good night **buenas noches** (AT); last night **anoche** (10), tonight **esta noche** (5)
nine **nueve** (AT)
nine hundred **novecientos/as** (3)
nineteen **diecinueve** (AT)
ninety **noventa** (2)
ninth **noveno/a** (13)
no, not **no** (AT)
nobody, not anybody, no one **nadie** (6)
noise **ruido** (4)
none, not any **ningún, ninguno/a** (6)
north **norte** *m.* (5)
nose **nariz** *f.* (10)
not ever **nunca, jamás** (6)
notes *(academic)* **apuntes** *m.* (11)
notebook **cuaderno** (1)
nothing, not anything **nada** (6)
noun **sustantivo** *gram.* (1)
November **noviembre** *m.* (5)
now **ahora** (1)
nowadays **hoy (en) día** (17)
nuclear **nuclear** (14)
number **número** (AT)
nurse **enfermero/a** (10)

O

obey **obedecer (obedezco)** (14)
object **objeto** (1)
obligation **deber** m. (17)
obtain **obtener** (like tener) (12)
ocean **océano** (7)
October **octubre** m. (5)
of **de** prep. (AT); of the **del** (contraction of de + el) (2); of course **por supuesto** (11)
off: to turn off **apagar (gu)** (11)
offer v. **ofrecer (ofrezco)** (7)
office **oficina** (1); doctor's office **consultorio** (10); political office **cargo** (17); post office **oficina de correos** (18)
oil **aceite** m. (6)
OK **regular** adj. (AT)
old **viejo/a** adj. (2); old age **vejez** f. (15)
older **mayor** (5)
on **en** (AT); on top of **encima de** prep. (5)
once a week **una vez a la semana** (2)
one **uno** (AT)
one hundred **cien, ciento** (2)
one thousand **mil** (3)
one-way (ticket) **de ida** (7)
only **sólo** adv. (1)
open **abierto/a** (5); to open **abrir** (p.p. **abierto/a**) (2)
opera **ópera** (13)
operate (a machine) **manejar** (12)
or **o** (AT)
oral report **informe oral** (11)
orange (color) **anaranjado/a** adj. (3); orange (fruit) **naranja** (6)
orchestra **orquesta** (13)
order (in a restaurant) **pedir** (4); (someone to do something) **mandar** (12)
other **otro/a** (2); others **los/las demás** (12)
ought to (do something) **deber** + inf. (2)
our poss. **nuestro/a(s)** (2); our, of us **nuestro/a(s)** (17)
outdoors **afuera** adv. (5)
outskirts **afueras** n. pl. (12)
oven: microwave oven **horno de microondas** (9)
overcoat **abrigo** (3)
owner **dueño/a** (6)
ozone layer **capa de ozono** (14)

P

pace **ritmo** (14)
pack one's suitcases **hacer las maletas** (7)
package **paquete** m. (18)
pain **dolor** (m.) (de) (10); to have a pain (in) **tener dolor (de)** (10)
paint (the walls) **pintar (las paredes)** (9)
painter **pintor(a)** (13)
painting **cuadro, pintura** (13)
pair **par** m. (3)
pants **pantalones** m. (3)
paper **papel** m. (1)

pardon me **con permiso, perdón** (AT); **discúlpeme** (11)
parents **padres** m. pl. (2)
park **estacionar** (11)
parking place/lot **estacionamiento** (14)
part **parte** f. (4)
partner (married) **pareja** (15)
part-time **de tiempo parcial** (16); part-time job **trabajo de tiempo parcial** (16)
party **fiesta** (1); to have a party **dar/hacer una fiesta** (8)
pass through security (check) **pasar por el control de la seguridad** (7)
passenger **pasajero/a** n. (7)
passport **pasaporte** m. (18)
past adj. **pasado/a** (10)
pastime **pasatiempo** (9)
pastry (small) **pastelito** (18); pastry shop **pastelería** (18)
patio **patio** (4)
pay **salario** (16); v. **pagar (gu)** (1); to pay cash **pagar en efectivo** (16); to pay in installments **pagar a plazos** (16)
PDA **PDA** m. (12)
pea: green pea **arveja** (6)
peace **paz** f. (pl. **paces**) (17)
peasant **campesino/a** (14)
pen **bolígrafo** (1)
pencil **lápiz** m. (pl. **lápices**) (1)
people **gente** f. s. (12)
pepper **pimienta** (6)
permit **permitir** (12)
person **persona** (1)
pet **mascota** (2)
pharmacist **farmacéutico/a** (10)
pharmacy **farmacia** (10)
phase **etapa** (15)
philosophy **filosofía** (1)
phone: to talk on the phone **hablar por teléfono** (1)
photo(graph) **foto(grafía)** f. (7)
photographer **fotógrafo/a** (16)
photography **fotografía** (13)
photos: to take photos **sacar (qu) fotos** f. pl. (7)
physics **física** (1)
pick up **recoger (recojo)** (11)
picnic: to have a picnic **hacer un picnic** (9)
pie **pastel** m. (6)
Pilates **(el método) Pilates** (10); to do Pilates **hacer (el método) Pilates** (10)
pill **pastilla** (10)
pillow **almohada** (18)
pink **rosado/a** (3)
place (in line) **puesto** (7); to place **poner** (4)
plaid **de cuadros** (3)
plans: to make plans to (do something) **hacer planes para** + inf. (9)
plate **plato** (6)
play (dramatic) **obra de teatro** (13)

play (a game, sport) **jugar (juego) (a, al) (gu)** (4); to play chess **jugar al ajedrez** (9); to play cards **jugar a las cartas** (9); to play (a musical instrument) **tocar (qu)** (1)
player **jugador(a)** (9)
playwright **dramaturgo/a** (13)
please **por favor** (AT); pleased to meet you **encantado/a, mucho gusto** (AT)
pleasing: to be pleasing **gustar** (7)
plumber **plomero/a** (16)
poet **poeta** m., f. (13)
police officer **policía** m., f. (14)
policy **política** (17)
politician **político/a** (17)
politics **política** s. (17)
polka dot **de lunares** (3)
pollute **contaminar** (14)
pollution: there's (lots of) pollution **hay (mucha) contaminación** f. (5)
political office **cargo** (17)
poor **pobre** (2)
poorly **mal** adv. (1)
population **población** f. (14)
pork chop **chuleta de cerdo** (6)
port **porto** (7)
porter **maletero** (7)
possible **posible** (2)
post office **oficina de correos** (18)
postcard **tarjeta postal** (7)
potato **papa** (L.A.), **patata** (Sp.) (6); French fried potato **papa patata frita** (6)
pottery **cerámica** (13)
practice **entrenar** (9); **practicar (qu)** (1)
prefer **preferir (prefiero) (i)** (3)
preference **preferencia** (AT)
prepare **preparar** (6)
prescription **receta** (10)
present (gift) **regalo** n. (2)
press n. **prensa** (17)
pressure: to be under (a lot of) pressure **sufrir (muchas) presiones** f. pl. (11)
pretty **bonito/a** (2)
price **precio** (3); fixed, set price **precio fijo** (3); (transportation) **pasaje** m. (7)
print **imprimir** (12)
printer **impresora** (12)
probable: its probable that . . . **es probable que...** (13)
profession **profesión** f. (16)
professor **profesor(a)** (1)
programmer **programador(a)** (16)
prohibit **prohibir (prohíbo)** (12)
promise v. **prometer** (7)
pronoun: personal pronoun **pronombre** (m.) **personal** (1)
protect **proteger (protejo)** (14)
provided (that) **con tal (de) que** (15)
psychiatrist **siquiatra** m., f. (16)
psychologist **sicólogo/a** (16)
psychology **sicología** (1)
public **público/a** adj. (14)

pure   **puro/a** (14)
purple   **morado/a** (3)
purse   **bolsa** (3)
put   poner (4); to put on (*clothing*)
   ponerse (4)

Q

quarter after (*hour*)   **y cuarto/quince** (AT);
   quarter til **menos cuarto/quince** (AT)
queen   **reina** (17)
question   **pregunta** (4); (*matter*) **cuestión** *f.* (16); to ask (a question) hacer
una pregunta (4); **preguntar** (6)
quit   **dejar** (16); (*doing something*) **dejar
de** + *inf.* (10)
quiz   **prueba** (11)

R

radio   **radio** *m.* (*set*); portable radio
   radio portátil (12)
rain   llover (llueve) (5); it's raining
   llueve (5)
raincoat   **impermeable** *m.* (3)
raise   **aumento** (12)
rather   **bastante** *adv.* (15)
read   leer (*like* creer) (2)
reason: for that reason   **por eso** (2)
receive   **recibir** (2)
recently married to   **recién casado/a
con** (15)
recipe   **receta** (6)
recommend   **recomendar (recomiendo)**
   (7)
record   **grabar** (12)
recorder (tape)   **grabadora** (12)
recycle   **reciclar** (14)
red   **rojo/a** (3); red wine **vino tinto** (6)
reduction   **rebaja** (3)
refrigerator   **refrigerador** *m.* (9)
regret   sentir, **lamentar** (13)
relationship   **relación** (15)
relative   **pariente** *m., f.* (2)
remain (*in a place*)   **quedar(se)** (5); (*be
left*) **quedar** (11)
remember   **recordar (recuerdo)** (8);
   acordarse (me acuerdo) (de) (11)
remote control   **control** (*m.*) **remoto**
   (12)
rent   **alquiler** *m.* (12); to rent **alquilar**
   (12)
renter   **inquilino/a** (12)
repair   **arreglar, reparar** (14); (repair)
   shop **taller** *m.* (14)
report   **informe, trabajo** (11)
reporter   **reportero/a** (17)
reservation   **reservación** *f.* (18)
resign (from)   **renunciar (a)** (16)
resolve   **resolver** (*like* volver) (*p.p.* re-
suelto/a) (14)
resource   **recurso** (14); natural resources **recursos naturales** (14)
responsibility   **responsabilidad** *f.*, **deber**
   m. (17)

rest   **descansar** (4)
restaurant   **restaurante** *m.* (4)
résumé   **currículum** *m.* (16)
retire   **jubilarse** (16)
return (*to a place*)   **regresar** (1); to return
   home **regresar a casa** (1); volver
   (*p.p.* **vuelto/a**) (4); (*something*) **devolver**
   (*like* volver) (*pp.* **devuelto/a**) (16)
rhythm   **ritmo** (14)
rice   **arroz** *m.* (*pl.* **arroces**) (6)
rich (*wealthy*)   (*tasty*) **rico/a** (2); (6)
ride: ride a bicycle   **pasear en bicicleta**
   (9); to ride, a horse **montar a caballo** (9)
right (*legal*)   **derecho** *n.* (17); right?
   ¿no?, ¿verdad? (3); right away **en
seguida** (10); right now **ahora mismo**
   (5), **en la actualidad** (9) to the right (of)
   a la derecha (de) (5) to be right tener
   razón (3)
ring   **sonar (suena)** (9)
river   **río** (14)
roadway   **vía** (14)
roasted   **asado/a** (6)
role   **papel** *m.* (13)
roller skates   **patines** *m. pl.* (12)
rollerblade *v.*   **patinar en línea** (9)
room   **cuarto** (1); room (*in a hotel*)
   habitación *f.* (18); classroom **salón** (*m.*)
   de clase (1) double room **habitación** (*f.*)
   doble (18); emergency room **sala de
emergencias/urgencia** (10); living
   room **sala** (4); room and full board (all
   meals) **pensión** (*f.*) **completa** (18); room
   service **servicio de cuartos** (18) room
   with(out) bath/shower **habitación** (*f.*)
   con/sin baño/ducha (18); single room
   habitación (*f.*) **individual** (18); waiting
   room **sala de espera** (7)
roommate   **compañero/a de cuarto** (1)
round-trip ticket   **billete** (*m.*)/**boleto de
ida y vuelta** (7)
route   **vía** (14)
routine: daily routine   **rutina diaria** (4)
rug   **alfombra** (4)
ruin *n.*   **ruina** (13)
run   **correr** (9); (*machines*) **funcionar**
   (12); to run into/against **pegarse (gu)
en/con/contra** (11), **chocar (qu)
(con/contra)** (11); to run out (of)
   acabar (11); to run for political office
   postularse a un cargo como candidato
   (17)

S

sad   **triste** (5)
salad   **ensalada** (6)
salary   **sueldo** (12)
sale   **rebaja** (3)
salesperson   **vendedor(a)** (16)
salmon   **salmón** *m.* (6)
same   **mismo/a** (5); same here
   igualmente (AT)

sandal   **sandalia** (3)
sandwich   **sándwich** *m.* (6)
Saturday   **sábado** (4)
sausage   **salchicha** (6)
save   **conservar** (14); (*documents*)
   almacenar (12); (*money*) **ahorrar** (16);
   (*a place*) **guardar un puesto** (7)
savings   **ahorros** *pl.*; savings account
   cuenta de ahorros (16)
say   decir (7); to say good-bye (to)
   despedirse (*like* pedir) **(de)** (8)
schedule   **horario** (11)
school   **escuela** (9)
schoolteacher   **maestro/a (de escuela)**
   (16)
science   **ciencia** (1); computer science
   computación *f.* (1); natural/political/
   social sciences **ciencias naturales/
políticas/sociales** (1)
screen   **pantalla** (12); flat/big screen
   pantalla plana/grande (12)
script   **guión** *m.* (13)
sculpt   **esculpir** (13)
sculptor   **escultor(a)** (13)
sculpture   **escultura** (13)
sea   **mar** *m.* (7)
seafood   **mariscos** *pl.* (6)
seaport   **puerto** (7)
search   **registrar** (18)
season   **estación** *f.* (5)
seat   **asiento** (7)
second   **segundo/a** *adj.* (13)
secretary   **secretario/a** (1)
security check   **control** (*m.*) **de la seguridad** (7)
see   ver (4); see you around **nos vemos**
   (AT); see you later **hasta luego** (AT);
   see you tomorrow **hasta mañana** (AT)
sell   **vender** (2)
send   **mandar** (7)
sentimental   **sentimental** (15)
separate (from) *v.*   **separarse (de)** (15)
separation   **separación** *f.* (15)
September   **septiembre** *m.* (5)
serve   **servir (sirvo) (i)** (4)
service: military service   **servicio
militar** (17); room service **servicio de
cuartos** (18)
set price   **precio fijo** (3)
set the table   poner **la mesa** (9)
seven   **siete** (AT)
seven hundred   **setecientos/as** (3)
seventeen   **diecisiete** (AT)
seventh   **séptimo/a** *adj.* (13)
seventy   **setenta** (2)
shake hands   darse **la mano** (10)
shame   **lástima** (13); it is a shame **es
una lástima** (13); what a shame that... !
   ¡qué lástima que... ! (13)
shampoo   **champú** *m.* (18)
share   **compartir** (16)
shave oneself   **afeitarse** (4)
she   **ella** (1); she is **es** (AT)

sheet **sábana** (18)
shellfish **marisco** (6)
ship **barco** (7); cruise ship **crucero** (7)
shirt **camisa** (3)
shoe **zapato** (3); tennis shoe **zapato de tenis** (3)
shop (repair) **taller** m. (14)
shopping **de compras** (3); shopping mall **centro comercial** (3); to go shopping **ir de compras** (3)
short (in height) **bajo/a** (2); (in length) **corto/a** (2)
shot: to give (someone) a shot **poner**le **una inyección** f. (10)
should (do something) **deber** + inf. (2)
show **mostrar (muestro)** (7); n. **espectáculo** (13)
shower: room with attached shower **habitación** (f.) **con ducha** (18); to take a shower **ducharse** (4)
shrimp **camarón** m. (6)
sick **enfermo/a** adj. (5); to get sick **enfermarse** (8)
sickness **enfermedad** f. (10)
sidewalk **acera** (14)
sight: at first sight **a primera vista** (15)
silk **seda** (3); it is made of silk **es de seda** (3)
silly **tonto/a** (2)
silver **plata** (3); it is made of silver **es de plata** (3)
sing **cantar** (1)
singer **cantante** m., f. (13)
single (not married) **soltero/a** (2); single room **habitación** (f.) **individual** (18)
sink (bathroom) **lavabo** (4)
sir **señor (Sr.)** m. (AT)
sister **hermana** (2)
sit down **sentarse (me siento)** (4)
six **seis** (AT)
six hundred **seiscientos/as** (3)
sixteen **dieciséis** (AT)
sixth **sexto/a** adj. (13)
sixty **sesenta** (2)
skate **patinar** (9); skates **patines** m. (12)
skateboard **monopatín** m. (12)
ski **esquiar (esquío)** (9)
skirt **falda** (3)
skyscraper **rascacielos** m. s. (14)
sleep **dormir** (4)
sleepy: to be sleepy **tener sueño** (3)
slender **delgado/a** (2)
small **pequeño/a** (2); small window (on a plane) **ventanilla** (7)
smart **listo/a** (2)
smile **sonreír (se)** (like **reír**) (8)
smoke **fumar** (7)
smoking area **sala de fumar/de fumadores** (7)
snow **nevar (nieva)** (5); it's snowing **nieva** (5)
so: so-so **regular** (AT); so that **para que** (15)

soap **jabón** m. (18)
soccer **fútbol** m. (9)
social worker **trabajador(a) social** (16)
sociology **sociología** (1)
sock **calcetín** m. (3)
sofa **sofá** m. (4)
soft drink **refresco** (6)
solar **solar** (14)
soldier **soldado**; female soldier **mujer** (f.) **soldado** (16)
solve **resolver** (like **volver**) (p.p. **resuelto/a**) (14)
some **algún, alguno/a** (6)
someone **alguien** (6)
something **algo** (3)
sometimes **a veces** (2)
son **hijo** (2)
song **canción** f. (13)
soon: as soon as **tan pronto como** (16); conj. **en cuanto** (16)
sorry: I'm (very) sorry. **Lo siento (mucho).** (11)
sound v. **sonar (sueno)** (9)
soup **sopa** (6)
south **sur** m. (5)
Spanish (language) **español** m. (1); **español(a)** n., adj. (2)
speak **hablar** (1)
species **especie** f. (14); endangered species **especie en peligro de extinción** (14)
speed: speed limit **límite (m.) de velocidad** (14)
spend (money) **gastar** (8); (time) **pasar** (5)
spicey **picante** (6)
sport **deporte** m. (9)
sports adj. **deportivo/a** (9)
spring **primavera** (5)
stage **escenario** (13); (phase) **etapa** (15)
stamp **estampilla** (postage) (18)
stand in line **hacer cola** (7); to stand up **levantarse** (4)
start up (a car) **arrancar (qu)** (14)
state **estado** (2)
station **estación** f. (7); bus station **estación de autobuses** (7); gas station **estación de gasolina, gasolinera** (14) train station **estación del tren** (7); station wagon **camioneta** (7)
stationery **papel** (m.) **para cartas** (18); stationery store **papelería** (18)
stay n. (in a hotel) **estancia** (18); to stay (in a place) **quedar(se)** (5), **alojarse** (18); to stay in bed **guardar cama** (10)
steak **bistec** m. (6)
stereo **estéreo** (12)
stick out one's tongue **sacar (qu) la lengua** (10)
still **todavía** (5)
stockings **medias** pl. (3)
stomach **estómago** (10)
stop **parar** (14); (doing something) **dejar de** + inf. (10); to make stops **hacer**

escalas/paradas (7); bus stop **parada del autobús** (18)
store **tienda** (3); to store (documents) **almacenar** (12)
stove **estufa** (9)
straight ahead **todo derecho** (14)
strange **raro/a** (8); **extraño/a** (13); it's strange **es extraño** (13)
street **calle** f. (12)
stress **estrés** m. (11)
stressed out **estresado/a** (11)
strike (labor) **huelga** (17)
striped **de rayas** (2)
student **estudiante** m., f. (1); student adj., of students **estudiantil** (11)
study **estudiar** (1)
stuffed: stuffed up **resfriado/a** (10)
style: latest style **de (última) moda** (3)
subject (school) **materia** (1)
suburb **afueras** pl. (12)
subway stop **estación** (f.) **del metro** (18)
succeed in (doing something) **conseguir** (like **seguir**) + inf. (8)
suddenly **de repente** (10)
suffer **sufrir** (11)
sufficiently **bastante** adv. (15)
sugar **azúcar** m. (6)
suggest **sugerir (sugiero) (i)** (8)
suit **traje** m. (3); bathing suit **traje de baño** (3)
suitcase **maleta** (7); to pack one's suitcases **hacer las maletas** (7)
summer **verano** (5)
sunny: it's (very) sunny **hace (mucho) sol** (5); sunbathe **tomar el sol** (7)
Sunday **domingo** (4)
supper **cena** (6); to have (eat) supper **cenar** (6)
sure **seguro/a** adj. (5); it's a sure thing that **es seguro que** (13)
surf the Net **navegar (gu) la Red** (12)
surprise **sorpresa** (8) it surprises me (you, him, . . .) **me (te, le,...) sorprende** (13)
SUV **SUV** (14)
sweater **suéter** m. (3)
sweatshirt **sudadera** (3)
sweep (vacuum) **pasar la aspiradora** (9); to sweep (the floor) **barrer (el piso)** (9)
sweets **dulces** m. pl. (6)
swim **nadar** (7)
swimming **natación** f. (9); swimming pool **piscina** (4)
symptom **síntoma** m. (10)
systems analyst **analista** (m., f.) **de sistemas** (16)

T

T-shirt **camiseta** (3)
table **mesa** (1); table (end) **mesita** (4)
take **tomar** (1); **llevar** (3); to take (photos) **sacar (qu) (fotos)** (7); to take a nap **dormir la siesta** (4); to take a trip **hacer**

un viaje (4); to take care of oneself **cuidar(se)** (10); to take leave (of) **despedirse** (*like* **pedir**) **(de)** (8); to take off (*clothing*) **quitarse** (4); to take out (*withdraw money*) **sacar (qu)** (16); to take out the trash **sacar (qu) la basura** (9); to take place in **ser en** (8); to take someone's temperature **tomarle la temperatura** (10)

talk **hablar** (1); to talk on the phone **hablar por teléfono** (1)

tall **alto/a** (2)

tank **tanque** *m.* (14)

tape **cinta** (12); to tape **grabar** (12); tape recorder/player **grabadora** (12)

tea **té** *m.* (6)

teach **enseñar** (1)

technician **técnico/a** *n.* (16)

telephone **teléfono** (1); cell/mobile telephone **teléfono celular/móvil** (12)

television (set) **televisión** (2); to watch television **mirar la televisión** (2)

tell **decir** (7); **contar (cuento)** (7)

teller **cajero/a** (16); automatic teller machine **cajero automático** (16)

temperature **temperatura** (10); to take someone's temperature **tomarle la temperatura** (10)

ten **diez** (AT)

tenant **inquilino/a** (12)

tennis **tenis** *m. s.* (9); tennis shoe **zapato de tenis** (3)

tent **tienda de campaña** (7)

tenth **décimo/a** (13)

terrible: it's terrible that . . . **es terrible que...** (13)

terrorism **terrorismo** (17)

terrorist **terrorista** *m., f.* (17); terrorist attack **ataque** *(m.)* **terrorista** (17)

test **examen** *m.* (3); **prueba** (11)

textbook **libro de texto** (1)

thank you **gracias** (AT); thank you very much **muchas gracias** (AT); thanks for **gracias por** (8)

that **que** (2); that which **lo que** (4); that *adj.,* that one *pron.* **ese, esa** (3); that *adj.,* that one *pron.* (*over there*) **aquel, aquella** (3); that *pron.* **eso** (3); that *pron.* (*over there*) **aquello** (3); *conj.* **que** (2) that means **eso quiere decir** (10)

theater: to go to the theater **ir al teatro** (9)

their *poss.* **sus** (2) their, of them **suyo/a** (17)

then **luego** (4)

there is (not), there are (not) **(no) hay** (AT); **haber** (12)

there: (over) there **allí** (3); way over there **allá** (3)

therefore **por eso** (2)

these *adj.,* these (ones) *pron.* **estos/as** (2)

they **ellos/as** (1)

thin **delgado/a** (2)

thing **cosa** (4)

think **creer** (2); to think (*about*) **pensar (en)** (4)

third **tercer, tercero/a** *adj.* (13)

thirsty: to be (very) thirsty **tener (mucha) sed** (6)

thirteen **trece** (AT)

thirty **treinta** (AT); thirty, half-past (*the hour*) **y media, y treinta** (AT)

this *adj.,* this one *pron.* **este, esta** (2); this *pron.* **esto** (2)

those *adj.,* those (ones) *pron.* **esos/as** (3); those *adj.* (*over there*), those (ones) *pron.* (*over there*) **aquellos/as** (3)

three **tres** (AT)

three hundred **trescientos/as** (3)

throat **garganta** (10)

through **por** *prep.* (7)

Thursday **jueves** *m. inv.* (4)

ticket **boleto, billete** *m.* (7); one-way ticket **billete** *(m.)/***boleto de ida** (7); round-trip ticket **billete** *(m.)/***boleto de ida y vuelta** (7)

tie **corbata** (3)

time: what time is it? **¿qué hora es?** (AT); (*period*) **época** (9); ahead of time **con anticipación** (18); on time **a tiempo** (7); spare time **ratos** *(pl.)* **libres** (9); full/part-time job **trabajo de tiempo completo/parcial** (16)

tip (*to an employee*) **propina** (18)

tire *n.* **llanta** (14); flat tire **llanta desinflada** (14)

tired **cansado/a** (5)

to the **al** (*contraction of* **a** + **el**) (3)

toast **pan** *(m.)* **tostado** (6)

toasted **tostado/a** (6)

toaster **tostadora** (9)

tobacco stand/shop **estanco** (18)

today **hoy** (AT); what's today's date? **¿cuál es la fecha de hoy?, ¿qué fecha es hoy?** (5)

toe **dedo del pie** (11)

together **juntos/as** (7)

tomato **tomate** *m.* (6)

tomorrow **mañana** *adv.* (AT); see you tomorrow **hasta mañana** (AT); day after tomorrow **pasado mañana** (4)

tongue **lengua;** to stick out one's tongue **sacar (qu) la lengua** (10)

tonight **esta noche** (5)

too **también** (AT) too much **demasiado** *adv.* (9)

tooth **diente** *m.* (10) back tooth, molar **muela** (10)

toothpaste **pasta dental** (18)

tourist **turístico/a** *adj.* (7); tourist class **clase** *(f.)* **turística** (7)

towel **toalla** (18)

trade **oficio** (16)

traffic **tráfico, tránsito,** (14); traffic signal **semáforo** (14)

train **tren** *m.* (7); train station **estación** *(f.)* **del tren** (7); to go by train **ir en tren** (7); to train **entrenar** (9)

translator **traductor(a)** (16)

transportation: means of transportation **medió de transporte** *m.* (7); **transporte** *m.* (14)

trash: to take out the trash **sacar (qu) la basura** (9)

travel **viajar** (7); travel agency **agencia de viajes** (7); travel agent **agente** *(m. f.)* **de viajes** (7)

traveler **viajero/a** (18)

travelling **de viaje** (7)

treadmill **rueda de molino** (10)

treatment **tratamiento** (10)

tree **árbol** *m.* (14)

trendy **es de última moda, está de moda** (3)

trip **viaje** *m.* (7); on a trip **de viaje** (7); round-trip ticket **billete** *(m.)/***boleto de ida y vuelta** (7); to take a trip **hacer un viaje** (4); dream trip **viaje de sueños**

try to (*do something*) **tratar de** + *inf.* (13)

Tuesday **martes** *m. inv.* (4)

tuition **matrícula** (1)

tuna **atún** *m.* (6)

turkey **pavo** (6)

turn **doblar** (14); to turn in **entregar (gu)** (7); to turn off **apágar (gu)** (11); to be someone's turn **tocarle (qu) a uno** (9); to turn out well/badly **salir bien/mal** (4)

twelve **doce** (AT)

twenty **veinte** (AT)

twice **dos veces** (10)

two **dos** (AT) two-way **de doble vía** (14)

two hundred **doscientos/as** (3)

type **escribir** (*p.p.* **escrito/a**) **a computadora** (16)

U

ugly **feo/a** (2)

unbelievable **increíble** (13)

uncle **tío** (2)

understand **comprender** (2); **entender (entiendo)** (4)

underwear **ropa interior** (3)

unfortunately **desgraciadamente** (10)

unlucky: to be unlucky **tener mala suerte** (11)

unintentional: it was unintentional **fue sin querer** (11)

university **universidad** *f.* (1); (of the) university **universitario/a** (11); university campus *campus* *m.* (12)

unless **a menos que** (15)

unlikely: it's unlikely that . . . **es improbable que...** (13)

unoccupied **desocupado/a** (18)

unpleasant **antipático/a** (2)

until **hasta** *prep.* (4); **hasta que** *conj.* (16); until (see you) tomorrow **hasta mañana** (AT) until later **hasta luego** (AT)

urgent **urgente** (13); it's urgent that **es urgente que** (13)

us **nos** *d.o.*; *i.o.* to/for us; *refl. pron.* ourselves; **nos vemos** see you around (AT)

U.S. *adj.* **estadounidense** (2)

use **usar** (3); **gastar** (8)

V

vacant **desocupado/a** (18)

vacation: to be on vacation **estar de vacaciones** (7); to go on vacation **ir de vacaciones** (7); to spend one's vacation in... **pasar las vacaciones en...** (7); to leave on vacation **salir de vacaciones** (7); to take a vacation **tomar unas vacaciones** (7)

vacuum cleaner **aspiradora** (9); to vacuum **pasar la aspiradora** (9)

vegetable **verdura** (6)

vehicle **vehículo** (12)

verb **verbo** *gram.* (AT)

very **muy** (1); very very **-ísimo/a** (8); very well **muy bien** (AT)

veterinarian **veterinario/a** (16)

victim **víctima** (17)

video cámera **cámara de vídeo** (12)

videocassette recorder (VCR) **videocasetera** (12)

view **vista** (12)

violence **violencia** (14)

visit a museum **visitar un museo** (9)

volleyball **voleibol** *m.* (9)

vote **votar**

W

wages **salario** (16)

wait (for) **esperar** (6)

waiter **camarero** (6)

waiting room **sala de espera** (7)

waitress **camarera** (6)

wake up **despertarse (me despierto)** (4)

walk **caminar** (9); to take a walk **dar un paseo** (9)

wall **pared** *f.* (4)

wallet **cartera** (3)

want **desear** (1); **querer** (3)

war **guerra** (17)

warm: to be (feel) (very) warm, hot **tener (mucho) calor** (5)

wash: to wash (the windows, the dishes, clothes) **lavar (las ventanas, los platos, la ropa)** (9)

washing machine **lavadora** (9)

watch **reloj** *m.* (3); to watch **mirar** (2); to watch television **mirar la televisión** (2)

water **agua** *f.* (*but* **el agua**) (6); mineral water **agua mineral** (6)

we **nosotros/as** (1)

wear (*clothing*) **llevar, usar** (3)

weather **tiempo** (5); it's good/bad weather **hace buen/mal tiempo** (5); what's the weather like? **¿qué tiempo hace?** (5)

weave **tejer** (13)

wedding **boda** (15)

Wednesday **miércoles** *m. inv.* (4)

week **semana** (4); next week **la semana que viene** (4); once a week **una vez a la semana** (2)

weekday **día** (*m.*) **de la semana** (4)

weekend **fin** (*m.*) **de semana** (1)

welcome: you're welcome **de nada, no hay de qué** (AT)

well **bien** *adv.* (AT); well . . . *interj.* **bueno...** (2); well paid **bien pagado** (16)

well-being **bienestar** *m.* (10)

west **oeste** *m.* (5)

whale **ballena** (14)

what **lo que** (4)

what . . . ! **¡qué... !**; what a shame! **¡qué lástima!** (13)

what? **¿qué?** (AT), **¿cuál(es)?** (1); what are you like? **¿cómo es usted?** (AT); what's the date today? **¿cuál es la fecha de hoy?, ¿qué fecha es hoy?** (5); what time is it? **¿qué hora es?** (AT); at what time? **¿a qué hora?** (AT); what's your name? **¿cómo te llamas?, ¿cómo se llama usted?** (AT); what for? **¿para qué?** (15)

when? **¿cuándo?** (1)

where? **¿dónde?** (AT); where (to)? **¿adónde?** (3); where are you from? **¿de dónde eres/es Ud.?** (AT)

which **que** (2); that which **lo que** (4)

which? **¿qué?** (AT); **¿cuál(es)?** (1)

while **mientras** *conj.* (9)

white **blanco/a** (3); white wine **vino blanco** (6)

who **que** (2)

who? whom? **¿quién(es)?** (1)

whole **entero/a** (9); to clean the whole house **limpiar la casa entera** (9)

whose? **¿de quién?** (2)

why? **¿por qué?** (2)

widow **viuda** (15)

widower **viudo** (15)

wife **esposa** (2); **mujer** *f.* (15)

wild animal **animal** (*m.*) **salvaje** (14)

win **ganar** (9)

windy: it's (very) windy **hace (mucho) viento** (5)

window **ventana** (1) small window (on a plane) **Ventanilla** (7)

windshield **parabrisas** *m. inv.* (14)

wine (white, red) **vino (blanco, tinto)** (6)

winter **invierno** (5)

wish **deseo** (8); **esperanza** (17)

with **con** (1) with me **conmigo** (5); with you (*fam.*) **contigo** (5)

without **sin** (4)

witness **testigo** *m., f.* (17)

woman **señora (Sra.)** (AT); **mujer** *f.* (1); business woman **mujer de negocios** (16) woman soldier **mujer soldado** (16)

wool **lana** (3); it is made of wool **es de lana** (3)

word **palabra** (AT)

work (labor) **trabajo** (11); (of art) **obra (de arte)** (13); *n.* **trabajo** (11); to work **trabajar** (1); (machine) **funcionar** (12)

worker **obrero/a** (16); farm worker **campesino/a** (14); social worker **trabajador(a) social** (16)

working: hardworking **trabajador(a)** (2)

world **mundo** (7)

worried **preocupado/a** (5)

worse **peor** (5)

woven goods **tejidos** (13)

write **escribir** (*p.p.* **escrito/a**) (2)

writer **escritor(a)** (13)

written **escrito/a** *p.p.* (11); written report **informe** (*m.*) **escrito** (11)

wrong: to be wrong **no tener razón** (3); to be wrong (about) **equivocarse (qu) (de)** (11)

Y

yard **patio** (4)

year **año** (5); (in school) **grado** (9); to be . . . years old **tener... años** (2)

yellow **amarillo/a** (3)

yes **sí** (AT)

yesterday **ayer** (4); the day before yesterday **anteayer** (10)

yet **todavía** (5)

yoga *m.* (10); to do yoga **hacer yoga** (10)

yogurt **yogur** *m.* (6)

you *sub. pron.* **tú** *fam. s.* (1); **usted (Ud.)** *form. s.* (1); **vosotros/as** (*fam. pl., Sp.*) (1); **ustedes (Uds.)** *pl.* (1); *d.o.* **te, os, lo/la, los, las**; to/for you *i.o.* **te, os, le, les**; *obj.* (*of prep.*) **ti** (5), **Ud., Uds., vosotros/as** you (*fam.*) are **eres** (AT); you (*form.*) are **es** (AT)

you're welcome **de nada, no hay de qué** (AT)

young woman **señorita (Srta.)** (AT)

younger **menor** (5)

your *poss.* **tu(s)** *fam.* (2); **su(s)** *form.* (2); **vuestro/a(s)** *fam. pl. Sp.* (2); (of) yours **tuyo/a(s)** (17), **suyo/a(s)** (17), **vuestro/a(s)** (17)

young *adj.* **joven** (2)

youth **juventud** *f.* (15); as a youth **de joven** (9)

Z

zero **cero** (AT)

zone **zona** (12)

Grateful acknowledgment is made for use of the following:

Llosa, SEIX BARRAL, 1983; *412* ("Computeléfono") *Muy Interesante* December 2006; *412* ("Intelegencia movíl") *Muy Interesante* December 2004; *412* ("Celular televisor") *Muy Interesante* February 2007; *440* From *Huasipungo*, by Jorge Icaza, Plaza y Janes, 1991; *441* "Ch'aska Palomas: Artesanas Textiles" by David Adams. Courtesy of American Airlines NEXOS American Airlines Publishing Group; *468* From "Cuadrados y ángulos" by Alfonsina STORNI. Editoria Losada S.A., Buenos Aires, 1997. Used by permission; *469* Used by permission of *Diario de Sevilla*; *491* From "Puertas" in *Lagar* by Gabriela Mistral. Used by permission; *518* From "El hijo" in *Más allá,* by Horacio Quiroga; *519* "La higuera" by Juana de Ibarbourou. Used by permission; *543* Juan Ramón Jiménez, "El viaje definitivo" from *Canción*; *544* "XXIX" in *Proverbios y cantares,* by Antonio Machado. Used by permission of the heirs of Antonio Machado; *567* "Abuelo" from *En estas tierras/In This Land,* by Elías Miguel Muñoz, Bilingual Press/Editorial Bilingüe, Arizona State University, Tempe AZ, 1989. Used by permission of the publisher; *568* "Cubanita descubanizada" in *Bilingual Blues*, by Gustavo Pérez Firmat, Bilingual Press/Editorial Bilingüe, Arizona State University, Tempe AZ, 1995. Used by permission of the publisher.

Marty Knorre was formerly Associate Professor of Romance Languages and Coordinator of basic Spanish courses at the University of Cincinnati, where she taught undergraduate and graduate courses in language, linguistics, and methodology. She received her Ph.D. in foreign language education from The Ohio State University in 1975. Dr. Knorre is coauthor of *Cara a cara* and *Reflejos* and has taught at several NEH Institutes for Language Instructors. She received a Master of Divinity at McCormick Theological Seminary in 1991.

Thalia Dorwick retired as McGraw-Hill's Editor-in-Chief for Humanities, Social Sciences, and Languages. For many years she was also in charge of McGraw-Hill's World Languages college list in Spanish, French, Italian, German, Japanese, and Russian. She has taught at Allegheny College, California State University (Sacramento), and Case Western Reserve University, where she received her Ph.D. in Spanish in 1973. She was recognized as an Outstanding Foreign Language Teacher by the California Foreign Language Teachers Association in 1978. Dr. Dorwick is the coauthor of several textbooks and the author of several articles on language teaching issues. She is a frequent guest speaker on topics related to language learning, and she was also an invited speaker at the *II Congreso Internacional de la Lengua Española,* in Valladolid, Spain, in October 2001. In retirement, she consults for McGraw-Hill, especially in the area of world languages, which is of personal interest to her. She also serves on the Board of Trustees of Case Western Reserve University and on the Board of Directors of the Berkeley Repertory Theatre.

Ana María Pérez-Gironés is an Adjunct Associate Professor of Spanish at Wesleyan University, Middletown, Connecticut, where she teaches and coordinates Spanish language courses. She received a *Licenciatura en Filología Anglogermánica* from the *Universidad de Sevilla* in 1985, and her M.A. in General Linguistics from Cornell University in 1988. Professor Pérez-Gironés' professional interests include second language acquisition and the use of technology in language learning. She is a coauthor of *A otro nivel, Puntos en breve,* Second Edition, and *¿Qué tal?,* Seventh Edition. She is also a coauthor of the *Student Manuals for Intermediate Grammar Review* and *Intensive and High Beginner Courses* that accompany *Nuevos Destinos.*

William R. Glass is the Publisher for World Languages and Health and Human Performance at McGraw-Hill Higher Education. He received his Ph.D. from the University of Illinois at Urbana-Champaign in Spanish Applied Linguistics with a concentration in Second Language Acquisition and Teacher Education (SLATE). He was previously Assistant Professor of Spanish at The Pennsylvania State University, where he was also Director of the Language Program in Spanish. He has published numerous articles and edited books on issues related to second language instruction and acquisition.

Hildebrando Villarreal is Professor of Spanish at California State University, Los Angeles, where he teaches undergraduate and graduate courses in language and linguistics. He received his Ph.D. in Spanish with an emphasis in Applied Linguistics from UCLA in 1976. Professor Villarreal is the author of several reviews and articles on language, language teaching, and Spanish for Native Speakers of Spanish. He is the author of *¡A leer! Un paso más,* an intermediate textbook that focuses on reading skills.

A. Raymond Elliott is Associate Professor of Spanish and Chair of the Department of Modern Languages at the University of Texas, Arlington. He received his Ph.D. from Indiana University-Bloomington in 1993. His areas of specialization are Spanish applied linguistics, second language acquisition, the acquisition of second language phonological skills, and the historical development of Spanish. Dr. Elliott has published several articles, book chapters, reviews in *The Modern Language Journal, Hispania,* and with Georgetown University Press. He served as a panelist in the McGraw-Hill Annual Teleconference on Authentic Materials, and as a member of the Academic Advisory Board for the package to accompany *Nuevos Destinos.* He is the author of *Nuevos Destinos: Español para hispanohablantes* and coauthor of the annotated Instructor's Edition of both *Puntos en breve* and *¿Qué tal?,* Seventh Edition. Dr. Elliott directs UT-Arlington's Study Abroad Program in Cuernavaca, Mexico.

In this index, cultural notes, authors of the literature presentations (**literatura de...**), and vocabulary topic groups are listed by individual topic as well as under those headings.